DEUTSCHE AKADEMIE DER WISSENSCHAFTEN ZU BERLIN

SCHRIFTEN
DES INSTITUTS FÜR WIRTSCHAFTSWISSENSCHAFTEN

Nr. 11

PROTOKOLL DER INTERNATIONALEN KONFERENZ

des Instituts für Wirtschaftswissenschaften
bei der Deutschen Akademie der Wissenschaften zu Berlin
vom 18.–21. Oktober 1960 zu dem Thema:

NEUE ERSCHEINUNGEN IN DER MODERNEN BÜRGERLICHEN POLITISCHEN ÖKONOMIE

Erster Halbband

AKADEMIE-VERLAG · BERLIN
1961

Das gesamte Protokoll der Konferenz ist im Institut für Wirtschaftswissenschaften bei der Deutschen Akademie der Wissenschaften zu Berlin für den Druck redaktionell bearbeitet worden. Wesentliche Änderungen sind dabei nicht erfolgt. Für den ersten Halbband der vorliegenden Ausgabe zeichnet ein Redaktionskollektiv unter Leitung von Dipl. oec. Götz Heininger verantwortlich.

Zum Druck angenommen von der Klasse für Philosophie, Geschichte, Staats-, Rechts- und Wirtschaftswissenschaften am 23. Februar 1961

Erschienen im Akademie-Verlag GmbH, Berlin W 8, Leipziger Straße 3-4
Lizenz-Nr. 202 · 100/26/61
Satz, Druck und Bindung: IV/2/14 · VEB Werkdruck Gräfenhainichen · 1577
Bestellnummer 2071/11
Printed in Germany
ES 5 B 2
9,50 DM

VORBEMERKUNG

Das Institut für Wirtschaftswissenschaften bei der Deutschen Akademie der Wissenschaften zu Berlin veranstaltete vom 18. bis 21. Oktober 1960 eine internationale Konferenz über „Neue Erscheinungen in der modernen bürgerlichen politischen Ökonomie". Damit wurde ein Beschluß erfüllt, den die Vertreter der ökonomischen Institute an den Akademien der Wissenschaften der sozialistischen Länder auf der internationalen Arbeitstagung vom Dezember 1958 in Prag gefaßt haben. Der Beschluß ging davon aus, daß sich auf der Basis der Veränderungen im Kräfteverhältnis zwischen den beiden Weltsystemen, des fortschreitenden Zusammenbruchs des Kolonialsystems und der Verschärfung der inneren Widersprüche des modernen Kapitalismus beachtenswerte Entwicklungen in der bürgerlichen ökonomischen Theorie vollziehen. Da über diese neuen Erscheinungen in der bürgerlichen politischen Ökonomie noch keine umfassenden marxistischen Untersuchungen vorlagen, wurde der Konferenz die Aufgabe gestellt, eine grundsätzliche Einschätzung und theoretische Analyse der wichtigsten dieser Erscheinungen zu geben und zu weiterer Arbeit in dieser Richtung anzuregen.

Entsprechend dieser Aufgabenstellung wurden bereits bei der Vorbereitung dieser Konferenz neue Formen der internationalen wissenschaftlichen Zusammenarbeit angewandt. Auf einer Beratung der entsprechenden Fachvertreter aus sozialistischen Ländern, die im Oktober 1959 in Bratislava stattfand, wurden die Themen der der Konferenz vorzulegenden Referate und wissenschaftlichen Materialien beschlossen. Außerdem wurde vereinbart, welche Akademie-Institute die Autoren dafür stellen. Ferner wurde für die Einreichung der Referate und Materialien an das Institut für Wirtschaftswissenschaften der DAdW ein Termin festgelegt, der es gestattete, alle diese Arbeiten in den beiden Konferenzsprachen, Deutsch und Russisch, sechs Wochen vor der Konferenz an die Teilnehmer zu versenden. Mit geringen Ausnahmen konnte dieses Vorhaben auch verwirklicht werden, was wesentlich zum Gelingen der Konferenz beitrug.

Der Einladung zur Konferenz folgten neben bekannten Fachleuten aus sozialistischen Ländern auch eine beachtliche Zahl maßgeblicher marxistischer Ökonomen aus Italien, Frankreich, Österreich, Holland, Belgien, Norwegen, Schweden, Finnland, Dänemark und Japan.

Die Konferenz hat ihre intensive Arbeit erfolgreich durchgeführt. Viele Fachzeitschriften des In- und Auslandes haben ausführlich darüber berichtet. Die der Konferenz gestellten Aufgaben wurden gelöst. Da die vorgelegten Referate und Materialien sowie die Diskussionsbeiträge über den engen Kreis von Fachleuten hinaus für breite Schichten gesellschaftswissenschaftlich interessierter Leser von Bedeutung sind, legt das Institut für Wirtschaftswissenschaften bei der Deutschen Akademie der Wissenschaften der Öffentlichkeit hiermit das vollständige Protokoll der Konferenz vor. Es erscheint in zwei Halbbänden, wobei den in dem jeweiligen Halbband enthaltenen Referaten die sich darauf beziehenden Konferenzmaterialien und Diskussionsbeiträge zugeordnet sind.

Da die Referate einige Wochen vor der Konferenz schriftlich an die Teilnehmer versandt wurden, haben die Referenten auf der Konferenz nur noch eine kurze Zusammenfassung ihrer Hauptthesen vorgetragen. Diese Kurzreferate wurden nicht in das Protokoll aufgenommen. Soweit in diesen Kurzreferaten neue, über die ursprüngliche Fassung der Vorträge hinausgehende Aspekte enthalten sind, wurden diese von den Autoren für das Protokoll in das jeweilige Referat eingearbeitet.

Die Arbeit der Konferenz wurde von einem international zusammengesetzten Präsidium geleitet, dessen Mitglieder abwechselnd den Vorsitz führten. Das Präsidium stellte für jeden Diskussionsbeitrag eine Redezeit von 20 Minuten zur Verfügung. Den Diskussionsrednern wurde daher die Möglichkeit gegeben, im Interesse einer ausführlicheren Darstellung dieses oder jenes Gedankens eine etwas erweiterte Fassung ihres Beitrages für das Protokoll einzureichen. Ein Teil von ihnen hat von dieser Möglichkeit Gebrauch gemacht.

Die hier vorgelegten zwei Halbbände bieten eine zusammenfassende und tiefgehende Analyse wichtiger Seiten der modernen bürgerlichen ökonomischen Theorie, wie sie bisher in der marxistischen Literatur nicht vorlag. Die Probleme werden auf hohem wissenschaftlichen Niveau behandelt und dabei allgemeinverständlich dargelegt. Das Konferenzprotokoll wird daher für die weitere Auseinandersetzung mit den heutigen bürgerlichen ökonomischen Theorien von Bedeutung sein, darüber hinaus aber auch in breiterem Rahmen eine wichtige Rolle im Kampf gegen die bürgerliche Ideologie überhaupt spielen. Es darf daher empfohlen werden, daß vorliegende Arbeiten nicht nur im Hochschulunterricht von Lehrkräften und Studenten benutzt werden, sondern auch an den Schulen und Bildungseinrichtungen der Parteien und Massenorganisationen Auswertung finden.

Institut für Wirtschaftswissenschaften
bei der
Deutschen Akademie der Wissenschaften
zu Berlin

GESAMTINHALTSVERZEICHNIS

A. Inhalt des ersten Halbbandes

B. Inhalt des zweiten Halbbandes

Kurt Rothschild, Wien

Zur Einschätzung der modernen bürgerlichen Theorien

Victor Delpierre, Brüssel

Über einige Auffassungen belgischer christlich-demokratischer und sozialdemokratischer Kreise

Alfred Klein, Rostock

Die „human relations“ als Instrument zur „Vervollkommnung“ des Mechanismus der kapitalistischen Wirtschaft

Leif Johansen, Oslo

Zur Frage der Einschätzung bürgerlicher Ökonomen und zur Rolle der Mathematik in der Ökonomie

Matti Peltonen, Helsinki

Über wichtige Erscheinungen in der gegenwärtigen bürgerlichen politischen Ökonomie Finnlands

Gudrun Schmidt, Berlin

Kritik der „Verifizierung“ ökonomischer Modelle durch Oberflächenbeziehungen

Tibor Erdös, Budapest

Kritische Bemerkungen zur bürgerlichen antizyklischen Haushaltspolitik

Zygmunt Wyrozembski, Warschau

Schlußfolgerungen aus einer Analyse der Wachstumstheorien

Fritz Behrens, Berlin

Zur Einschätzung der Funktion der gegenwärtigen bürgerlichen Ökonomie und zur Kritik der bürgerlichen Betriebswirtschaftslehre

Nikolai Ivanciu, Bukarest

Zur Kritik der Theorie Harrods von den ökonomischen Zyklen

Helmut Koziolek, Berlin

Grundsätzliche Bemerkungen zur Auseinandersetzung mit der bürgerlichen Wachstumstheorie

Teijiro Kanbayashi, Osaka

Über die bürgerliche politische Ökonomie in Japan

Hermann Turley, Berlin

Einige Bemerkungen zur marxistischen Auseinandersetzung mit der bürgerlichen Ökonomie

Peter Dössing, Kopenhagen

Das Problem des Funktionsmechanismus der kapitalistischen Wirtschaft

I. ERÖFFNUNG

ERÖFFNUNGSANSPRACHE DES INSTITUTSDIREKTORS

Prof. F. Oelssner

Die ersten Worte, die auf unserer Konferenz gesprochen werden, sollen Worte der Begrüßung sein. Unsere Konferenz hat in den Kreisen der Ökonomen des Auslandes außerordentlich großes Interesse gefunden, so daß ich in der glücklichen Lage bin, hier in unseren Reihen eine große Anzahl Vertreter sowohl der sozialistischen Länder Europas als auch kapitalistischer Länder zu begrüßen. Mein besonderer Gruß gilt den Vertretern der Union der Sozialistischen Sowjetrepubliken, der Volksrepublik Bulgarien, der Volksrepublik Polen, der Tschechoslowakischen Sozialistischen Republik, der Volksrepublik Ungarn und der Volksrepublik Rumänien. Ferner begrüßen wir sehr herzlich die Vertreter des kapitalistischen Auslandes, die zu uns gekommen sind aus Frankreich, Italien, Österreich, Belgien, Holland, Finnland, Schweden, Dänemark, Norwegen, und besonders herzlich möchte ich die Vertreter des Landes im Fernen Osten begrüßen, das gegenwärtig durch eine große Volksbewegung gegen die Reaktion gekennzeichnet ist, die Vertreter Japans. Ich begrüße auch aufs herzlichste die Gäste, die aus Westdeutschland zu uns gekommen sind, um an unseren Beratungen teilzunehmen. Nicht zuletzt gilt mein Gruß den zahlreichen Vertretern aus der Deutschen Demokratischen Republik, die an der Arbeit unserer Konferenz teilnehmen. Ich begrüße ferner den Genossen Prof. Dr. Reinhold als Vertreter des Zentralkomitees der Sozialistischen Einheitspartei Deutschlands und unseres Arbeiter-und-Bauernstaates. Ferner gilt mein Gruß dem Vertreter des Präsidiums der Deutschen Akademie der Wissenschaften zu Berlin, Herrn Vizepräsident Professor Dr. Steinitz.

Die Konferenz, deren Arbeit wir heute beginnen, wurde vor fast zwei Jahren, im Dezember 1958 in Prag auf der Tagung der wirtschaftswissenschaftlichen Akademie-Institute der sozialistischen Länder, beschlossen. Auch die Aufgabe dieser Konferenz wurde damals festgelegt, nämlich die kritische Auseinandersetzung mit neuen Erscheinungen in der modernen bürgerlichen politischen Ökonomie. Schon mit dieser Wahl des Themas wurde auch der besondere Charakter dieser Konferenz vorherbestimmt. Denn indem wir den Gegenstand unserer Arbeit als bürgerliche politische Ökonomie apostrophierten, haben wir den Klassencharakter der Wirtschaftswissenschaft hervorgehoben, der sich in ihren zwei Grundrichtungen ausprägt:

In der politischen Ökonomie der Bourgeoisie als der Trägerin der kapitalistischen Gesellschaftsordnung. Ihre historische Aufgabe bestand und besteht darin, die kapitalistische Produktionsweise und ihre Grundlage, das kapitalistische Eigentum zu erklären, zu rechtfertigen und vor allem zu erhalten. Sie mußte daher seit jener längst verflossenen Zeit, da der Klassenkampf den historisch vergänglichen Charakter des Kapitalismus offenbarte, unvermeidbar ihren wissenschaftlichen Charakter verlieren und zur Apologetik herabsinken.

Der wissenschaftliche Charakter der politischen Ökonomie wurde von der politischen Ökonomie des Proletariats übernommen und vertieft, die als Klassenwissenschaft eben deshalb echte Wissenschaft im Sinne der Wahrheitsforschung sein kann, weil sie die Wissenschaft derjenigen Klasse ist, die von der Geschichte zum Vollstrecker des gesellschaftlichen Fortschrittes berufen wurde, der auf objektiven Gesetzen beruht.

Der Kampf dieser beiden Grundrichtungen der politischen Ökonomie ist heute ein Teil der weltweiten Auseinandersetzung zwischen dem Alten und dem Neuen, dem Kapitalismus und dem Sozialismus, der den Charakter unserer Epoche bestimmt.

So ergibt sich, daß diese Konferenz im Zeichen des Klassenkampfes, der ideologischen Auseinandersetzung mit der modernen bürgerlichen Apologie des Kapitalismus stehen soll und wird.

Aber auch die Zeit und der Ort unserer Konferenz wird für ihren Verlauf von großer Wirkung sein. Der Termin unserer Konferenz – das konnten wir vor zwei Jahren nicht vorausahnen – fällt in die Tagungsperiode der 15. Vollversammlung der Vereinten Nationen. Diese 15. UNO-Tagung ist wohl eine der hervorragendsten Tagungen dieser Weltorganisation. Nicht nur deshalb, weil sie zu einem gewissen Gipfeltreffen führender Staatsmänner geworden ist, sondern vor allem darum, weil auf dieser Tagung von dem sowjetischen Ministerpräsidenten N. S. Chruschtschow eine neue Etappe im Kampf um den Frieden, um die totale Abrüstung unter internationaler Kontrolle, um die Durchsetzung des Prinzips der friedlichen Koexistenz und um die endgültige Beseitigung des Kolonialismus eingeleitet wurde. Es war ein notwendiger, in der ganzen Welt vernehmbarer Teil dieser Friedensoffensive, daß von den Delegationsleitern der Tschechoslowakischen Sozialistischen Republik, Antonin Novotný, der Polnischen Volksrepublik, Wladislaw Gomulka, und anderen Staatsmännern der westdeutsche Militarismus und Revanchismus als Hauptstörenfried des Friedens in Europa angeprangert wurde. Wenn unsere Konferenz in dieser hochpolitischen Zeit tagt, so wird auch sie auf dem begrenzten Gebiet ihrer Thematik zu der großen weltpolitischen Auseinandersetzung beitragen und zeigen, daß das Prinzip der friedlichen Koexistenz von Staaten mit verschiedener Gesellschaftsordnung die historisch gegebene Form des Klassenkampfes ist, die den Fortschritt mit den geringsten Opfern, ohne den Krieg mit seinen verheerenden Wirkungen, vorantreibt. Denn das Prinzip der friedlichen Koexistenz bedeutet Wettstreit auf ökonomischem, kulturellem und nicht zuletzt ideologischem Felde. Diesem Wettstreit, dem ideologischen Kampfe auf wirtschaftswissenschaftlichem Gebiet, wird unsere Konferenz dienen. Andererseits steht der Tagungsort unserer Konferenz im Brennpunkt der Weltpolitik. Wir haben uns in Berlin, der Hauptstadt der Deutschen Demokratischen

Republik, versammelt. Das Gastland dieser Konferenz ist der erste Staat in der Geschichte des deutschen Volkes, der auf friedlicher Grundlage beruht, in dem Militarismus und Revanchismus mit Stumpf und Stiel ausgerottet wurden. Die Bevölkerung der Deutschen Demokratischen Republik will vor allem den Frieden, um mit der Erfüllung des Siebenjahrplanes den Aufbau des Sozialismus vollenden zu können. Aber wie Deutschland, so ist auch die Stadt Berlin noch immer gespalten. Wenige hundert Meter von hier entfernt beginnt eine andere Welt, die Welt des Besatzungsregimes der imperialistischen Großmächte. Westberlin ist zu einem Tummelplatz von Militaristen und Revanchisten, von Spionen, Agenten und Saboteuren geworden, zum Ausgangspunkt ständiger Störungen des friedlichen sozialistischen Aufbaus in der Deutschen Demokratischen Republik. Auch an diesem Überrest des zweiten Weltkrieges kann sich leicht die Flamme eines neuen Weltkrieges entzünden. Darum haben die Regierungen der UdSSR und der DDR vorgeschlagen, mit den beiden deutschen Staaten einen Friedensvertrag abzuschließen und Westberlin zu einer entmilitarisierten freien Stadt zu machen. Aber die Herren in Washington und Bonn wollen diesen gefährlichen Brückenkopf so lange wie möglich halten, weil ihm eine wichtige, wenn auch hoffnungslose Aufgabe in ihren aggressiven Plänen zugedacht ist.

So tagt unsere Konferenz im Vorfeld der welthistorischen Auseinandersetzung. Daraus erwächst ihr die besondere Aufgabe, den unwissenschaftlichen, vulgären und apologetischen Charakter als Wesenszug der modernen bürgerlichen Ökonomie aufzudecken, die aggressivsten bürgerlichen Wirtschaftswissenschaftler, die den militanten Antikommunismus predigen, als Liebediener der aggressionslüsternen monopolkapitalistischen Kreise bloßzustellen und zugleich der bürgerlichen politischen Ökonomie den tiefen wissenschaftlichen Gehalt, die Geschlossenheit und die unbezwingbare Schlagkraft der marxistisch-leninistischen politischen Ökonomie entgegenzustellen.

Unsere Konferenz behandelt nicht die moderne bürgerliche politische Ökonomie schlechthin, sondern die in ihr auftretenden *neuen* Erscheinungen. Die Konferenz wird die Ursachen dieser neuen Erscheinungen aufdecken, die in der geschichtlichen Entwicklung des Kapitalismus begründet sind. Der Übergang in sein imperialistisches Stadium, die Entwicklung des staatsmonopolistischen Kapitalismus, der Ausbruch der allgemeinen Krise des kapitalistischen Systems und vor allem das stürmische Wachstum des Sozialismus, das den Übergang vom Kapitalismus zum Sozialismus zum Hauptmerkmal unserer Epoche machte – dies sind die objektiven Ursachen dafür, daß die bürgerlichen Wirtschaftswissenschaftler immer wieder gezwungen wurden, mühsam konstruierte Theorien in die Müllgrube zu werfen und nach neuen ideologischen Verteidigungsmitteln für den Kapitalismus zu suchen. Die alten Vorstellungen der bürgerlichen Ökonomen müssen fortwährend geändert werden, weil sie allzu offensichtlich den geänderten Verhältnissen widersprechen.

Wenn wir von *neuen* Erscheinungen der bürgerlichen politischen Ökonomie sprechen, so meinen wir dies freilich nur im Sinne des geschichtlichen Zeitablaufs, nicht aber im Sinne wirklich neuer wissenschaftlicher Entdeckungen. Denn fast immer stoßen wir, wenn wir einer im schillernden neuen Gewand auftretenden bürgerlichen Theorie auf den Grund gehen, auf die Ladenhüter der nachklassischen Vulgärökonomie. Wo bürgerliche Ökonomen versuchen, ihren apologetischen Konzeptionen unter Berufung auf die bürgerlichen Klassiker wissenschaftliches Renommee zu verschaffen, knüpfen sie gerade an jene Aspekte an, die der Klassik und der Vulgärökonomie gemeinsam waren. Und wo es manchmal scheint, man könne bei einem bürgerlichen Ökonomen so etwas wie den realen Kern einer neuen Entdeckung finden, da kann man sicher sein, daß dieser Kern schon in der marxistischen Theorie zu finden ist, hier allerdings als echte wissenschaftliche Entdeckung und nicht als vulgär-ideologisches Zerrbild.

Das entscheidende Kriterium und die tiefste Ursache für die Misere der bürgerlichen politischen Ökonomie besteht doch darin, daß ihr eine unlösbare Aufgabe gestellt ist. Sie soll und will die Lebensfähigkeit der kapitalistischen Produktionsweise nachweisen zu einer Zeit, wo diese Produktionsweise bereits in Agonie liegt, wo der Pesthauch ihres Verwesens schon die Luft vergiftet und wo das neue Leben bereits neben ihr sprießt. Dabei kann doch nichts herauskommen! Die bürgerlichen Ökonomen können doch nicht dem heutigen Kapitalismus auf den Grund gehen, weil jede wissenschaftliche Analyse nur die Symptome des fortschreitenden Verfalls zeigen, jede wissenschaftliche Prognose nur auf Tod lauten kann! Darum muß die bürgerliche politische Ökonomie die Tatsachen ignorieren oder entstellen, darum flüchtet sie vor der Wirklichkeit in abstrakte Modelle, die – mögen sie noch so kunstvoll konstruiert sein – stets den nämlichen Fehler aufweisen, daß ihre Prämissen der Wirklichkeit widersprechen. Darum muß sie heute selbst das negieren, was einst in der Morgenröte der bürgerlichen politischen Ökonomie ihre größte geschichtliche Tat war. Ich meine die Vorbereitung der Arbeitswerttheorie. Es gibt heute wohl keinen bürgerlichen Ökonomen mehr, der die Arbeitswerttheorie akzeptiert und zur Grundlage seiner Forschung macht. Schumpeter hat mit zynischer Offenheit erklärt: „Die Arbeitswerttheorie ist tot und begraben!" In der Tat, sie ist tot und begraben für die bürgerliche politische Ökonomie, die sich damit als Wissenschaft selbst ins Grab gelegt hat! Nehmen Sie doch eine beliebige bürgerliche Preistheorie, besonders die modernen Monopolpreistheorien. Sie werden keine finden, welche die Arbeitswerttheorie zum Ausgangspunkt nimmt. Sie finden die Seltenheits- oder Knappheitstheorie, die Theorie der Produktionsfaktoren, die subjektivistische Grenznutzentheorie, alles was Sie wollen, nur nicht die Arbeitswerttheorie. Smith und Ricardo sind zum alten Eisen geworfen; dafür wird der längst vermoderte Auguste Cournot aus der Mottenkiste der Vulgärökonomie hervorgeholt und als Heros der Wirtschaftswissenschaft drapiert – und das alles nur, um den Konsequenzen zu entgehen, die Karl Marx mit seiner Wert- und Mehrwerttheorie aus der klassischen bürgerlichen politischen Ökonomie gezogen hat. Aber mit diesem Rückschritt zur Vulgärökonomie war und ist es mit aller Wissenschaftlichkeit vorbei. Denn unerschütterlich bleibt die wissenschaftliche Erkenntnis, daß die menschliche Arbeit die Grundlage aller Wirtschaft und die Arbeitsbeziehungen im gesellschaftlichen Produktionsprozeß die Grundlage aller ökonomischen Beziehungen sind. Keine noch so eiserne mathematische Logik, keine noch so kunstvolle geometrische Konstruktion und keine noch so nebulöse politökonomische Meditation kann doch das berühmte Wort von Karl Marx erschüttern, daß jede Nation verrecken würde, die nur für wenige Wochen die Arbeit einstellte. Wir müssen immer wieder auf diesen Grundzug der modernen bürgerlichen Ökonomie hinweisen, weil hier die tiefste Wurzel ihres unwissenschaftlichen, apologetischen Charakters liegt.

Nicht wenig Anstrengungen macht die bürgerliche politische Ökonomie, um die Möglichkeit eines besseren Funktionierens, eines stabilen Gleichgewichts und eines harmonischen Wachstums der kapitalistischen Produktionsweise zu beweisen. Diese Probleme werden ja auf dieser Konferenz eingehend behandelt, und es wird exakt wissenschaftlich nachgewiesen werden, warum alle diese bürgerlichen Theorien unhaltbar sind. Aber nicht nur darum ist der Kapitalismus zum Untergang verurteilt, weil er vom Standpunkt der dynamischen Theorie die für die heutige Zeit schlechtere Form der gesellschaftlichen Produktionsweise ist. Sondern auch darum, weil die private Eigentumsform der gesellschaftlichen Produktionsmittel und die darauf beruhende Ausbeutung des Menschen durch den Menschen ihre historische Berechtigung verloren haben, weil die gesellschaftlichen Entwicklungskräfte stürmisch auf ihre Beseitigung drängen. Indem die bürgerliche politische Ökonomie einschließlich ihrer rechtssozialdemokratischen Fraktion diese historische Wahrheit verneint und alles daransetzt, das kapitalistische Privateigentum zu verteidigen, verliert sie den letzten Zusammenhang mit der ökonomischen Wissenschaft als der Erforschung der Wahrheit.

Es kann in unserer Zeit der höchsten Entwicklung von Wissenschaft und Technik, der Automation und Chemisierung, der Atomnutzung und des kosmischen Transportes keine Wissenschaft mehr auf der Basis des Privateigentums an Produktionsmitteln geben, weil alle diese Errungenschaften nur auf gesellschaftlicher Basis möglich sind. Eine Wissenschaft, die dieser Erkenntnis auszuweichen versucht, um Klassenprivilegien zu konservieren – das ist keine Wissenschaft mehr!

Viele bürgerliche Ökonomen versuchen – an Keynes anknüpfend – den bürgerlichen Staat als Retter in der Not zu engagieren. Aber auch hier dieselbe Hilflosigkeit: weil sie keine wissenschaftliche Erklärung für das Phänomen Staat haben, weil sie sich bewußt weigern, das Klassenwesen des Staates zu erkennen, weil sie auch hier die Frage des Eigentums umgehen, darum bleibt auch diese Richtung der modernen bürgerlichen Ökonomie im Morast unwissenschaftlicher Apologetik stecken.

Was bleibt schließlich übrig, als die Zuflucht zur Psychologie zu nehmen und statt der Erforschung objektiver ökonomischer Tatsachen und Beziehungen psychologische Betrachtungen anzustellen, die nichts mit Ökonomie, sondern auch recht wenig mit wissenschaftlicher Psychologie zu tun haben. Und von hier aus ist es schon nicht mehr weit zu den Nebelregionen der Religion, die zum letzten Zufluchtsort der bürgerlichen apologetischen Vulgärökonomen werden. Ein Koryphäe der bürgerlichen politischen Ökonomie, Wilhelm Röpke, hat den tiefsten Sitz der Krankheit der bürgerlichen Kultur in der geistig-religiösen Krise entdeckt und beklagt mit bewegten Worten, daß es

> „immer schwerer wird, die Stimme Gottes zu vernehmen, vor und hinter den Bankschaltern, im Fabriksaal, in den Autokolonnen, in den Zementschluchten der Großstädte...“[1]

Von dieser Position aus ist es endlich nicht schwer, die Verschmelzung der bürgerlichen politischen Ökonomie mit dem politischen Klerikalismus zu predigen, zum gemeinsamen Kampf gegen den Kommunismus aufzurufen. Es ist kein Zufall, daß diese Tendenz besonders in Westdeutschland in Erscheinung tritt, wo der politische Klerikalismus immer mehr die Oberhand bekommt. Einer der bekanntesten Vertreter der neoliberalen Richtung, Alexander Rüstow, schrieb unlängst:

> „Alle christlichen Richtungen..., insbesondere auch die Lehre der katholischen Kirche, sind mit unserem Neoliberalismus vereinbar. Deshalb ist es so wichtig zu sehen — gerade angesichts der heutigen Weltbedrohung —, daß jede grundsätzliche Unvereinbarkeit zwischen Christentum und Neoliberalismus fehlt und daraus die Möglichkeit entspringt, eine gemeinsame Front bilden zu können, ebensowohl gegen den Paläoliberalismus, wie auch insbesondere gegen Kommunismus und Bolschewismus.“[2]

Mit ihrer Absage an die exakte ökonomische Wissenschaft zugunsten des Irrationalismus, der Psychologie und Religion folgt auch die bürgerliche politische Ökonomie dem Zuge der Zeit, der heute die gesamte bürgerliche Sozialwissenschaft kennzeichnet, nämlich der Ersetzung echter wissenschaftlicher Forschung durch irrationalen Mystizismus. Und durch ihre Verschmelzung mit dem politischen Klerikalismus, der heute in Westdeutschland das ideologische Feigenblatt für Militarismus und Revanchismus abgeben soll, erfüllen die bürgerlichen Wirtschaftswissenschaftler den sozialen Auftrag des Monopolkapitals, indem sie wie einstmals Hitler unter dem Schlachtruf des Antikommunismus der Vorbereitung eines neuen Krieges dienen.

Indem unsere Konferenz sich mit der modernen bürgerlichen politischen Ökonomie auseinandersetzen wird, wird sie zugleich zum Kampfe um Frieden und Fortschritt beitragen.

In diesem Sinne erkläre ich die Konferenz für eröffnet.

---

[1] *Wilhelm Röpke*, Jenseits von Angebot und Nachfrage, Erlenbach-Zürich und Stuttgart 1958, S. 24.

[2] *Alexander Rüstow*, ‚Paläoliberalismus, Kommunismus, Neoliberalismus‘. In: „Das christliche Gewissen und die soziale Marktwirtschaft des Neoliberalismus“, Sonderdruck aus „Junge Wirtschaft“, Zeitschrift für fortschrittliches Unternehmertum, Nr. 2/1960, S. 7.

BEGRÜSSUNGSANSPRACHE DES VIZEPRÄSIDENTEN DER DEUTSCHEN AKADEMIE DER WISSENSCHAFTEN ZU BERLIN

Prof. Dr. W. Steinitz

Im Namen des Präsidiums der Deutschen Akademie der Wissenschaften begrüße ich Sie auf das herzlichste, insbesondere unsere Gäste aus den sozialistischen Ländern, aus Westdeutschland, aus den westlichen Ländern und aus Japan.

Berlin ist gegenwärtig Gegenstand eines besonderen Interesses der internationalen Öffentlichkeit. Jede ideologische Auseinandersetzung, insbesondere aber auf einem so zentralen Gebiet, wie es das Thema Ihrer Konferenz darstellt, erhält daher hier in Berlin einen besonderen Akzent und hat eine besondere Auswirkung.

Schon vor vier Jahren hatte ich die Ehre, eine internationale Konferenz des Instituts für Wirtschaftswissenschaften zu eröffnen. Beide Konferenzen, die von 1956 und unsere jetzige, haben in ihrer Thematik manches gemeinsam. 1956 hieß das Thema: „Wirtschaft und Wirtschaftswissenschaften in Westdeutschland". Wenn man aber die Vorbereitungen dieser beiden Konferenzen miteinander vergleicht – über mehr kann im gegenwärtigen Augenblick ja noch nicht gesprochen werden –, so sieht man den großen Fortschritt in der Arbeit des Instituts für Wirtschaftswissenschaften an unserer Akademie und in der Zusammenarbeit der wirtschaftswissenschaftlichen Akademieinstitutionen aller sozialistischen Länder in den vergangenen vier Jahren.

Ein charakteristischer Zug der Entwicklung der Wirtschaftswissenschaften in den letzten Jahren ist ihre immer stärker werdende Verbindung mit anderen Wissenschaften, insbesondere mit den naturwissenschaftlich-technischen Fächern, aber auch mit der Mathematik und anderen Fächern. Diese Entwicklung wird vom Präsidium unserer Akademie sehr begrüßt und die Teilnahme von Wirtschaftswissenschaftlern an der Arbeit in den verschiedenen Sektionen und Kommissionen der Akademie wird gefördert. Der theoretische wie der unmittelbar praktische Nutzen der Wirtschaftswissenschaft tritt in dieser Zusammenarbeit klar hervor, und der ideologische Einfluß der Wirtschaftswissenschaft mit ihrer ausgearbeiteten marxistischen Methodik auf die anderer Disziplinen ist gerade in unserer Entwicklung von großer Bedeutung. Die Wirtschaftswissenschaft, die noch nicht sehr lange zum Bereich der Deutschen Akademie der Wissenschaften gehört, nimmt also nunmehr einen bedeutenden Platz in deren Tätigkeit ein.

Das Präsidium der Akademie wünscht Ihren Beratungen vollen Erfolg.

II. REFERATE

NEUE TENDENZEN IN DER BÜRGERLICHEN KRITIK AN DER MARXISTISCHEN POLITISCHEN ÖKONOMIE

Dr. STEFAN HERETIK, Bratislava

Seit den siebziger Jahren des vorigen Jahrhunderts, als der Marxismus unbestreitbar über alle übrigen Ideologien in der Arbeiterbewegung zu siegen begann, ist die Apologetik des Kapitalismus in der bürgerlichen politischen Ökonomie unlösbar verknüpft mit offenem oder auf die eine oder andere Art maskiertem Antimarxismus. Ihr Klasseninstinkt ließ die Ideologen der Bourgeoisie bald begreifen, daß – nach Entstehung des Marxismus – den Kapitalismus als beste, einzig mögliche und ewige Form der Gesellschaftsordnung zu verteidigen gleichzeitig bedeutet, die proletarische politische Ökonomie zu „widerlegen", sie zu „vernichten", ihre Unwissenschaftlichkeit und Unhaltbarkeit „nachzuweisen". In der Tat eine Sisyphusarbeit, da die bürgerlichen Ökonomen immer wieder von neuem zu beginnen hatten.

> Lenin schrieb: „Das Wachstum des Marxismus, die Verbreitung und das Erstarken seiner Ideen in der Arbeiterklasse führen unausbleiblich zu immer häufigerer Wiederkehr und zur Verschärfung dieser bürgerlichen Ausfälle gegen den Marxismus, der aus jeder 'Vernichtung' durch die offizielle Wissenschaft immer stärker, gestählter und lebensfähiger hervorgeht."[1]

Alle Bestandteile des Marxismus entfalten sich theoretisch und erweitern und festigen dabei ihren Einfluß in ständigem Kampf gegen die verschiedenartigsten bourgeoisen, reformistischen und revisionistischen Theorien. Der Kampf für die Reinheit der marxistisch-leninistischen Theorie, für die Unantastbarkeit ihres revolutionären Inhalts ist gleichzeitig Kampf für die Herrschaft des Proletariats, für den Sieg des Sozialismus und Kommunismus im Weltmaßstab. Die Dialektik dieses ideologischen Ringens ist so beschaffen, daß die Weltanschauung der Arbeiterklasse aus ihm als immer mächtigere und wirksamere Waffe für eine fortschrittliche Umgestaltung der Welt hervorgeht, die bourgeoise Ideologie hingegen die letzten Reste objektiven Wissenschaftscharakters einbüßt und immer reaktionärer wird.

Die Richtigkeit der marxistisch-leninistischen politischen Ökonomie findet Tag für Tag ihre Bestätigung in der Entwicklung der historisch-gesellschaftlichen Praxis; diese ist es auch, die immer unbarmherziger den unwissenschaftlichen, apologetischen

---

[1] *W. I. Lenin*, Marxismus und Revisionismus. In: Ausgewählte Werke in 2 Bänden, Bd. I, Berlin 1953, S. 73.

und reaktionären Charakter der bürgerlichen ökonomischen Theorie enthüllt. So sind denn die bürgerlichen Ökonomen gezwungen, die Apologetik des Kapitalismus den veränderten Bedingungen der sozial-ökonomischen Situation anzupassen und zusammen mit neuen, „wirksameren" Formen der Apologetik stets neue Formen des Kampfes gegen den Marxismus zu suchen und zu entwickeln. Infolge dieser unausweichlichen und überaus engen Verknüpfung der apologetischen Funktion der bürgerlichen politischen Ökonomie mit ihrer antimarxistischen Einstellung könnte man die Geschichte der hauptsächlichen bourgeoisen ökonomischen Theorien während der letzten 80–90 Jahre sehr wohl als Geschichte der „Reaktionen" der bürgerlichen Ökonomie auf den Marxismus und seine politische Ökonomie schreiben.

In den letzten Jahren stoßen wir in der bürgerlichen Literatur immer häufiger auf Meinungsäußerungen, denen zufolge die heutigen bürgerlichen Ökonomen ihren alten „kritischen" Standpunkt gegenüber dem Marxismus revidiert hätten. In der modernen bürgerlichen ökonomischen Theorie sei ein Prozeß der „Annäherung" an die marxistische politische Ökonomie festzustellen. Um aber zu erkennen, ob im Antimarxismus der heutigen bürgerlichen Ökonomie tatsächlich irgendwelche Änderungen eingetreten sind, was ihre sozialökonomischen Wurzeln und ihr wirklicher Sinn sind, müssen wir – wenigstens kurz – aufzeigen, worin der antimarxistische Inhalt der bürgerlichen politischen Ökonomie bestanden hat, wie er sich entwickelte und welche hauptsächlichen Formen des Kampfes gegen den Marxismus bis vor kurzem vorherrschten.

Gleichzeitig möchten wir darauf aufmerksam machen, daß wir uns in diesem Referat bewußt auf die bürgerliche politische Ökonomie beschränken und nicht beabsichtigen, die neuen Erscheinungen im Antimarxismus der heutigen rechtssozialistischen und revisionistischen Theorien zu analysieren. Wir beschränken uns also auf einige grundlegende neue Tendenzen, die in letzter Zeit, und zwar besonders seit dem zweiten Weltkrieg, in der bürgerlichen Kritik der marxistischen politischen Ökonomie hervortreten, und wir versuchen dabei, diese Tendenzen in allgemeinen Zügen zu analysieren. Diese Einschränkung kann man freilich nicht konsequent einhalten, da der Annäherungsprozeß zwischen den bürgerlichen und den übrigen nichtmarxistischen ökonomischen Theorien schon weit fortgeschritten ist.

I. Die zwei in der bürgerlichen politischen Ökonomie bis Mitte der dreißiger Jahre vorherrschenden Hauptformen des Antimarxismus

Den Einfluß des Marxismus auf die Entwicklung der Methodologie und auf die Abgrenzung des Gegenstandes der bürgerlichen politischen Ökonomie, auf die Auswahl der untersuchten Probleme und auf deren theoretischen Lösung geben heute auch viele bürgerliche Ökonomen zu. So schreibt der Franzose A. Marchal, Marx habe seine Widersacher in dem Sinne angeregt, daß

> „er die Klassiker (d. h. die Vertreter der subjektiven Schule — St. H.) auf den Weg des Marginalismus und die den Historismus vertretenden Ökonomen auf den Weg der ökonomischen Interpretation der Geschichte gebracht hat.“[2]

Der Amerikaner J. M. Clark wiederum erkennt an, daß die marginalistischen Theorien der Distribution als Antwort auf die Lehre des „marxistischen Sozialismus“ entstanden sind, und hebt die hauptsächlichen Verdienste dieser Theorien mit diesen Worten hervor:

> „Sie untergraben die Grundlagen der marxistischen Lehre vom Mehrwert dadurch, daß sie den Wert auf den Nutzen und nicht auf den Arbeitsaufwand gründen, sowie dadurch, daß sie alle — marxistischen und anderen — Formen der Lehre von der Ausbeutung durch eine Theorie ersetzen, nach der alle an der Produktion beteiligten Faktoren nicht nur produktiv sind, sondern auch ein auf ihrem Beitrag zum gemeinsamen Produkt beruhendes Entgelt erhalten.“[3]

Tatsächlich hing der Erfolg der subjektiven Schule, die so überraschend schnell zur herrschenden Richtung der bürgerlichen politischen Ökonomie geworden ist, unmittelbar mit ihrer ideologischen Hauptaufgabe zusammen: der Arbeitswerttheorie eine neue Theorie entgegenzustellen, die die ökonomische Lehre des Marxismus, vor allem seine Theorie der Ausbeutung, an den Wurzeln selbst „widerlegen“ würde. Doch das genügt nicht.

Die marxistische ökonomische Theorie zeigte gleichzeitig, eine wie unzuverlässige und wenig entsprechende Grundlage für die Apologetik des Kapitalismus die klassische bürgerliche Ökonomie bietet.[4] Es mußten deshalb alle Bande zerrissen werden, die die bürgerliche Ökonomie in ihrer vulgarisierten Gestalt noch mit der klassischen politischen Ökonomie verknüpften. Der radikale Bruch mit der wissenschaftlichen Tradition mußte den Gegenstand und Charakter der politischen Ökonomie selbst betreffen. Deshalb konstruiert sich die subjektive Schule künstlich einen neuen

---

[2] *André Marchal*, Méthode scientifique et science économique, Bd. I, Paris 1958, S. 95.

[3] *John Maurice Clark*, Readings in the Theory of Income Distribution, Philadelphia-Toronto 1946, S. 64 f. *J. M. Clark* hebt hier die apologetischen Verdienste seines Vaters *J. B. Clark* hervor, des Begründers des Marginalismus in den Vereinigten Staaten. In seinem Werk „The Distribution of Wealth“, 1899, hat übrigens *J. B. Clark* selbst erklärt, er habe sich die Widerlegung der Beschuldigung, daß die kapitalistische Gesellschaft die Arbeit ausbeute, zur Aufgabe gemacht. An anderer Stelle schreibt *J. M. Clark*, daß „seine (d. h. J. B. Clarks) Behauptungen gegen Marx gerichtet gewesen sind und eine äußerst ernsthafte und keinesfalls unbedeutende Widerlegung von Marx' Ausbeutungs-Theorie darstellen.“ The Development of Economic Thought, New York 1952, S. 610, zit. nach И. Г. Блюмин, Кризис современной буржуазной политической экономии (*I. G. Bljumin*, Die Krise der modernen bürgerlichen politischen Ökonomie), Moskau 1959, S. 147, Fußnote.

[4] Wie *J. M. Clark* schreibt (S. 605), erkläre sich die Bereitwilligkeit der „liberalen Ökonomen“, eine Theorie ganz anderer Art anzunehmen, daraus, daß *Marx* die Ricardosche Theorie in eine Theorie der Ausbeutung verwandelte. (Vgl. *Bljumin*, a. a. O., S. 140, Fußnote.)

Forschungsgegenstand; deshalb gibt sie Begriffen wie „Ökonomik", „wirtschaftliche Tätigkeit", „ökonomische Kategorie" einen Inhalt, der ganz anders ist als bei den bürgerlichen Klassikern und vor allem ganz anders als bei Marx, der doch als erster wissenschaftlich exakt und erschöpfend den Gegenstand der politischen Ökonomie und ihren Charakter als Gesellschaftswissenschaft bestimmt hat.

Zum Forschungsgegenstand der subjektiven Richtung der bürgerlichen politischen Ökonomie wurden die Psychologie des isolierten Individuums, die Empfindungen der Verbraucher bei der Befriedigung ihrer Bedürfnisse auf Grundlage des Grenznutzenprinzips. Die so festgestellten psychologischen Gesetze werden als ewige und unabänderliche Gesetze hingestellt, gültig für jede Gesellschaftsformation. Das apologetische Grundprinzip aller auf dem Marginalismus beruhenden Richtungen besteht somit darin, die konkreten, historisch gegebenen gesellschaftlichen Formen der Produktion und Distribution zu ignorieren und zu vernebeln, müßte doch eine Untersuchung eben dieser Formen zur Einsicht in die unlösbaren Widersprüche des Kapitalismus führen.

Indem sie die eigentlichen ökonomischen Beziehungen, d. h. die im Prozeß der Produktion, des Austausches und der Distribution entstehenden gesellschaftlichen Verhältnisse, aus dem Gegenstand ihrer Untersuchung ausschloß, hörte die bürgerliche politische Ökonomie auf, Gesellschaftswissenschaft zu sein.

> „Das letzte Wort, das die bürgerliche Nationalökonomie dem wissenschaftlichen Sozialismus antwortet, ist die Selbstaufhebung der Nationalökonomie."[5]

Die Richtigkeit dieser Folgerung, zu der Hilferding gelangt ist, ist durch die weitere Entwicklung der subjektiven Schule vollauf bestätigt worden. Bemüht, die „Objektivität", „Neutralität" ihrer „reinen Theorie" zum Unterschied von der „unobjektiven", „klassenmäßigen", auf „politischen, sozialen, moralischen Erwägungen" beruhenden marxistischen politischen Ökonomie nachzuweisen, haben die Vertreter der subjektiven Schule ihre idealistische und formalistische Grundeinstellung gegenüber ökonomischen Erscheinungen ständig weiterentwickelt und vertieft, bis sie schließlich bei der „reinen Logik" der rationalen Wahl zwischen Alternativen landeten.[6]

[5] *Rudolf Hilferding*, Böhm-Bawerks Marx-Kritik. In: Marx-Studien, Bd. I, Wien 1904, S. 61.

[6] Zur Illustration wollen wir einige Definitionen des Gegenstandes der modernen bürgerlichen Nationalökonomie in ihrer am meisten formalistischen und daher am wenigsten inhaltsvollen Gestalt anführen. Nach der knappsten Formulierung ist politische Ökonomie einfach „die Wissenschaft, die sich mit den menschlichen Bedürfnissen und ihrer Befriedigung befaßt" (*Albert L. Meyers*, Elements of Modern Economics, 1937). Die Einheit ihres Gegenstandes ist gegeben „durch die Formen menschlichen Verhaltens beim Verfügen über knappe Mittel" (*Lionel Robbins*, Essay on the Nature and Significance of Economic Science, London 1932, S. 15). Sie besteht „aus einem System allgemeiner Prinzipien und aus der Disziplin der Logik, die zur Erklärung aller vergangenen und gegenwärtigen ökonomischen Probleme verwendet werden kann... Sie hat das Studium der menschlichen Natur zur breiten Grundlage, und ihre elementarsten Lehren können auf alle Bedingungen, unter denen Menschen leben, appliziert werden" (*Kenneth E. Boulding*, Economic Analysis, New York 1941, S. 8). Oder mit anderen Worten:

Alles was dieser inhaltslosen, rein formalistischen Auffassung von „Ökonomie" widersprach, wurde in die Reihe der „außerökonomischen" Faktoren eingegliedert und stellte bloß „Daten" dar, in deren Rahmen die ökonomische Tätigkeit der Wirtschaftssubjekte sich entwickeln sollte. Das künstliche, metaphysische Auseinanderreißen der sogenannten ökonomischen und sogenannten sozialen Momente – wir betonen „sogenannten", weil infolge dieses Auseinanderreißens diese weder ökonomische noch soziale Momente im eigentlichen Sinne darstellen – bildete die Achse, um welche sich die zwei Grundströmungen der modernen bürgerlichen politischen Ökonomie, und zwar des Marginalismus einerseits und andererseits jener Richtungen, die sich als Reaktion und Opposition auf den Marginalismus entwickelten, kristallisierten. In diesem Auseinanderreißen widerspiegelt sich die Unfähigkeit der bürgerlichen Methodologie, in der ökonomischen Analyse die dialektische Einheit des Logischen und des Historischen, des Abstrakten und des Konkreten geltend zu machen.

Die ideologische Hauptwaffe, mit der der Marginalismus gegen die Arbeitswerttheorie zu Felde rückte, war die unwissenschaftliche, vulgäre Bestimmung des Wertes durch den Grenznutzen. Mit dieser „Widerlegung" der Grundlage von Marx' ökonomischer Theorie stürzte nach Ansicht der bürgerlichen Ökonomen sein ganzes ökonomisches Lehrgebäude zusammen, das Böhm-Bawerk mit einem Kartenhaus verglichen hat. Ein weiteres Argument, auf das Böhm-Bawerk und nach ihm auch die übrigen bürgerlichen Kritiker ganz besonderen Wert legten, war der angebliche Widerspruch zwischen der Wert- und Preistheorie von Marx. Der dritte Band des Kapitals enthält nach Böhm-Bawerk „eine Besiegelung des unversöhnlichen Widerspruches, und eine bemäntelte, uneingestandene, beschönigte, aber im Wesen immerhin eine Preisgebung der Lehre des ersten Bandes."[7]

Mit Argumenten, die im wesentlichen die gleichen sind, wurde Marx auch von Vilfredo Pareto „widerlegt". Dieser bezeichnet das „Kapital" als ein unoriginelles und unwissenschaftliches Werk, das nur „Ungenaues und Dunkles" (le vague et l'obscurité) enthalte; und selbstbewußt verkündet Pareto, daß entgegen allen Behauptungen von Marx

> „die nationalökonomische Wissenschaft mit allen ihr zur Verfügung stehenden exakten Hilfsmitteln festgestellt (hat), daß der freie Wettbewerb die notwendige Voraussetzung ist, um der Gesellschaft als ganzem und zugleich dem einzelnen Wirtschaftssubjekt ein Maximum an Wohlstand zu verschaffen, und man kann mit Recht behaupten, daß diese Lehre zu den am besten bewiesenen der Sozialwissenschaft gehört."[8]

„Wirtschaften ist nichts anderes als die fortgesetzte Wahl zwischen verschiedenen Möglichkeiten, und die Nationalökonomie im Grund nichts anderes als die Lehre von den Alternativen" (*Wilhelm Röpke*, Die Lehre von der Wirtschaft, Erlenbach-Zürich 1943, S. 13).

[7] *Eugen v. Böhm-Bawerk*, Kapital und Kapitalzins, Bd. I, Jena 1921, S. 394.

[8] Zit. von *Otto Weinberger*, Das „Kapital" von *Karl Marx* und seine Beurteilung durch *Vilfredo Pareto*, In: „Schmollers Jahrbuch für Gesetzgebung, Verwaltung und Volkswirtschaft", Bd. 76., 1956, H. 5, S. 565.

Länger als dreißig Jahre haben bürgerliche Ökonomen aller Richtungen des Marginalismus, sofern sie Marx kritisierten, im wesentlichen nur Böhm-Bawerks und Paretos Argumente wiedergekäut. Immer wieder versicherten sie, Marx' ökonomische Theorie sei widerlegt, ihre Unhaltbarkeit und Unwissenschaftlichkeit sei eindeutig bewiesen worden. Die Mehrzahl dieser Ökonomen betrachtete es als einfach unvereinbar mit ihrer Würde, Marx in ihren Arbeiten auch nur zu erwähnen. Marx war für sie allenfalls ein Ökonom der „theoretischen Unterwelt", wie sich Keynes über ihn äußerte. Es ging also um eine Art Neuauflage der alten antimarxistischen Taktik des Totschweigens. Aber unter den neuen Bedingungen, unter den Bedingungen des Imperialismus und der allgemeinen Krise des Kapitalismus, vermochte diese Taktik nur mehr sehr ungenügend die elementare Angst der bürgerlichen Ökonomen vor der wissenschaftlichen politischen Ökonomie zu bemänteln, in deren Spiegel das theoretische Unvermögen der bourgeoisen Apologetik sich immer schärfer und unbarmherziger zeigte.

Trotz des „Sieges" der Marginalisten ging der Kampf gegen die marxistische politische Ökonomie auf dem Boden der übrigen Richtungen der bürgerlichen Volkswirtschaftslehre in anderer Gestalt weiter. Jedoch durfte die Bourgeoisie die größten Hoffnungen auf den revisionistischen Antimarxismus setzen, mit dem der „Kampf der antimarxistischen Richtung im Marxismus selbst" begonnen hat (Lenin).

Als Böhm-Bawerk dem Marxismus den sicheren Untergang voraussagte, beeilte er sich hinzuzufügen, daß mit dem Marxismus nicht auch der Sozialismus widerlegt sei; Sozialismus habe es vor Marx gegeben und werde es auch nach ihm geben. Mit anderen Worten: es handelte sich darum, daß es nur kein marxistischer, revolutionärer Sozialismus sein sollte. Und in diesem Sinne sprach Böhm-Bawerk die Hoffnung aus, daß es „die klugen leitenden Köpfe (sc. des Sozialismus) sicherlich nicht versäumen werden, rechtzeitig die Anknüpfung an ein lebensfähiges wissenschaftliches System zu suchen".[9]

Tatsächlich kamen diesem Wunsch recht bald die Revisionisten mit Bernstein an der Spitze nach.[10] Bekanntlich stützen sich die Bestrebungen um eine Revision des Marxismus vorwiegend auf die bürgerliche Kritik und enthalten die Forderung, irgendwie die marxistische und die bürgerliche ökonomische Theorie miteinander zu verknüpfen, was einer Kapitulation gleichkommt. Von seinen Uranfängen an zehrte der Revisionismus nur von den jeweils neuesten antimarxistischen Theorien, setzte ohne irgendwelche theoretische Originalität das Werk des bourgeoisen Antimarxismus fort und suchte ihn in die Reihen der Arbeiterklasse hineinzutragen. Es ist sicherlich mehr als bezeichnend, daß Gide und Rist, die Autoren des

[9] *Eugen v. Böhm-Bawerk*, Zum Abschluß des Marxschen Systems, In: Kleine Abhandlungen über Kapital und Zins, Gesammelte Schriften, Bd. II, Wien 1926, S. 423.

[10] *Böhm-Bawerks* oben erwähnte Arbeit erschien zum erstenmal 1896. Den ersten Artikel, in dem er die Forderung nach einer Revision des Marxismus aussprach, veröffentlichte Bernstein 1897, sein Buch „Die Voraussetzungen des Sozialismus und die Aufgaben der Sozialdemokratie" erschien 1899.

bekannten bürgerlichen Lehrbuches der Geschichte der volkswirtschaftlichen Lehrmeinungen, mit Befriedigung feststellen konnten, daß ihnen der „Neomarxismus" eine eigene Kritik des Marxismus erspart habe. Nicht mit Unrecht fragen sie am Schluß ihrer Ausführungen über den „reformistischen Neomarxismus":

„Was bleibt nun zum Schluß vom Marxismus im Neomarxismus übrig? Es ist nicht so leicht, dies festzustellen."[11]

Mit der Entfaltung der revolutionären Arbeiterbewegung wurde der Kampf gegen den Marxismus und seine ökonomische Theorie auch zum Hauptinhalt *der* Richtungen der bürgerlichen Vulgärökonomie, die als Reaktion auf den abstrakten, individualistischen und unhistorischen Charakter der herrschenden marginalistischen Theorie entstanden waren und sich entwickelt hatten. Die „oppositionellen" Richtungen wie die deutsche historische Schule in ihrer jüngeren und namentlich jüngsten Auflage, ferner die sozialrechtliche Richtung und der Institutionalismus zielen in ihrem Kampf gegen den Marxismus auf einen anderen Problemkreis, verwenden andere Methoden und eine ganz andere Taktik als die subjektive Schule. So ergänzen die beiden Hauptströmungen der bürgerlichen politischen Ökonomie einander in einem sehr hohen Maß, und im Kampf gegen den Marxismus kommt es zwischen ihnen zu einer gewissen Arbeitsteilung.

Die subjektive Schule konzentrierte sich von ihrer „reinen Ökonomie" aus auf die „Widerlegung" der Marxschen Wert- und Mehrwerttheorie; ihre Methode bestand dabei im wesentlichen darin, daß sie alle ökonomischen Kategorien jedweden historischen, gesellschaftlichen, klassenmäßigen Inhalts entkleidete. Die „oppositionellen" Richtungen dagegen bewegen sich auf dem Boden der gesellschaftlichen Verhältnisse, betonen den gesellschaftlichen Charakter der politischen Ökonomie, ihre enge Verknüpfung mit anderen Gesellschaftswissenschaften, namentlich mit der Soziologie; sie erkennen den sozialen und historischen Inhalt der ökonomischen Kategorien an und produzieren verschiedene Theorien der Wirtschaftsentwicklung. Von diesen Positionen aus bekämpfen dann die Vertreter dieser Richtungen den Marxismus scheinbar in seinem eigenen Bereich und mit seinen eigenen Methoden. Ihr Angriff richtet sich vor allem gegen die materialistische Geschichtsauffassung von Marx, wobei sie mit allen Mitteln die Existenz objektiver Gesetze der gesellschaftlichen Entwicklung zu leugnen suchen. Die einen kritisieren den historischen Materialismus als einseitig „ökonomisch" und wollen ihn durch eine pluralistische Konzeption verschiedener gleichwertiger wirtschaftlicher, politischer, moralischer u. ä. Faktoren der gesellschaftlichen Entwicklung ersetzen. Andere wiederum stellen im Geiste des objektiven Idealismus die Dinge völlig auf den Kopf und wollen nachweisen, daß die bestimmende Bewegungskraft der ökonomischen Entwicklung die Religion, der Zeitgeist, ethische Ideale, das Recht u. ä. seien.

Die gegen die herrschenden marginalistischen Theorien auftretenden Richtungen wenden dabei auch noch eine neue Taktik des Kampfes gegen den Marxismus an.

[11] *Charles Gide, Charles Rist,* Geschichte der volkswirtschaftlichen Lehrmeinungen, 3. Aufl., Jena 1922, S. 525.

Während die Vertreter des Marginalismus einmütig das ökonomische System von Marx für unwissenschaftlich und unhaltbar erklären, heben die Vertreter der „oppositionellen" Richtungen den Beitrag von Marx zur Entwicklung der Wirtschaftswissenschaft hervor und legen sogar Wert auf eine Verwandtschaft ihrer eigenen Theorien mit dem marxistischen System. Während Schmoller dem Marxismus im ganzen noch ablehnend gegenübersteht, sparen Max Weber und Werner Sombart schon nicht mehr mit Worten der Bewunderung und Anerkennung an die Adresse der Marxschen Theorie. Sombart z. B. betont, daß sein „Moderner Kapitalismus" „nichts anderes als eine Fortsetzung und in einem gewissen Sinne die Vollendung des Marxschen Werkes sein" will.[12]

J. M. Clark schreibt über Veblen, er habe viele Elemente der marxistischen Ökonomie erneuert, wobei er sie von den „unverdaulichsten Dogmen und Folgerungen" befreit habe. Ein anderer amerikanischer Institutionalist, W. C. Mitchell, bezeichnet Marx sogar als Urheber der institutionalen politischen Ökonomie, da er als erster gezeigt habe, „wie das Studium der Entwicklung der Institutionen unlösbar mit der Analyse ihres Wirkens verknüpft werden kann."[13]

Das Wesen dieser zweiten Taktik ist ganz klar: in verdrehter und verfälschter Gestalt werden gewisse Seiten und Elemente des Marxismus übernommen, um ihn seines tatsächlichen Inhaltes und Sinnes als revolutionäre Theorie der Arbeiterklasse zu berauben und ihn so zu entmannen. An Stelle einer offenen feindseligen Ablehnung geht es hier um eine Deutung dessen, was Marx eigentlich habe sagen wollen, darum, worin er recht gehabt und worin er geirrt habe, wie und wo er im Lichte neuer Tatsachen der gesellschaftlichen Entwicklung und neuer „wissenschaftlicher" Erkenntnisse zu korrigieren und zu ergänzen sei. Diese bürgerliche Abart des Revisionismus gelangt selbstverständlich zu dem Schluß, daß Marx in allen revolutionären Schlußfolgerungen seiner Lehre geirrt habe, weshalb sie dann auch der Verfälschung der Marxschen Lehre von der Klassenstruktur der bürgerlichen Gesellschaft, vom Verhältnis zwischen Bourgeoisie und Proletaritat, eine besondere Aufmerksamkeit widmen muß. In der Verdrehung dieser Fragen machte übrigens in der Zwischenkriegszeit auch die bürgerliche Soziologie gewaltige Anstrengungen.

Die heuchlerische Anerkennung des Beitrages des Marxismus zur Wirtschaftswissenschaft pflegt mit einer Kritik gewisser Mängel des Kapitalismus verbunden zu werden. Diese manchmal auch in eine sozialistische Phraseologie eingekleidete Kritik überschreitet aber nie die Grenze der bürgerlichen Sozialreform. Verfälschung des Marxismus und Mißbrauch einiger seiner Seiten im Dienste eines vulgären

---

[12] Weiter schreibt er über *Marx*: „Mit seiner genialen Fragestellung hat er der ökonomischen Wissenschaft für ein Jahrhundert die Wege fruchtbarer Forschung gewiesen. Alle Sozialökonomen, die sich diese Fragestellung nicht zu eigen zu machen wußten, waren zur Unfruchtbarkeit verdammt, wie wir heute schon mit Sicherheit feststellen können." (*Werner Sombart*, Der moderne Kapitalismus, Bd. III/1, München, Berlin 1928, S. XIX).

[13] *Wesley C. Mitchell*, Human Behaviour and Economics. In: „Modern Economic Thougth"; New York 1947, S. 274 f.

Evolutionismus – das ist der charakteristische Zug der Apologetik des Kapitalismus und der antimarxistischen Position der Richtungen der bürgerlichen politischen Ökonomie, die abseits von der „offiziellen“ marginalistischen Richtung standen.

Es ist gleichzeitig darauf hinzuweisen, daß diese Richtungen viel schneller als die offizielle Ökonomie auf die neuen Bedürfnisse der Apologetik reagierten, wie sie sich aus dem Übergang des Kapitalismus in das monopolistische und staatsmonopolistische Stadium ergaben.

Eine tiefschürfende Charakteristik dieser zweiten Form des bürgerlichen Antimarxismus lieferte 1915 W. I. Lenin, als er in seiner Arbeit „Der Zusammenbruch der II. Internationale“ in kritischer Auseinandersetzung mit dem Struvismus hinwies auf das

> „internationale Bestreben der Theoretiker der Bourgeoisie, den Marxismus 'durch Milde' zu töten, ihn in der Umarmung zu ersticken – durch vorgebliche Anerkennung 'aller' 'wahrhaft wissenschaftlichen' Seiten und Elemente des Marxismus außer seiner 'agitatorischen', 'demagogischen', 'blanquistisch-utopischen' Seite. Mit anderen Worten: Man will vom Marxismus alles nehmen, was für die liberale Bourgeoisie annehmbar ist, einschließlich des Kampfes um Reformen, einschließlich des Klassenkampfes (ohne Diktatur des Proletariats), einschließlich der 'allgemeinen' Anerkennung der 'sozialistischen Ideale' und der Ersetzung des Kapitalismus durch eine 'neue Ordnung' und will 'nur' die lebendige Seele des Marxismus, 'nur' sein revolutionäres Wesen beiseite werfen.“[14]

II. Neue Tendenzen im Antimarxismus der bürgerlichen politischen Ökonomie und ihre sozial-ökonomischen und theoretischen Wurzeln

Man darf wohl sagen, daß bis etwa in die Mitte der dreißiger Jahre diese zwei Taktiken: Ignorierung des Marxismus als eines unwissenschaftlichen Systems auf der einen und die Tendenz, ihn „in der Umarmung zu ersticken“, auf der anderen Seite, die antimarxistische Haltung der beiden Grundrichtungen der bürgerlichen politischen Ökonomie charakterisierten. Änderungen in dieser eigentümlichen Arbeitsteilung, neue Tendenzen im Antimarxismus der bürgerlichen politischen Ökonomie beginnen sich vor allem nach der großen Wirtschaftskrise zu zeigen und treten besonders nach dem zweiten Weltkrieg deutlich hervor. Ein Ausdruck dieser Änderungen ist die wachsende Aufmerksamkeit, die die bürgerliche Literatur der Marxschen ökonomischen Lehre widmet.

Hören wir zunächst, wie die bürgerlichen Ökonomen diese Erscheinung von sich aus beurteilen, die mit nicht geringer Verwunderung konstatieren, daß in den letzten Jahren das Interesse für Marx in den kapitalistischen Ländern stark gewachsen sei. In diesem Zusammenhang sprechen sie von einer „Marx-Renaissance“, von einer „Auferstehung“, „Rehabilitierung“ von Marx, von der wachsenden Anziehungskraft

[14] *W. I. Lenin*, Werke, Bd. 21, Berlin 1960, S. 216.

seines Werkes, von einer neuen Einstellung der bürgerlichen Ökonomie zum Marxismus, einer allmählichen Annäherung der marxistischen und der bürgerlichen politischen Ökonomie, von der Möglichkeit, zwischen beiden eine „große Allianz“ zu schaffen, und von ähnlichem mehr.

Nach Jean Marchal erwägen immer mehr bürgerliche Ökonomen die Möglichkeit, „Marxens Werk ebenso zu betrachten wie das Werk jedes anderen Ökonomen, der einen gültigen wissenschaftlichen Beitrag geliefert hat“.[15] Émile James, ein anderer französischer Ökonom, stellt fest, daß „der Marxismus nicht mehr eine Ketzerei am Rande der echten Wissenschaft ist, er wird ernst genommen, und auch von denen analysiert und kommentiert, die ihm nicht glauben oder seinen Einfluß fürchten“.[16] Der Holländer L. J. Zimmerman spricht von dem Paradox, daß „zu einer Zeit, da der Marxismus als politische Lehre in fast allen westeuropäischen Ländern tot ist, die Nationalökonomen Marx, den Theoretiker, entdecken.“[17]

J. A. Schumpeter betont, daß „der Einfluß von Marx zu den Faktoren der heutigen wissenschaftlichen Situation zu rechnen ist“ und hält sich besonders darüber auf, daß es zu einer „Marxschen Auferstehung“ auch in den USA gekommen sei.[18] Ein verstärktes Interesse unter den englischen Ökonomen für die marxistische politische Ökonomie konstatiert Joan Robinson. Sie schreibt dazu:

> „Bis in die jüngste Zeit wurde Marx in akademischen Kreisen mit verächtlichem Stillschweigen bedacht; nur gelegentlich wurde diese Art der Behandlung durch 'Randbemerkungen', in denen man sich über ihn lustig machte, unterbrochen.“

Jetzt habe sich die Einstellung der westlichen Ökonomen geändert:

> „Ihre Haltung gegenüber Marx, dem führenden Kritiker des Kapitalismus, ist deshalb heute nicht mehr so ablehnend als früher.“

Joan Robinson nimmt an, die akademischen Ökonomen hätten viel von Marx zu lernen, und meint sogar:

> „Die jüngste Entwicklung der akademischen Lehre hat dazu geführt, daß diese heute eine Position einnimmt, die in vielen Belangen an jene von Marx erinnert, und dieser viel näher kommt als der Stellung, die die einzelnen Vorläufer eingenommen haben.“[19]

Der tatsächliche Umfang und Sinn der Änderungen im Verhältnis der heutigen bürgerlichen politischen Ökonomie zum Marxismus wird von diesen Ökonomen allerdings stark übertrieben und gleichzeitig verzerrt. Und die Verwunderung, die aus den angeführten Zitaten herauszuspüren ist, gilt vor allem der Tatsache, daß das

---

[15] *Jean Marchal, Jaques Lecaillon*, La répartition du revenu national, Bd. I, Paris 1958, S. 25 f., Fußnote.

[16] *Émile James*, Histoire de la pensée économique au XXe siècle, Bd. I, Paris 1955, S. 16.

[17] *Louis Jacques Zimmerman*, Geschichte der theoretischen Volkswirtschaftslehre, Köln 1954, S. 106.

[18] *Joseph Alois Schumpeter*, History of Economic Analysis, London 1955, S. 885, und: Kapitalismus, Sozialismus und Demokratie, Zürich 1946, S. 17.

[19] *Joan Robinson*, Grundprobleme der Marxschen Ökonomie, Wien 1951, S. 9 und S. 10 sowie S. 18.

Interesse für Marx auch in die Reihen *der* Ökonomen eingedrungen ist, die im Geiste der traditionellen marginalistischen Theorien erzogen worden sind, in die Reihen der Ökonomen also, die die marxistische politische Ökonomie bis vor kurzem in Bausch und Bogen verwarfen oder sie ignorierten.

Die sozial-ökonomischen Wurzeln der zunehmenden Beachtung, die dem Marxismus von Seiten der bürgerlichen Ökonomen zuteil wird, sind unschwer zu erkennen. Sie liegen in den weltgeschichtlichen gesellschaftlichen Veränderungen, deren Zeugen wir sind. Es handelt sich vor allem darum, daß der objektive Prozeß des Übergangs vom Kapitalismus zum Sozialismus – seit der Großen Sozialistischen Oktoberrevolution in Rußland der Hauptinhalt unserer historischen Epoche – unwiderlegbar das Wirken der Gesetze der gesellschaftlichen Entwicklung beweist, die die marxistische Theorie schon längst aufgedeckt und begründet hat.

Als nach dem zweiten Weltkrieg der Sozialismus zu einem Weltsystem wurde, wurde damit die Ideologie der Arbeiterklasse auf einem Drittel der Erde zur herrschenden Weltanschauung. Auf der theoretischen Grundlage des Marxismus-Leninismus verwirklichen die sozialistischen Länder die wissenschaftliche Politik der Planung und Lenkung der Volkswirtschaft und beweisen in friedlichem Wettkampf mit dem Imperialismus immer überzeugender die gewaltige Überlegenheit des Sozialismus auf allen Gebieten des gesellschaftlichen Lebens. Die Erfolge des Sozialismus bei der planmäßigen Entwicklung der Ökonomik, bei der ständigen Steigerung des Lebensstandards der Bevölkerung, beeinflussen stark das Denken der Menschen und bewirken, daß die Verbreitung der Ideen des Marxismus-Leninismus unter den werktätigen Massen der kapitalistischen Länder unaufhaltsam fortschreitet.

Als Folge alles dessen haben sich auf der anderen Seite alle sozialökonomischen und politischen Widersprüche des imperialistischen Systems vertieft, und der Klassenkampf zwischen Bourgeoisie und Proletariat, zwischen Kapitalismus und Sozialismus hat sich verschärft. In der heutigen Epoche der allgemeinen Krise des Kapitalismus treten diese Widersprüche schon so offen und scharf hervor, daß auch die moderne bürgerliche politische Ökonomie sie, wenn auch in verzerrter und oberflächlicher Sicht, anerkennen muß. Diese erzwungene Anerkennung führt aber dazu, daß die bürgerlichen Ökonomen eine ganze Reihe traditioneller Dogmen, Theorien und Hypothesen, die bis vor kurzem Grundpfeiler ihrer ökonomischen Apologetik gewesen sind, aufgeben müssen. Darin besteht das Wesen der tiefen Krise, die heute die bürgerliche politische Ökonomie durchmacht und deren Hauptzüge I. G. Bljumin in seiner letzten Arbeit analysiert hat.[20]

Die bürgerliche Ökonomie baut heute die Apologetik des Kapitalismus und daher auch ihren Antimarxismus auf neuen theoretischen Grundlagen auf; es ist nur selbstverständlich, daß sie dabei nicht mehr mit der alten Taktik und mit den alten antimarxistischen Argumenten, die ja vor einigen Jahrzehnten in einer anderen sozialökonomischen Situation ausgearbeitet worden waren, auskommen kann.

---

[20] Vgl. *I. G. Bljumin*, a. a. O.

Die imperialistische Bourgeoisie mobilisiert alle Elemente ihrer ideologischen Front, um den siegreichen Vormarsch der Ideen des Marxismus-Leninismus aufzuhalten und um die theoretischen Grundlagen des sozialistischen Weltsystems zu zerstören. Ihre hervorstechenden Merkmale sind heute nicht nur Haß gegen die Arbeiterklasse und die Länder des sozialistischen Lagers, sondern auch tödliche Angst vor dem Untergang des Kapitalismus. Dabei tritt der Antikommunismus als Hauptinhalt der imperialistischen Ideologie in den verschiedensten Gestalten und Verkleidungen auf und zeichnet sich durch eine weite Tonskala aus, die von den gröbsten und primitivsten Angriffen auf den Sozialismus und die sozialistischen Länder über verschiedene „gelehrte" Versuche, Marx neuerlich zu widerlegen, bis zu dem Bemühen reicht, seine ökonomische Lehre den neuen Bedürfnissen der Apologetik des heutigen Kapitalismus anzupassen.

Dies ist der sozialökonomische, ideologische und theoretische Hintergrund des steigenden Interesses an Marx in den kapitalistischen Ländern. In diesem erhöhten Interesse spiegeln sich, im Vergleich mit einer nicht allzu fernen Vergangenheit, gewisse Veränderungen und neue Tendenzen in der Einstellung der bürgerlichen Ökonomen zum Marxismus. Welches sind die Haupttendenzen, um die es hier geht?

a) Die umfangreiche, Marx' Lehre gewidmete bürgerliche Literatur zeugt vor allem davon, daß im Kampf gegen den Marxismus heute die ganze bürgerliche Gesellschaftswissenschaft weitgehend aktiv geworden ist. In dieser „Offensive" kommt ein wichtiger Platz den bürgerlichen Ökonomen zu, die die alte Taktik des Ignorierens des Marxismus aufgeben, sich aber gleichzeitig bewußt sind, daß sein steigendes Ansehen andere Formen des Kampfes als den offenen, frontalen Angriff erfordert.

Es ist die Aufgabe der bourgeoisen „Marxologen", deren Zahl unaufhörlich zunimmt, neue Argumente für die Widerlegung und Überwindung des Marxismus zu erfinden, seinen Inhalt zu verfälschen, den einzelnen Bestandteilen des Marxismus einen den Interessen der imperialistischen Bourgeoisie entsprechenden Sinn zu geben. Verdrehungen des Marxismus werden in die verschiedensten Formen der sozialen Demagogie, ja sogar direkt in eine sozialistische Phraseologie eingekleidet, je nachdem an welche Bevölkerungsschichten sie adressiert werden, um in ihnen den Einfluß des Marxismus zu paralysieren. In den letzten Jahren treten als solche „Vernichter" des Marxismus am aktivsten die Ideologen des politischen Klerikalismus mit den katholischen „Marxologen" an der Spitze auf.

Dabei gewährt der heutige Revisionismus und Reformismus der bürgerlichen Ideologie die ausgiebigste Hilfe im Kampf gegen den Marxismus. Die bürgerliche und die rechtssozialistische ökonomische Theorie haben sich heute einander schon so weit angenähert, daß die Hauptunterschiede zwischen ihnen nur mehr die soziale Demagogie betreffen, die ja die Rechtssozialisten der Arbeiterschaft mundgerecht machen müssen, an die sie sich in erster Linie wenden. Von dieser Annäherung zeugt z. B. besonders anschaulich die Tatsache, daß das antimarxistische Buch des bürgerlichen Ökonomen J. A. Schumpeter über „Kapitalismus, Sozialismus und Demokratie“ für die Rechtssozialisten zum grundlegenden Lehrbuch des „demokratischen“ Sozialismus und zur Quelle „wissenschaftlicher“ Argumente für die Theorie des friedlichen Hineinwachsens des Kapitalismus in den Sozialismus geworden ist. Aber wohl die größte Übereinstimmung herrscht zwischen bürgerlichen und reformistischen Ökonomen in den Bemühungen, den Marxismus zu verfälschen. In dieser Richtung steigerten auch die Rechtssozialisten ihre Aktivität; und niemals vorher ließen sie in so kurzer Zeit eine solche Menge antimarxistischer Literatur erscheinen, wie nach dem zweiten Weltkrieg. Diese gesteigerte Aktivität finden wir bei den Theoretikern sowohl der reformistischen Parteien, die sich niemals zum Marxismus bekannt haben, wie der sozialdemokratischen Parteien, die sich erst nach dem zweiten Weltkrieg auch formell von ihm losgesagt haben.[21]

b) Hinter der neuzeitlichen bürgerlichen „Rehabilitierung von Marx“ verbirgt sich ferner die weite Verbreitung jener Tendenz, die Lenin als Tendenz, „den Marxismus in ein für die Bourgeoisie unschädliches ‚Heiligenbild‘“ zu verwandeln, charakterisiert hat.[22] Diese Tendenz ist, wie schon erwähnt, weit über die Grenzen jener Richtungen der bürgerlichen politischen Ökonomie gedrungen, auf die sie ursprünglich beschränkt war. Das beweist, daß das Leben selber die alten antimarxistischen Argumente der bürgerlichen Ökonomie diskreditiert hat. Man hält es deshalb heute für taktisch zweckmäßiger, verschiedene Seiten der Marxschen Lehre positiv hervorzuheben, in ihr einen Vorläufer verschiedener moderner ökonomischer Theorien zu entdecken, Marx für sich zu annektieren und seine Lehre den neuen Bedürfnissen der Apologetik des Kapitalismus anzupassen. Das Hauptziel dieser Taktik ist die Verhüllung und Leugnung des prinzipiellen Gegensatzes zwischen marxistischer und nichtmarxistischer politischer Ökonomie.

Jedoch bedeutet das Erstarken dieser Tendenz keineswegs, daß die alte Böhm-Bawerk-Paretosche „Widerlegung“ der Marxschen ökonomischen Lehre ihre Bedeutung eingebüßt hätte. Ganz im Gegenteil – sie erfreut sich auch weiterhin als Arsenal von Argumenten gegen die Arbeitswerttheorie eines großen Ansehens unter den bürgerlichen Ökonomen; weithin wird insbesondere das Bestehen von Widersprüchen zwischen dem I. und dem III. Band des „Kapitals“ behauptet, also die Ansicht vertreten, daß Marx letzten Endes zur vulgären Theorie der Produktionskosten übergegangen sei. Doch soll das nicht mehr den Zusammenbruch des ganzen Systems bedeuten, da, wie z. B. Eduard Heimann schreibt, „die Hauptteile von Marx’ Werk

---

[21] Obwohl wir, wie schon erwähnt, uns in diesem Referat nicht mit den besonderen Zügen des Antimarxismus der reformistischen ökonomischen Theorien befassen, wollen wir wenigstens die Autoren der bekanntesten, nach dem zweiten Weltkrieg erschienenen Arbeiten dieser Art erwähnen; so in Westdeutschland *Theimer*, *Sering*, *Sternberg*, *Arndt*, *Kühne*, *Kofler* usw., in Österreich *Benedikt Kautsky*, *März*, *Czernecz*, in Frankreich *Laurat*, *Rubel*, *Rimbert*, *Philippe*, in England *Strachey*, *Cole*, *Crosland* usw.

[22] *W. I. Lenin*, Werke, Bd. 21, a. a. O., S. 216.

nicht davon betroffen werden, einfach, weil sie in Wirklichkeit nicht auf der Grundlage des Arbeitswerts errichtet sind".[23]

Allerdings nimmt eine große Anzahl bürgerlicher Ökonomen gegenüber der politischen Ökonomie des Marxismus auch weiterhin eine offen feindselige und eindeutig ablehnende Haltung ein und übernimmt Böhm-Bawerks Schlußfolgerungen in vollem Umfang.[24] Ihnen zufolge hat „Marx als Nationalökonom theoretisch heute nichts mehr zu sagen"[25], denn seine „wirtschaftlichen Theorien erwiesen sich vom Anfang bis zum Ende als ein Irrtum".[26] Hierher gehören vor allem die Ökonomen des heutigen anti-keynesianischen Lagers, die jedwedes „Zugeständnis" an den Marxismus für äußerst gefährlich für das Fortbestehen des Kapitalismus erklären und mit Schrecken gewisse „verwandte" Züge zwischen der Theorie von Marx und der von Keynes feststellen.

c) Und schließlich zeigen in letzter Zeit die bürgerlichen Ökonomen ein steigendes Interesse an der ökonomischen Lehre von Marx, die an sie unter dem Losungswort „marxistische Analyse ohne Marxismus" herangehen. Diese Ökonomen sind bereit, aus der Marxschen ökonomischen Methode und Theorie nur gewisse Elemente und Seiten rein als „neutrale Instrumente der Analyse" zu übernehmen, ohne aber dabei auch nur im geringsten ihre bourgeoise Position aufzugeben oder irgend etwas von der proletarischen Weltanschauung zu übernehmen.

Diese weitere Tendenz in der Einstellung zum Marxismus ist in erster Linie ein Ausdruck der Krise der bürgerlichen politischen Ökonomie und hängt mit gewissen Momenten in deren neuester methodisch-theoretischer Entwicklung zusammen. Grundlage jener Tendenz ist die ganz und gar irreale Vorstellung mancher bürgerlicher Ökonomen über einen Ausweg aus dieser Krise. Sie glauben, daß durch Übernahme gewisser Elemente aus der Marxschen ökonomischen Lehre die Mängel der alten „orthodoxen" bürgerlichen Theorie zu überwinden seien, die ökonomische Analyse an die kapitalistische Wirklichkeit angenähert werde und namentlich jene Probleme der bürgerlichen Ökonomik und Wirtschaftspolitik gelöst werden könnten, die bisher vernachlässigt wurden. Es handelt sich dabei vor allem um die mit den Perspektiven des Kapitalismus verknüpften Probleme, um die Probleme also, die der bürgerlichen Ökonomie durch die allgemeine Krise des Kapitalismus auf der heutigen Stufe ihrer Entwicklung aufgegeben worden sind.

---

[23] *Eduard Heimann*, Geschichte der volkswirtschaftlichen Lehrmeinungen, Frankfurt 1949, S. 176.

[24] *Wilhelm Röpke* z. B. schreibt, daß mit der völligen Unhaltbarkeit der Arbeitswerttheorie „der ganze Rest an Fundamentaltheorien des Marxismus (Mehrwertlehre, Zusammenbruchslehre) über Bord" gehe, und ganz wie *Böhm-Bawerk* vergißt er nicht, hinzuzufügen, daß das „beileibe nicht bedeute, daß der Sozialismus unsinnig ist, sondern nur, daß man ihn jedenfalls so nicht begründen kann" (*W. Röpke*, a. a. O., S. 17 f.).

[25] *Richard Kerschagl*, Was kann *Marx* uns heute noch sagen? In: „Schmollers Jahrbuch ...," 80. Jg., 1960, Nr. 2, S. 208.

[26] *Adolf Weber*, Das Arbeitseinkommen und unsere wirtschaftliche Not, München 1951, S. 9.

Alle diese neuen Tendenzen in der bürgerlichen Kritik der marxistischen politischen Ökonomie, von denen wir eben gesprochen haben, treten freilich nicht immer voneinander isoliert und selbständig auf, sondern gewöhnlich durchdringen sie einander und fließen zusammen. Ihr gemeinsamer Nenner sind die Apologetik des heutigen Kapitalismus und der Antimarxismus, der jedoch nicht mehr offen, als Frontalangriff, betrieben wird, sondern in verschiedenen indirekten, raffinierteren und manchmal auch „gelehrteren" Formen.

III. Übergang vom offenen Angriff zu verhüllten Formen des Kampfes gegen den Marxismus

Das Ansehen des Marxismus ist heute schon so groß, daß auch die aktivsten Vertreter der heutigen antimarxistischen „Offensive", die Theoretiker des politischen Klerikalismus begriffen haben, wie ungeeignet der offene, direkte Angriff ist. Treffend hat ihre Taktik der französische katholische Ökonom Henri Bartoli zusammengefaßt, indem er schrieb:

> „Dem Marxismus kann man nicht begegnen, indem man ihm Teilkritiken und kritisches Stückwerk entgegenstellt, das seine Kohärenz, Einheitlichkeit und Größe ignoriert und nicht eine gleichermaßen kohärente, einheitliche und große Doktrin vorlegt... Dem Marxismus begegnet man dadurch, daß wir ihn übernehmen, d. h. daß wir die Probleme stellen, die er stellt, und ihnen eine Lösung geben, die die Lösungen umfaßt und überwindet, die er bietet."[27]

Diese für die klerikalen Theoretiker gewiß nicht leichte Aufgabe – den Marxismus zu übernehmen und ihn zu überwinden – setzt voraus, daß das ganze marxistische System in religiös-theologischem Sinn ausgelegt wird. Es ist deshalb nicht überraschend, daß bei dieser besonderen Art der Verfälschung des Marxismus besondere Verdienste französische Jesuiten, wie Bigo, Calvez, Chambre, und andere katholische Ökonomen erworben haben. In ihren Werken erscheint der Marxismus als Religion, die marxistische politische Ökonomie als Ethik und Marx als ethischer Sozialist.[28] Ganz besonders heben sie den humanistischen Gehalt des Marxismus hervor, den sie darin sehen, daß der Marxismus die Situation des Menschen im

---

[27] *Henri Bartoli*, Science économique et travail, Paris 1957, S. 305.

[28] Im Verlauf weniger Jahre sind in Frankreich drei größere, dem Marxismus gewidmete Arbeiten französischer Jesuiten erschienen: *P. Bigo*, Marxisme et l'humanisme, 1954; *Henri Chambre*, Le marxisme en l'Union soviétique, 1955; *Jean Yves Calvez*, La pensée de Karl Marx, 1956. In demselben Geiste sind zwei Arbeiten von *H. Bartoli* geschrieben: La doctrine économique et sociale de Karl Marx, 1950, und Science économique et travail, 1957, sowie das Buch von A. Piettre, Marx et marxisme, 1957. Eine ähnliche religiös-theologische Verfälschung des Marxismus finden wir auch in den beiden Bänden der „Marxismus-Studien", 1954 und 1957, herausgegeben von den Evangelischen Akademien in Westdeutschland.

Kapitalismus treffend als Zustand der „Entfremdung" erklärt habe. Doch zeige der Marxismus nicht den richtigen Weg zur Beseitigung dieser „menschlichen Entfremdung"; die einzige Lösung böten die christliche Moral und der christliche Humanismus. Hier wird im Kampf gegen den wissenschaftlichen Kommunismus der schon so oft diskreditierte reaktionäre christliche Sozialismus in neuer Gestalt wiederbelebt, wobei seine Anziehungskraft diesmal durch die Einkleidung in ein pseudomarxistisches Gewand gesteigert werden soll.

Es ist bekannt, daß die Grundlage dieser absurden Fälschung des Marxismus eine vollkommen entstellte Auslegung der Theorie der Entfremdung in Marx' Frühschriften ist. So knüpfen die heutigen klerikalen Antimarxisten an ältere sozialdemokratische Versuche anfangs der dreißiger Jahre an, bei denen es ebenfalls darum ging, Marx' Frühschriften gegen die Werke aus seinem reifen Alter auszuspielen und den ganzen Inhalt des „Kapitals" mit Hilfe einiger aus dem Zusammenhang gerissener Zitate aus den „Ökonomisch-philosophischen Manuskripten" zu verfälschen.

Die klerikalen Verfälscher des Marxismus legen die „Entfremdung" als ewige Kategorie aus und geben ihr einen rein religiös-theologischen Inhalt. In Wahrheit aber hatte die Kategorie der „Entfremdung" bei Marx stets einen konkreten historischen Inhalt, und einzig und allein in diesem Sinne spielte sie eine wichtige Rolle im Prozeß der Entstehung und Entwicklung der marxistischen Theorie. Diente sie doch zunächst als Instrument, mit dessen Hilfe Marx Hegels Idealismus und Feuerbachs anthropologischen Materialismus überwand, während sie gerade in den „Ökonomisch-philosophischen Manuskripten" zum Ausgangspunkt der Analyse der kapitalistischen Produktionsverhältnisse als eines historisch vergänglichen Stadiums der gesellschaftlichen Entwicklung wurde. Im „Kapital" selbst versteht Marx unter Entfremdung die sozialökonomische Tatsache des Fetischcharakters der kapitalistischen Produktionsverhältnisse, ihre verdinglichte Gestalt, in der sie die Menschen beherrschen, statt selbst von den Menschen beherrscht zu werden. Daraus folgt, daß die Beseitigung der Entfremdung die Beseitigung der kapitalistischen Produktionsverhältnisse bedeutet, und die einzig mögliche Art ihrer Beseitigung zeigt eben die Entwicklung der inneren Widersprüche des Kapitalismus selbst. Die Existenz objektiver, von Marx enthüllter Gesetze des Kapitalismus, d. h., die Unausweichlichkeit der proletarischen Revolution zu leugnen – das ist der Sinn dieser neuen, theologischen Gestalt des Revisionismus, ebenso wie jedes anderen Revisionismus und jeder bürgerlichen Kritik des Marxismus.

Dieser neueste katholische „Revisionismus" mündet in überaus nebelhafte und verworrene Erwägungen über die Möglichkeit eines „Dritten Weges" und in Angriffe auf die Sowjetunion und die übrigen sozialistischen Länder, wo die theologischen Antimarxisten neue, noch schlimmere Formen der „Entfremdung menschlichen Wesens" als im Kapitalismus entdeckt haben wollen. So treffen sie sich auf einer Linie mit dem bourgeoisen und rechtssozialistischen Reformismus.

Für die gegenwärtige Situation der bürgerlichen politischen Ökonomie ist es sicherlich ungemein charakteristisch, daß die Phantasien dieser Jesuitenpater auch in den

Kreisen der akademischen Ökonomen lebhaften Widerhall und Sympathien gefunden haben. Davon zeugt die begeisterte Einleitung, die André Marchal zu einem Buch von Henri Bigo schrieb; und Jean Marchal, der Autor der Arbeit „Deux essays sur le marxisme" (1955), gesteht, er kenne Marx vor allem aus Bigos Werk. Auch die Darstellung des Marxismus, die unlängst ein anderer Pariser Professor, André Piettre, geliefert hat, geht durchaus von der theologischen Theorie der Entfremdung aus.[29]

Die mystische Auslegung des humanistischen Gehalts des Marxismus inspirierte die französischen Ökonomen besonders in ihren Bemühungen, die politische Ökonomie zu einer „humanistischen", „menschlichen" Wissenschaft zu machen. In dem Buch „Science économique et travail" fordert Henri Bartoli, die politische Ökonomie möge ihre „Neutralität" aufgeben und solle zu einer kämpferischen Wissenschaft werden, die dem entstehenden „Humanismus der Arbeit" aktiv bei der Umgestaltung der „Zivilisation des Geldes" in eine „Zivilisation der Arbeit" helfen würde. Man kann wohl schwerlich einen überzeugenderen Beleg für den tiefen Verfall und die Zersetzung der bürgerlichen politischen Ökonomie finden, als diese Flucht in die Mystik, den Irrationalismus und den Fideismus.

Die neuen Formen der bürgerlichen Kritik der politischen Ökonomie des Marxismus sind auch heute mit neuen Formen der bourgeoisen Apologetik auf das engste verbunden, durch die, entsprechend den Bedürfnissen der herrschenden monopolistischen Bourgeoisie und in deren Interesse, die Veränderungen erklärt werden sollen, die der heutige Kapitalismus durchmacht.

Eine Richtung der neuesten bürgerlichen Apologetik schuf eine ganze Reihe von Theorien, die die Entstehung eines „neuen Kapitalismus" verkünden, der vom Kapitalismus des 19. Jahrhunderts völlig verschieden sein soll, den Marx einer ökonomischen Analyse unterzogen hat. Diese Theorien treten in verschiedenartigster Gestalt auf. Hierher gehören verschiedene Versionen des „Volkskapitalismus", ferner Theorien der sogenannten „entwickelten industriellen Gesellschaft", die sämtliche charakteristische Züge ihres niedrigeren kapitalistischen Stadiums verloren haben soll, ferner Theorien über die Entstehung einer „Gesellschaft der Mittelstände", die angeblich auf eine klassenlose Gesellschaft zustrebt oder sie sogar schon vorstellen soll; und es fehlen auch nicht Theorien, die den heutigen Kapitalismus mit dem Sozialismus gleichsetzen.

Die Vertreter dieser Theorien mühen sich mit dem Nachweis ab, daß die wissenschaftlichen Verdienste von Marx nur für die Vergangenheit gelten. Marx habe angeblich nur einige im Kapitalismus des 19. Jahrhunderts ablaufende Prozesse richtig analysiert, habe jedoch die Veränderungen, die zur Entstehung einer „neuen Gesellschaft" geführt hätten, weder gesehen noch vorausgesehen; deshalb sei seine Lehre heute veraltet und durch die neueste sozial-ökonomische Entwicklung überholt.

Verschiedene Theorien über die „Transformation des Kapitalismus" gehen vorwiegend von den bürgerlichen Soziologen und soziologisierenden Ökonomen aus und

---

[29] *André Piettre,* Marx et marxisme, Paris 1957.

berufen sich auf die angeblichen Änderungen in den „soziologischen", „psychologischen" und anderen „nichtökonomischen" Momenten. Sie entdecken bei der Untersuchung der gesellschaftlichen Struktur, der Eigentumsverhältnisse, der Organisationsformen der Produktion usw. verschiedene „Revolutionen", die im gegenwärtigen Kapitalismus vor sich gingen oder gehen, wie z. B. eine angebliche Revolution in den Eigentumsverhältnissen, in der Einkommensverteilung und in der Klassenstruktur der „westlichen" Gesellschaft, eine Revolution der Manager und ihres psychologischen Verhaltens, oder eine technische Revolution, die die soziale Revolution überflüssig machen würde, u. ä. m. Diese Form der Apologetik des heutigen Kapitalismus ist – besonders in ihren phantastischsten Versionen – bisher nur in geringem Maße in die Kreise der akademischen bürgerlichen Ökonomen eingedrungen. Doch darf man sich das nicht damit erklären wollen, daß es eine namentlich für die Irreführung der Massen nicht „gute" Apologetik wäre, da ja heute der ganze Apparat der imperialistischen Propaganda gerade diese Theorien am meisten ausnutzt. Vielmehr ist jene Tatsache einfach damit zu erklären, daß die verschiedenen „soziologischen" oder „sozialen" Faktoren, auf die sich diese Form der Apologetik stützt, vorläufig nicht in den Gegenstand der „Ökonomik" eingegangen sind, wie ihn heute die offizielle bürgerliche Ökonomie vorwiegend auffaßt. Jedoch ist das allmähliche Eindringen sogenannter außerökonomischer Faktoren in die „reine Ökonomie" unserer Meinung nach eine der Haupttendenzen in der Entwicklung der gegenwärtigen bürgerlichen Apologetik.

Die eigentliche, man könnte sagen „politisch-ökonomische" Apologetik des Kapitalismus hat zwei Grundformen. Sie entsprechen den beiden Hauptrichtungen der heutigen bürgerlichen politischen Ökonomie: der neoliberalen und der Keynes-Schule. Bekanntlich stehen beide Richtungen im wesentlichen auf der Grundlage der marginalistischen Theorie, und die Unterschiede zwischen ihnen betreffen vor allem die Frage des Funktionierens des Mechanismus der inneren Kräfte der kapitalistischen Ökonomik. Den Unglauben der herrschenden Keynesschen Richtung gegenüber dem automatischen Funktionieren des kapitalistischen Marktmechanismus erklären die Neoliberalen als Untergraben der eigentlichen Grundlagen des Kapitalismus, als Zugeständnis, „hierin jenen Zusammenbruch der ‚kapitalistischen' Wirtschaftsordnung sehen zu müssen, der von Marx vorausgesagt wurde . . ."[30]

Im Rahmen der Kritik der Keynesschen Theorie propagieren die Gegner der „Neuen Lehre" oberflächliche Analogien zwischen Marx und Keynes und entwickeln eine neue Variante der Konzeption von der „zeitlichen und räumlichen Gültigkeit" der Marxschen ökonomischen Theorie.

Sie weisen darauf hin, daß beide Systeme, Marx' sowohl wie Keynes', sich auf eine einmalige historische Situation gestützt und Erfahrungen einer bestimmten kurzen, vorübergehenden Periode in der Wirtschaftsentwicklung Englands verallgemeinert hätten. In beiden Fällen seien Störungen im marktwirtschaftlichen Mechanismus

[30] *Albrecht Forstmann*, Neue Wirtschaftslehren, Berlin 1954, S. 31.

durch besondere „exogene“ Einflüsse hervorgerufen worden: in Marx’ Fall durch die stürmische Entwicklung der Technik im vergangenen Jahrhundert, in Keynes’ Fall durch die Folgen des ersten Weltkrieges. Deshalb sei der gemeinsame fundamentale Mangel sowohl der Marxschen wie der Keynesschen Theorie das Fehlen einer Unterscheidung zwischen „endogenen“ und „exogenen“ Faktoren.[31]

An dieser Form des Antimarxismus, die der Verteidigung der neoliberalen Grundlehre vom automatischen Wirken des kapitalistischen Gleichgewichtssystems, von dem nur störende Eingriffe von außen ferngehalten werden müssen, dient, ist vor allem beachtenswert, daß sie kritisch und ablehnend Marx’ wissenschaftliche und Keynes’ vulgäre ökonomische Theorie auf eine Ebene stellt. Dieses Moment, die absichtliche Vermengung der Grenzen zwischen marxistischer und bürgerlicher politischer Ökonomie tritt noch deutlicher bei der „positiven“ Assimilation der marxistischen ökonomischen Lehre durch die Vertreter des Keynesianismus hervor.

Die bürgerlichen Kritiker, denen zufolge die ökonomische Theorie von Marx – nicht die ganze, sondern nur einzelne Lehrsätze – nur die Vergangenheit des Kapitalismus erklärt und bei der Analyse der Gegenwart nicht verwendet werden könne, schöpfen ihre Argumente vorwiegend aus den Arbeiten der neuesten Revisionisten und Reformisten und zusammen mit ihnen ignorieren sie völlig die Leninsche Etappe in der Entwicklung der marxistischen politischen Ökonomie. Lenin erklären sie für einen Politiker, einen Mann der Tat, der nichts Neues zur ökonomischen Theorie beigetragen habe.[32]

Im heutigen bürgerlichen Antimarxismus begegnen wir nur überaus selten einer konkreten Kritik der Leninschen Theorie des Imperialismus und der allgemeinen Krise des Kapitalismus. Wie man sieht, gehen die bourgeoisen Apologeten der Lehre, die das Wesen des heutigen monopolistischen und staatsmonopolistischen Kapitalismus, seine Fäulnis und seinen Parasitismus enthüllt, lieber aus dem Weg; denn gerade dieses Wesen des gegenwärtigen Kapitalismus suchen sie in ihren Theorien auf alle nur mögliche Weise zu verhüllen und zu entstellen.

Es ist sicherlich kennzeichnend, daß sie den Imperialismus auch in den seltenen Fällen, in denen sie sich mit ihm befassen, für ein schon überwundenes Stadium in der Entwicklung des Kapitalismus erklären. Darum haben sich auf Keynesscher

---

31 *Albrecht Forstmann*, a. a. O., 448 ff. Vgl. auch die Arbeit von *Václav Holý*, Über die Zeitgebundenheit der Kreislauftheorien von *Quesnay*, *Marx und Keynes*, Zürich 1957. Dieser Autor betont ausdrücklich, daß „das ausgesuchte Untersuchungsobjekt von *Marx* ‘Kapital’ die kapitalistische vollentwickelte Realität der industriell orientierten Volkswirtschaft Englands war, weshalb dann alle Begriffe, welche er im ‘Kapital’ benutzte, eben an diese einmaligen Verhältnisse angepaßt waren. Von dieser Basis (die entscheidend zur Zeitgebundenheit der Marxschen Thesen beiträgt) ausgehend, entwickelte er dann alle seine ökonomisch relevanten Anschauungen“ (S. 148 f.).

32 So schreibt z. B. *Joseph A. Schumpeter*: „Lenin war ein Mann der Tat, einer der scharfsinnigsten und klarblickendsten Taktiker aller Zeiten. . . . . Zur ökonomischen Analyse trug er nichts bei, was nicht schon Marx oder die deutschen Marxisten antizipiert hätten“ (History of Economic Analysis, S. 879).

Grundlage unlängst L. J. Zimmerman und F. Grumbach bemüht.[33] Nach ihnen habe der Imperialismus, den sie mit imperialistischer Außenpolitik gleichsetzen, eine wichtige Rolle nur bis zum ersten Weltkrieg gespielt, als er durch Gewinnung ausländischer Märkte die effektive Nachfrage stabilisiert, die Wirtschaftszyklen gemildert und Vollbeschäftigung garantiert habe. Heute dagegen habe, so behaupten sie, die imperialistische Politik ihre wirtschaftliche Bedeutung eingebüßt, da es schon beinahe gar keine Möglichkeiten für ausländische Investitionen mehr gäbe. So gelangen sie zu dem apologetischen Schluß, daß die kapitalistischen Länder schon das imperialistische Stadium überwunden hätten, wobei sich gezeigt haben soll, daß das Ende des Imperialismus nicht auch das Ende des Kapitalismus, sondern nur den Beginn der Epoche eines „Kapitalismus der Staatskontrolle" bedeutet; in ihr werde der „Automatismus" der imperialistischen Politik bei Gewährleistung der Vollbeschäftigung und eines hohen Volkseinkommens durch Staatseingriffe ersetzt.

IV. Versuche, die Marxsche ökonomische Theorie den neuen Bedürfnissen der Apologetik des heutigen Kapitalismus anzupassen

Die Hauptform der Apologetik, mit der die bürgerliche politische Ökonomie in der Epoche der allgemeinen Krise des Kapitalismus auf den revolutionären Marxismus reagierte und auf die Entstehung des sozialistischen Systems antwortete, stellen unbestreitbar die Keynessche Lehre und alle von ihr ausgehenden Theorien dar. Der fundamentale Auftrag des Keynesianismus war, das tief erschütterte Vertrauen in die Lebensfähigkeit und Zukunft des Kapitalismus wiederherzustellen und so einen Damm gegen die Verbreitung des Marxismus-Leninismus aufzurichten. In dieser Aufgabe liegt das Geheimnis des großen Erfolges und der raschen Verbreitung der verschiedenen keynesianischen Theorien.

Die äußerste Zuspitzung aller Widersprüche des Kapitalismus spiegelt sich bei Keynes und seinen Anhängern in dem Geständnis, daß das automatische Funktionieren der Marktmechanismen keine stetige und stabile Entwicklung der kapitalistischen Ökonomik zu gewährleisten vermag. Das Allheilmittel, das die Keynesianer für alle Schwächen und Mängel des gegenwärtigen Kapitalismus erfunden haben, ist ganz einfach: Aufgabe der Politik des Laissez-faire und ihre Ersetzung durch eine Politik des aktiven Eingriffes des bürgerlichen Staates in die Wirtschaft. Dann sei der Kapitalismus nicht mehr zum Untergang verurteilt, könne vielmehr ohne Erschütterung durch Krisen und Massenarbeitslosigkeit harmonisch funktionieren. So stellten diese Retter des Kapitalismus dem Marxismus-Leninismus und der wissenschaftlichen politischen Ökonomie mannigfaltige vulgärapologetische Theorien des „regulierten", „geplanten" Kapitalismus entgegen.

[33] Savings, Investment and Imperialism. In: Weltwirtschaftliches Archiv, Bd. 71, 1953.

Der neueste Revisionismus fand in Keynes' Lehre eine neue theoretische Basis, von der aus er den wissenschaftlichen Kommunismus zu zersetzen und den Einfluß bourgeoiser Ideologien in den Reihen der Arbeiterklasse zu verbreiten sucht. Die bürgerlichen Ökonomen Keynesscher Richtung wiederum wenden die größte Mühe auf, um die Marxsche ökonomische Lehre den Bedürfnissen der Apologetik des heutigen Kapitalismus anzupassen und sie unschädlich für die Bourgeoisie zu machen. Das Hauptzentrum der sogenannten Rehabilitierung von Marx finden wir daher im Lager der Keynesianer. Hier wird, nach einem Wort Schumpeters, versucht, Marx zu keynesifizieren und Keynes zu marxifizieren.

Die heutigen Anhänger von J. M. Keynes sind nicht seiner Meinung, daß das „Kapital" ein veraltetes ökonomisches Lehrbuch ist, „. . . nicht nur wissenschaftlich verfehlt, sondern auch uninteressant oder unanwendbar für die moderne Welt".[34] Ganz im Gegenteil – sie entdecken eine ganze Reihe gemeinsamer oder verwandter Züge zwischen Marx' und Keynes' Analyse des Kapitalismus und beweisen mit bewundernswert verkehrter Logik, daß Keynes die Grundlagen für eine neue Auslegung von Marx gelegt habe, daß viele Stellen in Marx' ökonomischen Lehren einen neuen Sinn erhalten hätten und daß sie erst im Lichte der Keynesschen Theorie an die rechte Stelle gerückt würden.

In der Wirklichkeit konstruieren diese bürgerlichen Ökonomen bloß ganz oberflächliche Analogien, die auf einer naturalistischen, vulgarisierten, ihres Klasseninhaltes beraubten Auffassung einiger Kategorien und Thesen der marxistischen politischen Ökonomie beruhen. So z. B. erklären sie Marx' Lehre von der industriellen Reservearmee für eine Antizipation der Keynesschen Erkenntnis, daß der gegenwärtige Kapitalismus zu einer ständigen unfreiwilligen Massenarbeitslosigkeit führe, falls er dem automatischen Wirken seiner inneren Kräfte überlassen werde. Das, was die Keynesianer bei Marx als „Unterkonsumtions-Theorie" bezeichnen, betrachten sie als Keim der Keynesschen Theorie über die ungenügende „effektive Nachfrage". In der sinkenden Tendenz der Profitrate finden sie ein Vorbild der Keynesschen These über die ungenügende „Grenzleistungsfähigkeit" des Kapitals und der Investitionen usw. usf.

Nach Ansicht der Keynesianer glaubte Marx zum Unterschied von Keynes nur deshalb nicht an die Zukunft des Kapitalismus, weil er die Methoden nicht entdeckte, mit denen die Mängel des Kapitalismus beseitigt werden können. Der amerikanische Ökonom L. R. Klein charakterisiert das Verhältnis zwischen der Marxschen und der Keynesschen Analyse folgendermaßen:

> „Ganz allgemein kann man sagen, daß Marx die Ursachen analysierte, warum das kapitalistische System nicht gut funktionieren konnte und kann, während Keynes die Ursachen analysierte, warum es nicht gut funktionierte, aber gut funktionieren kann. Keynes wollte verteidigen und erhalten, Marx dagegen kritisieren und vernichten."[35]

---

[34] Zit. nach *Lawrence R. Klein*, The Keynesian Revolution, New York, 1949, S. 130.
[35] *Lawrence R. Klein*, a. a. O., S. 131.

Er hält es also nur für möglich, die Marxsche Analyse auf Grundlage der Keynesschen Theorie zu verwenden, die zeigt, wie der Kapitalismus gut funktionieren kann, wie die kapitalistische Ordnung verteidigt, erhalten und gefestigt werden kann. Diese Stellung der Keynesianer hat ganz eindeutig L. J. Zimmerman ausgedrückt, indem er schrieb, daß „moderne Nationalökonomen, die mit der Diagnose nun auch über die Therapie verfügen, Marx gegenüber, der nur die erstere stellte, ein neues Verhältnis gewinnen."[36]

Dieses neue Verhältnis bedeutet nun aber keineswegs die Anerkennung des wissenschaftlichen Charakters der marxistischen politischen Ökonomie. Übrigens ist ja eine solche Anerkennung seitens der Vulgärökonomie an sich unmöglich und würde eine contradictio in se enthalten. Das Gerede von Diagnose und Therapie zeigt deutlich, daß es den bürgerlichen Ökonomen vor allem um den Nachweis geht, daß sich aus der ökonomischen Analyse von Marx keinerlei Schlüsse auf einen objektiv unausweichlichen, gesetzmäßigen Untergang des Kapitalismus ergeben. Die ganze Keynessche Lehre ist durchtränkt von einem unwissenschaftlichen sozialen Indeterminismus und Voluntarismus, der sich besonders deutlich in dem Glauben an die Allmacht des bürgerlichen Staates äußert. Auf diese Stufe der Unwissenschaftlichkeit wollen jene Ökonomen auch die marxistische politische Ökonomie herabziehen, um sie im Dienst der bürgerlichen Apologetik zu diskreditieren.

Der englische Ökonom N. Kaldor vergleicht Marx' und Keynes' Theorie der kapitalistischen Entwicklung und gelangt am Ende zu folgendem voluntaristischen Ergebnis:

> „Es gibt keine Unausweichlichkeit der ständigen Entwicklung, die dem kapitalistischen oder einem anderen ökonomischen Typus inhärent wäre... Alle (Tendenzen — St. H.) können der gesellschaftlichen Kontrolle unterworfen werden, sobald wir die Art und Weise des Funktionierens der ökonomischen und sozialen Kräfte begriffen haben."[37]

Jean Marchal erwägt die Möglichkeit, die marxistische Analyse zu verwerten, und betont ausdrücklich, daß „man die Formulierung eines Entwicklungsgesetzes aufgeben muß und die Geschichte nur im Nachhinein, für die Vergangenheit, theoretisch auslegen kann".[38] Nach Schumpeter können „sozialistische oder revolutionäre Folgerungen jeder wissenschaftlichen Theorie aufgeprägt werden, keine wissenschaftliche Theorie schließt sie mit Notwendigkeit ein".[39]

Wie A. Piettre bemerkt, wird von der „Annäherung" der Keynesschen und Marxschen Analyse im allgemeinen erwartet, daß der Keynesianismus die Mängel des Marxismus auf dem Gebiete der ökonomischen Theorie beseitigen werde, während der Marxismus wiederum die Mängel des Keynesianismus hinsichtlich der Erfor-

---

[36] *L. J. Zimmerman*, a. a. O., S. 107.

[37] *Nicholas* Kaldor, L'évolution capitaliste à la lumière de l'économie keynésienne. In: „Économie appliquée", Bd. 10, 1957, Nr. 2–3, S. 275.

[38] *Jean Marchal*, Deux essais sur le marxisme, Paris 1955, S. 246.

[39] *Joseph A. Schumpeter*, Kapitalismus, Sozialismus und Demokratie, a. a. O., S. 101, Fußnote.

schung des gesellschaftlichen Milieus und der sozialen Strukturen ersetzen werde. Offensichtlich handelt es sich hier wieder um eine Tendenz zu einer Verbindung sogenannter ökonomischer und sozialer Momente in der bürgerlichen ökonomischen Theorie. In diesem Sinne soll also die marxistische politische Ökonomie ausgenutzt und in den Dienst der bürgerlichen Apologetik gestellt werden.

Eine wichtige Rolle in dem Prozeß der bürgerlichen Assimilation der Marxschen ökonomischen Theorie spielt die Auffassung der politischen Ökonomie als „instrumentaler" und nicht als weltanschaulicher Wissenschaft. In der Leugnung des Klassencharakters und der Parteilichkeit der ökonomischen Wissenschaft ging die subjektiv-formalistische Richtung, für welche die ökonomische Theorie ein Komplex neutraler Instrumente der Analyse, bloß der bekannte „Werkzeugkasten" (box of tools) ist, am weitesten. Der Begriff des Instruments der Analyse selbst und sein Inhalt ist jedoch recht elastisch und wird von den bürgerlichen Ökonomen nicht einheitlich aufgefaßt. Fügt man die verschiedenen Ansichten zusammen, so bliebe von der politischen Ökonomie des Marxismus eine „reine Theorie" übrig, falls diese nämlich von allen „politischen", „philosophischen", „ideologischen", „metaphysischen", „soziologischen" (was freilich die Anhänger der soziologischen Richtung nicht anerkennen) Elementen gereinigt würde. Mit anderen Worten, falls die marxistische politische Ökonomie ihres proletarischen Klassencharakters beraubt würde, also alles dessen, was aus ihr ein Instrument der Erkenntnis und der revolutionären Praxis der Arbeiterklasse macht. Es ist gerade die Linie der „reinen Ökonomie", auf der die bürgerlichen Ökonomen heute bemüht sind, die Grenzen zwischen der marxistischen und der nichtmarxistischen politischen Ökonomie zu verwischen und zu leugnen, daß zwischen ihnen ein prinzipieller Gegensatz besteht.

Als wirklicher Meister in der Vermengung der Grenzen zwischen bürgerlicher und proletarischer ökonomischer Wissenschaft ragt J. A. Schumpeter hervor. Er unterscheidet in dem Prozeß der „Annäherung" zwei Strömungen. So gibt es, nach Schumpeter, einerseits eine wachsende Zahl von sozialistischen Ökonomen, die zwar in Fragen der „Wirtschaftssoziologie" Marxisten geblieben seien, sich aber gleichzeitig klar geworden wären, daß die „reine Ökonomie von Marx" veraltet sei. Deshalb „fingen sie in rein ökonomischen Fragen an, als Nichtmarxisten zu argumentieren. Mit anderen Worten: sie erkannten die Wahrheit, daß die ökonomische Theorie eine Technik des Erwägens ist, daß eine solche Technik ihrem Wesen nach neutral ist ..."[40]

Diese Erscheinung hält Schumpeter für wichtiger als den Revisionismus. Trotzdem unterliegt es wohl keinem Zweifel, daß es ihm gerade um die neuzeitlichen Revisionisten und Rechtssozialisten geht, die ja auf die Positionen der bürgerlichen ökonomischen Theorie übergegangen sind.

Andererseits gibt es, nach Schumpeter, bürgerliche Ökonomen, die, wie er meint, Marxisten geworden seien, insofern sie Marx' „reine Ökonomie zu beleben" und sie zu verwerten suchen, ohne jedoch seine politische und soziale Lehre anzunehmen.

[40] *Joseph Alois Schumpeter*, History of Economic Analysis, a. a. O., S. 884.

Diese zwei Gruppen von Ökonomen bestehen tatsächlich, nur die Firmen, unter denen sie bei Schumpeter auftreten, sind durchaus falsch. In Wirklichkeit haben wir rechtssozialistische Ökonomen, denen nicht Marx und Lenin den Weg zum Sozialismus zeigen, sondern Keynes, und bürgerliche Ökonomen, die einzelne Elemente der marxistischen politischen Ökonomie als Werkzeuge der Apologetik des Kapitalismus verwerten.

Ausgehend von ihrer Konzeption einer „instrumentalen" Wissenschaft kritisieren die bürgerlichen Ökonomen die Marxisten meistens deshalb, weil sie angeblich einen veralteten analytischen Apparat verwenden, während die moderne Ökonomie ihn schon längst durch vollkommenere und verfeinerte Untersuchungsmethoden ersetzt habe. Im Rahmen der „Annäherung" bieten sie den Marxisten diese neuen Instrumente an, und Joan Robinson glaubt:

> „Eine Überprüfung der Marxschen Argumente mit Hilfe der exakteren und genaueren Hilfsmittel der modernen Analyse kann manche der bestehenden Unklarheiten der Theorie beheben und zur Scheidung der starken von den schwachen Punkten beitragen."[41]

Unter „Methoden der modernen Analyse" ist im wesentlichen die marginalistische Analyse zu verstehen, die nach den bürgerlichen Ökonomen ein rein neutrales Instrument ist, das auf der Verwertung der Differentialrechnung oder anderer mathematischer Methoden für die Lösung ökonomischer Probleme beruht. Jene Ökonomen werfen den Marxisten vor, daß sie diese Methode nur aus dogmatischer Kurzsichtigkeit nicht übernehmen wollten, und halten es für absurd, mit Marginalismus eine ökonomische Schule zu bezeichnen.[42]

Worum es sich bei dieser Kritik eigentlich dreht, ist am besten daraus zu ersehen, daß als gänzlich veraltetes und völlig überwundenes analytisches Instrument vor allem die Arbeitswerttheorie bezeichnet wird. Noch mehr verrät uns aber die dazugehörige Argumentation der bürgerlichen Kritiker. Die Arbeitswerttheorie funktioniere, so behaupten sie, deshalb sehr schlecht als Instrument der Analyse, weil sie anwendbar sei nur im Falle einer vollkommenen Konkurrenz und unter der Voraussetzung, daß die Arbeit der einzige Produktionsfaktor sei, und auch dann nur, wenn es sich um Arbeit *einer* Art handle. Deshalb sei heute, wie Schumpeter meint, die Arbeitswerttheorie „tot und begraben", und sei ersetzt worden durch die Grenznutzentheorie zuerst in hedonistischer, dann in nichthedonistischer Gestalt, die jener überlegen sei, weil sie „viel allgemeiner" wäre und auch „für das Vorhanden-

---

[41] *Joan Robinson*, a. a. O., S. 10.

[42] „Das Marginalprinzip", schreibt *Schumpeter*, „ist an sich ein Instrument der Analyse, dessen Verwendung sich aufzwingt, sobald die Analyse ins reife Alter tritt. *Marx* hätte es selbstverständlich angewendet, wenn er 50 Jahre später geboren wäre. Es kann nicht als Charakteristikum irgendeiner Schule dienen, ebensowenig wie die Anwendung der Differentialrechnung eine wisssenschaftliche Schule oder Gruppe in der Mathematik oder Physik zu charakterisieren vermag" (History of Economic Analysis, a. a. O., S. 869).

sein von anderen Produktionsfaktoren und von Arbeit verschiedener Art und Qualität paßt".[43]

Das Beispiel der Arbeitswerttheorie zeigt klar, daß man die Frage der sogenannten marginalistischen Analyse überhaupt nicht auf die Verwendung mathematischer Methoden in der politischen Ökonomie reduzieren kann, wie es die bürgerlichen Ökonomen zu tun versuchen, indem sie sich auf die Neutralität ihrer analytischen Instrumente berufen. Mit Fug und Recht lehnen die Marxisten die Ansicht von der Neutralität des Marginalismus ab, sehen vielmehr in ihm die breiteste methodologische und theoretische Grundlage jener Richtung der bürgerlichen Apologetik, die man als subjektive Schule charakterisieren kann. Gerade im marginalistischen Apparat tritt der bourgeoise Klassencharakter dieser Schule bei der Untersuchung ökonomischer Erscheinungen konzentriert zutage: das völlige Abstrahieren von den Produktionsverhältnissen, die subjektiv-psychologische Methode und die Verwechslung ökonomischer und produktionstechnischer Probleme.

Wie die Entwicklung der bürgerlichen politischen Ökonomie zeigt, waren die Verdrängung der qualitativen und das geradezu groteske Überwuchern der quantitativen Analyse nur auf der Grundlage so offenkundig im Dienste der bürgerlichen Apologetik stehender Werkzeuge möglich, wie der Grenznutzentheorie in jeder ihrer Gestalten, der Grenzproduktivitätstheorie, der Gleichgewichtstheorie, der Produktionsfaktorentheorie und der auf diesen Theorien beruhenden Distributionstheorie. Diese Theorien bildeten den Hauptinhalt aller älteren Schulen subjektiver Richtung, gleichgültig in welchem Maße sie mathematische Methoden anwendeten, und sind auch heute die Grundlage der sogenannten orthodoxen wie auch der keynesianischen Ökonomie. Und die gegenwärtige Krise der bürgerlichen politischen Ökonomie ist eigentlich eine Krise der apologetischen Werkzeuge, Kategorien und Theorien, die der Marginalismus hervorgebracht hat.

V. Die Verwendung gewisser Elemente des Marxismus als Ausweg aus der gegenwärtigen Krise der bürgerlichen politischen Ökonomie

Die bürgerlichen Ökonomen verhüllen die Krise ihrer Wissenschaft damit, daß sie von verschiedenen Revolutionen reden, die die bürgerliche politische Ökonomie in den letzten Jahren durchgemacht haben soll. Die größte Revolution ist danach noch immer die „keynesianische", aber anerkannt wird nachträglich auch die „wicksellsche", und viel spricht man auch von einer „chamberlinschen" und neuestens von einer „nachkeynesianischen". Hinter dieser Kraftmeierei verbirgt sich die schlichte Tatsache, daß mit der Vertiefung der allgemeinen Krise des Kapitalismus die bürgerlichen Ökonomen gezwungen sind, so manche Voraussetzungen und Lehren, auf die

[43] *J. A. Schumpeter*, Kapitalismus, Sozialismus und Demokratie, a. a. O., S. 48.

das komplizierte und bis ins Detail durchgearbeitete Gebäude der marginalistischen Apologetik gegründet war, als unhaltbar und unreal zu verwerfen.

Wicksell und nach ihm Keynes lehnten die Voraussetzung des harmonischen, automatischen Funktionierens der Mechanismen der kapitalistischen Ökonomie ab. Chamberlin und Robinson stellten der Hypothese der vollkommenen Konkurrenz ihre Theorie der monopolistischen oder unvollkommenen Konkurrenz gegenüber, die nach ihnen die Realität besser zu erfassen vermag. So trat an die Stelle der Apologetik des Kapitalismus auf Grundlage der Theorie der freien Konkurrenz die direkte Verteidigung der Monopole.[44] Andere bürgerliche Theoretiker verwerfen die Voraussetzung des vollkommen rationalen Verhaltens der Wirtschaftssubjekte.

Unter Berufung auf die Ergebnisse empirischer Untersuchungen sowie auf die Erkenntnisse der Experimentalpsychologie oder gar der Biologie weisen sie nach, daß sich weder Produzenten noch Konsumenten nach den Vorstellungen der marginalistischen Theorie verhalten. Die Anhänger der institutionalen und der soziologischen Richtung richten ihre Angriffe vor allem gegen die Annahme, daß die „Wirtschaftstätigkeit" unabhängig vom bestehenden „institutionellen und sozialen Milieu" verlaufe, und verlangen, daß die ökonomische Theorie in ihre Analyse auch den Einfluß verschiedener „außerökonomischer", namentlich sozialer Faktoren, einschließen möge.

Diese Verwirrung legt Zeugnis davon ab, daß selbst die bürgerlichen Theoretiker den Abgrund zu erkennen beginnen, der zwischen der heutigen kapitalistischen Wirklichkeit und einer Theorie liegt, die auf den formalistischen und inhaltsleeren Kategorien des Marginalismus beruht. So dringt in ihr Bewußtsein die Erkenntnis ein, daß die „orthodoxen" Theorien den neuen Bedürfnissen der Apologetik nicht gerecht werden können und die konkreten Probleme nicht zu klären imstande sind, vor welche sie durch die allgemeine Krise des Kapitalismus gestellt worden sind. Aber alles Bemühen um eine realistischere Theorie, die dadurch entstehen würde, daß man die „leeren Schachteln" (empty boxes), wie man die marginalistischen Kategorien einmal genannt hat, mit einem neuen Inhalt anfüllt, kann nur zu einer weiteren Vertiefung des unwissenschaftlichen, die heutige bürgerliche Ökonomie charakterisierenden Eklektizismus führen.

Durch ihn sind ganz offenkundig auch die Bestrebungen derjenigen Ökonomen gekennzeichnet, die einen Ausweg aus der gegenwärtigen Krise der bürgerlichen politischen Ökonomie in der Übernahme einiger Elemente aus der Marxschen ökonomischen Lehre erblicken. Nach Jean Marchal suchen sie in Marx' Doktrin „den Schlüssel", der es ihnen ermöglichen würde, die Mängel der traditionellen Theorie zu überwinden und die Wirklichkeit besser zu begreifen. Diese Ökonomen stimmen

[44] Naiv gesteht *A. Piettre*, die modernen Ökonomen hätten sich abgekehrt „nicht nur von der Theorie der Konkurrenz, sondern auch von ihrer Apologetik. Sie erkannten, daß das Monopol nicht immer ein Übel sei, sondern auch eine Wohltat sein könne. Autoren wie Schumpeter, Boulding, Galbraith und andere haben das Monopol rehabilitiert". (Pensée économique et théories contemporaines, Paris 1959, S. 423.)

nicht mit der ganzen Marxschen Theorie überein, erkennen aber die Richtigkeit einzelner ihrer Lehren an. Dabei glauben sie, wie J. Marchal vorsichtig hinzufügt, zum Unterschied von anderen bürgerlichen Ökonomen, daß man von Marx „den analytischen Apparat oder Teilfolgerungen annehmen kann, ... ohne gleichzeitig von dem Geist angesteckt zu werden, der sie belebt".[45]

Unter den Vertretern einer solchen fragmentarischen Verwendung der marxistischen politischen Ökonomie besteht aber keine Übereinstimmung darüber, welche Elemente von Marx eigentlich übernommen werden sollen. Auf den ersten Blick sind in dieser Frage zwei verschiedene Standpunkte wahrzunehmen. Nach dem einen soll man von Marx lediglich die „analytischen Instrumente" übernehmen, die allerdings neutralisiert, von der marxistischen „Metaphysik und Philosophie" gereinigt werden müßten. Diese Neutralisierung setzt u. a. das Aufgeben „des zentralen Gedankens, daß das kapitalistische System notwendig zuungunsten der Werktätigen funktioniert und in deren Ausbeutung ausmündet"[46], voraus. Anders sehen die Dinge jene Ökonomen, für die gerade Marx' analytischer Apparat veraltet ist, Joan Robinson formuliert im Sinne dieser Ökonomen:

> „Aber wenn es überhaupt Hoffnung auf einen Fortschritt in der ökonomischen Wissenschaft geben kann, so nur dann, wenn sie sich dazu entschließt, die Methoden der akademischen Forschung anzuwenden, um die Probleme zu lösen, die durch Marx gestellt wurden."[47]

Berücksichtigt man, wie weit der Begriff des analytischen Apparates in der bürgerlichen Theorie der „reinen Wissenschaft" gefaßt wird, so wird klar, daß zwischen diesen beiden Standpunkten kein irgendwie wesentlicher Unterschied besteht. Was die bürgerlichen Ökonomen unter marxistischen Elementen verstehen und wie sie sie zu verwerten suchen, das hängt gewöhnlich davon ab, von welchen methodologischen und theoretischen Positionen sie ausgehen und welche Probleme sie lösen sollen, vor allem aber davon, wie sie von ihrer bürgerlichen methodologischen und theoretischen Einstellung aus Marx' ökonomische Lehre begriffen haben.

Im Zusammenhang mit den neuesten methodologischen Tendenzen der bürgerlichen politischen Ökonomie heben diese Ökonomen den makroökonomischen, dynamischen oder soziologischen Aspekt in Marx' Analyse des Kapitalismus hervor. Sie nehmen an, daß, wenn sie diese „Seiten" der Marxschen Theorie verwenden, ihre Analyse realistischer werde. In Wirklichkeit stehen sie aber ganz ratlos vor dem Realismus der Marxschen Theorie, dessen wirkliche Wurzeln sie nicht verstehen. Sie verstehen nicht, daß der „makro-ökonomische" Charakter sich aus dem Gegenstand der marxistischen politischen Ökonomie selbst ergibt, welche die Entwicklungsgesetze der historisch gegebenen gesellschaftlichen Produktionsverhältnisse untersucht und aufdeckt. Diesen Charakter hat selbstverständlich auch die Arbeitswerttheorie, die aber die bürgerlichen Ökonomen einmütig ablehnen. Daher stammen aber

---

[45] *Jean Marchal*, a. a. O., S. 257.

[46] *Jean Marchal*, a. a. O., S. 231.

[47] *Joan Robinson*, a. a. O., S. 153.

ihre unüberwindlichen Schwierigkeiten bei der Feststellung solcher globalen Größen wie des Volkseinkommens, des gesellschaftlichen Kapitals, des gesellschaftlichen Gesamtprodukts usw. Die globalen Kategorien der gegenwärtigen bürgerlichen politischen Ökonomie können nicht zu einem wahren Verständnis der sozialökonomischen Prozesse führen, weil sie nur eine mechanische Summierung der Größen darstellen, welche die subjektive Schule mit ihrer „mikroökonomischen", individualistischen Methode geschaffen hat.

Manche bürgerlichen Ökonomen – wie z. B. Schumpeter – erklären es als Marx' größtes Verdienst, daß er als erster eine wirkliche dynamische Theorie der Wirtschaftsentwicklung geschaffen habe; die modernen Theoretiker der ökonomischen Dynamik sehen in Marx ihren Vorläufer. Neuerdings kommt neben der sogenannten kurzfristigen Dynamik – der Dynamik innerhalb des Systems – die langfristige Dynamik, die sogenannte Dynamik der Systeme, in Mode. Das Ziel dieser „dynamischen Theorie" ist es, die Änderungen in den verschiedenen – den institutionellen, sozialen, psychologischen – Strukturen, also Änderungen in den sogenannten Daten, zu erklären, welche die statische Theorie des Gleichgewichts überhaupt unbeachtet ließ, indem sie sie als ein für allemal gegeben ansah. In dieser Form verbündet sich heute der vulgäre Evolutionismus, den in den letzten Jahren besonders die bürgerliche Soziologie so intensiv entwickelt hat, mit den alten „orthodoxen" Theorien, um nachzuweisen, daß der Kapitalismus ein „neues", gänzlich verändertes Gesicht habe.

Um die Eingliederung der „soziologischen" Apologetik des heutigen Kapitalismus in die ökonomische Theorie bemühen sich heute am intensivsten die Vertreter der soziologischen Richtung, die nachzuweisen suchen, daß einzig und allein ihre Richtung den globalen, gesamtgesellschaftlichen Aspekt mit dem dynamischen Aspekt verknüpft. Sie kritisieren an der „orthodoxen" Theorie, daß sie sich von den übrigen Gesellschaftswissenschaften losgerissen und das soziale, menschliche Moment aus dem Gegenstand ihrer Untersuchung ausgeschlossen habe. Indem sie den „soziologischen" Charakter des Marxschen Systems hervorheben, halten es diese Ökonomen für Marx' entscheidenden Beitrag, daß er außer den Marktfaktoren auch die Aufgabe der „sozialen Macht" in der Produktion und Distribution geklärt habe.[48] Indem sie aber Marx' Theorie des Wertes der Arbeitskraft ebenso wie die Mehrwertlehre völlig ignorieren, gelangen sie zu der Behauptung, Marx sei bei der Erklärung des Lohnes und des Einkommens aus Vermögen ein Theoretiker der „sozialen Macht" gewesen. So erzeugen sie altneue „soziale" Verteilungstheorien, nach denen die Höhe der Löhne und Gewinne ausschließlich vom Kräfteverhältnis zwischen Kapitalisten und Arbeitern abhängen soll.

---

[48] *H. Gottlieb* schreibt, daß „die marxistische Lehre von der sozialen Macht in der Produktion und Distribution einen großen theoretischen Beitrag verkörpert, den die heutige soziale und ökonomische Theorie sich mehr oder weniger zu eigen machen kann". Marx's Mehrwert Concept and Theory of Pure Capitalism. In: „The Review of Economic Studies", 1950–51, Jg. 18, 1950, H. 47, S. 164.

Die Besonderheit der neuzeitlichen „sozialen“ Theorien der Verteilung liegt darin, daß sie sich auf umfangreiche Arbeiten bürgerlicher Soziologen zu stützen vermögen, die die Entwicklung der sozialen Struktur der kapitalistischen Gesellschaft allerdings völlig verzerren. Als Beispiel diene die Verteilungstheorie von J. Marchal, einem Ökonomen also, der offen für die Benutzung von marxistischen Elementen in der bürgerlichen politischen Ökonomie eintrat.[49]

J. Marchal ist mit Marx' soziologischer Methode einverstanden, die er darin erblickt, daß sich die politische Ökonomie nicht mit Verhältnissen zwischen Sachen, sondern mit Verhältnissen zwischen lebendigen Menschen und Gruppen zu befassen habe. Er lehnt die „orthodoxe“ Ansicht ab, daß die Einkommen Preise der Produktionsfaktoren seien und als Ergebnis des Automatismus der Marktmechanismen entstünden. Nach Marchal handelt es sich um Einkommen von Menschen und um das Ergebnis der Tätigkeit von Menschen. Gleichzeitig verwirft er Marx' Teilung der kapitalistischen Gesellschaft in zwei Klassen und behauptet, daß im „entwickelten Kapitalismus“ ein kollektiver und organisierter Kampf um die Verteilung des Volkseinkommens zwischen verschiedenen gesellschaftlichen Gruppen vor sich gehe, die durch homogenes Verhalten bei der Erzielung des Einkommens charakterisiert sind. Auf Grund dieses Kriteriums unterscheidet Marchal fünf soziale Gruppen. Und zwar ausgehend davon, ob ihre Einkünfte fließen: 1. aus der Vermietung von Arbeit, 2. aus der Unternehmertätigkeit, 3. aus der landwirtschaftlichen Produktion, 4. aus entgeltlichen Darlehen, 5. aus der Anerkennung des Rechtes auf Entgelt durch die Gesellschaft. Schon diese Gliederung, die sich, wie der Autor selbst zugibt, auf eine „banale Beobachtung“ stützt, beweist deutlich den vulgär-apologetischen Charakter dieser Theorie, der es völlig an einer wissenschaftlichen Auffassung des Wesens der Klassen und sozialen Gruppen ebenso wie des Prozesses der Schaffung und Verteilung des Volkseinkommens mangelt.

Die sogenannte soziologische Richtung hat sich in letzter Zeit besonders in Frankreich verbreitet und wird anscheinend das Haupterbe der älteren gegenmarginalistischen Strömungen übernehmen. Hinter der Forderung der Vertreter dieser Richtung, die sogenannten soziologischen Faktoren in die ökonomische Theorie zu integrieren, taucht von neuem die Tendenz auf, die „soziologische“ und „ökonomische“ Apologie des Kapitalismus zu vereinen. Es scheint, daß diese Tendenz, als Reflex der ständig wachsenden sozialen Konflikte und Widersprüche, sich weiter verstärken wird, um von seiten der bürgerlichen Ökonomie eine neue Antwort auf den Marxismus zu geben.

Die verzerrte und verdrehte Gestalt, in der manche bürgerliche Ökonomen in ihre Analyse Elemente der Marxschen ökonomischen Methode und Theorie einführen, ist die notwendige Folge ihrer bourgeoisen Einstellung, der auch die zumeist empirische und positivistische Art und Weise entspricht, in der sie an die Lehre von Karl Marx und an die Analyse des Kapitalismus herangehen. Deshalb müssen sie ganz

[49] *Jean Marchal*, Jacques Lecaillon, La répartition du revenu national, I–II, Paris 1958.

notwendig an der Oberfläche der Erscheinungen haften bleiben und kommen nicht über die Apologetik des Kapitalismus hinaus. Sie reißen gewisse marxistische Elemente aus dem Gesamtzusammenhang, berauben sie des dialektisch-revolutionären Gehalts und damit auch fast allen Erkenntniswertes, der ihnen nur als Glied in der Kette der sozialökonomischen Prozesse zukommt, in denen sich das Bewegungsgesetz des Kapitalismus durchsetzt.

Als ein derart seines Inhalts entleertes Element führen sie z. B. in ihre Analyse das sogenannte Zweiklassenmodell zusammen mit der Einteilung der Einkünfte in Arbeits- und Nichtarbeitseinkommen ein. Auch in diesem „Modell“ hat sich das ganze antagonistische widersprüchliche Verhältnis zwischen den beiden Grundklassen der bürgerlichen Gesellschaft verflüchtigt. Die Kategorie der organischen Zusammensetzung des Kapitals wiederum machen sie zu einem rein quantitativen Verhältnis zwischen zwei Produktionsfaktoren, zwischen Arbeit und Kapital. Ähnlich „neutralisieren“ sie aus der marxistischen Theorie der Reproduktion die Gliederung der gesellschaftlichen Produktion in Produktionsmittel und Konsumgüter und reißen aus der Theorie der Wirtschaftszyklen einige Momente heraus, aus denen sie eine selbständige Ursache der Wirtschaftskrisen konstruieren. So lösen sie aus dem fundamentalen Widerspruch des Kapitalismus am häufigsten das Moment des Unterkonsums oder der Disproportionalität heraus. Ein weiteres Beispiel ist die Übernahme der Kategorie der allgemeinen Durchschnittsprofitrate unter Ignorierung ihres inneren Zusammenhanges mit dem Wert- und dem Mehrwertsgesetz.

Der Empirismus, der sich ängstlich nur an den äußeren Schein der Dinge hält und die Methode der wissenschaftlichen Abstraktion durch die Methode der Simplifikation und der allmählichen Annäherung an die Realität – diese allerdings wiederum nur oberflächlich auffassend – ersetzt, dieser Empirismus zeigt sich besonders deutlich in der Arbeit der englischen Ökonomin Joan Robinson über „Die Akkumulation des Kapitals“. In dieser Arbeit finden wir eine ganze Reihe marxistischer Elemente, freilich nur in der Gestalt, von der eben die Rede war. Auf diese Weise gelang es der Autorin zwar, gewisse Seiten des Kapitalismus verhältnismäßig realistisch darzustellen, doch vermochte sie nicht zu den immanenten Gesetzmäßigkeiten und Widersprüchen der kapitalistischen Produktionsweise vorzudringen.

Um die dürftigen Ergebnisse einer rein empirischen Analyse an Hand eines charakteristischen Beispiels zu illustrieren, wollen wir wenigstens ganz kurz die Entwicklung der Ansichten Joan Robinsons in der Frage des Wertes darstellen. Während sie noch in ihrem „Essay über die marxistische Ökonomie“ (in der deutschen Übersetzung: „Grundprobleme der Marxschen Ökonomie“) die Arbeitswerttheorie völlig ablehnt, erkennt sie in ihrem obengenannten Buch aus dem Jahre 1956 schon insoweit deren Richtigkeit an, als sie meint, sie böte die Möglichkeit einer ersten „Annäherung“ in bezug auf die Erklärung der Preise. Die Werte wären hier „Normalpreise“, die, nach Meinung der Autorin, unter idealen Bedingungen dem Lohnaufwand pro Produktionseinheit proportional sind. Die Wirklichkeit ist jedoch, wie Joan Robinson meint, komplizierter, denn die Unterschiede in der organischen Zusammensetzung des Kapitals, in der Qualität der Arbeit, in der Profitrate usw. rufen Änderungen in den „Normalpreisen" hervor. „Alle diese Komplikationen", so schreibt sie, „machen die Einfachheit der Arbeitswerttheorie als Grundlage der Bestimmung der relativen Preise zunichte, doch bleibt sie richtig als rohe Verallgemeinerung".[50]

Bei der Beurteilung dieser Ansichten kann man wohl kaum von irgendeiner „Annäherung" an die marxistische Werttheorie sprechen. Es liegt eher eine Rückkehr weit zurück in das vormarxistische Stadium der Auffassung des Verhältnisses zwischen Wert und Produktionspreisen vor. Diese Ansichten sind ein Beweis der Krise der Grenznutzenlehre, denn eine immer größere Anzahl bürgerlicher Ökonomen wird sich klar darüber, daß diese Theorie bei der Lösung der konkreten Probleme des gegenwärtigen Kapitalismus gänzlich unanwendbar ist. Diese Ökonomen erkennen an, daß sich der Nutzen nicht messen läßt und fordern, daß die Verausgabung beider „Produktionsfaktoren", der Arbeit und des Kapitals, sowie ihre Ergebnisse in Arbeitseinheiten gemessen werden.

Die heutigen Tendenzen, gewisse Elemente des Marxismus zu verwenden, spiegeln offenbar die Krise der bürgerlichen politischen Ökonomie und den wachsenden Einfluß des Marxismus auf manche bürgerlichen Ökonomen wider. Sicherlich wäre die Annahme nicht richtig, daß es sich bei allen Ökonomen, die so ihrer Analyse einen realistischeren Charakter zu geben suchen, um eine bewußte Fälschung des Marxismus im Dienste der Apologetik des Kapitalismus handelt. Eine solche Ansicht würde die komplizierte Situation im Lager der bürgerlichen Ideologie beträchtlich vereinfachen. I. G. Bljumin macht darauf aufmerksam, daß es eine der Folgen der Krise der bürgerlichen politischen Ökonomie ist, daß „einige der gedankenvollsten und seriösesten bürgerlichen Ökonomen sich für Marx nicht nur als Hauptgegenstand ihrer Kritik zu interessieren beginnen".[51] Ein kleiner Teil der Ökonomen macht heute eine recht komplizierte und widerspruchsvolle Entwicklung durch, bei der sie wenigstens einige Elemente der reaktionären bürgerlichen Ideologie aufgeben und sich dem Marxismus nähern. Ein entsprechender Prozeß ist auch in anderen Gesellschaftswissenschaften, z. B. in der bürgerlichen Soziologie und Geschichtsschreibung, zu beobachten.

Die fortschrittlichen Züge in den Arbeiten der besten Vertreter der gegenwärtigen bürgerlichen politischen Ökonomie, z. B. in den Arbeiten einiger linker Keynesianer, sind Ausdruck des wachsenden Kampfes der demokratischen Kräfte gegen den Druck der Monopole und die politische Reaktion. Diese Ökonomen sind im politischen Leben relativ fortschrittlich, treten gegen die Politik des kalten Krieges auf und setzen sich für Abrüstung, friedliches Zusammenleben und einen wirtschaftlichen Wettkampf zwischen den beiden Gesellschaftssystemen ein. In der ökonomischen Analyse verteidigen sie einige Interessen der Werktätigen und kommen dem Verständnis einiger Widersprüche des Kapitalismus nahe. Da sie jedoch auf den bürger-

---

[50] *Joan Robinson*, The Accumulation of Capital, London 1956, S. 352 f.

[51] *I. G. Bljumin*, a. a. O., S. 42.

lichen Positionen verharren, versandet ihre Kritik des Kapitalismus in verschiedenen apologetischen reformistischen Illusionen über die Möglichkeit, die Widersprüche des kapitalistischen Systems bei Erhaltung seiner Grundlagen beseitigen zu können.[52]

*

Ausgehend von der unausweichlichen Verknüpfung des apologetischen und des antimarxistischen Charakters der bürgerlichen politischen Ökonomie versuchten wir aufzuzeigen, welche neuen Tendenzen sich hinter dem wachsenden Interesse verbergen, das die bürgerlichen Ökonomen in letzter Zeit der Marxschen ökonomischen Lehre entgegenbringen. In diesen neuen Tendenzen drückt sich der gegenwärtige Grad der Vertiefung der allgemeinen Krise des Kapitalismus aus. Die Koexistenz zweier gegensätzlicher Gesellschaftssysteme ist notwendig begleitet von einer Verschärfung des Kampfes zwischen proletarischer und bourgeoiser Ideologie. Die verschiedenen neuen Formen des Antimarxismus und der antimarxistischen Taktik zeigen, wie sich die bürgerlichen Ökonomen an dem Ringen um das Denken der Menschen beteiligen, um der Verbreitung der Ideen des Marxismus-Leninismus Einhalt zu gebieten. Hierher gehören besonders die heutigen Versuche, die Klassengrenzen zwischen marxistischer und nichtmarxistischer politischer Ökonomie zu leugnen und durch Propagierung der lügenhaften Theorie von einer Verschmelzung der bürgerlichen und der marxistischen Theorie Marx für sich zu annektieren.

Aufgabe der marxistischen Kritik ist es, den Klassencharakter aller neuen Versuche systematisch zu enthüllen, den Marxismus im Dienste der Apologetik des gegenwärtigen Kapitalismus zu verfälschen. Zugleich aber ist ihr die Aufgabe gestellt, die bestehenden Möglichkeiten einer marxistischen Beeinflussung derjenigen bürgerlichen Ökonomen auszunutzen, die sich, wenn auch in geringem Maße, der fortschrittlichen, wissenschaftlichen Ideologie nähern. Diese Tendenzen zu unterstützen bedeutet, differenzierend an die bürgerlichen Ökonomen heranzutreten und in prinzipieller Kritik die unmarxistischen und antimarxistischen Seiten ihrer Theorien aufzudecken. Dafür ist es am wirksamsten, die Probleme, die jene Ökonomen zu lösen versuchen, konkret zu bearbeiten und so die grundsätzliche Überlegenheit der marxistisch-leninistischen politischen Ökonomie zu beweisen.

---

[52] *Joan Robinson*, die einmal die „orthodoxen" Ökonomen kritisiert hat, weil sie sich mit dem Kapitalismus identifiziert und es auf sich genommen hätten, ihn zu verteidigen, verbreitet heute solche apologetischen Illusionen z. B. mit ihren Ansichten über die Möglichkeit einer Verständigung zwischen den „fortschrittlichen" Monopolisten und den Gewerkschaften in der Frage einer Erhöhung der Arbeitslöhne.

KRITIK EINIGER BÜRGERLICHER THEORIEN DER ENTWICKLUNG ÖKONOMISCH SCHWACHENTWICKELTER LÄNDER

Dr. Jerzy Kleer, Warschau*

I.

Die Frage der Entwicklung ökonomisch schwachentwickelter Länder gehört zu den zentralen Problemen der ökonomischen Theorie und Praxis der Welt von heute. Dieses Problem ist von sehr großer Wichtigkeit, sowohl in bezug auf die Erscheinung selbst ($^2/_3$ der kapitalistischen Welt), als auch in bezug auf die Schwierigkeit, diese Frage zu lösen.

Ungeachtet dessen, daß es während der ganzen, sich über fast zwei Jahrhunderte erstreckenden Entwicklung des Kapitalismus immer wirtschaftlich zurückgebliebene Länder gegeben hat, ist das Problem ihrer Entwicklung sowohl in theoretischer als auch in praktischer Hinsicht ein verhältnismäßig neues Problem, weil es erst knapp zwanzig Jahre existiert. Im Grunde genommen besteht es seit dem zweiten Weltkrieg oder, genauer gesagt, seit dessen Beendigung.

In der traditionellen bürgerlichen ökonomischen Theorie hatte das Problem der zurückgebliebenen Länder überhaupt keinen Platz, nicht nur in Anbetracht des statischen Charakters dieser Theorie, sondern auch deswegen, weil ihr Thesen über Harmonie und über Tendenzen des Ausgleichs der im kapitalistischen System bestehenden Ungleichmäßigkeiten als Prämissen zugrunde gelegt wurden. In bezug auf die Volkswirtschaft sollten die Marktkräfte innerhalb der Grenzen einer Wirtschaftsordnung eine Tendenz des Gleichgewichts garantieren.

Als theoretische Voraussetzungen dienten Schlußfolgerungen, die aus der allgemeinen Gleichgewichtstheorie hervorgingen, deren Grundlage das statisch dargestellte Saysche Gesetz der Märkte war. Zugleich sollten die Tendenzen des Ausgleichs der im gesamten kapitalistischen System bestehenden Ungleichmäßigkeiten vom Außenhandel ausgehen, der entsprechend der traditionellen Theorie der komparativen Kosten mit Hilfe der zweckmäßigsten Arbeitsteilung voll und ganz eine Ausgleichung der bestehenden Disproportionen gewährleisten sollte.

Die Widersprüche zwischen der Theorie des allgemeinen Gleichgewichts sowie der Theorie der komparativen Kosten einerseits und der Wirklichkeit andererseits hatten auf die Theorie keinen beträchtlichen Einfluß. Darüber schreibt auch der bekannte bürgerliche Ökonom Gunnar Myrdal:

* Ich möchte an dieser Stelle vermerken, daß ich *Dr. Z. Dobrska*, *Prof. Cz. Grabowski*, *Prof. B. Minc*, *Dr. A. Łukaszewicz* und *Prof. Z. Wyrozembski* für ihre Anregungen und ihre Kritik zu tiefem Dank verpflichtet bin. Für den Inhalt trage ich allein die Verantwortung — J. Kleer.

„Die Theorie des internationalen Handels und wahrlich die ökonomische Theorie im allgemeinen wurde somit niemals entwickelt, um die Realität der großen und zunehmenden wirtschaftlichen Ungleichheiten sowie des dynamischen Prozesses der Unterentwicklung und Entwicklung zu verstehen. Die ökonomische Theorie war in Wirklichkeit niemals auf die mit den großen Unterschieden zwischen Produktionstechniken und Produktivitätsfunktionen selbst verbundenen Probleme konzentriert, Unterschiede, die der relativ sehr verschiedenen Verteilung der Produktionsfaktoren und den äußerst verschiedenen Lebensstandards und Kulturen entsprechen.“[1]

Es ist begreiflich, daß jedes nähere Interesse für die Ursachen der schwachen Entwicklung eines sehr großen Teils des Erdballs und der Versuch einer Klärung dieser Ursachen dazu führen müßten, die Widersprüche der kapitalistischen Wirtschaft zu enthüllen und auf die Metropolen und insbesondere auf die Monopole der hochentwickelten Länder als die Faktoren hinzuweisen, die die Entwicklung der zurückgebliebenen Länder hindern. Aus diesem Grunde hat die bürgerliche Ökonomie, solange das irgend möglich war, diesen Ländern fast keinerlei Aufmerksamkeit gewidmet. Die bürgerlichen Ökonomen haben ebenso, wie sie die Veränderungen im Wirtschaftsablauf innerhalb des Landes nicht bemerkten, auch die sich ergebenden Folgen für die kolonialen und abhängigen Länder nicht bemerkt. Weil das Problem aber immerhin bestand, wurde erklärt, daß die ökonomisch schwachentwickelten Länder früher oder später zu entwickelten Ländern würden. Dies werde durch internationale Kapitalwanderung aus hochentwickelten Ländern in zurückgebliebene[2], aber auch durch den Außenhandel erreicht werden. Der Weg, auf dem sich diese Länder entwickeln, würde eine mehr oder minder getreue Wiederholung der Entwicklungswege sein, die die kapitalistischen Länder Westeuropas und Nordamerikas durchliefen. Daher bestand für die bürgerlichen Ökonomen keine Notwendigkeit, eine selbständige Theorie der Entwicklung der wirtschaftlich zurückgebliebenen Länder auszuarbeiten.

Im Gegensatz zur bürgerlichen ökonomischen Wissenschaft nehmen die kolonialen und abhängigen Länder, die die Mehrheit der zurückgebliebenen Länder ausmachen, in der marxistischen ökonomischen und soziologischen Theorie einen wichtigen Platz ein.

Seit den ersten Arbeiten Marx' bis hin zu den letzten Arbeiten Lenins befand sich das Problem dieser Länder im Gesichtsfeld der Klassiker. In der späteren marxistischen Literatur wurde der Analyse der wirtschaftlich zurückgebliebenen Länder ebenfalls große Aufmerksamkeit gewidmet. Die marxistischen ökonomischen Unter-

[1] *Gunnar Myrdal*, Ökonomische Theorie und unterentwickelte Regionen, Stuttgart 1959, S. 149.

[2] „Solange der Kapitalismus Kapitalismus bleibt, wird der Kapitalüberschuß nicht zur Hebung der Lebenshaltung der Massen in dem betreffenden Lande verwendet — denn das würde eine Verminderung der Profite der Kapitalisten bedeuten —, sondern zur Steigerung der Profite durch Kapitalexport ins Ausland, in rückständige Länder. In diesen rückständigen Ländern ist der Profit gewöhnlich hoch, denn es gibt da wenig Kapital, die Bodenpreise sind verhältnismäßig nicht hoch, die Löhne niedrig und die Rohstoffe billig.“ *W. I. Lenin*, Ausgewählte Werke in 2 Bänden, Bd. I, Berlin 1953, S. 816 f.

suchungen der charakteristischen Prozesse und Erscheinungen verliefen in folgenden Richtungen:

Erstens wurde die Rolle der Kolonien und abhängigen Länder bei der Konsolidierung der kapitalistischen Produktionsweise in den Ländern Westeuropas hervorgehoben. In diesem Prozeß spielten die Kolonien eine zweifache Rolle: als Finanzierungsquelle des entstehenden Kapitalismus und als Absatzmarkt für die kapitalistische Wirtschaft. Über diese Rolle der Kolonien schrieb Marx:

> „Den aufschießenden Manufakturen sicherte die Kolonie Absatzmarkt und eine durch das Marktmonopol potenzierte Akkumulation. Der außerhalb Europas direkt durch Plünderung, Versklavung und Raubmord erbeutete Schatz floß ins Mutterland zurück und verwandelte sich hier in *Kapital*."[3]

Zweitens deckte die Analyse der Entwicklung des kapitalistischen Systems, insbesondere seines Übergangs zur höchsten Phase – zum Imperialismus –, die Kräfte und Faktoren auf, die die durchaus mögliche Entwicklung in den zurückgebliebenen Ländern hemmen. Das Bestreben, die internationale Standortverteilung der Arbeit einzuengen, bewirkte eine Umwandlung der kolonialen und abhängigen Länder in Rohstoff- und Agraranhängsel der in den Metropolen befindlichen Industriezentren. Die Aufdeckung der Tatsache, daß der Imperialismus die Entwicklung der zurückgebliebenen Länder nicht nur nicht fördert, sondern vielmehr daran interessiert ist, die bestehende Situation aufrechtzuerhalten, ist ein großes Verdienst der marxistischen Ökonomie. Sie zerstört überall und mit allen Mitteln den populären Mythos von der zivilisatorischen Mission der hochentwickelten Länder.[4]

Drittens wurde hervorgehoben, daß die zwischen den kolonialen und abhängigen Ländern und den Metropolen auftretenden Widersprüche dazu führen, daß in diesen Ländern Kräfte entstehen, die dem Imperialismus Widerstand entgegensetzen und deren Ziel vor allem die Befreiung von der imperialistischen Abhängigkeit ist. Lenin gelangte, als er diese Art von Widersprüchen untersuchte, zu der Schlußfolgerung, daß der Sozialismus im nationalen Befreiungskampf dieser Länder einen Bundesgenossen hat.

> „Der Ausgang des Kampfes hängt in letzter Instanz davon ab, daß Rußland, Indien, China usw. die gigantische Mehrheit der Bevölkerung der Erde stellen. Gerade diese Mehrheit der Bevölkerung wird denn auch in den letzten Jahren mit ungewöhnlicher Schnelligkeit in den Kampf um die Befreiung hineingerissen, so daß es in diesem Sinne

---

[3] *Karl Marx*, Das Kapital, Bd. I, Berlin 1953, S. 793.

[4] *Jawaharlal Nehru* schreibt in seinem Buch „Entdeckung Indiens" (Berlin 1959, S. 389): „Durch politischen und wirtschaftlichen Druck wurde diese Entwicklung jedoch beschleunigt, wobei niemand versuchte, die neue Technik in Indien einzuführen. Ja, es wurden sogar alle Anstrengungen gemacht, um dies zu verhindern; so wurde die ökonomische Entwicklung Indiens aufgehalten und die Entwicklung der neuen Industrie verhindert. Maschinelle Einrichtungen konnten nicht nach Indien eingeführt werden. Es wurde ein Vakuum geschaffen, das nur durch britische Waren ausgefüllt werden konnte und das zu einer rasch anwachsenden Arbeitslosigkeit und Verarmung führte. Es entstand der klassische Typ einer modernen Kolonialwirtschaft..."

nicht die Spur eines Zweifels darüber geben kann, wie die endgültige Entscheidung des Weltkampfes ausfallen wird. In diesem Sinne ist der endgültige Sieg des Sozialismus vollständig und unbedingt gesichert.“[5]

Diese Analyse hat zwei Aspekte: einerseits zeigt sie, daß die nationale Befreiungsbewegung ein Bundesgenosse des Sozialismus ist, und andererseits hebt sie hervor, daß die Erreichung der Unabhängigkeit eine unerläßliche Bedingung der Entwicklung ist. Das, wozu das progressive bürgerliche Denken erst in den fünfziger Jahren gelangen konnte, ist von der marxistischen Ökonomie schon längst nachgewiesen worden.

II.

Die die Gesellschaftsordnung betreffenden Folgen des zweiten Weltkrieges führten zu einer bedeutenden Veränderung des Kräfteverhältnisses zuungunsten des Imperialismus. Dies wurde durch zwei Prozesse hervorgerufen: Das sozialistische Lager vergrößerte sich, und die Anstrengungen der Völker der kolonialen und abhängigen Länder im Kampf um ihre politische Selbständigkeit nahmen gleichfalls ganz bedeutend zu. Nicht nur, daß diese Prozesse keine schwächer werdende Tendenz zeigen, sondern im Gegenteil, sie erfassen immer neue Länder. Die Vergrößerung der wirtschaftlichen und politischen Macht des sozialistischen Lagers zwingt die hochentwickelten kapitalistischen Länder, den wirtschaftlich zurückgebliebenen Ländern aus Furcht vor dem Einfluß des Sozialismus auf diese Länder immer stärkere Aufmerksamkeit zu widmen. Auf diesem Hintergrund vollzieht sich ein verstärkter Wettbewerb zwischen Sozialismus und Kapitalismus, in dem einer wie der andere bestrebt ist, die zurückgebliebenen Länder auf seine Seite zu ziehen.

Der große Kampf geht in den wirtschaftlich zurückgebliebenen Ländern seinem Wesen nach bereits nicht mehr darum, ob diese Länder den Metropolen als Absatzmärkte und Rohstoffbasen erhalten bleiben, sondern es geht dabei um das weitere Schicksal des Kapitalismus.

Vom gesellschaftspolitischen Standpunkt aus gesehen, gibt es für die wirtschaftlich zurückgebliebenen kapitalistischen Länder drei mögliche Entwicklungswege: a) den traditionellen kapitalistischen Weg des Zusammengehens mit dem Kapitalismus der hochentwickelten Länder, b) den kapitalistischen Weg mit Elementen des Neutralismus und einigen gesellschaftlichen Umgestaltungen, c) den sozialistischen Weg. Die bürgerlichen Ökonomen erkennen nur den ersten und den dritten Weg an. Aus diesem Grunde wird jeder Versuch dieser Länder, sich der imperialistischen Abhängigkeit zu entledigen, als Kommunismus hingestellt. Diese Klassifizierung verfolgt wesentliche Propagandaziele.[6]

---

[5] *W. I. Lenin*, Ausgewählte Werke in 2 Bänden, Bd. II, Berlin 1953, S. 1018.

[6] Vgl. *Eugene Staley*, The Future of Underdeveloped Countries, New York 1954, Teil I, II.

In einem im Auftrage der Kommission für Auswärtige Angelegenheiten des USA-Senats angefertigten Bericht lesen wir:

„Die stürmische wirtschaftliche Entwicklung gestattet es der Sowjetunion, den Einfluß auf die unterentwickelten Länder dank der erwiesenen Hilfe und des Handels, aber auch dank des Beispiels der für diese Länder verlockenden schnellen wirtschaftlichen Entwicklung auszuweiten. Die sowjetische Darstellung (der Länder) des Westens als 'Ausbeuter und Imperialisten' ist mit dem Versprechen verbunden, daß die, die bis jetzt im Elend lebten, den 'westlichen' Wohlstand erreichen werden."

Im Zusammenhang damit wird empfohlen:

„Die Vereinigten Staaten von Amerika sollten gemeinsam mit anderen hochentwickelten Ländern die Initiative zur Schaffung einer gegen die Offensive der UdSSR gerichteten und auf die zurückgebliebenen Länder konzentrierten gemeinsamen Strategie der wirtschaftlichen Entwicklung ergreifen. Die gemeinsame wirtschaftliche Strategie ist genauso notwendig wie die gemeinsame militärische Strategie im Falle einer Aggressionsgefahr."

In den allgemeinen Schlußfolgerungen dieser Arbeit wurden folgende Konsequenzen formuliert:

„Die zurückgebliebenen Länder sind mit der gegenwärtigen Lage unzufrieden und suchen ungeduldig nach einer Möglichkeit, die wirtschaftliche Entwicklung zu beschleunigen. Wenn die freie Welt ihre Politik nicht verändert und nicht eine gesunde Basis für einen energischen Umschwung hinsichtlich einer Verbesserung der Lage in den zurückgebliebenen Ländern schafft, könnten sie sich leicht dem Prinzip der 'Entwicklung ohne Verbrauch' zuneigen.

Wenn die Ressourcen der zurückgebliebenen Länder an den kommunistischen Block verloren gingen, so würde das zu einer völligen Veränderung der Weltbilanz zugunsten der UdSSR führen.

Die Vereinigten Staaten und Westeuropa, insgesamt betrachtet, besitzen ein viel besseres System der Entwicklung, einer Entwicklung, die von einer Zunahme des Verbrauchs begleitet ist. Die wirtschaftlichen Ressourcen der freien Welt sind dreimal größer als die wirtschaftlichen Ressourcen der kommunistischen Welt. Weil die freien Völker diesen Vorteil voll ausnutzen können, können sie zweifellos den Sieg im Wettbewerb mit dem Sowjetblock erringen. Dieser Wettbewerb spielt sich vor allem in den zurückgebliebenen Gebieten ab."[7]

Wenn wir die zweitrangigen Fragen außer Betracht lassen, so bemerken wir hauptsächlich die Angst vor der Anziehungskraft, die der sozialistische Entwicklungsweg für die zurückgebliebenen Länder hat. Das ist auch verständlich, wenn man die Tatsache berücksichtigt, daß der Sozialismus das Problem der Zurückgebliebenheit konsequent, schneller und besser lösen kann.

Zu diesem Eingeständnis sehen sich auch jene westlichen Ökonomen veranlaßt, die Tatsachen gegenüber nicht blind sind. So sagte eine so bekannte Ökonomin wie Frau Joan Robinson in einem Ende 1957 an der Sorbonne gehaltenen Vortrag, in

---

[7] Vgl. „Economic Problems in USA Foreign Policy", Corporation for Economic and Industrial Research, New York 1959.

dem sie die Entwicklungsmöglichkeiten der zurückgebliebenen Länder einschätzte, folgendes:

> „Das charakteristische Kennzeichen der internationalen Lage ist, daß sich die (zurückgebliebenen — J. K.) Länder, die sich nach Vollendung der sozialistischen Revolution entwickeln wollen, viel schneller als andere (zurückgebliebene — J. K.) Länder entwickeln."[8]

Die gewaltige Dynamik der Entwicklung der sozialistischen Länder und ihre Anziehungskraft für die zurückgebliebenen Länder auf der einen Seite und auch die Verstärkung der Volksbefreiungsbewegung auf der anderen Seite sind die *gesellschaftliche Grundlage* für das Interesse der bürgerlichen Ökonomen an den Entwicklungsproblemen der schwachentwickelten Länder. Darüber hinaus ergab sich für die besitzenden Klassen der hochentwickelten Länder die Notwendigkeit, sich mit dem ganzen schwierigen Fragenkomplex, der mit der wirtschaftlichen Entwicklung im Zusammenhang steht, zu beschäftigen. Es war nicht mehr länger möglich, einzig auf der Position der Gleichgewichtstheorie oder der Theorie des internationalen Handels zu verharren.

Wenn die bürgerliche politische Ökonomie der hochentwickelten Länder die Möglichkeit der Einflußnahme auf die Formen, die Methoden und die Richtung der Entwicklung der zurückgebliebenen Länder nicht völlig verlieren wollte, so mußte sie sich mit der Problematik der Entwicklung dieser Länder näher beschäftigen. Zweifellos sind auch noch andere Faktoren beteiligt. Die nationale Bourgeoisie und die mit ihr verbundene Intelligenz der kolonialen, halbkolonialen und auch der eben erst befreiten Länder waren daran interessiert, ein mehr oder minder richtiges Bild der wirtschaftlichen Lage dieser Länder und ihrer Entwicklungsmöglichkeiten zu gewinnen. Dies führt zu der Notwendigkeit, die Ökonomie nicht nur unter apologetischem Vorzeichen, sondern auch unter wissenschaftlich-erkenntnistheoretischem — wenngleich auch mit einem begrenzten Klassenhorizont behaftetem — Aspekt zu entwickeln[9] und das Problem der Zurückgebliebenheit schneller und besser zu lösen. Schließlich war auch der in der Periode zwischen den beiden Weltkriegen vollzogene Übergang der bürgerlichen politischen Ökonomie von der statischen zur dynamischen Analyse eine Ursache dafür, daß sich schon infolge der Logik der Entwicklung der ökonomischen Forschungen ein Interesse für Fragen längerer Zeitabschnitte nicht nur unter dem Aspekt des Zyklus, sondern auch unter dem Aspekt der Entwicklung ergab; und das mußte zu Untersuchungen führen, die auch die Entwicklung der zurückgebliebenen Länder berührten.

Heute gibt es eine sehr umfangreiche Literatur, die den wirtschaftlich zurückgebliebenen Ländern gewidmet ist. Man kann ohne Übertreibung sagen, daß kein einziges ökonomisches Problem in so kurzer Zeit eine so riesige Anzahl von Arbeiten hervorgerufen hat, die in mehr oder minder starkem Maße synthetischen Charakter

---

[8] Vgl. „Biuletyn Ekonomiczny", 1959, Nr. 67.

[9] Vgl. *O. Lange*, Ekonomia Polityczana, Warschau 1959, S. 274.

tragen. Fast alle diese Arbeiten gehen von den Voraussetzungen aus, die ich hier betrachten möchte und die ich bemüht bin, den weiteren Ausführungen zugrunde zu legen.

Diese Voraussetzungen sind folgende: Erstens wird davon ausgegangen, daß sich die Entwicklung der zurückgebliebenen Länder auf kapitalistischem Wege vollziehen kann und muß. Es wird behauptet, daß nur der westliche Entwicklungsweg sowohl die wirtschaftliche Entwicklung als zugleich auch eine Zunahme des Verbrauchs sowie Gleichheit und Demokratie gewährleistet.[10] Zweitens soll die Entwicklung der zurückgebliebenen Länder auf kapitalistischem Wege im wesentlichen genauso verlaufen wie in den kapitalistischen Ländern des Westens und Nordamerikas, wobei dieselben Stimuli der Entwicklung und dieselben Institutionen ausgenutzt werden sollen, nur daß dem Staat eine bedeutendere Rolle eingeräumt wird. Doch soll der Staat nur in der Anfangs- oder Ausgangsphase der Entwicklung ökonomische Funktionen zu erfüllen haben. Im Zusammenhang mit einer Kritik der bürgerlichen Theorien der Entwicklung hochentwickelter Länder versuche ich aufzuzeigen, daß diese Konzeptionen nicht einmal im kapitalistischen System Anwendung finden.

Die Zugrundelegung einer solchen Plattform der Kritik ist durchaus zweckmäßig.

Die der Entwicklung zurückgebliebener Länder gewidmete ökonomische Literatur ist – ungeachtet der allgemeinen Voraussetzungen – nicht homogen. Ich möchte folgende Klassifizierung dieser Literatur vorschlagen, wobei ich mir bewußt bin, daß dies – sowohl wegen der Notwendigkeit einer Begrenzung der Zahl der in ihr auftretenden Strömungen und Tendenzen als auch wegen der Verschiedenartigkeit der verbreiteten Ansichten, was in der Praxis dazu führt, daß man ein und denselben Autor mit gleichem Erfolg zu dieser oder jener Gruppe zählen kann – zu einer gewissen Vereinfachung führt.

Zur *ersten Gruppe* müßten die Ökonomen gerechnet werden, deren Arbeiten statistisch-beschreibenden Charakter tragen. Das sind mehr oder minder gelungene Beiträge, die einige Aspekte und einige Kennzeichen der wirtschaftlich zurückgebliebenen Länder charakterisieren. Sie entbehren allgemeintheoretischer Ambitionen, weil sie, nur auf die Feststellung von Fakten gestützt, einige Alternativen und Vorschläge für die Wirtschaftspolitik in diesen Ländern zu umreißen suchen. Das sind vor allem Arbeiten von Ökonomen schwachentwickelter Länder, aber auch ein großer Teil der Arbeiten, die von mit der UNO verbundenen Institutionen oder Kommissionen herausgegeben werden.

Diese Publikationen haben zweifellos wissenschaftlich-erkenntnistheoretische Bedeutung. Die dargelegten Fakten und statistischen Daten können zweifellos eine

[10] Oftmals trifft man auf die Meinung, daß die allgemeine nationalistische Bewegung für Gleichheit, Freiheit usw. in den rückständigen Ländern hervorgerufen wurde durch den Einfluß der westlichen Ideen der Freiheit, Gleichheit, Brüderlichkeit und demokratischer Institutionen, die mit Hilfe des Radios, der allgemeinen Schulbildung usw. propagiert wurden. Vgl. *Eugene Staley*, a. a. O.

bessere Vorstellung von der Wirklichkeit in diesen Ländern vermitteln. Diese Literatur werde ich hier aus folgenden Gründen nicht behandeln:

Die Autoren dieser Arbeiten sind nicht bemüht, eine mehr oder minder allseitige Theorie der Entwicklung auszuarbeiten, weswegen jede einzelne Arbeit gesondert betrachtet werden müßte, was unmöglich ist. Außerdem erfordert der statistisch beschreibende Charakter dieser Arbeiten eine kritische Analyse aller Angaben, ist nach ihrer methodologischen Basis zu fragen und zu prüfen, inwieweit sie repräsentativ und fehlerfrei sind.

Wegen des allgemeinen Charakters des Vortrags wie auch wegen des umfangmäßig und zeitlich begrenzten Rahmens dieser Analyse werde ich diese Literatur nicht behandeln. Ich möchte nur unterstreichen, daß die oben formulierten allgemeinen Züge der Literatur über die schwachentwickelten Länder ausschließlich auf diese Arbeiten zutreffen. Einige allgemeine Bemerkungen, die in der weiteren Analyse noch formuliert werden, treffen auch auf diese Literatur zu. Die oben angeführten Bemerkungen betreffen auch die übrigen Gruppen, die ich hier nicht betrachten werde.

Die *zweite Gruppe* umfaßt die Anhänger der neoklassischen Theorie, die diese Theorie mit einigen mehr oder minder bedeutenden Abwandlungen nicht nur auf dem Gebiet der sogenannten reinen Theorie, sondern auch auf dem der Theorie der Entwicklung anwenden. In bestimmtem Maße treten sie für den traditionellen internationalen Handel ein, der auf Basis einer entsprechenden Arbeitsteilung die Entwicklung der verschiedenen Regionen sichern soll.

Einer der Hauptvertreter dieser Gruppe, F. Benham, schreibt:

> „Ein derzeit unterentwickeltes Land kann sich auf die Herstellung der Waren spezialisieren, für deren Produktion es besonders günstige Bedingungen besitzt und die von anderen Ländern benötigt werden. Es kann diese Waren in einem Umfang produzieren, der die eigenen Bedürfnisse – die übrigens unbedeutend sein können – bedeutend übersteigt; für den Export dieser Erzeugnisse kann ein unterentwickeltes Land weit mehr andere Waren erhalten, als es selbst produzieren könnte."[11]

Die Bedingungen für eine Industrialisierung würden erst in ferner Zukunft gegeben sein.

Ein anderer bekannter Vertreter dieser Theorie, J. Viner, schreibt:

> „In einem vornehmlich landwirtschaftlichen Land werden durch ein rasches Bevölkerungswachstum, das nicht von einer proportional zunehmenden Nachfrage nach land-

[11] *Frederic Benham*, Protection and the Underdeveloped Countries, In: The Colombo Plan and other Essays, London und New York 1956, S. 45. Solche Ansichten finden sich nicht nur bei den theoretischen Ökonomen. Ich erinnere nur an *P. G. Hoffmann*, der in der Broschüre „Hundert Länder – 1,25 Milliarden Bevölkerung" schrieb: „Der Kern des Problems betrifft den Welthandel. Die hochentwickelten Länder müssen Investitionsgüter exportieren – Maschinen, Stahl, wissenschaftliche Instrumente – und müssen den rückständigen Ländern technische Kenntnisse vermitteln. Diese ihrerseits müssen in die hochentwickelten Länder Rohstoffe exportieren und dann sukzessive die Ausfuhr von Industriewaren erhöhen."

wirtschaftlichen Produkten begleitet wird, unter den Bedingungen einer freien Marktwirtschaft spontan Kräfte auf den Plan gerufen, die auf die Industrialisierung des Landes abzielen, während sich die landwirtschaftliche Produktion relativ weniger lohnend gestaltet."[12]

Die erwähnte Konzeption ist aus folgenden Gründen falsch: Sie zeichnet ein reichlich idyllisches Bild des Außenhandels zwischen den wirtschaftlich hochentwickelten und den zurückgebliebenen Ländern und unterschätzt so die Bedeutung der folgenden Faktoren:

Erstens sind die „Terms of Trade" im wesentlichen unvorteilhaft für die zurückgebliebenen Länder. Die Rohstoffpreise fallen, während die Preise für Industriewaren steigen. Das hängt mit folgenden zwei Faktoren zusammen: a) die Waren, die von den zurückgebliebenen Ländern exportiert werden, sind im Gegensatz zu den Waren der hochentwickelten Länder nicht monopolisiert; b) die Weltmarktpreise werden nicht von den Produktionsbedingungen in den zurückgebliebenen Ländern bestimmt, wo die Produktionsmethoden wenig produktiv sind. Daher ist es einfach dumm zu behaupten, daß die Rohstoffpreise in Konjunkturperioden so hoch steigen, daß sie die in anderen Jahren entstandenen Verluste decken. Man muß auch betonen, daß die fast völlig einseitige Entwicklung im Ergebnis der Spezialisierung dazu führt, daß die Wirtschaft der zurückgebliebenen Länder viel stärker auf zyklische Schwankungen reagiert als die Wirtschaft der hochentwickelten Länder.[13]

Zweitens wächst der Warenaustausch zwischen zurückgebliebenen und hochentwickelten Ländern langsamer als der Austausch innerhalb der Gruppe der hochentwickelten Länder. Und nichts deutet darauf hin, daß in nächster Zeit irgendeine Veränderung eintreten wird; außerdem vergessen die Anhänger dieser Konzeption die Tatsache, daß die Entwicklung des Außenhandels in der Regel eine Funktion der wirtschaftlichen Entwicklung ist und nicht der umgekehrte Fall gilt.

Drittens sind die Absatzmärkte in den hochentwickelten Ländern für Industriewaren aus zurückgebliebenen Ländern verschlossen oder doch so gut wie überhaupt nicht erreichbar. Daher ist es falsch, im Außenhandel den entscheidenden Faktor zu sehen, obwohl dies in Einzelfällen vorkommen kann, wie z. B. bei Ländern, die viel Erdöl besitzen. Aber auch in solchen Fällen kann der Außenhandel eine derartige Rolle nur bei einer entsprechenden Konzentration der Akkumulationsmittel spielen; jedoch kann diese Konzentration nicht verwirklicht werden, wenn man sich auf die Kräfte des freien Marktes stützt. Diese Frage wird im folgenden Teil des Vortrages ausführlicher behandelt werden.

Die erwähnte Theorie zielt ihrem Wesen nach auf die Erhaltung der in der kapitalistischen Welt bestehenden Arbeitsteilung ab. Die zurückgebliebenen Länder werden darin nur als Rohstoff- und Nahrungsmittellieferanten gebraucht.

---

[12] *Jacob Viner*, International Trade and Economic Development, Oxford 1953, S. 113.

[13] Vgl. Экономическое положение стран Азии, Африки и латинской Америки, (Die wirtschaftliche Lage der Länder Asiens, Afrikas und Lateinamerikas), Moskau 1959, S. 3ff.

Die weiter oben behandelten Fragen werde ich in diesem Vortrag nicht breiter ausführen, weil sie sowohl in der marxistischen Literatur als auch in Arbeiten nichtmarxistischer Ökonomen[14] bereits mehrfach einer Kritik unterzogen wurden, aber auch deshalb, weil ihr apologetischer Charakter unbestreitbar ist.

Zur *dritten Gruppe* würde ich jene Ökonomen rechnen, die die Keynes-Harrodsche Methode der Analyse auf die Untersuchung der Struktur und der Entwicklungsmöglichkeiten der zurückgebliebenen Länder anzuwenden suchen. Zu dieser Gruppe können vor allem Kurihara, Bruton, Kahn und einige indische Ökonomen gezählt werden.

Mir scheint, daß man in bezug auf diese Versuche Bedenken von zweierlei Art zum Ausdruck bringen muß. Allgemeine, die das ganze Keynessche System betreffen, sogar hinsichtlich seiner Anwendbarkeit zur Analyse der hochentwickelten Länder. Diese Frage ist ziemlich klar und altbekannt, und daher werde ich sie nicht wiederholen. Ich möchte nur einige zusätzliche Einschränkungen machen, die die Möglichkeit einer Anwendung dieser Theorie auf die zurückgebliebenen Länder betreffen.

Ihrer Grundlage nach beziehen sich diese Theorien auf wirtschaftlich entwickelte Länder, wobei nur einige ökonomische Größen betrachtet werden. Eine Analyse der wirtschaftlichen Entwicklung der zurückgebliebenen Länder kann sich aber nicht auf die Untersuchung nur globaler ökonomischer Größen beschränken, die in einem quantitativen Verhältnis ausgedrückt werden. Es ist vielmehr erforderlich, ökonomische Faktoren qualitativer Art und ebenso auch Elemente nicht ökonomischen Charakters zu berücksichtigen.

Außerdem berücksichtigt die Keynessche Analyse nur eine Situation, da grundsätzlich ausreichende Kapitalreserven vorhanden sind, aber Arbeitslosigkeit herrscht. In den wirtschaftlich zurückgebliebenen Ländern aber besteht vor allem ein Kapitalmangel. Daher könnte die Keynessche Analyse – selbst wenn wir sie für richtig befänden, was unmöglich ist – auf die zurückgebliebenen Länder nicht angewandt werden. Mit den Theorien dieser Art werde ich mich ebenfalls in meinem Vortrag nicht näher befassen, vor allem deshalb nicht, weil sie im allgemeinen nicht populär und weil ihre apologetischen Funktionen auch ohnehin schon genügend bekannt sind.

Und endlich die *letzte Gruppe*, die meiner Meinung nach die repräsentativste ist, sowohl was den Versuch anbelangt, eine allgemeine Theorie der Entwicklung der wirtschaftlich zurückgebliebenen Länder zu schaffen, als auch deshalb, weil sie im Prinzip die größte Zahl von Anhängern aufweist.

Als theoretische Grundlage dient ihnen die Konzeption einer gleichgewichtigen Entwicklung, die durch die Theorie des „circulus vitiosus" und die Theorie des „Starts" ergänzt wird. Diese Ansichten vor allem werden auch Gegenstand meiner Analyse sein.

Ich wiederhole nochmals, daß viele Beweise, die sich auf die Theorie der gleichgewichtigen Entwicklung beziehen, allgemeinen Charakter tragen und in gleichem Maße auch auf einige andere Konzeptionen und Theorien bezogen werden können.

[14] Vgl. *Gunnar Myrdal*, Ökonomische Theorie. . ., a. a. O., S. 144–156.

III.

Die „Theorie des Gleichgewichts“ ist zusammen mit der „Theorie des Starts“ (es werden auch andere Bezeichnungen gebraucht, wie z. B. „Theorie des Impulses“) im wesentlichen die umfassendste derzeitige Konzeption der Entwicklung wirtschaftlich zurückgebliebener Länder.

Sie hat dabei zwei Aspekte: einmal als Konzeption der allgemeinen Entwicklung, und zum anderen als spezielle Anwendung dieser Theorie auf die Wirtschaft zurückgebliebener Länder. Diese Theorie wurde im Verlaufe eines großen Zeitabschnittes entwickelt und entstand in ihren Grundzügen schon vor langer Zeit, denn ihr liegt die Smithsche Konzeption der Entwicklung des Marktes und das Saysche Gesetz der Märkte[15] zugrunde.

Einige Ökonomen meinen auch, daß die Theorie des gleichgewichtigen Wachstums in den Grundzügen von Friedrich List formuliert wurde.[16]

Heute stehen die meisten bürgerlichen Ökonomen, die Prozesse des Wachstums und der Entwicklung untersuchen[17], auf dem Standpunkt der Theorie des gleichgewichtigen Wachstums. Die folgenden Überlegungen behandeln nicht die Frage, ob diese Theorie auf die hochentwickelten Länder angewandt werden kann oder für diese zutrifft. Das ist ein besonderes Thema. Trotzdem kann aber gesagt werden, daß zumindest eine Übereinstimmung in der Formulierung der Hauptthesen der Harrod-Domarschen Konzeption und der Theorie der zurückgebliebenen Länder besteht.

Als die bekanntesten Vertreter der Theorie des gleichgewichtigen Wachstums müssen R. Nurske, P. N. Rosenstein-Rodan und auch W. W. Rostow angesehen werden. Wenn die ersten beiden wie auch eine ganze Gruppe weniger bekannter Vertreter der Theorie des gleichgewichtigen Wachstums diese Theorie nur auf wirtschaftlich zurückgebliebene Länder anwenden, so entwickelt Rostow eine allgemeine historische Konzeption der gesellschaftlichen und wirtschaftlichen Entwicklung. Daher ist es nötig, zumindest seine allgemeinste These zu analysieren. Es gibt übrigens einen weiteren, obgleich nicht weniger wichtigen Grund, eine solche Analyse durchzuführen. So schreibt Rostow folgendes:

---

[15] In diesem Sinne besteht eine historische Folgerichtigkeit in der bürgerlichen Ökonomie. In dem Artikel „Increasing Returns and Economic Progress“ (in „The Economic Journal“, Dez. 1928, S. 527–542) nimmt Allyn Young die These von Smith als Ausgangspunkt, daß die Arbeitsteilung bestimmt ist durch die Größe des Marktes, um seinerseits das Saysche Gesetz der Märkte – daß der Stand der Nachfrage vorbestimmt ist durch die Größe der Produktion – anzuwenden. Erinnern wir uns an diese These, weil die modernen Wachstums-Theoretiker den Artikel von Young als Ausgangspunkt der modernen Theorie des ausgeglichenen Wachstums nehmen.

[16] Vgl. *Paul Streeten*, Unbalanced Growth. In: „Oxford Economic Papers“, 1959, Nr. 2, S. 167.

[17] So schreibt *P. Streeten*: „Die Doktrin des gleichgewichtigen Wachstums wird von der heutigen Zeit allgemein akzeptiert, und ein gleichmäßiges Wachstum ist heute fast ein objektiv notwendiges Axiom sowohl für hochentwickelte als auch für schwachentwickelte Länder...“, a. a. O., S. 169.

> „Die Theorie des Wachstums ist in bestimmtem Sinne eine Alternative zur marxistischen Interpretation der modernen Geschichte."[18]

Rostow klassifiziert die Gesellschaft folgendermaßen: a) die „traditionelle Gesellschaft"; b) die Gesellschaft in der Übergangsperiode, in der die Grundlagen für Veränderungen bestehen, die „Übergangsgesellschaft"; c) die Gesellschaft in der Etappe der beginnenden Entwicklung (take-off), die „Gesellschaft des Starts"; d) die „reifende Gesellschaft", in der neue Methoden und Anschauungen auf die gesamte Wirtschaft ausgedehnt werden; e) und endlich die Gesellschaft, die einen hohen Massenkonsum erreicht hat, die „Gesellschaft des hohen Massenkonsums".

Das ist eine gewisse Erweiterung der Konzeption der Entwicklung, die Rostow in seinem Artikel „The Take-off into Self-Sustained Growth" („The Economic Journal", 1956) darlegt, wo allerdings nur drei Stadien des Entwicklungsprozesses betrachtet werden. Sie betreffen die zweite, dritte und vierte Phase in der angeführten Klassifizierung, also die Phasen, die mit dem Übergang von der zurückgebliebenen zur entwickelten Gesellschaft[19] zusammenhängen. Und daher bilden sie eine Theorie der Entwicklung der wirtschaftlich zurückgebliebenen Länder.

Ich möchte hier nur etwas bei einigen allgemeinen Fragen verweilen, die diese Theorie betreffen; denn eine ausführliche Betrachtung der einzelnen Argumente wird im folgenden Teil des Vortrages gegeben. Rostow legt der Einteilung der Entwicklung in einzelne Phasen den Grad des erreichten Standes der Produktionstechnik zugrunde. Daher unterscheidet sich die Startphase von der vorangehenden Phase dadurch, daß sich der Stand der Investitionen im Vergleich zur vorhergehenden Periode erhöht hat.

> „Die Periode ist gekennzeichnet durch einen entschiedenen Umschwung — ermöglicht durch volle Verwirklichung der oben besprochenen Vorbedingungen — in bezug auf die Rate der Investition von rund 5 Prozent des Netto-Nationalprodukts auf 10 Prozent und mehr."[20]

Die Anerkennung von Veränderungen des Standes der Investitionen als freilich nicht das einzige, aber wahrscheinlich doch das wichtigste Kriterium für die Unterscheidung einer Entwicklungsphase von einer anderen kann nicht akzeptiert werden.

Der Grad der Entwicklung der Produktivkräfte ist ohne Zweifel ein wichtiger Maßstab der Entwicklung einer gegebenen Gesellschaft. Allerdings ist damit noch

[18] *W. W. Rostow*, A Non-Communist Manifesto. In: „The Economist" vom 15. Aug. 1959, S. 409. Leider stand mir nicht der volle Wortlaut zur Verfügung, sondern nur eine von der Redaktion der Zeitschrift „The Economist" gekürzte (unter dem 15. und dem 22. August 1959 veröffentlichte), natürlich von *Rostow* autorisierte Ausgabe. *J. Kleer.*

[19] *Bert. F. Hoselitz* schreibt in „The American Economic Review", 1957, Nr. 2, daß *Rostow* nicht der einzige war, der 3 Perioden der Entwicklung von einer rückständigen Wirtschaft zu einer entwickelten vorschlug. Ein ähnliches Schema ist dargestellt bei *C. Célestin*, Dynamique des niveaux de production et de productivité. In: „Economie et Humanisme", VII—VIII 1952, S. 60—67, und auch in einem Artikel von Hoselitz, Algunos aspectos de las relations entre el cambio social y el de sarollo economico. In: „De Economia", VII—VIII 1951, S. 611—624.

[20] *W. W. Rostow*, A Non-Communist Manifesto, a. a. O., S. 412.

nichts oder fast nichts über den Charakter dieser Gesellschaft, über die darin wirkenden gesellschaftlichen Kräfte oder über die Anreize gesagt, denen entscheidende Bedeutung für die Entwicklung zukommt usw.

Hier ist Klarheit in einer wichtigen Frage nötig. Es können nämlich verschiedene Gesellschaftszustände mit unterschiedlichen oder direkt entgegengesetzten Produktionsverhältnissen ein und denselben Stand der Produktivkräfte aufweisen. In einer bestimmten Entwicklungsetappe der sozialistischen Gesellschaft kann der Stand der Produktivkräfte dem der Produktivkräfte in irgendeinem kapitalistischen Land gleichen. Entsprechend der Klassifikation von Rostow gibt es zwischen den einzelnen Gesellschaftsordnungen im wesentlichen keine Unterschiede. Es versteht sich von selbst, daß dieses Kriterium nicht nur ungenügend ist, sondern auch im Prinzip die Gegensätzlichkeit der verschiedenen typischen Formationen verschleiert.

Der Entwicklungsstand der Produktivkräfte ist natürlich ein sehr wichtiges Kriterium, aber in einem anderen Sinne, als Rostow meint. Jeder bestimmte Stand der Produktivkräfte verlangt eine entsprechende organisatorisch-technische Form, dank welcher sich die Produktivkräfte entwickeln können. Hierbei handelt es sich nicht nur um den gesellschaftlichen Rahmen, der die Produktionsbedingungen umgreift, sondern auch um die organisatorischen Formen, in denen die Produktivkräfte in Bewegung gesetzt werden. Eine Veränderung dieser Formen erfolgt nicht nur im Wege der Ablösung einer sozialökonomischen Formation durch eine andere, sondern kann auch innerhalb der Grenzen der einzelnen Formationen vor sich gehen. Zum Beispiel gibt es anfangs im kapitalistischen Produktionssystem verschiedene Formen von Manufakturen, dann bilden sich Fabriken heraus und entstehen verschiedene Formen horizontaler und vertikaler Beziehungen.

Die Formen der Akkumulation von Mitteln für die wirtschaftliche Entwicklung werden innerhalb einer Formation gleichfalls durch die Produktivkräfte bestimmt. Führen wir dazu folgende Beispiele an, die im kapitalistischen System auftreten: Unternehmen, die Eigentum eines einzelnen sind, Aktiengesellschaften, Monopole, staatliche Unternehmungen.

Außerdem erklärt uns das Kriterium der Produktivkräfte auch noch eine andere Erscheinung. Ein analoger Stand der Produktivkräfte ruft eine analoge Reaktion der Menschen in der Wirtschaftstätigkeit hervor, schafft eine bestimmte Verflechtung der verschiedenen Arten dieser Tätigkeit, die ein System materieller und moralischer Impulse hervorbringt.

Um diese Frage verstehen zu können, muß man sich der Produktivkräfte als Kriterium bedienen, aber die Darstellung von Rostow dient nicht diesem Ziel. Für ihn ist nicht der absolute Stand der Produktivkräfte wichtig, sondern das Akkumulationstempo. Darüber schreibt er direkt:

> „Nicht der absolute Stand der Produktion *pro Kopf* der Bevölkerung, sondern die Rate seiner Veränderung bildet unser Kriterium.“[21]

[21] *W. W. Rostow*, The Take-off into Self-Sustained Growth. In: „The Economic Journal“, März Bd. 66, 1956, S. 27.

Die Veränderung des Tempos als entscheidendes Kriterium beim Übergang von einer Phase zur anderen, ohne dabei andere Kriterien zu berücksichtigen, bedeutet im Grunde genommen, daß jede Gesellschaft *denselben und auf die gleiche Weise zu verwirklichenden Entwicklungsweg* durchlaufen muß.

Obige Bemerkungen sind von grundlegender Bedeutung, weil erstens gesagt wird, daß die zurückgebliebenen Länder denselben Entwicklungsweg durchlaufen müßten, den die entwickelten kapitalistischen Länder Westeuropas gegangen sind, und zweitens, weil davon ausgegangen wird, daß dieser Prozeß mit Hilfe genau derselben institutionellen Formen, Impulse, organisatorischen Formen usw. zu verwirklichen sei. Die Rostowsche Konzeption der Entwicklung hat zum Ziel, eben diese Schlußfolgerung zu beweisen.

Aber selbst wenn man annähme, daß die wirtschaftlich zurückgebliebenen Länder die Möglichkeit hätten, sich auf kapitalistischem Wege zu entwickeln, müßte man meiner Meinung nach zugeben, daß eine Wiederholung der alten, traditionellen kapitalistischen Entwicklung mitsamt den dazugehörigen Institutionen und Anreizen auf jeden Fall unmöglich ist.[22] Dieses Problem werde ich ausführlich bei der Analyse der Theorie des gleichgewichtigen Wachstums untersuchen, doch möchte ich hier auf einige allgemeine Faktoren hinweisen, die eine ähnliche Entwicklung wie in Westeuropa und Nordamerika unmöglich machen. Diese Ursachen sind sowohl gesellschaftlicher als auch wirtschaftlicher Art.

Das Haupthindernis gesellschaftlicher Art, das einer Wiederholung dieses Entwicklungsweges entgegensteht, besteht darin, daß es einerseits an den Klassenkräften der Gesellschaft mangelt, die diesen Prozeß verwirklichen könnten, und daß andererseits die übrigen Teile der Gesellschaft eine derartige Entwicklung, bei der alle Lasten auf ihre Schultern fallen, nicht zuläßt.

In den meisten wirtschaftlich zurückgebliebenen Ländern gibt es eine zahlenmäßig starke Klasse von Feudalherren, die den größten Teil ihrer Einkommen nicht für die produktive Konsumtion verwenden. Diese Klasse hemmt die Entwicklung in zweifacher Hinsicht, erstens dadurch, daß sie eine Beseitigung der (keineswegs bedeutungslosen) Überreste der feudalen Produktionsweise nicht zuläßt oder zumindest diesen Prozeß bremst, und zweitens dadurch, daß sie das erzielte Einkommen unproduktiv verausgabt.[23] Diese Klasse ist an einer Entwicklung, die

[22] Vgl. *O. Lange*, Zagadnienie krajów gospodarczo nierozwiniętych. In: „Sprawy Międzynarodowe", 1956, Nr. 8, S. 33.

[23] „Die Unterhaltung prächtiger Residenzen, verschwenderische Lebensweise, Erwerb von wertvollen Luxusgegenständen als Symbole des Reichtums und der gesellschaftlichen Stellung, große Mengen von Dienstpersonal, Vergnügungen und Reisen — all das macht einen großen Teil der Einnahmen und Ausgaben der Grundbesitzer-Aristokratie aus. Für sie hat eine Verwendung der Einnahmen für Bodenverbesserungen oder die Einführung besserer landwirtschaftlicher Maschinen wenig Reiz. In gewissem Grade mag ein solches Verhalten irrational sein, genährt durch die Tradition, den Lebensstil und die für die Grundbesitzer-Aristokratie charakteristischen sozialen Konventionen. Größtenteils entspricht das indessen voll und ganz den objektiven ökonomischen Bedingungen." *Paul A. Baran*, The Political Economy of Growth, New York 1957, S. 166.

die ökonomische Struktur eines zurückgebliebenen Landes verändern würde, nicht interessiert; denn dies würde zu ihrer Liquidierung führen. Im Gegenteil, sie tritt für die Aufrechterhaltung sowohl des politischen als auch des wirtschaftlichen status quo ein.

Auch die Bourgeoisie vermag, obwohl aus etwas anders gearteten Gründen, diesen Entwicklungsprozeß nicht zu verwirklichen. In den zurückgebliebenen Ländern ist sie erstens wirtschaftlich schwach; zweitens steht sie in enger Beziehung zu den Grundbesitzern und nimmt natürlich deren Standpunkt, deren Ziele usw. an; drittens ist ein Teil der Groß- und Mittelbourgeoisie auf verschiedenste Weise mit dem ausländischen Kapital verbunden, das in der Hauptsache daran interessiert ist, daß keine Initiative geweckt wird, auf alle Fälle aber daran, daß seine Privatinteressen nicht gefährdet werden. Eine folgerichtige Entwicklung muß von sich aus dazu führen, daß der Staat die Beziehungen mit dem ausländischen Kapital reguliert und vor allem die von diesem aus den zurückgebliebenen Ländern herausgepreßten Profite beschneidet. Auch die Profite des entsprechenden Teils der einheimischen Bourgeoisie müßten gekürzt werden. Und weiter: in dem Bestreben, ihren Lebensstil dem der Grundbesitzer anzugleichen und dem Konsumtionsmodell der hochentwickelten Länder zu folgen, gibt die Bourgeoisie selbst bedeutende Mittel für unproduktive Zwecke aus. In dieser Beziehung ist die Bourgeoisie der Bourgeoisie der industriellen Revolution in England oder Frankreich entgegengesetzt. Und das wird in der bürgerlichen ökonomischen Literatur auch stark hervorgehoben.[24]

Deshalb kann die Kapitalistenklasse nicht den traditionellen Entwicklungsweg beschreiten. Diese Frage ist von großer Wichtigkeit, und ich werde noch zu ihren ökonomischen Aspekten zurückkehren.

Es gibt aber auch noch eine andere, durchaus nicht unwichtige Ursache. In den heutigen zurückgebliebenen Ländern sind die Klassen, die der hauptsächlichen Produktionsmittel beraubt sind – die Bauernschaft und die Arbeiterklasse –, an dem alten kapitalistischen Entwicklungsweg, der eine Entwicklung auf ihre Kosten bedeutet, überhaupt nicht interessiert. Der Grad des Klassenbewußtseins sowie der Grad der Organisiertheit schließen von vornherein aus, daß dieser Typ der Industrialisierung zugelassen wird.

Eines der wirtschaftlichen Hindernisse, die eine Wiederholung des westlichen Entwicklungsweges unmöglich machen, besteht darin, daß dem Investitionsbedarf kein ausreichendes Kapital gegenübersteht. Auch auf diesen Aspekt werde ich weiter unten noch ausführlicher eingehen. An dieser Stelle ist noch ein sehr wichtiger Aspekt der allgemeinen Theorie der Entwicklung von Rostow zu behandeln. Ich denke dabei an die Kräfte, die die Entwicklung ermöglichen, aber auch an die Anreize, die bestimmte Klassen veranlassen, tätig zu werden. Das ist ein sehr bedeutendes Pro-

---

[24] Vgl. z. B. *James S. Duesenberry*, Income, Saving and the Theory of Consumer Behavior Cambridge, Mass., 1949, sowie *Willem Brand*, The Struggle for a Higher Standard of Living, Glencoe Ill., Den Haag und Bandung 1958, und H. Belshaw, Population Growth and Levels of Consumtion, New York 1956.

blem, weil es mit den die Entwicklung determinierenden Ursachen und Kräften zu tun hat.

Für Rostow ist die Frage nach den Motiven, die die entscheidende Rolle in der wirtschaftlichen Entwicklung spielen, von großer Wichtigkeit. Er untersucht diese Frage in seiner Arbeit „The Process of Economic Growth". Ich will hier nicht die von Rostow formulierten „Neigungen" untersuchen, die die Entwicklung anregen sollen. Es geht mir hier vielmehr darum, die Aufmerksamkeit auf einen meines Erachtens wichtigen Umstand zu lenken.

So schreibt Rostow z. B.:

> „Wenn Menschen bereit waren, traditionelle Gesellschaftszustände zu beseitigen, so nicht in erster Linie deswegen, um mehr Geld zu verdienen, sondern vor allem, weil die alte Gesellschaft nicht imstande war, oder die Gefahr bestand, daß sie nicht imstande sein würde, die Menschen vor Demütigungen durch Ausländer zu bewahren... Die imperialistischen Mächte haben es zustande gebracht, daß sich das Denken, das Wissen und die Institutionen verändert haben... Häfen, Docks, Straßen und später auch Eisenbahnen wurden gebaut... und zumindest einige erhielten die Möglichkeit, westliche Bildung zu erwerben...
>
> Der fremdenfeindliche Nationalismus ist natürlich nicht die einzige wirkende Kraft gewesen. Der Händler hat die Modernisierung nicht nur als Mittel zur Erzielung von Profiten angesehen, sondern auch als Mittel zur Erlangung der hohen Stellung, die ihm in der traditionellen Gesellschaft versagt war. Es hat fast immer Intellektuelle gegeben, die die Modernisierung als Mittel betrachtet haben, die Würde und den Wert des menschlichen Daseins zu erhöhen, des Einzelmenschen wie auch der Nation als Ganzes."[25]

Im Zusammenhang damit möchte ich die Aufmerksamkeit auf folgende zwei Fragen lenken: Rostow unifiziert die Handlungsmotive nicht nur im historischen Maßstab (d. h., daß unter verschiedenen, ja sogar unter sich verändernden Bedingungen ähnliche Motive wirken), sondern auch im Maßstab eines Volkes, indem er die unterschiedlichen, oftmals widersprüchlichen Motive der verschiedenen Gruppen und Klassen nicht unterscheidet.

Ich leugne keineswegs die Rolle, die der Nationalismus (oder besser Patriotismus?) in der Vergangenheit gespielt hat und heute bei der Befreiung der Völker aus der Abhängigkeit spielt. Der Versuch aber, die verschiedenen Klassenmotive durch ein für alle Gesellschaftsklassen gemeinsames Motiv der nationalen Befreiung zu ersetzen, bedeutet nichts anderes, als die Beziehungen zu leugnen, die im Produktionsprozeß zwischen den Klassen bestehen. Mehr noch, eine solche Darstellung der Handlungsmotive führt dazu, an die Stelle historisch bestimmter Produktionsverhältnisse ein allgemeines Streben nach materiellem Fortschritt und nach Freiheit zu setzen, oder zumindest dazu, die Rolle der Produktionsverhältnisse im Entwicklungsprozeß herabzumindern.

Die Handlungsmotive und das System der Impulse wären dann heute dieselben wie in der Periode der im 18. Jahrhundert beginnenden industriellen Revolution.

---

[25] *W. W. Rostow*, A Non Communist Manifesto, a. a. O., S. 411.

Wir erhielten damit eine zusätzliche Voraussetzung für die Schlußfolgerung, daß die zurückgebliebenen Länder dieselben Entwicklungsstadien durchlaufen könnten, die die hochentwickelten Länder durchlaufen haben.

Alles in allem läßt sich aus der allgemeinen Theorie Rostows folgern, daß sie behauptet, der alte kapitalistische Entwicklungsweg, wenn auch nicht der englische, so doch auf jeden Fall der schwedische oder japanische Typ der Entwicklung, besitze allgemeinverbindlichen Charakter. Der apologetische Charakter der Theorie von Rostow kommt aber auch darin zum Ausdruck, daß er nicht die *widersprüchlichen Interessen* der verschiedenen Klassen und gesellschaftlichen Gruppen feststellt. Nur dann, wenn man diese widersprüchlichen Interessen erforscht und richtig versteht, kann eine Antwort gegeben werden, die die wirklichen, in den verschiedenen Entwicklungsetappen unterschiedlichen Motive und Impulse der Entwicklung erklärt. Sie tragen keinen universellen und keinen klassenindifferenten Charakter.

IV.

Ausgangspunkt für die Analyse der Entwicklung ist die Bestimmung des tatsächlichen Standes. Hinsichtlich dessen besteht unter den bürgerlichen Ökonomen allgemein die Ansicht, daß sich die zurückgebliebenen Länder in einem Gleichgewichtszustand von niedrigem Niveau befinden.

> „Die Krankheit der Wirtschaft vieler unterentwickelter Länder kann wie folgt diagnostiziert werden: Es besteht ein stabiles Gleichgewicht bei einem Einkommen pro Kopf der Bevölkerung, das dem Existenzminimum entspricht oder angenähert ist. Lediglich ein geringer Prozentsatz des Nationaleinkommens wird — wenn überhaupt — für Nettoinvestitionen aufgewandt. Wenn die Investitionen zunehmen, so wächst in demselben schnellen Tempo auch die Bevölkerung; auf diese Weise erhöht sich der Umfang der Kapitalausstattung je Arbeiter nicht. Wenn wir das wirtschaftliche Wachstum als Wachstum des Einkommens pro Kopf der Bevölkerung definieren, so entwickelt sich die Wirtschaft in diesem Falle nicht. Diese Länder würden in die Falle eines Gleichgewichts auf einem niedrigen Niveau geraten."[26]

Diese Frage wurde auch als Problem des sogenannten circulus vitiosus der Armut bezeichnet. R. Nurkse formuliert das folgendermaßen:

> „Eine zirkulare Abhängigkeit besteht auf beiden Seiten des Problems der Kapitalbildung in den von Armut betroffenen Regionen des Erdballs.
>
> Auf der Seite des Angebots ist die geringe Fähigkeit zu Ersparnissen zu verzeichnen, die aus dem niedrigen Stand des Realeinkommens resultiert. Das niedrige Realeinkommen ist eine Widerspiegelung der geringen Produktivität, die ihrerseits in bedeutendem Maße dem Kapitalmangel geschuldet ist. Der Kapitalmangel ist ein Ergebnis der geringen Fähigkeit zu sparen, und so schließt sich der Kreis.

---

[26] *R. Nelson*, A Theory of the Low-Level Equilibrium Trap in Underdeveloped Economies. In: „The American Economic Review", Bd. XLVI, 1956, Nr. 5, S. 894. Vgl. auch *Harvey Leibenstein*, Economic Backwardness and Economic Growth, New York und London 1957, 2. 15–37.

Auf der Seite der Nachfrage kann die Veranlassung zur Investierung gering sein, weil die Kaufkraft der Bevölkerung gering ist. Dies wiederum ist eine Folge ihres niedrigen Realeinkommens, das seinerseits der niedrigen Produktivität geschuldet ist. Der niedrige Stand der Produktivität jedoch ist ein Ergebnis der geringen Kapitalmenge, die in der Produktion angewandt wird, was wiederum zumindest teilweise durch die geringe Veranlassung zur Investierung verursacht sein mag.

Das niedrige Niveau des Nationaleinkommens, das die geringe Produktivität widerspiegelt, ist ein beiden Kreisen gemeinsames Element."[27]

Die Konstatierung eines bestimmten, empirisch prüfbaren Faktums, wie das in den Thesen über die Gleichgewichtsfalle auf einem niedrigen Entwicklungsstand und ebenso in dem Begriff des „circulus vitiosus" der Armut geschieht, ist zweifellos richtig. In vielen, wenn nicht sogar in allen wirtschaftlich schwachentwickelten Ländern ist eine gewisse Stagnation zu verzeichnen, ein Zustand, der seinen äußeren Kennzeichen nach an die oben beschriebenen Erscheinungen erinnert. Der Begriff einer Gleichgewichtsfalle ist allerdings nicht ganz richtig, weil er nur in einem ganz bestimmten Fall anwendbar ist.

Die oben charakterisierte Erscheinung ist wirklich anzutreffen und stellt ein Hindernis für die Entwicklung derjenigen ökonomisch zurückgebliebenen Länder dar, in denen – abgesehen davon, daß sie sich im kapitalistischen System befinden – die Wirtschaft sich ausschließlich auf die Marktkräfte stützt. Für alle übrigen zurückgebliebenen Länder – mögen sie die kapitalistischen Produktionsverhältnisse durch sozialistische ersetzt haben, oder mögen sie neben den „selbsttätigen" Marktkräften in das kapitalistische System solche Kräfte eingebaut haben, die sich in die Wirtschaft einmischen und sie regulieren – hört der „circulus vitiosus der Armut" auf, eine die Entwicklung hemmende Rolle zu spielen. Also trifft die obige Behauptung nur auf wirtschaftlich besonders schwach entwickelte Länder zu. Dort ist dies einerseits eine Folge des mangelnden Anreizes für die Unternehmer, Neuinvestitionen vorzunehmen; andererseits aber kompliziert der demographische Druck die ohnehin schon schwierige Situation.

Die Beschreibung einer wesentlichen Erscheinung allein erschöpft aber nicht die Frage. Meines Erachtens ist es sehr wichtig, vor allem die Ursachen zu zeigen, die zu dieser Situation geführt haben. Die Antwort auf diese Frage wird, wenn nicht ein Programm, so doch mindestens bestimmte Forderungen für die Schaffung der Ausgangsbedingungen zur weiteren Entwicklung darstellen.

Nelson formuliert die Ursachen, die zur Entstehung einer solchen Falle geführt haben, folgendermaßen:

„Die gesellschaftlichen und technischen Bedingungen, die dazu beitrugen, daß die Wirtschaft in eine Falle geriet, sind folgende: 1. eine hohe Korrelation zwischen dem Stand des Einkommens pro Kopf der Bevölkerung und der Zuwachsrate der

---

[27] *Ragnar Nurkse*, Problems of Formation in Underdeveloped Countries, Oxford 1953, S. 5. Vgl. auch *Gerald M. Meier*, *Robert E. Baldwin*, Economic Development: Theory, History, Policy, New York 1957, S. 319–324, sowie *Charles P. Kindleberger*, Economic Development, New York 1958, S. 308–316.

Bevölkerung; 2. eine geringe Neigung, ein zusätzliches Einkommen pro Kopf der Bevölkerung zur Erhöhung der Investitionen pro Kopf der Bevölkerung aufzuwenden; 3. Mangel an nichtbebautem, aber für den Anbau geeignetem Boden; und 4. unwirksame Produktionsmethoden."[28]

Die erste Ursache sieht Nelson in dem hohen Bevölkerungszuwachs bei niedrigem Stand des Nationaleinkommens. So ist es auch in Wirklichkeit. Nach Angaben von P. G. Hoffmann beträgt das durchschnittliche Jahreseinkommen von rund 850 Millionen Menschen in der kapitalistischen Welt weniger als 100 Dollar pro Kopf. Gleichzeitig muß festgestellt werden, daß in einem bedeutenden Teil der zurückgebliebenen Länder der Bevölkerungszuwachs 2 Prozent beträgt, während der Zuwachs des Nationaleinkommens 2 bis 3 Prozent im Jahr ausmacht. Diese Angaben scheinen für die Richtigkeit des oben betrachteten Begriffs zu sprechen. Es wäre schwer zu beweisen, daß der im Verhältnis zum Produktions- und Nationaleinkommenszuwachs übermäßige Bevölkerungszuwachs in den zurückgebliebenen Ländern kein ernsthaftes Hindernis für die Entwicklung darstellt.

Mir scheint, daß dies für ein zurückgebliebenes Land eine echte Schwierigkeit ist, die praktisch nicht gelöst werden kann. Man kann sich nämlich schwer vorstellen, daß selbst ein kapitalistischer Staat die potentiellen Mittel einer Entwicklung, die in der ungenutzten Arbeitskraft enthalten sind, *völlig* ausnutzen kann, eben weil ihm die Freiheit des ökonomischen Handelns fehlt.

In den wirtschaftlich zurückgebliebenen Ländern wird das Einkommen auch nicht einigermaßen gleichmäßig auf die Bevölkerung verteilt. In diesen Ländern finden wir eine viel größere Ungleichmäßigkeit in der Verteilung als in den hochentwickelten Ländern.[29] Ein Faktor, der diese Sachlage noch verstärkt, ist die in diesen Ländern praktizierte verhältnismäßig niedrigere Besteuerung höherer Einkommen.

Bei einer solchen Sachlage muß die Falle nach Meinung Nelsons etwas kleiner sein, denn, so schreibt er, „je bedeutender die Ungleichmäßigkeit in der Einkommens-

---

[28] *R. Nelson*, A Theory of the Low-Level. . ., a. a. O., S. 901. Ein wenig anders betrachten dieses Problem die bereits oben zitierten Meier und Baldwin, die die Ursachen für die Wachstumsschwierigkeiten in folgendem sehen: 1. im unvollständigen Markt, 2. in dem circulus vitiosus, 3. in den internationalen Kräften. Das ist schon eine bedeutend breitere Auffassung, vor allem deshalb, weil äußere Faktoren in Betracht gezogen werden, die in diesem Prozeß die entscheidende Rolle spielen. Natürlich führen sie diese Kräfte nur auf Preisveränderungen zurück, unterstreichen dabei jedoch, daß unter solchen Veränderungen am meisten die ökonomisch schwachentwickelten Länder zu leiden haben. Nichtsdestoweniger reduzieren sich jedoch die ersten beiden Ursachen, grob gesagt, im wesentlichen auf die gleichen Faktoren, die *Nelson* anführt. Vgl. *G. M. Meier*, *R. E. Baldwin*, Economic Development. . ., a. a. O., S. 315–333.

[29] Das wird von vielen bürgerlichen Ökonomen hervorgehoben. Vgl. *Theodore Morgan*, Distribution of Income in Ceylon, Puerto Rico, the United States and the United Kingdom. In: „The Economic Journal", Dez. 1953, sowie *W. Paul Straßmann*, Economic Growth and Income Distribution. In: „The Quarterly Journal of Economics", Bd. 70, 1956, Nr. 3. S. 425.

verteilung, um so kleiner die Falle". Aber ungeachtet dieser Tatsache bleibt die Falle noch groß genug. Das hängt damit zusammen, daß sowohl das Kapital als auch die Arbeitskraft nicht produktiv genutzt werden. Das ist ein Ergebnis der spezifischen sozialökonomischen Struktur eines schwachentwickelten Landes. Obgleich ich von dem Gedanken einer Unterschätzung des demographischen Problems weit entfernt bin, ist dieses doch meiner Meinung nach nicht das Haupthindernis für die Entwicklung.

Mit den folgenden Ursachen verhält es sich fast genauso. Es besteht tatsächlich nur eine geringe Neigung, das zusätzliche Einkommen für eine Erhöhung der Investitionen anzuwenden. Das ist eine wichtige Frage, die ich oben bereits angeschnitten habe, wo ich sie als ein Problem des Konsumtionsmodells bezeichnete. Das Wesen dieses Problems besteht darin, daß die Mittel, die den normalen Verbrauch übersteigen und die sich in den Händen der Grundbesitzer und der Bourgeoisie befinden, zum großen Teil nicht in den Produktionsprozeß eingehen. Sie werden für den Erwerb landeseigener oder importierter Luxusgegenstände verwandt, fließen ins Ausland und verwandeln sich in Schatz, oder aber sie werden für den Kauf von Grund und Boden oder von Wohnhäusern, als Form der Kapitalanlage, benutzt.

Die Plünderung des potentiellen produktiven Kapitals ist das Problem einer bestimmten gesellschaftlichen Ordnung und Wirtschaftspolitik, d. h. im Grunde genommen das Problem des Fehlens einer Wirtschaftspolitik von seiten des Staates. Die Behauptung, daß es in den zurückgebliebenen Ländern wenig ungenutztes Land gibt, ist richtig. Aber die Struktur der Landwirtschaft trägt in erheblichem Maße feudalen oder halbfeudalen Charakter, der es erstens unmöglich macht, die landwirtschaftliche Produktion zu intensivieren, und der zweitens einer Erweiterung des Ackerlandes durch Anwendung von Be- und Entwässerungssystemen hemmend im Wege steht usw.

Und endlich die wenig produktiven Produktionsmethoden, die aus den vorhergehenden Ursachen resultieren und deren Folgen sind.

Obige Bemerkungen führen zu folgender Schlußfolgerung: Die oben erwähnten Ursachen sind tatsächlich in der ökonomischen Struktur der zurückgebliebenen Länder vorhanden. In Abhängigkeit vom Typ des Landes hemmen sie die Entwicklung mehr oder weniger. Sie spielen eine gewaltige Rolle, aber nur dann, wenn wichtigere Gründe auftreten, und sie bewirken nur, daß die Schwierigkeiten bei der Überwindung der Rückständigkeit zunehmen.

Dieser Sachlage liegen allerdings verschiedene Ursachen zugrunde.[30] Ich persönlich sehe zwei Hauptursachen, warum die Wirtschaft der schwachentwickelten Länder in eine „Gleichgewichtsfalle" geraten ist. Das sind folgende Ursachen:

---

[30] Für viele ökonomisch schwachentwickelte Länder war in den letzten Jahren der Gleichgewichtszustand auf niedrigem Niveau gestört. Daher treffen die oben analysierten Probleme in der heutigen Zeit nur auf die Gruppe von Ländern zu, in denen das „Gleichgewicht" noch vorhanden ist.

erstens die wirtschaftliche und politische Abhängigkeit von den Metropolen und zweitens eine ökonomische Klassenstruktur, die dadurch gekennzeichnet ist, daß die Überreste der Feudalwirtschaft ziemlich fest mit der unentwickelten kapitalistischen Wirtschaft verbunden und verschlungen sind.

Der westliche Kapitalismus drang in die Gesellschaft der zurückgebliebenen Länder ein, zerschlug die alte Gesellschaftsstruktur sowie die alte Arbeitsorganisation und, was das wichtigste ist, plünderte den angehäuften Reichtum.

> „Mit unaufhaltsamer Energie das Heranreifen *einiger* Grundvoraussetzungen für die Entwicklung eines kapitalistischen Systems beschleunigend, hemmte das Eindringen des westlichen Kapitalismus in die heute unterentwickelten Länder mit gleicher Macht das Heranreifen anderer Voraussetzungen. Die Wegnahme eines großen Teils des in den betroffenen Ländern früher angehäuften und laufend geschaffenen Überschusses mußte zu einer ernsthaften Verzögerung des Prozesses der ursprünglichen Akkumulation in diesen Ländern führen. Die halsabschneiderische Konkurrenz anderer Länder erstickte ihre junge Industrie. Obwohl die Zunahme des Warenumschlages, die Verelendung einer großen Anzahl von Bauern und Handwerkern, aber auch die Verbindung mit der Technologie des Westens ein gewaltiger Antrieb für die Entwicklung des Kapitalismus waren, wurde diese Entwicklung gewaltsam aus ihrer normalen Richtung gedrängt, verzerrt und verstümmelt, um sie den Zwecken des westlichen Imperialismus dienstbar zu machen.“[31]

Mir scheint, daß Paul Baran diese zweifache Einwirkung des westlichen Kapitalismus auf die abhängigen Länder richtig hervorgehoben hat. Während der Kapitalismus die eine sozialökonomische Struktur zerstörte, hat er es versäumt, mit den herangereiften Methoden eine neue zu schaffen. Auf diese Weise wurde eine Übergangsperiode zwischen Feudalismus und Kapitalismus eingeleitet, die sich von anderen ähnlichen Übergangsperioden dadurch unterscheidet, daß sie zeitlich viel ausgedehnter ist, und zweitens dadurch, daß der Kapitalismus in dieser Entwicklungsphase hauptsächlich seine negativen Züge zeigte.

Die Doppelseitigkeit des Prozesses der Zerstörung der alten sozialökonomischen Formation in den zurückgebliebenen Ländern kam in folgendem zum Ausdruck: der westliche Kapitalismus schuf eine moderne Infrastruktur, jedoch schuf er sie mit dem Gedanken an seine eigenen Bedürfnisse nicht gleichmäßig. Es wurden moderne Häfen, Flugplätze und Eisenbahnen gebaut, deren ökonomische Funktionen für die Bedürfnisse der Volkswirtschaft allerdings unbedeutend waren. So waren die während der Zeit der Kolonialherrschaft geschaffene Infrastruktur und die für den Export arbeitende extraktive Industrie nicht organisch mit der übrigen Wirtschaft verbunden. Sie bildeten eigenartige „Enklaven“, entwickelten sich daher unabhängig von der Entwicklung der Gesamtwirtschaft und waren in hohem Maße mit der Wirtschaft des Landes verbunden, in das diese Waren exportiert wurden. Diese wirtschaftliche Verfassung, die sich im 19. Jahrhundert herausbildete, bestand noch bis vor kurzem und besteht in einigen Ländern noch bis auf den heutigen Tag. Das Ergebnis dessen ist, daß aus den zurückgebliebenen Ländern, obwohl sie so arm

---

[31] *Paul A. Baran*, The Political Economy of Growth, a. a. O., S. 143/144.

sind, Mittel zur Finanzierung der Entwicklung in den Metropolen ausgeführt werden.[32]

Dieser sozialökonomischen Situation haben sich die Produktionsmittel besitzenden Klassen (oder zumindest der überwiegende Teil dieser Klassen) angepaßt.

Das kommt sowohl darin zum Ausdruck, daß ein Teil des Kapitals für den Verbrauch von Luxusgütern (im weitesten Sinne des Wortes) verwandt wird, als auch darin, daß die für die Investition bestimmten Mittel in Zweigen angelegt werden, in denen das Kapital schnell umschlägt. Eine Produktionsmittelindustrie wird von Privatproduzenten nicht entwickelt.

In der Landwirtschaft werden fast ausnahmslos primitive Werkzeuge angewandt, die Bodenbearbeitung wird mit alten Methoden vorgenommen, die Bauern zahlen beträchtliche Summen Pacht, und die Wucherei steht in Blüte.

So wirken also zwei sich gegenseitig ergänzende Kräfte, die die Aufrechterhaltung der Rückständigkeit des Landes bedingen.

Nur wenn man diese sozialökonomischen Bedingungen in Betracht zieht, kann man sagen, daß Faktoren wie großer Bevölkerungszuwachs, geringe Sparneigung usw. dem Ausweg aus dem circulus vitiosus der Rückständigkeit zusätzliche Schwierigkeiten in den Weg stellen.

Daher kann man sagen, daß die zurückgebliebenen Länder in der Tat in einen circulus vitiosus der Rückständigkeit geraten sind. Dieser Feststellung der bürgerlichen Ökonomen muß man zustimmen. Es ist jedoch unmöglich, sich mit ihren Versuchen zur Erklärung der Ursache einverstanden zu erklären. Die bürgerlichen Ökonomen berücksichtigen viele Faktoren, die in einem anderen Zusammenhang von Bedeutung sind, aber sie lassen die Hauptfaktoren außer acht, die mit der Rolle des westlichen Kapitalismus in den zurückgebliebenen Ländern und auch der Rolle der einheimischen besitzenden Klassen im Prozeß der Entwicklung oder, genauer gesagt, der Unterentwickeltheit der zurückgebliebenen Länder zusammenhängen.

V.

Der Gedanke eines circulus vitiosus ist, wie schon oben gesagt wurde, richtig in dem Sinne, daß die Kräfte in der Wirtschaft eines zurückgebliebenen Landes nicht in der Lage sind, sich aus eigenem aus dieser Falle zu befreien.

---

[32] *В. Я. Аварин*, Проблемы экономического развития независимых слаборазвитых стран капиталистического мира (B. J. *Avarin*, Probleme der wirtschaftlichen Entwicklung der unabhängigen schwachentwickelten Länder der kapitalistischen Welt). In: Проблемы современного капитализма (Probleme des modernen Kapitalismus), Moskau 1959, S. 252. In der Nachkriegsperiode ist im Vergleich zur Periode zwischen den beiden Weltkriegen zumindest in einigen Ländern der Transfer von Profiten bedeutend zurückgegangen. Vgl. *Z. Dobrska*, Studia z zakresu koniunktury współczesnego kapitalismu, Warschau 1958, S. 30–53.

Die nächste Frage, auf die die Theorie der Entwicklung der zurückgebliebenen Länder eine Antwort zu geben versucht, ist, ob es einen Ausweg aus diesem circulus vitiosus gibt. Im Grunde genommen geben fast alle westlichen Ökonomen eine positive Antwort. Mehr noch, der überwiegende Teil dieser Ökonomen preist fast die gleichen Auswege aus dieser Lage an. Befassen wir uns näher damit.

In der Rostowschen allgemeinen Konzeption der Entwicklung wird die Frage ziemlich einfach dargestellt: vor der Startperiode liegt ein längerer Zeitraum, in dessen Verlauf die Voraussetzungen für diese Etappe entstehen.

> „Am Anfang haben wir eine verhältnismäßig stabile und traditionelle Gesellschaft, die sich hauptsächlich mit Landwirtschaft beschäftigt, mehr oder minder konservative Produktionsmethoden anwendet und nur wenig mehr Mittel spart und investiert, als dies der Verschleiß erforderlich macht. Der Gedanke an die Möglichkeit wirtschaftlichen Fortschritts wird gewöhnlich von außen in diese Gesellschaft hineingetragen, geht aber manchmal aus deren eigener Dynamik hervor; dieser Gedanke findet Verbreitung unter der bestehenden *Elite* oder, meistens, unter irgendeiner benachteiligten Gruppe, die, ungeachtet der niederen gesellschaftlichen Stellung, eine gewisse wirtschaftliche Initiative zu entfalten vermag. Häufig fallen die ökonomischen Motive, nach ökonomischem Fortschritt zu streben, mit irgendwelchen außerökonomischen Motiven zusammen..."[33]

In diesem Stadium entstehen die Voraussetzungen in Form einer Modernisierung der Landwirtschaft, des Aufbaus einer Infrastruktur und einer extraktiven Industrie. Alles das führt zur Startphase hin, die den Übergang von einer zurückgebliebenen zu einer entwickelten Gesellschaft darstellt.

Der Start entspricht nach der Rostowschen Definition folgenden drei Bedingungen:

> „a) Steigerung der Investitionsrate in der Industrie von ungefähr 5 Prozent oder weniger auf mehr als 10 Prozent des Nationaleinkommens (oder des Nettosozialprodukts);
> b) Entwicklung eines oder mehrerer wichtiger Sektoren der verarbeitenden Industrie mit hohem Wachstumstempo;
> c) Vorhandensein oder schnelle Formierung eines politischen, sozialen und institutionellen Rahmens, der die Ausnutzung der Expansionsimpulse innerhalb des modernen Sektors und der Wirkung der potentiellen externen Ersparungen (external economy)* des Starts ermöglicht und dem Wachstum einen ständigen Charakter verleiht."[34]

---

[33] *W. W. Rostow*, The Take-off..., a. a. O., S. 27.

* „Externe Ersparungen (external economies) können in einem Unternehmen entstehen, wenn der ganze Wirtschaftszweig seine Produktion ausdehnt; die Kostensenkung ist dann nicht auf die Veränderung der eigenen Produktionskapazität des Unternehmens, sondern auf die des ganzen Wirtschaftszweiges zurückzuführen." — Alfred Kruse, Geschichte der volkswirtschaftlichen Theorien, München 1953, S. 226. Vgl. u. a. hierzu auch Paul Baran, The Political Economy..., a. a. O., S. 190: ...„'Externe Ersparungen'", die sich ergeben, so oft als die Tätigkeit eines Unternehmens die Errichtung oder Arbeit eines anderen Unternehmens erleichtert (verwohlfeilert)." — Anm. der Redaktion.

[34] Ebenda, S. 32. — *Nelson* sieht eine Möglichkeit des Auswegs aus der Falle in folgendem: „Eine Veränderung der Gesellschaftsstruktur (stärkere Betonung der Sparsamkeit und der

Für die Rostowsche Konzeption des Wachstums ist das Problem des Auswegs aus der Rückständigkeit insoweit entschieden, als, solange die Phase des Starts nicht beginnt, auch die dafür erforderlichen Voraussetzungen nicht geschaffen sind. Wie ich bereits oben zu zeigen versuchte, sind in den wirtschaftlich schwachentwickelten Ländern, *auf jeden Fall aber in den meisten von ihnen*, die Voraussetzungen für den Start in der vorhergehenden Periode nicht entstanden. Mehr noch, in den meisten Kolonialländern hat die Herrschaft des Imperialismus einerseits den ursprünglichen Prozeß der Entstehung von Bedingungen einer wirtschaftlichen Entwicklung unterbrochen und andererseits die Ausbildung der Voraussetzungen gehemmt, die zu ihrer Zeit zu entstehen begannen. Dies hing mit den oben behandelten Ursachen zusammen, derentwegen die schwachentwickelten Länder in die Falle eines Gleichgewichts auf niedrigem Stand gerieten.

Die Erkenntnis, daß in den zurückgebliebenen Ländern durch das Wirken der spontanen Marktkräfte die Voraussetzungen der Entwicklung nicht herangewachsen sind, bürgert sich immer mehr ein. Das bringen einige bürgerliche Ökonomen zum Ausdruck, die die Notwendigkeit eines „starken“ Impulses erkennen, der die rückständige Wirtschaft aus dem Gleichgewichtszustand herausreißen würde.

> „Wenn sich ein unterentwickeltes Land erfolgreich entwickeln soll, dann muß es eine bedeutende auslösende Anstrengung (initial effort) unternehmen, um die Produktion zu steigern, und es muß dies zu einem sehr frühen Zeitpunkt des Entwicklungsversuchs tun. Wenn die auslösende oder frühe Anstrengung nicht ein kritisches Minimum erreicht, dann ist wahrscheinlich, daß das Land auf seine frühere unterentwickelte Stufe zurückgeworfen wird. Die Gründe für die Notwendigkeit eines auslösenden oder frühen Minimums der Anstrengung sind folgende:
>
> 1. Das potentielle Wachstum der Bevölkerung macht es notwendig, daß gleich zu Beginn eine hinreichend große Vermehrung des Kapitals erfolgt, die sukzessive Kapitalzuwächse induziert, so daß das Bevölkerungswachstum zu keiner Verminderung der durchschnittlichen Kapitalausstattung je Arbeiter führen kann.
>
> 2. Ein Minimum an Anstrengung ist notwendig, um die ökonomische Umwelt zu schaffen, in der externe Ersparungen möglich sind. Zum Beispiel werden Eisenbahnen, Kommunikationssysteme und Bewässerung beträchtliche auslösende Anstrengungen erfordern.
>
> 3. Die auslösende Anstrengung muß eine Steigerung des Einkommens je Kopf der Bevölkerung bewirken, so daß Ersparnisse gebildet werden können, um die Rate der Kapitalakkumulation beizubehalten. Denn sobald die Rate der Kapitalakkumulation sinkt, tritt immer die Gefahr auf, daß der Bevölkerungszuwachs zu einer Abnahme der Kapitalausstattung je Kopf der Bevölkerung führt.“[35]

Privatinitiative, Erhöhung der Anreize für die Massenproduktion, stärkere Stimulierung der Geburteneinschränkung), eine Erhöhung des Prozentsatzes der in einem Arbeitsverhältnis stehenden Bevölkerung, eine Veränderung der Verteilung des Einkommens, die den Investoren die Möglichkeit gibt, Reichtum zu akkumulieren, ein Investitionsprogramm der Regierung ...“ *R. Nelson*, A Theory of the Low-Level..., a. a. O., S. 904.

[35] *Walter Galenson* und *Harvey Leibenstein*, Investment Criteria, Productivity, and Economic Development. In: „The Quarterly Journal of Economics“, Bd. 69, 1955, Nr. 3, S. 366. Der Gedanke eines Minimums an kritischer Anstrengung (das ist ein anderer

Ausführlicher betrachtet dieses Problem P. N. Rosenstein-Rodan, der in den grundlegenden Investitionen (Infrastruktur) einen Faktor sieht, der einen so starken Impuls auslöst, daß die Wirtschaft aus der Stagnation herauskommt.

Rosenstein-Rodan erkennt nicht nur die Notwendigkeit einer auslösenden Anstrengung an, sondern zeigt zugleich auch die Faktoren auf, die dies bewirken. Das ist in gewissem Sinne ein Schritt vorwärts; denn es ist eine weitere Konkretisierung der allgemeinen Theorie des Starts, obgleich Rosenstein-Rodan diesen Terminus nicht verwendet.

Nicht durch evolutionäre Anhäufung von Voraussetzungen eröffnet sich ein Ausweg aus der Rückständigkeit. Rosenstein-Rodan meint:

> „Es existiert ein bestimmter Mindestaufwand an Mitteln, den man ... für die Realisierung eines Entwicklungsprogramms aufbringen muß, wenn es einige Aussicht auf Erfolg haben soll. Wenn sich ein bestimmtes Land anschickt, den Weg des selbsttätigen Wachstums zu beschreiten, so erinnert das in gewisser Hinsicht an den Start eines Flugzeugs. Es gibt eine bestimmte kritische Geschwindigkeit, die das Flugzeug noch auf der Erde erreichen muß, bevor es überhaupt imstande ist, sich in die Luft zu erheben... Wenn es 'Schritt bei Schritt' vorangeht, so wird keine so starke Wirkung erzielt, als wenn alles auf einmal eingesetzt wird. Eine unerläßliche (obgleich nicht ausreichende) Bedingung für den Erfolg ist ein *Minimum* an Investitionen. Das ist, kurz gefaßt, der wirkliche Inhalt der Theorie des 'starken Impulses'."[36]

Die wichtigste Rolle spielt in diesem Prozeß die Infrastruktur. Ihr wichtigstes „Produkt" sind die „Gelegenheiten" für Investitionen in anderen Industriezweigen. Diese Zweige (die Energieerzeugung, das Transport- und Verkehrswesen usw.) bilden eine Art Skelett der Wirtschaft.

Rosenstein-Rodan meint (und wie es scheint, mit Recht), daß es ein bestimmtes „Minimum-Quantum" einer komplizierten Kombination von Industriezweigen gibt, so daß ein zurückgebliebenes Land 30–40% seiner Investitionen in diesen Zweigen anlegen muß. Das ist notwendig, um vom Fleck zu kommen.

Die Schwierigkeiten, die mit der Bildung dieses grundlegenden Kapitals verbunden sind, resultieren aus dessen Wesensmerkmalen:

Ausdruck für den Start oder die Fortsetzung des „starken Impulses" wurde allseitig dargestellt in der Arbeit von *Harvey Leibenstein*, Economic Backwardness and Economic Growth, London und New York 1957, besonders in den Kapiteln 8 und 9, wo Leibenstein die Bedeutung eines Minimums an kritischer Anstrengung vom Standpunkt der Faktoren untersucht, die diese Notwendigkeit determinieren. Zu diesen Faktoren gehört die Notwendigkeit der Überwindung innerer ungünstiger Bedingungen, die mit den Produktionsfaktoren zusammenhängen, aber auch die Überwindung ungünstiger äußerer Bedingungen, die durch äußere Abhängigkeiten bewirkt werden. Das ist unbedingt erforderlich, um das, was man gewöhnlich gleichgewichtiges Wachstum nennt, zu verwirklichen, sowie um solche Bedingungen zu schaffen, die einen Rückgang des Einkommens verhindern, was das Wirtschaftswachstum beschleunigt und gleichzeitig alle Faktoren des Systems sicherstellt, die ein ständiges Wachstum stimulieren.

[36] *Paul N. Rosenstein-Rodan*, Uwagi do teorii wielkiego pchnięcia. In: „Ekonomista", 1959, Nr. 2, S. 359.

„1. Es ist zeitlich unteilbar (nicht übertragbar): seine Aufbringung muß jeglichen anderen 'unmittelbar produktiven' Investitionen *vorausgehen.*

2. Die minimale Funktionsdauer der technischen Ausrüstung ist hierbei sehr lang; Anlagen mit kürzerer 'Lebens'-Dauer sind entweder aus technischen Gründen nicht anwendbar, oder sie sind bedeutend weniger effektiv. Aus diesen und anderen Gründen weist dieses Kapital ein sehr bedeutendes 'Volumen' auf (d. h. es tritt ausschließlich in unteilbaren, nicht zu verkleinernden 'Blöcken' oder 'Portionen' auf).

3. Dieses Kapital bedarf eines sehr langen Zeitraums, um auszureifen.

4. Eine notwendige Bedingung, um den 'toten Punkt' der Rückständigkeit zu überwinden, ist die Erzielung jenes nicht zu verkleinernden Minimums einer bestimmten industriellen Kombination des gesellschaftlichen grundlegenden Kapitals (das zum gemeinsamen, 'öffentlichen Nutzen'* verwandt wird).

5. Die Dienste des gesellschaftlichen grundlegenden Kapitals können nicht Gegenstand des Imports sein. Folglich ist es erforderlich, um den Weg für weitere, schneller einen Nutzeffekt zeitigende, schon unmittelbar produktive Investitionen zu ebnen, daß ein bestimmtes, ziemlich hohes Anfangsniveau der Investitionen im Bereich des gesellschaftlichen grundlegenden Kapitals entweder bereits erreicht wurde, oder aber, daß die baldige Erreichung dieses Niveaus völlig gewährleistet ist.“[37]

Der starke Impuls als solcher ist noch nicht die Entwicklung selbst, er schafft lediglich die nötigen Voraussetzungen dafür. Den Mechanismus des Auswegs aus der Rückständigkeit als Ergebnis eines gleichmäßigen Wachstums der Industriezweige betrachten wir weiter unten. Hier möchte ich auf zwei Fragen antworten, die mit der oben angeführten Konzeption des Durchbrechens des circulus vitiosus im Zusammenhang stehen.

Das sind folgende Fragen:

a) Ist die Akkumulation einiger Mittel und deren Verwendung für die Entwicklung des grundlegenden Kapitals eine ausreichende Bedingung für die Entwicklung? Oder, anders ausgedrückt: erschöpfen sich die Vorbedingungen für die Entwicklung in der Bildung des gesellschaftlichen grundlegenden Kapitals?

b) Wer soll dieses grundlegende Kapital vergrößern, der Staat, das private Unternehmertum oder das ausländische Kapital?

Diese Fragen stehen miteinander in sehr engem Zusammenhang und ergänzen einander in gewissem Grade.

Die Notwendigkeit, die Infrastruktur in einem wirtschaftlich zurückgebliebenen Land zu entwickeln, bedarf keines besonderen Beweises. Sie ist eine notwendige Bedingung der Entwicklung, denn das vorhandene grundlegende Kapital genügt den Anforderungen der Industrialisierung nicht. Das resultiert aus zwei Hauptursachen.

---

* Das gesellschaftliche grundlegende Kapital braucht nicht unbedingt gesellschaftliches Eigentum zu sein, es muß nur gesellschaftliche Dienste leisten. (J. K.)

[37] Ebenda, S. 363.

In den wirtschaftlich zurückgebliebenen Ländern gibt es sozusagen zwei Typen der Infrastruktur. Eine moderne, die ein Ergebnis der kolonisatorischen Tätigkeit des ausländischen Kapitals ist, und eine alte, traditionelle, vom Feudalismus oder sogar von der Sklavenwirtschaft ererbte. Infolgedessen sind beide für die Entwicklung nicht geeignet oder, genauer gesagt, unzureichend. Die erste deshalb, weil man, als man sie schuf, erstens von den Bedürfnissen der extraktiven Industrie, die auf der Basis von „Enklaven" geschaffen wurde, und zweitens von militärischen Zwecken ausging. Daher ergibt sich für eine mehr oder weniger allseitige Entwicklung die Notwendigkeit, diese Art der Infrastruktur im ganzen Land oder zumindest in jenen Gebieten zu schaffen, die für die Entwicklung von entscheidender Bedeutung sind.

Die alte Infrastruktur hat für die heutige Entwicklung keinerlei Bedeutung. Mit ihrer Hilfe kann weder eine normale Arbeit der mit moderner Technik ausgerüsteten Betriebe noch ein einigermaßen erfolgreicher Transport von Rohstoffen oder anderen Gütern gesichert werden; außerdem ist sie nicht geeignet, die Schaffung des erforderlichen inneren Marktes zu gewährleisten.

Deshalb ist der Ausbau der Infrastruktur eine conditio sine qua non der weiteren Entwicklung.

Ich habe jedoch ernsthafte Bedenken, ob in einem schwachentwickelten Land ein Ausbau der Infrastruktur vorgenommen werden kann (wobei ich vorläufig die Frage nicht berühre, wer dies tun muß), ohne daß vorher bestimmte sozialökonomische Umgestaltungen durchgeführt worden sind.

Selbstverständlich reduziert sich die Sache nicht nur auf die Erlangung der Unabhängigkeit. Es versteht sich von selbst, daß das oben Gesagte so etwas wie die Hauptvoraussetzung aller Voraussetzungen für weitere gesellschaftliche und ökonomische Umgestaltungen ist.

Zu diesen notwendigen Umgestaltungen müßten gerechnet werden: erstens die Beseitigung aller Überreste der Feudalwirtschaft, und zweitens die Befreiung des Landes aus der Abhängigkeit vom ausländischen Kapital.

Durch die Beseitigung der Überreste des Feudalismus in der Landwirtschaft werden zwei für die Entwicklung bedeutsame Ziele erreicht. Durch die Agrarreform wird die Möglichkeit geschaffen, in der Landwirtschaft einige grundlegende Investitionen vorzunehmen, wie zum Beispiel für Meliorationen, Bewässerungsanlagen und dergleichen. Allerdings macht dies erforderlich, daß eine wesentliche Bedingung erfüllt wird, die darin besteht, daß mit der Durchführung der Agrarreform gleichzeitig der Zustrom von Investitionsmitteln sowohl in die Landwirtschaft als auch in andere Zweige gesichert wird.

Man darf aber nicht vergessen, daß die Agrarreform allein nicht gewährleistet, daß Investitionsmittel vorhanden sind, obwohl sie durch die Beseitigung der Abhängigkeit der Bauern und Pächter vom Grundeigentümer Bedingungen für eine produktivere und intensivere Arbeit schafft. Allerdings gibt es dabei auch einen entgegenwirkenden Faktor.

Man darf nicht vergessen, daß der Lebensstandard der Bauernschaft in den zurückgebliebenen Ländern oftmals heute noch an der Grenze des physischen Existenzminimums liegt. Daher wird im Gefolge der Agrarreform eine Erhöhung des Konsums eintreten, was verständlich und, mehr noch, richtig ist. Die Erweiterung des Außenmarktes wird nur ein zusätzliches Ergebnis sein. Aber eine Erweiterung der Produktion infolge einer Vergrößerung der Investitionen wird in den meisten Fällen nicht automatisch eintreten. Es besteht die Notwendigkeit, auf die Landwirtschaft mit dem Ziel einzuwirken, Bedingungen für eine Erweiterung der Produktion zu schaffen. Das kann und muß in erster Linie der Staat tun, aber auch die Genossenschaften müssen dazu beitragen.[38]

Nach Beseitigung der Überreste des Feudalismus ist es ferner nötig, einen Teil der durch die Agrarreform gewonnenen Mittel für die Wirtschaftsentwicklung zu verwenden. Nur wenn das geschieht, wird die Agrarreform dazu beitragen, die materielle Lage der Masse der Bauern zu verbessern und gleichzeitig die wirtschaftliche Entwicklung zu sichern.[39]

Eine Grundbedingung ist auch die Regulierung der Beziehungen zwischen dem zurückgebliebenen Land und dem ausländischen Kapital. Die Lösung dieser Frage ist aber komplizierter, weil sie von der Kräfteverteilung sowohl im Lande selbst als auch außerhalb des Landes abhängt.

Das radikalste Mittel zur Lösung dieses Problems wäre die entschädigungslose Nationalisierung. Das ist nicht nur eine theoretische Möglichkeit und widerspricht keineswegs der Praxis einiger kapitalistischer Länder.

Sogar eine Nationalisierung, die mit gewissen Entschädigungsleistungen verknüpft ist, bildet eine Akkumulationsquelle.

Falls aus rein politischen Gründen die Nationalisierung nicht möglich ist, ergibt sich die Notwendigkeit, die Ausfuhr der Profite ausländischer Unternehmen zu stoppen sowie die Reinvestitionen aus Profiten zu regulieren. Diese Akkumulationsquelle (Profit) ist – jedenfalls in der Anfangsetappe – von großer Bedeutung für die Finanzierung des Entwicklungsprozesses.

Mir scheint, daß es keinerlei „starken Impuls" und keinerlei „Minimum kritischer Anstrengungen" geben wird, wenn nicht zumindest diese ersten notwendigen Bedingungen geschaffen werden, da sonst die Mittel fehlen und auch große Hindernisse gesellschaftlich-organisatorischer Art das Programm der wirtschaftlichen Entwick-

[38] Vgl. *J. Kleer*, Znaczenie spółdzielczości dla rozwoju krajów zacofanych. In: „Przegląd Społdzielczy", 1957, Nr. 5.

[39] Dabei scheint es, daß vom Gesichtspunkt der wirtschaftlichen Entwicklung die Sicherung einer bestimmten Menge von Mitteln, die für die Entwicklung der Infrastruktur und einiger Investitionsgüter-Industrien erforderlich sind, wichtiger ist als die Kaufkrafterhöhung der Bauernschaft. Dies hängt mit dem Charakter des Marktes und mit den Möglichkeiten seiner Entwicklung zusammen. Natürlich ist darüber hinaus eine Politik des „billigen Kredits" für die Bauernschaft erforderlich mit dem Ziel, ihr die Nutzung der Infrastruktur zu ermöglichen, was sich dann in einer Intensivierung der Produktion niederschlägt.

lung in Frage stellen können. Bedauerlicherweise weisen die allgemeinen theoretischen Betrachtungen bürgerlicher Autoren nur sehr selten auf die Notwendigkeit hin, daß zumindest diese Vorbedingungen erfüllt sein müssen. Das betrifft insbesondere das Problem der Regulierung der Beziehungen zum ausländischen Kapital. Eine Agrarreform wird immer häufiger empfohlen. Natürlich handelt es sich dabei um eine Agrarreform[40] mit einem Kompromiß, die das Privateigentum nicht ernstlich gefährdet.

Wenn die erwähnten Vorbedingungen erfüllt werden, dann kann auch ein so wichtiger Faktor wie die Erweiterung der Infrastruktur eine wichtige Rolle in der wirtschaftlichen Entwicklung spielen.

Ich habe allerdings einige begründete Bedenken, ob selbst infolge der Entwicklung einer Infrastruktur sich ergebende externe Ersparungen – „Gelegenheiten“, wie Rosenstein-Rodan sagt, – zu einer verhältnismäßig breiten Investitionsfront zu führen vermögen, die den notwendigen inneren Markt schaffen würde.

Dieses Problem ist aber engstens mit der Antwort auf die Frage verknüpft, wer die Entwicklung in die Hand nehmen soll. Diese Frage läßt sich nicht bagatellisieren. Sie geht über den Rahmen der Infrastruktur hinaus. Deshalb ist es zweckmäßig, zumindest die wichtigsten Aspekte dieser Frage zu untersuchen.

VI.

Nehmen wir an, daß die für die Entwicklung notwendige Infrastruktur geschaffen ist. Die weitere Entwicklung hängt dann davon ab, daß die verschiedenen Industriezweige gleichzeitig entfaltet werden. Das wird sowohl von Nurkse[41] als auch von Rosenstein-Rodan[42] hervorgehoben. Diese Ansicht fußt auf der These, daß die geringen Ausmaße des Marktes bei den privaten Investitionen eine „Gegentendenz“ hervorrufen. Das muß folgendermaßen aufgefaßt werden:

> „Wenn in einem zurückgebliebenen Land aus dem Beschäftigungsüberschuß, der bis dahin seine ‘latente Arbeitslosigkeit’ bildete (deren Grenzproduktivität gleich Null ist), einhundert Arbeiter in einer neuen Schuhfabrik Arbeit fänden, würden ihre Löhne ein neues zusätzliches Einkommen bilden.
> Wenn alle neueingestellten Arbeiter diesen gesamten Verdienst für den Erwerb von Schuhen ausgeben würden, die sie selbst produziert haben, so würde die Schuhfabrik einen Absatzmarkt für ihre Erzeugnisse finden und einen vollen Erfolg erzielen. In Wirklichkeit aber geben diese Arbeiter natürlich nicht ihren ganzen Lohn für den Erwerb von Schuhen aus; wie wir sehen, ist es nicht leicht, mit der bloßen Schaffung eines neuen Marktes einen Ausweg zu finden.

---

40 Vgl. *Gunnar Myrdal*, Internationale Wirtschaft, Berlin 1958, und *Erich H. Jacoby*, La reforme agraire et le développement agricole, Rom 1955.

41 Vgl. *Ragnar Nurkse*, Problems of Capital Formation. . ., a. a. O., S. 11–17.

42 Vgl. *Paul N. Rosenstein-Rodan*, Problems of Industrialization of Eastern an South-Eastern Europe. In: „The Economic Journal“, Juni-Sept. 1943, S. 205–207, und Uwagi do teorii. . ., a. a. O., S. 363–365.

Das Absatzrisiko schränkt die Investitionsneigung ein: das Projekt einer neuen Schuhfabrik wird eher verworfen werden. Betrachten wir ein anderes Beispiel: statt der einhundert Arbeiter aus der Schuhfabrik seien es zehntausend Arbeiter aus hundert Produktionsbetrieben — Industrie und Landwirtschaft —, die zusammen alle die Güter (Arbeitsergebnisse) herstellen, für die die neueingestellten Arbeiter ihr Einkommen ausgeben. Das, was bei der Betrachtung einer Schuhfabrik nicht zutraf, ist für ein ganzes System sich einander ergänzender Industrie- und Landwirtschaftsbetriebe richtig. Jeder neue Produzent wird Käufer aller übrigen Waren und bestätigt, indem er einen neuen Markt schafft, die Richtigkeit des Sayschen Gesetzes. Die sich gegenseitig ergänzende Nachfrage beschränkt das Risiko, daß kein Markt gefunden wird. Die Verminderung der verschiedenen voneinander abhängigen Arten des Risikos führt verständlicherweise zu einer Zunahme der Investitionsneigung."[43]

Welche Kräfte könnten zu der oben betrachteten Erscheinung führen? Rosenstein-Rodan berührt diese Frage überhaupt nicht, während Nurkse in seinem Buch „Probleme der Kapitalbildung in unterentwickelten Ländern" schreibt:

„Ob die Kräfte des wirtschaftlichen Fortschritts bewußt organisiert werden oder ob sie unter dem Einfluß des privaten Unternehmertums bleiben sollen — kurz gesagt, ob gleichgewichtiges Wachstum durch Planungsorgane erzwungen werden oder aber spontan von aktiven Unternehmern herbeigeführt werden soll —, das ist natürlich ein wichtiger und oft behandelter Gegenstand. Aber unter unserem gegenwärtigen Blickwinkel ist das hauptsächlich eine Frage der Methode. Ich halte es nicht für erforderlich, auf Einzelheiten dieser Frage einzugehen. Betrachten wir hier das ökonomische Wesen der Lösung und nicht deren administrative Form." Und weiter sagt Nurkse: „Der Ökonom hat als solcher zu diesem Gegenstand keine kategorischen Imperative zu geben."[44]

In einer anderen Arbeit lehnt es Nurkse schon nicht mehr ab, daß ein Ökonom solche Ratschläge gibt. Er schreibt unumwunden, daß die privaten Investitionen durch den Markt angeregt werden und für eine induktive Erweiterung des Marktes notwendig sind.[45]

So erhalten wir eine Antwort auf die oben gestellte Frage. In der Hauptsache sollen die Privatunternehmer die Entwicklung vorantreiben. Wenn diese These richtig ist, kann man überhaupt bezweifeln, ob eine Entwicklung möglich ist.

Meiner Meinung nach hängt die Frage, ob eine Theorie der Entwicklung wirtschaftlich schwachentwickelter Länder im Rahmen des Kapitalismus sich verwirklichen läßt, im Grunde von der ökonomischen Rolle ab, die dem Staat zuerkannt wird.

In dieser Frage gehen die Meinungen der bürgerlichen Ökonomen auseinander. In der Hauptsache überwiegt die Ansicht, *daß der Staat nicht bei der Entwicklung*

---

[43] *Paul N. Rosenstein-Rodan*, Uwagi do teorii..., a. a. O., S. 364. Dieses Problem wurde auch von Nurkse formuliert in Problems of Capital..., a. a. O., S. 9 ff.

[44] *Ragnar Nurkse*, Problems of Capital..., a. a. O., S. 16.

[45] Vgl. *Ragnar Nurkse*, The Conflict between Balanced Growth and International Spezialization, „Lectures on Economic Development, published by the Faculty of Economics Istanbul University", zit. bei *P. Streeten*, Unbalanced Growth, a. a. O., S. 170.

selbst, sondern bei der Schaffung der Bedingungen für diese Entwicklung eine große Rolle spielen muß. Aufgabe des Staates ist es, eine Infrastruktur aufzubauen, ein entsprechendes wirtschaftliches und auch soziales Klima für die private Investitionstätigkeit der Kleinproduzenten und insbesondere der Bauern zu schaffen[46] sowie diese Investition, wenn auch nur sehr allgemein,[47] zu kontrollieren und zu koordinieren. Das ist wahrscheinlich die Ansicht, die von den meisten bürgerlichen Ökonomen unterstützt wird.

Natürlich gibt es auch extremere Auffassungen. Eine von ihnen verneint überhaupt die Rolle des Staates oder verneint sie auf alle Fälle im Bereich der Wirtschaft; der Staat soll höchstens Bedingungen für die freie Entfaltung der privaten Unternehmerinitiative schaffen.[48]

Der oben zitierte J. Viner schreibt:

> „In den auf der privaten Unternehmung fußenden Ländern obliegt es den Regierungen, für die Spartätigkeit und für die private Investition günstige Bedingungen zu schaffen, und zwar nicht nur durch das gute Beispiel der eigenen Haushaltsführung, sondern auch durch die Schaffung einer Atmosphäre politischer und juristischer Sicherheit für private Investitionen sowie dadurch, daß sie für eine wirksame und ehrliche Handhabung der herkömmlichen Regierungsfunktionen sorgen. Die Regierungen können auf diesen prosaischen und altmodischen Gebieten häufig unzweifelhaft mehr zu einer gesunden wirtschaftlichen Entwicklung beitragen als durch moderne Pläne, die das Ziel verfolgen, die privaten Ersparnisse von der Finanzierung der üblichen Privatinvestitionen auf die Finanzierung von großen, in die Augen stechenden öffentlichen Programmen zu verlagern, die nicht der Gewinn- und Verlustrechnung unterworfen sind."[49]

Hier finden wir immer nur eine totale Verteidigung der Interessen des Privatkapitals. Jede Verletzung dieser Interessen, selbst durch den bürgerlichen Staat, gilt als unzulässig, unzweckmäßig und unnötig.

Es gibt auch eine zahlenmäßig bedeutend kleinere Gruppe von Ökonomen, die der Meinung sind, daß die ökonomischen Funktionen des Staates umfangreicher sein müssen. Hier muß man vor allem G. Myrdal erwähnen.

> „Es stellt ja etwas völlig Neues in der Geschichte dar, daß in den unterentwickelten Ländern dieser Drang nach wirtschaftlicher Entwicklung als erstrangiges politisches Anliegen auftaucht, wobei die Definition von wirtschaftlicher Entwicklung als eine Steigerung des Lebensstandards des einfachen Volkes verstanden wird. Hierzu gehört auch die allgemeine Übereinstimmung darüber, daß wirtschaftliche Entwicklung eine Aufgabe für Regierungen ist und daß die Regierung einen allgemeinen Wirt-

[46] Vgl. *H. Belshaw*, Population Growth. . ., a. a. O., S. 169.

[47] Vgl. *W. Arthur Lewis*, Die Theorie des wirtschaftlichen Wachstums, Tübingen/Zürich 1956, S. 424 ff.

[48] Vgl. *P. T. Bauer, B. S. Yamey*, The Economics of Under-developed Countries, London und Cambridge 1957, S. 156 ff. Ähnliche und möglicherweise noch extremere Ansichten vertritt *Joseph J. Spengler*, der meint, daß der private Faktor auf jeden Fall in der Wirtschaftstätigkeit das Übergewicht über die öffentlichen Faktoren und besonders über den Staat hat. Public Bureaucracy, Resource Structure, and Economic Development: A Note. In: „Kyklos", Bd. 11, 1958, Nr. 4, S. 459.

[49] *Jacob Viner*, International Trade. . ., a. a. O., S. 108 f.

schaftsplan aufstellen und seine Durchführung überwachen muß, wozu ein System sinnvoll angewendeter Kontrollen und Impulse gehören, die die Entwicklung in Gang setzen und dann auch in Gang halten. Dies stellt in der Tat eine völlige Umkehrung dessen dar, was einst in den heute entwickelten Ländern geschah und durch das Schumpetersche Modell beschrieben wurde."[50]

Dieser Streit über die Rolle des Staates ist keine Folge von Momenten ökonomischen Charakters, sondern von Momenten gesellschaftlichen Charakters. Dies ist die Furcht vor einer übermäßigen Verletzung der Rechte des Privateigentums durch den Staat. Dabei scheint es, daß es leichter ist, einer mehr oder minder umfassenden Einmischung in die Wirtschaft der hochentwickelten Länder zuzustimmen, weil das Privatkapital und die kapitalistischen Institutionen dort viel stärker sind. Es existiert eine Art von Mißtrauen, ob der Staat in den zurückgebliebenen Ländern nicht doch unter den Einfluß der werktätigen Massen geraten wird. Es gibt natürlich auch noch einen anderen Grund. Der Umfang des Kapitals, das sich in privater Hand befindet, ist in den wirtschaftlich schwachentwickelten Ländern verhältnismäßig klein. Die Übernahme ökonomischer Funktionen durch den Staat muß dazu führen, daß in den Händen des Staates ein ziemlich umfangreiches Kapital konzentriert wird. Dies aber bedeutet bereits, wenn auch bedingt, daß dadurch die Rechte des Privateigentums ziemlich beträchtlich eingeschränkt werden. Das ist eine sehr wesentliche Frage. Man darf sie allerdings nicht nur vom gesellschaftlichen Standpunkt sehen.

Obwohl die Übernahme eines Teils der Wirtschaft durch den Staat eine Verletzung der Rechte des Privateigentums ist, bedeutet dies keinerlei ernsthafte Gefahr für die Bourgeoisie, sofern die Macht in ihren Händen liegt.

Meiner Ansicht nach ergibt sich die Notwendigkeit der Wirtschaftstätigkeit des Staates vor allem aus ökonomischen Momenten. Das sind folgende Momente:

a) Sowohl der absolute als auch der relative Mangel an Kapital bedingt die Notwendigkeit, daß verschiedene institutionelle Formen entstehen, die das Betätigungsfeld des privaten Unternehmertums einschränken. Das ist durch die moderne Produktionstechnik bedingt.

b) Das Moment, daß zentrale Organe zumindest über einen Teil der Akkumulationen verfügen müssen, garantiert, daß nicht nur die für die Entwicklung notwendige Infrastruktur, sondern auch einige Industriezweige aufgebaut werden, die für eine gewisse Zeit unrentabel sind.

c) Außerdem besteht die Notwendigkeit, mit Hilfe der Steuer- und Finanzpolitik auf den privaten Sektor einzuwirken. Das ist erforderlich, weil infolge des Preis- und Profitmechanismus die privaten Investitionen nicht immer entsprechend den Bedürfnissen der wirtschaftlichen Entwicklung vorgenommen werden.

Betrachten wir diese Faktoren ausführlicher, dann wird die These überzeugender, daß die private Unternehmerinitiative aus rein ökonomischen Ursachen gewisse Grenzen hat.[51]

---

[50] *Gunnar Myrdal*, Ökonomische Theorie..., a. a. O., S. 78.

[51] Die private Unternehmerinitiative ist in Verbindung mit Ursachen gesellschaftlichen Charakters, von denen oben gesprochen wurde, eingeschränkt.

Alle Ökonomen und Soziologen, die sich mit den Problemen der wirtschaftlich zurückgebliebenen Länder befassen, stimmen darin überein, daß in diesen Ländern ein Kapitalmangel besteht. Das ist unbedingt richtig. Aber die Hauptschwierigkeit hängt nicht nur mit dem Kapitalmangel zusammen, sondern auch mit der eigentlichen Ausnutzung der Mittel, die in diesen Ländern für die Akkumulation mobilisiert werden können.

Ich möchte hier nicht den ganzen Problemkomplex aufrollen, sondern die Aufmerksamkeit nur auf einige damit zusammenhängende Fragen richten.

Wie ich bereits vorher sagte, ist die Kapitalistenklasse (als Ganzes gesehen) in ökonomischer Beziehung nicht stark. Ich meine damit, daß sie im absoluten Sinne nicht stark ist, weil sie nicht über große (nicht absolut große) Kapitalien verfügt. Natürlich gibt es dort auch einige zahlenmäßig kleine Gruppen, die den Durchschnitt erreichen oder übertreffen, den wir als europäisch-amerikanischen Stand bezeichnen. Aber der übrige Teil der Kapitalisten, die zwar im Vergleich zu anderen sozialen Gruppen (Bauern, Arbeiter) reich sind, sind nicht reich, wenn man die absolute Größe ihrer Kapitalien zu der in anderen Ländern ins Verhältnis setzt. Das ist eine Folge der allgemeinen Lage eines zurückgebliebenen Landes. Wenn ein Land arm ist, so kann auch die Bourgeoisie als Gesamtheit in ökonomischer Beziehung nicht sehr stark sein. *Die absolute Größe des Kapitals, über das die Kapitalistenklasse als Ganzes verfügt, ist eine Funktion des Grades der* wirtschaftlichen Entwicklung.

Je entwickelter ein Land ist, um so bedeutender ist die Größe des Kapitals, das die Bourgeoisie in ihren Händen hält, und umgekehrt. Und die Folge einer solchen umgekehrten Situation ist der geringe Umfang des Kapitals, das die einzelnen Kapitalisten für die Akkumulation verwenden können, wobei vorausgesetzt wird, daß sie die wirklich mögliche Akkumulation für Zwecke der Entwicklung ausschöpfen, und sei es für von ihnen selbst vorzunehmende traditionelle Investitionen. In den meisten Fällen geschieht dies jedoch nicht; denn der begrenzte Markt ist das Haupthindernis einer Produktion, die auf sofortige Rentabilität eingeschworen ist. Außerdem verwendet die Bourgeoisie einen großen Teil der potentiellen Akkumulation für die unproduktive Konsumtion. Darüber wurde bereits gesprochen.

Selbst wenn wir annehmen würden, daß ein Anreiz für neue Investitionen besteht und daß die gesamte potentielle Akkumulation produktiv ausgenutzt werden kann, gäbe es trotzdem Hindernisse, die ein einziger Kapitalist zu überwinden nicht fähig wäre. Diese Hindernisse sind eine Folge des Charakters der modernen Technik.

Ich möchte mich hier nicht auf Einzelheiten des bekannten Streites um die Frage einlassen, auf welcher Technik die Entwicklung eines wirtschaftlich zurückgebliebenen Landes fußen soll, sondern möchte nur sagen, daß zur Lösung dieser Frage zumindest ein Kompromiß nötig ist. Es muß auch festgestellt werden, daß alle Ansichten, die Entwicklung nur auf der Grundlage einer primitiven Technik vorzunehmen – und auf solche Ansichten kann man in der bürgerlichen Ökonomie stoßen –, verworfen werden müssen, denn sie sanktionieren im Grunde genommen die Rückständigkeit. Einige Industriezweige können nur auf der Grundlage der modernen Technik entwickelt werden. Das betrifft vor allem solche Zweige wie die chemische Industrie, den Maschinenbau usw.

Es scheint nicht erforderlich zu sein, ausführlicher zu begründen, daß sich einige Industriezweige nur auf Basis der modernen Technik entwickeln können. Das hängt im großen und ganzen damit zusammen, daß eine höhere Arbeitsproduktivität erreicht werden muß; des weiteren hängt dies mit der Akkumulation wie auch mit der revolutionierenden Rolle der modernen Industriezweige zusammen, die das gesamte Wirtschaftssystem in Gang bringen. Endlich bilden diese Zweige, die vor allem Produktionsmittel oder Exportgüter herstellen, die Basis für die Umwälzung der gesamten Wirtschaft. Aus diesem Grunde ist das Privatkapital zu schwach, um die erforderlichen Investitionen in diesen Zweigen vorzunehmen, kann es die dazu erforderlichen Mittel nicht aufbringen.[52]

Eben daraus ergeben sich die ökonomischen Funktionen des Staates. Er kann die zersplitterten Kapitalien in seiner Hand konzentrieren, die als Summe das Minimum ergeben können, das ausreicht, die Wirtschaft von dem toten Punkt wegzubringen. Der Staat und auch andere gesellschaftliche Institutionen werden auf diese Weise zu Unternehmern und übernehmen dabei auf vielen traditionellen Gebieten die Rolle des Privatkapitals.[53] Darin besteht zugleich auch die qualitativ unterschiedliche ökonomische Rolle des Staates im Vergleich zu den kapitalistisch hochentwickelten Ländern; denn hier handelt es sich bereits um eine mehr oder minder entwickelte Einmischung in die Wirtschaft. Der Staat hat nicht das Privatkapital zu ergänzen, sondern er muß es in bestimmtem Maße ersetzen und eliminieren. *Diese Frage ist nach meiner Meinung eine der wichtigsten, wenn nicht sogar die wichtigste, für die Ausarbeitung einer Konzeption der Entwicklung der schwachentwickelten Länder.*

Die Konzentration der Akkumulation in einer Hand, für die der Staat die Möglichkeit schafft, bringt außerdem noch zusätzliche Vorteile. Einige Zweige, insbesondere aber die Infrastruktur, würden ohne staatliche Investitionen niemals aufgebaut werden. Das ist dadurch bedingt, daß die Infrastruktur nicht unmittelbar Profite

---

[52] In dieser Beziehung ist die Lage des Privatkapitals in den ökonomisch entwickelten Ländern viel besser. Das hängt damit zusammen, daß erstens diese Zweige sich in den Händen von Monopolvereinigungen befinden, die über sehr bedeutende Kapitale verfügen, und daß zweitens Investitionen sukzessive vorgenommen werden, während andere Unternehmen bereits Verluste aufweisen, und daß drittens der bestehende Absatzmarkt eine Produktion großen Ausmaßes sichert.

[53] „... wirtschaftliche Entwicklung kann nur vonstatten gehen, gestützt auf öffentliche Investitionen, d. h. gestützt auf die Akkumulation, die der Staat und andere gesellschaftliche Institutionen (Städte, Genossenschaften u. a.) vornehmen. Die öffentlichen Investitionen werden auf diese Weise zu einem strategischen Hebel für die Entwicklung rückständiger Länder." *O. Lange*, Niektóre problemy planowania gospodarczego w krajach nierozwiniętych. In: „Problemy wrostu ekonomicznego w krajach gospodarcze nierozwiniętych", Warschau 1958, S. 498–499.

bringt. Sie schafft jedoch indirekt die Bedingungen für eine Rentabilität. Ein einzelner Kapitalist würde selbst dann, wenn er über die erforderlichen Mittel verfügte, in diesen Zweigen nichts investieren. Eine solche Erscheinung gab es auch während der Periode der Industrialisierung der Länder Westeuropas. Entweder baute der Staat selbst Straßen, Häfen usw., oder er unterstützte das Privatkapital in bedeutendem Maße. Der Staat kann die Infrastruktur entwickeln, denn er läßt sich in seinem Handeln nicht nur von dem Kriterium des Profits leiten. Wenn dies nur die Infrastruktur betreffen würde, so wäre die Frage natürlichun wesentlich. Aber die Sache ist die, daß sich einige Industriezweige, und hauptsächlich solche, die Produktionsmittel erzeugen, nur mit Hilfe des Staates entwickeln können. Und das nicht nur wegen der Begrenztheit des Privatkapitals, sondern hauptsächlich deshalb, weil diese Zweige erst nach einer langen Zeit rentabel werden. So bildet sich in der Wirtschaft der zurückgebliebenen Länder ein staatlicher Sektor mit einem bestimmten Produktionsprofil heraus, dessen Aufgabe in der Dynamisierung der gesamten Wirtschaft besteht.

Außerdem muß auch die Einwirkung auf die übrigen Wirtschaftszweige zu den ökonomischen Funktionen des Staates gerechnet werden. Diese Einwirkung kann man auf zwei Hauptaufgaben reduzieren. Die wichtigste Aufgabe ist die Herstellung solcher Bedingungen für die Kapitalinvestition des privaten Unternehmertums, bei denen ein größtmöglicher gesamtwirtschaftlicher Nutzen erreicht wird. Das kann hauptsächlich durch eine richtige Förderung der einen und Diskriminierung (hohe Steuern usw.) der anderen Produktionszweige geschehen. Dasselbe kann durch eine entsprechende Anti-Import-Politik erreicht werden.

Eine zusätzliche Aufgabe besteht darin, aus dem Privatsektor entsprechende Akkumulationsmittel abzuziehen. Das ist eine sehr wichtige Frage, und die meisten Pläne zur Entwicklung der Wirtschaft zurückgebliebener Länder sind aus dem Grunde gescheitert, weil ein entsprechendes Zwangssparsystem mehr als jede andere Maßnahme das Privatkapital lähmt. Daher scheint es mir, daß der kapitalistische Staat sich auf diesem Gebiet der Erfahrungen der sozialistischen Länder bedienen muß. Natürlich handelt es sich nicht darum, diese einfach zu übernehmen; aber ohne sich zumindest ähnlicher Formen der Akkumulation zu bedienen, wird es unmöglich sein, die notwendigen Aufgaben der Entwicklung zu lösen.

Aus den angeführten Bemerkungen wird klar, daß die Frage nach der Form der Akkumulation von Mitteln und auch nach den Kräften, die diese Entwicklung vollziehen sollen, nicht nur eine Frage der Methode ist, wie Nurkse denkt. Diese Frage gehört meines Erachtens zu den ökonomischen Hauptfragen und bildet als solche die *Grundlage jeder Theorie der Entwicklung.*

VII.

Wir haben bereits einige Vorbedingungen zur Beantwortung dieser Frage, die ich bisher offen ließ, untersucht und zusammengetragen.

Was ist denn dieser entscheidende Faktor bei der Schaffung der Bedingungen für die wirtschaftliche Entwicklung? *Oben* habe ich angenommen, daß dies die Schaffung einer Infrastruktur ist. Ich möchte diese These ergänzen. Sie wäre dann richtig, wenn der Entwicklungsprozeß von privaten Unternehmern vollzogen würde. Wenn aber die Hauptaufgaben der wirtschaftlichen Entwicklung der Staat ausführt, dann nimmt diese Frage einen anderen Charakter an.

Der Staat muß nicht nur die Infrastruktur entwickeln, sondern auch bestimmte Zweige, die für die Gesamtentwicklung von entscheidender Bedeutung sind. Im Zusammenhang damit müssen die externen Ersparungen (external economies), die die Infrastruktur gewöhnlich den Privatunternehmern schafft, etwas anders bestimmt werden. Erstens gibt es keinen Grund dafür, daß die Infrastruktur – wie Rosenstein-Rodan meint – zeitlich voll und ganz der Entstehung neuer Industriezweige vorangehen muß. *Der Aufbau neuer Industriezweige kann gleichzeitig mit der Entwicklung der Infrastruktur vor sich gehen.* Zweitens kann und muß die Entwicklung der Infrastruktur mit der Standortverteilung der neu zu errichtenden Industriezweige abgestimmt werden. Deshalb muß im Zusammenhang mit der Standortverteilung der Industriezweige, die hauptsächlich vom Staat entwickelt werden, in einigen Gebieten die Infrastruktur früher als in anderen entwickelt werden.

Also ist nicht nur die Entwicklung der Infrastruktur (im engeren Sinne), sondern auch die Entwicklung einiger Industriezweige eine Triebkraft, die Wirtschaft aus dem circulus vitiosus der Rückständigkeit herauszuführen. Dank der ökonomischen Funktionen des Staates ist die ursprüngliche Triebkraft nicht nur eine Entwicklungsbedingung, sondern wird gewissermaßen zur Entwicklung selbst.

Gleichzeitig können wir auch auf die These von Nurkse antworten, ob dem Marktmechanismus bei der Erweiterung des inneren Marktes die entscheidende Bedeutung zukommt. Wenn die Privatunternehmer nicht in der Lage sind, den Entwicklungsprozeß einzuleiten, so ist auch das Marktsystem mit seinem Mechanismus der Preise und Impulse nicht geeignet, die Investoren zu entsprechenden Investitionen zu veranlassen.

Die Erfahrung der Entwicklung der kapitalistischen Länder Westeuropas und Amerikas zeigt, daß erstens die freien Marktkräfte hauptsächlich die Entwicklung der hochrentablen Zweige stimulierten, daß zweitens die Zweige, die Produktionsmittel herstellen, entweder erst im Verlaufe der weiteren Entwicklung oder mit bedeutender finanzieller Hilfe von außerhalb aufgebaut wurden, daß drittens ein richtiges Funktionieren der Marktkräfte dazu führt, daß die Tendenz zur ungleichmäßigen Entwicklung der Zweige, der Gebietsteile und des Gesamtstaates sich verstärkt, daß viertens das Marktsystem die Investitionsentscheidungen korrigiert, aber erst nach Durchführung der Investitionen eine Basis für deren Bewertung gibt, und daß fünftens und letztens das Marktsystem auf verschiedenste Art auf die Investitionsentscheidungen der einzelnen privaten Investoren einwirkt und vor allem nicht gewährleistet, daß die Entscheidungen gleichzeitig getroffen werden und aufeinander abgestimmt sind.

All diese Kennzeichen, die mit dem kapitalistischen System zusammenhängen, weisen auf die dem Kapitalismus eigentümliche Entwicklung hin.[54] Die Marktkräfte der Wirtschaft wirken in den zurückgebliebenen Ländern noch schwächer als ehedem in den heute bereits entwickelten Ländern. Dies ergibt sich aus folgenden Gründen: wenn der Aufbau neuer Industriezweige voranschreiten soll, muß ihre Produktion vor allem in dem betreffenden Lande selbst abgesetzt werden können. Die einstmals mögliche Expansion einzelner Industriezweige ist heute bereits unreal. Außerdem ist die Herausbildung des inneren Marktes sowohl für Produktionsmittel als auch für Konsumtionsmittel heute mit weitaus größeren Schwierigkeiten verbunden, und zwar was jene anbelangt, wegen der schwachen Impulse zur Investition, und was diese anbelangt, wegen der geringen Kaufkraft.

Daher muß der Prozeß der Entwicklung sich auf eine planmäßige Regulierung der Wirtschaft stützen. Es ist verständlich, daß diese planmäßige Regulierung nicht der Planung in der sozialistischen Wirtschaft gleichkommt.[55] Trotzdem sind die Vorzüge des Planungssystems gegenüber dem Marktsystem bei der Stimulierung des Entwicklungsprozesses unbestreitbar, weil das auf diesen Impulsen fußende Tempo vom Staat festgelegt werden kann. Die These vom Marktsystem als einer Kraft, die ein gleichgewichtiges Wachstum gewährleistet, entfällt also gleichfalls.

So bleibt am Ende auf folgende Frage zu antworten: ist in einem kapitalistischen, wirtschaftlich zurückgebliebenen Land überhaupt ein gleichgewichtiges Wachstum möglich, selbst wenn wir annehmen, daß dies mit Hilfe von Planungsmethoden durchgeführt wird? Die Antwort auf diese Frage muß meines Erachtens gleichfalls negativ ausfallen. Das ist durch zweierlei Ursachen bedingt, die mit der sozialökonomischen Verfassung des Landes und mit der Entwicklung zusammenhängen.

Ich habe oben bereits darauf hingewiesen, daß das Marktsystem keine Gleichzeitigkeit und keine allseitige Abstimmung der Entscheidungen gewährleistet, wohl aber das Planungssystem. Dabei taucht allerdings eine bestimmte Schwierigkeit auf, die mit den Grenzen zusammenhängt, die der staatlichen Einmischung im Bereich des Privateigentums gesetzt sind.

---

54 Die Entwicklung des Kapitalismus verlief in den Ländern Westeuropas sehr ungleichmäßig. Die Geschichte bietet keinerlei Beispiele eines gleichgewichtigen Wachstums. Das hängt damit zusammen, daß das Saysche Gesetz niemals den wirklichen Entwicklungsprozeß widerspiegelte.

55 Die Unterschiede, die — wenn wir nicht den Charakter der Gesellschaftsordnung berücksichtigen — zwischen der Planung in der sozialistischen Wirtschaft und der Planung in einem rückständigen Lande existieren, beziehen sich auf folgendes: a) Bereich der Planung, b) Wirksamkeit der Planung, c) eigentliche Disponierung über den Akkumulationsüberschuß, d) Wirksamkeit des Einwirkens auf den nichtstaatlichen Sektor.

Der Staat kann, solange er kapitalistisch ist, nicht alle mit dem Privateigentum verbundenen Gesetze aufheben. Es existiert eine gewisse, schwer zu bestimmende Grenze, die der Staat nicht überschreiten kann. Er kann dem privaten Sektor keine genau fixierten Aufgaben stellen und keine Erfüllungsnormen festlegen. Das ist eine Schwierigkeit, die ein bürgerlicher Staat überhaupt nicht beseitigen kann.

Aber nicht nur darin sehe ich die Fehlerhaftigkeit der Theorie des gleichgewichtigen Wachstums. Auch den anderen, mit der Entwicklung zusammenhängenden Grund muß man ablehnen.

Nurkse führt zwei entscheidende Argumente zugunsten des gleichgewichtigen Wachstums an: von seiten der Nachfrage die Notwendigkeit einer „Gleichgewichtsdiät" und von seiten des Angebots das Prinzip des aufeinander abgestimmten Handelns der verschiedenen Industriezweige.

In den wirtschaftlich zurückgebliebenen Ländern spricht gegen ein gleichgewichtiges Wachstum in erster Linie das geringe Angebot von Kapital. Dadurch ist es in gewissem Maße notwendig, bestimmte Projekte (Prioritäten) vorrangig zu entwickeln. Ein gleichgewichtiges Wachstum setzt eine gleichzeitige Entwicklung aller oder fast aller Zweige voraus. Wenn nur geringe Kapitalreserven zur Verfügung stehen, bedeutet das, daß entschieden werden muß, welche Industriezweige, welche Betriebe in erster Linie entwickelt werden müssen. Im Zusammenhang damit, daß die Entwicklung einiger Zweige die Ausnutzung der modernen Technik voraussetzt, ist eine Zersplitterung der Investitionen fast unmöglich.

Der Vorzug der Konzeption der Priorität im Vergleich zur Konzeption des gleichgewichtigen Wachstums besteht in folgendem: die Konzentration der Investitionen auf einige Zweige gestattet es, den Investitionszyklus zu verkürzen, und beschleunigt somit das tatsächliche Wachstumstempo. Außerdem erleichtert diese Konzentration die Überwindung der Schwierigkeiten, die bestimmte Engpässe bereiten, die nicht nur in einzelnen Industriezweigen oder Produktions-Unterabteilungen entstehen können. Auch bei qualifizierten Arbeitskräften können Engpässe entstehen, zumal solche Arbeitskräfte in einem zurückgebliebenen Land sowieso nicht im Übermaß vorhanden sind.

Besteht zwischen Prioritäts-Wachstum und Komplementaritäts-Prinzip nicht ein Widerspruch? Es scheint nicht, denn eine Prioritätsentwicklung bedeutet nicht Entwicklung ohne jegliche (gar ohne technische) Proportionen. Sie bedeutet nur, daß es notwendig ist, von einer breiten Investitionsfront abzugehen, die für ein zurückgebliebenes Land immer eine unheildrohende Gefahr ist.

Im Zusammenhang damit, daß der Staat die Durchführung und Lenkung der Entwicklung übernommen hat, verliert eine breit aufgefaßte Komplementarität sehr an Bedeutung. Das kommt daher, weil der Staat sich in seinem Handeln nicht von dem Kriterium des Profits leiten läßt. Außerdem gibt es produktionstechnische Hindernisse für ein gleichgewichtiges Wachstum. Sie ergeben sich vor allem aus dem unterschiedlichen Investitionszyklus in den verschiedenen Zweigen. Diese Unterschiede können sehr groß sein, sie können das Doppelte bis Zehnfache betragen. Die Grenzen sind dann, wenn einzelne Industriezweige ganz neu aufgebaut werden, sehr wesentlich durch technische Faktoren bestimmt. Selbst wenn wir annehmen, daß ein Investitions-„Angriff" auf breiter Front begonnen wird, würde der aus einem Nichts begonnene Aufbau zu einer Vielzahl ernsthafter Disproportionen führen.

Mir scheint, daß Nurkse dies erkannt hat. Aber für ihn beschränkt sich die Entwicklung vor allem auf die Entwicklung der Konsumgüterindustrie im weitesten Sinne des Wortes. Diese Zweige brachte er mit dem Markt, mit der Kaufkraft der Bevölkerung in Verbindung. Mit anderen Worten, eine so gefaßte Konzeption des gleichgewichtigen Wachstums ist nichts anderes als eine Verallgemeinerung der Erfahrungen des westlichen kapitalistischen Entwicklungsweges, wobei angenommen wird, daß der auslösende Impuls dadurch erzielt werden kann, daß die privaten Unternehmer ihre Investitionsentscheidungen alle gleichzeitig treffen.

Aus dem Gesagten geht hervor, daß der Mangel an verfügbarem Kapital, das Wachstumstempo, die Engpässe und auch die technischen Schranken der Investitionen von der Seite des Angebots her ein gleichgewichtiges Wachstum unmöglich machen.

Wie ist es um dieses Problem bestellt, wenn man es von der Seite der Nachfrage her betrachtet? Spielen da die Faktoren der Komplementarität eine entscheidende Rolle? Es scheint so zu sein, jedoch in weit geringerem Maße, als die Anhänger der Theorie des gleichgewichtigen Wachstums denken. Diese Komplementarität von der Seite der Nachfrage her betrifft eine relativ kleine Gruppe von Waren, die im wesentlichen Nahrungsmittel, Bekleidung und Wohnung umschließt.

In diesem Sinne kann in der Anfangsperiode der Markt der individuellen Konsumtion keine genügend große Menge erzeugter Güter aufnehmen.

Wenn ich jedoch zugebe, daß der staatliche Sektor, der die Infrastruktur und auch die Produktionsmittel produzierenden Industriezweige entwickelt, zugleich auch Käufer ist, so bildet der anfänglich beschränkte Markt der privaten Konsumenten kein unüberwindliches Hindernis mehr. Bei einer solchen Lage werden die Schwierigkeiten der Komplementarität der Nachfrage zumindest teilweise überwunden.

Man kann sagen, daß der Staat nicht nur im staatlichen Sektor die Initiative zur Entwicklung fördert, sondern auch durch eine zusätzliche Beschäftigung von Arbeitskräften und durch die dadurch geschaffene zusätzliche Nachfrage die Entwicklung der privaten Sektoren fördert. In diesem Prozeß muß der staatliche Sektor sowohl in bezug auf das Kapital als auch hinsichtlich der Zeit die Priorität haben.

Auf der Grundlage der obigen Darlegungen scheint es mir möglich zu sagen, daß die Theorie des gleichgewichtigen Wachstums in den wirtschaftlich rückständigen Ländern zumindest in der Anfangsphase keine Anwendung findet. *Das folgt aus Gründen, die sowohl die Staatsordnung als auch die Entwicklung betreffen.*

VIII.

Den bisher angestellten Überlegungen haftet eine gewisse Einseitigkeit an; denn ich hatte die Möglichkeit im Auge, daß sich die Entwicklung der zurückgebliebenen Länder nur im Rahmen des kapitalistischen Systems vollziehen kann. Dies ist eine einseitige Auffassung, weil sie den sozialistischen Weg der Entwicklung zurückgebliebener Länder nicht in Betracht zieht.

Die Erfahrung auf dem Gebiet der Entwicklung zurückgebliebener Länder innerhalb des sozialistischen Systems reicht aus, um den allgemeinen Schluß zu begründen, daß der Sozialismus das Problem der Überwindung der Rückständigkeit leichter, besser und schneller löst. Das hängt damit zusammen, daß die alte, die Entwicklung hemmende Klassenstruktur im Ergebnis der sozialistischen Revolution beseitigt wird. Die Liquidierung der Klassen der Grundbesitzer sowie der großen und mittleren Kapitalisten ist nicht nur die erste Kapital-„Spritze" für die Entwicklung, sie beseitigt auch die verschiedensten Hemmnisse gesellschaftlichen Charakters, die die Verwirklichung des Entwicklungsprozesses komplizieren.

Man muß dessen eingedenk sein, daß selbst dann, wenn ein kapitalistischer Staat Aufgaben der wirtschaftlichen Entwicklung in Angriff nähme und einige gesellschaftliche und wirtschaftliche Reformen durchführte, er dies weder konsequent tun noch bis zum Ende durchführen würde. Die Ergebnisse trügen den Charakter eines mehr oder minder weitgehenden Kompromisses zwischen den traditionellen Gesellschaftsgruppen und -klassen eines zurückgebliebenen Landes und den Erfordernissen der Entwicklung. Und so ist es auch in einigen Ländern. Die Grenzen, die der Einwirkung des kapitalistischen Staates auf die wirtschaftliche Entwicklung gesetzt sind, hängen mit seinem Klassencharakter zusammen. Die Folge davon ist, daß er häufig versucht, mit Hilfe der verschiedensten direkten und indirekten Steuern die ganze Last der mit der Industrialisierung zusammenhängenden Schwierigkeiten auf die Schultern der Werktätigen abzuwälzen. Dies wiederum führt dazu, daß andere Schwierigkeiten entstehen, die sich aus dem Desinteresse dieser Klassen an einer solchen Entwicklung ergeben, die ausschließlich oder vorwiegend auf ihre Kosten durchgeführt werden soll. So entstehen einem zurückgebliebenen kapitalistischen Land grundsätzliche Schwierigkeiten, die nur das sozialistische System lösen kann.

Aus diesen Schwierigkeiten ergeben sich einige wesentliche Konsequenzen in bezug auf das Entwicklungstempo. Die Kompromißpolitik des kapitalistischen Staates führt dazu, *daß das Tempo der wirtschaftlichen Entwicklung, das Tempo der Umwandlung aus einem zurückgebliebenen in ein hochentwickeltes Land verhältnismäßig langsam ist.*

Ein langsames Entwicklungstempo ist für ein zurückgebliebenes kapitalistisches Land eine Art „Selbstmord", und zwar aus folgenden Gründen: der hohe Bevölkerungszuwachs in den meisten zurückgebliebenen Ländern absorbiert fast den gesamten Produktionszuwachs; die Kluft zwischen den hochentwickelten und zurückgebliebenen Ländern verringert sich nicht nur nicht, sondern umgekehrt, vergrößert sich noch. Daher sind einer konsequenten wirtschaftlichen Entwicklung der zurückgebliebenen Länder Grenzen gesetzt, obgleich diese Entwicklung im Rahmen des kapitalistischen Systems ihren Anfang nehmen kann.

Daher liegt die Zukunft der zurückgebliebenen Länder im Sozialismus. Es versteht sich, daß die Wege zum Sozialismus in diesen Ländern völlig unterschiedlich sein werden. Nur eines unterliegt keinem Zweifel, nämlich daß die zurückgebliebenen Länder – wenn sie sich konsequent und erfolgreich entwickeln wollen – im Wettbewerb zwischen Sozialismus und Kapitalismus immer mehr eine wirtschaftliche Verbindung mit dem sozialistischen System anstreben müssen.

Es gibt nur eine endgültige Schlußfolgerung: *die bürgerlichen Theorien der Entwicklung erkennen in ihren verschiedensten Varianten in der Hauptsache nur den alten kapitalistischen Entwicklungsweg an, bei dem die traditionellen Kräfte und institutionellen Formen ausgenutzt werden.* Darin sehe ich ihren apologetischen Charakter in bezug auf das kapitalistische System.

III. KONFERENZMATERIALIEN

ALLGEMEINE CHARAKTERISTIK DER MODERNEN BÜRGERLICHEN POLITISCHEN ÖKONOMIE

Dr. Antal Mátyás, Budapest

I. Die wichtigsten Charakterzüge der bürgerlichen Volkswirtschaftslehre zur Jahrhundertwende

Wie das gesamte kapitalistische System befindet sich auch die bürgerliche Volkswirtschaftslehre der Gegenwart in einer schweren Krise, die organischer Bestandteil der allgemeinen Krise des Kapitalismus ist. Um die Vorgänge und Veränderungen innerhalb der bürgerlichen Volkswirtschaftslehre im Rahmen der allgemeinen Krise des Kapitalismus beschreiben zu können, muß zuvor die bürgerliche Volkswirtschaftslehre zur Zeit der Jahrhundertwende in großen Zügen untersucht werden. Die Grundlagen der modernen bürgerlichen Volkswirtschaftslehre wurden nämlich bereits in den letzten Jahrzehnten des vorigen Jahrhunders gelegt. Es ist zu zeigen, in welcher Beziehung sich seither die Auffassung bestimmter Fragen verändert hat und auf welchen Gebieten die früheren Mittel der Apologie beibehalten worden sind.

Die neuen Richtungen innerhalb der bürgerlichen Volkswirtschaftslehre, die gegen Ende des letzten Jahrhunderts entstanden, werden von bürgerlichen Dogmenhistorikern vor allem auf Menger, Jevons und Walras zurückgeführt. Von ihnen und überhaupt von den wichtigsten Vertretern subjektiver Richtungen der Volkswirtschaftslehre, die um die Jahrhundertwende gewirkt haben, soll jetzt kurz die Rede sein.

Die vorgenannten Ökonomen stellen die kapitalistische Wirtschaft als ein funktionsfähiges System dar, dessen Automatismen, falls sie sich frei entfalten können, leicht der Wirren des Wirtschaftslebens Herr zu werden, dauernde Arbeitslosigkeit und allgemeine Überproduktionskrisen unmöglich zu machen, das maximale Gemeinwohl sowie eine optimale Ausnützung der wirtschaftlichen Ressourcen zu sichern vermögen. Dem Leser wird ein harmonisches Bild der kapitalistischen Wirtschaft vermittelt, eine auf neuen Grundlagen aufgebaute, streng determinierte natürliche Ordnung, die jede staatliche Intervention ausschließt. Es „. . . bewegen sich Mengen und Werte in so zwingenden Bahnen zur Gleichgewichtslage hin, daß eine davon abweichende Einflußnahme seitens des Menschen systemwidrig wäre“.[1]

Émile James bemerkt zwar in seinem Werk über die Geschichte des ökonomischen Denkens im XX. Jahrhundert, daß die großen Theoretiker nicht der Meinung waren, die kapitalistische Wirtschaft sei auch in Wirklichkeit so harmonisch, sondern daß

[1] *Otto von Zwiedineck-Südenhorst*, Subjektivismus in der sozialökonomischen Theorie. Seine Grenzen und Relativität. In: Wirtschaftstheorie und Wirtschaftspolitik, Bern 1953, S. 34.

sie ihre Theorie bloß als ein Mittel der Analyse betrachteten, mit dessen Hilfe erforscht werden kann, unter welchen Bedingungen das Gleichgewicht sich verwirklichen würde.[2] Es ist aber nebensächlich, ob die Ökonomen der Jahrhundertwende an das geglaubt haben, was sie darstellten; wesentlich ist nur: aus den mit Vorbedacht konstruierten Grundlagen ihres Systems und aus dem Charakter der darauf beruhenden Zusammenhänge folgte, daß der Mechanismus der kapitalistischen Wirtschaft in diesem theoretischen Abbild ideal reibungslos funktionierte.

Mit welchen Mitteln wurde diese Apologie des Kapitalismus verwirklicht? Vor allem wurde – um die tatsächlichen Klassenverhältnisse zu vertuschen – zur Grundlage des theoretischen Systems die *Seltenheit* der Güter gemacht, und es wurde versucht, die wirtschaftlichen Erscheinungen aus den Bedürfnissen zu erklären. „Aber es versteht sich bestimmt von selbst", schreibt Jevons, „daß die Volkswirtschaftslehre auf den Gesetzen des menschlichen Genusses beruht ... Vor allem bedürfen wir einer Theorie des Güterverbrauchs."[3]

Nach Böhm-Bawerk muß die Volkswirtschaftslehre in den subjektiven Bedürfnisempfindungen „die Wurzel der Erklärung der Wirtschaftsdinge suchen".[4] „... Die Volkswirtschaftslehre", schreibt Professor Liefmann, „ist nicht die Lehre von der technisch gelungenen Produktion ... sondern sie ist die Lehre von den wirtschaftlichen Bedürfnissen ..."[5] In dieser Darstellung ist die Volkswirtschaftslehre die „Wissenschaft" vom Wirtschaften mit seltenen Gütern, ist sie bestrebt, Gesetzmäßigkeiten des Wirtschaftens mit seltenen Gütern nachzuweisen, und zwar Gesetzmäßigkeiten *von ewigem Bestand.*

Die auf dem Begriff der Seltenheit fußende Theorie betrachtet die Beziehungen zwischen Produktion und Bedürfnissen als unabhängig von der jeweiligen sozialökonomischen Formation und konstatiert, daß die menschlichen Bedürfnisse die mit den verfügbaren Produktivkräften hergestellten Gütermengen übersteigen. Sie läßt den entscheidenden Umstand außer acht, daß die Produktion der seltenen Güter im Rahmen von Produktionsverhältnissen erfolgt, die durch die Eigentumsverhältnisse bestimmt sind, und daß Zirkulation und Distribution der Gebrauchswerte durch die Produktionsverhältnisse bestimmt werden. Vom Charakter der Produktionsverhältnisse hängt es ab, auf welche Weise sich die Beziehungen zwischen Produktion und Bedürfnissen verwirklichen, d. h., in welcher gesellschaftlichen Formation, über welchen wirtschaftlichen Mechanismus die Bedürfnisse auf die Produktion einwirken und sich die richtigen Proportionen der Produktion der Gebrauchswerte herausbilden, und auf welche Weise die Verbraucher an den hergestellten Gütern teilhaben.

---

[2] Vgl. *Émile James*, Histoire de la pensée économique au XXe siècle, Paris 1955, Bd. I, S. 12.

[3] *W. Stanley Jevons*, Die Theorie der Politischen Ökonomie, Jena 1924, S. 38.

[4] *Eugen von Böhm-Bawerk*, Positive Theorie des Kapitales, Innsbruck 1921, S. 254.

[5] *Robert Liefmann*, Ertrag und Einkommen auf der Grundlage einer rein subjektiven Wertlehre, Jena 1907, S. 42.

Eben darum darf der Ökonom, der die inneren Zusammenhänge des Wirtschaftslebens erschließen und die Wirkung der Bedürfnisse auf das Wirtschaftsleben analysieren will, bei seinen Untersuchungen nicht von den Bedürfnissen ausgehen, sondern muß als Ausgangspunkt die Produktionsverhältnisse nehmen.

Da die erwähnten Ökonomen die wirtschaftlichen Erscheinungen aus den Bedürfnissen erklären, erblicken sie im Wert nicht den Ausdruck bestimmter gesellschaftlicher Produktionsverhältnisse, sondern ein Abhängigkeitsverhältnis, das der Verbraucher den seltenen Gütern gegenüber empfindet. Der Wert ist, wie Menger betont, nicht eine objektive Eigenschaft der Güter, sondern „... die Bedeutung, welche konkrete Güter oder Güterquantitäten für uns dadurch erlangen, daß wir in der Befriedigung unserer Bedürfnisse von der Verfügung über dieselben abhängig zu sein uns bewußt sind".[6] Und Wieser meint:

> „Die Werthdoctrin ist, wenn wir ihre Aufgabe richtig umschrieben haben, angewandte Psychologie."[7]

Eine solche Wertlehre vermag über die Preisgestaltung nur völlig inhaltslose, formale, in Maßeinheiten der wirklichen Welt nicht ausdrückbare Feststellungen zu treffen, obzwar ihre Vertreter die Meßbarkeit des Nutzens voraussetzen. Walras gelangt z. B. in seiner Preistheorie nach langen mathematischen Ableitungen zu der „gewichtigen" Feststellung, daß im Gleichgewichtszustand „... die Tauschwerte sich wie die Seltenheiten (raretés) verhalten".[8]

Die auf dem Begriff der Seltenheit fußende Wertlehre richtet sich gegen die Wert- und Mehrwerttheorie von Marx. Wolfgang Heller, der bekannteste ungarische Vertreter der subjektiven ökonomischen Auffassung, gesteht offen ein:

> „Jeder Wert entstammt im Endergebnis dem Grenznutzen der unmittelbaren Gebrauchsgüter, so daß *bei der Produktion kein Mehrwert entstehen kann.*"[9]

Auch Sombart weist auf den apologetischen Charakter des Grenznutzens hin:

> „Wenn man gesagt hat: die Grenznutzenlehre sei eine Ausgeburt der Angst vor dem Sozialismus ... so steckt in diesem Urteil zweifellos ein sehr berechtigter Kern ... es ist naturgemäß einem Bourgeoisherzen sehr sympathisch, wenn die Ergebnisse seiner Forschung zu der Erkenntnis führen, daß die kapitalistische Wirtschaftsordnung die beste aller Wirtschaftsordnungen ist..."[10]

Die subjektive Auffassung des Wertes ignoriert völlig, daß die soziale Lage der einzelnen Klassen von ihrem Verhältnis zum Eigentum an den Produkionsmitteln

---

[6] *Carl Menger*, Grundsätze der Volkswirtschaftslehre, Wien und Leipzig 1923, S. 103.

[7] *Friedrich von Wieser*, Über den Ursprung und die Hauptgesetze des Wirtschaftlichen Werthes, Wien 1884, S. 39.

[8] *Léon Walras*, Eléments d'économie politique pure ou théorie de la richesse sociale, Lausanne/Paris 1896, S. 101.

[9] *Wolfgang Heller*, Volkswirtschaftslehre, Budapest 1919, S. 51 – in ung. Sprache. (Hervorhebung von mir – A. M.)

[10] *Werner Sombart*, Die drei Nationalökonomien, München und Leipzig 1930, S. 283.

bestimmt wird. Statt dessen wird versucht, die Klassenverhältnisse auf das Ausmaß des Beitrages an Arbeit, Kapital oder Boden zurückzuführen, den die einzelnen Klassen zur Produktion beisteuern. Da zur Produktion von Gebrauchswerten alle Produktionsfaktoren notwendig sind, verschwindet in dieser Darstellung jeder wesentliche Unterschied zwischen der sozialen Lage und der Funktion der einzelnen Klassen in der Produktion. Diese Auffassung kommt auch in der Verteilungstheorie der bürgerlichen Volkswirtschaft an der Jahrhundertwende, in der von dem amerikanischen Ökonomen J. B. Clark ausgearbeiteten Grenzproduktivitätstheorie zum Ausdruck, mit der die unlösbare Aufgabe zu lösen versucht wurde, den Anteil der einzelnen Klassen an den hergestellten Gebrauchswerten zu bestimmen.

„Dasselbe Gesetz regelt den Arbeitslohn und die Zinsen... Beide werden unmittelbar durch das Gesetz der Grenzproduktivität bestimmt..."[11]

Die Grenzproduktivitätstheorie behauptet, in der freien Konkurrenz herrsche ständig die Tendenz, daß alle Produktionsfaktoren den Gegenwert des Gebrauchswertanteils erhalten, den sie angeblich selber hergestellt haben. Demzufolge macht der Mechanismus der kapitalistischen Wirtschaft bei freier Konkurrenz eine Ausbeutung unmöglich.

Indem das um die Jahrhundertwende vertretene subjektive ökonomische System nicht nur die Seltenheit zum Ausgangspunkt wählt, sondern auch die Zusammenhänge des Wirtschaftslebens vom Standpunkt des Verhaltens des wirtschaftenden Individuums untersucht, vertuscht es die tatsächlichen Verhältnisse. Die entscheidende Rolle der Produktionsverhältnisse wird außer acht gelassen, und die Sozialwirtschaft wird als eine Gemeinschaft von *autonomen* Individuen dargestellt, die mit seltenen Gütern wirtschaften und nur durch den *Tausch* zu einer Sozialwirtschaft zusammengeschlossen werden. Schumpeter sagt, daß „... wir alles wirtschaftliche Handeln als Tauschen auffassen und annehmen, daß auch dort, wo keine Tauschrelation vorhanden ist, die Wirtschaft ebenso abläuft, wie wenn eine solche vorhanden wäre".[12] Zwischen den Teilnehmern des Wirtschaftslebens besteht also nur der Gegensatz des Verkäufers und Käufers, nicht aber der Gegensatz, der den Eigentumsverhältnissen an den Produktionsmitteln entstammt.

Infolgedessen erblicken die hier behandelten Ökonomen keinen wesentlichen Unterschied zwischen dem Funktionieren der Sozialwirtschaft und der individuellen Wirtschaft. Nach ihrer Meinung beziehen sich die psychologischen Gesetzmäßigkeiten einer Zufriedenstellung der Bedürfnisse gleichermaßen auf die Erscheinungen der Sozialwirtschaft und auf das Wirtschaften des Individuums. Sie glauben z. B., daß der Preismechanismus auf sozialer Ebene dasselbe zustandebringt, wie das Individuum in seiner persönlichen Wirtschaft: ein Wirtschaften mit knappen Gütern. Die Er-

[11] *John Bates Clark*, The Distribution of Wealth, New York und London 1902, S. 200.

[12] *Joseph Schumpeter*, Das Wesen und der Hauptinhalt der theoretischen Nationalökonomie, Leipzig 1908, S. 50.

klärung der wirtschaftlichen Zusammenhänge aus dem Verhalten des wirtschaftenden Subjektes konnte aber in der bürgerlichen Volkswirtschaftslehre nur so lange aufrechterhalten werden, wie „. . . die Automatismen des Kapitalismus funktionierten, solange das Funktionieren des wirtschaftlichen Ganzen gesichert war. Sobald aber diese Automatismen auf längere Zeit versagen, verschiebt sich die Aufmerksamkeit nolens volens auf die Bedingungen der Funktionsfähigkeit der ganzen Wirtschaft, auf die makroökonomische Forschung".[13]

Die Vertreter der auf Knappheit fußenden mikroökonomischen Auffassung benutzten um die Jahrhundertwende und benutzen noch heute im allgemeinen die Gleichgewichtstheorie zur Darstellung der Zusammenhänge des Wirtschaftslebens und des Funktionierens des Wirtschaftsmechanismus. Die Gleichgewichtstheorie wurde in ihrer modernen Form vor allem durch Walras in die bürgerliche Volkswirtschaftslehre eingeführt.

Die Gleichgewichtstheorie von Walras erklärt die Zusammenhänge der Erscheinungen und ihre gegenseitige Anpassung aus einer verfälschten Darstellung der Klassenverhältnisse. Sie geht nämlich davon aus, daß es keinen wesentlichen Unterschied zwischen den einzelnen Klassen gibt und daß ihr gegenseitiges Verhältnis auf Tauschbeziehungen zwischen Individuen, auf Beziehungen zwischen Verkäufern und Käufern reduziert werden kann. Weiter setzt sie voraus, daß auf dem Markt freie Konkurrenz herrscht. Das automatische Zustandekommen des Gleichgewichts wird so dargestellt, daß sowohl die Verkäufer als auch die Käufer auf eine bestimmte Weise auf die Preisveränderungen reagieren. Die Verkäufer erhöhen das Angebot und die Käufer senken die Nachfrage, wenn der Preis steigt; bei sinkendem Preis aber senken die Verkäufer das Angebot und die Käufer erhöhen die Nachfrage. Die Preise verändern sich im Konkurrenzkampf, bis sich ein Preisniveau herausbildet, bei dem die Käufer ebensoviel Ware verlangen, wie die Verkäufer anbieten.

Dieses abstrakte Schema wird dann von Walras und den übrigen Vertretern der um die Jahrhundertwende bestehenden Gleichgewichtstheorie auf die verschiedensten Zusammenhänge, so auch auf den Arbeitsmarkt und Kapitalmarkt, angewandt. Der Konzeption der Seltenheit zufolge kommt auf jede Klasse ein seltener Produktionsfaktor oder ist – in der Darstellung Marshalls – jede Klasse gleichberechtigte Verkäuferin eines zur Produktion notwendigen Opfers, d. h. des Arbeitsopfers oder des Opfers des Wartens; und so reagiert also auch die Arbeiterklasse auf die Veränderungen des Arbeitslohns als Warenverkäufer. Sinkt z. B. der Arbeitslohn, so senken die Arbeiter das Angebot an Arbeitskraft. Cassel sagt:

> „Die Arbeitslosen . . . zögern bis zum äußersten, ihre Arbeit zum Unterpreis anzubieten."[14]

---

[13] *G. Gönczöl*, Makroökonomie und Werttheorie. In: Jahrbuch des Instituts für Wirtschaftswissenschaften der Ungarischen Akademie der Wissenschaften, Budapest 1957, S. 33/34 – in ung. Sprache.

[14] *Gustav Cassel*, Theoretische Sozialökonomie, Leipzig 1932, S. 323.

Nach Marshall arbeiten die Arbeiter nur, solange der Arbeitslohn „... genügt, sie für die letzte, opfervollste Stunde zu entschädigen ..."[15] Die Unternehmer hingegen erhöhen die Nachfrage nach Arbeitskräften, wenn der Arbeitslohn sinkt, und der Arbeitslohn ändert sich so lange, bis Vollbeschäftigung erreicht ist. Eine Arbeitslosigkeit ergibt sich danach nur, wenn das ungehemmte Funktionieren des Preismechanismus auf dem Arbeitsmarkt beeinträchtigt ist, weil z. B. die Gewerkschaften die Löhne künstlich hochhalten. Diese falsche Theorie versucht, den Kampf der Gewerkschaften gegen die Gewalt des Kapitals und die Erhöhung der Ausbeutungsrate als Ursache der Arbeitslosigkeit hinzustellen.

Es ist kein Wunder, daß diese Auffassung Pigou zu der Behauptung bewog, daß die Arbeitslosigkeit in bestimmten Fällen für die Arbeiterklasse von Vorteil sein kann. Er ist nämlich der Meinung, die subjektiven Kosten der Arbeitslosigkeit würden durch jene Genüsse dargestellt, auf die die Gesellschaft zu verzichten gezwungen ist, weil die arbeitslos gewordenen Arbeiter keine Güter herstellen. Von diesen verlorenen Genüssen seien jedoch die Opfer abzuziehen, die die arbeitslosen Arbeiter bringen müßten, wären sie in der Produktion tätig: „... arbeitet ein Mann eine Woche lang nicht, so muß der Bedarfsdeckung, die für ihn der Wert der Güter bedeuten würde, die er mit der Arbeit einer Woche hergestellt hätte, der Genuß einer Woche Freizeit gegenübergestellt werden."[16] Ist die Arbeitslosigkeit nur von kurzer Dauer, so kann es – laut Pigou – vorkommen, daß der Genuß der Freizeit den Verlust, den die arbeitslos gewordenen Arbeiter durch den Lohnausfall erleiden, ausgleicht oder sogar übersteigt. Es stellt sich heraus, daß die Arbeitslosigkeit, betrachtet man sie vom subjektiven Gesichtspunkt, der Arbeiterklasse sogar einen Gewinn einbringen kann, wenn nämlich der Genuß der Freizeit größer ist als das durch die Arbeitslosigkeit verursachte Opfer.

Das Angebot und die Nachfrage an Kapital wurden von den Vertretern der Gleichgewichtstheorie an der Jahrhundertwende meist für eine Funktion des Zinsfußes gehalten. Der Verleiher von Kapital und der Unternehmer, der Kapital nachfragt, reagieren in ihrer Darstellung ebenso grundsätzlich auf die Veränderungen des Zinsfußes wie die Verkäufer und Käufer von gewöhnlichen Waren. Im theoretischen System, das auf den Begriff der Seltenheit aufgebaut ist, herrscht kein Mangel an gewinnbringenden Investitionsmöglichkeiten, so daß der Zinsfuß bzw. seine Bewegung den Kapitalüberfluß beseitigt und die Vollbeschäftigung der verfügbaren Kapitalien sichert. Nach dieser Darstellung wächst die Gesamtnachfrage durch freie Entfaltung des Preismechanismus parallel zur Gesamtproduktion, d. h., die Produktion steigt in der kapitalistischen Wirtschaft, als würden ihr die kapitalistischen Produktionsverhältnisse keine Grenzen setzen. Das Dogma von Say ist also ein organischer Bestandteil der Gleichgewichtstheorie an der Jahrhundertwende.

Außer der zugrunde gelegten Seltenheit, der mikroökonomischen Betrachtungsweise und der falschen Gleichgewichtskonzeption hat auch der *statische* Charakter

[15] *Alfred Marshall*, Principles of Economics, London 1898, S. 598.
[16] *A. C. Pigou*, The Theory of Unemployment, London 1933, S. 14.

der Gleichgewichtstheorie jener Zeit dazu beigetragen, daß das Bild von der Entfaltung des Mechanismus der kapitalistischen Wirtschaft grundfalsch ist. „Die erste Phase der nachklassischen Periode – nach dem Tode von J. St. Mill – war gekennzeichnet durch die Ausbildung der *statischen Gleichgewichtstheorie*", schreibt A. Amonn.[17]

Im statischen System fehlt die Darstellung des Zeitablaufs der Erscheinungen. Seine Anhänger untersuchen die Entstehung des Gleichgewichts unabhängig von der Zeit. Es interessiert sie nur, wie das Gleichgewicht bei bestimmten gegebenen Daten durch rationales Handeln der wirschaftenden Individuen zustandekommt. Die Anhänger der Gleichgewichtstheorie haben also zur Zeit der Jahrhundertwende nicht nur den Charakter der Gesetzmäßigkeiten der kapitalistischen Wirtschaft falsch aufgefaßt, sondern – infolge ihrer statischen Methode – auch die *Art und Weise*, in der sich diese Gesetzmäßigkeit durchsetzt. Sie haben die Tatsache vertuscht, daß für die kapitalistische Wirtschaft die Anarchie charakteristisch ist, daß sich die Gesetzmäßigkeiten des Wirtschaftslebens über die Anarchie der kapitalistischen Produktion den Weg bahnen müssen. Bei dieser Betrachtungsweise funktioniert die kapitalistische Wirtschaft reibungslos, ohne jede Erschütterung. Eine Anhäufung von Schwierigkeiten im Wirtschaftsleben ist unvorstellbar.

Die Existenz allgemeiner Überproduktionskrisen konnte natürlich auch um die Jahrhundertwende von den Vertretern der Gleichgewichtstheorie, die von dem Begriff der Seltenheit ausgehen, nicht geleugnet werden. Ihre Ursachen erklärten sie jedoch nicht aus den kapitalistischen Produktionsverhältnissen, sondern aus Faktoren, die die freie Konkurrenz und das freie Spiel der Preise behindern. Hobson war z. B. der Meinung, die allgemeine Überproduktionskrise sei darauf zurückzuführen, daß die Monopole das Funktionieren des Preismechanismus behindern, der eine Harmonie der ökonomischen Prozesse sichert und die Schwierigkeiten des Wirtschaftslebens ausschaltet, indem sie durch übermäßige Investitionen die Verteilungsverhältnisse verzerren.

Wicksell wiederum hat behauptet, daß die Banken das Funktionieren des Preismechanismus verzerren, indem sie über die tatsächlichen Ersparnisse hinaus Kredite flüssig machen. Der Zinsfuß hört auf diese Weise auf, Exponent der Seltenheit der Ersparnisse zu sein. In seiner Darstellung wird der Aufschwung, der durch das Herabdrücken des Marktzinsfußes unter den natürlichen Zinsfuß hervorgerufen wurde, nicht durch die kapitalistischen Produktionsverhältnisse begrenzt, sondern durch die Kreditpolitik der Banken, die während des Aufschwungs den Marktzinsfuß erhöhen.

Nach der Darstellung von Aftalion ist die lange Zeitdauer der Produktion der Kapitalanlagegüter die Ursache dafür, daß der Preismechanismus die Aufmerksamkeit der Unternehmer nicht rechtzeitig auf drohende Überproduktion lenkt.

Schumpeter hingegen führte die allgemeinen Überproduktionskrisen auf den technischen Fortschritt zurück. Er berief sich darauf, daß die Neuerungen die Bedin-

[17] „Schweizerische Zeitschrift für Volkswirtschaft und Statistik", Bd. 92, Juli 1956, S. 196.

gungen verändern, unter denen die Unternehmer tätig sind. Die Unternehmer sind nicht imstande, sich unter den neuen Verhältnissen zu orientieren, sie erkennen die Marktbedingungen ihrer Handlungen nicht, während die raschen Änderungen ein rasches Anpassungsvermögen erfordern. Dieser Umstand hat eine Erschütterung des Wirtschaftslebens zur Folge.

II. Kritik wesentlicher Züge der bürgerlichen ökonomischen Theorie der Gegenwart

Welche Veränderungen hat die oben beschriebene und im wesentlichen für die bürgerliche Volkswirtschaftstheorie an der Jahrhundertwende charakteristische Theorie durchgemacht? Ihre Veränderungen spiegeln die Veränderungen des gesellschaftlichen Daseins wider. Die kapitalistische Produktionsweise ist in die Periode ihrer allgemeinen Krise eingetreten, und die sozialistische Gesellschaft ist entstanden. Der Krisenzustand der kapitalistischen Produktionsweise und die Besonderheiten des entwickelten Monopolkapitalismus spiegeln sich etwa seit den dreißiger Jahren stärker in der bürgerlichen Volkswirtschaftstheorie wider. Die Wirtschaftskrise der Jahre 1929 bis 1933, die die kapitalistische Ordnung in ihren Grundlagen erschütterte, hat die Aufmerksamkeit der bürgerlichen Ökonomen mit Nachdruck auf die neuen Erscheinungen und die Widersprüche des modernen Kapitalismus gelenkt. Nach der großen Wirtschaftskrise konnte die Bourgeoisie keine Theorien mehr gebrauchen, die behaupteten, daß der kapitalistische Wirtschaftsmechanismus die völlige Ausnützung der Produktivkräfte gewährleistet und allgemeine Überproduktionskrisen ausschaltet. Die Bourgeoisie stellt neue Forderungen an die Wirtschaftstheorie. Der Imperialismus ist verfaulender Kapitalismus, und die Fäulnis hat in der Periode der allgemeinen Krise der kapitalistischen Gesellschaft bedeutend zugenommen. Der Kapitalismus hat seine frühere Elastizität verloren; es fällt ihm immer schwerer, der Verwirrungen des Wirtschaftslebens Herr zu werden und sich aus eigener Kraft zu entwickeln. Er ist immer mehr auf die Einmischung von Faktoren nichtökonomischer Natur, auf die wirtschaftliche Intervention des Staates angewiesen. Auch die bürgerlichen Ökonomen mußten erkennen, daß der kapitalistische Wirtschaftsmechanismus mit schweren Fehlern behaftet ist. Infolge der mächtigen Erschütterungen im kapitalistischen System beginnen sich die bürgerlichen Ökonomen immer eingehender mit den Zerrüttungen des Wirtschaftslebens und den Ursachen der Zersetzung zu beschäftigen.

Es scheint, als ob die moderne bürgerliche ökonomische Theorie realistischer wäre und der kapitalistischen Wirklichkeit näher komme. In Wirklichkeit sind jedoch die zahlreichen neuen Merkmale, auf die sich die modernen bürgerlichen Ökonomen so gern berufen, bloß des sozialen Inhalts entleerte, formale theoretische Feststellungen: so die Weiterentwicklung der Preistheorie, die Theorie der Marktformen, die Einbeziehung des Zeitfaktors in die volkswirtschaftlichen Untersuchungen, die Analyse des Volkseinkommens, der Übergang von der Mikroökonomie zur Makroökonomie usw. Es ist ein Ausdruck der schweren Krise der modernen bürgerlichen Volkswirtschaftslehre, daß sie einerseits versucht, die neueren Erscheinungen darzustellen, und dabei zahlreiche interessante Oberflächenerscheinungen aufdeckt, andererseits aber in bezug auf die wesentlichen Zusammenhänge keinen Schritt weiterzukommen vermag. Das ist auch gar nicht anders möglich; sie muß vielmehr notwendig immer mehr vom sozialen Gehalt abstrahieren, verlangen doch die Verschärfung des Klassenkampfes und die Erfolge des sozialistischen Systems eine weitere Vertuschung der realen Klassenverhältnisse.

Unsere Studie versucht nicht, eine umfassende, lückenlose Charakteristik der heutigen bürgerlichen Volkswirtschaftslehre zu geben. Das ist im engen Rahmen einer Studie gar nicht möglich und übersteigt bei weitem die Kräfte eines einzelnen Forschers. Wir stellen uns hier lediglich die Aufgabe, einige „Hauptterrungenschaften" der heutigen bürgerlichen Volkswirtschaftslehre zu untersuchen und auf einzelne konkrete Formen hinzuweisen, in denen sich die schwere Krise der modernen bürgerlichen Volkswirtschaftslehre bemerkbar macht.

1. Die „Weiterentwicklung" der Preistheorie in der modernen bürgerlichen Volkswirtschaftslehre

Die Wert- oder vielmehr Preistheorie wurde bereits von den Begründern der subjektiven theoretischen Richtungen ihres sozialen Inhalts beraubt, indem sie von der Psychologie des wirtschaftenden Subjektes hergeleitet wurde. Da aber die Psychologie der wirtschaftenden Subjekte eine subjektive Widerspiegelung der tatsächlichen gesellschaftlichen Verhältnisse ist, machte sich die Wirklichkeit der kapitalistischen Gesellschaft – entgegen der Absicht der Anhänger der subjektiven Volkswirtschaftslehre – von Zeit zu Zeit auch in dem System bemerkbar, das auf dem Nutzen der Güter und in der Produktion gebrachten Opfern aufgebaut ist.

Die späteren Abwandlungen der auf mikroökonomischen Grundlagen fußenden Gleichgewichtstheorie betrachten zwar auch weiterhin die Seltenheit als Grundlage der Preistheorie, lassen aber die psychologischen Begriffe des Nutzens und des Opfers fallen. Auf diese Weise wird selbst jegliche subjektive Wertform verworfen, gelangt man dazu, die Preisgestaltung ohne die Grundlage einer Werttheorie zu analysieren. Die Theorie des Gleichgewichts beschränkt sich darauf festzustellen, auf welche Weise Individuen, die ein bestimmtes Ziel erreichen wollen und denen zu diesem Zweck eine gewisse Menge von seltenen Gütern zur Verfügung steht, die optimale Lösung wählen und wie sich aus der Summe der zahlreichen individuellen Handlungen gesellschaftliche Zusammenhänge ergeben. Eine solche Problemstellung ist jeden gesellschaftlichen Inhalts bar, denn die optimale Verwendung der zur Verfügung stehenden seltenen Mittel für einen gegebenen Zweck ist auf jedem Gebiet der menschlichen Tätigkeit eine Handlungsnorm, die unabhängig von der Gesellschaftsform befolgt werden muß. L. v. Mises betont auch, daß die Volkswirtschaftslehre zur allgemeinen Lehre des menschlichen Handelns erweitert werden muß.

„Sie (nämlich die Theorie der Wahlakte, die der Preistheorie zugrunde liegt — A. M.) ist mehr als bloß Lehre von der wirtschaftlichen Seite des menschlichen Handelns... Sie ist die Lehre von allem menschlichen Handeln schlechthin ... aus der politischen Ökonomie geht die allgemeine Lehre vom menschlichen Handeln, die Praxeologie, hervor."[18]

Im Zusammenhang damit, daß selbst die psychologischen Elemente ausgeschaltet werden, verschwinden auch die Reste eines blassen Spiegelbildes der Widersprüche der kapitalistischen Wirtschaft aus der Preistheorie.

Die Gleichgewichtstheorie betrachtet die Produktion, um die Preisbildung zu erklären, von der Seite des Angebots her. Indem sie freie Konkurrenz voraussetzt, beschränkt sich die moderne bürgerliche Volkswirtschaftslehre darauf zu untersuchen, bei welchem Angebot, d. h. bei welchem Produktionsvolumen, der Kapitalist, der sich dem gegebenen Preis anpaßt, ein Profitmaximum erreicht. Die Produktion wird also nur unter *betriebswirtschaftlichem* Aspekt gesehen.

Zur Lösung dieses Problems untersuchen die modernen bürgerlichen Ökonomen auf Betriebsebene, wie die Kosten des Unternehmers mit steigender Produktion zunehmen. Mit der Untersuchung der Kostenbildung haben sich besonders D. H. Robertson, P. Sraffa, R. F. Harrod und J. M. Clark beschäftigt. Bei der Klassifizierung der Kosten verwerfen sie A. Marshalls psychologische Interpretation der Produktionskosten. Sie befassen sich lediglich mit den Geldkosten der Produktion und teilen die Produktionskosten nach betriebswirtschaftlichen Gesichtspunkten ein. Die modernen bürgerlichen Ökonomen unterscheiden ständige (fixe) und veränderliche (variable) Kosten. Diese Einteilung ist in der Betriebswirtschaft berechtigt. Wenn aber die Produktionskosten vom Standpunkt der politischen Ökonomie auf diese Weise klassifiziert werden, dann werden die unterschiedliche Rolle, die die Arbeiterklasse und die kapitalistische Klasse in der Produktion spielen, die Entstehung des Mehrwertes und somit die tatsächlichen Klassenverhältnisse noch stärker verschleiert als durch die psychologische Klassifikation Marshalls. Der Lohn des Arbeiters, der den Mehrwert produziert, wird nämlich mit Rohstoff-, Treibstoff- und sonstigen Kosten zur Gruppe der veränderlichen Kosten zusammengefaßt, es wird kein Unterschied zwischen diesen Kostenarten gemacht, so daß selbst die blassen Spuren der Klassenverhältnisse, die bei Marshall noch bemerkbar waren, aus der Theorie verschwinden. Durch diese Klassifizierung kann die moderne Preistheorie nichts über das aussagen, was sich hinter den Geldkosten der Produktion als Wesen verbirgt und ihre Größe bedingt. Die Preistheorie der modernen bürgerlichen Volkswirtschaftslehre ist mit der Angebotsanalyse in komplizierterer Form zu ihrem einstigen Ausgangspunkt zurückgekehrt, nämlich zur Theorie der Produktionskosten. In der Frage des Wertes besteht das wissenschaftliche Verdienst der bürgerlichen Klassiker gerade darin, daß sie hinter den Geldkosten der Pro-

[18] *Ludwig von Mises*, Nationalökonomie, Genf 1940, S. 3.

duktion ihr Wesen entdeckten, nämlich die Menge der in der Ware verkörperten Arbeit.

In der Nachfrageanalyse abstrahiert die moderne Gleichgewichtsanalyse noch mehr vom sozialen Gehalt und wird noch formalistischer. Die neueren Vertreter der Gleichgewichtstheorie greifen die frühere Konzeption an, die Nachfrage unter Zugrundelegung des Grenznutzenbegriffes zu analysieren. Maurice Dobb erblickt in einem seiner Artikel über die moderne bürgerliche Volkswirtschaftslehre[19] die sozialen Wurzeln dieses Angriffs darin, daß sich Ökonomen fanden, die die subjektiven ökonomischen Kategorien, vor allem die aus dem Nutzen der Güter hergeleitete Wertlehre, die Grenznutzentheorie, zu einer Kritik des kapitalistischen Wirtschaftssystem benutzten. Diese Kritik, die auf dieser subjektiven Auffassung des Wertes beruhte, unterschied sich jedoch wesentlich von der wissenschaftlichen, marxistischen Kritik, die auf der Arbeitswerttheorie basiert. Die marxistischen Ökonomen kritisieren den Kapitalismus, indem sie von der Arbeitswerttheorie ausgehen und auf den antagonistischen Widerspruch zwischen dem Charakter der Produktivkräfte und den kapitalistischen Produktionsverhältnissen hinweisen. Die modernen bürgerlichen Ökonomen vermögen hingegen mit der subjektiven Wertlehre höchstens die Widerspiegelung dieses Widerspruchs auf der Seite des Verbrauchs zu erfassen und greifen den Kapitalismus in erster Linie in moralischer Hinsicht an.

Die Klassengegensätze des Kapitalismus spiegeln sich in der subjektiven Werttheorie in der Weise, daß die Mitglieder der Kapitalistenklasse in geringerem Maße von dem verfügbarem Gütervorrat abhängen, der Gütereinheit also eine geringere Bedeutung beimessen, als die Mitglieder der Arbeiterklasse, für die bei ihrem niedrigeren Einkommen eine Einheit der notwendigen Güter einen bedeutend größeren subjektiven Wert besitzt. Einige Anhänger der Wohlfahrtsökonomie, vor allem Pigou, sind auf diese Weise an die Frage herangegangen. Sie wollten die bestehenden kapitalistischen Eigentumsverhältnisse nicht antasten und so kritisierten sie am kapitalistischen Wirtschaftssystem lediglich die Seite der Bedarfsdeckung und wollten nur einige hervorstechende Ungerechtigkeiten der Einkommensverteilung beseitigt wissen. Sie beriefen sich darauf, daß die bestehenden Verteilungsverhältnisse nicht das Maximum der öffentlichen Wohlfahrt gewährleisten, da ja diese Wohlfahrt durch eine Verminderung der Ungleichheit der Einkommensverteilung erhöht werden kann. Wird das Einkommen der Reichen etwas gesenkt und das der unteren Volksschichten etwas erhöht, so ist der subjektive Wertverlust der Reichen viel geringer als die Zunahme der subjektiv aufgefaßten Wohlfahrt der ärmeren sozialen Schichten, und die Gesamtwohlfahrt der Gesellschaft steigt.

Solche Kritiken haben die modernen Verteidiger des Kapitalismus darauf aufmerksam gemacht, daß die auf dem psychologischen Begriff des Nutzens basierende Wert-

---

[19] *Maurice Dobb*, Die neuere Entwicklung der Wirtschaftstheorie in England und Amerika. In: „Wirtschaftswissenschaft", 3. Jg. 1955, Heft 6.

theorie kein einwandfreies Mittel der Apologie bildet, da sie die gesellschaftlichen Verhältnisse noch immer – wenn auch schwach – zum Ausdruck bringt. Die moderne bürgerliche Volkswirtschaftslehre sah sich zu weiteren Bemühungen gezwungen, die Werttheorie des sozialen Inhalts zu entleeren. Die modernen bürgerlichen Ökonomen, die die Nachfrage analysieren, verwerfen den psychologischen Begriff des Nutzens als Widerspiegelung der Bedarfsdeckung im Bewußtsein des Verbrauchers, sie verwerfen die Hypothese der Vergleichbarkeit der Intensität der Bedarfsdeckung zwischen Personen oder Klassen. Sie versuchen, die Nachfrageanalyse auf Grundlagen zu stellen, die vom Standpunkt der Apologie zufriedenstellender sind.

Die modernen bürgerlichen Ökonomen folgen dem Beispiel von J. R. Hicks, R. G. D. Allen und H. Schultz und sehen bei der mikroökonomischen Analyse der Nachfrage von dem Begriff des Grenznutzens ab, wobei sie sich auf den engen Zusammenhang zwischen den Gebrauchswerten berufen. Sie betonen, daß bei der Entstehung des Gleichgewichts des Verbraucherhaushaltes von Wichtigkeit ist, wie der Genuß der einzelnen Güter im Zusammenhang wirkt. Sie sind der Meinung, daß der Verbraucher infolge des engen Zusammenhangs zwischen dem Nutzen der verschiedenen Güter sich stets den Gesamtnutzen der Güter vor Augen hält, die er für sein Einkommen erwerben kann. Die moderne bürgerliche Nachfragetheorie beschreibt, wie der Verbraucher zwischen verschiedenen Güterkombinationen wählt, die er für sein Einkommen erwerben kann, und welche Kombination er anderen vorzieht. In der modernen Nachfragetheorie vergleicht also der Verbraucher nicht Nutzenintensitäten, sondern Güter, und an die Stelle der Hypothese einer Meßbarkeit der Intensität der Bedarfsdeckung tritt eine Skala der Bevorzugung von Güterkombinationen. Diese Theorie soll nicht die Frage beantworten, in welchem Maße der Verbraucher ein Gut höher schätzt als das andere, bzw. um wieviel ein Verbraucher oder eine Verbrauchergruppe ein Gut höher bewertet als ein anderer Verbraucher oder eine andere Verbrauchergruppe. Sie stellt nur fest, welche Güterkombination der Verbraucher unter allen für sein Einkommen erwerbbaren Kombinationen bevorzugt. Die moderne bürgerliche Volkswirtschaftslehre entleert auf diese Weise ihre Theorie noch mehr des sozialen Inhalts, und die soziale Lage der einzelnen Klassen hinsichtlich der Bedarfsdeckung kann in der modernen Theorie überhaupt nicht mehr verglichen werden.

Maurice Dobb bemerkt in bezug auf diese Nachfragetheorie:

> „Die auf diese Weise bestimmte, jeden realen Inhalts beraubte Theorie hat einen Grad der Abstraktion erreicht, auf dem sie überhaupt kein sachliches Urteil mehr über die Praxis abzugeben vermag, wenigstens was ein sozial-wirtschaftliches System bestimmten Typus betrifft. Wenn nichts weiter behauptet wird, als daß die Menschen eine Auswahl treffen, aber keine Aussage darüber gemacht wird, wie sie wählen und wonach sich ihre Wahl richtet, dann kann die Volkswirtschaftslehre nicht mehr bieten als eine Algebra der menschlichen Entscheidungen, die gewisse, ziemlich offensichtliche Zusammenhänge der Entscheidungen darstellt, aber kaum etwas darüber aussagt, wie sich die tatsächliche Lage gestalten wird. Und wenn die 'Nachfragekurven' der Verbraucher – wie wir sehen – auf keiner sicheren Grundlage

beruhen, geht es nicht gut an, das System der Marktgleichgewichtslagen zuverlässig an diese Kurven anzuknüpfen."[20]

Die Absicht der Apologie kommt jedoch in der modernen Preistheorie auch noch in anderer Form zur Geltung, wobei sie die schwere Krise zum Ausdruck bringt, in die die moderne bürgerliche Ökonomie durch die Verschleierung der tatsächlichen Verhältnisse geraten ist. In der Darstellung, die von den neueren Vertretern der Gleichgewichtstheorie gegeben wird, beeinflußt die Konkurrenz zwischen den Industriezweigen die Preisbildung. Marx hat diesen Prozeß auf Grundlage der Wert- und Mehrwerttheorie wissenschaftlich analysiert. Er hat die Größe des Durchschnittsprofits bestimmt, den der Produktionspreis als Gleichgewichtspreis enthält. Hier zeigt sich der unwissenschaftliche Charakter der modernen Gleichgewichtstheorie besonders deutlich. Da die Produktionskosten falsch aufgefaßt werden, kann der Gleichgewichtspreis – den grundlegenden Hypothesen entsprechend – nicht als ein Preis bestimmt werden, der den Maximalgewinn beinhaltet. Die Ausbeutung wird verschleiert und die Arbeitswerttheorie infolgedessen verworfen. Das Einkommen der einzelnen Klassen wird als Gegenwert der im Interesse der Produktion geleisteten nützlichen Dienstleistungen betrachtet. Infolgedessen kann als Unternehmergewinn nur die Summe anerkannt werden, die nach Abzug der Einkommen der Produktionsfaktoren, die sich als Produktionskosten ausweisen, eventuell übrigbleibt.

Diese Auffassung muß aber bei einer statischen Gleichgewichtslage der Wirtschaft das Vorhandensein eines Unternehmergewinns leugnen. In der Darstellung dieser Autoren zahlt der Unternehmer das Einkommen der Produktionsfaktoren, seine Produktionskosten, aus, und die Besitzer der Produktionsfaktoren erwerben für ihr Einkommen die vom Unternehmer produzierten Verbrauchsartikel. Zu den Unternehmern kann daher nur die Summe zurückkehren, die sie als Produktionskosten vorgeschossen haben, und für den Unternehmergewinn bleibt nichts übrig. Die Ablehnung der Arbeitswerttheorie im Interesse der Apologie des Kapitalismus führt zu einem folgenschweren inneren Widerspruch der modernen Gleichgewichtstheorie: jeder Unternehmer strebt nach Maximierung seines Profits, erzielt jedoch bei statischem Gleichgewicht der Wirtschaft keinerlei Unternehmergewinn.

Infolge der Konkurrenz der Industriezweige muß sich also der Preis auf dem Niveau der Stückkosten, der Durchschnittskosten, bilden. In dieser Variante der Gleichgewichtstheorie bestimmt die Größe dieser Kosten den Gleichgewichtspreis von seiten der Produktion infolge der Angleichung der Produktion. In der Darstellung der Gleichgewichtstheorie gleicht die Konkurrenz der Industriezweige die Profitraten der einzelnen Industriezweige nicht zu einer Durchschnittsprofitrate aus, sondern läßt umgekehrt den Gewinn, der über die Produktionskosten hinausgeht, verschwinden.

Die erwähnten Ökonomen sind nicht imstande, den preisbestimmenden Prozeß der Entstehung des Durchschnittsprofits darzustellen. Ihre Vorstellung, die der

[20] *Maurice Dobb*, Die politische Ökonomie und der Kapitalismus, Budapest 1958, S. 156 – in ung. Sprache.

Wirklichkeit widerspricht, zeigt deutlich, daß es ohne Arbeitswerttheorie keine Kapitaltheorie gibt und auch der Prozeß der Konkurrenz zwischen den Industriezweigen nicht erfaßt werden kann.

In der Praxis gibt es aber einen Unternehmergewinn, und deshalb muß er auch erklärt werden. Die heutigen Theorien des Unternehmergewinns sind bloß eine Neuauflage längst bekannter, alter Theorien; und das macht deutlich, wie sehr die bürgerliche Volkswirtschaftstheorie in ihrem Bemühen, die tatsächlichen Klassenverhältnisse zu verschleiern, in eine theoretische Sackgasse geraten ist. Auch heute gilt noch die Profittheorie von Schumpeter, wonach es Unternehmergewinn nur in der dynamischen Wirtschaft gibt und nur die Unternehmer einen Gewinn erzielen, die – zum Unterschied von den übrigen Unternehmern – Neuerungen einführen. „Ohne Entwicklung kein Unternehmergewinn . . ."[21] Die Entstehung des Profits jedoch, der eine notwendige Vorbedingung der kapitalistischen Produktion ist, kann natürlich nicht unter Bezugnahme auf Neuerungen erklärt werden; der Profit selbst ist nicht vom Extraprofit abzuleiten, im Gegenteil, die Entstehung des Extraprofits muß durch eine wissenschaftliche Profittheorie erklärt werden. Auch Samuelson gibt zu, daß diese Form des Profits keine allgemeine Erscheinung ist und darum auch nicht für jeden kapitalistischen Unternehmer zutrifft. „Viele machen den Versuch, nur wenige haben Erfolg". Obendrein seien diese Profiteinkommen gewöhnlich Übergangserscheinungen.[22]

Eine andere Erklärung des Profits, die auch heute ihre Anhänger hat, ist die Theorie von F. H Knight. Sie besagt, daß der Unternehmer keinen Profit erreichen würde, wenn er die Zukunft genau vorhersehen könnte. Die Zukunft ist aber unsicher; was nach Annahme der Menschen eintreffen wird und das, was dann tatsächlich eintrifft – das sind zwei verschiedene Sachen. Die Größe dieser Abweichung bestimmt den Profit oder den Verlust. „. . . in der realen Gesellschaft", schreibt Knight, „'tendieren' Kosten und Wert nur gegen die Gleichheit, und es ist nur ein gelegentlich vorkommender Zufall, wenn sie auch in Wirklichkeit genau gleich sind."[23] In dieser Darstellung ist die Anarchie des Kapitalismus, die aus der profitorientierten Produktion resultiert, die Quelle des Profits. Ein Gleichgewicht der Wirtschaft kommt aber trotz Anarchie zustande, über lange Zeitperioden entsprechen Nachfrage und Angebot einander. Was geschieht dann mit dem Knightschen Profit? Bei dieser Auffassung könnte nur dann ein dauernder Profit entstehen, wenn die Unternehmer dauernd weniger produzieren würden, als dem zahlungsfähigen Bedarf entspricht, d. h. wenn sie die Zukunft dauernd übertrieben pessimistisch beurteilen würden.

In einer weiteren, heute verbreiteten Erklärung ist der Profit Folgeerscheinung einer künstlichen oder natürlichen Seltenheit und damit Monopoleinkommen. Diese Auffassung identifiziert einerseits den Profit mit dem Extraprofit des Monopolisten,

---

[21] *Joseph Schumpeter*, Theorie der wirtschaftlichen Entwicklung, Leipzig 1912, S. 457.

[22] *Paul A. Samuelson*, Volkswirtschaftslehre. Eine Einführung. Köln-Deutz 1958, S. 633.

[23] *Frank H. Knight*, Risk, Uncertainty and Profit, Boston/New York 1921, S. 19.

andererseits verschleiert sie das Wesen des Profits und die Wesenszüge des Monopolkapitalismus, indem sie die Einkommensüberschüsse aller der Produktionsfaktoren zur Kategorie des monopolistischen Extraprofits zählt, die über besonders überdurchschnittliche Voraussetzungen verfügen. Dadurch vertuscht sie den Unterschied zwischen dem tatsächlichen Monopol und der vorteilhafteren Lage der Faktoren, die über besondere Voraussetzungen verfügen, sowie zwischen dem Profit und den anderweitigen Einkommen. Der höhere Lohn des Arbeiters, der besondere Fähigkeiten besitzt, enthält nach dieser Darstellung gleichfalls Profitelemente.

*

Die bürgerlichen Theoretiker der modernen Preistheorie betrachten die regulierende Funktion des Preises bei weitem nicht mehr so optimistisch wie die Gleichgewichtstheoretiker an der Jahrhundertwende. Ihre Auffassungen weisen keine wesentlichen Unterschiede auf, gründen doch beide ihre Preistheorie auf die Seltenheit der Güter. Die modernen bürgerlichen Ökonomen weisen, indem sie Hicks folgen, darauf hin, daß die Reaktion der Verkäufer und Käufer auf die Preisveränderungen nicht unbedingt nach dem Schema erfolgt, das von den um die Jahrhundertwende lebenden Ökonomen vorausgesetzt wurde, so daß die Funktion des Preismechanismus die Wirtschaft bei weitem nicht so eindeutig zur Gleichgewichtslage drängt, wie man sich das früher vorgestellt hatte. So wird z. B. der Preis eines Gutes vergeblich gesenkt, wenn es sich um ein sogenanntes Gut niederer Ordnung handelt; denn in diesem Falle wird die Nachfrage – abweichend vom früheren Schema – infolge der sogenannten Einkommenswirkung wahrscheinlich sinken. Oder nimmt die Nachfrage nach einem komplementären Gut zu, so wird die Nachfrage nach dem anderen komplementären Gut auch dann steigen, wenn sein Preis steigt. Es könnten noch weitere Abweichungen der Nachfrageseite von den früheren Voraussetzungen genannt werden. Ähnliche abweichende Reaktionen werden auch auf der Angebotsseite nachgewiesen. J. M. Clark wies z. B. in seinem Werk „Overhead Costs“ darauf hin, daß die Unternehmer infolge des großen Gewichts der fixen Kosten in kurzen Zeitabständen ihre Produktion auch dann nicht verringern werden, wenn die Preise sinken. Die kleinen Warenproduzenten reagieren infolge der Einkommenswirkung auf Preissenkungen mit einer Steigerung des Angebots usw.

Die neue Preistheorie betont also die Störungen des Preismechanismus, führt sie jedoch nicht auf die kapitalistischen Produktionsverhältnisse zurück, sondern auf Umstände technischer Natur, auf die Zusammenhänge zwischen den Gebrauchswerten.

Die Anwendung der von Hicks entdeckten Einkommenswirkung auf das Angebot an Arbeitskraft drückt in der allgemeinen Krise der kapitalistischen Produktionsweise die Zweifel der bürgerlichen Ökonomen darüber aus, daß die Arbeiter auf die Lohnbildung auf die alte Art reagieren und daß die Bewegung des Arbeitslohnes imstande sei, die Arbeitslosigkeit verschwinden zu lassen. Es stellt sich heraus, daß die Arbeiter bei sinkendem Arbeitslohn – entgegen der früheren Voraussetzung – ihr Angebot nicht senken, sondern im Gegenteil wegen der Einkommenswirkung erhöhen. „Eine Lohnsenkung würde ... sowohl eine Nachfragesteigerung als auch eine Angebotserhöhung bewirken.“[24] Der Umstand aber, daß der Arbeiter bei einer Lohnsenkung das Angebot an Arbeit nicht senkt, sondern steigert, und dadurch Arbeitslosigkeit entsteht, charakterisiert in dieser Darstellung nicht die Lage der Arbeiterklasse, ihre Unterdrückung durch das Kapital. Es wird darin nur ein Ergebnis des eigentümlichen Funktionierens des Preismechanismus erblickt, eine vom Normalen abweichende Reaktion der Arbeiter auf Lohnveränderungen, die übrigens auch bei den selbständigen Kleinproduzenten beobachtet werden kann.

2. *Die Rolle der Antizipationen*

Ein wichtiger Charakterzug der modernen bürgerlichen Volkswirtschaftslehre ist die stärkere Einbeziehung des Zeitfaktors in die ökonomischen Untersuchungen. Besonders nach der großen Wirtschaftskrise der Jahre 1929 bis 1933 trat diese Bestrebung deutlich zutage. „Die Untersuchung der dynamischen Prozesse der Volkswirtschaft,“ schreibt Wolfgang Heller, „bricht sich fast mit elementarer Kraft Bahn unter der Wirkung der großen wirtschaftlichen Schwankungen unseres Zeitalters.“[25] Nach Zwiedineck-Südenhorst ist die statische Volkswirtschaftslehre „... problemlos geworden...“[26] Jöhr hält es für unverantwortlich, wenn, „... solange in der Welt noch so schwere wirtschaftliche und soziale Nöte bestehen, ... die Nationalökonomen nicht alle ihre Energie unmittelbar oder mittelbar auf die Erfassung der Wirklichkeit konzentrieren würden“.[27] Der Zeitablauf der Wirtschaftsprozesse wird von der modernen bürgerlichen Volkswirtschaftslehre als eine wichtige Quelle der Störungen des Wirtschaftslebens dargestellt.

> „Gäbe es keine Verzögerung, so könnten die Anbieter das Angebot stets der Nachfrage entsprechend regeln.“[28]

Die schwere Krise der modernen bürgerlichen Theorie zeigt sich auch in der Einbeziehung der Antizipationen. Mit der auf lange Zeitperioden bezogenen Wachstumstheorie befassen wir uns später.

Die modernen bürgerlichen Ökonomen – hier muß vor allem auf die Schweden verwiesen werden – weisen darauf hin, daß das wirtschaftende Subjekt bei seinen wirtschaftlichen Entscheidungen nicht nur die gegenwärtigen Bedingungen seines

---

[24] *Heinrich von Stackelberg*, Grundlagen der theoretischen Volkswirtschaftslehre, Bern und Tübingen 1951, S. 284.
[25] *Wolfgang Heller*, Volkwirtschaftliches Lexikon, Budapest 1937, S. 88 – in ung. Sprache.
[26] *Zwiedineck-Südenhorst*, a. a. O., S. 26.
[27] „Zeitschrift für die gesamte Staatswissenschaft“, 1956, S. 29.
[28] *Jan Tinbergen/J. J. Polak*, The Dynamics of Business Cycles, Chicago 1950, S. 234.

Verhaltens in Betracht zieht, sondern auch die voraussichtliche Veränderung der wirtschaftlichen Verhältnisse und der Preisbildung berücksichtigt. Sein Verhalten wird also auch von den auf die zukünftige Entwicklung bezüglichen Erwartungen, von seinen Antizipationen, beeinflußt. Es wird zugleich betont, daß die Einführung der Antizipationen an sich die ökonomische Betrachtungsweise noch nicht dynamisiert.

Mit der Einführung der Antizipationen übt die bürgerliche Ökonomie Kritik an dem Bild, das die statische Gleichgewichtstheorie von der Entstehung des Marktgleichgewichts ausgearbeitet hatte. Sie weist darauf hin, daß ein Teil der Gegebenheiten des wirtschaftlichen Handelns in der Zukunft liegt und daher für eine rationale Berechnung der voraussichtlichen Ergebnisse die Bedingungen nicht gegeben sind. Die Urteile des Subjekts über die Zukunft sind weitgehend unsicher, es kommen dabei auch individuelle, psychologische Faktoren zur Geltung, die Entscheidungen der Wirtschaftssubjekte werden auch durch nicht-rationale Elemente, durch Optimismus und Pessimismus, beeinflußt.

> „Optimismus und Pessimismus werden als zusätzliche Determinanten (in die Volkswirtschaftslehre — A. M.) eingeführt."[29]

Die Betonung der Rolle der Antizipationen bietet ein charakteristisches Bild der Anarchie der kapitalistischen Produktion. Die bürgerlichen Ökonomen bestreiten in ihrer Theorie der Antizipationen diese Anarchie nicht, sondern übertreiben sie sogar. Paulsen nimmt die Anarchie der kapitalistischen Produktion sogar in Schutz, und beruft sich darauf, daß sie nicht eine Unvollkommenheit des Systems bedeute, sondern „. . . der Ausdruck der menschlichen Freiheit in der Wirtschaft" sei. „Sie ist, wenn man so will, der Preis, der für die Freiheit zu zahlen ist. . ."[30] Er nennt es Freiheit, daß der Mensch der Sklave seiner eigenen Produktionsverhältnisse ist, daß sie ihn in vergegenständlichter Form beherrschen, wo doch die Freiheit gerade dann Wirklichkeit wird, wenn die Menschen Herr der Produktionsverhältnisse werden. Ein erheblicher Teil der bürgerlichen Ökonomen betont die Anarchie der kapitalistischen Wirtschaft mit der Absicht, die wirtschaftliche Intervention des Staates theoretisch zu begründen.

Die Vertreter der Theorie der Antizipationen klammern sich an die Tatsache, daß die wirtschaftlichen Gesetze anders wirken als die Naturgesetze. Die Gesetzmäßigkeiten des Wirtschaftslebens verwirklichen sich durch das bewußte Handeln des Menschen, wobei die isolierten kapitalistischen Warenproduzenten bei ihrer Eingliederung in die produktive Organisation der Gesellschaft zu den Anforderungen der gesellschaftlichen Produktion in Gegensatz geraten und die wegen der Unsicherheit der Zukunft irrtümlichen Berechnungen durch weitere Irrtümer vergrößern können. Daher können sich die Gleichgewichtsstörungen häufen, statt — wie es von der statischen Gleichgewichtstheorie dargestellt wurde — infolge des rationalen Handelns

---

[29] *Gottfried Haberler*, Prosperität und Depression, Tübingen und Zürich 1955, S. 144.
[30] *Andreas Paulsen*, Neue Wirtschaftslehre, Berlin und Frankfurt am Main 1958, S. 140.

der wirtschaftenden Subjekte sofort eliminiert zu werden. Die tatsächliche Lage kann also weit von der Gleichgewichtslage abweichen. Die Theorie der Antizipationen gibt also ein realeres Bild der Wirklichkeit, da sie darauf hinweist, daß sich das Gleichgewicht des Wirtschaftslebens nur langsam und mittels Erschütterungen verwirklicht. Sie trägt aber nicht dazu bei, die inneren Zusammenhänge des Wirtschaftslebens aufzudecken; denn sie stellt die in der Anarchie wirkenden Gesetzmäßigkeiten falsch dar.

Ein bedeutender Teil der modernen bürgerlichen Ökonomen will mit der Einführung der Antizipationen nicht nur die Abweichungen von der Gleichgewichtslage erklären, sondern betont auch, daß die Antizipationen bei der Gestaltung der Zukunft eine entscheidende Rolle spielen. Die wirtschaftenden Subjekte berechnen zwar bei ihren Antizipationen die zukünftigen Bedingungen ihres Handelns, doch hängt die Gestaltung dieser künftigen Bedingungen von ihren Antizipationen ab. „Die künftigen Daten werden durch die Erwartungen mit beeinflußt, und allgemein gehegte Erwartungen tendieren dazu, verwirklicht zu werden, einfach weil die Verhaltensweise, die von den Erwartungen bestimmt wird, die künftigen Daten mit bildet... Frühere Erwartungen haben sich in den vorhandenen Investierungen niedergeschlagen...“[31] So sind wir in das Reich der völligen Unsicherheit gelangt. Die Zukunft ist ganz und gar unsicher, denn sie gestaltet sich auf Grundlage einer unsicheren Berechnung. Dobb schreibt:

> „Die subjektive Volkswirtschaftslehre, die bestrebt ist, die wirtschaftlichen Ereignisse aus der Psychologie des Individuums zu erklären, findet sich dem vollen Chaos der Unsicherheit gegenüber, und in diesem Chaos ist sozusagen alles möglich. Die subjektive Antizipation wurde zum König gekrönt, und jetzt ist jede Laune dieses Königs Gesetz.“[32]

Die Theorie der Antizipationen bringt also gleichfalls die Krise der modernen bürgerlichen Volkswirtschaftslehre zum Ausdruck, läßt erkennen, daß sie sich theoretisch festgefahren hat, weil sie die Wirtschaftsprozesse aus den Entscheidungen der wirtschaftenden Subjekte, vor allem der Unternehmer, erklären will.

Wie steht es nun in Wirklichkeit mit der zukunftgestaltenden Kraft der Antizipationen?

In der kapitalistischen Wirtschaft ist das Profitstreben die Triebkraft der wirtschaftlichen Tätigkeit. Die Gestaltung der Wirtschaftsprozesse wird von diesem Faktor bestimmt. Diese Triebkraft ergibt sich aus den Produktionsverhältnissen, die letztlich wiederum vom Charakter der Produktivkräfte bestimmt werden. In der kapitalistischen Wirtschaft stellt es sich jedoch erst nachträglich, nachdem der Kapitalist seine Produkte auf den Markt gebracht hat, heraus, ob die Gesellschaft diese Produkte braucht und ob er den im Wert des Produktes enthaltenen Mehrwert realisieren kann. Das Profitstreben äußert sich also als Streben nach erwartetem Profit. Die Kapitalisten antizipieren die Gestaltung der Nachfrage nach ihren Pro-

[31] Ebenda, S. 138.

[32] *Maurice Dobb*, Die politische Ökonomie ..., a. a. O., S. 190.

dukten, und wenn sie die Zukunft günstig beurteilen, werden sie ihre Produktion durch Investitionen steigern. Diese werden die Beschäftigung erhöhen, und die Nachfrage wird zunehmen. Geschieht aber in der Tat das, was die Kapitalisten allgemein vorausgesetzt haben? Nein, denn *die Wirkung der kapitalistischen Investitionen folgt aus den Produktionsverhältnissen*, und diese Wirkung unterscheidet sich von dem, was die kapitalistischen Unternehmer allgemein erwartet haben.

Im Verlauf der kapitalistischen Akkumulation nimmt der Reichtum der Kapitalisten zu, während der Lebensstandard der Arbeiterklasse infolge der zunehmenden Ausbeutung sich in verhältnismäßig engem Rahmen bewegt. Die Bedingungen der Produktion des Mehrwertes stoßen früher oder später notgedrungen gegen den infolge des niedrigen Lebensstandards der Arbeiterklasse eng begrenzten Rahmen für die Realisierung des Mehrwertes; eine allgemeine Überproduktionskrise bricht aus, und so tritt das Gegenteil dessen ein, worauf die Kapitalisten bei ihren optimistischen Antizipationen gerechnet hatten. Die Krise bereitet dann dem Aufschwung den Weg, die Realisierungsaussichten gestalten sich günstig, die kapitalistischen Unternehmer blicken wieder zuversichtlich in die Zukunft, beginnen ihre Produktion zu erhöhen, und der Aufschwung nimmt seinen Anfang. Scheinbar wurde also der Aufschwung von dem Umschlag der Stimmung der Unternehmer zum Optimismus zustande gebracht.

Die optimistische Stimmung der Unternehmer wird aber durch die sozialen Schranken bestimmt, die die Produktionsverhältnisse ihrem Handeln setzen. Die grundlegende Ursache des kumulativen Sinkens oder Steigens der Preise ist ganz und gar nicht der Umstand, daß die Elastizität der Antizipationen größer ist als die Einheit – wie Hicks dachte. Im Gegenteil: daß sich das Wirtschaftsleben im Stadium des Aufschwungs oder des Rückgangs befindet, daß also die Preise anhaltend zu steigen oder zu sinken versprechen, das hat im Bewußtsein der Teilnehmer am Wirtschaftsleben eine Elastizität der Antizipationen zur Folge, die größer ist als die Einheit. Die Antizipationen sind nur innerhalb des Rahmens der Produktionsverhältnisse von Bedeutung. Abstrahiert der Ökonom von diesen Schranken, so steht er tatsächlich dem völligen Chaos der Unsicherheit gegenüber.

3. Die Theorie der Marktformen

Für die Gleichgewichtstheorie der zur Zeit der Jahrhundertwende wirkenden Ökonomen war neben der statischen Auffassung noch die Voraussetzung der freien Konkurrenz charakteristisch. Diese bürgerlichen Ökonomen erkannten zwar an, daß die Harmonie der kapitalistischen Wirtschaftsprozesse von gewissen Faktoren gestört werden kann und beriefen sich in erster Linie auf das Bestehen der Monopole als eines der Störungsfaktoren. Sie betrachteten aber die Monopole nur als einen Schönheitsfehler der freien Konkurrenz und behandelten sie in ihrem theoretischen System isoliert von der Theorie der freien Konkurrenz.

„Sowohl die Theorie der Wirtschaft, als auch die populäre Auffassung stützten sich im wesentlichen auf die englische klassische Theorie der Konkurrenz, die das Monopol als Ausnahme betrachtete.“[33]

Mit der Entfaltung des Monopolkapitalismus empfanden dann auch die bürgerlichen Ökonomen immer mehr die Notwendigkeit, die Gleichgewichtstheorie den monopolkapitalistischen Verhältnissen anzupassen. Dieses Bedürfnis nahm besonders nach der Wirtschaftskrise der Jahre 1929 bis 1933 zu.

Diese elementare Erschütterung der kapitalistischen Wirtschaft hat die Aufmerksamkeit der bürgerlichen Ökonomen besonders stark auf die neuen Besonderheiten und die zunehmende Vertiefung der Gegensätze des modernen Kapitalismus gelenkt. In der bürgerlichen Ökonomie begann eine intensive Untersuchung der Marktformen, worin man besonders dem Beispiel von E. H. Chamberlin und J. Robinson folgte.

Die Theorie der Marktformen bringt gleichfalls die Krise der modernen bürgerlichen Volkswirtschaftslehre deutlich zum Ausdruck. Auch sie beweist, wie wenig diese Lehre die neuen Erscheinungen zu erfassen vermag. Bereits die Einteilung der Marktformen verschleiert weitgehend die gesellschaftlichen Verhältnisse. Die modernen bürgerlichen Ökonomen betrachten nämlich als einen der grundsätzlichen Gesichtspunkte bei der Klassifizierung der Marktformen, ob der Preis für den Marktteilnehmer gegeben ist oder nicht. Chamberlin z. B. nähert sich der Frage ganz von der Marktseite, vom persönlichen Standpunkt des wirtschaftenden Subjekts her, und sieht den Unterschied zwischen Monopol und freier Konkurrenz darin, daß im Falle des Monopols der Preis für den Monopolisten nicht Datum ist. Der deutsche Ökonom E. Schneider ist der Ansicht, daß der Forscher, falls er entscheiden will, mit welcher Marktform er es zu tun hat, lediglich die Geschäftspläne des Unternehmers betrachten und daraus feststellen muß, ob dieser den Preis als Datum behandelt oder nicht. Warum ist aber der Preis für den Monopolisten kein Datum? Wie hat sich – von der früheren Entwicklungsstufe der kapitalistischen Wirtschaft abgesehen – die Lage herausbildet, in der die Höhe des Preises Funktion des Verhaltens des Monopolunternehmers ist? Bleiben wir an der Oberfläche, unterlassen wir es zu untersuchen, als Ergebnis welcher gesellschaftlichen Prozesse der Preis für den Monopolisten aufhört Datum zu sein, so verschwindet jeder Unterschied zwischen den Monopolen, die in den früheren Entwicklungsstadien bestanden haben – z. B. den Zünften des Mittelalters oder den Handelsgesellschaften, die im Zeitalter der ursprünglichen Akkumulation monopolistische Vorrechte besaßen, oder der Vorzugslage einzelner Warenverkäufer in gewissen besonderen Umständen anderen Verkäufern gegenüber – und den modernen Monopolen. Das Kartell ist – schreibt Eucken – ein „Kollektivmonopol“, das auch im Mittelalter „in gewissen Zünften und Händlergilden“ bestanden hat.[34] Diese oberflächliche Art der Klassi-

[33] *F. Zeuthen*, Problems of Monopoly and Economic Warfare, London 1930, S. 2.

[34] *Walter Eucken*, Grundlagen der Nationalökonomie, Göttingen und Heidelberg 1950, S. 103.

fizierung, die die Marktformen danach unterscheidet, ob der Preis ein Datum ist oder nicht, trennt zugleich Marktformen wie das Duopol und Oligopol vom Monopol, die diesem wesensgleich sind.

Um die tatsächlichen Entwicklungsprozesse und den gesellschaftlichen Inhalt zu verschleiern, der sich hinter den Marktformen verbirgt, werden in der modernen bürgerlichen Volkswirtschaftslehre häufig die einzelnen Marktformen lediglich als Erscheinungsformen gewisser Verhaltensweisen betrachtet. Dieser Standpunkt findet sich bereits bei Chamberlin. Aus dem Umstand z. B., daß die Verteilung des Gesamtprofits zwischen Duopolisten oder Oligopolisten unbestimmt ist, zieht Chamberlin den Schluß, daß es völlig vom Verhalten der Duopolisten bzw. Oligopolisten abhängt, ob sich am Markt eine der freien Konkurrenz oder dem Monopol ähnliche Lage bildet, oder ob sich eine Marktlage zwischen diesen beiden Formen herausbildet. Vergessen z. B. die duopolistischen oder oligopolistischen Marktteilnehmer die mittelbaren Wirkungen ihrer Handlungen und ziehen sie nur die unmittelbaren Wirkungen in Betracht und setzen sie voraus, daß der von den Konkurrenten festgesetzte Preis unverändert bleibt, so kann sich auch im Falle eines Duopols derselbe Gleichgewichtszustand herausbilden, der im Falle der freien Konkurrenz zustande kommen würde. Stellen sie aber auch die mittelbaren Wirkungen ihrer Handlungen in Rechnung, so werden sie sich in diesem Fall – obzwar die Verkäufer voneinander unabhängig sind – ebenso betragen, als ob eine monopolistische Vereinbarung zwischen ihnen bestehen würde.

Auch bei Chamberlin kommt die monopolistische Konkurrenz infolge einer bestimmten Haltung der Marktteilnehmer zustande, da sich der Käufer nicht als homo oeconomicus verhält. Die Käufer verfügen über keine vollkommene Warenkenntnis, die Reklame und Überredungskunst der Verkäufer beeinflussen ihre Einkäufe, sie bevorzugen auf irrationale Weise gewisse Warenarten oder gewisse Verkäufer usw. usf. Dieses Verhalten der Käufer wird in Chamberlins Darstellung zu einer Quelle des Monopols. Zahlreiche grundlegende Eigenschaften der monopolistischen Konkurrenz stimmen bei ihm mit dem Monopol überein. Die Unternehmer bestimmen das Produktionsvolumen auch im Falle der monopolistischen Konkurrenz in der Art, daß die Grenzkosten den Grenzeinnahmen gleich sind. Doch werden die Grenzeinnahmen bei der monopolistischen Konkurrenz geringer sein als der Marktpreis; die Nachfragekurve berührt auch hier die Kurve der Durchschnittskosten an ihrem abwärts gerichteten Abschnitt; die verfügbaren Produktivkräfte werden also auch bei der monopolistischen Konkurrenz nicht voll ausgenutzt, und der Preis ist höher als bei freier Konkurrenz. Auf diese Weise verschwindet jeder wesentliche Unterschied zwischen dem Monopol, das notwendig durch Konzentration und Zentralisation des Kapitals entstanden ist, und den durch Friktionen verursachten Beschränkungen des freien Wettbewerbs. Und da die Faktoren, die durch Friktion die Freiheit der Konkurrenz beschränken, notwendige Begleiterscheinungen des Warenverkehrs sind, können – nach der Theorie der monopolistischen Konkurrenz – Monopole als allgemeine Erscheinungen auf jeder Entwicklungsstufe des Warenverkehrs festgestellt werden.

Die Theorie der monopolistischen Konkurrenz spiegelt nicht nur wegen dieser groben Fälschung des sozialen Inhalts die tiefe Krise der modernen bürgerlichen Volkswirtschaftslehre wider, sondern auch darum, weil sie der Wert- bzw. Preistheorie, die auf der Souveränität des Verbrauchers aufbaut, den Grund entzieht. Die Theorie der monopolistischen Konkurrenz ist nämlich gerade darauf gegründet, daß der Verkäufer durch Reklame, Überredung, Annoncen usw. die Wünsche der Verbraucher verändert. „... sobald man anerkennt", schreibt Dobb, „daß die Entscheidungen der Verbraucher selbst unter dem Einfluß der Tätigkeit der Verkäufer stehen, stellt es sich heraus, daß die subjektive Werttheorie nicht imstande ist, eine zuverlässige Grundlage zu bilden, auf die für das ganze System gültige, schlüssige Feststellungen aufgebaut werden könnten. Man kann nicht die ‚Wünsche der Verbraucher' einerseits zum Ausgangspunkt der Werttheorie machen und andererseits anerkennen, daß sie selber abhängige Variable sind, die von dem Ausmaß und Charakter der Umsatzkosten der Verkäufer beeinflußt werden können."[35]

In der Darstellung eines Teiles der modernen bürgerlichen Ökonomen ist auch die vollkommene Konkurrenz Funktion eines gewissen Verhaltens. Die vollkommene Konkurrenz, schreibt A. Mahr, sei „... im wesentlichen als eine Verhaltensweise der Wirtschaftenden aufzufassen."[36] Besonders der deutsche Professor E. Schneider betont, daß nicht die objektiven sozialen Verhältnisse das Individuum zu einer bestimmten Haltung zwingen, sondern daß umgekehrt die Gestaltung der Marktformen, der Wirtschaftsabläufe von dem Verhalten des Individuums abhängt. „Für den Ablauf des Wirtschaftsprozesses" – schreibt er – ist „in der Zeit allein die Verhaltensweise der handelnden Wirtschaftssubjekte relevant... Die morphologische Struktur der Anbieter und Nachfrager in einem Wirtschaftsgebiet spielt primär keine Rolle."[37] Und das sei so, weil nämlich „... ein Anbieter A, der im morphologischen Sinne ... Monopolist ist, sich keineswegs auch monopolistisch zu verhalten braucht."[38]

> „Auf der anderen Seite ist es durchaus möglich, daß ... also Konkurrenz der Zahl nach vorliegt – und gleichwohl jeder der beiden Anbieter sich bei der Aufstellung seines Wirtschaftsplanes monopolistisch verhält."[39]

Diese unwissenschaftliche Darstellung der Marktformen, die den tatsächlichen Entwicklungsablauf völlig außer acht läßt, dient groben apologetischen Zielen. Die moderne Volkswirtschaftslehre kann die schweren Mängel des modernen Kapitalismus in der Periode seiner allgemeinen Krise nicht leugnen. Viele wollen aber die kapitalistische Wirtschaft so sehr beschönigen, daß sie auch die von ihnen anerkannten Mängel als bloße Folgeerscheinung gewisser Marktformen hinzustellen suchen. Dies ist besonders für die deutschen Neoliberalen bezeichnend. Die deutschen Neoliberalen betonen die Funktionsfähigkeit des kapitalistischen Wirtschaftsmecha-

---

[35] *Maurice Dobb*, Die politische Ökonomie ..., a. a. O., S. 180.
[36] *Alexander Mahr*, Volkswirtschaftslehre, Wien 1959, S. 115.
[37] *Erich Schneider*, Einführung in die Wirtschaftstheorie, Bd. II, Tübingen 1956, S. 72.
[38] Ebenda, S. 71. [39] Ebenda, S. 72.

nismus. Den tiefen Gegensatz zwischen der Apologie und der kapitalistischen Wirklichkeit versuchen sie auf die Weise zu überbrücken, daß sie sich auf gewisse Marktformen berufen, die die günstige Wirkung der Konkurrenz beschränken und dadurch im Wirtschaftsleben Störungen verursachen. „Die Rentabilitätsrechnung des Monopolisten führt nicht notwendig dazu", schreibt Eucken, „die bestmöglichste Versorgung des Marktes zu bewirken. Die Lenkungsmechanik ist also insoweit schadhaft... Nicht die Konsumenten sind hier die maßgebenden Dirigenten des Wirtschaftsprozesses... Vielmehr kann der Monopolist den Konsumenten einen Teil des vorhandenen Vorrats entziehen."[40] Und ferner heißt es: „. . . brauchen auch die Kosten, mit denen der Monopolist in laufender Produktion rechnet, die Knappheit der Produktionsmittel nicht richtig zum Ausdruck zu bringen."[41] Und er stellt fest:

> „Aber diese Erfahrungen beweisen keineswegs, daß sich die verkehrswirtschaftlichen Methoden überhaupt nicht bewähren, daß das Preissystem überhaupt unfähig wäre, die Lenkungsaufgabe zu erfüllen, und daß die Lenkung des alltäglichen Wirtschaftsprozesses den Märkten und dem Preissystem entzogen werden müßte. Vielmehr haben sich nur gewisse *Marktformen und Geldordnungen* nicht bewährt."[42]

Auch Chamberlin und Robinson versuchen die zahlreichen Gegensätze der kapitalistischen Wirtschaft aus gewissen Marktformen zu erklären, die – wie sie behaupten – in der auf vollkommener Konkurrenz bzw. auf einer von Monopolelementen freien, reinen Konkurrenz beruhenden kapitalistischen Wirtschaft nicht bestehen. Im Falle des Monopols erhalten z. B. die Arbeiter – nach ihrer Meinung – im Gegensatz zur Lage bei reiner, vollkommener Konkurrenz nicht den ihrer Arbeit zuzurechnenden Teil der Fertigproduktion, d. h. nicht das, was der in Marktpreisen des Produktes ausgedrückten Grenzproduktivität ihrer Arbeit entspricht. Der Unternehmer bewertet die Grenzproduktivität der Arbeit nicht nach dem gültigen Preis, sondern nach der Grenzeinnahme, die kleiner ist als der Preis. J. Robinson spricht – gegen Chamberlins Protest – offen von der Ausbeutung der Arbeiter:

> „... Eine Gruppe von Arbeitern ist ausgebeutet, wenn ihr Lohn niedriger ist als das physische Grenzprodukt, das sie hervorgebracht haben, zu dem Preis berechnet, für den das Produkt verkauft wird... Im Falle eines Monopols werden so viele Arbeiter beschäftigt ..., daß ihr physisches Grenzprodukt multipliziert mit dem Grenzeinkommen des Monopolisten dem Arbeitslohn gleich wird. Der Arbeitslohn ist daher niedriger als das physische Grenzprodukt multipliziert mit dem Warenpreis, und – laut unserer Definition – besteht Ausbeutung."[43]

Die Arbeiterklasse wird nach Frau Robinson auch im Falle des sogenannten „Monopsons" ausgebeutet. Sie behauptet, daß der Grenzarbeiter auch im Falle des

---

[40] *Walter Eucken*, Grundsätze der Wirtschaftspolitik, Hamburg 1952, S. 33.
[41] Ebenda, S. 39.
[42] Ebenda, S. 55 (Hervorhebung von mir – A. M.).
[43] *Joan Robinson*, The Economics of Imperfect Competition, London 1948, S. 283 f.

„Monopsons“ die Summe nicht erhält, die der Grenzproduktivität seiner Arbeit entsprechen würde.

Diese Theorie soll einerseits beweisen, daß die Ausbeutung kein notwendiger Charakterzug des Kapitalismus ist, sondern nur bei gewissen Marktformen vorkommt; sie verschleiert also das Wesen des Kapitals. Doch soll diese Theorie auch die Klassenverhältnisse des Monopolkapitalismus verschleiern. Die Darstellung der Ausbeutung fußt ja auf der Theorie der Grenzproduktivität. Mit dieser falschen Theorie soll bewiesen werden, daß es zwischen der Rolle des Arbeiters und des Kapitalisten (oder Grundbesitzers) in der Produktion keinen wesentlichen Unterschied gibt, werden doch beide in dem Maße am produzierten Wert beteiligt, in dem sie mit Hilfe des in ihrem Besitz befindlichen Produktionsfaktors zur Herstellung des Produktes beigetragen haben. Bei der Anwendung der Grenzproduktivitätstheorie auf das Monopol stellt sich heraus, daß im Falle des Monopols nicht nur die Arbeiterklasse, sondern auch die Klasse der Kapitalisten (oder der Grundbesitzer) ausgebeutet wird. „Bereits das Vorhandensein eines geringen Monopolelementes“ – schreibt Chamberlin – „senkt die Entlohnung aller bei einer gegebenen Unternehmung beschäftigten Faktoren unter den Wert des Grenzproduktes.“[44] Und weiter: „. . . jeder Faktor (nicht nur einer, die Arbeit) erhält weniger als seine Grenzproduktivität beträgt. . .“[45]

Die großen Veränderungen, die sich mit der Herausbildung der Monopole in der kapitalistischen Wirtschaft vollzogen haben, stellen stets neue Anforderungen an die bürgerliche Volkswirtschaftslehre. Sie versucht zwar, diese neuen Erscheinungen zu erklären, doch gelingt ihr höchstens eine Beschreibung. Sie verschließt sich den Weg zum Verständnis der Wesenszüge des Monopolkapitalismus von vornherein, da sie die Klassenverhältnisse falsch darstellt. E. H. Chamberlin und J. Robinson betrachten als das günstigste theoretische Mittel zur Verschleierung der Klassenverhältnisse das Knappheitsprinzip und die Grenzproduktivitätstheorie. Die Analyse des Monopols stützt sich also bei ihnen auf eben die theoretischen Grundlagen, mit denen die bürgerlichen Ökonomen der Jahrhundertwende die Harmonie des auf freier Konkurrenz beruhenden Kapitalismus zu beweisen suchten. Das Ergebnis kann in beiden Fällen nur sein: die Freiheit der Konkurrenz wird als der Zustand der kapitalistischen Wirtschaft betrachtet, in dem die – fälschlicherweise nur den Monopolen zugeschriebenen – schweren Mängel verschwinden. „Die einzige Arznei der Ausbeutung“, schreibt Robinson, „ist eine Kontrolle der Preise, die zustandebringt, daß man von den Monopolisten dieselbe Produktion erhält, die man bei freier Konkurrenz erhalten würde.“[46] Diese Ausweglosigkeit der modernen bürgerlichen Volkswirtschaftslehre, die aus dem Widerspruch zwischen der Forderung nach Beschreibung der neuen Erscheinungen und dem Festhalten an den alten

---

[44] *Edward Hastings Chamberlin,* The Theory of Monopolistic Competition, Cambridge (Mass.) 1956, S. 181.
[45] Ebenda, S. 182.
[46] *Joan Robinson,* The Economics . . ., a. a. O., S. 284.

Mitteln der Apologie resultiert, ist gleichfalls eine Krisenerscheinung der modernen bürgerlichen Volkswirtschaftslehre.

Im Kreise der bürgerlichen Ökonomen, die die Widersprüche der kapitalistischen Wirtschaft auf bestimmte Marktformen zurückzuführen suchen, herrscht allgemein die Auffassung, daß diese Fehler innerhalb des kapitalistischen Systems durch Änderung der Marktformen abgeschafft werden können. Die Vorstellung, daß die Marktformen frei verändert werden können, ist eine logische Folgerung aus der falschen Theorie der Marktformen, die darüber hinwegtäuscht, daß einzelne Marktformen notwendige Etappen der kapitalistischen Entwicklung sind. W. Röpke z. B. betont, daß „. . . hier von einer zwangsläufigen Entwicklung überhaupt keine Rede sein kann... Der ‚Konkurrenzkapitalismus' entwickelt sich aus eigener Kraft ganz und gar nicht zum ‚Monopolkapitalismus'".[47] Stackelberg wiederum schreibt:

> „Die Gleichgewichtslosigkeit bestimmter Marktformen kann auch dadurch beseitigt werden, daß der Staat die Form des Marktes verändert. Er kann z. B. einen oligopolistischen Markt durch geeignete organisatorische Maßnahmen in die Form vollständiger Konkurrenz überführen... Der Staat kann aber auch andere Marktformen herstellen, die er vielleicht besser zu beaufsichtigen vermag."[48]

4. Zur Analyse des Nationaleinkommens

Die modernen bürgerlichen Ökonomen sind – wie wir gesehen haben – alle bestrebt, bei der Untersuchung der wirtschaftlichen Erscheinungen, bei der neuen Gestaltung der Preistheorie, in der Theorie der Markformen und bei der Einbeziehung des Zeitfaktors auf gewisse Störungen hinzuweisen, die das Funktionieren des kapitalistischen Wirtschaftsmechanismus beeinflussen. Diese Theorien, die auch heute organische Bestandteile der bürgerlichen Volkswirtschaftslehre sind, knüpfen alle an die auf dem Prinzip der Knappheit der Güter fußende Gleichgewichtstheorie an, mit deren Hilfe die Ökonomen an der Jahrhundertwende ein harmonisches Bild der kapitalistischen Wirtschaft zu zeichnen suchten. Diese Theorie wurde seither nur verbessert und ergänzt. Die angeführten Kritiken waren jedoch keine organischen Bestandteile eines theoretischen Systems, das ein Funktionieren des kapitalistischen Wirtschaftsmechanismus auf neuen theoretischen Grundlagen zu begründen versucht hätte. Keynes erst brachte eine neue theoretische Darstellung, die den kapitalistischen Wirtschaftsmechanismus in einer auch für die Bourgeoisie annehmbaren und den veränderten Umständen angepaßten Weise zeichnete. Ein Teil der bürgerlichen Ökonomen spricht sogar von einer Keynesschen Revolution, deren Beginn mit dem Erscheinungsjahr der „Allgemeinen Theorie der Beschäftigung, des Zinses und des Geldes" datiert wird.

---

[47] *Wilhelm Röpke*, Die Lehre von der Wirtschaft, Erlenbach-Zürich und Stuttgart 1954, S. 203.

[48] *Heinrich von Stackelberg*, a. a. O., S. 229.

Wir wollen nunmehr dazu übergehen, die Charakterzüge des theoretischen Systems von Keynes zu betrachten.

Da in der allgemeinen Krise des Kapitalismus die Kapazität der Betriebe chronisch nicht ausgelastet ist und sich eine riesige Armee von Arbeitslosen bildet, bezweifelt Keynes die Grundhypothese der Ökonomen, die die kapitalistische Wirtschaft als harmonisches System darstellen, wonach sich für die Produktionsgüter stets Investitionsmöglichkeiten mit entsprechender Gewinnchance finden und daher die kapitalistische Wirtschaft stets zur Vollbeschäftigung tendiert. Damit verwirft er im wesentlichen den Grundsatz der Knappheit als Grundlage des theoretischen Systems. Er betont, daß in einer entwickelten kapitalistischen Wirtschaft, die sich selbst überlassen ist, die Profitmöglichkeiten infolge ungenügender Nachfrage nicht so günstig sind, daß alle zur Verfügung stehenden Produktionsfaktoren beschäftigt werden könnten. Vollbeschäftigung werde in dieser freien Wirtschaft nur unter besonders günstigen Umständen erreicht.

Keynes erblickt eine andere Grundaufgabe der Volkswirtschaftslehre als die früher erwähnten Ökonomen. Keynes beschäftigt nicht die Frage, wie sich die Gesamtnachfrage der Gesellschaft infolge des Verhaltens der Individuen auf die verschiedenen Waren verteilt, sondern er untersucht, wovon die gesellschaftliche Gesamtnachfrage abhängt und welche Faktoren die Reproduktion – und zwar die Größe der Reproduktion – des Nationaleinkommens bestimmen.

Bei der Untersuchung des Nationaleinkommens verfälscht Keynes jedoch die Klassenverhältnisse, indem er das Einkommen der einzelnen Klassen als Gegenwert gewisser Dienste betrachtet. Im Interesse der Apologie übernimmt Keynes in diesem Punkt im wesentlichen den Standpunkt der früheren Vulgärökonomen. Er schreibt, die Einkommen seien „... Beträge, die er (d. h. der Unternehmer – A. M.) den Erzeugungsfaktoren (die anderen Unternehmer ausgeschlossen) für ihren laufenden Dienst bezahlt...“[49] Der Arbeitslohn z. B. wird nach Keynes durch die Grenzproduktivität der Arbeit bestimmt.

Als Folge dieser Bestimmung der wirksamen Nachfrage und der Reproduktion, wonach das Einkommen der Klassen den Gegenwert von Diensten darstellt, taucht auch bei Keynes das gleiche schwierige Problem auf, das den von uns bereits behandelten Ökonomen so sehr zu schaffen machte. Bei Keynes ist das Grundproblem der kapitalistischen Wirtschaft der Mangel an gewinnbringenden Investitionsmöglichkeiten. Der Gewinn wird auch von Keynes als Überschuß über die Produktionskosten aufgefaßt. Strömen aber zu den Unternehmern nur die verauslagten Produktionskosten als Einkommen zurück, woher stammt denn der Gewinn? Bei Keynes ist Investition nur möglich, wenn Aussicht auf einen entsprechenden Gewinn besteht; im statischen Gleichgewichtszustand vermag der Unternehmer aber nur die Produktionskosten zu realisieren. Als Profitquelle läßt Keynes höchstens eine *Knappheit* des Kapitals gelten; aber den älteren von ihm kritisierten Ökonomen

[49] *John Maynard Keynes*, Allgemeine Theorie der Beschäftigung, des Zinses und des Geldes, München und Leipzig 1936, S. 20.

kreidet er es als Mangel an, wenn sie die Knappheit zum Grundprinzip ihres theoretischen Systems machen.

Bezeichnend für die Theorie von Keynes ist, daß sie mit der mikroökonomischen Betrachtungsweise bricht, auf die alle die Ökonomen eingeschworen sind, die dem Mechanismus der kapitalistischen Wirtschaft die Fähigkeit zuschreiben, eine wirtschaftliche Harmonie herbeizuführen. Da für Keynes nicht die Nachfrage nach einzelnen Gütern wichtig ist, sondern die Gesamtnachfrage, geht er bei seinen Untersuchungen nicht vom Individuum aus, sondern untersucht die gesellschaftliche Wirkung der Verhaltensweise gewisser Sozialgruppen auf die Gesamtnachfrage. Er vertritt also nicht eine mikro-, sondern eine *makroökonomische* Anschauung. Seiner Tätigkeit ist es zu verdanken, daß in der bürgerlichen Volkswirtschaftslehre die Makroökonomie der Mikroökonomie immer mehr den Rang abläuft. Die bürgerlichen Ökonomen halten an der mikroökonomischen Betrachtungsweise heute in erster Linie in der Wert- und Preistheorie fest, ordnen diese Theorien aber der Frage der Reproduktion unter. Ein wichtiger Grund für das Übergewicht der Makroökonomie liegt darin, daß die Mikroökonomie ungeeignet ist, eine theoretische Grundlage für die Wirtschaftspolitik des immer stärker in Erscheinung tretenden staatsmonopolistischen Kapitalismus abzugeben.

Die Makroökonomie von Keynes ist aber keineswegs wissenschaftlicher als die Mikroökonomie der von ihm kritisierten Ökonomen. Keynes untersucht ebenso wie sie, wie sich die Menschen in gewissen Wirtschaftslagen verhalten, auf Grund welcher Überlegungen sie ihre Entscheidungen treffen. Er versucht die Erscheinungen im kurzfristigen Ablauf (short-run) aus den Entscheidungen der am Wirtschaftsleben beteiligten Personen zu erklären. Da das theoretische System von Keynes die realen Klassenverhältnisse, d. h. die gesellschaftlichen Bindungen nicht richtig darstellt, die das Verhalten der Menschen zu einer gesellschaftlichen Massenbewegung zusammenfassen, fehlt auch der tatsächliche gesellschaftliche Hintergrund der wirtschaftlichen Entscheidungen, bleiben die durch die Klassenlage den menschlichen Beziehungen gesetzten Schranken unberücksichtigt. Die gesellschaftlichen Auswirkungen der individuellen Entscheidungen, die Keynes nachweisen will, entbehren deswegen jeden Zusammenhangs mit den kapitalistischen Eigentumsverhältnissen. Er untersucht überhaupt nicht, welche objektiven, aus den Produktionsverhältnissen folgenden Gesetzmäßigkeiten sich in den zu einer gesellschaftlichen Massenbewegung zusammenfließenden Verhaltensweisen durchsetzen.

Somit sind die Keynesschen Aggregate bloßes Ergebnis von Summierungen und unterscheiden sich dem Wesen nach in keiner Weise von den mikroökonomischen Kategorien der bürgerlichen Volkswirtschaftslehre. „Im Falle der Nachfrage nach Kapitalgütern schreiten wir von der profitmaximierenden Bedingung der individuellen Unternehmung unmittelbar zu der profitmaximierenden Bedingung der ganzen Gesellschaft fort“[50], schreibt L. Klein, einer der amerikanischen Anhänger

[50] *L. Klein*, The Keynesian Revolution, New York 1949, S. 63.

von Keynes. Er bemängelt, daß sein Meister und dessen Anhänger die Ableitung der aggregierten Kategorien von den individuellen Verhaltensweisen nicht genügend betonen:

„Ein Problem, das von den Keynesianern nie gebührend beachtet wurde, ist die Ableitung der in Gemeinschaften von Individuen und in Warengruppen ausgedrückten Theorie von der in Begriffen der Individuen und der einzelnen Preise ausgedrückten grundlegenden Theorie."[51]

Da Keynes bei der Bildung der Aggregate nicht von den tatsächlichen Klassenverhältnissen ausgeht, fassen seine makroökonomischen Kategorien oft voneinander abweichende, unterschiedlichen Gesetzmäßigkeiten unterworfene Erscheinungen zu einer Kategorie zusammen und subsumieren sie unter ein und dieselbe Gesetzmäßigkeit. So betrachtet Keynes, wenn er die Beschränktheit der gesellschaftlichen Gesamtkonsumtion zu erklären unternimmt, z. B. alle Individuen als gleichartig, d. h., er läßt unberücksichtigt, woher ihr Einkommen stammt. Er versucht vielmehr, den ungenügenden Verbrauch als unabhängig von der Klassenlage hinzustellen und ihn aus dem sogenannten Hang zum Verbrauch zu erklären. Die Wirkung der Investitionen auf das Gesamteinkommen und den Gesamtverbrauch wiederum möchte er mit dem sogenannten Multiplikator erklären, wobei er außer acht läßt, daß die kapitalistischen Investitionen auf die Lage der Kapitalistenklasse anders einwirken als auf die der Arbeiterklasse.

Der Widerspruch zwischen den neuen Aufgaben und dem Festhalten an der alten Theorie kommt besonders deutlich in der Werttheorie von Keynes zum Ausdruck. Keynes beschäftigt sich zwar nicht mit den Fragen des Wertes, doch verlangt die Untersuchung der Reproduktion des Nationaleinkommens die Einführung eines realen Meßwertes, mit dessen Hilfe die verschiedenen Aggregate, besonders die in verschiedenen Gebrauchswerten verkörperten Kapitalgüter, auf einen Nenner gebracht werden und die Größe der Reproduktion bzw. der Beschäftigung gemessen werden können. Die subjektive Werttheorie ist dazu nicht geeignet. Die modernen bürgerlichen Ökonomen bedienen sich der subjektiven Werttheorie nur auf der Mikroebene, wenn sie sich der Untersuchung der Preisbildung bei den einzelnen Gütern zuwenden. Sobald die modernen bürgerlichen Ökonomen jedoch die gesellschaftliche Reproduktion untersuchen und Zusammenhänge zwischen den sozialen Sektoren aufspüren wollen, wird die subjektive Werttheorie für sie unbrauchbar. Keynes hält die sogenannte „Arbeitseinheit" (labour unit), worunter er eine Arbeitsstunde des Durchschnittsarbeiters versteht, für ein geeignetes Mittel der Berechnung. Zur Messung der Arbeitseinheit führt er die „Arbeitslohnarbeit" (wage unit) ein. Frau J. Robinson, eine maßgebliche englische Anhängerin von Keynes, begründet die Einführung der Arbeitseinheit bzw. der Arbeitszeit als Maßeinheit wie folgt:

„Dies ist in gewisser Hinsicht der bedeutsamste Weg zur Messung des Kapitals, da der Produktionsprozeß wesentlich Verbrauch von Arbeitszeit ist und die in einer

[51] Ebenda, S. 56.

gewissen Zeitperiode aufgewendete Arbeitszeit dadurch auf einen späteren Zeitpunkt übertragen werden kann, daß man sie zur Herstellung von physischen Gegenständen (oder zur Aufhäufung von Wissensstoff) verwendet, die die zukünftige Arbeit viel produktiver machen. Von den heute vorhandenen Kapitalgütern kann also gesagt werden, daß sie vergangene Arbeitszeit zu künftiger Verwendung verkörpern."[52]

Wir sehen, daß die moderne bürgerliche Volkswirtschaftslehre bei der Untersuchung der gesellschaftlichen Reproduktion zu der so oft kritisierten Maßeinheit der bürgerlichen Klassiker, der Arbeitszeit, zurückkehrt. Diese Rückkehr ist notwendig. Verschiedene Gebrauchswerte können prinzipiell nur mit Hilfe des angeblich zu ihrer Herstellung notwendigen Opfers oder dem ihnen gegenüber empfundenen Mangelgefühl, oder mit Hilfe der in ihnen verkörperten Arbeitsmenge auf einen gemeinsamen Nenner gebracht werden. Es bleibt nichts anderes als die Messung in Arbeitseinheiten, in Arbeitszeit übrig. Der amerikanische Ökonom Hansen erklärt jedoch, daß die Einführung der Arbeitszeit keine Konzession an die Arbeitswerttheorie darstelle. „‚Arbeitseinheiten' als ein Meßinstrument zu verwenden, ist etwas völlig anderes", schreibt er, „als die Arbeit zur alleinigen Determinante des Wertes zu erheben."[53]

Hansen irrt jedoch; seine Behauptung ist absurd und inkonsequent. In Wirklichkeit kann eine Ware nur darum mit anderen getauscht werden, weil alle Waren etwas Gemeinsames enthalten; und dieses gemeinsame Element bestimmt die Größe ihres Wertes. Keynes und seine Anhänger müssen notgedrungen zugeben, daß die in den Waren enthaltene Arbeitszeit jenes gemeinsame Element bildet, das am meisten geeignet ist, als Maßstab der Waren zu dienen. Und trotzdem behaupten sie, daß nicht dieses gemeinsame Element den Wert bestimmt. Sie halten an der Arbeitszeit als Maßeinheit fest, verwerfen aber trotzdem im Interesse der Apologie die Arbeitswerttheorie. Der Gedankengang von Hansen führt zu dem absurden Ergebnis, daß beim Austausch der Waren nicht die Arbeitszeit, sondern ein anderer gemeinsamer Faktor den Wert bestimmt, der sich aber in der Praxis als Vergleichsbasis der Waren überhaupt nicht eignet. Statt dessen wird die Arbeitszeit als Vergleichsbasis verwendet, die hinwiederum nicht wertbestimmend ist.

Der Versuch, die aufgeworfenen Probleme zu lösen, zwang die Keynesianer, die Arbeitszeit als Maßeinheit einzuführen. Im Interesse der Apologie hielten aber Keynes und seine Anhänger auch weiter am Knappheitsprinzip fest, an dem Prinzip also, auf dem das theoretische System der von ihnen ansonsten so scharf kritisierten Ökonomen beruht. Die Keynesianer bringen die verschiedenen Kapitalgüter auf Grundlage der Arbeitszeit auf einen gemeinsamen Nenner; den Wert des Kapitals, und also auch die Wertbildung des Kapitals begründen sie jedoch mit Hilfe der Knappheit.

„Denn der einzige Grund, warum ein Vermögenswert eine Aussicht bietet, während seines Bestandes Dienste von einem größeren Gesamtwert als dem ursprünglichen

---

[52] *Joan Robinson*, The Accumulation of Capital, London 1956, S. 121.
[53] *Alvin H. Hansen*, Keynes' ökonomische Lehren, Stuttgart und Düsseldorf 1959, S. 154.

Angebotspreis zu leisten, ist seine *Knappheit*... Wird das Kapital weniger knapp, so vermindert sich das überschüssige Erträgnis, ohne daß es — wenigstens im stofflichen Sinn — weniger produktiv geworden ist."[54]

Dieser Widerspruch zwischen den Forderungen der Einkommensanalyse und der Apologie ist gleichfalls eine Krisenerscheinung der modernen bürgerlichen Volkswirtschaftslehre.

Mit seinem theoretischen System, das auf eine falsche Darstellung der Klassenverhältnisse aufbaut, vermag Keynes die schweren Mängel der kapitalistischen Wirtschaft nicht richtig aufzudecken. Die Faktoren, auf die er die Unzulänglichkeit der effektiven Nachfrage zurückzuführen sucht und auf deren Grundlage er das Saysche Dogma kritisiert, bedeuten in keiner Hinsicht einen Fortschritt der Wissenschaft im Verhältnis zu der um die Jahrhundertwende herrschenden und von ihm kritisierten bürgerlichen Theorie. Eben darin zeigt sich die schwere Krise der modernen bürgerlichen Volkswirtschaftslehre besonders deutlich. Die modernen bürgerlichen Ökonomen suchen die neuen Erscheinungen der kapitalistischen Wirtschaft zu erklären, schaffen Theorien über das Monopol, versuchen die chronische Arbeitslosigkeit zu erklären, suchen Ursachen für die chronische Unterbeschäftigung der Kapazität usw. usf. An der Oberfläche bietet sich eine reiche Vielfalt von Theorien dar. Die bürgerliche Volkswirtschaftslehre scheint sich kraftvoll zu entwickeln. In Wirklichkeit aber ist dieser Fortschritt nur formell; trotz der Vielfalt der Formen ist hinsichtlich einer Annäherung an die Wesenszüge des modernen Kapitalismus nichts von Belang geschehen. Die moderne bürgerliche Volkswirtschaftslehre bewegt sich im Kreise.

Bei der Kritik an dem Sayschen Dogma betont Keynes, daß infolge der Hemmung der Investitionen die Gesamtnachfrage nicht mit der Gesamtproduktion Schritt zu halten vermag. Welches sind aber bei Keynes die Hemmnisse der Investitionen, welche Faktoren bewirken eine ungünstige Gestaltung der Grenzleistungsfähigkeit des Kapitals? Vielleicht die kapitalistischen Produktionsverhältnisse? Keynes verschleiert in seinem theoretischen System die Ausbeutung; bei ihm sind die Einkommen der einzelnen Klassen Gegenwerte gewisser Dienste, d. h., die kapitalistischen Produktionsverhältnisse hindern die Zunahme der Produktion angeblich nicht, die Gesamtnachfrage könnte also prinzipiell der Gesamtproduktion entsprechen. Das Saysche Dogma ist also mit den Grundlagen der Theorie von Keynes vereinbar, so daß Keynes nicht zu einer wissenschaftlichen Kritik dieses Dogmas imstande ist. Kollidieren die Investitionen trotzdem mit den engen Grenzen des Verbrauchs, beurteilen die Unternehmer deshalb die Grenzleistungsfähigkeit des Kapitals ungünstig, so hat dies nach Keynes nichts mit den kapitalistischen Klassenverhältnissen, nichts mit Ausbeutung zu tun, sondern ist vor allem auf die Entscheidungen der Verbraucher über die Benutzung ihres Einkommens, d. h. auf den sogenannten Hang zum Verbrauch, zurückzuführen, der das Individuum dazu veranlaßt, bei zu-

---

[54] *J. M. Keynes*, a. a. O., S. 178 f.

nehmendem Einkommen einen Teil seines Einkommens zu sparen. Das Neue also, womit Keynes die bürgerliche Volkswirtschaftslehre „bereichert" hat, bezieht sich ganz und gar nicht auf die sozialen Verhältnisse, sondern auf die Verhaltensweise der Verbraucher. Übrigens wird der Keynessche Begriff des Hangs zum Verbrauch auch von einem Teil der bürgerlichen Ökonomen, besonders von den Ökonometrikern, scharf kritisiert.

Außer der wegen der Verschleierung der tatsächlichen Klassenverhältnisse falschen Darstellung des Verbrauchs ist bei Keynes auch die Knappheit des Kapitals einer der Faktoren, die die Erwartungen der Unternehmer bezüglich der Grenzleistungsfähigkeit ihres Kapitals günstig oder ungünstig beeinflussen. Während in Wahrheit die kapitalistischen Produktionsverhältnisse verhindern, daß die ganze Kapitalmenge mit Gewinn angelegt werden kann, während also das Anwachsen der Produktion auf die Grenzen der kapitalistischen Produktionsverhältnisse stößt, läßt Keynes die entwicklungshemmende Wirkung der kapitalistischen Produktionsverhältnisse außer acht und weist mit äußerster Oberflächlichkeit auf die Knappheit des Kapitals hin, auf das Knappheitsprinzip also, das bereits seit 1870 als gegen die Marxsche Arbeitswert- und Mehrwerttheorie gerichtete ideologische Waffe die theoretische Grundlage der bürgerlichen Volkswirtschaftslehre ist. In der Frage der Hemmungen der Investitionen gibt es also bei Keynes nicht einmal einen formalen Fortschritt gegenüber den früheren bürgerlichen Ökonomen. Keynes beruft sich einfach darauf, daß die Erwartungen der Kapitalisten desto pessimistischer sind, je reichlicher eine Gesellschaft mit Kapital versorgt ist.

Ein weiterer Faktor, der die Investitionstätigkeit hemmt, ist nach Keynes der Hang zur Liquidität, der die Zinshöhe bestimmt. Vor Keynes hielten die bürgerlichen Ökonomen den Zins im allgemeinen für eine sogenannte Realerscheinung. Sie standen auf dem Standpunkt, daß der Geldverleiher auf dem Konsum der Güter verzichte, die er für das verliehene Geld hätte erwerben können, wer hingegen Geld leihe, bedürfe es zur Investition. Der Zins war also bei ihnen teils Preis der Selbstverleugnung und des Wartens, teils Ausdruck der Grenzproduktivität des Kapitals und regelte als solcher das Sparen und die Investitionen. Die kapitalistische Wirklichkeit aber, besonders in der allgemeinen Krise des kapitalistischen Systems, widersprach dieser Auffassung ganz offensichtlich. Keynes wollte nun eine Zinstheorie ausarbeiten, die erklärt, warum große Überschüsse an Geldkapitalien ungenutzt bleiben, und verwarf daher die Auffassung der von ihm kritisierten Ökonomen über den Zins: Er teilt die Auffassung nicht, daß der Zins der Preis der Selbstverleugnung bzw. des Wartens sei; denn in diesem Fall würde das Sinken des Zinsfußes den Kapitalüberschuß verschwinden lassen. Wäre dagegen der Zinsfuß durch die Grenzproduktivität des Kapitals bestimmt, so würde das bedeuten, daß er mit den Investitionen zusammen sinkt und so die Anlage aller ersparten Kapitalien sichert. Nach Keynes ist der Zins keine Belohnung für in der Produktion geleistete Dienste, und daher hemmt er – in der Darstellung von Keynes – die Investition.

Die Zinstheorie von Keynes spiegelt in verzerrter Form die allgemeine Krise des Kapitalismus und insbesondere den Umstand wider, daß durch die Verschärfung des

Widerspruchs zwischen den Produktivkräften und den kapitalistischen Produktionsverhältnissen, durch die schwere Erschütterung der kapitalistischen Wirtschaft das Risiko der Kapitalanlage sehr stark zugenommen hat und auch die Bedeutung des Geldes gegenüber den Waren gestiegen ist. Keynes erfaßt dies in seiner Zinstheorie auf die Weise, daß er den Zins als Gegenwert des Risikos betrachtet, das mit dem Verzicht auf die Vermögenshaltung in Geldform verbunden ist. Dieses Risiko beeinflußt in der Tat die Höhe des Zinsfußes, da es zweifellos eines der Elemente ist, die die Teilung des Profits zwischen den aktiven und den Geldkapitalisten bestimmen. Daraus folgt aber noch lange nicht, daß auch das Wesen des Zinses aus dem Risiko, d. h. aus dem Verzicht auf Liquidität, erklärt werden kann.

Wenn Keynes auch die Zinstheorie der früheren Ökonomen kritisiert, so enthält seine eigene Zinstheorie dennoch dieselben unwissenschaftlichen Wesenszüge wie die Theorie der erwähnten Ökonomen. Damit auf dem Kreditmarkt ein Gleichgewicht zustande kommt, muß auch bei Keynes ein gewisser menschlicher Hang, nämlich der Hang zur Liquidität, zufriedengestellt werden; der Zinsfuß muß sich auf einem solchen Niveau stabilisieren, daß er diesem Hang entspricht. Der „Fortschritt“ besteht bei Keynes lediglich darin, daß die von ihm kritisierten Ökonomen bei ihren Untersuchungen des Zinses von dem subjektiven Verhältnis des wirtschaftenden Subjekts zum Gebrauchswert ausgehen, davon, daß die Zinshöhe z. B. für den Verzicht auf den Verbrauch der Gebrauchswerte entschädigt, während Keynes das subjektive Verhältnis der Wirtschaftssubjekte *zum Geld* zur Basis seiner Zinstheorie erwählt. Beide machen den gleichen grundlegenden Fehler: weder Keynes noch die früheren Ökonomen erklären den Zins aus den Produktionsverhältnissen, sondern verschleiern die Tatsache, daß die Psychologie der wirtschaftenden Subjekte, so auch der Keynessche Hang zur Liquidität, nur das subjektive Spiegelbild der objektiven Wirtschaftsprozesse darstellt, an sich also falsch ist und nichts über die Wirklichkeit auszusagen vermag. In der investitionshemmenden Wirkung des Zinses kommt also auch bei Keynes nicht die entwicklungshemmende Wirkung der kapitalistischen Produktionsverhältnisse zum Ausdruck. In den auf Keynes folgenden Zinstheorien besteht der „Fortschritt“ lediglich darin, daß versucht wird, Keynes' Erklärung des Zinses durch einen Hang zur Liquidität mit der Erklärung des Zinses als Realerscheinung in Übereinstimmung zu bringen. Die entsprechenden Theorien von Hicks, Ohlin und Haberler sind bekannt.

Auf Grundlage der erwähnten Bestimmungsgründe stellt Keynes das Funktionieren des Wirtschaftsmechanismus anders dar als die Ökonomen an der Jahrhundertwende. Er verläßt sich nicht darauf, daß die Bewegung der Preise automatisch die Vollbeschäftigung sichert. Für den Markt der Produktionsfaktoren verwirft er die Schemata der um die Jahrhundertwende wirkenden bürgerlichen Ökonomen über das Funktionieren des Preismechanismus, wonach auf dem Arbeits- und Kapitalmarkt infolge der gegensätzlichen Reaktionen der Verkäufer und Käufer und durch die Bewegung der Preise sich ein Gleichgewicht auf der Vollbeschäftigungsebene herausbildet. In seinem theoretischen System reagiert auf dem Markt der Produktionsfaktoren die anbietende wie auch die nachfragende Seite anders auf die Preisveränderungen, als die bürgerlichen Ökonomen der Jahrhundertwende sich das vorstellten.

Aber auch bei Keynes geht es keineswegs darum, die Reaktion der Kapitalisten und der Arbeiter auf die Preisbewegungen auf Grundlage der kapitalistischen Produktionsverhältnisse darzustellen. Bei ihm werden die abweichenden Reaktionen auf andere, zum Teil psychologisch bedingte, Bestimmungsfaktoren zurückgeführt als bei den Ökonomen an der Jahrhundertwende. Keynes betont z. B., daß die Arbeiter, im Gegensatz zu den Hypothesen der früheren Ökonomen, ihr Angebot überhaupt nicht senken, wenn die Reallöhne sinken. Er erklärt dies aber nicht damit, daß die Arbeiter des Eigentums an den Produktionsmitteln beraubt sind, sondern zum Teil damit, daß die Arbeiter keine Möglichkeit besäßen, den Realwert ihres Geldlohns mit dem Grenznachteil ihrer Arbeit abzustimmen. In bezug auf die Ersparnisse wiederum verwirft er die Vorstellung, daß die Höhe der Ersparnisse einfach eine Funktion des Zinsfußes sei. Er macht aber die Höhe der Ersparnisse – auf nicht weniger abstrakte Weise – von den erwähnten Bestimmungsfaktoren des Verbrauchs abhängig, d. h. von der Einkommenshöhe und vom Hang zum Verbrauch.

Keynes selber hielt seine „Entdeckungen" für grundlegend. Er betont auch, daß die Feststellungen der Ökonomen vor ihm nur begrenzte Gültigkeit haben, weil sie auf der Voraussetzung des Gleichgewichts bei Vollbeschäftigung beruhen. Sie beziehen sich aber nicht auf den Zustand der Unterbeschäftigung. Für diesen Zustand muß die Volkswirtschaftslehre seiner Meinung nach andere Thesen ausarbeiten. Keynes vergleicht den Unterschied zwischen seinen Auffassungen und denen seiner Vorgänger mit dem Unterschied zwischen der euklidischen und der nicht-euklidischen Geometrie.

> „Die klassischen Theoretiker gleichen euklidischen Mathematikern in einer nichteuklidischen Welt."[55]

Diese Gegenüberstellung ist aber falsch. Falsch ist die Behauptung, daß bei Vollbeschäftigung und bei Unterbeschäftigung verschiedene Ökonomien gültig seien. Die kapitalistische Wirtschaft weist nur Gesetzmäßigkeiten auf, die aus den kapitalistischen Eigentumsverhältnissen stammen. Diese Gesetze ändern zwar im Laufe der kapitalistischen Entwicklung ihre Gestalt, aber ihr Inhalt ändert sich nicht, solange der Kapitalismus besteht. Sie bringen während dieser ganzen Zeit den antagonistischen Interessengegensatz zwischen der Kapitalisten- und der Arbeiterklasse zum Ausdruck. Die Arbeitslosigkeit ist eine notwendige Folge des allgemeinen Gesetzes der kapitalistischen Akkumulation, und die kapitalistische Produktionsweise kann nicht nur heute, sondern konnte selbst in ihrem aufwärts steigenden Stadium nicht ohne eine Reservearmee von Arbeitslosen auskommen.

Bei Keynes liegt der Gegenüberstellung der zwei Ökonomien eine falsche Auffassung der Gesetzmäßigkeiten, eine unwissenschaftliche Deutung der Erschei-

[55] Ebenda, S. 14.

nungen der kapitalistischen Wirtschaft zugrunde. Die früheren bürgerlichen Ökonomen gründeten ihr theoretisches System auf eine Knappheit der Güter. Die Unhaltbarkeit dieses theoretischen Systems wurde in der großen Wirtschaftskrise der Jahre 1929 bis 1933 offenbar. Die große Masse von unverkauften Warenmengen, die große Arbeitslosigkeit und der Kapitalüberfluß machten es der Bourgeoisie unmöglich, auf dem Prinzip der Knappheit zu beharren. Keynes wollte ein theoretisches System ausarbeiten, dessen Feststellungen auch dann Gültigkeit besitzen, wenn keine Vollbeschäftigung herrscht, und darum mußte er das Prinzip der Knappheit verwerfen. Als Apologie des Kapitalismus enthält auch sein System den Gedanken der Knappheit, worauf wir bereits bei unserer Kritik der Keynesschen Wertbestimmung des Kapitals hingewiesen haben.

Der amerikanische Ökonom Samuelson versucht eine sogenannte neoklassische Synthese. Er ist bemüht, die vom Prinzip der Knappheit ausgehenden sogenannten klassischen Lehren – von Keynes „klassische" Lehren genannt – mit der Keynesschen Theorie in Übereinstimmung zu bringen. Nach Samuelson kommt das Prinzip der Knappheit wieder zur Geltung, wenn die Vollbeschäftigung nach dem Rezept von Keynes zur Heilung der Mängel der kapitalistischen Wirtschaft wiederhergestellt wird: Er betont, daß die Keynessche Einkommensanalyse und die sogenannten klassischen Lehren eben deswegen aufeinander abgestimmt werden müssen.

> „Die Beherrschung der modernen Theorie der Bestimmung des Volkseinkommens auf makroökonomischer Grundlage wird die fundamentale Richtigkeit der klassischen Preis- und Knappheitstheorien auf mikroökonomischer Grundlage herausstellen. Das ist die optimistische Formulierung der sogenannten ‚neoklassischen Synthese'."[56]

Die Keynessche Theorie ist auch von bürgerlicher Seite scharf angegriffen worden. Seine Anhänger haben die Hypothesen und Kategorien seiner Theorie abgewandelt und ergänzt. Keynes wurde unter anderem darum kritisiert, weil er bei der Untersuchung der Probleme der Reproduktion des Volkseinkommens die Faktoren des Wachstums vernachlässigt hat. Er setzte die bestehende Technik voraus und abstrahierte von der Bevölkerungszunahme. Diese Hypothesen von Keynes sind natürlich unannehmbar. Es geht doch gerade darum, die wirtschaftlichen Folgen des Konflikts zwischen der Entwicklung der Produktivkräfte und den kapitalistischen Produktionsverhältnissen zu untersuchen, d. h. die Prozesse zu analysieren, die sich unter kapitalistischen Verhältnissen mit Notwendigkeit aus der Entwicklung der Produktivkräfte ergeben.

Die Auffassung der Ökonomen jedoch, die bei der Untersuchung der Reproduktion des Volkseinkommens auch die Faktoren des Wachstums berücksichtigen, ist nicht weniger unwissenschaftlich als die von Keynes. Der Fortschritt ist auch hier nur ein *formeller*. Es wird ganz willkürlich eine Untergruppe von Investitionen hervorgehoben, die mit neuen Erfindungen, der Bevölkerungszunahme usw. zusammenhängen. Diese werden *autonome* Investitionen genannt, da hier die gewinnbringen-

[56] *P. HA. Samuelson*, a. a. O., S. 387.

den Investitionsmöglichkeiten angeblich auf „außerwirtschaftliche" Faktoren zurückzuführen sind, wie Samuelson sagt.[57]

Die diese Auffassung vertretenden Autoren erklären, daß ein großer Teil der Investitionen autonome Investitionen sind. Die Anhänger von Keynes wurden vor allem durch Schumpeters Theorie der Neuerungen veranlaßt, den Begriff der autonomen Investitionen zu schaffen. Sie übernehmen die These Schumpeters, daß die Neuerungen gewinnbringende Investitionsmöglichkeiten eröffnen. Den technischen Fortschritt stellen sie aber so dar, als ob er von den kapitalistischen Verhältnissen und insbesondere der Herrschaft der Monopole unabhängig wäre und ausschließlich von exogenen Faktoren abhängen würde. Auch die wirtschaftliche Wirkung einer Bevölkerungszunahme befindet sich in Abhängigkeit von den kapitalistischen Produktionsverhältnissen. Eine Zunahme der Bevölkerungszahl bedeutet an sich noch nicht unbedingt eine Nachfragesteigerung. Die Nachfrage kann nur dann durch Bevölkerungszunahme gesteigert werden, wenn die Mehrbevölkerung Beschäftigung findet. Das wiederum hängt eindeutig von den kapitalistischen Produktionsverhältnissen ab. Die betreffenden Autoren meinen, daß ein grundlegender Mangel des kapitalistischen Systems darin besteht, daß das Tempo der Bevölkerungszunahme in den entwickelten kapitalistischen Ländern abnimmt und keine Gewähr besteht, „... daß unseren Wissenschaftlern zur rechten Zeit das Rechte einfallen wird, daß sie genügend neue Erzeugnisse und Verfahren entdecken..."[58]

Die Theorie von Keynes über die Faktoren, die die effektive Nachfrage und die Höhe des Volkseinkommens bestimmen, werden weitgehend von den bürgerlichen Konjunkturtheoretikern ausgenutzt. Die modernen bürgerlichen Konjunkturtheorien werden durch Elemente des Keynesschen theoretischen Systems ergänzt. Selbst Hicks, der weit entfernt von der Auffassung Keynes' ist und Walras nahesteht, erkennt an, daß Keynes auf seine Konjunkturtheorie eine Wirkung ausgeübt hat. Die heutigen Konjunkturtheorien weisen dieselben grundlegenden Mängel auf wie die Theorie von Keynes. Auch sie abstrahieren, wie Keynes, von den determinierenden Produktionsverhältnissen und betrachten ebenso psychologische und technische Faktoren als Bestimmungsfaktoren. Sie basieren also auf nicht weniger falschen theoretischen Grundlagen wie die früheren Konjunkturtheorien, so daß sie die wissenschaftliche Klärung des Problems der kapitalistischen Reproduktion ebensowenig fördern, obwohl sie nach Meinung bürgerlicher Dogmenhistoriker eine Weiterentwicklung der früheren Konjunkturtheorien darstellen.

Durch Verbindung des Keynesschen Multiplikators mit dem Akzelerator (Beschleunigungsfaktor) baut ein Teil der modernen bürgerlichen Ökonomen eine selbständige Konjunkturtheorie auf.

> „Die Theorie des Multiplikators und die Theorie des Akzelerators sind zwei Seiten der Theorie der Fluktuationen, ebenso wie die Nachfragetheorie und die Angebotstheorie zwei Seiten der Werttheorie sind."[59]

---

[57] Ebenda, S. 227. [58] Ebenda, S. 228.

[59] *J. R. Hicks*, A Contribution to the Theory of the Trade Cycle, Oxford 1950, S. 38.

Diese Theorie untersucht die Wechselbeziehungen zwischen Investitionen und Verbrauch auf keynesianischer Grundlage. Die Wirkung der Investitionen auf die Einkommensbildung und somit auf den Verbrauch wird auf Grundlage der Konsumtionsfunktion von Keynes dargestellt. Es ist zwar in der Tat so, daß durch Investitionen Einkommen entstehen und der Markt sich ausweitet, doch wird die den Investitionen zugeschriebene Einkommenszunahme von den antagonistischen Klassenverhältnissen der kapitalistischen Gesellschaft bestimmt. Dem grundlegenden, allgemeinen Gesetz der kapitalistischen Akkumulation zufolge nimmt im Verlauf der Investitionen in erster Linie der Reichtum der Kapitalisten zu, während die Zunahme des Einkommens der Arbeiterklasse sich infolge der Ausbeutung in engen Grenzen hält. Es ist z. B. auch möglich, daß der Kapitalist – während er investiert – im Interesse der Ausbeutung die organische Zusammensetzung seines Kapitals so steigert, daß der Beschäftigungsgrad überhaupt nicht zunimmt und damit auch das Einkommen der Arbeiterklasse unverändert bleibt. Da die Darstellung der Multiplikatorwirkung irrig ist, müssen auch die Wirkung des Verbrauchs auf die Investitionen und der Akzeleratoreffekt in der modernen Konjunkturtheorie falsch behandelt sein. Abgesehen davon, daß die Wirkung der Nachfrage nach Verbrauchsgütern auf die Nachfrage nach Investitionsgütern an Hand eines abstrakten Schemas und isoliert von dem tatsächlichen Verlauf der kapitalistischen Reproduktion untersucht wird, wirkt in der Darstellung der modernen bürgerlichen Konjunkturtheorie nicht der von den Klassenverhältnissen der kapitalistischen Gesellschaft bestimmte Verbrauch über den Akzeleratoreffekt auf die Investitionen ein.

Samuelson, der als einer der ersten eine auf der Verbindung von Multiplikator und Akzelerator beruhende Konjunkturtheorie dargelegt hat, weist darauf hin, daß die angeblich aus der Wechselwirkung von Akzelerator und Multiplikator resultierenden Wirtschaftsabläufe, d. h. ein gleichmäßig ansteigender oder ein zyklischer Ablauf, völlig davon abhängen, welche Größe des Grenzhangs zum Verbrauch und des Kapitalkoeffizienten vorausgesetzt wird.[60] Ist der Grenzhang zum Verbrauch niedrig, kann der Aufschwung bereits vor Eintritt der Vollbeschäftigung zum Erliegen kommen. In diesem Fall wird nämlich ein großer Teil der Einkommen nicht ausgegeben, die weitere Zunahme der Einkommen verlangsamt sich, somit sinken die induzierten Investitionen, und sobald das Sinken der induzierten Investitionen nicht mehr durch ein Ansteigen des Verbrauchs ausgeglichen wird, sinkt auch die Produktion. Die Zunahme der Investitionen wird nach dieser Darstellung durch den engen Rahmen des Verbrauchs beschränkt. Der Rahmen des Verbrauchs ist aber nicht wegen der Ausbeutung eng, „... es ist der Grenzhang zum Sparen, der dem Expansionsprozeß Einhalt gebietet".[61]

Ist jedoch die Größe des Grenzhangs zum Verbrauch und die des Kapitalkoeffizienten günstig, dann steigern die Wachstumsfaktoren, die autonome Investitionen ermöglichen und von den kapitalistischen Produktionsverhältnissen angeblich un-

[60] Vgl. „Review of Economic Statistics", Mai 1959, 21. Band, S. 77.
[61] *Alvin H. Hansen*, Business Cycles and National Income, New York 1951, S. 179.

abhängige gewinnbringende Investitionsmöglichkeiten eröffnen, durch Wechselwirkung von Multiplikator und Akzelerator das Wachstum der Produktion bis zu dem Punkt, an dem Vollbeschäftigung der verfügbaren Produktionsfaktoren erreicht ist. Die Produktion kann nicht weiter gesteigert werden; die induzierten Investitionen werden also unter der Einwirkung des Akzelerators sinken, und so tritt eine Wirtschaftskrise ein. Die Schranken der Produktionszunahme sind nach dieser Darstellung nicht Klassenschranken, sondern durch die Vollbeschäftigung gesetzte Schranken.

Diesen Standpunkt teilen zahlreiche moderne bürgerliche Kunjunkturtheoretiker. Hansen schreibt darüber:

> „... wird der Akzelerator mit dem Multiplikator kombiniert, so ist eine explosive, sich fortsetzende Expansion *möglich*, wenn der Akzelerationskoeffizient sehr hoch und mit einem hohen Grenzhang zum Verbrauch kombiniert ist (d. h. ein hoher Multiplikator). In diesem Fall kann die heftige Expansion so lange andauern, bis die obere Grenze der Nutzung von Arbeit oder Kapital erreicht ist. An diesem Punkt hört die Zunahme der Produktion auf und die induzierte Investition wird (über den Akzelerator) sinken.“[62]

Hicks äußert sich in seiner bekannten Konjunkturtheorie auf ähnliche Weise:

> „Hat die Wirtschaft den Zustand der Vollbeschäftigung bzw. die obere Grenze der vollen Kapazitätsausnutzung erreicht ... ändert sie schließlich ihre Richtung abwärts, der Gleichgewichtslinie zu.“[63]

Wie Harrod meint,

> „... ist die Beziehung von G_n zu G_w klarerweise von entscheidender Bedeutung, um zu bestimmen, ob die Wirtschaft für eine Reihe von Jahren überwiegend lebhaft oder niedergedrückt ist.“

Er schreibt ferner:

> „Wenn G_n unter G_w steht, ist eine Stockung unvermeidlich.“ Und so ist, nach Harrod, „... eine böse Depressionsspirale unvermeidlich, wenn die Vollbeschäftigung erreicht ist.“[64]

Die auf einer Wechselwirkung von Multiplikator und Akzelerator fußende Konjunkturtheorie soll nur die Frage beantworten, warum sich die Reproduktion im Rahmen der von der technischen Entwicklung, der Bevölkerungszunahme usw. geschaffenen gewinnbringenden Investitionsmöglichkeiten zyklisch gestaltet. In dieser Darstellung sind die kapitalistischen Produktionsverhältnisse kein Hindernis der Investition und der Produktionssteigerung, sichern doch die erwähnten Faktoren – unabhängig vom augenblicklichen Stadium des Zyklus – pausenlos gewinnbringende Investitionsmöglichkeiten. Die erwähnten Theorien setzen voraus, daß die autonomen Investitionen sich während der ganzen Dauer des Zyklus in ihrer Höhe

---

[62] Ebenda, S. 175.
[63] *J. R. Hicks*, a. a. O., S. 124.
[64] *R. F. Harrod*, Dynamische Wirtschaft, Wien und Stuttgart 1949, S. 109, 110, 111.

nicht verändern. Die zyklische Bewegung kommt durch die günstigen Wirkungen der autonomen Investitionen zustande, falls der Grenzhang zum Verbrauch und der Kapitalkoeffizient gewisse Werte erreichen.

Hansen forschte auch nach den Ursachen des zyklischen Charakters der autonomen Investitionen und benutzte dabei den Keynesschen Begriff der Grenzleistungsfähigkeit des Kapitals. Nach seiner Meinung resultiert der zyklische Charakter der autonomen Investitionen aus einer zyklischen Bewegung der Grenzleistungsfähigkeit des Kapitals. Der Aufschwung muß in eine Krise ausmünden, weil die Grenzleistungsfähigkeit des Kapitals sinkt. Die Schranken der autonomen Investitionen – und ebenso der induzierten, aber bei ihm im Sinne der Theorie von Keynes – folgen aus technischen und psychologischen Faktoren, nicht aber aus den kapitalistischen Produktionsverhältnissen. Hansen spricht davon, daß die Unternehmer zu optimistisch sind und mehr autonome Investitionen durchführen, als das Tempo der technischen Entwicklung und der Bevölkerungszunahme erfordert. Daher wirkt das „Gesetz" des abnehmenden Ertrags, das die Grenzleistungsfähigkeit des Kapitals vermindert.

> „Das Gesetz des abnehmenden Ertrags beschränkt schließlich das Volumen des Kapitals, das gewinnbringend angelegt werden kann."[65]

Außer dem irrigen „Gesetz" des abnehmenden Ertrags schränkt die autonomen Investitionen noch ein anderer Faktor ein: der zunehmende Hang der Unternehmer zur Liquidität. Die abnehmende Grenzleistungsfähigkeit des Kapitals stimmt nämlich die Unternehmer pessimistisch. Das mangelnde Vertrauen in die Zukunft nimmt zu; es steigt der Zinsfuß, was den voraussichtlichen Kapitalgewinn mindert. Der dritte Faktor schließlich, der nach Hansen den Umschwung zur Krise hervorruft, ist die Zunahme der Produktionskosten im konjunkturellen Aufschwung.

Die Trennung des zyklischen Charakters der kapitalistischen Reproduktion von den kapitalistischen Produktionsverhältnissen ist die Grundlage der falschen Vorstellung, daß das Wirtschaftsleben durch staatliche Maßnahmen krisenfrei gemacht werden könne. E. Schneider schreibt:

> „... daß wir die in einer freien Verkehrswirtschaft auftretenden Konjunkturbewegungen nicht mehr als unabänderliches, von uns wie ein Schicksal hinzunehmendes Phänomen anzusehen haben, sondern als das, was sie in Wirklichkeit sind: als aus menschlichen Entscheidungen resultierende Schwankungen gewisser Elemente des Wirtschaftssystems, die sich sehr wohl durch andere menschliche Entscheidungen neutralisieren lassen."[66]

Die Zurückführung der schweren Mängel der kapitalistischen Wirtschaft auf falsche Ursachen und auch die daraus resultierende tiefe Krise der Keynesschen Theorie spiegeln sich sehr deutlich in den Vorschlägen wider, die diesen Mängeln abhelfen

---

[65] *Alvin H. Hansen*, Business Cycles ..., a. a. O., S. 141.

[66] *Erich Schneider*, Das Gesicht der Wirtschaftstheorie unserer Zeit und das Studium der Wirtschaftswissenschaften, Tübingen 1947, S. 15.

sollen. Besonders charakteristisch ist in diesem Zusammenhang, daß die Bedeutung der *Verschwendung*, der *unproduktiven Ausgaben* betont wird. Dies ist übrigens auch ein Zeichen der Fäulnis des Imperialismus. Die Ideologen der jungen Bourgeoisie redeten der Sparsamkeit das Wort. Zu ihrer Zeit war der Kapitalismus noch fortschrittlich, gab er der Entwicklung der Produktivkräfte einen mächtigen Aufschwung. Keynes hingegen kehrt zu Malthus zurück, der die Grundbesitzer gegen die fortschrittliche Bourgeoisie in Schutz nahm und gleichfalls behauptete, daß der unproduktive Verbrauch überaus wichtig für die Reproduktion sei. Es ist kein Zufall, daß Keynes Malthus einen bedeutenden Vorläufer seiner Auffassung genannt hat. Die Keynesianer meinen, die Ursache der begrenzten Konsumtionsfähigkeit läge vor allem darin, daß die Individuen einen zu geringen Teil ihres Einkommens verbrauchen, daß sie das Leben nicht genug genießen wollen und daß die Konsumtionsfähigkeit der Massen gesteigert werden kann, wenn diese aufgefordert werden, einen größeren Teil ihres Einkommens zu verbrauchen. Klein betont z. B., daß die Menschen unterwiesen werden müssen, „die Früchte des Lebens zu genießen.“[67] Er beklagt sich darüber, daß „den meisten Kindern die Tugend der Sparsamkeit anerzogen wurde und diejenigen, die viel Geld ausgeben, eher als unwürdige Bürger angesehen wurden.“[68]

Als die zweckmäßigsten staatlichen Investitionen betrachten die Keynesianer alle die Kapitalanlagen, die Beschäftigung sichern, ohne daß neue Konsumgüter auf den Markt geworfen werden und ohne daß den bestehenden Unternehmungen eine Konkurrenz erwächst. Keynes und seine Anhänger wollen nämlich die Lage der Massen *im Grunde genommen* gar nicht verbessern und sind im Rahmen des Kapitalismus dazu auch nicht imstande. Denn eine Steigerung der Produktion durch Investitionen würde den Widerspruch zwischen dem Ausmaß der Produktion und der begrenzten Konsumtionsfähigkeit der Massen nur verschärfen. Darum werden die sogenannten *unproduktiven* Investitionen vorgezogen. Die Keynesianer suchen sich durch Steigerung der unproduktiven Ausgaben um eine Lösung des Widerspruchs zwischen dem gesellschaftlichen Charakter der Produktion und der privatkapitalistischen Aneignung herumzudrücken.

Besonders nach dem zweiten Weltkrieg wurde der *Aufrüstung* als wichtigstem Komplex unproduktiver Ausgaben eine große Bedeutung für die kapitalistische Reproduktion beigemessen. Die deutschen Faschisten beriefen sich seinerzeit unter anderem auch auf Keynes, als sie riesige Summen für die Aufrüstung und die Vorbereitung des imperialistischen Krieges ausgaben. Es ist kein Zufall, daß die „Allgemeine Theorie“ als das Hauptwerk von Keynes schon 1936, d. h. im Jahre der Veröffentlichung der englischen Originalausgabe, in Deutschland in Übersetzung herausgebracht wurde. Die Betonung der unproduktiven Ausgaben und der Aufrüstung durch die Keynesianer ist ein klarer Beweis für die Fäulnis des Imperialismus, ein Beweis dafür, daß sich die kapitalistischen Produktionsverhältnisse immer weniger dazu eignen als

[67] *L. Klein*, a. a. O., S. 175. [68] Ebenda, S. 178.

Rahmen für die Entwicklung der Produktivkräfte zu dienen. Die Kriegshetzer rüsten heutzutage nicht nur, um die Welt zu erobern, sondern auch, um mit Hilfe der Rüstungsproduktion die Wirtschaftskrise zu verhindern und maximale Profite einzuheimsen. Der Keynesianismus ist also ein gefährlicher Wegbereiter des Krieges.

5. *Die Wachstumstheorien*

Nach dem zweiten Weltkrieg traten die sogenannten Wachstumstheorien in den Vordergrund. In diesen Theorien spiegelt sich der Kampf zwischen den beiden Systemen wider. Die großen Erfolge der sozialistischen Gesellschaft einerseits und die schwerwiegenden Probleme der allgemeinen Krise des Kapitalismus andererseits zwingen die bürgerlichen Ökonomen, ihr Augenmerk auf die Entwicklungsperspektiven der kapitalistischen Verhältnisse zu richten. Émile James schreibt z. B.:

> „Muß man sich in einer Welt wie der unseren, die unter die kommunistische und die kapitalistische Ideologie aufgeteilt ist, nicht in erster Linie fragen, ob der Kapitalismus noch fähig ist, noch Fortschritte zu machen, zu überleben und sich zu vervollkommnen?“[69]

Die Wachstumstheorien sollen den Eindruck erwecken, als ob die kapitalistische Wirtschaft zu einer ebenso stürmischen Entwicklung fähig wäre wie die sozialistische Wirtschaft. Großenteils wird jedoch versucht, den Nachweis dessen auf Basis der irrigen Theorien von Keynes zu führen. Ein beträchtlicher Teil der Wachstumstheoretiker sucht das theoretische System von Keynes zu dynamisieren. Diese von den tatsächlichen Klassenverhältnissen abstrahierenden Theorien können natürlich gar nichts über die Entwicklungsfähigkeit des Kapitalismus aussagen.

Das Hauptproblem besteht z. B. für Domar in folgendem:

> „Wenn die Investitionen die Produktionskapazität erhöhen und auch Einkommen schaffen, wie groß muß die Höhe der Investitionen sein, oder in welchem Tempo müssen sie sich entwickeln, damit die Einkommenszunahme der Produktionskapazität gleich sei? Kann nicht eine Gleichung aufgestellt werden, deren eine Seite die Zunahme (oder die Zuwachsrate) der Produktionskapazität und deren andere Seite das Einkommen darstellt, und deren Lösung die notwendige Wachstumsrate ergibt?“[70]

Domar untersucht aber die kapazitäts- und einkommenssteigernde Wirkung der Investitionen vollkommen abstrakt, ohne Rücksicht auf die kapitalistischen Produktionsverhältnisse. Was den kapazitätssteigernden Effekt der Investitionen betrifft, so kann die Gesamtkapazität der Gesellschaft offensichtlich nicht in dem Maße der durch neue Investitionen geschaffenen Kapazität wachsen; denn die vergrößerte Kapazität stößt auf den infolge der Ausbeutung begrenzten Rahmen des kapitalistischen Marktes, und so wird nur ein Teil der Kapazitäten ausgenutzt

[69] *Émile James*, a. a. O., Bd. II, S. 577.
[70] *Evsey D. Domar*, Essays in the Theory of Economic Growth, New York 1957, S. 89.

Auch Domar erkennt an, daß ein Teil der gesellschaftlichen Gesamtkapazität unausgenutzt bleibt, doch meint er:

„... der Kampf um die Märkte und die Verdrängung der schwächeren (älteren) Unternehmungen und Industriezweige durch die stärkeren (und jüngeren) machen das Wesen des Fortschritts in der kapitalistischen Gesellschaft aus."[71]

Er nennt als weitere Ursache der unvollständigen Ausnützung der Gesamtkapazität – wobei er die Wirklichkeit des gegenwärtigen Kapitalismus völlig außer acht läßt – auch den Umstand, daß neue Betriebe nicht immer imstande seien, genügend Arbeitskräfte aufzutreiben, oder – was wahrscheinlicher sei – Arbeitskräfte (und andere Produktionsfaktoren) von früher gegründeten Betrieben an sich zu ziehen, wodurch die Kapazitätsauslastung der älteren Betriebe sinke.[72]

Die andere Seite der Investitionen, ihre markterweiternde Wirkung, behandelt Domar einzig mit Hilfe des Keynesschen Multiplikators. „Auf der Nachfrageseite haben wir die Multiplikatortheorie..."[73] In Wahrheit kann die Nachfrage wegen der antagonistischen Klassenverhältnisse der kapitalistischen Gesellschaft nicht in dem gleichen Maße zunehmen wie die Produktion. Domar ist jedoch bemüht, den Zusammenhang zwischen der Zunahme der Investitionen und der Marktausweitung mit den falschen Kategorien von Keynes darzustellen. Die Wirkung der Investitionen auf die Marktverhältnisse hängt seiner Meinung nach von dem Grenzhang zum Sparen ab. Nach dieser Auffassung steht dem nichts im Wege, daß die Investitionen in einem Tempo anwachsen, das es ermöglicht, daß sich der Markt in dem gleichen Maße ausweitet wie die Kapazität. Domar teilt auch die entsprechende mathematische Formel mit. Im Falle dynamischen Gleichgewichts muß die Investition in einem Tempo zunehmen, das „gleich dem Produkt der Sparneigung und (kurzgefaßt) der durchschnittlichen Produktivität der Investitionen ist."[74] Nur diese beiden Größen muß man kennen, um „die Zuwachsrate zu bestimmen".[75]

Eine ähnliche, gleichfalls von den kapitalistischen Produktionsverhältnissen abstrahierende und auf der Theorie von Keynes fußende Darstellung des Wachstums findet sich auch bei einem anderen bekannten Wachstumstheoretiker, bei Harrod. Der große Rahmen für die Entwicklung wird bei ihm nicht durch die Produktionsverhältnisse, sondern durch die sogenannte natürliche, d. h. eine von den Klassenverhältnissen abstrahierende, Wachstumsrate gebildet.

„Zunächst ist zu beachten, daß Gn (die natürliche Wachstumsrate – A. M.) dem höchsten Durchschnittswert von G über einen langen Zeitraum eine obere Grenze setzt ... Aber es ist nicht möglich, für eine unbegrenzte Zeit das Wachstum in einem größeren Ausmaß beizubehalten, als es das Bevölkerungswachstum und technologische Verbesserungen (beide in Gn ausgedrückt) erlauben."[76]

Wieviel die Unternehmer nun tatsächlich investieren, das hängt von den Erwartungen ab.

„G ist eine Größe, die von Zeit zu Zeit durch Versuch und Irrtum bestimmt wird, von den gemeinsamen Versuchen und Irrtümern einer großen Anzahl von Menschen." [77]

[71] Ebenda, S. 96. [72] Vgl. Ebenda, S. 95. [73] Ebenda, S. 90. [74] Ebenda, S. 91 f.
[75] Ebenda, S. 97. [76] *R. F. Harrod*, a. a. O., S. 109. [77] Ebenda, S. 107.

Die erwartete Zuwachsrate der Produktion deckt sich mit dem tatsächlichen Entwicklungstempo, d. h. die Unternehmer beurteilen das Entwicklungstempo dann als zufriedenstellend, wenn die beabsichtigten Investitionen der Höhe der Ersparnisse entsprechen. Grundbedingung des dynamischen Gleichgewichts ist nun bei Harrod, daß das Ansteigen der Investitionen mit dem Ansteigen der Ersparnisse in Einklang stehen muß, wogegen es für die Umwandlung der ersparten Summen in neue Kapitalien keine durch die kapitalistischen Klassenverhältnisse gesetzten Schranken gibt. Schranken setzen allein die Wachstumsfaktoren, die jedoch als von den kapitalistischen Produktionsverhältnissen unabhängig dargestellt werden. Der deutsche Ökonom Bombach zieht die entsprechenden Schlüsse aus der Harrod-Domarschen Wachstumstheorie:

„... daß es keine Zwangsläufigkeit gibt, mit welcher der kapitalistische Prozeß zu Ende gehen muß ... daß es keine sinkenden Investitionschancen geben muß."[78]

Im Kampf der beiden Systeme ist das Übergewicht des Sozialismus offensichtlich. Das sozialistische System läuft dem mit schwerwiegenden Gegensätzen belasteten, sterbenden Kapitalismus den Rang ab und schreitet von Erfolg zu Erfolg. Daß der Kapitalismus gealtert und immer weniger als Rahmen für die Entwicklung der Produktivkräfte geeignet ist, gibt auch Schumpeter, eine der größten Autoritäten der bürgerlichen Volkswirtschaftslehre des 20. Jahrhunderts, zu. Die Wachstumstheorien hingegen wollen den Kapitalismus als lebenskräftiges, entwicklungsfähiges System hinstellen. Sie tun dies mit Hilfe von formalen, des sozialen Inhalts beraubten Schemata. Diese leere, inhaltslose Beweisführung im Kampf der beiden Systeme, das lediglich formale Fortschreiten im Verhältnis zu dem auch von den Wachstumstheoretikern kritisierten Keynesschen System ist gleichfalls eine Krisenerscheinung der modernen bürgerlichen Volkswirtschaftslehre.

Der abstrakte wirklichkeitsfremde Charakter der Wachstumsmodelle bleibt auch einem Teil der bürgerlichen Ökonomen nicht verborgen. Bombach schreibt:

„Wir können nichts anderes tun als nur zeigen, wie sich unter bestimmten Voraussetzungen Größen wie Kapitalstock, Einkommen, Investitionen und Konsum entwickeln müssen, wenn sich das wirtschaftliche Wachstum ohne langfristige Gleichgewichtsstörungen vollziehen soll. Wir können dagegen nicht sagen, wie die gestaltenden Kräfte des Wachstumsprozesses aussehen und wie sie wirken ..."[79]

E. Schneider erklärt gleichfalls, daß

„... das erörterte Wachstumsmodell nichts über die Kräfte aussagt, die das tatsächliche, im Zeitablauf zu beobachtende Wachstum bestimmen. Es gibt nur Aufschluß über *die Bedingungen störungsfreien Wachstums* und zeigt, wie sich Einkommen und Investitionen im Zeitablauf entwickeln müssen, wenn diese Bedingungen erfüllt sein sollen."[80]

---

[78] *Gottfried Bombach*, Zur Theorie des wirtschaftlichen Wachstums, In: „Weltwirtschaftliches Archiv", Bd. 70 (1953 I), S. 129.

[79] Ebenda, S. 131.

[80] *Erich Schneider*, Einführung in die Wirtschaftstheorie, Tübingen 1955, Bd. III, S. 240.

6. Zur Frage des Wirtschaftsmechanismus

Die allgemeine Krise des kapitalistischen Systems hat die modernen bürgerlichen Ökonomen gezwungen anzuerkennen, daß die kapitalistische Wirtschaft mit schweren Mängeln behaftet ist. Die eigenartige Widerspiegelung der allgemeinen Krise der kapitalistischen Produktionsweise, die bewirkt, daß sich die heutigen bürgerlichen Ökonomen nicht darauf verlassen, daß der Wirtschaftsmechanismus die schweren Mängel der kapitalistischen Wirtschaft spontan überwinden wird, ist in eigentümlicher Form selbst bei den deutschen Neoliberalen vorhanden. Diese Verkünder einer alleinseligmachenden freien Konkurrenz und freien Durchsetzung des Preismechanismus glauben selbst nicht mehr, daß die von ihnen für ideal gehaltenen Marktformen von selber zustande kommen; sie glauben nicht, daß der Konkurrenzmechanismus automatisch zu funktionieren vermag. Doch sind die modernen bürgerlichen Ökonomen wegen ihrer klassenmäßigen Beschränktheit nicht imstande, aus der Verschärfung der Gegensätze der kapitalistischen Wirtschaft das Todesurteil des Kapitalismus herauszulesen; denn ihre Untersuchungen beruhen auf einer falschen Darstellung der Klassenverhältnisse. Sie hegen die Erwartung, die Mängel könnten überwunden werden und eine störungsfreie Entwicklung sei gesichert, sofern der von den Monopolen beherrschte Staat in die Wirtschaft eingreift. Selbst die deutschen Neoliberalen sind der Meinung, die Regelung der Schaffung bestimmter Marktformen und die Sicherung der Freiheit der Konkurrenz sei Aufgabe des Staates.

Eucken schreibt:

> „Die Bildung der Wirtschaftsordnungen sollte nicht sich selbst überlassen werden. Andere Marktformen und Geldordnungen können sich vielleicht bewähren. Hier liegt eine große Chance der Wirtschaftspolitik – wenn sie es unternimmt, Bedingungen herzustellen, unter denen sich funktionsfähige Marktformen und Geldordnungen entfalten können.“[81]

Die Anerkennung der Bedeutung der staatlichen Intervention spiegelt die Krise ihres theoretischen Systems wider.

Die schwere Krise, in der sich das kapitalistische System wie auch die bürgerliche Volkswirtschaftslehre befindet, äußert sich auch in der ganzen Argumentation, mittels deren die bürgerliche Volkswirtschaftslehre die staatliche Einmischung in das Wirtschaftsleben ideologisch zu begründen versucht. Die modernen bürgerlichen Ökonomen berufen sich einerseits darauf, daß das Profitstreben der Kapitalisten Motor des Wirtschaftslebens und der wirtschaftlichen Entwicklung sei. Andererseits sehen sich viele bürgerliche Ökonomen im Interesse der Begründung einer staatlichen Intervention zu dem Eingeständnis gezwungen, daß die Unterordnung der Produktion unter das Profitmotiv eine Quelle großer Übel ist. Frau Robinson schreibt z. B., daß die staatliche Investition „dem Profitmotiv nicht so unmittel-

---

[81] *Walter Eucken*, Grundsätze der Wirtschaftspolitik, Hamburg 1952, S. 55.

bar unterworfen ist, wie die Privatinvestition und nicht notwendigerweise demselben Rhythmus folgt."[82] Weiter heißt es:

„Öffentliche Arbeiten wirken deshalb in gewissem Grade als Gegengewicht gegen die Fluktuationen der von den nach Profit strebenden Unternehmern vorgenommenen Investitionen."[83]

Viele Ökonomen erkennen an, daß die Unterordnung der Produktion unter das Profitmotiv und die gesamtgesellschaftlichen Interessen in Gegensatz geraten können. Der amerikanische Ökonom Klein schreibt:

„Es gibt viele gesellschaftlich nützliche Pläne, die im Interesse der wirtschaftlichen Wohlfahrt der ganzen Gesellschaft verwirklicht werden müßten, die aber in einer kapitalistischen Gesellschaft von den Privatunternehmern, die dem Profitmotiv entsprechend tätig sind, nicht verwirklicht werden."[84]

Bei der Analyse der Marktformen hat sich gezeigt, daß das Profitstreben die Entwicklung der Produktivkräfte hemmt.

Um diesem Übel abzuhelfen, soll ein Teil der Produktion der Herrschaft des Profits entzogen werden. Deshalb wird z. B. in den wirtschaftspolitischen Forderungen der Keynesianer die Bedeutung einer gesteigerten staatlichen Investition betont. Sie meinen, die staatliche Investition sei von den Profitinteressen der Kapitalisten unabhängig, und die Übel des Wirtschaftslebens könnten daher auch innerhalb des Rahmens der kapitalistischen Ordnung abgeschafft werden. Damit verschleiern sie den Klassencharakter des modernen kapitalistischen Staates. Die moderne kapitalistische Staatsgewalt ist die Staatsgewalt der Monopolkapitalisten, und der Staat greift daher nicht im Interesse der Allgemeinheit in das Wirtschaftsleben ein, sondern letztlich entsprechend dem Streben der Monopolisten nach maximalen Profiten, so daß er den unversöhnlichen Gegensatz zwischen den Produktivkräften und den kapitalistischen Produktionsverhältnissen keineswegs zu überwinden vermag.

Die Wohlfahrtsökonomie, eine eigenartige ideologische Erscheinung des staatsmonopolistischen Kapitalismus, möchte gleichfalls die Unterordnung der Produktion unter das Profitmotiv einschränken. Sie sucht die Illusion zu erwecken, das Ziel der wirtschaftlichen Tätigkeit sei nicht durch die Produktionsverhältnisse determiniert, sondern der Staat könne die wirtschaftlichen Zielsetzungen nach freiem Willen ändern und das Streben nach maximalem Profit – eine notwendige Folge der kapitalistischen Produktionsverhältnisse – dem Gemeinwohl unterordnen. Die modernen bürgerlichen Ökonomen ziehen in der Tat einen Trennungsstrich zwischen den wirtschaftlichen Zielsetzungen und bestimmten Produktionsverhältnissen und schließen erstere aus dem Forschungsbereich der Volkswirtschaftslehre aus. Samuelson schreibt darüber: „Die Bestimmung der gesellschaftlichen *Ziele* muß den Philosophen und Theologen, den Staatsmännern und der öffentlichen Meinung überlassen werden". Der von Max Weber zu Beginn dieses Jahrhunderts vertretene Standpunkt

---

[82] *Joan Robinson*, Introduction to the Theory of Employment, London 1938, S. 32.
[83] Ebenda, S. 37. [84] *L. Klein*, a. a. O., S. 170.

der sogenannten (in neukantianischem Sinne zu verstehen) wertfreien Volkswirtschaftslehre, die betont, daß die Volkswirtschaftslehre die Ziele der wirtschaftlichen Tätigkeit (die maximale Bedarfsbefriedigung, das Streben nach maximalem Profit) als Datum aufzufassen habe, herrscht auch heute in der Volkswirtschaftslehre vor.

Es ist ein Zeichen der Agonie des kapitalistischen Wirtschaftssystems, wenn seine eigenen Ideologen anerkennen müssen, daß die Triebkraft der kapitalistischen wirtschaftlichen Tätigkeit, die Jagd nach Profit, in vieler Hinsicht schädlich ist und beschränkt werden muß. Und auch die Tatsache spiegelt die schwere Krise des kapitalistischen Systems, aber zugleich auch die Überlegenheit und die wirtschaftlichen Erfolge des sozialistischen Systems wider, daß nämlich einzelne bürgerliche Ökonomen eine weitgehende soziale Demagogie betreiben, um das Wesen der staatlichen Intervention zu verschleiern. Sie suchen die monopolkapitalistische Staatsgewalt als sozialistischen Staat, und die monopolkapitalistischen Institutionen als sozialistische Einrichtungen darzustellen, d. h., sie suchen den Kapitalismus als das Ebenbild seines tödlichen Feindes, des sozialistischen Systems, auszugeben. Wie sehr diese soziale Demagogie der Täuschung der Massen und der Verschleierung der Wirklichkeit der modernen kapitalistischen Wirtschaft dienen soll, macht Alfred Amonn deutlich. Amonn weist darauf hin, daß die Hebung der Volkswohlfahrt die Sozialisierung der Produktionsmittel erfordert. Wie stellt sich jedoch Amonn den Sozialismus vor? Lassen wir ihn selber sprechen:

> „Mit der Aufhebung des 'Privateigentums', der individuellen Verfügungsgewalt über die sachlichen Produktionsmittel und deren 'Sozialisierung' müßte noch nicht notwendig die Abschaffung der individualistischen, verkehrswirtschaftlichen Wirtschaftsordnung verbunden sein, die Beseitigung der Marktwirtschaft. Es ließe sich denken, daß die nun im Gemeinbesitz sich befindenden sachlichen Produktionsmittel an Unternehmer ausgeliehen oder verpachtet würden. . .“[85]

---

[85] *Alfred Amonn*, Grundzüge der theoretischen Nationalökonomie, Bern 1948, S. 173.

KRITIK DER BÜRGERLICHEN THEORIEN UND AUFFASSUNGEN VON DER ÖKONOMISCHEN ENTWICKLUNG DER SCHWACHENTWICKELTEN LÄNDER

Kandidat der ökonomischen Wissenschaften der UdSSR
Vasilij Grigor'evič Solodovnikov, Moskau

I. Der Kampf der Völker der schwachentwickelten Länder für ihre politische und ökonomische Unabhängigkeit

Der historische Hauptprozeß der Gegenwart ist der Übergang vom Kapitalismus zum Sozialismus. Unter seinem mächtigen Einfluß vollzieht sich der Zerfall des Kolonialsystems des Imperialismus und verschärft sich der antiimperialistische Kampf, wodurch der genannte Hauptprozeß ergänzt und verstärkt wird.

Durch die große Sozialistische Oktoberrevolution in Rußland und das Beispiel des ersten sozialistischen Landes der Welt ist der gesamte Verlauf der historischen Entwicklung der Gesellschaft, der revolutionäre Kampf der Arbeiterklasse und der Verlauf der nationalen Befreiungsbewegung in der ganzen Welt entscheidend beeinflußt worden.

Vor dem zweiten Weltkrieg betrug die Bevölkerung der Kolonien und abhängigen Länder 1445 Millionen Menschen. In den letzten zwei Jahrzehnten hat sich die Lage grundlegend geändert. Eine Reihe ehemaliger Kolonien und Halbkolonien (China, Nordkorea, Nordvietnam) baut heute den Sozialismus auf. Viele andere koloniale und abhängige Länder haben ihre politische Unabhängigkeit errungen. Dazu gehören Indien, Indonesien, Burma, Ceylon, Ägypten, Syrien, Libanon, Marokko, Tunesien, Sudan, Malaya, Ghana, Guinea, Kongo, Kamerun, Togo und andere Länder.

Die Besonderheit der heutigen Epoche besteht darin, daß die Völker aller Kolonien und abhängigen Länder in revolutionäre Bewegung geraten sind. Die Völker der Kolonien führen einen erfolgreichen Kampf für ihre Befreiung vom Kolonialismus. Die Völker, die bereits die staatliche Selbständigkeit errungen haben, kämpfen um ihre wirtschaftliche Selbständigkeit. Jeder Tag bringt neue Nachricht von einer Verstärkung der antikolonialen und antiimperialistischen Bewegung in den Ländern, die noch von imperialistischen Staaten abhängig sind. Vor kurzem noch waren in Afrika als dem letzten aller Kontinente die meisten Länder in kolonialer Abhängigkeit. In den letzten Jahren hat sich aber auch in Afrika die Lage völlig verändert. Bis Ende 1960 sind mehr als zwei Drittel Afrikas vom Kolonialismus befreit worden.

Allein im Jahre 1960 haben 16 afrikanische Kolonien die staatliche Unabhängigkeit errungen. Diese Länder umfassen insgesamt eine Fläche von mehr als 2700000 Quadratkilometern und haben eine Bevölkerung von etwa 40 Millionen Menschen. Am Jahresende wird es in Afrika 26 unabhängige Staaten geben. In den restlichen Kolonialbesitzungen westeuropäischer Staaten – Angola, Kenia, Rhodesien, Tanganjika u. a. – führen die Völker einen beharrlichen Kampf gegen die koloniale Unterdrückung. Die Ära des Kolonialismus geht dem Ende zu; und die Imperialisten müssen das als Tatsache in Rechnung stellen.

Eine charakteristische Besonderheit des Kampfes der Völker der Kolonien um ihre Unabhängigkeit besteht darin, daß dieser Kampf nicht isoliert geführt wird, sondern die Unterstützung der Völker der anderen ökonomisch schwachentwickelten Länder und des mächtigen Lagers des Sozialismus genießt. Der Kampf gegen den Kolonialismus hat internationale Ausmaße angenommen. Die Einheit der antikolonialistischen Kräfte der verschiedenen Völker ist das Unterpfand für den Erfolg der nationalen Befreiungsbewegung.

Der Zerfall des Kolonialsystems des Imperialismus ist ein großer historischer Sieg der nationalen Befreiungsbewegung auf dem Wege zur politischen und wirtschaftlichen Selbständigkeit der schwachentwickelten Länder. Die Kolonien und Halbkolonien hören auf, das Hinterland des Imperialismus, der immer mehr isoliert wird, zu sein.

Die Beseitigung der politischen Abhängigkeit bedeutet jedoch noch nicht die vollständige Lösung der Probleme der schwachentwickelten Länder. Jetzt steht auf der Tagesordnung das Problem, die wirtschaftliche Rückständigkeit der schwachentwickelten Länder zu beseitigen.

Die wirtschaftliche Rückständigkeit der schwachentwickelten Länder ist eines der schwierigsten Gegenwartsprobleme, die der Kolonialismus hervorgebracht hat. Die Bevölkerung der schwachentwickelten Länder leidet Not und Hunger und wird von Epidemien heimgesucht. In ihrer überwiegenden Mehrheit ist die Bevölkerung dieser Länder des Lesens und Schreibens unkundig; und so bleiben ihr die Errungenschaften der modernen Wissenschaft und Technik verschlossen. Über die Lage dieser Länder geben die statistischen Daten über das Nationaleinkommen den besten Aufschluß. Im Jahre 1957 belief sich das Nationaleinkommen in 100 schwachentwickelten Ländern auf 120 Dollar pro Person. Dagegen belief sich das Nationaleinkommen pro Person in den industriell entwickelten Ländern durchschnittlich auf 800 Dollar und in den USA sogar auf 2000 Dollar.

Die Imperialisten müssen der Tatsache Rechnung tragen, daß die alte koloniale Abhängigkeit unter den Schlägen der nationalen Befreiungsbewegung zusammenbricht. Sie hoffen jedoch noch immer, daß es ihnen gelingen werde, die Völker der schwachentwickelten Länder mit elastischeren, besser getarnten Methoden auch weiterhin auszubeuten. Die Völker der schwachentwickelten Länder wenden sich jedoch heute nicht nur gegen den alten Kolonialismus, sondern auch gegen alle anderen Formen der ausländischen Ausbeutung und der Abhängigkeit. Dies bedeutet aber das Ende des Kolonialismus überhaupt. Es ist durchaus begreiflich, daß die Imperialisten ihre Positionen nicht ohne verzweifelten Widerstand aufzugeben vermögen. Wir sind Zeugen des erbitterten Kampfes, den der amerikanische, englische, französische, holländische und belgische Imperialismus gegen die Bestrebungen der schwachentwickelten Länder führt, die ökonomische Unabhängigkeit zu erringen.

Die Imperialisten haben versucht, in Ägypten, in Syrien, im Irak, auf Kuba usw. den Kampf der Völker um ihre Unabhängigkeit vom Imperialismus mit Waffengewalt zu unterdrücken.

Wie die politische Lage in den schwachentwickelten Ländern zeigt, haben die Völker dieser Länder erkannt, daß ihre Zukunft davon abhängt, ob sie imstande sein werden, ihre ökonomische Unabhängigkeit zu erringen. Die Völker der schwachentwickelten Länder unterstützen nur solche Regierungen, deren Politik auf die schnellstmögliche Erringung der vollständigen wirtschaftlichen und politischen Unabhängigkeit ihrer Länder gerichtet ist. Jeder andere politische Kurs ist für die Völker dieser Länder unannehmbar. Die ökonomische Entwicklung der schwachentwickelten Länder zielt jedoch objektiv gegen den Imperialismus. Daher werden sich meiner Ansicht nach die Gegensätze zwischen den schwachentwickelten Ländern und den imperialistischen Staaten verschärfen, wird sich der antiimperialistische Kampf verstärken und immer mehr schwachentwickelte Länder erfassen.

Die Bewegung der Völker gegen den Kolonialismus wird zu einer Bewegung gegen den Imperialismus. An dieser Bewegung nehmen heute die Völker der schwachentwickelten Länder Asiens, Afrikas und Lateinamerikas teil; und es gibt keine Kraft in der Welt, die diese Bewegung zum Stillstand bringen und das Rad der Geschichte zurückdrehen könnte.

Der Kampf der Völker der schwachentwickelten Länder gegen Kolonialismus und Imperialismus verschmilzt mit dem Kampf des Proletariats für Sozialismus und Kommunismus. Diese beiden Bewegungen ergänzen und verstärken sich gegenseitig. Die Imperialisten müssen einen Zwei-Fronten-Kampf führen, nämlich einmal gegen die nationale Befreiungsbewegung der Völker der Kolonien und abhängigen Länder und zum anderen gegen den Kampf der Arbeiterklasse für den Sozialismus.

Der Imperialismus ist um Stützpunkte in den schwachentwickelten Ländern bemüht. Als Verbündete sollen ihm die Feudalherren und Kompradoren dienen. Der Imperialismus will dem Feudalismus in den schwachentwickelten Ländern ewigen Bestand verleihen und hemmt dadurch ihre Entwicklung. Daher ist der Kampf gegen den Imperialismus zugleich auch gegen den Feudalismus und die Kompradoren gerichtet. Somit trägt der antiimperialistische Kampf in den schwachentwickelten Ländern einen deutlich ausgeprägten Klassencharakter. Es ist bekannt, daß der Sturz der feudalen Machthaber in Ägypten und im Irak nicht nur den Feudalismus, sondern auch den imperialistischen Mächten, die diese verfaulten volksfeindlichen Regimes unterstützten, einen Schlag versetzt hat.

Es erhebt sich die Frage, welche Ursachen die wirtschaftliche Rückständigkeit der schwachentwickelten Länder hat und welcher Art die realen Wege zur Überwindung dieser Rückständigkeit sind. Auf diese Frage, die eine der Kardinalfragen der Gegenwart ist, vermag die bürgerliche Wirtschaftswissenschaft und Soziologie keine richtige Antwort zu geben. Sie sieht ihre Zuflucht darin, die Tatsachen zu fälschen, die Geschichte zu entstellen und den Kolonialismus und Imperialismus zu rechtfertigen.

Die marxistisch-leninistische Wirtschaftswissenschaft hat nachgewiesen, daß die wirtschaftliche Rückständigkeit der Kolonien und abhängigen Länder durch den Kolonialismus und Imperialismus, durch die ausländische Ausbeutung und Unterdrückung hervorgerufen worden ist. *Daher besteht der einzig richtige Weg zur Befreiung dieser Länder von der wirtschaftlichen Rückständigkeit im Kampf um die ökonomische und politische Unabhängigkeit, im Kampf gegen den Kolonialismus und den Imperialismus in allen ihren Erscheinungsformen sowie in der Durchführung radikaler sozialer und wirtschaftlicher Umgestaltungen innerhalb des Landes.*

Nach diesen kurzen Bemerkungen zu den Besonderheiten, durch die sich die nationale Befreiungsbewegung in den schwachentwickelten Ländern in der gegenwärtigen Etappe auszeichnet, wollen wir dazu übergehen, bestimmte bürgerliche Theorien im Zusammenhang mit den Problemen zu betrachten, die heute den Völkern der schwachentwickelten Länder gestellt sind. Der Rahmen dieser Arbeit zwingt uns jedoch, den Kreis der Probleme zu begrenzen und uns auf einige Theorien und Auffassungen bürgerlicher Autoren zu beschränken. Es mußte auch darauf verzichtet werden, einzelne Bücher und Artikel kritisch zu analysieren; und es können auch nur solche Thesen einer Kritik unterzogen werden, die meiner Ansicht nach im Zusammenhang mit den erörterten Problemen die größte Bedeutung besitzen. In Anbetracht der hohen Qualifikation der Konferenzteilnehmer wird sich der Vortragende in einer Reihe von Fällen darauf beschränken, einfach auf bestimmte Theorien oder Auffassungen hinzuweisen, ohne diese einer kritischen Untersuchung zu unterziehen.

Der Verfasser stellt sich das Ziel, die Einstellung der modernen bürgerlichen politischen Ökonomie zu einigen ökonomischen Problemen der schwachentwickelten Länder zu zeigen: zur nationalen Befreiungsbewegung, zu dem Problem der internationalen Arbeitsteilung sowie zu den Problemen der Kapitalakkumulation, der Industrialisierung und der ökonomischen Rolle des Staates in den schwachentwickelten Ländern.

II. Die bürgerliche politische Ökonomie – eine Ideologie des Neokolonialismus

Auf dem XXI. Parteitag der KPdSU wurde im Hinblick auf die gegenwärtige Etappe des Kampfes der Völker der schwachentwickelten Länder um ihre Unabhängigkeit festgestellt, daß „die Kolonialmächte, zerrissen von krassen inneren Gegensätzen, von Konflikten, von Konkurrenz und Krisen, erneut ihre Kräfte gegen die nationale Befreiungsbewegung zusammenschließen".[1] In diesem Kampf gegen die nationale Befreiungsbewegung und die demokratische Bewegung in den

[1] *N. A. Muchitdinov*, Die Lösung der Nationalitätenfrage hat große internationale Bedeutung. In: Aus den Diskussionsreden zu internationalen Fragen. Außerordentlicher, XXI. Parteitag der KPdSU (27. Januar – 5. Februar 1959), Berlin 1959, S. 28.

schwachentwickelten Ländern messen die Imperialisten der ideologischen Bearbeitung der Bevölkerung dieser Länder eine nicht geringe Bedeutung bei.

In der Nachkriegszeit, in der in den schwachentwickelten Ländern stürmische soziale und ökonomische Umgestaltungen vor sich gehen, welche die Imperialisten selbst mit Waffengewalt nicht aufzuhalten vermögen, verstärken die Führer und Ideologen der kapitalistischen Welt den ideologischen Kampf in diesen Ländern.

Die Bourgeoisie und ihre Theoretiker tun alles Erdenkliche, um die kapitalistische Ideologie aus der Sackgasse herauszuführen, in der sie sich heute befindet. Sie erfinden in aller Eile „Programme" für die wirtschaftliche Entwicklung der schwachentwickelten Länder, die in Wirklichkeit Rezepte zur Festigung der Überbleibsel des Kolonialismus darstellen. Die Bourgeoisie mißt dem ideologischen Kampf um die schwachentwickelten Länder außerordentlich große Bedeutung bei.

Der ehemalige französische Ministerpräsident Mendès-France zum Beispiel sagte:

> „Wenn es dem Westen nicht gelingt, in kurzer Zeit zu beweisen, daß er über eine andere Lösung für die rückständigen Länder verfügt und bereit ist, sie unbeirrbar zu verwirklichen, kann die kommunistische Anziehungskraft unüberwindlich werden."[2]

Die Imperialisten haben sich in China, Vietnam, Ägypten und anderen Ländern davon überzeugt, daß sich die nationale Befreiungsbewegung gegen Kolonialismus und Imperialismus mit Waffengewalt allein nicht aufhalten läßt. Daher betreiben sie eine Politik des Manövrierens, eine Politik des Anbändelns, eine Politik der Reformen und der Versprechungen gegenüber den schwachentwickelten Ländern. In der in den USA erschienenen Broschüre „Auf eine neue Fernost-Politik zu" heißt es:

> „Wir dürfen uns den Hauptkräften, welche die Völker Asiens treiben, nicht entgegenstellen, sondern müssen uns diese Kräfte zunutze machen."[3]

Das Mitglied des Obersten Gerichtshofes der USA W. O. Douglas schrieb in der Zeitschrift „The Nation":

> „Es ist meine tiefe Überzeugung, daß man die Völker Asiens, wenn man sie überhaupt besiegen kann, mit Ideen besiegen muß."[4]

Von der Notwendigkeit einer ideologischen Umrüstung des Imperialismus schrieben auch Chester Bowles, ehemaliger Botschafter der USA in Indien, in seinem Buch „Neue Probleme der Welt" und viele andere westliche Politiker und Ökonomen.

Für die bürgerliche politische Ökonomie in der gegenwärtigen Periode ist es charakteristisch, daß die Wichtigkeit der Ideen im Kampf um die schwachentwickelten Länder zwar einerseits anerkannt wird, daß aber andererseits dem Westen positive Ideen fehlen, die den schwachentwickelten Ländern Entwicklungswege weisen könnten.

---

[2] Zitiert von E. D. Морджинская, Идеология современного колониализма (E. D. *Mordžinskaja,* Die Ideologie des modernen Kolonialismus), Moskau 1959, S. 12.

[3] *Edwin O. Reischauer,* Towards a New Far Eastern Policy, New York 1950, S. 35.

[4] *W. O. Douglas,* Revolution is Our Business. In: „The Nation", Bd. 174, Nr. 22 vom 31. Mai 1952, S. 516.

Angesichts der Tatsache, daß der Imperialismus in den schwachentwickelten Ländern eine schwere Schlappe erlitten und der Einfluß der sozialistischen Ideen auf diese Länder zugenommen hat, sind die Ideologen des Imperialismus gezwungen, eine gewisse Umwertung der von der Bourgeoisie in der vorhergehenden Epoche geschaffenen ideologischen Theorien und Konzeptionen vorzunehmen. Die Imperialisten müssen die Tatsache in Rechnung stellen, daß der Kolonialismus zerschlagen wird und die ehemaligen Kolonien ihre staatliche Unabhängigkeit erringen. Diese Veränderungen haben sowohl in der Politik als auch in der Ideologie des Kolonialismus ihren Niederschlag gefunden.

Im Zusammenhang mit der veränderten Stellung dieser Länder nach ihrer Befreiung aus der politischen Abhängigkeit ändern sich die Theorien und Auffassungen zur Apologie des Kolonialismus. Heute wäre es einfach töricht, offen die alten kolonialen Zustände zu verteidigen, obwohl es auch derartige „Theorien“ gibt. Daher werden immer häufiger verschiedenartigste Theorien eines Neokolonialismus aufgebracht, d. h. Theorien, die einerseits die in der Welt vor sich gehenden Prozesse formal berücksichtigen, andererseits aber darauf abzielen, die wirtschaftliche Ausbeutung der schwachentwickelten Länder durch das ausländische Kapital zu rechtfertigen und die schwachentwickelten Länder in die gegen die sozialistischen Länder gerichteten militärischen Blöcke einzubeziehen.

Die neokolonialistischen Theorien zielen darauf ab, die neuen Herrschaftsmethoden und Ausbeutungsformen besser zu tarnen, die Herrschaft des Westens über den Osten aber ihrem Wesen nach aufrechtzuerhalten. „Die richtige Linie des Verhaltens des Westens“, heißt es in dem Buch „Die Idee des Kolonialismus“, „besteht nicht darin, zurückzuweichen oder ‚sich auf und davon zu machen‘, sondern darin, annehmbare Lösungen zu finden, um bleiben zu können“[5], d. h., es geht darum, sich die gleiche Position wie vor dem Zusammenbruch des alten Kolonialismus zu sichern.

Aufgabe der neokolonialistischen Theorien ist es, die Völker der schwachentwickelten Länder irrezumachen, sie zu einem Verzicht auf den Kampf um ihre wahre Unabhängigkeit zu veranlassen und sie von einer „Wandlung“ des Kapitalismus und des Imperialismus zu überzeugen. *Die neokolonialistischen Theorien sind eine besonders komplizierte und gefährliche ideologische Waffe des Imperialismus.* Die Ideologen des Imperialismus schreiben viel von der Entwicklung der schwachentwickelten Länder und stellen sogenannte Wachstumstheorien auf; aber hinter diesen tönenden Phrasen von „Wachstum“ und „Entwicklung“ verbirgt sich die Idee der Rechtfertigung des Kolonialismus, die Idee der Rechtfertigung der imperialistischen Aubeutung und der Unterdrückung der Völker der schwachentwickelten Länder.

Die Politik des Neokolonialismus bedeutet nicht, daß die heutigen Kolonialherren auf die Anwendung der alten Methoden der Gewalt und der direkten Unterdrückung

[5] *Stefan T. Possony*, Colonial Problems in Perspective. In: The Idea of Colonialism, Hrsg. von *R. Strausz-Hupé* und *Harry W. Hazard*, London 1958 S. 42 f.

der nationalen Befreiungsbewegung verzichteten. *Der „neue Kolonialismus" ist eine Kombination alter Formen der Kolonialherrschaft und neuer juristischer Beziehungen.* Zuweilen weichen die Imperialisten zurück, wobei sie hoffen, bestimmte wirtschaftliche Positionen behaupten zu können (Indien, Burma, Ghana), in anderen Fällen suchen sie ihre Herrschaft mit Gewalt aufrechtzuerhalten (Algerien, Kenia, Kongo). Der moderne Imperialismus verbindet die Methoden brutaler Intervention (neues Beispiel: Kongo) mit Methoden des wirtschaftlichen Drucks (Kuba), mit der Bildung von Militärblocks, der Unterstützung volksfeindlicher Regimes (SEATO und CENTO) sowie der wirtschaftlichen „Hilfe". Dies alles gibt ein kompliziertes Bild der Verbindung alter und neuer Formen der imperialistischen Herrschaft über die schwachentwickelten Länder. Die USA sind heute der wichtigste Träger und Verfechter dieses „neuen Kolonialismus", in dem sich Methoden des „großen Knüppels" mit verschleierten Formen der wirtschaftlichen Ausbeutung und der Kontrolle der schwachentwickelten Länder ohne Besetzung durch Truppen der Metropole verbinden.

Die Weltöffentlichkeit und die Völker der schwachentwickelten Länder erkennen immer klarer die wahren Gründe der wirtschaftlichen Rückständigkeit und der Not in den schwachentwickelten Ländern. Daher werden Imperialismus und Kolonialismus allgemein verurteilt und verachtet.

Unter diesen Bedingungen sind die bürgerliche politische Ökonomie und die bürgerliche Soziologie in den westlichen Ländern, die sich dem Monopolkapital fügen, mit allen Mitteln bemüht, den Kolonialismus und Imperialismus zu rechtfertigen oder doch zu beschönigen. Manche Autoren suchen zu beweisen, daß der Kolonialismus der westlichen Länder an der wirtschaftlichen Rückständigkeit der schwachentwickelten Länder nicht schuld sei; andere Autoren stellen den Kapitalismus als eine fortschrittliche Erscheinung hin, die angeblich unschätzbare Wohltaten für die Kolonien gebracht hat. Wieder andere Autoren geben zu, daß der Kolonialismus und der Imperialismus früher wirklich ein großes Übel gewesen seien, behaupten aber, daß heute der Kolonialismus endgültig beseitigt sei, während der Imperialismus sich „geändert" habe und zu einem Freund der Völker der schwachentwickelten Länder geworden sei. Mit diesem Standpunkt sind auch die Rechtssozialisten in den westlichen Ländern einverstanden (Laurat, J. Strachey u. a.). Es kann jedoch hier auf die ökonomischen Theorien der Rechtssozialisten nicht eingegangen werden.

Einen völlig anderen Standpunkt zum Kolonialismus und Imperialismus nehmen dagegen die Bourgeoisie und die Rechtssozialisten der schwachentwickelten Länder ein. Die Bourgeoisie dieser Länder sieht im Imperialismus einen gefährlichen Feind, ihren stärkeren Konkurrenten, und bekämpft ihn daher. Die nationale Bourgeoisie will die Profite nicht mit dem ausländischen Kapital teilen. Sie will nicht Juniorpartner ausländischer Monopole im eigenen Lande sein. In einer Reihe von Fällen erklärt sie sich unter dem Druck der Umstände jedoch auch dazu bereit. Der Kampf der nationalen Bourgeoisie der schwachentwickelten Länder gegen das ausländische Kapital ist infolge gemeinsamer Klasseninteressen unentschlossen und inkonsequent. *Die nationale Bourgeoisie der schwachentwickelten Länder kämpft solange gegen den Imperialismus, als dies ihre eigene Existenz als Ausbeuterklasse nicht gefährdet.* Diese Inkonsequenz der nationalen Bourgeoisie der schwachentwickelten Länder im Kampf gegen den Imperialismus schlägt sich in ihrer Ideologie und ihren Theorien nieder. Eine Erörterung der ökonomischen Theorien der nationalen Bourgeoisie und der Sozialisten der schwachentwickelten Länder würde jedoch den Rahmen dieser Analyse sprengen.

Die bürgerlichen Theoretiker des Westens suchen im Auftrage der Monopole den Imperialismus von der Verantwortung dafür zu entlasten, daß er die schwachentwickelten Länder ausgesaugt und in ihrer wirtschaftlichen Entwicklung um Jahrhunderte aufgehalten hat. Der amerikanische Ökonom Eugene Staley schrieb in seinem Buch „Die Zukunft der schwachentwickelten Länder" (1954), daß die Armut und das Elend in den schwachentwickelten Ländern nicht von der Ausbeutung dieser Länder durch fremde Länder, nicht von ihrer Ausplünderung durch die Metropolen herrühren, sondern von den in diesen Ländern herrschenden klimatischen Bedingungen.[6] Die Absurdität dieser Behauptung ist offensichtlich.

Andere bürgerliche Ökonomen und Soziologen versuchen den Tatsachen zum Trotz zu beweisen, daß die koloniale Ausbeutung eine längst überwundene Erscheinung sei. So schreibt der Amerikaner Ragnar Nurkse:

> „Während für frühere Jahrhunderte die Tatsache der kolonialen Ausbeutung außer Zweifel steht, machen sich die Kolonien in letzter Zeit wahrscheinlich nicht bezahlt."[7]

Der englische Ökonom und Publizist Andrew Shonfield sucht in seinem Buch „Die englische Wirtschaftspolitik nach dem Kriege" zu beweisen, daß heute die Kolonien England nicht nur keinerlei Vorteil brächten, sondern ihm im Gegenteil wirtschaftlichen Schaden zufügten.[8] Mit den Schlußfolgerungen Shonfields solidarisiert sich der bekannte Ideologe des rechten Flügels der englischen Labour-Partei John Strachey, der zur Begründung seiner Schlußfolgerung schreibt, für ein Land seien

> „nicht einfach die Höhe der unter die Aktionäre verteilten realisierten Gewinne, sondern die insgesamt geschaffenen Werte wichtig, die auf die Arbeitskräfte, das Verwaltungspersonal und alle anderen beteiligten Personen entfallen. Was die Investitionen in Übersee betrifft, so gelangen diese Werte, wenn man die Profite nicht rechnet, überhaupt nicht nach England."[9]

Tatsächlich haben die werktätigen Massen Englands und der anderen imperialistischen Länder wenig oder gar nichts von der Ausbeutung der Kolonien und schwach-

---

[6] Vgl. *Eugene Staley*, The Future of Underdeveloped Countries, Political Implications of Economic Development, New York 1959.

[7] *Ragnar Nurkse*, Problems of Capital Formation in Underdeveloped Countries, Oxford 1953, S. 80.

[8] Vgl. *A. Shonfield*, British Economic Policy since the War, London 1958.

[9] *John Strachey*, The End of Empire, London 1959, S. 180.

entwickelten Länder. Aber darauf kommt es dem Monopolkapital auch gar nicht an; es wird von dem Streben nach Bereicherung getrieben. Bekanntlich müssen die Kosten für die Verwaltung der Kolonien von den breiten Massen der Steuerzahler getragen werden, während alle Profite aus der Ausbeutung der Völker und der Naturreichtümer der Kolonien in die Tresore der Monopole fließen. Die Monopole bereichern sich sogar an den Ausgaben für die Verwaltung der Kolonien. Sie treten als Unternehmer beim Bau von Eisenbahnen, Häfen usw. auf. Ein Interesse am Kolonialismus haben die Bourgeoisie und vor allem die großen Monopole, die sich durch die Ausbeutung der Völker der Kolonien und abhängigen Länder bereichern. Daher hat der Kolonialismus einen klassengebundenen Inhalt. Strachey aber versucht, diesen Klasseninhalt des Kolonialismus zu vertuschen. Von der falschen Voraussetzung ausgehend, daß zwischen den werktätigen Massen und dem Monopolkapital eine Interessengemeinschaft bestehe, kommt Strachey zu einer von der Wirklichkeit weit entfernten Schlußfolgerung. Über die imperialistische Ausbeutung schreibt Strachey:

> „Die Sache hat selbst vom Standpunkt des Imperialisten oder ehemaligen Imperialisten keinen Sinn mehr. Sie würden sicherlich weit mehr erreichen, wenn sie jenen Teil der nationalen Energie, der Talente und Hilfsquellen, den sie jetzt zur Verlängerung der imperialistischen Ausbeutung aufwenden, für den technischen Fortschritt verwenden würden".[10]

Damit die Träume des Labour-Ökonomen Strachey in Erfüllung gehen könnten, wäre eine Voraussetzung notwendig: Der Imperialismus dürfte nicht Imperialismus sein, und es dürfte keine antagonistischen Klassen geben. Diese Voraussetzung aber besteht weder in England noch in den USA, noch in irgendeinem anderen imperialistischen Land. Daher ist der sogenannte „transformierte Kapitalismus" von Strachey nichts anderes als eine getarnte Apologie des Imperialismus und der Klassenwidersprüche.

„Die Ausnutzung der Naturreichtümer und der sonstigen wirtschaftlichen Möglichkeiten", schreiben die bürgerlichen Ökonomen Buchanan und Ellis in ihrem Buch „Ansätze zur wirtschaftlichen Entwicklung", „muß nicht unbedingt mit einer Ausbeutung der Völker verbunden sein; und man kann es kaum als einen Beweis moralischer Schändlichkeit ansehen, wenn die europäischen und amerikanischen ‚Kapitalisten' und Geschäftsleute in fremden Ländern nicht mehr als den Marktlohn bezahlt und ihre Produkte zu dem Preis verkauft haben, den sie auf dem Markt erzielen konnten. ... Die Übel des Imperialismus lagen nicht in dem in den Kolonien betriebenen Produktionstyp, sondern in dem undemokratischen politischen und sozialen Rahmen der wirtschaftlichen Tätigkeit."[11] Dies ist eine der Richtungen in der bürgerlichen politischen Ökonomie zur Verteidigung des Imperialismus und seiner kolonialen Ausbeutung.

---

[10] Ebenda, S. 187.

[11] *Norman S. Buchanan* and *Howard S. Ellis*, Approaches to Economic Development, New York 1955, S. 434.

Für die bürgerliche Propaganda ist auch eine andere Linie der Verteidigung des Kolonialismus charakteristisch, die darin besteht, den Kolonialismus sogar in seiner früheren, unverhüllten und brutalen Form mit allen Mitteln reinzuwaschen und zu beweisen, daß er den Kolonialvölkern Gutes gebracht hat. Mit besonderem Eifer betätigt sich in dieser Richtung natürlich die Propaganda der alten Kolonialmächte, hauptsächlich die englische Propaganda, die unablässig die abgedroschene These wiederholt, daß England seine Kolonien erzogen und entwickelt und auf einen Stand gebracht habe, der es möglich machte, ihnen die Unabhängigkeit zu gewähren. In der amerikanischen Presse wird verstärkt die Version von dem „wohltuenden Einfluß“ des alten Kolonialismus, von dem „Fortschritt“, den er angeblich den Ländern des Ostens gebracht hat, verbreitet. Der Amerikaner A. A. Berle schreibt in seinem Buch „Gezeiten der Krise“ über die Kolonialreiche, daß „sie in den meisten Fällen im Vergleich zu den Verhältnissen, die vor ihrer Errichtung bestanden, ein bedeutender Fortschritt waren.“[12] Der amerikanische Professor R. Emerson erklärt, daß der Kolonialismus in der Vergangenheit den Völkern des Ostens geholfen habe, „den Weg des Fortschritts zu beschreiten“, und daß man heute fragen müßte, ob durchführbare Maßnahmen vorbereitet seien, um den Kolonialismus entsprechend den imperialistischen Absichten zu vervollkommnen.[13] Mit diesem Standpunkt ist auch ein anderer amerikanischer Verteidiger des Kolonialismus, Professor W. W. Rostow, einverstanden, der in seinem „Nicht-kommunistischen Manifest“ schreibt:

> „Die imperialistischen Mächte haben Veränderungen im Denken, im Wissen, in den Instituten, in der Bildung des gesellschaftlichen Kapitals hervorgerufen, die die Kolonialgesellschaft auf einen Weg des Übergangs gedrängt haben.“

Er meint ferner, daß zumindest einige Kolonialvölker die Möglichkeit erworben hätten, sich eine westliche Bildung anzueignen. Rostow und Emerson wollen ihre Leser also davon überzeugen, daß die ehemals kolonialunterdrückten Völker Indiens, Indonesiens, Burmas, der VAR und anderer Länder noch heute im Stadium der Wildheit leben würden, wenn es den westlichen Kolonialismus nicht gegeben hätte. Das ist der Standpunkt der modernen bürgerlichen politischen Ökonomie zu den Folgen des Kolonialismus.

Jedem objektiv denkenden Menschen ist jedoch bekannt (was längst durch Tatsachen bewiesen ist), daß der Kolonialismus die Entwicklung der Kolonien gehemmt, ihre Wirtschaft ausgesogen und die Völker dieser Länder ins Elend gestürzt hat.

Es ist bekannt, daß die Ausbeutung der Völker der Kolonien und abhängigen Länder die Schaffung einer bestimmten materiell-technischen Basis erforderte — den Bau von Eisenbahnen, Häfen und Speichern sowie die Organisation der Produktion und Gewinnung von Rohstoffen, die von den Metropolen benötigt wurden

---

12 *Adolf A. Berle*, Tides of Crisis. A Primer of Foreign Relations, New York 1957, S. 201.

13 Vgl. *R. Emerson*, Colonialism and the Cold War. In: „The Nation“ vom 1. Januar 1955, S. 5.

oder auf dem Weltmarkt gefragt waren. Daher lag der „Fortschritt“, den der Kolonialismus den schwachentwickelten Ländern brachte, einzig im Interesse der ausländischen Kolonialherren und stand nicht mit den nationalen Interessen der Kolonialvölker im Einklang. Der Kolonialismus förderte eine einseitige Entwicklung der Wirtschaft in diesen Ländern. Der industrielle „Fortschritt“, den der Kolonialismus den schwachentwickelten Ländern brachte, war einzig und allein darauf berechnet, möglichst hohe Profite aus den Kolonien herauszupressen. Über diese Seite des „Fortschritts“ schweigen die bürgerlichen Ökonomen. In den Arbeiten von Autoren aus den schwachentwickelten Ländern kann man jedoch viel darüber lesen. Besonders sei auf die bekannte Arbeit „Indonesien klagt an“ von Sukarno hingewiesen.

Eines der Argumente, deren sich die Verfechter des Kolonialismus vom alten Typ bedienen, ist die These von der sogenannten „verfrühten Unabhängigkeit“. Der amerikanische Autor John Kerry King behauptet z. B., daß

> „. . . es Kolonialvölker gibt, die derart unzulänglich vorbereitet und ungenügend gerüstet für die Selbstverwaltung oder die Unabhängigkeit sind, daß die verfrühte Gewährung der einen oder der anderen sowohl diesen Völkern selbst als auch dem Prinzip der Selbstbestimmung einen schlechten Dienst erweisen würde.“[14]

John Foster Dulles behauptete, daß die rasche Gewährung der Unabhängigkeit den Kolonialgebieten faktisch keine echte Unabhängigkeit gebracht habe.[15]

Die amerikanischen Ideologen übernehmen also die alte These der europäischen Kolonialherren, daß die Völker des Ostens für die Unabhängigkeit „noch nicht reif“ seien. Damit stellen sie sich offen an die Seite ihrer Verbündeten – der englischen, französischen, holländischen und belgischen Kolonialherren –, um sich so der Befreiung der Völker zu widersetzen, die noch unter dem Kolonialjoch schmachten.

Wenn man die Politik und die Taten der imperialistischen Mächte untersucht, so zeigt sich, daß die Kolonialherren, wenn sich in einer Kolonie das Volk gegen den Kolonialismus erhebt und die imperialistische Ausbeutung zu beseitigen droht, dieses Volk als „unvorbereitet“ zur Übernahme der Macht bezeichnen. Sie versuchen dann mit allen Mitteln, die Oberschicht dieses Volkes auf ihre Seite zu bringen und suchen nach „Quislingen“ in der Oberschicht. Wenn die Kolonialherren aus Perzonen, die sich an die ausländischen Mächte verkauft haben, einen mehr oder weniger suverlässigen Stamm „geschaffen“ haben, wählen sie die für sie nötigen „einheimischen Führer“ aus, erklären ihre „Bereitschaft“, diesen Ländern die Freiheit zu gewähren und übergeben die Macht an ihre Agenten vom Typ der Ngo Dinh Diem, Tschiangkaischek, Tshombe u. a. Eben das meinen die Imperialisten, wenn sie von der „Vorbereitung der Kolonien auf die Selbstverwaltung“ sprechen.

Interessant ist in dieser Hinsicht ein Eingeständnis des Labour-Politikers J. Strachey, der der Labour-Regierung unter Attley angehörte. Dieser Labour-Minister beschreibt folgendermaßen die Ereignisse in Malaya:

---

[14] *John Kerry King*, Southeast Asia in Perspective, New York 1956, S. 251.
[15] Vgl. „The New York Times“ vom 11. Juni 1954.

„Ich bin stets der Ansicht gewesen und vertrete noch immer die Ansicht, daß wir im Recht waren, als wir es ablehnten, der vorwiegend chinesisch-malayischen kommunistischen Partei zu erlauben, mit Gewalt die Macht in Malaya an sich zu reißen, was sie zweifellos auch erreicht hätte, wenn wir ihnen gegenüber nicht ein sehr beträchtliches Maß an Gewalt ausgeübt hätten."[16]

Herr Strachey hat offen zugegeben, daß in Malaya nach dem zweiten Weltkrieg die Positionen der Kommunistischen Partei stark waren, daß diese die Unterstützung des Volkes hatte und im Falle der Befreiung vom britischen Kolonialismus hätte an die Macht kommen können, daß die englischen Labour-Politiker aber der nationalen Befreiungsbewegung den Krieg erklärten und, wie Strachey zugibt, ihnen gegenüber „ein sehr beträchtliches Maß an Gewalt" ausübten und unterdessen im Lande einen Rückhalt für den britischen Imperialismus vorbereiteten. Nachdem England die bedeutenden Kräfte der Kommunisten und sonstigen Patrioten Malayas, die gegen die britische Herrschaft aufgetreten waren, vernichtet hatte, erkannte es im Jahre 1957 die Unabhängigkeit Malayas an. Die britischen Straftruppen hatten das Volk Malayas für die imperialistische Auffassung von Unabhängigkeit „vorbereitet". Wenn Herr Strachey das, was in Malaya geschah, als „Erziehung", als „Vorbereitung" der Bevölkerung zur Selbstverwaltung bezeichnet, was ist dann Kolonialraub und Kolonialkrieg?

Das, was in Malaya geschah, ist die wohlüberlegte Politik des britischen Imperialismus. Strachey hebt hervor, daß die britische Verwaltung in den Kolonien, daß die Politik des britischen Imperialismus gegenüber den Kolonialvölkern darauf gerichtet ist, dort eine Zwischenschicht, eine soziale Basis zu schaffen, auf die sich der englische Imperialismus nach der „Befreiung" dieser Länder vom Kolonialismus stützen kann. Er erklärt zynisch, daß

„wir nicht zulassen können, daß sie (die englische Verwaltung in den Kolonien – d. Verf.) durch atavistische Bewegung der Stämme oder von unbedeutenden kommunistischen Minderheiten unterstützte Staatsstreiche abgelöst wird. Zweifellos wird es in manchen Fällen schwierig sein, zwischen echten nationalen Bewegungen, die die Macht in der ehemaligen Kolonie zu übernehmen bereit und mit ziemlicher Wahrscheinlichkeit eine organisierte und zivilisierte Lebensweise zu errichten imstande sind, einerseits und kommunistischen Gewaltherrschaften oder durch Stammesherrschaft bedingten Rückschlägen andererseits zu unterscheiden."[17]

Strachey drückt sich ziemlich klar aus; wenn die nationale Befreiungsbewegung in den Kolonien, das ausländische Kapital und sogar die kapitalistische Ordnung selbst bedroht, erklären die Imperialisten diese Bewegung für „verschwörerisch" und „kommunistisch" und unterdrücken sie mit Feuer und Schwert. Bekanntlich hat sich Belgien derselben Argumente bedient, um seine Aggression gegen die Republik Kongo zu rechtfertigen. Belgien erklärte, daß die Regierung dieses Landes nicht imstande sei, mit der Lage fertig zu werden, und setzte dabei die Hoffnung auf einen Vaterlandsverräter, einen gewissen Tshombe, der sich an die belgischen Imperialisten verkauft hat.

[16] *John Strachey*, a. a. O., S. 256. [17] Ebenda, S. 256 f.

Besonders muß darauf hingewiesen werden, daß die amerikanischen Soziologen und Politiker in der Frage des Kolonialismus eine widerspruchsvolle Haltung einnehmen. Sie treten sowohl in der Theorie als auch in der Praxis zweifellos für den Kolonialismus ein, aber zugleich sind die amerikanischen Imperialisten schon seit altersher hartnäckig bemüht, sich von ihren europäischen Verbündeten abzugrenzen und als Gegner des Kolonialismus und als Freunde der sich befreienden Völker auszugeben. John Foster Dulles z. B. erklärte, nicht im geringsten verlegen über die Widersprüche in seinen Äußerungen, im Jahre 1954 vor dem außenpolitischen Ausschuß des Kongresses:

> „Wir als die erste Kolonie, die in der modernen Epoche ihre Unabhängigkeit erkämpft hat, hegen traditionelle Sympathie für die Völker der Welt, die die gleiche Unabhängigkeit zu erringen suchen..."[18]

Denselben Gedanken äußerte Dulles auch an anderer Stelle:

> „Die Vereinigten Staaten, die einst selbst eine Kolonie waren, teilen die Bestrebungen der Völker, die nach politischer Unabhängigkeit streben, und sympathisieren mit ihnen."[19]

Der USA-Vizepräsident Nixon verkündete, daß

> „ein Eckpfeiler unserer Außenpolitik die Unterstützung der Länder ist, die sich einer ausländischen Herrschaft widersetzen."[20]

Diese These vom „Antikolonialismus" der USA, die in allen Tonarten endlos wiederholt wird, ist eines der wichtigsten Argumente der für die Völker des Ostens berechneten Propaganda. Dies ist nichts anderes als eine schamlose Spekulation mit der historischen Vergangenheit Amerikas, eine grobe Entstellung der heutigen Politik der USA, eine Entstellung, die das Ziel verfolgt, unter Hinweis auf die Ereignisse des 18. Jahrhunderts das Wesen der heutigen imperialistischen Politik zu bemänteln. Die Tatsache, daß die USA tatsächlich einmal eine Kolonie Englands gewesen sind und einen gerechten Befreiungskrieg geführt haben, ist natürlich ohne jeden Einfluß auf die Handlungen der herrschenden Kreise dieses Landes 100 oder 150 Jahre später in der Epoche des Imperialismus. Die amerikanische imperialistische Politik ist das Ergebnis dessen, daß der amerikanische Kapitalismus zum Imperialismus geworden ist, und nicht das Ergebnis irgendwelcher historischer Besonderheiten der Psychologie des amerikanischen Volkes. Der imperialistische Charakter der USA-Politik ist darauf zurückzuführen, daß es in diesem Land ein monopolistisches Großkapital gibt.

Der Mythus vom „Antikolonialismus" der USA und von einer Veränderung des Charakters des amerikanischen Imperialismus ist Bestandteil eines ganzen Systems

---

18 Mutual Security Act of 1954. Hearings before the Committee on Foreign Relations, 83. Session, Washington 1954, S. 19.

19 *John Foster Dulles*, Challenge and Response in United States Policy. In: „Foreign Affairs", Bd. 36, Oktober 1957, Nr. 1, S. 39.

20 „New York Herald Tribune" vom 7. April 1954, sec. 1, S. 24.

von Argumenten, mit denen bewiesen werden soll, daß Kolonialismus und Imperialismus heute beileibe nicht mehr das seien, was sie früher gewesen sind, daß sie „gut“ geworden seien. „Sein Ziel,“ schreibt William J. Elliot von dem „neuen“ Kolonialismus, „ist aber nicht Ausbeutung der Eingeborenen, sondern die Entwicklung sowohl der eingeborenen Bevölkerung als auch der Hilfsquellen. Ein *guter* Kolonialismus ist bestrebt, größere Fähigkeiten zur Selbstverwaltung zu entwickeln . . .“[21] Daher erheben die Völker der schwachentwickelten Länder angeblich keine Einwendungen gegen die Kolonialherrschaft. Es ist jedoch allgemein bekannt, daß in der ganzen Welt eine mächtige antikoloniale Bewegung besteht. Wie soll man das miteinander vereinbaren? Der amerikanische Ökonom Stefan T. Possony schreibt ohne die geringste Verlegenheit darüber, daß seine Schlußfolgerungen der Wirklichkeit widersprechen, folgendes:

> „Der Antikolonialismus ist das Werk kleiner, aber lautstarker Minderheiten. . .“,[22]

d. h. der Kommunisten. Wenn dem aber so sei, müsse man den Kampf gegen den Kommunismus verstärken. Etwa nach dieser Schablone werden von den bürgerlichen Ökonomen viele Arbeiten über die schwachentwickelten Länder geschrieben, in denen der Versuch unternommen wird, um jeden Preis zu beweisen, daß die nationale Befreiungsbewegung das Werk von Moskau, Peking, Prag usw. sei. Diese verlogenen Behauptungen zerschellen jedoch an den Tatsachen. Die antikoloniale Bewegung hat die Völker aller schwachentwickelten Länder erfaßt. Das Beispiel Kubas, wo die Revolution vom ganzen Volk unterstützt wird, widerlegt die erwähnten Ansichten der bürgerlichen Wissenschaftler.

Die These vom Antikolonialismus und von der angeblich freiwilligen Freigabe der Kolonien und abhängigen Länder ist in die offizielle Propaganda der führenden imperialistischen Länder übernommen worden.

In der am 1. Februar 1956 veröffentlichten „Washingtoner Erklärung“ Edens und Eisenhowers heißt es:

> „Seit über 10 Jahren haben 600 Millionen Männer und Frauen in fast 20 Ländern mit unserer Unterstützung und Hilfe ein selbständiges Staatswesen erlangt. Weitere Millionen Menschen schreiten mit unserer Hilfe sicher und zuversichtlich der Selbstverwaltung entgegen. Die Realität und Wirksamkeit dessen, was wir getan haben, ist also ein Beweis für unsere Aufrichtigkeit.“[23]

In einem Schreiben an den Vorsitzenden des Ministerrats der UdSSR, N. S. Chruschtschow, vom 19. Juli 1960 wiederholte der Premierminister Großbritanniens, Macmillan, diese Version von der angeblich freiwilligen Entlassung der Kolonien und sogenannten Schutzgebiete aus der kolonialen Abhängigkeit.

> „Seit mehr als hundert Jahren besteht unser Ziel darin, unsere Schutzgebiete zur Freiheit und Unabhängigkeit zu führen. Neben den früher unabhängig gewordenen Ländern des Commonwealth haben nach dem zweiten Weltkrieg mit unserer Hilfe

---

[21] The Idea of Colonialism, a. a. O., S. 432.
[22] Ebenda, S. 29. [23] „Prawda“ vom 4. Februar 1956.

Indien, Pakistan, Ceylon, Ghana und Malaya mit einer Bevölkerung von über 510 Millionen Menschen das Ziel erreicht, der Unabhängigkeit teilhaftig zu werden, und haben sich zu starken Staaten entwickelt. Wir haben diesen Prozeß sowohl durch technische Hilfeleistung als auch durch freigiebige finanzielle Beihilfe gefördert."[24]

Die Tatsachen sprechen eine andere Sprache. Der Imperialismus leistet mit allen möglichen Mitteln Widerstand gegen die Beseitigung des Kolonialismus.

Die Herren Eden, Eisenhower und Macmillan, die so eifrig ihre Ideologen dabei unterstützen, die These von der „freiwilligen Übergabe" der Macht an die Kolonien durch England und die anderen Metropolen zu propagieren, seien an eine Erklärung Winston Churchills erinnert. Kurz bevor das indische Volk seine Befreiung erlangte, sagte Churchill, der damals Premierminister Englands war:

„Wir beabsichtigen, im Laufe eines langen und unbestimmten Zeitraums die wirklichen Herren Indiens zu bleiben. Ich bin nicht Seiner Majestät erster Minister geworden, um den Vorsitz bei der Liquidierung des britischen Empires zu führen... Wir beabsichtigen, das festzuhalten, was uns gehört."[25]

Es ist auch bekannt, daß im Mai 1946, als die britische Herrschaft in Indien ihre letzten Tage erlebte, die zu Verhandlungen in Indien eingetroffene britische „Kabinettsmission" hartnäckig darum bemüht war, das Verbleiben englischer Truppen im Lande und die Verlängerung der britischen Herrschaft durchzusetzen. Trotzdem erklären einige Jahre später die Nachfolger Churchills auf dem Posten des Premierministers, Eden und Macmillan, entgegen den geschichtlichen Tatsachen, daß England freiwillig auf die Kolonialherrschaft in seinen Kolonien verzichtet habe. Ist es nicht klar, daß die Herren Eden, Macmillan und Eisenhower versuchen, „aus der Not eine Tugend zu machen" und nachträglich die Kolonialpolitik ihrer Vorgänger zu rechtfertigen?

Die Völker erinnern sich sehr gut daran, daß der französische Imperialismus einen räuberischen Krieg gegen das vietnamesische Volk geführt hat. Als aber in Genf, zwei Jahre vor der Erklärung Edens und Eisenhowers (1956), Verhandlungen über die Beendigung der Kriegshandlungen in Indochina geführt wurden, widersetzte sich die amerikanische Regierung einer Einstellung des Kolonialkrieges in Vietnam. Zu dieser Zeit führten die englischen Imperialisten einen Kolonialkrieg in Malaya; und Holland führte Krieg in Indonesien.

Einige Monate nach der Erklärung Edens und Eisenhowers überfielen England, Frankreich und Israel Ägypten, um sich des Suezkanals zu bemächtigen. Heute erleben wir, wie das imperialistische Belgien mit Unterstützung seiner NATO-Partner eine Aggression gegen die junge Republik Kongo durchzuführen versucht. So sieht also in Wirklichkeit die „Aufrichtigkeit" des Herren Eisenhower, Eden und Macmillan aus, die sie in ihren Erklärungen vom Februar 1956 bzw. August 1960 betonten. Auf Grund seiner Natur und seines Charakters kann der Imperialismus nicht anders, als sich der nationalen Befreiungsbewegung entgegenzustellen. Der

[24] „Prawda" vom 6. August 1960.

[25] Zitiert nach *F. Gunter*, Revolution in India, New York 1944, S. 3.

Imperialismus und die Unabhängigkeit der schwachentwickelten Länder sind unversöhnliche Feinde. Die nationale Befreiungsbewegung besteht, solange und sofern der Imperialismus existiert.

Manche Ideologen des Monopolkapitals behaupten, daß es heute weder Kolonialismus noch ausländische Ausbeutung der Völker der schwachentwickelten Länder gäbe. Daher entbehre, behaupten sie, jede antikoloniale und antiimperialistische Bewegung einer realen Grundlage.

Der Amerikaner Berle z. B. schreibt:

> „Aber für eine moderne amerikanische Firma kann ein ‚Markt' nur in einem Land mit einer wohlhabenden Bevölkerung geschaffen werden ... Dies ist das genaue Gegenteil des ‚ökonomischen Kolonialismus', wie er früher praktiziert wurde, als eine verarmte Bevölkerung für wünschenswert erachtet wurde, weil sie billige Arbeitskräfte lieferte."[26]

Mit dem ersten Teil dieser Äußerung Berles kann man einverstanden sein. Tatsächlich eröffnet die wirtschaftliche Entwicklung der schwachentwickelten Länder große Möglichkeiten für die entwickelten Industrieländer, Ausrüstungen und andere Industriewaren zu exportieren. Der Imperialismus aber steht dem im Wege. Um Monopolprofite zu erzielen, sind die Imperialisten bestrebt, die Wirtschaft der schwachentwickelten Länder auszubeuten, nicht aber, sie zu entwickeln. Die billigen Arbeitskräfte in den schwachentwickelten Ländern sind noch immer ein wichtiger Faktor, der die Investition ausländischen Kapitals verlockend macht. Daher steht die Schlußfolgerung Berles, es gäbe keinen „ökonomischen Kolonialismus" mehr, in direktem Widerspruch zur Wirklichkeit.

Was ist von den Behauptungen Stracheys zu halten, der nicht nur den Kolonialismus der Gegenwart negiert, sondern darüber hinaus bemüht ist, die Leninsche Theorie des Imperialismus zu widerlegen?

Da, so meditiert Strachey, der Kolonialismus (darunter versteht er ausschließlich die politische Unterordnung einer Kolonie unter die Monopole) so gut wie erledigt ist, geht folglich auch der Imperialismus seinem Ende entgegen. Wenn dies aber so ist, hat sich Lenins Lehre vom Imperialismus als dem letzten Entwicklungsstadium des Kapitalismus nicht bestätigt. Strachey schreibt:

> „Lenins Theorie des ‚Investitionsimperialismus', wie man sie nennen könnte, hatte folglich ... Gültigkeit als Diagnose einer Tendenz aber nicht als allgemeines Gesetz. Denn die grundlegende ökonomische Tendenz (nämlich auf eine immer ungerechtere Verteilung der Einkünfte zu), die Lenin als seine Haupttriebkraft der ganzen von ihm beschriebenen Folgen herausstellte, hat sich als umkehrbar erwiesen."[27]

Diese Schlußfolgerung Stracheys widerspricht der Wirklichkeit, da sie auf der falschen Voraussetzung beruht, der Imperialismus sei mit dem Kolonialismus identisch. Strachey unterbreitet folgende Definition des Imperialismus:

---

[26] *Adolf A. Berle*, a. a. O., S. 215.

[27] *John Strachey*, a. a. O., S. 117 f.

„Als Imperialismus begreife ich den Vorgang, daß Völker oder Nationen andere Völker oder Nationen besiegen, unterwerfen und dann dauernd (de jure oder de facto) beherrschen."[28]

Mit Hilfe dieser voluntaristischen Definition des Imperialismus gelangt Strachey zu dem Schluß, den er von vornherein im Auge hatte, daß nämlich England den Weg zu einer nachimperialistischen Gesellschaft beschritten habe.[29]

Der Kolonialismus, die Kolonialherrschaft, ist ein Charakterzug des Imperialismus. Falsch ist es jedoc h,den Imperialismus ausschließlich auf die Kolonialpolitik zu reduzieren (Kolonialpolitik hat es auch schon vor dem Imperialismus und sogar vor dem Kapitalismus gegeben). Unrichtig ist auch, daß der Kolonialismus dadurch, daß die ehemaligen Kolonien ihre staatliche Selbständigkeit erringen, völlig beseitigt werde. Wie ich bereits bemerkt habe, kann der Kolonialismus auch andere Formen annehmen. Der Imperialismus ist eine bestimmte sozial-ökonomische Epoche, die aus der Entwicklung des Kapitalismus, aus der Entwicklung der kapitalistischen Produktivkräfte und Produktionsverhältnisse folgt. Irrig wäre es auch, den Imperialismus auf die klassische Form des Kolonialismus, die Kolonialpolitik, zu reduzieren, wenngleich dies ein sehr wichtiger Zug des Imperialismus ist. Strachey aber hat genau das getan. Er hat einen bestimmten Zug, ein einziges Merkmal des Imperialismus herausgegriffen, und versucht dieses eine Merkmal für das Wesen des Imperialismus auszugeben. Übrigens ist Strachey nicht der erste, der so etwas versucht. Er möchte die von der Geschichte längst widerlegte Theorie K. Kautskys erneut zum Leben erwecken, nach der der Imperialismus eine bestimmte Politik der industriell entwickelten Länder gegenüber den Agrarländern sein soll. Bekanntlich hat Lenin diese Behauptung K. Kautskys wissenschaftlich widerlegt.

Ohne große Mühe läßt sich erkennen, daß die These vom ausschließlich politischen Charakter des Imperialismus den Zweck verfolgt, die Wachsamkeit der noch immer von den imperialistischen Monopolen ökonomisch ausgebeuteten Völker einzuschläfern und damit die weitere Entwicklung der nationalen Befreiungsbewegung zu behindern.

In Wirklichkeit beutet der Imperialismus dann, wenn das alte Kolonialsystem des Imperialismus auseinanderfällt, weiterhin die Völker der schwachentwickelten Länder aus und erstickt jegliche Freiheit.

Der Imperialismus ist eine komplizierte Erscheinung in der Entwicklungsgeschichte der menschlichen Gesellschaft. Lenin hat den Imperialismus wissenschaftlich als das höchste Entwicklungsstadium des Kapitalismus definiert. Er sagte:

„Deshalb muß man — ohne zu vergessen, daß alle Definitionen überhaupt nur bedingte und relative Bedeutung haben, da eine Definition niemals die allseitigen Zusammenhänge einer Erscheinung in ihrer vollen Entfaltung umfassen kann — eine solche Definition des Imperialismus geben, die folgende fünf seiner wichtigsten Merkmale enthalten würde: 1. Konzentration der Produktion und des Kapitals,

---

[28] Ebenda, S. 7. [29] Vgl. Ebenda.

die eine so hohe Entwicklungsstufe erreicht hat, daß sie Monopole schafft, die im Wirtschaftsleben die entscheidende Rolle spielen; 2. Verschmelzung des Bankkapitals mit dem Industriekapital und Entstehung einer Finanzoligarchie auf der Basis dieses ‚Finanzkapitals'; 3. der Kapitalexport, zum Unterschied vom Warenexport, gewinnt besonders wichtige Bedeutung; 4. es bilden sich internationale monopolistische Kapitalistenverbände, die die Welt unter sich teilen, und 5. die territoriale Aufteilung der Erde unter die kapitalistischen Großmächte ist beendet. Der Imperialismus ist der Kapitalismus auf jener Entwicklungsstufe, wo die Herrschaft der Monopole und des Finanzkapitals sich herausbildet, der Kapitalexport hervorragende Bedeutung gewonnen, die Aufteilung der Welt durch die internationalen Truste begonnen hat und die Aufteilung des gesamten Territoriums der Erde durch die größten kapitalistischen Länder abgeschlossen ist."[30]

Die historische Entwicklung der menschlichen Gesellschaft seit der Zeit, da Lenin diese Erkenntnis formulierte, hat sie nicht widerlegt, wie Strachey behauptet, sondern im Gegenteil Lenins erschöpfende Analyse des neuen Stadiums in der Entwicklung des Kapitalismus, Lenins Vorhersage, bestätigt. Keine der Spitzfindigkeiten, zu denen Gegner des Marxismus-Leninismus wie Strachey greifen, hat je die marxistisch-leninistische Lehre vom Imperialismus erschüttern können.

Das Kolonialsystem des Imperialismus bricht unter den Schlägen der mächtigen nationalen Befreiungsbewegung zusammen. Das Anwachsen der nationalen Befreiungsbewegung im Osten bestätigt die geniale Prognose Lenins hinsichtlich der revolutionären Rolle der Völker des Ostens. Dadurch, daß sich die meisten ehemaligen Kolonien aus der politischen Abhängigkeit befreit haben, ist der Kolonialismus geschwächt und untergraben worden, doch ist er längst noch nicht beseitigt. Die Imperialisten stellen sich um und entwickeln neue Formen der Unterdrückung und Ausbeutung der schwachentwickelten Länder.

Die koloniale und politische Unterdrückung kann unter den Bedingungen des Imperialismus entweder auf militärischer Unterwerfung und Aufhebung der politischen Selbständigkeit des betreffenden Landes oder aber auf ökonomischer Versklavung bei formaler politischer Unabhängigkeit basieren. Die direkte militärische Unterwerfung und die Aufhebung der politischen Unabhängigkeit anderer Völker gehören schon der Vergangenheit an. Die Imperialisten können angesichts der erstarkenden antiimperialistischen Bewegung einen solchen Schritt nicht mehr nach Belieben unternehmen. Sie sehen sich nach neuen, elastischeren Methoden um, um ihre Herrschaft über die Völker der schwachentwickelten Länder aufrechtzuerhalten. An die erste Stelle tritt die wirtschaftliche Versklavung, die Organisation von militärischen Blöcken u. a. m.

Aber auch der alte Kolonialismus ist noch nicht vollständig beseitigt. In Asien und Afrika schmachten noch Millionen Menschen unter dem Kolonialjoch; der Kampf gegen den Kolonialismus bleibt so entgegen den Wünschen der Imperialisten und ihrer Ideologen auf der Tagesordnung.

---

[30] *W. I. Lenin*, Ausgewählte Werke in 2 Bänden, Bd. I, Berlin 1951, S. 839 f.

Die bürgerlichen Ideologen haben versucht, die politische und militärische Unterordnung der schwachentwickelten Länder unter die Interessen der imperialistischen Mächte damit zu begründen, daß es notwendig sei, das sogenannte Vakuum aufzufüllen, das im Zusammenhang mit der Beseitigung des Kolonialismus in einigen Gebieten entstanden sei. Die Völker der schwachentwickelten Länder haben die Pläne der Imperialisten durchschaut und die „Vakuumdoktrin" als einen neuerlichen Versuch, den Kolonialismus wiederzubeleben, abgelehnt. Der Gedanke, militärische Blöcke unter Beteiligung sowohl imperialistischer als auch schwachentwickelter Länder zu schaffen, wurde ebenfalls von der überwiegenden Mehrheit der schwachentwickelten Länder abgelehnt.

In diesem Zusammenhang sei an die sogenannte Doktrin der „gegenseitigen Abhängigkeit" erinnert, die nach Ansicht der Ideologen des Imperialismus geeignet sein soll, die Völker der schwachentwickelten Länder davon zu überzeugen, daß sie die Imperialisten genauso brauchen wie die Imperialisten die schwachentwickelten Länder. Der reaktionäre Sinn derartiger Doktrinen und Theorien ist offensichtlich. Sie alle dienen dem Zweck, neue Formen der wirtschaftlichen und politischen Abhängigkeit der schwachentwickelten Länder von den imperialistischen Mächten zu rechtfertigen.

Die Theorie der gegenseitigen Abhängigkeit soll die neuen Formen des Kolonialismus, die neuen Formen der wirtschaftlichen und politischen Abhängigkeit rechtfertigen. Die Theorie der gegenseitigen Abhängigkeit versucht zu beweisen, daß alle Länder des Kapitalismus – die imperialistischen Mächte, die andere Völker ausbeuten, und die schwachentwickelten Länder, die von den ausländischen Imperialisten ausgebeutet werden – das gleiche Schicksal und die gleichen Interessen hätten. Daher müßten nach Ansicht der Verfechter dieser Theorie die schwachentwickelten Länder die Imperialisten im kalten Krieg unterstützen, ihre Grenzen dem ausländischen Kapital öffnen und sich aus freien Stücken damit abfinden, auf ewig als Rohstoff- und Nahrungsmittellieferanten zu fungieren. Das ist der Sinn dieser neuen Theorie des Neokolonialismus.

In letzter Zeit sind in der bürgerlichen ökonomischen Literatur zahlreiche und verschiedenartige Theorien und Konzeptionen über die wirtschaftliche Entwicklung der schwachentwickelten Länder aufgetaucht. Aber alle diese sogenannten Wachstumstheorien oder Theorien für die wirtschaftliche Entwicklung der schwachentwickelten Länder enthalten faktisch kein positives Entwicklungsprogramm. Sie verfolgen ebenso wie die von uns bereits behandelten Theorien und Konzeptionen das Hauptziel, die Völker der schwachentwickelten Länder vom Kampf gegen Kolonialismus und Imperialismus abzubringen.

Alle bürgerlichen Theorien über Entwicklungswege für die schwachentwickelten Länder suchen in der einen oder der anderen Form nachzuweisen, daß 1. die schwachentwickelten Länder in der Mitte des 20. Jahrhunderts den von den entwickelten kapitalistischen Ländern im 19. Jahrhundert gegangenen Weg wiederholen müßten; 2. die schwachentwickelten Länder keinerlei tiefgehende soziale Umgestaltungen und keine beschleunigte Entwicklung der Industrie brauchten; 3. die schwachentwickelten Länder nicht imstande seien, ohne die Hilfe des Privatkapitals der westlichen Länder mit den wirtschaftlichen und sozialen Problemen fertig zu werden; 4. der sowjetische Weg zur Überwindung der wirtschaftlichen Rückständigkeit und zur Lösung der sozialen Probleme für die schwachentwickelten Länder nicht geeignet sei, und 5. schließlich die schwachentwickelten Länder um jeden Preis am System des Kapitalismus festhalten und die Völker dieser Länder sich mit dem Kapitalismus abfinden und warten sollten, bis die Wirtschaft ihre natürliche Reife erlangt hat. Das ist im großen und ganzen der Fragenkreis, um den sich alle theoretischen Forschungen der modernen bürgerlichen politischen Ökonomie drehen.

Derartige Theorien haben natürlich nichts mit den tatsächlichen Problemen der wirtschaftlichen Entwicklung der schwachentwickelten Länder gemein. Sie alle stellen den Kapitalismus als ein ewig währendes und unveränderliches sozial-ökonomisches System hin. Sie lassen die realen Prozesse unberücksichtigt, die sich gegenwärtig in der Welt und besonders in den schwachentwickelten Ländern vollziehen. Sie sehen keine selbständige wirtschaftliche Entwicklung dieser Länder vor.

Im folgenden werden wir die „Theorie des großen Stoßes", die „Stadientheorie", das ökonometrische Modell von Harrod und andere bürgerliche Theorien über die wirtschaftliche Entwicklung der schwachentwickelten Länder behandeln. Alle diese Theorien erweisen sich bei näherer Untersuchung als nicht mehr denn eine Apologie des Kolonialismus. Keine dieser Theorien schlägt ein realistisches, positives Programm für die wirtschaftliche Entwicklung der schwachentwickelten Länder vor.

Eine charakteristische Besonderheit aller heutigen bürgerlichen Theorien besteht darin, daß sie die Rolle der sozialen Faktoren und den Klassenkampf in der wirtschaftlichen Entwicklung der schwachentwickelten Länder ignorieren. Ohne Berücksichtigung der sozialen Gegebenheiten aber ist jede ökonomische Theorie nur eine Fiktion; denn die ökonomische Entwicklung, ihr Tempo und ihr Charakter sind von dem Charakter der Produktionsverhältnisse, von der Lage der Klassen und von dem Stand des Klassenkampfes in der Gesellschaft abhängig.

Die Erfahrung der Geschichte lehrt, daß die ökonomischen und die sozialen Prozesse und Erscheinungen miteinander zusammenhängen und sich gegenseitig bedingen. Daher kann man nicht mechanisch das eine verändern, ohne das andere zu verändern. Dies kann die bürgerliche politische Ökonomie, welche die Klasseninteressen der Bourgeoisie verteidigt, jedoch nicht zugeben, weil sie dann die Notwendigkeit sozialer Umgestaltungen, die Notwendigkeit der Ablösung des Kapitalismus durch den Sozialismus als des fortgeschrittensten sozial-ökonomischen Systems anerkennen müßte.

Eine andere Besonderheit aller westlichen bürgerlichen Theorien besteht darin, daß sie die zwischen den imperialistischen Ländern einerseits und den schwachentwickelten Ländern andererseits bestehenden Widersprüche leugnen. Sie versuchen, den Anschein zu erwecken, als bestünden gemeinsame Interessen des Imperialismus und der schwachentwickelten Länder.

Die bürgerlichen Ökonomen der Gegenwart suchen ihre alten Theorien und Auffassungen den Bedingungen der schwachentwickelten Länder anzupassen. Diese Theorien lassen die realen Besonderheiten der Probleme unberücksichtigt, vor die sich die Völker dieser Länder gestellt sehen. Daher können die gegenwärtigen westlichen bürgerlichen ökonomischen Theorien den Völkern der schwachentwickelten Länder keine Hilfe in ihrem Kampf um die Zukunft geben. Die Untauglichkeit dieser Theorien für die schwachentwickelten Länder ist so offensichtlich, daß selbst bürgerliche Ökonomen dies nicht in Abrede zu stellen vermögen. So schreibt der bekannte amerikanische Ökonom J. K. Galbraith in seinem Artikel „Rivalisierende ökonomische Theorien in Indien", daß ein großer Teil der in Indien in Umlauf befindlichen ökonomischen Theorien (westlicher bürgerlichen Theoretiker – d. Verf.) wenig mit den Problemen gemein hat, vor denen dieses Land steht.

Der Bankrott der westlichen bürgerlichen politischen Ökonomie im Hinblick auf die schwachentwickelten Länder ist heute eine allgemein anerkannte Tatsache.

„Es ist nicht zu übersehen", schreibt der indische Professor P. C. Mahalanobis, „daß die klassische ökonomische Theorie und die ökonomische Theorie von Keynes, die in den hochentwickelten kapitalistischen Ländern geschaffen worden sind, für diese Länder möglicherweise sogar tauglich sind, jedoch im Hinblick auf die Probleme der wirtschaftlichen Entwicklung kaum einen Nutzen haben".

Professor Mahalanobis hält die westlichen bürgerlichen ökonomischen Konzeptionen auch deshalb für die schwachentwickelten Länder für unannehmbar, weil „... die in den kapitalistischen Ländern gängige Wirtschaftstheorie keine Konzeption der Wirtschaftsplanung enthält. Viele schwachentwickelte Länder mit sehr unterschiedlichen sozialen und politischen Bedingungen (Burma, Ceylon, Indien, VAR, einige Länder Lateinamerikas und andere) haben sich aber ernsthaft für die Planung zu interessieren begonnen und Plankommissionen und -komitees geschaffen".[31]

Ein Charakterzug der heutigen bürgerlichen Ideologie und insbesondere auch der politischen Ökonomie ist der Antikommunismus. Das ist kein Zufall. Die Existenz des sozialistischen Weltsystems übt auf den Gang der sich im kapitalistischen System vollziehenden historischen Prozesse starken Einfluß aus. In ständig wachsendem Maße wenden sich die Völker der schwachentwickelten Länder gegen die kapitalistischen Verhältnisse.

Der wirtschaftliche Erfolg der sozialistischen Länder und besonders der UdSSR hat die Völker der schwachentwickelten Länder veranlaßt, ihre Lage mit anderen Augen zu betrachten, hat ihnen geholfen, sich über die Ursachen ihrer wirtschaftlichen Rückständigkeit klar zu werden. Eugene Staley äußert sich in seinem Buch „Die Zukunft der schwachentwickelten Länder" über die Geschehnisse der letzten Zeit in den schwachentwickelten Ländern wie folgt:

[31] *П. Ч. Махаланобис*, Пзученуе проблем индустриализации слаборазвитых стран (*P. C. Mahalanobis*, Die Erforschung der Probleme der Industrialisierung in den schwachentwickelten Ländern). In: «Современный Восток», 1959, Heft 9, S. 13.

„Neu ist, daß das Elend zu einer Ursache aktiver politischer Unzufriedenheit geworden ist.“

Er bemerkt weiter:

„Armut ist eine alte Erscheinung, aber das Bewußtwerden der Armut und die Überzeugung, daß einiges dagegen getan werden kann, sind neu.“[32]

Nach den Worten des amerikanischen Ökonomen Nurkse haben die sozialistischen Länder in der heutigen Welt einen „Demonstrationseffekt“ erzielt.

Die nationale Befreiungsbewegung und der Kampf der schwachentwickelten Länder um ihre ökonomische Unabhängigkeit finden bei den Ländern des sozialistischen Lagers moralische Unterstützung und wirtschaftliche Hilfe. Die um ihre politische und wirtschaftliche Unabhängigkeit kämpfenden Völker sehen in den Völkern der sozialistischen Länder ihre Verbündeten und ihre Beschützer vor imperialistischer Räuberei und Willkür. Den Imperialisten sind dadurch die Hände gebunden. Bekanntlich scheiterte die Aggression gegen Ägypten und Syrien dank des energischen Eingreifens der UdSSR. Die Revolution im Irak fand die Unterstützung der sozialistischen Länder, und dadurch war es ihr möglich, sich zu behaupten und zu festigen. Das Volk Kubas sieht in der Politik der UdSSR eine Gewähr für einen Sieg über den amerikanischen Imperialismus. Die UdSSR und die anderen sozialistischen Länder sind energisch gegen die imperialistische Verschwörung aufgetreten, die darauf abzielt, die junge afrikanische Republik Kongo niederzuwerfen. Die Zeiten, in denen die Imperialisten nach ihrem Ermessen über das Schicksal anderer Völker verfügen konnten, sind vorüber. Das Scheitern zahlreicher imperialistischer Pläne zur Unterdrückung der nationalen Befreiungsbewegung ist durch die Einstellung der sozialistischen Länder zu dieser Bewegung bedingt.

Daher fürchten die Imperialisten die wachsende Stärke des sozialistischen Systems und seinen Einfluß auf die Völker der kapitalistischen Länder. In der bürgerlichen Literatur wird der antikommunistischen Propaganda außerordentlich große Bedeutung beigemessen. Die imperialistische Ideologie geht von dem Gedanken aus, daß der Kampf gegen die nationale Befreiungsbewegung zugleich ein Kampf gegen den Kommunismus ist.

C. B. Randall schrieb in seinem Buch „Die kommunistische Herausforderung an das amerikanische Unternehmertum“ über die sich in den schwachentwickelten Ländern vollziehenden sozialen Prozesse:

„Vor allem müssen wir, wenn wir die Herausforderung betrachten, mit einem Gefühl der Dringlichkeit gegen sie angehen. Der zerstörende Prozeß, in dem der Weltkommunismus den Widerstand neutraler Gebiete zermürbt, schreitet von Monat zu Monat, von Jahr zu Jahr fort. Die Zeit arbeitet gegen uns.“[33]

Die antikommunistische Hysterie im Westen zeigt, daß die bürgerlichen Ideologen bis heute nicht imstande sind, die Gesetzmäßigkeiten der historischen Entwicklung

[32] *Eugene Staley*, a. a. O., S. 18 u. 20.

[33] *Clarence B. Randall*, The Communist Challenge to American Business, Boston, Toronto 1959, S. 152 f.

der menschlichen Gesellschaft anzuerkennen. *Sie möchten die Dinge so darstellen, als sei der objektive historische Prozeß des Zerfalls des imperialistischen Kolonialsystems und des Zusammenbruchs des Kapitalismus überhaupt das Ergebnis einer Wühlarbeit der kommunistischen Parteien und der sozialistischen Länder.* Daher tragen alle Bücher und Theorien der bürgerlichen Ideologen den Stempel des Antikommunismus.

Welche Rolle der Antikommunismus in der bürgerlichen politischen Ökonomie der Entwicklung der schwachentwickelten Länder spielt, zeigen schon die Titel bloß der während der letzten zwei bis drei Jahre in den USA erschienenen Bücher von W. W. Rostow („Nicht-kommunistisches Manifest"), C. B. Randall („Die kommunistische Herausforderung an das amerikanische Unternehmertum"), Rafik Maaluf („Das kommunistische Eindringen im Mittleren Osten"), Alec Nove („Die Wirtschaftsstrategie des Kommunismus") und von zahlreichen anderen Autoren wie auch eine vom USA-Staatsdepartement herausgegebene Denkschrift mit dem Titel „Die sowjetisch-chinesische Wirtschaftsoffensive in den schwachentwickelten Ländern".[34]

Die nationale Befreiungsbewegung gegen Kolonialismus und Imperialismus ist ein Ergebnis der Verschärfung der Widersprüche innerhalb des imperialistischen Systems. Der Marxismus-Leninismus deckt diese Widersprüche auf, weist die Wege, auf denen diese Widersprüche im Interesse der Mehrheit der Bevölkerung der schwachentwickelten Länder gelöst werden können, und entlarvt den reaktionären Sinn der bürgerlichen Theorien.

Die Existenz der sozialistischen Länder, ihre großartigen wirtschaftlichen und wissenschaftlichen Erfolge sowie ihre auf den Prinzipien der Gleichberechtigung und des gegenseitigen wirtschaftlichen Vorteils beruhende Politik gegenüber den schwachentwickelten Ländern üben einen aktivierenden Einfluß auf die Entwicklung der nationalen Befreiungsbewegung aus. Diesen Einfluß des Sozialismus auf die Völker der schwachentwickelten Länder fürchten die Imperialisten am allermeisten.

Alec Nove gibt in seinem Buch „Die Wirtschaftsstrategie des Kommunismus" bezeichnenderweise den großen Einfluß der sozialistischen Länder auf das Denken der Völker der schwachentwickelten Länder zu.

> „Die wirklich ernsthafte Gefahr ist der Einfluß, den die Macht des Sowjetblocks auf das Denken der Menschen ausübt, und der Handel als solcher ist nicht unbedingt das einzige oder auch nur das wichtigste Mittel, dies zu erreichen."

---

[34] Die Originaltitel der genannten Schriften sind: *Walt Whitman Rostow*, The Stages of Economic Growth, A Non-Communist Manifesto, Cambridge 1960; *Clarence B. Randall*, The Communist Challenge to American Business, Boston, Toronto 1959; *Alec Nove*, Communist Economic Strategy. Soviet Growth and Capabilities, Washington 1959; The Sino-Soviet Economic Offensive in the Less Developed Countries, Department of State, Washington 1958. Die Arbeit von *Maaluf* ist aus dem Arabischen übersetzt. — V. S.

„Ein großer Teil unserer Schwierigkeiten ist der psychologischen Wirkung zuzuschreiben, die die sowjetischen Erfolge auf die öffentliche Meinung der schwachentwickelten Länder ausüben.“[35]

Die Stärke des Einflusses, den die Ideen des Marxismus-Leninismus auf das Denken der Menschen ausüben, und die Schnelligkeit, mit der sich diese Ideen unter den Völkern der ganzen Welt und besonders in den schwachentwickelten Ländern ausbreiten, versetzt die Ideologen des Kapitalismus in Angst und Zittern. „Ein geistiges Klima“, schreibt Alec Nove, „in dem die sowjetischen Methoden als richtig und erfolgreich akzeptiert werden, würde sehr zum Sturz pro-westlicher Regimes beitragen“.[36] Diese unfreiwilligen Eingeständnisse eines westlichen Rußland-Experten zeigen, daß der Westen über den Einfluß erschrocken ist, den der Sozialismus auf die Völker der schwachentwickelten Länder ausübt. Dies ist auch der Grund für die Verstärkung der antikommunistischen Propaganda. Diese Eingeständnisse zeigen ferner, daß sich die Ideologen des Kapitalismus bei ihrer antikommunistischen Kampagne nicht im geringsten um die Interessen der Völker der schwachentwickelten Länder kümmern, sondern diese Interessen vielmehr ihrem Hauptziel – der Rettung des Kapitalismus – zum Opfer bringen.

Der Antikommunismus dient den bürgerlichen Ideologen auch dazu, die sich immer mehr zuspitzenden Widersprüche zwischen den imperialistischen Mächten einerseits und den schwachentwickelten Ländern andererseits zu vertuschen. Der Imperialismus ist für die schwachentwickelten Länder, die ihre ökonomische und politische Unabhängigkeit zu erreichen suchen, der Feind Nr. 1. Der Imperialismus unterdrückt und deformiert die Wirtschaft der schwachentwickelten Länder zu dem Zwecke, um diese Länder für immer in einem Zustande von Rohstoffanhängseln und Absatzmärkten für Industrieerzeugnisse zu halten. In politischer Hinsicht ist der Imperialismus bestrebt, diese Länder seiner auf die Weltherrschaft gerichteten Aggressionspolitik unterzuordnen. Diese Widersprüche haben die Tendenz, sich ständig zu vertiefen. Eine der Aufgaben der bürgerlichen Ideologie ist es, diese Widersprüche zu bemänteln und den Zorn der Völker der schwachentwickelten Länder vom Imperialismus abzulenken, der die Hauptschuld an der elenden Lage der schwachentwickelten Länder trägt. Zu diesem Zweck bedienen sich die bürgerlichen Theoretiker eines alten Tricks, indem sie versuchen, die Völker der schwachentwickelten Länder mit dem Schreckgespenst des Kommunismus einzuschüchtern. Die breiten Massen in den schwachentwickelten Ländern überzeugen sich jedoch aus eigener Erfahrung davon, daß die sozialistischen Länder nicht ihre Feinde, sondern ihre Verbündeten im Kampf gegen den Imperialismus und um die Verbesserung der wirtschaftlichen Lage ihrer Länder sind. Das zunehmende Ansehen der sozialistischen Länder bei den Völkern der schwachentwickelten Länder läßt erkennen, daß der Antikommunismus als Ideologie des Imperialismus bei den breiten Bevölkerungsschichten dieser Länder keine Unterstützung findet.

---

[35] *Alec Nove*, Communist Economic Strategy. Soviet Growth and Capabilities, Washington 1959, S. 64 u. 50. [36] Ebenda, S. 1.

Da die westliche bürgerliche politische Ökonomie um jeden Preis den Kolonialismus zu rechtfertigen und die schwachentwickelten Länder als Agrar- und Rohstoffanhängsel der imperialistischen Mächte im System des Imperialismus zu halten sucht, kann sie kein positives Programm für die Entwicklung der schwachentwikkelten Länder aufstellen.

Die bürgerlichen Theorien und Konzeptionen sehen keine selbständige wirtschaftliche Entwicklung dieser Länder vor; und deshalb entsprechen sie auch nicht den nationalen Interessen der Völker der schwachentwickelten Länder. Diese Theorien sind für sie nicht nur unannehmbar, sondern, wie der indische Professor Mahalanobis, richtig feststellte, sogar schädlich.

Die westlichen bürgerlichen ökonomischen Theorien verfolgen das Ziel, in den schwachentwickelten Ländern den Kapitalismus aufrechtzuerhalten und diese Länder im System des Imperialismus und des Kolonialismus festzuhalten. Wie im weiteren gezeigt werden wird, laufen die Theorien der westlichen Ökonomen und die praktische Politik der Imperialisten den nationalen Interessen der Völker der schwachentwickelten Länder zuwider. Obwohl sich die Imperialisten und ihre Ideologen als Freunde der Völker der schwachentwickelten Länder, als Verfechter ihrer nationalen Interessen ausgeben, sind sie in Wirklichkeit, wie eine Analyse ihrer Theorien und ihrer konkreten Politik beweist, die schlimmsten Feinde dieser Völker. *Die moderne bürgerliche politische Ökonomie ist in den Fragen der schwachentwickelten Länder nichts anderes als die Ideologie des modernen Kapitalismus und Kolonialismus.*

Wenn wir aus den oben dargelegten bürgerlichen Theorien und Ansichten das Fazit ziehen, kommen wir zu dem Schluß, daß die bürgerliche ökonomische Wissenschaft des Westens einerseits Kolonialismus und Imperialismus zu rechtfertigen und zu beschönigen sucht, während sie andererseits elastischere und besser getarnte, den neuen historischen Bedingungen angepaßte Formen der Kolonialherrschaft ausfindig zu machen bemüht ist. Die Imperialisten möchten die Gewährung der staatlichen Unabhängigkeit an die Kolonien auf eine rein formale Änderung ihrer Beziehungen zu diesen Ländern reduzieren, was in Wirklichkeit aber bedeuten würde, diese Länder im System des Imperialismus festzuhalten und sich nach wie vor durch Ausbeutung ihrer Völker zu bereichern.

Die Völker der Kolonien und schwachentwickelten Länder kämpfen jedoch nicht nur gegen die offene politische Unterordnung unter die Metropolen, sondern überhaupt gegen alle Formen des Kolonialismus und imperialistischer Unterdrückung. Darin besteht das Wesen der nationalen Befreiungsbewegung unserer Tage.

Die westliche bürgerliche politische Ökonomie der Gegenwart ist also eine Ideologie des Kolonialismus. Sie bekämpft die nationale Befreiungsbewegung und wendet sich gegen die ökonomische und politische Unabhängigkeit der schwachentwickelten Länder. Im Gegensatz dazu tritt der Marxismus-Leninismus für die nationalen Interessen der schwachentwickelten Länder ein, unterstützt den Kampf der Völker der schwachentwickelten Länder für ihre ökonomische und politische Befreiung von Kolonialismus und Imperialismus.

III. Der Platz der schwachentwickelten Länder in der internationalen Arbeitsteilung

Eine erhebliche Rolle spielt in der bürgerlichen ökonomischen Literatur die klassische Theorie der internationalen Arbeitsteilung oder Theorie der komparativen Kosten. Ihr Wesen besteht darin, daß sich die angeblich bestehende internationale Arbeitsteilung auf Grundlage ständiger Kostenvergleiche zwischen den verschiedenen Ländern herausgebildet und entwickelt habe und keineswegs eine Folge von Kolonialherrschaft und Imperialismus sei. Jedes Land produziert und exportiert nach dieser Theorie die Waren, die ihm gegenüber den anderen Ländern den größten relativen Vorteil sichern, d. h., es produziert die Waren mit den geringsten Produktionskosten, und das führt angeblich zur zweckmäßigsten internationalen Arbeitsteilung, zur bestmöglichen Spezialisierung der einzelnen Länder. Wenn man dieser „Theorie“ glauben soll, ist folglich das in den Jahren der Kolonialherrschaft entstandene System der internationalen Wirtschaftsbeziehungen für alle und damit auch für die schwachentwickelten Länder vorteilhaft. Die einseitige, durch Monokultur gekennzeichnete wirtschaftliche Ausrichtung der schwachentwickelten Länder, ihre Spezialisierung auf die Produktion von Rohstoffen und Nahrungsmitteln, ist nach dieser Theorie kein Mangel, sondern ein „Vorteil“, den diese Länder in der Produktion bestimmter Arten von Rohstoffen und landwirtschaftlichen Produkten gegenüber den imperialistischen Mächten haben. Daher, erklären die Verfechter dieser Theorie, sollten die schwachentwickelten Länder keine anderen Wirtschaftszweige aufbauen, da dies für sie objektiv unvorteilhaft sei. Mit dieser Theorie wird also bezweckt, die wirtschaftliche Rückständigkeit der schwachentwickelten Länder aufrechtzuerhalten, ihnen die Rolle von Rohstoffanhängseln der imperialistischen Staaten zuzuschieben. Sie ist daher eine der reaktionärsten Theorien der heutigen bürgerlichen politischen Ökonomie.

Die Ursprünge dieser Theorie gehen auf die klassischen bürgerlichen Politökonomen Smith und Ricardo sowie auf den englischen Vulgärökonomen John Stuart Mill zurück. Die heutigen bürgerlichen Ökonomen befassen sich in der Hauptsache damit, bestimmte Thesen dieser Ökonomen zu entwickeln, zu ergänzen und zu modernisieren, und zwar häufig nach der schlechteren Seite hin. Ihren theoretischen Konstruktionen legen die heutigen bürgerlichen Ökonomen, ebenso wie Smith und Ricardo, natürliche und klimatische Faktoren zugrunde. Zum Unterschied von Smith, Ricardo und Mill, die die unterschiedlichen Produktionskosten in den verschiedenen Ländern ausschließlich auf unterschiedliche natürliche Bedingungen zurückführten, machen die heutigen bürgerlichen Ökonomen diese Kosten jedoch sowohl davon, in welchem Maße diesem oder jenem Lande „Produktionsfaktoren“ (Arbeitskräfte, Kapital, Boden) zur Verfügung stehen, als auch von dem Preis dieser „Produktionsfaktoren“ (von den Bedingungen für die Entwicklung der Technik, vom Grad der Standardisierung der Produktion, von der technischen Geschultheit der Arbeiter usw.) abhängig. Vertreter dieser bürgerlichen Schule sind die amerikanischen Ökonomen Sumner H. Slichter, Alvin H. Hansen, Stuart

Chase, Jacob Viner, John B. Condliffe, Norman S. Buchanan, Seymour Harris und W. Arthur Lewis, die englischen Ökonomen und Soziologen H. S. Booker, Bertrand Russel, Ralph G. Hawtrey, Thomas Balogh, Arthur Cole, Paul Einzig und eine Reihe anderer.

Am vollständigsten und konsequentesten sind diese Ansichten in dem Buch „Internationaler Handel und wirtschaftliche Entwicklung" des amerikanischen Außenhandelsspezialisten J. Viner dargelegt.[37] Darin sucht er die Tatsache zu leugnen, daß die schwachentwickelten Länder von den imperialistischen Mächten mit Hilfe des nichtäquivalenten Austausches ausgeplündert werden. Viner preist die Prinzipien des Freihandels, sucht die schwachentwickelten Länder mit der Rolle von Agrar- und Rohstoffanhängseln auszusöhnen und wendet sich daher gegen die von diesen Ländern zum Schutz ihrer jungen, in Aufbau begriffenen Industrie getroffenen Schutzzollmaßnahmen. Die Produktion und der Export landwirtschaftlicher Produkte seien, behauptet Viner, nicht weniger vorteilhaft als die Entwicklung der Industrie, daher bestehe kein Grund, die Industriealisierung anzustreben. Viner tritt also für die Beibehaltung der Monokultur in der Wirtschaft der schwachentwickelten Länder ein. Es ist leicht zu bemerken, daß diese bürgerlichen Autoren, indem sie den schwachentwickelten Ländern die Rolle von Lieferanten landwirtschaftlicher Rohstoffe zuteilen, für die Erhaltung der in den Jahren der Kolonialherrschaft entstandenen internationalen Arbeitsteilung eintreten. Ein solcher Standpunkt bedeutet nichts anderes, als die üblen Folgen des Kolonialismus und des Imperialismus zu verteidigen.

Der chinesische Wirtschaftswissenschaftler Tschu Pao-ji zieht in seiner Arbeit „Kritik der bürgerlichen Theorie des Freihandels" völlig richtig die Schlußfolgerung:

> „Wir können nur sagen, daß sie (die Anhänger der Theorie der komparativen Kosten — D. Verf.) die schwachentwickelten Länder zur Kapitulation vor dem Imperialismus aufrufen."[38]

Viele bürgerliche Ökonomen kritisieren zwar einzelne Seiten der heute bestehenden wirtschaftlichen Beziehungen auf dem kapitalistischen Weltmarkt. Diese Kritik wird aber mit dem Ziel geübt, diese oder jene Teilmängel der bestehenden internationalen Wirtschaftsbeziehungen „zu korrigieren", damit alles beim alten bleibt. *Trotz gewisser Nuancen in den Ansichten dieser Ökonomen haben sie doch alle das Bestreben gemeinsam, die bestehende internationale Arbeitsteilung zu rechtfertigen, ihre Zweckmäßigkeit und Unveränderlichkeit zu beweisen; denn sie ist für das Monopolkapital der imperialistischen Mächte vorteilhaft, da sie es ihm ermöglicht, die Völker der schwachentwickelten Länder auszubeuten, aus diesen Ländern Rohstoffe herauszupumpen und die eigenen Industrieerzeugnisse dort zu überhöhten Preisen abzusetzen.*

---

[37] *Jacob Viner*, International Trade and Economic Development, Oxford 1953.

[38] *Чу Бао-и*, Критика буржуазной теории свободной торговли (*Tschu Pao-ji*, Kritik der bürgerlichen Theorie des Freihandels), Moskau 1959.

Worin besteht der methodologische Hauptfehler dieser Theorie? Die Theorie der komparativen Kosten behandelt nur eine Seite der Frage, nämlich die Arbeitsproduktivität und die Produktionskosten, berührt aber weder die sozial-ökonomischen Bedingungen, von denen die Höhe der Arbeitsproduktivität und der Produktionskosten abhängt, noch die historischen Bedingungen des Entstehens der internationalen Arbeitsteilung. Das aber ist gerade die Hauptsache!

Die Entstehung der internationalen Arbeitsteilung und die Vereinigung der Wirtschaft der einzelnen Länder zum einheitlichen kapitalistischen Weltwirtschaftssystem erfolgte nicht durch einen idyllischen Vergleich des Standes der Produktionskosten in den verschiedenen Ländern, wie es die „Theorie der komparativen Kosten" hinstellt, sondern durch imperialistische Einbeziehung der früher rückständigen Länder in das System des weltwirtschaftlichen Austausches. Außerdem erfolgte die Einbeziehung der Länder nicht freiwillig, sondern durch Gewalt, unter dem Druck der Kolonialherren, die an der Ausbeutung der riesigen Naturreichtümer und der Bevölkerung der unterjochten Länder interessiert waren. Die Einbeziehung der rückständigen Länder in das System der kapitalistischen Arbeitsteilung erfolgte nicht im Interesse der Bevölkerung der betreffenden Länder, wie es die Autoren der behandelten Theorie verkünden, sondern einzig und allein im Interesse des ausländischen Kapitals. Es ist bekannt, daß mit der Einbeziehung der Kolonien in das Weltwirtschaftssystem das traditionelle Wirtschaftssystem dieser Länder untergraben und die Wirtschaft dieser Länder gewaltsam an die Wirtschaft der Metropole angepaßt wurde. Unter dem Einfluß des Kolonialismus und des Imperialismus wurden in diesen Ländern viele traditionelle Wirtschaftszweige beseitigt, während sich andererseits solche Wirtschaftszweige zu entwickeln begannen, die – wie die Rohstoffgewinnung usw. – überhaupt nichts mit den inneren Bedürfnissen des Landes zu tun hatten.

Folglich waren nicht die Vorteile der internationalen Arbeitsteilung, nicht eine scheinbare „Einsparung" an Produktionskosten ausschlaggebend für das Entstehen der internationalen Arbeitsteilung, sondern das Streben des ausländischen Kapitals nach Maximalprofiten, die eigennützige, räuberische Politik der großen Kolonialmächte war die treibende Kraft.

Die Einbeziehung der rückständigen Länder in das System der internationalen Wirtschaftsbeziehungen mit Hilfe kolonialer Ausbeutung bedeutete zugleich eine Zunahme der kapitalistischen, der feudalen und der beinahe den Verhältnissen in der Sklavenhaltergesellschaft nahekommenden Ausbeutung dieser Länder. Diese Ausbeutung geschah vor allem durch Ausdehnung des nichtäquivalenten Austausches mit den schwachentwickelten Ländern. Die Spezialisierung der schwachentwickelten Länder betraf die Produktion und den Export von Rohstoffen und landwirtschaftlichen Produkten einer oder mehrerer Arten, während diese Länder einen großen Teil der von ihnen benötigten Industriewaren und, in einer Reihe von Fällen, auch landwirtschaftliche Erzeugnisse einführen mußten. Dadurch gerieten diese Länder in starke ökonomische finanzielle und politische Abhängigkeit von den imperialistischen Mächten. Diese Abhängigkeit wurde zur Grundlage für die bis heute anhaltende wirtschaftliche Ausbeutung dieser Länder durch den Imperialismus. Alles das widerlegt die Behauptungen der Anhänger der Theorie der „komparativen Kosten", daß die bestehende internationale Arbeitsteilung für alle Länder vorteilhaft sei, und ist auch der Grund für die Bestrebungen, die in der kapitalistischen Welt entstandenen internationalen Wirtschaftsbeziehungen zu verändern.

Dieser Hauptpunkt der Theorie der komparativen Kosten hält auch dann, wenn man ihn unter dem Aspekt der Bildung des internationalen Wertes betrachtet, keiner Kritik stand. Bekanntlich bildet sich mit der Entwicklung des Weltmarktes ein einheitlicher internationaler Wert heraus, um den herum die Marktpreise der auf dem Weltmarkt zum Verkauf gelangenden Waren schwanken. Der internationale Wert führt im Kapitalismus und besonders im Imperialismus zu einem nichtäquivalenten Austausch, wobei die Länder, in denen die Produktionskosten unter dem internationalen Wert liegen, ihre Waren zu einem über dem nationalen Wert liegenden Preis verkaufen, und die weniger entwickelten Länder, in denen die Arbeitsproduktivität unter dem Durchschnitt liegt, ihre Waren zu einem unter dem nationalen Wert liegenden Preis verkaufen. Marx sagt, daß

> „das fortgeschrittnere Land seine Waren über ihrem Wert verkauft, obgleich wohlfeiler als die Konkurrenzländer ... Das begünstigte Land erhält mehr Arbeit zurück im Austausch für weniger Arbeit, obgleich diese Differenz, dies Mehr, wie beim Austausch zwischen Arbeit und Kapital überhaupt, von einer gewissen Klasse eingesackt wird."[39]

Die Differenz zwischen dem nationalen Wert und dem internationalen Wert führt zur Ausplünderung der schwachentwickelten Länder, die gezwungen sind, ihre Erzeugnisse auf dem Weltmarkt unter dem nationalen Wert zu verkaufen. In der Epoche des Imperialismus plündern die ausländischen Monopole die Völker der schwachentwickelten Länder hauptsächlich in der Weise aus, daß sie hohe Monopolpreise für die Industrieerzeugnisse verlangen, die die schwachentwickelten Länder von ihnen kaufen müssen, und niedrige Monopolpreise für die Rohstoffe und Nahrungsmittel bieten, die die schwachentwickelten Länder auf dem Weltmarkt absetzen. Die Monopole verstärken die Ausplünderung der Völker der schwachentwickelten Länder um ein Vielfaches.

Wie verderblich die imperialistische internationale Arbeitsteilung für die schwachentwickelten Länder ist, davon zeugen auch die erheblichen Schwankungen, denen die Nachfrage nach den wichtigsten von ihnen produzierten und importierten Gütern und auch die Preise dieser Güter ausgesetzt sind. Diese Schwankungen wirken sich äußerst ungünstig auf das Realeinkommen der schwachentwickelten Länder aus dem Export aus, der die wichtigste Quelle zur Finanzierung ihrer wirtschaftlichen Entwicklung darstellt, und dadurch wiederum wird das wirtschaftliche Gleichgewicht dieser Länder gestört. Ein Beispiel dafür ist die Wirtschaftskrise

[39] *Karl Marx*, Das Kapital, Bd. III, Berlin 1951, S. 265 und 266.

der Jahre 1957/58, die zu einer bedeutenden Verlangsamung des wirtschaftlichen Entwicklungstempos der schwachentwickelten Länder Asiens, Afrikas und Lateinamerikas führte. Wie Experten aus der Wirtschaftsabteilung des UNO-Sekretariats zugegeben haben, entstanden den schwachentwickelten Ländern durch das Sinken der Rohstoffpreise allein im Jahre 1958 Verluste in Höhe von zwei Milliarden Dollar.

Der apologetische, kolonialistische Charakter der bürgerlichen Theorie der komparativen Kosten ist so offensichtlich, daß sie selbst in der bürgerlichen ökonomischen Literatur in immer stärkerem Maße kritisiert wird. Gunnar Myrdal, der sich mit Fragen der internationalen Wirtschaftsbeziehungen befaßt, gibt in seinen Arbeiten „Internationale Wirtschaft" (Berlin 1958) und „Wirtschaftstheorie und unterentwickelte Regionen" (Stuttgart 1959) zu, daß die klassische Theorie des Außenhandels sich nicht zur Erklärung der in den schwachentwickelten Ländern vor sich gehenden Prozesse eignet. Er fordert eine Revision der herrschenden bürgerlichen Außenhandelstheorie. Myrdal verteidigt insbesondere die Schutzzollmaßnahmen in den schwachentwickelten Ländern, indem er die Ansicht vertritt, daß es ohne derartige Maßnahmen keine echte Entwicklung der Produktivkräfte geben kann. Auf dem gleichen Standpunkt steht der bekannte lateinamerikanische Ökonom Raul Prebisch.

Der englische Ökonom Myint übt in seinem Artikel „Die ‚Klassische Theorie' des internationalen Handels und die unterentwickelten Länder"[40] ebenfalls Kritik an der klassischen Außenhandelstheorie. Er gibt zu, daß diese Theorie für eine Analyse der wirtschaftlichen Probleme der schwachentwickelten Länder nicht geeignet ist. Myint, der die klassische Außenhandelstheorie ablehnt, stellt jedoch eine eigene Theorie des „Auswegs für den Überfluß" („vent-for-surplus") auf, die die imperialistische Ausbeutung der Völker der schwachentwickelten Länder lediglich in raffinierterer Form verteidigt. Er vertritt die Ansicht, daß für die schwachentwickelten Länder die Beibehaltung der bestehenden internationalen Arbeitsteilung vorteilhaft sei, da die Produktion von Rohstoffen für den Export nicht mit der Beibehaltung des kolonialen Handelssystems identisch sei. Myint kritisiert also zwar die klassische Außenhandelstheorie, verteidigt jedoch im Grunde genommen die gleichen Interessen des Imperialismus.

In Wirklichkeit sind die schwachentwickelten Länder an einer internationalen Arbeitsteilung interessiert, die auf der allseitigen Entwicklung der Produktivkräfte ihres Landes basiert. Als Beispiel dafür kann man die Entstehung der neuen internationalen Arbeitsteilung zwischen den sozialistischen Ländern anführen. Etwas derartiges ist jedoch im Kapitalismus nicht möglich, wo die internationalen Wirtschaftsbeziehungen dem Profitstreben untergeordnet und die imperialistischen Mächte bestrebt sind, im Interesse der Erhaltung des Systems der Ausplünderung der schwachentwickelten Länder eine allseitige Entwicklung der Produktivkräfte in den rückständigen Ländern Asiens, Afrikas und Lateinamerikas zu verhindern.

[40] *H. Myint*, The „Classical Theory" of international Trade and the Underdeveloped Countries. In: „The Economic Journal", Bd. LXVIII, Juni 1958, S. 317–337.

Die Kolonialherrschaft und die auf ihrer Grundlage entstandene internationale Arbeitsteilung verstärkten das Wirken des von W. I. Lenin entdeckten Gesetzes der ungleichmäßigen ökonomischen Entwicklung der Länder. Im Imperialismus setzen sich die stärkeren Länder an die Spitze und gründen ihren Wohlstand auf die Ausbeutung und Unterdrückung der Völker anderer Länder. Die imperialistische Ausbeutung wirkt auch noch heute auf das Gesetz der ungleichmäßigen Entwicklung ein. Die imperialistische Ausbeutung der schwachentwickelten Länder wird jedoch durch den Kampf der Völker der schwachentwickelten Länder um ökonomische und politische Unabhängigkeit sowie durch das Bestehen des sozialistischen Weltsystems eingeschränkt. Dieser neue Faktor beeinflußt das Wirken des Gesetzes der ungleichmäßigen ökonomischen Entwicklung der Länder und wird es weiterhin beeinflussen.

Die wirtschaftliche Zusammenarbeit zwischen den schwachentwickelten Ländern und den sozialistischen Ländern, die auf den Prinzipien des beiderseitigen wirtschaftlichen Vorteils und der Nichteinmischung in die inneren Angelegenheiten beruht, ist ein mächtiges Mittel, das die imperialistische Ausbeutung der Völker der schwachentwickelten Länder einschränkt und günstige Voraussetzungen schafft, die wirtschaftliche Rückständigkeit der schwachentwickelten Länder zu beseitigen.

Die wirtschaftliche Zusammenarbeit der schwachentwickelten Länder mit der UdSSR und den anderen sozialistischen Ländern hat den imperialistischen Mächten das Monopol auf die Lieferung von Ausrüstungen und Kapital in die schwachentwickelten Länder sowie das Monopol auf den Ankauf der in diesen Ländern produzierten Rohstoffe genommen. Diese Tatsache läßt sich in ihrer Bedeutung für die ökonomische Entwicklung der schwachentwickelten Länder und für die Verbesserung ihrer Stellung auf dem Weltmarkt nicht hoch genug einschätzen. Vorüber sind die Zeiten, da die Imperialisten den schwachentwickelten Ländern die Bedingungen für den Wirtschaftsverkehr diktieren konnten. Es sei nur auf ein so bekanntes Beispiel hingewiesen, wie es der Bau des Assuan-Staudamms in der VAR ist, zu dem sich die Sowjetunion bereit erklärte, nachdem es die USA, um einen Druck auszuüben, abgelehnt hatten, die Ausrüstungen für diesen Staudamm zu liefern. Oder denken wir daran, daß die sozialistischen Länder große Mengen kubanischen Zuckers kaufen, während die USA, um einen wirtschaftlichen Druck auszuüben, die Abnahme von Zucker aus Kuba erheblich einschränkten. Heute müssen die Imperialisten im Handel mit den schwachentwickelten Ländern die Bedingungen berücksichtigen, die für die Wirtschaftsbeziehungen der schwachentwickelten Länder mit dem sozialistischen Weltmarkt maßgebend sind.

Die wirtschaftliche Zusammenarbeit der schwachentwickelten Länder mit den sozialistischen Ländern bietet ihnen nicht nur einen direkten Vorteil durch diese auf Gleichberechtigung und beiderseitigem Vorteil beruhenden Beziehungen, sondern führt indirekt auch zu einer Verbesserung der Bedingungen, unter denen die schwachentwickelten Länder mit den entwickelten kapitalistischen Ländern Handel treiben.

Es ist anzunehmen, *daß sich mit der fortschreitenden Entwicklung und Festigung der wirtschaftlichen Zusammenarbeit zwischen den schwachentwickelten Ländern und den sozialistischen Ländern die Wirkung des Gesetzes der ungleichmäßigen ökonomischen Entwicklung auf die schwachentwickelten Länder abschwächen wird.* Die Stellung der schwachentwickelten Länder auf dem Weltmarkt wird sich verbessern. Keinerlei bürgerliche Theorien werden diesen gesetzmäßigen historischen Prozeß aufhalten können.

IV. Das Problem der Kapitalakkumulation

Die Hauptaufgabe, die die schwachentwickelten Länder zu lösen haben, ist der Kampf um die ökonomische Unabhängigkeit. Der einzige Weg zur Lösung dieser Aufgabe besteht darin, tiefgreifende sozial-ökonomische Reformen durchzuführen, die den Weg zur Entwicklung der Produktivkräfte eröffnen, zur Sicherung eines hohen und beständigen Tempos der Kapitalakkumulation führen sowie eine wirksamere Ausnutzung des Akkumulationsfonds ermöglichen werden.

Die Ausplünderung der schwachentwickelten Länder durch die imperialistischen Staaten und die feudalen Überreste, zu deren Erhaltung die Herrschaft des ausländischen Monopolkapitals beiträgt, schaffen Bedingungen, unter denen die Kapitalakkumulation äußerst begrenzt ist und der Prozeß der wirtschaftlichen Entwicklung außerordentlich langsam voranschreitet. *Das Problem der Kapitalakkumalation ist daher eines der schwierigsten Probleme für die schwachentwickelten Länder. Seine Lösung hängt in hohem Maße von dem sozialen Entwicklungsweg ab, den das betreffende Land beschreitet*; denn für das Ausmaß der Kapitalakkumulation und ihren Anteil am Nationaleinkommen sind die sozialen Faktoren von entscheidender Bedeutung. Gerade deshalb ist das Problem der Kapitalakkumulation Gegenstand eines erbitterten Klassenkampfes und zugleich eines Kampfes, den die nationalen Kräfte gegen das ausländische Monopolkapital und seine Agenten innerhalb der schwachentwickelten Länder selbst führen.

Infolge des niedrigen Entwicklungsstandes der Industrie und der niedrigen gesellschaftlichen Arbeitsproduktivität haben die schwachentwickelten Länder ein geringes Nationaleinkommen, weswegen der Umfang der Kapitalakkumulation in diesen Ländern natürlich begrenzt ist. Aber selbst bei dem vorhandenen Nationaleinkommen haben die schwachentwickelten Länder die Möglichkeit, die Kapitalakkumulation durch bestimmte sozialökonomische Umgestaltungen zu erhöhen.

Das Haupthindernis für die wirtschaftliche Entwicklung der schwachentwickelten Länder liegt darin, daß noch feudale Verhältnisse bestehen. Daher sind tiefgreifende Agrarumgestaltungen für die meisten schwachentwickelten Länder eine vordringliche Aufgabe. Die sozialökonomischen Umgestaltungen müssen auch die Konsumtion der parasitären Klassen einschränken, den Abfluß der Profite ins Ausland begrenzen usw. Paul Baran entlarvt in seinem Buch „Die politische Ökonomie des

Wachstums"[41] mit Recht die Behauptungen bürgerlicher Ökonomen, daß die schwachentwickelten Länder selber keine Mittel für die wirtschaftliche Entwicklung hätten. „Was in allen diesen Ländern knapp ist", schreibt Baran, „ist das, was wir den *wirklichen* wirtschaftlichen Überschuß genannt haben, der für die Erweiterung der Produktivkräfte investiert wird. Der *potentielle* wirtschaftliche Überschuß, der für den genannten Zweck verwendet werden könnte, hat in allen schwachentwickelten Ländern einen großen Umfang."[42] Nach Berechnungen verschiedener Ökonomen könnte z. B. Indien bei dem heutigen Stand der Konsumtion der werktätigen Massen 15 Prozent des Nationaleinkommens in der Volkswirtschaft investieren. Tatsächlich machen die jährlichen Investitionen Indiens nur 5–8 Prozent des Nationaleinkommens aus. Dies erklärt sich daraus, daß in Indien mehr als 25 Prozent des Nationaleinkommens für die individuelle Konsumtion der unproduktiven Bevölkerungsschichten verwendet werden, und zwar sind das die Renten der feudalen Großgrundbesitzer, die Zinsen der Wucherer sowie der für die individuelle Konsumtion der Kapitalisten verwandte Teil des Profits. Ein bestimmter Teil des Nationaleinkommens verläßt das Land und fließt in die Safes ausländischer Monopole. In fünf Jahren – von 1952 bis 1956 – gingen aus Indien Profite und Zinsen in einer Gesamthöhe von 1075 Millionen Rupien in das Ausland.

Der amerikanische Ökonom Wilfred Mahlenbaum macht darauf aufmerksam, daß das im ersten indischen Fünfjahrplan (1951–1956) für die Entwicklung des privaten und des staatlichen Wirtschaftssektors vorgesehene Investitionsvolumen nur 55 Prozent der realen Hilfsquellen ausmacht, die investiert werden könnten. Mahlenbaum ist der Ansicht, daß sich die restlichen 45 Prozent der Mittel in eine „passive" Kapitalform verwandelt haben.

Nach den Berechnungen Mahlenbaums könnte also die Kapitalakkumulation Indiens durch bestimmte sozialökonomische Umgestaltungen und Strukturveränderungen in der Verteilung des Mehrprodukts, durch wirksamere Ausnutzung der bereits vorhandenen Kapitalquellen auf etwa das Doppelte gesteigert werden.

Alles das zeigt, daß die Lösung der Probleme der Kapitalakkumulation damit verknüpft ist, daß bestimmte sozialökonomische Umgestaltungen durchgeführt werden, und sei es im Rahmen der bestehenden kapitalistischen Produktionsweise. Man muß dabei jedoch bedenken, daß das höchste wirtschaftliche Entwicklungstempo allein der Sozialismus ermöglicht. Die Investitionen in den sozialistischen Ländern sind dank der Tatsache, daß die innere und die äußere Ausbeutung und die parasitären Klassen beseitigt sind, sowie dank der planmäßigen Entwicklung der Wirtschaft bedeutend höher als bei gleichem Entwicklungsstand der Produktivkräfte in den kapitalistischen Ländern.

Das Problem der Kapitalakkumulation hängt auch mit der Verteilung des Kapitals auf die einzelnen Volkswirtschaftszweige zusammen. Vom nationalen Standpunkt aus gesehen bringen die Investitionen den größten Nutzen, wenn sie

[41] *Paul A. Baran*, The Political Economy of Growth, New York 1957.
[42] Ebenda, S. 226 f.

eine vorrangige Entwicklung der Schwerindustrie sichern, wenn also die Industriezweige, die Produktionsmittel herstellen, sich rascher entwickeln als die Konsumgüterindustrie. *Die Notwendigkeit der vorrangigen Entwicklung der Produktionsmittel herstellenden Industriezweige ist theoretisch durch die marxistische Theorie bewiesen und praktisch in der wirtschaftlichen Entwicklung der UdSSR erprobt worden. Diese Leitsätze haben auch für kapitalistische Länder Gültigkeit.*

Das wirtschaftliche Wachstum eines Landes ist nur möglich auf der Basis einer systematischen Steigerung der gesellschaftlichen Arbeitsproduktivität, und diese wiederum ist nur möglich, wenn der Maschinenbau und die anderen Produktionsmittel herstellenden Industriezweige unter Ausnutzung der modernen Errungenschaften der Wissenschaft und Technik entwickelt werden.

Das wirtschaftliche Wachstum setzt auch ein Anwachsen des Volumens des inneren Marktes voraus. Dies aber erfordert die unverzügliche Beseitigung der feudalen Verhältnisse auf dem Lande. Die Frage der Agrarumgestaltung in den schwachentwickelten Ländern ist von größter Bedeutung; denn bekanntlich sind diese Länder vorwiegend Agrarländer, und in der Landwirtschaft sind 70–90% der Bevölkerung tätig.

Die Klasse der Feudalherren eignet sich nicht nur das ganze in der Landwirtschaft erzielte Mehrprodukt an und verbraucht es unproduktiv, sondern beschneidet außerordentlich rigoros auch das notwendige Produkt. In Indien z. B. eignet sich die Klasse der Feudalherren in Form von Rente und Wucherzinsen ein Fünftel bis ein Drittel des gesamten in der Landwirtschaft geschaffenen Nationaleinkommens an. Dann bleibt für die Akkumulation nichts übrig. Außerdem steigen dadurch, daß sich die Klasse der Feudalherren die Rente aneignet, die Preise der landwirtschaftlichen Erzeugnisse. Alles das begrenzt die Aufnahmefähigkeit des inneren Marktes und die Kapitalakkumulation; so aber gibt es kein wirtschaftliches Wachstum. Eine konsequente Agrarreform, die alle feudalen Überreste beseitigen würde, könnte eine reale Voraussetzung für die Beschleunigung der Kapitalakkumulation in der gesamten Volkswirtschaft dieser Länder sein. Die Beseitigung der feudalen Verhältnisse in der Landwirtschaft und der parasitären Klasse der Feudalherren kann auf das Tempo der Kapitalakkumulation in der Landwirtschaft und der Industrie einen positiven Einfluß ausüben.

Außer dem ökonomischen hat die Agrarreform auch einen politischen Aspekt. Es ist bekannt, daß sich der Kolonialismus und der Imperialismus in den schwachentwickelten Ländern bis zum heutigen Tage auf die Feudalherren stützen, die sich dort nur noch halten können, wenn ihnen Hilfe von außen zuteil wird. Zwischen dem Imperialismus und dem Feudalismus besteht ein politisches Bündnis.

Die Durchführung radikaler Agrarreformen ist Kampf gegen die Folgen des Kolonialismus und Zerstörung der ökonomischen und politischen Stütze des Imperialismus in diesen Ländern.

Das sind die wichtigsten Leitsätze des Marxismus-Leninismus in der Frage der Kapitalakkumulation. Auf ein so wichtiges Problem der Akkumulation wie das der

Standortverteilung der Investitionen im Lande können wir hier nicht eingehen. Diese Frage von großem theoretischen und politischen Interesse liegt außerhalb des Rahmens der vorliegenden Arbeit.

Wie stellen sich die bürgerlichen Ökonomen zum Problem der Kapitalakkumulation in den schwachentwickelten Ländern?

In letzter Zeit hat eine ganze Reihe von bürgerlichen „Theorien" der wirtschaftlichen Entwicklung der schwachentwickelten Länder das Tageslicht erblickt. Die bürgerliche Presse des Westens hat in der letzten Zeit viel über die Theorie der „Stadien des ökonomischen Wachstums" von W. W. Rostow geschrieben. Macht man sich mit dieser Theorie vertraut, so zeigt es sich, daß ihr einziger Zweck darin besteht, die wirtschaftliche Rückständigkeit der schwachentwickelten Länder zu rechtfertigen, die Herrschaft des ausländischen Kapitals in diesen Ländern aufrecht zu erhalten sowie die positive Rolle der sozialen Faktoren in Abrede zu stellen.

Die Welt entwickelt sich nach der Theorie von Rostow automatisch, und keinerlei Revolutionen können den Gang der Geschichte ändern. Die wirtschaftlichen Erfolge der Sowjetunion z. B. erklärt Rostow damit, daß Rußland schon um die Wende vom 19. zum 20. Jahrhundert in das „Stadium des wirtschaftlichen Wachstums" oder, wie er es auch nennt, das Stadium des „Aufbruchs" (take-off) eingetreten sei, welches automatisch, unabhängig vom sozialen System, in die „reifende" Gesellschaft übergehen mußte, in der sich die neuen Methoden und die neuen Aufschwünge auf die gesamte Wirtschaft ausbreiten.

Daher, behauptet Rostow, hängen die Erfolge der UdSSR und der anderen sozialistischen Länder nicht im geringsten damit zusammen, daß sich diese Länder auf dem sozialistischen Wege entwickeln. Hieraus wird die den Imperialisten sehr genehme Schlußfolgerung gezogen, daß kein Land soziale Veränderungen und Umgestaltungen anstreben solle. Die Stellung der schwachentwickelten Länder in der Welt soll unverändert bleiben.

Welche Wirtschaftspolitik schlägt nun Rostow den schwachentwickelten Ländern vor, damit sie ihre wirtschaftliche Rückständigkeit rascher beseitigen können? Er schreibt:

> „Die Neigung, Kinder zu haben ... muß sich letztlich ändern, um eine Verringerung der Geburtenrate zu erreichen, insofern die Möglichkeit des individuellen Fortkommens und die Verringerung des Bedarfs an ungelernten Landarbeitern neue Kriterien schaffen."[43]

Daraus könne man folgern, daß die Völker der schwachentwickelten Länder, wenn sie nicht ihre Einstellung zur Zeugung ändern und nicht den „begrenzten Horizont der Menschen" erweitern, keine Chancen für eine wirtschaftliche Entwicklung haben. Kurz gesagt, Rostow frischt die reaktionäre malthusianische Theorie auf, deren antiwissenschaftlichen Charakter das Leben längst erwiesen hat.

[43] *Walt Whitman Rostow*, A Non-Communist Manifesto. In: „The Economist", 15. August 1959, S. 410.

Was für Rezepte schlägt Rostow noch vor? Er empfiehlt den schwachentwickelten Ländern, das Schwergewicht auf die Entwicklung der Landwirtschaft und der extraktiven Industrie zu legen. Damit folgt er anderen bürgerlichen Ökonomen und wiederholt die These, daß die schwachentwickelten Länder sich mit der Rolle von Rohstoffanhängseln der imperialistischen Länder begnügen müßten.

Überhaupt gibt Rostow keine Antwort auf die brennendsten Fragen der wirtschaftlichen Entwicklung der schwachentwickelten Länder. Die Erfahrungen der wirtschaftlichen Entwicklung der UdSSR und der anderen sozialistischen Länder werden in einem entstellenden, falschen Lichte gezeigt. Auf diese Weise sucht der Autor der Anziehungskraft des Sozialismus zu begegnen und die Unerschütterlichkeit der kapitalistischen Gesellschaft zu beweisen.

Daß sich die wirtschaftliche Entwicklung der schwachentwickelten Länder unabhängig von einer Veränderung der sozialen Struktur der Gesellschaft vollzieht, wird auch in dem Buche „Die politische Ökonomie der amerikanischen Außenpolitik" nachzuweisen versucht, das – 1955 von führenden amerikanischen Ökonomen zusammengestellt – die offizielle Politik der USA-Regierung gegenüber der nationalen Befreiungsbewegung widerspiegelt.[44] In dem Buch wird insbesondere darauf hingewiesen, daß politische Unabhängigkeit keineswegs eine notwendige Voraussetzung für wirtschaftlichen und sozialen Fortschritt sei.

Ich habe bereits bemerkt, daß die sozialen Faktoren auf keinen Fall aus den Bedingungen ausgeschlossen werden dürfen, die das Tempo und den Charakter der wirtschaftlichen Entwicklung bestimmen.

Große Verbreitung hat unter den bürgerlichen Ökonomen, die sich mit ökonomischen Fragen der schwachentwickelten Länder befassen, die Theorie von einem „circulus vitiosus der Armut" gefunden, nach der sich die rückständigen Länder deshalb nicht entwickeln, weil sie arm sind. Ohne Bezugnahme auf diese Theorie kommt keine einzige bürgerliche Arbeit über schwachentwickelte Länder aus; besondere Aufmerksamkeit aber wird ihr in den Arbeiten der amerikanischen Ökonomen Ellis, Buchanan u. a. gewidmet. Die Theorie des „circulus vitiosus" geht davon aus, daß niedriges Einkommen die Folge geringer Produktivität sei, die ihrerseits durch Kapitalmangel bedingt werde. Der Kapitalmangel wiederum wird mit geringer Fähigkeit oder Neigung zum Sparen infolge niedrigen Einkommens erklärt usf. Die meisten Autoren kommen zu der Schlußfolgerung, daß man diesen Kreis nur mit Hilfe von ausländischem Privatkapital – sowohl durch direkte Investitionen als auch durch Kredite – durchbrechen könne, wobei sie verschweigen, daß die Bürde des Auslandskapitals, wie die Geschichte lehrt, die wirtschaftliche Lage der schwachentwickelten Länder nur verschlechtern kann. Diese Konzeption taucht besonders häufig in den Arbeiten amerikanischer Ökonomen auf und bildet die Grundlage der offiziellen außenwirtschaftlichen Politik der amerikanischen Regie-

[44] The Political Economy of American Foreign Policy, Its Concepts, Strategy and Limits, New York 1955.

rung, die aktiv die Interessen ihrer Monopole in den schwachentwickelten Ländern vertritt. Die „Theorie des circulus vitiosus" ist einfach eine apologetische Theorie des Imperialismus, die den schwachentwickelten Ländern jede Möglichkeit abspricht, die wirtschaftliche Rückständigkeit zu überwinden und jemals ihre vollständige Unabhängigkeit zu erreichen.

Der bekannte amerikanische Industrielle und Berater des USA-Präsidenten in Fragen der Außenwirtschaftspolitik Randall geht in seinem Buch „Die kommunistische Herausforderung an das amerikanische Unternehmertum" ebenfalls auf das Problem der Kapitalakkumulation in den schwachentwickelten Ländern ein. Was empfiehlt dieser Autor? Nach seiner Meinung sind für die Akkumulation von Kapital folgende Bedingungen notwendig:

> „Die erste Bedingung besteht darin, daß es (das Individuum — V. S.) die Möglichkeit hat, im Schweiße seines Angesichts mehr zu produzieren als es verbraucht. Die zweite Bedingung besteht darin, daß das Individuum, vorausgesetzt, daß die Einkünfte die notwendigen Ausgaben übersteigen, dazu überredet werden kann, regelmäßig einen gewissen Teil, mag er auch noch so klein sein, aufzuheben, damit Kapital akkumuliert werden kann. Dieser Verzicht auf gegenwärtigen Genuß erfordert große Charakterstärke und Selbstdisziplin. Da es an dieser Eigenschaft häufig schon in unserem eigenen Volk mangelt, ist es nicht verwunderlich, daß man sie erst recht selten unter den Völkern antrifft, die sich noch an der Schwelle der Zivilisation befinden. Der Kongolese, der mit Freuden entdeckt, daß er nur vier Tage in der Woche zu arbeiten braucht, um seine Frauen mit Manioka ernähren zu können, begnügt sich damit und gibt sich an den übrigen drei Tagen dem Nichtstun hin. Viel Zeit muß vergehen, bis in ihm der Wunsch erwacht, noch einen weiteren Tag zu arbeiten, um die Manioka durch Weißbrot ersetzen zu können, und es bedarf eines hohen Grades von Selbstentwicklung, damit er die Notwendigkeit empfindet, noch einen weiteren Tag zu arbeiten, um Ersparnisse für die Zukunft machen zu können."[45]

Wie man sieht, verurteilt das Programm Randalls die schwachentwickelten Länder dazu, ständig in Armut und Unwissenheit zu vegetieren, da das Volk der schwachentwickelten Länder seiner Meinung nach faul ist und eine Besserung der Lage gar nicht anstrebe. Das Volk des Kongo ist also nicht deshalb arm, weil es vom imperialistischen Belgien erbarmungslos ausgebeutet worden ist, sondern deshalb, weil es seiner Natur nach faul und nicht in der Lage ist, für Ersparnisse zu arbeiten. Diese auf angebliche rassische Eigentümlichkeiten bezugnehmende Theorie ist im Westen weit verbreitet. Mit ihr sind auch die europäischen Rechtssozialisten voll und ganz einverstanden. Alle von uns behandelten Theorien der Kapitalakkumulation enthalten in Wirklichkeit kein positives Programm für die wirtschaftliche Entwicklung der schwachentwickelten Länder und verfolgen einzig und allein den Zweck, die Armut in diesen Ländern als für immer unvermeidlich hinzustellen.

Von weit größerem Interesse sind die Arbeiten bürgerlicher Ökonomen, in denen der Versuch gemacht wird, die technisch-ökonomischen Bedingungen der Kapital-

---

[45] *C. B. Randall*, a. a. O., S. 138 f.

akkumulation zu analysieren, um die Quellen der Investitionsfinanzierung zu klären. Diese Theorien gehen jedoch ebenfalls davon aus, daß sozial-ökonomische Umgestaltungen, die die Existenz des Imperialismus oder überhaupt des Kapitalismus bedrohen könnten, keineswegs wünschenswert seien. Daher sind auch diese Theorien wirklichkeitsfremd; und die schwachentwickelten Länder werden ihre wirtschaftlichen Probleme auf Grundlage dieser Theorien nicht lösen können.

Charakteristisch ist in dieser Hinsicht die von dem bekannten amerikanischen Ökonomen Nurkse stammende Arbeit „Probleme der Kapitalakkumulation in den unterentwickelten Ländern", in der die Hauptaufmerksamkeit den inneren Quellen der Kapitalakkumulation gilt. Wie aber geht Nurkse an dieses Problem heran? Worin bestehen die inneren Quellen der Kapitalakkumulation? Der Autor unterscheidet zwei „circuli vitiosi". Der eine besteht auf seiten des Kapitalangebots: Die geringe Sparneigung ist letzten Endes durch Kapitalmangel bedingt; der andere besteht auf seiten der Kapitalnachfrage: Der geringe Hang zur Investition ist durch die niedrige Kaufkraft der Bevölkerung infolge geringen Einkommens bedingt, was letzten Endes wiederum auf den Kapitalmangel zurückzuführen ist. Nurkse vertritt die Ansicht, daß das Haupthindernis für die wirtschaftliche Entwicklung der schwachentwickelten Länder nicht mangelndes Kapitalangebot, sondern – durch die Enge des Marktes bedingt – mangelnde Kapitalnachfrage ist.[46] Bei der Behandlung der Marktfrage ignoriert der Verfasser erstens die Hauptbedingung für eine Entwicklung des Marktes, nämlich die Beseitigung der feudalen Überreste und vor allem die Durchführung einer Agrarreform. Diese Maßnahmen sind unumgängliche Voraussetzung für eine Entwicklung des Marktes. Zweitens vertritt Nurkse einen falschen Standpunkt in der Realisierungsfrage. In Anknüpfung an die Realisierungstheorie von J. B. Say – Produkte werden gegen Produkte ausgetauscht – sucht Nurkse einen Ausweg in der gleichzeitigen Entwicklung aller Konsumgüter herstellenden Zweige, ohne sich jedoch Gedanken darüber zu machen, wie die Reproduktion in einem Lande verwirklicht werden soll, in dem die gesamte Industrie oder doch ihr überwiegender Teil zur Abteilung II gehören und die Produktionsmittelindustrie nicht entwickelt wird.

Natürlich führt eine Steigerung der Produktion zur Ausweitung des Marktes, aber doch vor allem infolge einer zunehmenden Nachfrage nach Produktionsmitteln. Lenin sagte, daß „am raschesten die Produktion von Produktionsmitteln für Produktionsmittel, danach die Produktion von Produktionsmitteln für Konsumtionsmittel und am langsamsten die Produktion von Konsumtionsmitteln wächst".[47] Diese theoretische These Lenins ist durch die ganze Entwicklung des Kapitalismus bestätigt worden.

Als bestimmende Voraussetzung für die Größe des Marktes betrachtet Nurkse das Niveau der Produktivität, die nach seiner Meinung „die Hauptgrundlage des

---

[46] Vgl. *Ragnar Nurkse*, a. a. O., S. 4 f.

[47] *В. И. Ленин*, *Сочинения* (*W. I. Lenin*, *Werke*), Bd. I, Moskau 1951, S. 71.

amerikanischen Massenmarktes und der amerikanischen Massenproduktion darstellt".[48] Einzig und allein eine hohe gesellschaftliche Arbeitsproduktivität, die eine Massenproduktion für Massenverbraucher ermöglicht, sichert nach Nurkse eine dem Volumen des Marktes entsprechende Produktion. Um eine hohe Produktivität zu erzielen, bedarf es jedoch großer Investitionen, zu denen die schwachentwickelten Länder nicht in der Lage sind. Offensichtlich trägt man also nicht zur Klärung der Frage bei, wenn man an das Problem der Kapitalakkumulation von dem Standpunkt herangeht, daß es in den schwachentwickelten Ländern an Kapitalnachfrage mangele. Dies führt uns nur wieder auf das Problem zurück, Kapital für die Akkumulation ausfindig zu machen, und gestattet kein Ausbrechen aus den sogenannten „circuli vitiosi".

Als eine bedeutende innere Quelle für die Kapitalakkumulation schätzt Nurkse die latente Arbeitslosigkeit in der Landwirtschaft ein. Dieser Standpunkt wird von vielen Ökonomen geteilt. Die latente Arbeitslosigkeit beträgt nach verschiedenen Schätzungen 15–30% der in der Landwirtschaft tätigen Bevölkerung. Nurkse ist der Ansicht, daß man diese Arbeitskräfte ohne Beeinträchtigung des Gesamtvolumens der landwirtschaftlichen Produktion aus der Landwirtschaft abziehen und für die Schaffung realen Kapitals einsetzen könne. Dann würde sich die Produktion pro Kopf der restlichen Bevölkerung erhöhen. Sofern dann die Konsumtion unverändert bleibe, könne dieser Produktionszuwachs zur Finanzierung von Arbeiten zur Schaffung eines realen Kapitals verwandt werden, wobei das Schwergewicht auf die Einbeziehung zusätzlicher Arbeitskräfte in die Produktion gelegt werden müsse.

Nurkse und andere bürgerliche Ökonomen weisen mit Recht darauf hin, daß die latente Arbeitslosigkeit in der Landwirtschaft der schwachentwickelten Länder als Quelle für die wirtschaftliche Entwicklung dienen könnte, aber sie wollen nicht die Notwendigkeit von sozial-ökonomischen Umgestaltungen und besonders von Agrarreformen in diesen Ländern anerkennen. Daher sind alle ihre Vorschläge, die latente Arbeitslosigkeit unter Beibehaltung der bestehenden Gesellschaftsstruktur zu nutzen, utopischer Natur und zum Scheitern verurteilt. Nurkse schlägt z. B. vor, den auf dem Lande zurückbleibenden Bauern höhere Steuern aufzuerlegen. Aber wenn keine radikale Agrarreform durchgeführt wird, die Feudalherren nicht als Klasse liquidiert werden und das Land nicht den Bauern übergeben wird, kann keine Steuererhöhung zu den gewünschten Resultaten führen.

Die produktive Ausnutzung der landwirtschaftlichen Übervölkerung wäre ein bedeutender Beitrag zur Entwicklung der Produktivkräfte in den schwachentwickelten Ländern. Doch erfordert sie wiederum Mittel zur Finanzierung des Wachstums der Industrie, die diese überflüssige landwirtschaftliche Bevölkerung aufnehmen soll. Nach meiner Ansicht könnten diese Mittel erschlossen werden, wenn im Lande sozial-ökonomische Umgestaltungen und in erster Linie eine Bodenreform

[48] *Ragnar Nurkse*, a. a. O., S. 20.

durchgeführt werden. Die Überführung der unbeschäftigten Bevölkerung vom Lande in die Stadt muß auf einem Anwachsen der Industrieproduktion beruhen. *Wenn man jedoch Mittel für die Kapitalakkumulation bei gleichbleibender Produktionsstruktur in Ländern mit außerordentlich niedrigem Einkommen pro Kopf der Bevölkerung sucht, ohne das grundlegende sozial-ökonomische Veränderungen durchgeführt werden, bedeutet dies, sich geradezu von der Lösung der Frage zu entfernen und die schwachentwickelten Länder auf einen falschen Weg zu drängen.*

Nurkse erhebt Anspruch auf die Schaffung einer neuen Theorie der Konsumtion und der Ersparnis, die sich bei näherer Bekanntschaft als eine Theorie erweist, die auf dem rein psychologischen Faktor des sogenannten „Demonstrationseffekts" basiert. Nurkse ist der Ansicht, daß die Ersparnisse einer Person nicht von der absoluten Höhe ihres Einkommens, sondern von dem Verhältnis dieses Einkommens zu dem Einkommen der Menschen abhängen, unter denen die betreffende Person lebt. Ein ähnliches Verhältnis bestehe auch zwischen reichen und armen Ländern, sofern sie in bestimmte Beziehungen zueinander treten. Dies bedeutet, daß ein armer Mensch, wenn er unter genauso armen Menschen lebt, nicht nur gegen seine Armut nicht protestiert, sondern mit seiner Lage zufrieden ist. Darin liegt das Wesen des „Demonstrationseffekts" (diesen Standpunkt teilt auch der amerikanische Ökonom Eugene Staley. Er ist ebenfalls der Ansicht, daß die Unzufriedenheit der Völker der schwachentwickelten Länder nicht auf die Armut an sich, sondern auf das Wissen zurückzuführen sei, daß andere Länder und Völker weitaus besser leben). Nurkse zieht nicht in Betracht, daß der Lebensstandard der Bevölkerung in den schwachentwickelten Ländern derart niedrig ist, daß bei einer eventuellen Erhöhung des Einkommens pro Kopf der Bevölkerung die Konsumtion auch ohne den „Demonstrationseffekt" zunehmen würde.

Nurkse sagt sehr richtig, daß äußere Quellen kaum viel ausrichten könnten, wenn nicht innerhalb des Kapital einführenden Landes entsprechende Maßnahmen zur Kapitalmobilisierung ergriffen würden, ist aber trotzdem der Ansicht, daß Maßnahmen wie eine protektionistische Politik im Hinblick auf die junge wachsende Industrie oder die Begrenzung der Konsumgütereinfuhr nur wenig für die Kapitalakkumulation im Lande tun können. Diese Ansicht Nurkses teilen auch viele andere bürgerliche Ökonomen. Wir können uns damit nicht einverstanden erklären. Im Gegenteil, *die schwachentwickelten Länder müssen zur Förderung der nationalen Industrie die notwendigen Maßnahmen treffen, um ihre junge Industrie vor der Konkurrenz des ausländischen Kapitals zu schützen.*

Eine pseudowissenschaftliche Auslegung des Problems der Kapitalakkumulation in den schwachentwickelten Ländern gibt auch die Theorie des „starken Impulses", die unter den bürgerlichen Ökonomen ziemlich starke Verbreitung gefunden hat. Mit hinreichender Vollständigkeit wurde das Wesen dieser Theorie besonders in einem Vortrag dargelegt, den Paul N. Rosenstein-Rodan auf der Konferenz der Internationalen ökonomischen Assoziation in Rio de Janeiro vom August 1957 hielt.

„Es existiert ein bestimmter Mindestaufwand an Mitteln, den man für ... die Realisierung eines Entwicklungsprogramms aufbringen muß, wenn es einige Aussicht auf Erfolg haben soll. Wenn sich ein bestimmtes Land anschickt, den Weg selbsttätigen Wachstums zu beschreiten, so erinnert das in gewisser Hinsicht an den Start eines Flugzeugs. Es gibt eine bestimmte kritische Geschwindigkeit, die das Flugzeug noch auf der Erde erreichen muß, bevor es überhaupt imstande ist, sich in die Luft zu erheben. Wenn es ‚Schritt für Schritt' vorangeht, wird keine so starke Wirkung erzielt, als wenn alles auf einmal eingesetzt wird. Eine unerläßliche (obgleich nicht ausreichende) Bedingung für den Erfolg ist ein *Minimum* an Investitionen."[49]

Tatsächlich ist für jede wissenschaftliche Entwicklung ein bestimmtes Minimum an Investitionen in wertmäßiger und gegenständlicher Form erforderlich. Man kann z. B. kein Hüttenwerk bauen, wenn man nicht genügend Mittel für den Ankauf von Material und Ausrüstungen sowie für die Bezahlung der Bau- und Montagearbeiten besitzt oder wenn man nicht die Möglichkeit hat, Material und Ausrüstungen zu kaufen.

Die Autoren der Theorie des „starken Impulses" verstehen unter dem Minimum an wirtschaftlichen Hilfsquellen oder Investitionen jedoch die Schaffung einer sogenannten Infrastruktur im Lande.

Der wirkliche Sinn der Theorie des „starken Impulses" besteht darin, die schwachentwickelten Länder in erster Linie auf die Entwicklung der Wirtschaftszweige zu orientieren, welche die sogenannte Infrastruktur der Wirtschaft oder, wie Professor Rosenstein-Rodan sie nennt, „die Sphäre der sozialen und der allgemeinen produktionstechnischen Dienste" bilden. Rosenstein empfiehlt, diese Investitionen ausschließlich mit Mitteln des Staates zu tätigen. Den gesamten Gewinn daraus aber soll das Privatkapital und in erster Linie das ausländische Kapital erhalten, das in diese Länder eindringt. Kurz gesagt, diese Theorie sorgt sich mehr um die Interessen des ausländischen Kapitals als um die Interessen der schwachentwickelten Länder selbst. Der Autor vertritt die Ansicht, daß die schwachentwickelten Länder 30–40% ihrer gesamten Investitionsmittel in diesen Sphären anlegen sollen. Die Empfehlungen Rosensteins laufen darauf hinaus, für eine lange Zeit die Schaffung von Produktionsmittel-Industrien zurückzustellen und die schwachentwickelten Länder durch die Einfuhr von Ausrüstungen und Maschinen noch stärker an den äußeren Markt zu binden.

Über die Kapitalakkumulation schreibt Rosenstein folgendes:

„Ein hohes Minimum an Investitionen erfordert ein großes Sparvolumen, das jedoch in rückständigen Ländern mit niedrigem Einkommen schwer zu erreichen ist. Der Ausweg aus dem circulus vitiosus besteht darin, *zuerst* das Einkommen zu erhöhen (durch Vergrößerung der Investitionen, welche zusätzliche verborgene Hilfsquellen mobilisieren) und Mechanismen zu schaffen, die in der *zweiten* Etappe eine Höchstrate des Sparens garantieren, die den Durchschnitt bei weitem übertrifft."[50]

[49] *P. N. Rosenstein-Rodan*, Notes on the Theory of the „Big Push", Paper Nr. 3. Roundtable of the International Economic Association, Rio de Janeiro, 19.–28. August 1957, S. 1. [50] Ebenda, S. 10.

Rosenstein empfiehlt dies zwar als einen „Ausweg“ aus dem circulus vitiosus, aber tatsächlich wird die wirtschaftliche Entwicklung auf diesem Wege keineswegs gesichert. Wir stoßen hier auf die Notwendigkeit sozialer Umgestaltungen, die zusätzliche Quellen der Kapitalakkumulation erschließen würden. Rosenstein geht jedoch nicht über einige dem bürgerlichen Denken behaftete Erwägungen zu dem von Adam Smith geprägten Aphorismus hinaus, daß Sparsamkeit eine Tugend und Verschwendung ein Laster ist.

Nach Rosenstein ist der Grund für die wirtschaftliche Rückständigkeit nicht im Imperialismus und Kolonialismus zu suchen, die jahrhundertelang den Kolonien und abhängigen Ländern alle Lebenssäfte ausgesogen und diese Länder in furchtbare Armut und wirtschaftlichen Verfall gestürzt haben, sondern vielmehr darin, daß in diesen Ländern kein „synchronisierter großer Stoß“ zustande kam. Daher dürfte man dem westlichen Imperialismus nicht die Schuld an der wirtschaftlichen Rückständigkeit der schwachentwickelten Länder aufladen. Es sei dies alles ein Spiel des Zufalls: in einigen Ländern sei nun einmal der „große Stoß“ erfolgt, der zu der heutigen Blüte dieser Länder geführt hat, während es in den anderen Ländern nicht dazu gekommen ist, so daß sich diese Länder mit ihrer erbärmlichen Lage abfinden und warten müßten, bis das Schicksal ihnen den „starken Impuls“ beschert. Das ist die politische Schlußfolgerung aus der Theorie des „starken Impulses“.

Von gewissem Interesse sind die Versuche der modernen bürgerlichen politischen Ökonomie, den Stand der Kapitalakkumulation zu bestimmen, der für die Entwicklung rückständiger Länder notwendig ist. Am häufigsten werden derartige Versuche auf der methodologischen Grundlage der sogenannten ökonometrischen Theorien der Dynamik und vor allem auf der Grundlage der Theorie des englischen Ökonomen Roy F. Harrod unternommen.

Das Wesen der Theorie von Harrod besteht in folgendem. Den Hauptfaktor für das Wachstum der Produktion sieht Harrod in der Kapitalakkumulation, und daher gilt seine Aufmerksamkeit in erster Linie den Faktoren, die den Anteil der Kapitalakkumulation am Nationaleinkommen bestimmen. Seiner Ansicht nach wird dieser Anteil von zwei Kennziffern bestimmt, und zwar von dem Wachstumstempo des Einkommens und von der Größe des für die Produktion einer Erzeugniseinheit benötigten Kapitalaufwands. Er stellt dazu folgende Überlegung an: Wenn das Einkommen steigt, vergrößert sich entsprechend auch die Nachfrage. Um diese Nachfrage befriedigen zu können, muß man die Produktion erweitern, was einen bestimmten, der Größe des Kapitalaufwands je Erzeugniseinheit entsprechenden Betrag an Investitionsmitteln erfordert. Die letztere Kennziffer bezeichnet Harrod als „Kapitalkoeffizient“ oder Akzelerator. Der Prozeß selbst, bei dem durch Vergrößerung der Nachfrage eine Serie von abgeleiteten Investitionen hervorgerufen wird, ist in der bürgerlichen Literatur als Akzeleratoreffekt bekannt. Die Theorie der Kapitalakkumulation basiert bei Harrod also auf dem Akzeleratorprinzip: Der gesamte Zuwachs der Investitionen ist durch das Wachstumstempo des Einkommens und die Größe des Akzelerators bestimmt.

Gegen diesen Teil der Theorie von Harrod erhebt sich eine Reihe schwerwiegender Einwände. Es ist bekannt, daß die Höhe der Kapitalakkumulation und die Nachfrage von einer Reihe sozialer Faktoren abhängen. In den sozialistischen Ländern sind bei sonst gleichen Bedingungen der Anteil des zu akkumulierenden Teils des Nationaleinkommens und die Nachfrage nach Erzeugnissen bedeutend höher als im Kapitalismus. Selbst in den kapitalistischen Ländern sind die sozial-ökonomischen Bedingungen, von denen die Höhe der Akkumulation und der Nachfrage abhängt, nicht überall gleich. Wenn z. B. in einem Lande die Positionen des Feudalismus stark sind und ein bedeutender Teil des Nationaleinkommens für die Konsumtion der parasitären Klasse der Feudalherren und der Rentiers verwandt wird, ist die Kapitalakkumulation sehr gering. Durch die Vernachlässigung der sozialen Faktoren wird diese Theorie für die Klärung der wirtschaftlichen Entwicklung der schwachentwickelten Länder faktisch unbrauchbar.

Noch aus anderen Gründen ruft die Theorie von Harrod Einwände hervor. Erstens enthält sie keinerlei Analyse der kapitalistischen Produktionsverhältnisse. Triebkraft der Produktionsentwicklung ist im Kapitalismus beileibe nicht die Zunahme der Nachfrage, sondern die Jagd nach dem Maximalprofit. Die Produktion ist letzten Endes mit der Konsumtion verknüpft und von ihr abhängig. Über bestimmte Zeiträume hinweg vermag sie sich jedoch unabhängig von der Nachfrage zu entwickeln. Der Zusammenhang der Produktion mit der Nachfrage tritt jedoch in gewaltsamer Form während der Krise zutage, da die Kluft zwischen Produktion und Konsumtion offensichtlich wird und in schmerzhafter und verheerender Weise geschlossen wird.

Zweitens läßt diese Theorie jene bedeutenden Kapitalinvestitionen unberücksichtigt, deren unmittelbare Ursache nicht eine Zunahme der Verbrauchernachfrage ist, sondern die Entstehung neuer Industriezweige oder die praktische Verwertung wissenschaftlicher Entdeckungen. Dieser Faktor ist für die schwachentwickelten Länder besonders wichtig. Wenn die Kapitalakkumulation in diesen Ländern einzig und allein dem Anwachsen der Nachfrage der Bevölkerung folgen würde, so kämen diese Länder kaum aus dem Zustand der wirtschaftlichen Rückständigkeit heraus. Zur Entwicklung ihrer nationalen Wirtschaft bedürfen die schwachentwickelten Länder einer Serie von Investitionen in den wichtigsten Zweigen der Schwerindustrie. Die Schaffung dieser Industriezweige hängt zur Zeit nicht unmittelbar mit einem Einkommenswachstum der Bevölkerung zusammen. Die Schaffung einer Schwerindustrie ist die Grundlage des wirtschaftlichen Fortschritts und eines künftigen Einkommenswachstums.

Unter Zugrundelegung von nur zwei die Akkumulationsrate bestimmenden Faktoren – der Wachstumsrate des Einkommens und der Größe des Kapitalaufwands je Erzeugniseinheit – definiert Harrod die sogenannte garantierte (oder befriedigende) Wachstumsrate, die seiner Ansicht nach eine ungehinderte Entwicklung der Produktion und volle Ausnutzung aller Produktionskapazitäten ermöglicht (wenngleich seiner Meinung nach „unfreiwillige" Arbeitslosigkeit nicht ausgeschlossen sei). Harrod versucht die befriedigende Wachstumsrate durch Größen auszudrücken, die man ihm zufolge als unabhängige Variable betrachten kann, nämlich durch die Ersparnisrate S und die Größe des Kapitalkoeffizienten (oder Akzelerators) C_r. Er argumentiert folgendermaßen: Damit die Produktionsmöglichkeiten vollständig ausgenutzt werden, d.h., damit die Industrie voll ausgelastet ist, müssen die potentiellen Akkumulationen in Form von Ersparnissen (S) gleich den realen Akkumulationen, den Investitionen, sein, die durch die Größe des „Kapitalkoeffizienten" (C_r) sowie durch eine solche Wachstumsrate des Einkommens bestimmt werden, die die vollständige Ausnutzung der potentiellen Akkumulation (G_w) sichert, d. h. $S = C_r G_w$.

Danach ist die befriedigende Wachstumsrate $G_w = \frac{S}{C_r}$. Bei dieser Formel setzt Harrod voraus, das S und C_r konstante Größen sind, die somit eine bestimmte befriedigende Wachstumsrate der Produktion bedingen.

Aber läßt sich von einer bestimmten Wachstumsrate sprechen? Kann man sie errechnen und für eine staatliche Regelung als Richtzahl benutzen, wenn man schon die Möglichkeit einer solchen Regelung einräumt?

Die statistischen Untersuchungen einiger bürgerlicher Ökonomen widerlegen die Voraussetzungen, auf denen die These der befriedigenden Wachstumsrate basiert. Dem Amerikaner Kuznets zufolge hat sich der Anteil der Ersparnisse am Nationaleinkommen der USA wie folgt verringert: Ende des 19. Jahrhunderts belief er sich auf 16%, während des ersten Viertels des 20. Jahrhunderts aber nur noch auf 10,2%.[51]

Es gibt auch keine Anhaltspunkte dafür, daß der Kapitalkoeffizient (C_r) konstant geblieben sei. Berechnungen des Verhältnisses von „Kapitalaufwand und Produktionsergebnis" zeigen, daß dieses Verhältnis innerhalb bestimmter Zeiträume eine gewisse Wachstumstendenz aufweist, worin zweifellos die Wachstumstendenz der organischen Zusammensetzung des Kapitals und die industrielle Erschließung neuer Gebiete ihren Ausdruck findet. In den schwachentwickelten Ländern kann der Kapitalkoeffizient nicht konstant sein. Er hängt davon ab, für welchen Zweck neue Kapitalinvestitionen verwandt werden. Investitionen, die zur Erweiterung und Modernisierung bestehender Betriebe verwendet werden, drücken diesen Koeffizienten hinab, während Investitionen für die Entwicklung neuer Gebiete die Tendenz haben, ihn zu erhöhen.

Wenn aber weder S noch Cr in der Formel für die befriedigende Wachstumsrate von Harrod konstante Größen sind, dann gibt es auch keine bestimmte befriedigende Entwicklungslinie und keine entsprechende Wachstumsrate. Den jeweiligen Größen von S und C_r würde jeweils eine andere „befriedigende Wachstumsrate" entsprechen. Eine auf diese Weise errechnete Kennziffer kann nicht als befriedigende Rate für alle Perioden angesehen werden, da die sie bestimmenden Größen eine zwar langsame, aber ständige und mitunter auch sprunghafte Veränderung durchmachen.

---

51 *S. Kuznets*, National Income, New York 1946, S. 59.

Alles das zeigt, daß die mit der befriedigenden Wachstumsrate zusammenhängende Theorie für die Planung der Entwicklung der ökonomisch rückständigen Länder nicht brauchbar ist. In dieser Hinsicht äußern einige bürgerliche Kritiker Harrods sehr vernünftige Gedanken. Beispielsweise erklärte der französische Ökonom Maurice Byé in seinem Referat auf der Konferenz der Internationalen Ökonomischen Assoziation vom August 1957 in Rio de Janeiro unter Hinweis darauf, daß Kapitalkoeffizient und Ersparnisrate veränderlich sind:

> „Der Wert derartiger Modelle für Prognosen und politische Entscheidungen sei allem Anschein nach auf Zeiträume beschränkt, die kurz genug sind, um Strukturveränderungen auszuschließen. Wenn dies richtig ist, kann man nicht damit rechnen, daß diese Modelle sich für die Länder, die ihre Zukunft planen, als nützlich erweisen werden."[52]

P. C. Mahalanobis schreibt:

> „Es muß betont werden, daß eine Analyse des Verhältnisses zwischen materiellem Aufwand und Produktionsergebnis oder die lineare Programmierung, in der Hauptsache statistischen Wert besitzt. Aller Wahrscheinlichkeit nach haben diese Untersuchungen keinen großen Wert für die Erforschung der Probleme einer beschleunigten Industrialisierung (in diesen Ländern — D. Verf.), da sich die Struktur der Beziehungen zwischen dem materiellen Aufwand und dem Produktionsergebnis an sich grundlegend verändern wird."[53]

Versuche, die Theorie Harrods zur Begründung des wirtschaftlichen Wachstums und für konkrete Berechnungen der wichtigsten Kennziffern dieses Wachstums in den schwachentwickelten Ländern zu benutzen, können also keine fruchtbringenden Ergebnisse zeitigen. Diese Theorie läßt nicht nur die konkreten Besonderheiten der schwachentwickelten Länder unberücksichtigt, sondern beruht auch auf unrichtigen Ausgangsthesen, die den Entwicklungsprozeß der Produktion überhaupt entstellen. Diese Theorie kann die Führer der schwachentwickelten Länder nur verwirren und ihre Aufmerksamkeit von den realen Problemen ablenken, vor denen die schwachentwickelten Länder stehen.

Ein charakteristisches Beispiel dafür, wie Harrods Modell der wirtschaftlichen Entwicklung vom theoretischen Standpunkt des Keynesianismus zur Erforschung grundlegender Probleme der schwachentwickelten Länder benutzt wird, ist das Buch „Der Bedarf an Kapital für die Entwicklung der Länder Süd- und Südostasiens" von S. A. Abbas.[54]

Zur Bestimmung der für die Entwicklung der schwachentwickelten Länder erforderlichen Kapitalmenge führt Abbas Berechnungen über den Einfluß der Bevölkerungszunahme, der Veränderung des Kapitalkoeffizienten und des An-

---

[52] *Maurice Byé*, The Role of Capital in Economic Development, Paper Nr. 5. Roundtable of the International Economic Association, Rio de Janeiro, 19.–28. August 1957, S. 6 f.

[53] *P. C. Mahalanobis*, a. a. O., S. 14.

[54] *S. A. Abbas*, Capital Requirements for the Development of South and South-East Asia, Groningen, New York 1956.

wachsens des Nationaleinkommens pro Kopf der Bevölkerung auf die Größe des benötigten Kapitals an. Der Autor zeigt die riesige Differenz zwischen den inländischen Ersparnissen und der Kapitalmenge, deren es zur Sicherung eines ständigen Wachstums des Einkommens pro Kopf der Bevölkerung bedarf. Abgesehen davon, daß jegliche Berechnungen angesichts der spontanen Entwicklung kapitalistischer Länder nur sehr bedingten Charakter haben können, kommt Abbas zu einer recht seltsamen Schlußfolgerung, denn er setzt seine ganze Hoffnung auf einen Zustrom von Kapital aus den entwickelten Ländern. Vom Standpunkt der Multiplikatortheorie ist dies eine logische Schlußfolgerung, denn die Anhänger dieser Theorie vertreten die Auffassung, daß die Wirtschaft von außen her zum Anlaufen gebracht werden müsse. Im Falle der schwachentwickelten Länder muß dieser Stoß ihrer Ansicht nach vom privaten Auslandskapital ausgehen. Diese Schlußfolgerung ignoriert nicht nur den schädlichen Einfluß, den privates Auslandskapital auf die Wirtschaft der schwachentwickelten Länder ausübt, sondern zeugt auch davon, daß Abbas eine der dringlichsten Aufgaben der Kapitalakkumulation in den schwachentwickelten Ländern nicht begreifen will, nämlich in erster Linie inländische Akkumulationsquellen ausfindig zu machen und zu nutzen.

Das Auslandskapital muß als Hilfsquelle angesehen werden; und im übrigen bedarf es unbedingt einer zielstrebigen staatlichen Politik gegenüber dem Auslandskapital, damit es auch wirklich zur Kapitalakkumulation beiträgt und nicht zur Ausplünderung der schwachentwickelten Länder dient.

Außerdem muß man die verschiedenen Formen unterscheiden, in denen das Auslandskapital in die schwachentwickelten Länder einfließt, und sind unbedingt die Ziele zu berücksichtigen, die die Kreditgeber verfolgen. Es ist bekannt, daß privates Auslandskapital in die schwachentwickelten Länder ausschließlich zu dem Zweck eingeführt wird, um Maximalprofite zu erzielen bzw. billige Rohstoffquellen zu erwerben. Diese Form der Heranziehung ausländischen Kapitals bewirkt keineswegs eine Kapitalakkumulation, sondern schränkt vielmehr die Akkumulationsmöglichkeiten in dem betreffenden schwachentwickelten Land ein. Kredite und sonstige von imperialistischen Staaten gewährte Wirtschaftshilfen verfolgen hauptsächlich politische Ziele und führen zur Einmischung in die inneren Angelegenheiten der schwachentwickelten Länder. Vom ökonomischen Standpunkt sind Anleihen und Kredite für diese Länder höchst vorteilhaft, besonders wenn sie an keinerlei politische Bedingungen geknüpft sind. Derartige Hilfe erhalten die schwachentwickelten Länder von den sozialistischen Ländern.

Wie zahlreiche andere bürgerliche Ökonomen umgeht Abbas die Frage der inneren Quellen. Das ist auch verständlich. Eine Mobilisierung dieser Quellen ist möglich, sobald tiefgreifende sozial-ökonomische Umgestaltungen durchgeführt werden. In den schwachentwickelten Ländern würden sich die Mittel zur Finanzierung der Investitionen finden, wenn eine radikale Agrarreform sowie Maßnahmen zur Beschränkung des ausländischen Kapitals, zur Nationalisierung der den ausländischen Monopolen gehörenden Betriebe sowie zur Einschränkung des Kapitalabflusses in

Form von Zinsen und Dividenden für das Auslandskapital durchgeführt würden und wenn die Konsumtion der parasitären Klassen eingeschränkt würde. Eine stärkere Besteuerung der inländischen Großbourgeoisie und der Großgrundbesitzer sowie der anderen nichtarbeitenden Elemente und auch eine Kontrolle der Steuereinziehung würden bedeutende Akkumulationsquellen in den schwachentwickelten Ländern erschließen.

Weil die bürgerlichen Ökonomen solche Maßnahmen zur Mobilisierung der potentiellen Quellen ignorieren, unterbreiten sie entweder Vorschläge zur Frage der inländischen Quellen, die Ausdruck utopischen Wunschdenkens sind (wie es z. B. bei Nurkse der Fall ist), oder aber sie bestreiten, daß Mittel für die Akkumulation ausfindig gemacht werden können (wie Rangnekar in seiner Arbeit „Die Armut und das Wachstum des Kapitals in Indien")[55].

Rangnekar ist der Ansicht, daß für die Lösung des Problems der Kapitalakkumulation nicht die Industrie, sondern die Landwirtschaft ausschlaggebend ist. Die Hauptaufgabe sieht er darin, die staatlichen Investitionen in der Landwirtschaft zu erhöhen. Der Verfasser kommt zu dem Schluß, daß in einem Lande wie Indien die Mittel für Investitionen fehlten und die auf die beschleunigte Entwicklung der Industrie gerichtete Politik der Regierung irrig sei. Den Klasseninteressen der Monopole zuliebe ignoriert er die Tatsache, daß die Großindustrie die Hauptsphäre der Kapitalakkumulation und notwendige Voraussetzung einer erfolgreichen Entwicklung der Landwirtschaft ist, die nur dann zu einer bedeutenden Finanzierungsquelle werden kann, wenn eine radikale Bodenreform durchgeführt wird, alle feudalen Überreste beseitigt werden und einer kapitalistischen Entwicklung der Landwirtschaft der Weg bereitet wird.

Manche bürgerlichen Ökonomen schlagen vor, daß man zwecks Erschließung inländischer Quellen zur Finanzierung der wirtschaftlichen Entwicklung stärkeren Gebrauch von der Defizitfinanzierung und der direkten Inflation machen sollte. In den wirtschaftlichen Entwicklungsplänen einer Reihe schwachentwickelter Länder – Indien, Pakistan, Indonesien u. a. – ist tatsächlich eine Defizitfinanzierung vorgesehen.

Es muß gesagt werden, daß dies ein gefährlicher Weg ist, da er zur Inflation führt, deren Hauptlast in erster Linie auf die Schultern der werktätigen Massen fällt. Die Inflation bewirkt letzten Endes eine Desorganisation der Wirtschaft und untergräbt das Vertrauen in die nationale Währung. Sie ruft einerseits den Wunsch hervor, Ersparnisse ins Ausland zu bringen, und andererseits das Bestreben, sie in Gold oder anderen Werten anzulegen. *Daher ist die Inflation letzten Endes ein Hindernis für die Mobilisierung von Kapital, ein Hindernis für die wirtschaftliche Entwicklung des Landes.*

Das Problem der Kapitalakkumulation in den schwachentwickelten Ländern hängt unmittelbar mit der Rolle zusammen, die der Staat in der Wirtschaft dieser

---

[55] *D. K. Rangnekar*, Poverty and Capital Development in India, London 1958.

Länder spielt. Den Erfahrungen der sozialistischen Länder folgend, messen die schwachentwickelten Länder der Entwicklung des staatlichen Sektors und der Planung der Wirtschaft im Landesmaßstab große Bedeutung bei. Am ausgeprägtesten ist diese Tendenz in Indien. Zum Unterschied von den entwickelten kapitalistischen Ländern, wo der Staatshaushalt hauptsächlich dazu dient, riesige Streitkräfte, die Polizei, einen aufgeblähten Staatsapparat usw. zu finanzieren, werden die Haushalte in den schwachentwickelten Ländern in zunehmendem Maße als Quelle zur Finanzierung der industriellen Entwicklung genutzt. In Indien wurden für die wirtschaftliche Entwicklung des Landes im Rechnungsjahr 1955/56 etwa 26,4% des Staatshaushalts, dann 31,4% im Jahre 1956/57, 30,1% im Jahre 1957/58 und 30,2% im Jahre 1958/59 aufgewandt. Auf den Philippinen werden 24–26% der Mittel des Staatshaushalts für die Entwicklung der Wirtschaft ausgegeben. In Pakistan wurden in den letzten Jahren 28–39,3% der Mittel des Staatshaushalts für die Entwicklung der Wirtschaft bereitgestellt (in Pakistan ist dieser Prozentsatz allerdings deswegen so hoch, weil auch die Mittel für militärisch-strategische Bauten mit einbegriffen sind). Auch in lateinamerikanischen Ländern werden recht erhebliche Haushaltsbeträge für den wirtschaftlichen Aufbau verwandt.

Der Gedanke, die wirtschaftliche Rückständigkeit durch Entwicklung des staatlichen Sektors zu überwinden, ist in fast allen schwachentwickelten Ländern zur Staatspolitik erhoben worden. Allerdings haben es noch nicht alle Länder verstanden, diesen Gedanken in ein reales Aktionsprogramm umzusetzen. Dem steht eine ganze Reihe Faktoren entgegen, so der Widerstand des ausländischen Kapitals, der Widerstand der feudalen und kapitalistischen Elemente innerhalb des Landes, der Mangel an Erfahrungen usw.

Die gewaltigen ökonomischen und wissenschaftlichen Erfolge der UdSSR haben die sowjetische Akkumulationsmethode für die Völker der schwachentwickelten Länder sehr anziehend gemacht. Immer mehr Wirtschaftler und Politiker in den schwachentwickelten Ländern sind bestrebt, die Methoden der Akkumulation und Finanzierung der sowjetischen Industrie zu studieren. Dagegen erweisen sich die bürgerlichen Akkumulationstheorien, die die konkreten Entwicklungsbedingungen der schwachentwickelten Länder ignorieren, für deren Völker bei der Lösung der mit der wirtschaftlichen Rückständigkeit verknüpften Probleme als unanwendbar.

V. Die Industrialisierung der schwachentwickelten Länder

Ohne Industrialisierung, ohne die Schaffung einer Großindustrie, ist es unmöglich, die überaus dringlichen Probleme der schwachentwickelten Länder zu lösen, den Lebensstandard der Massen zu heben, die Arbeitslosigkeit zu verringern und der wirtschaftlichen Abhängigkeit von den imperialistischen Ländern ein Ende zu bereiten.

Daher ist es nicht verwunderlich, daß die Losung der Industrialisierung bei den Völkern der schwachentwickelten Länder eine der populärsten Losungen geworden ist. Diese Losung wird von fortschrittlichen Vertretern bürgerlicher politischer Parteien der Länder unterstützt, die sich aus der kolonialen Abhängigkeit befreit haben. Wie Sukarno in einer seiner Reden sagte, ist die Industrialisierung der einzige Weg zur Hebung des Wohlstandes der Gesellschaft und des Staates. Jawaharlal Nehru hat in seinen Reden wiederholt unterstrichen, daß die Zukunft des Landes untrennbar mit der Entwicklung der Schwerindustrie verknüpft ist. In einer Diskussion über die Planung sagte Nehru im Mai 1959, wenn Indien ein blühender Staat werden wolle, könne es sich einer Industrialisierung großen Umfanges nicht entziehen.

Man kann auch auf einige bürgerliche Ökonomen wie P. C. Mahalanobis, S. Sharma, O. Spate, Gunnar Myrdal und Raul Prebisch verweisen, die die Schaffung einer Schwerindustrie in den wirtschaftlich rückständigen Ländern als eine lebenswichtige Etappe in ihrer Entwicklung ansehen.

Dieser Standpunkt unterscheidet sich wesentlich von der oben erwähnten Konzeption der Ideologen des Imperialismus, nach der die schwachentwickelten Länder ihre Anstrengungen hauptsächlich darauf richten sollen, durch Steigerung der landwirtschaftlichen Produktion und des Abbaus mineralischer Rohstoffe ihre Einkünfte aus dem Export zu erhöhen. Diese These wird auch von amerikanischen Ökonomen in einer 1955 erschienenen umfangreichen Arbeit mit dem Titel „Die politische Ökonomie der amerikanischen Außenpolitik" verteidigt.

Einen ähnlichen Standpunkt vertrat auch Wilfred Mahlenbaum:

> „Die Regierungsprogramme sollten weniger grundlegende Aufgaben in den Vordergrund stellen. Sie sollten bereit sein . . ., auf das zu verzichten, was gewöhnlich für die traditionellen Hauptsymbole der Industrialisierung angesehen wird".[56]

Auch der amerikanische Ökonom W. W. Rostow vertrat ähnliche Anschauungen in seinem „Nicht-kommunistischen Manifest", das im August 1959 in der englischen Zeitschrift „Economist" veröffentlicht wurde.

Die Marxisten können derartigen Auffassungen nicht beipflichten; denn wenn die schwachentwickelten Länder auf die Entwicklung eines eigenen Maschinenbaus und einer eigenen Hüttenindustrie – dieser „traditionellen Symbole der Industrialisierung" – verzichteten und dafür ihre Anstrengungen auf die Entwicklung der exportorientierten extraktiven Industrie konzentrierten, würden sie nicht nur die Abhängigkeit von den imperialistischen Mächten nicht beseitigen, sondern im Gegenteil die Ausrichtung ihrer nationalen Wirtschaft auf die landwirtschaftliche Erzeugung und die Rohstoffgewinnung nur noch verstärken.

Eine offene Ablehnung der Notwendigkeit, die schwachentwickelten Länder zu industrialisieren, löst energische Proteste der um ihre wirtschaftliche Befreiung kämpfenden Völker aus. Daher sehen sich die Anhänger derartiger Theorien immer

[56] Asia and Future World Leadership, Philadelphia 1958, S. 29.

häufiger gezwungen, die Notwendigkeit der wirtschaftlichen, besonders industriellen, Entwicklung wenigstens in Worten anzuerkennen. Manche bürgerliche Ökonomen, die sich nicht dazu entschließen können, direkt gegen die Industrialisierung aufzutreten, betrachten sie jedoch immerhin als den Endpunkt einer langwierigen Entwicklung, in deren Verlauf das Land nacheinander zuerst die Landwirtschaft, dann die Leichtindustrie und einige Zweige der Schwerindustrie entwickeln und erst danach eine eigene Basis der Produktionsmittelproduktion aufbauen soll. Diesen Standpunkt vertritt der bekannte amerikanische Ökonom W. S. Woytinsky in einer Arbeit über das heutige Indien. Zur Begründung seines Standpunktes verweist Woytinsky auf die Erfahrungen der USA, Englands und Deutschlands:

> „Die Grundlage des wirtschaftlichen Wachstums in den frühen Phasen der Industrialisierung waren die Landwirtschaft, der Handel und das Handwerk."[57]

Erstens muß man feststellen, daß sich der Weg der Industrialisierung in den USA und in Deutschland von dem Industrialisierungsweg Englands unterscheidet, wo tatsächlich die Entwicklung der Leichtindustrie den Anfang bildete. In Deutschland und den USA begann die Industrialisierung mit der Entwicklung des Maschinenbaus. Aber selbst die Bedingungen der Industrialisierung in Deutschland und den USA, von England ganz zu schweigen, unterscheiden sich grundlegend von den heutigen Industrialisierungsbedingungen. Den schwachentwickelten Ländern zu empfehlen, sie sollten nach dem Beispiel Englands die Industrialisierung mit der Entwicklung der Leichtindustrie einleiten, würde bedeuten, die schwachentwickelten Länder zu langwieriger wirtschaftlicher Rückständigkeit zu verdammen und sie im System des Imperialismus festzuhalten. Unter den heutigen Bedingungen muß die Industrialisierung auf jeden Fall die Entwicklung der Produktionsmittelerzeugung einschließen.

Es ist bezeichnend, daß P. C. Mahalanobis, ein Anhänger der beschleunigten Industrialisierung Indiens, der enge Fühlung zu den praktischen Aufgaben des industriellen Aufbaus seines Landes hat, einen Beschluß der indischen Regierung, den Bau eines Werkes für Schwermaschinenbau aufzuschieben, scharf kritisiert. Mahalanobis hatte bereits im Jahre 1954 vorgeschlagen, ein solches Werk zu bauen. Wie er erklärt, seien jedoch „in gewissen Kreisen Zweifel über die Möglichkeit des Baues eines Werkes für Schwermaschinenbau aufgetaucht", und daher sei die Verwirklichung des zweiten Projektes um einige Jahre aufgeschoben worden. Mahalanobis zieht Schlußfolgerungen aus diesem Vorfall und hebt hervor:

> „Es wird heute zugegeben, daß wir, wenn wir vernünftig gehandelt und den Bau eines Werkes für Schwermaschinenbau mit einer Kapazität von 80000 Tonnen bedeutend früher begonnen hätten, nach Inbetriebnahme dieses Werkes jährlich hätten soviel Maschinen produzieren können, die für ein neues Hüttenwerk mit einer Leistung von 1 Mill. Tonnen Stahl oder zur Herstellung einer entsprechenden Menge äquivalenter Ausrüstungen ausgereicht hätten... Damit würden wir einen Zeitgewinn von 4–5 Jahren erzielt und außerdem viele Devisen eingespart haben".[58]

---

[57] *W. S. Woytinsky*, India, the Awakening Giant, New York 1957, S. 175.
[58] *P. C. Mahalanobis*, a. a. O., S. 14.

Heute baut Indien ein solches Werk mit sowjetischer Hilfe, das den wachsenden Bedarf des Landes an Ausrüstungen wird teilweise decken können.

Manche bürgerliche Ökonomen, die mit Worten die Notwendigkeit der Industrialisierung in diesen Ländern anerkennen, entstellen den Begriff, indem sie jede beliebige industrielle Entwicklung mit der Industrialisierung gleichzusetzen suchen. Darüber hinaus behaupten diese Ökonomen unter Hinweis auf die bestehende internationale Arbeitsteilung, daß die Industrialisierung für die schwachentwickelten Länder in erster Linie die Entwicklung der Leichtindustrie bedeuten müsse.

Dieser Standpunkt ist für die Zukunft der schwachentwickelten Länder nicht weniger schädlich als die offene Ablehnung der Industrialisierung. Würde die Industrialisierung auf die Entwicklung der Leichtindustrie und der extraktiven Industrie reduziert, so bliebe die bestehende internationale Arbeitsteilung erhalten, bei der die schwachentwickelten Länder Agrar- und Rohstoffanhängsel der imperialistischen Monopole sind. Dies würde bedeuten, die Völker der schwachentwickelten Länder zu ständiger wirtschaftlicher und politischer Abhängigkeit von den entwickelten kapitalistischen Ländern zu verurteilen. Wie sollte man auch die Zweige der Leichtindustrie und der extraktiven Industrie entwickeln können, wenn man die Produktionsmittel für diese Zweige nicht im eigenen Lande produziert. Hieraus ergäbe sich wiederum eine Abhängigkeit von Maschinenlieferungen der imperialistischen Monopole. Darin besteht der wahre Sinn dieser Konzeption.

Wenn die amerikanischen Ökonomen den schwachentwickelten Ländern den Weg der „Kattun-Industrialisierung" vorschlagen, so ist dies Heuchelei und Betrug an den Völkern der schwachentwickelten Länder. Wenn nämlich dieselben Ökonomen von den ökonomischen Problemen der USA sprechen, sagen sie ganz richtig, daß die Zukunft der USA von der weiteren Industrialisierung, von der Möglichkeit abhängt, den wissenschaftlichen und technischen Fortschritt in Industrie und Landwirtschaft auszunutzen.

In dem Buch „Das kapitalistische Manifest" heben die Amerikaner L. Kelso und M. Adler hervor, daß die weitgehende Anwendung vervollkommneter Ausrüstungen zu einer ständigen und endlosen Steigerung der Arbeitsproduktivität führt und eine dauernde Vergrößerung der Produktion von Waren und von Dienstleistungen je Beschäftigten sichert. Weiter bemerken sie, daß der technische Fortschritt zur Steigerung der Arbeitsproduktivität führt, was wiederum eine Erhöhung des Arbeitslohnes erfordert, damit die zur Aufrechterhaltung der Massenproduktion erforderliche Kaufkraft der Massen gewährleistet ist.[59]

So denken die amerikanischen Ökonomen und Soziologen über die Rolle der Technik und des technischen Fortschritts, wenn von ihrem eigenen Lande die Rede ist. Aber sie reden ganz andere Töne, sobald es sich um schwachentwickelte Länder handelt. Der unterschiedliche Standpunkt, das verschiedene Maß für die eigenen

---

[59] Vgl. *Louis O. Kelso* and *Mortimer J. Adler*, The Capitalist Manifesto, New York 1958, S. 8.

Länder einerseits und die schwachentwickelten Länder andererseits entlarvt die Ökonomen des Westens als Apologeten des Imperialismus und als Feinde der Völker der schwachentwickelten Länder. Diese Einstellung zur wirtschaftlichen Entwicklung dieser Länder bedeutet, diesen Ländern weiterhin die Rolle von Agrar- und Rohstoffanhängseln der Metropolen zuzuordnen.

Man kann sich unschwer vorstellen, wozu diese Politik führen würde, wenn die imperialistischen Länder das Monopol auf alle neuesten Errungenschaften der Wissenschaft und Technik besäßen, die schwachentwickelten Länder aber mittels eingeführter Ausrüstungen ausschließlich die Zweige der Leichtindustrie entwickeln würden. Die Unterschiede des ökonomischen Entwicklungsstandes und des Lebensstandards würden sich keineswegs verringern, sondern eher noch vergrößern. Das Problem der schwachentwickelten Länder würde nur noch komplizierter werden.

Im Gegensatz dazu hat der Marxismus-Leninismus immer eine klare Haltung zur Industrialisierung der schwachentwickelten Länder eingenommen. *Nach der marxistisch-leninistischen Theorie bedeutet die Industrialisierung eines Landes die Entwicklung der Schwerindustrie (Hüttenindustrie, Brennstoff- und Energiebasis, Maschinenbau). Industrialisierung ist letzten Endes die Produktion von Produktionsmitteln. Daher müssen die Zweige der Schwerindustrie in rascherem Tempo entwickelt werden als die Industriezweige, die Konsumtionsmittel herstellen. Die Schwerindustrie schafft die materiell-technische Basis für den allgemeinen wirtschaftlichen Fortschritt des Landes, für alle Volkswirtschaftszweige. Dieser Grundsatz gilt sowohl für die sozialistischen als auch für die kapitalistischen Länder.*

Die Industrialisierung ist die Grundlage für den technischen Fortschritt und die Steigerung der gesellschaftlichen Arbeitsproduktivität, ohne die sich kein hohes Produktionsniveau erreichen läßt.

Der wirtschaftliche Fortschritt der schwachentwickelten Länder überhaupt und der großen insbesondere (Indien, VAR u. a.) hängt voll und ganz vom Zustand und Entwicklungstempo der Industriezweige ab, die Produktionsmittel herstellen. Wer sich gegen die Industrialisierung der schwachentwickelten Länder wendet, wendet sich damit gegen die Grundinteressen der schwachentwickelten Länder, gegen die wirtschaftliche und politische Selbständigkeit dieser Länder.

Man muß feststellen, daß in der bürgerlichen ökonomischen Literatur die marxistisch-leninistische Industrialisierungstheorie häufig vorsätzlich entstellt wird. Sie wird verleumderisch als Theorie einer ins Extrem getriebenen Entwicklung allein der Schwerindustrie hingestellt, was, wie behauptet wird, zu Disproportionen in der Volkswirtschaft führe und eine Steigerung der Konsumtion der Bevölkerung behindere. *In Wirklichkeit sieht die marxistisch-leninistische Theorie die harmonische Entwicklung aller Volkswirtschaftszweige vor. Ein vorrangiges Entwicklungstempo der Zweige der Abteilung I (Gruppe A) im Vergleich zur Abteilung II (Gruppe B) ist objektives ökonomisches Gesetz zur Sicherung der erweiterten Reproduktion in jeder beliebigen Wirtschaftsformation. Die Berücksichtigung dieses objektiven Gesetzes sichert eine koordinierte Entwicklung der gesamten Volkswirtschaft bei maximal hohem*

Tempo. Umgekehrt führt die Nichtberücksichtigung des Gesetzes der vorrangigen Entwicklung der Zweige der Abteilung I zu Disproportionen und zur Verlangsamung des wirtschaftlichen Wachstumstempos.

Wenn man die Notwendigkeit einer Industrialisierung der schwachentwickelten Länder anerkennt, so soll das natürlich nicht heißen, daß sich dieser Prozeß in den verschiedenen Ländern in ein und derselben Form abspielen muß. Es wäre falsch zu glauben, daß sich z. B. Indien und Chile in gleichem Tempo und gleicher Richtung entwickeln werden. Ein Land, das über ein großes Territorium, große natürliche Hilfsquellen und einen riesigen Vorrat an Arbeitskräften verfügt, hat die Möglichkeit, die Produktion von Produktionsmitteln in beschleunigtem Tempo zu entwickeln. Die Industrialisierung eines Landes muß auf der allseitigen Berücksichtigung der Rohstoffquellen und der finanziellen Mittel beruhen, besonders wenn es sich um kleinere Länder handelt.

Worin bestehen nun in Wirklichkeit die Besonderheiten einer Industrialisierung „nach sowjetischem Muster"?

Wie bereits bemerkt, begann die UdSSR die Industrialisierung des Landes mit der Entwicklung der Schwerindustrie und insbesondere mit der Schaffung eines eigenen Maschinenbaus, der das Fundament des wirtschaftlichen Fortschritts darstellt. Erst nach Schaffung eines eigenen Maschinenbaus konnte die Sowjetunion alle die anderen Industriezweige entwickeln und die Landwirtschaft mit technischen Mitteln ausrüsten. Eine zweite charakteristische Besonderheit besteht darin, daß die Wirtschaft im Interesse der beschleunigten Entwicklung der Industrie und der beschleunigten Hebung des Wohlstandes der Werktätigen im Landesmaßstab geplant wird.

Der Marxismus-Leninismus mißt den sozialen Faktoren seit jeher große Bedeutung für die wirtschaftliche Entwicklung bei. Das Tempo der industriellen Entwicklung, Tempo und Volumen der Investitionen sind von der sozialen Struktur der Gesellschaft abhängig. Das Sowjetvolk eröffnete durch die Liquidierung der Kapitalisten und Gutsbesitzer als Klasse neue Quellen für das Wachstum der Investitionen in der Industrie.

Die Nationalisierung der Industrie ermöglichte es der UdSSR, alle Gewinne für die Entwicklung der Industrie zu verwenden. Die Nationalisierung des ausländischen Eigentums setzte der Ausbeutung des russischen Volkes und seiner Naturreichtümer durch das ausländische Kapital ein Ende. Die Umgestaltungen in der Landwirtschaft befreiten einerseits die Bauernschaft von der Zahlung riesiger Beträge in Form der Rente an die Gutsbesitzer, die dieses Geld für die parasitäre Konsumtion verwendeten; und andererseits schufen die Kollektivierung der kleinen Bauernwirtschaften und die Schaffung landwirtschaftlicher Großbetriebe eine feste Grundlage für die Versorgung der Industrie mit Rohstoffen und Nahrungsmitteln. Die UdSSR ordnete ihren gesamten Außenhandel der Industrialisierung unter. Die Struktur des Imports entsprach der Hauptaufgabe der Industrialisierung des Landes.

Bekanntlich konnte die UdSSR, die von dem feindlichen Lager des Imperialismus umgeben war, nicht auf Hilfe von außen rechnen. Das Sowjetvolk baute seine Industrie allein auf Basis innerer Akkumulationsquellen auf. Das war natürlich mit zahlreichen Schwierigkeiten verknüpft. Die neuen sozialistischen Länder und die schwachentwickelten Länder haben heute die Möglichkeit, auf Hilfe von außen zurückzugreifen. Dadurch wird der Industrialisierungsprozeß in gewissem Maße erleichtert. Obwohl sich die Industrialisierung in der UdSSR durch bestimmte Besonderheiten auszeichnete, besitzt die sowjetische Methode der Überwindung der wirtschaftlichen Rückständigkeit internationale Bedeutung und kann von den anderen Ländern angewandt werden. Die Völker der schwachentwickelten Länder, aus denen immer häufiger Vertreter in die UdSSR kommen, um unsere Industrialisierungsmethode, unsere Methode der Planung und der Finanzierung der Industrie zu studieren, verstehen das sehr gut.

Die bürgerlichen Ökonomen versuchen jedoch mit allen Mitteln, die Völker der schwachentwickelten Länder davon zu überzeugen, daß die sowjetischen Industrialisierungsmethoden für sie unannehmbar seien. Z. B. schreibt Oleg Hoeffding: daß „. . . die Länder Asiens nicht den Weg der raschen Industrialisierung nach dem Muster der UdSSR beschreiten können, indem sie besonderes Gewicht auf die kapitalintensiven Wirtschaftszweige legen und die Entwicklung der anderen Zweige, besonders der Landwirtschaft, vernachlässigen“.[60]

Es wurde bereits festgestellt, daß die Entwicklung aller anderen Industriezweige wie auch die der Landwirtschaft davon abhängt, welchen Entwicklungsstand der Maschinenbau besitzt, ob er den Bedarf aller anderen Volkswirtschaftszweige zu decken vermag. Bekanntlich sind die Erträge und vor allem die Arbeitsproduktivität und die Selbstkosten in der Landwirtschaft vom Grade der Mechanisierung, der Elektrifizierung und Chemisierung der Landwirtschaft abhängig. Die Mechanisierung, Elektrifizierung und Chemisierung aber hängen letzten Endes von der Entwicklung der Schwerindustrie und in erster Linie von der Entwicklung des Maschinenbaues ab. Dies sind unwiderlegbare Wahrheiten; und sie werden von den bürgerlichen Ökonomen auch anerkannt, sofern es sich um die entwickelten Länder handelt. Zum Beispiel wies die Vereinigte Wirtschaftskommission des USA-Kongresses in dem Bericht „Tendenzen der wirtschaftlichen Entwicklung des Sowjetblocks im Vergleich zu den Westmächten“ darauf hin, daß „der Ausgang des Wettbewerbs zwischen Ost und West in bedeutendem Maße von dem Wachstum der Arbeitsproduktivität und der Beziehung zum Lebensstandard abhängen wird“.[61] W. Galenson von der Universität California kommt in dem Buch „Die Arbeitsproduktivität in der Industrie der USA und der UdSSR“ zu dem Schluß, daß die Arbeitsproduktivität in der Industrie die wichtigste Meßziffer für die wirtschaftlichen Erfolge eines jeden Landes darstellt.[62] Damit kann man vollkommen einverstanden sein. Doch soll man noch

[60] Zitiert nach: «Мировая экономика и международные отношения», 1960, Nr. 4, S. 128.
[61] Zitiert nach: Экономическое соревнование между СССР и США, (Der ökonomische Wettbewerb zwischen der UdSSR und den USA), Moskau 1959, S. 21.
[62] Ebenda, S. 4.

hinzusetzen, daß der Stand der Arbeitsproduktivität von dem industriellen und technischen Entwicklungsstand des jeweiligen Landes abhängt.

Dann ist aber an die amerikanischen Ökonomen die Frage zu richten, weshalb sie die schwachentwickelten Länder mit einem anderen Maß messen. Warum besitzt die Entwicklung der Schwerindustrie für die USA und die anderen imperialistischen Mächte erstrangige Bedeutung, nicht aber die Industrialisierung für die schwachentwickelten Länder? Selbstverständlich können die bürgerlichen Ökonomen auf diese Frage keine überzeugende Antwort geben.

Das Monopolkapital der imperialistischen Staaten wendet sich vor allem aus zwei Gründen gegen die Industrialisierung. Erstens möchte es die schwachentwickelten Länder als Quelle von Rohstoffen und billigen Arbeitskräften sowie als Absatzmärkte behalten; zweitens wissen die Imperialisten, daß die Industrialisierung der schwachentwickelten Länder unausbleiblich soziale Umgestaltungen hervorruft, wodurch die soziale Stütze des Imperialismus in diesen Ländern untergraben wird. Die Industrialisierung führt zur Liquidierung des Feudalismus und der Kompradoren als der Hauptstütze des ausländischen Imperialismus in diesen Ländern.

Das Problem der Industrialisierung hat noch einen weiteren wichtigen internationalen Aspekt. Die Entwicklung der wirtschaftlich rückständigen Länder, der industrielle Aufbau, ist eng mit dem Abrüstungsproblem verknüpft. Eine Minderung der internationalen Spannungen würde für diese Länder eine zweifache positive Wirkung haben: Einerseits könnten die Haushaltsmittel, die heute für militärische Zwecke aufgewendet werden, dem Aufbau zugeführt werden, und andererseits würden die entwickelten Länder in die Lage versetzt, ihnen in steigendem Maße wirtschaftliche und technische Hilfe zu leisten. Die Festigung der Unabhängigkeit der schwachentwickelten Länder aber wird ihrerseits die internationale Zusammenarbeit erleichtern und die Positionen der friedliebenden Staaten stärken.

VI. Die Rolle des Staates bei der ökonomischen Entwicklung der schwachentwickelten Länder

Die Überwindung der wirtschaftlichen Rückständigkeit der schwachentwickelten Länder ist eng mit einer Verstärkung der ökonomischen Rolle des Staates, und zwar insbesondere bei der Verwirklichung von Perspektivprogrammen verbunden. Da die finanziellen Hilfsquellen beschränkt sind und möglichst produktiv genutzt werden müssen, ist die Beteiligung der Regierung am wirtschaftlichen Aufbau dringend geboten. Sofern der Staat über die Haushaltsmittel verfügt und ausländische Mittel heranzieht, kann er die entscheidenden wirtschaftlichen Maßnahmen selber in die Hand nehmen. Die Erfahrungen Indiens haben gezeigt, daß der vom Staat nach einem Perspektivprogramm geförderte Aufbau großer industrieller Objekte eine wirksame Methode ist, die Wirtschaft eines schwachentwickelten Landes zu festigen.

Die Frage nach der Rolle des Staates bei der ökonomischen Entwicklung der kapitalistischen Länder findet in der bürgerlichen politischen Ökonomie starke Beachtung. Diese Frage ist im Laufe der Zeit auf grundverschiedene Weise beantwortet worden. Während früher die Notwendigkeit staatlicher Einmischung in die Wirtschaft strikt abgelehnt wurde, tritt man heute eifrig dafür ein, daß der Staat ins Wirtschaftsleben eingreift, und fordert gar eine höchstmögliche Aktivierung der wirtschaftlichen Tätigkeit des Staates. Diese Tendenz verstärkt sich in dem Maße, wie sich der Kapitalismus in den von ihm selber hervorgerufenen Widersprüchen verstrickt, zum staatsmonopolistischen Kapitalismus wird. Doch gibt es auch heute noch Ökonomen, die eine Verstärkung der ökonomischen Rolle des Staates ablehnen. Die Mehrheit der bürgerlichen Ökonomen in den entwickelten kapitalistischen Ländern befürwortet jedoch eine verstärkte Einmischung des Staates in die Wirtschaft.

In der Nachkriegszeit hat die Frage nach der Rolle des Staates und seinen ökonomischen Funktionen einen neuen politischen und ökonomischen Sinn erhalten. Die jungen souveränen Länder Asiens und Afrikas sind bestrebt, den Staat als wichtigstes Instrument im Kampf um die Beseitigung ihrer wirtschaftlichen Rückständigkeit zu nutzen. Davon zeugen Regierungsdokumente und -beschlüsse. „Allein die rasche Erweiterung der wirtschaftlichen und sozialen Befugnisse des Staates wird es ermöglichen, die berechtigten Erwartungen des Volkes zu erfüllen", hieß es im ersten Fünfjahresprogramm Indiens.

> „Bei jeder Analyse der Industrialisierung in Asien muß der Rolle, die die Regierungen spielen, große Bedeutung beigemessen werden."[63]

Die Notwendigkeit einer Verstärkung der ökonomischen Rolle des Staates und seine besondere Bedeutung in den schwachentwickelten Ländern wird weitgehend von den bürgerlichen Ökonomen des Ostens anerkannt, die sich für einen Aufschwung der Volkswirtschaft der rückständigen Länder einsetzen. Der indische Ökonom A. K. Ghosh, Professor an der Universität Kalkutta, der Probleme der indischen Wirtschaft erforscht, schrieb:

> „Die wirtschaftliche Entwicklung ist in gleichem Maße eine Funktion der Regierung wie auch der Privatinitiative, aber die Rolle des Staates gewinnt besondere Bedeutung in einem rückständigen Lande, in dem es an Privatinitiative und Privatunternehmertum mangelt".[64]

In einer in zahlreichen Auflagen verbreiteten Schrift des indischen Ökonomen R. Chatterjee wird die Rolle des Staates in der Wirtschaft folgendermaßen eingeschätzt:

> „. . . der Staat muß eine aktive und vielleicht eine führende Rolle in unserem Programm der wirtschaftlichen und industriellen Entwicklung spielen, wenn wir der fortschrei-

[63] Economic Survey of Asia and the Far East, 1958, S. 58 und S. 68.

[64] *A. Ghosh*, Indian Economy, Its Nature and Problems, Kalkutta 1957, S. 13.

tenden Verschlechterung unseres Lebensstandards mit leidlichem Erfolg Einhalt gebieten und ihn in gewissem Umfang heben wollen."[65]

Wir stimmen voll und ganz mit den Autoren überein, die die Ansicht vertreten, daß der Staat bei der wirtschaftlichen Entwicklung der schwachentwickelten Länder eine wichtige Rolle zu spielen hat. Die Praxis hat bestätigt, daß *der Staat in den schwachentwickelten Ländern einer der wichtigsten Faktoren im Kampf für wirtschaftliche Unabhängigkeit, gegen die Willkür des ausländischen Monopolkapitals und gegen den Kolonialismus ist.* Die wirtschaftliche Tätigkeit des Staates in diesen Ländern, namentlich eine bestimmte Planung der Wirtschaft, die Kredit- und Geldpolitik, die Einführung von Schutzzöllen, der Bau von Industriebetrieben und Wasserkraftwerken – alles das trägt zur Entwicklung der nationalen Produktivkräfte bei und festigt die Volkswirtschaft. Daher ist die Stärkung der Rolle des Staates in den schwachentwickelten Ländern als eine fortschrittliche Erscheinung einzuschätzen, die in der gegenwärtigen Etappe den nationalen Interessen entspricht.

Gerade diese Seite der Tätigkeit der souveränen Staaten wird von einer Reihe Ökonomen des Westens angegriffen, die die Abhängigkeit der schwachentwickelten Länder von den Industriestaaten des Westens wenn nicht für immer, so doch noch für längere Zeit erhalten zu sehen wünschen. Sie treten für ein freies Unternehmertum und die Privatinitiative ein, die nach ihrer Meinung im Sinne der westlichen Vorbilder die Hauptrolle bei der Entwicklung der einstigen Kolonien spielen sollen.

In diesen Arbeiten wird dem Staat eine untergeordnete Rolle eingeräumt, wird seine Tätigkeit auf einige Zweige von gesellschaftlicher Bedeutung beschränkt, an denen das Privatkapital nicht interessiert ist. Zum Beispiel empfehlen die amerikanischen Ökonomen Buchanan und Ellis dem Staat der schwachentwickelten Länder, sich vorwiegend mit der Organisation des Gesundheitswesens, des Bildungswesens, sowie des Verkehrs und des Post- und Fernmeldewesens zu befassen.[66] Einen ähnlichen Standpunkt vertritt A. Youngson, Professor an der Universität Edinburgh, in seiner vor kurzem erschienenen Arbeit „Möglichkeiten des wirtschaftlichen Fortschritts".

Niemand wird leugnen, daß diese Zweige wichtig sind und staatlicher Unterstützung bedürfen, aber man muß doch die Frage stellen, wie ein Staat mit niedrigem Nationaleinkommen, der gegen ständigen Nahrungsmittelmangel zu kämpfen hat und über keine Industrie verfügt – so sieht es ja in den schwachentwickelten Ländern wirklich aus –, eine Verbesserung des Gesundheitswesens und des Bildungswesens sichern soll. Offensichtlich wäre es richtiger, wenn der Staat auch die wirtschaftliche Entwicklung des Landes in seine Hand nimmt.

In den meisten Fällen befürworten die bürgerlichen Wissenschaftler des Westens eine staatliche Beteiligung nur für solche Zweige, an denen das Privatkapital nicht interessiert ist, d. h. für solche Zweige, die große Investitionen auf lange Sicht erfordern.

[65] *R. N. Chatterjee*, Indian Economics, Kalkutta 1959, S. 141.
[66] *Norman S. Buchanan* and *Howard S. Ellis*, a. a. O., S. 230.

Der amerikanische Ökonom W. S. Woytinsky kritisiert den zweiten Fünfjahrplan Indiens, der große staatliche Investitionen in der Industrie vorsieht, mit der Begründung, daß die Regierungstätigkeit auf Gebiete ausgedehnt werde, „auf denen die Ersetzung des privaten Unternehmertums durch Regierungsbeamte wenig Vorteile verspricht oder überhaupt keine Vorteile bringt". Wenn man bedenkt, daß die Regierung ihre Kontrolle in der Regel auf rückständige Zweige ausdehnt, für die erhebliche Mittel bereitzustellen sind, so darf kaum mit einem raschen wirtschaftlichen Nutzen gerechnet werden. Viele Betriebe arbeiten in der ersten Zeit mit Verlust bzw. liefern überteuerte Erzeugnisse. Nicht selten dient gerade dieser Umstand als Ansatzpunkt zu Angriffen auf die staatlichen Eigentumsformen in den schwachentwickelten Ländern.

In vielen schwachentwickelten Ländern hat der Staat die Schaffung und Entwicklung der Verteidigungsindustrie und des Verkehrswesens, den Bau von Hüttenwerken und Maschinenfabriken sowie von Wasserkraftanlagen, die besonders für Länder mit einer auf Bewässerung angewiesenen Landwirtschaft wichtig sind, in die Hand genommen. Nicht selten wird diese staatliche wirtschaftliche Tätigkeit jedoch als eine unnütze Kraftvergeudung hingestellt, die in einem schwachentwickelten Lande nicht gerechtfertigt sei. So „warnt" der von uns bereits erwähnte A. Youngson die in wirtschaftlicher Hinsicht zurückgebliebenen Länder vor der Gefahr eines „Gigantismus" — vor dem Bau großer Kraftwerke, Bewässerungsanlagen und Stahlkombinate, da „die großen Bauvorhaben nicht nur riesige Mittel verschlingen, sondern auch viel Zeit erfordern, während das Volk indessen in Armut verharrt". Das ist in Wirklichkeit eine offene Stellungnahme für die Aufrechterhaltung der Rückständigkeit der schwachentwickelten Länder.

Natürlich ist der Bau großer Industrieanlagen mit erheblichen Schwierigkeiten für diese Länder verbunden, da es sowohl an Mitteln als auch an Ingenieuren und Technikern mangelt. Aber der Verzicht auf diese Bauvorhaben würde bedeuten, daß es bei der alten Abhängigkeit bleibt und keine Entwicklungsperspektiven bestehen. Wie das Beispiel Indiens zeigt, ist der von der Regierung geförderte Bau großer Industriebetriebe ein notwendiger Faktor für die Entwicklung der nationalen Wirtschaft.

Die bürgerlichen Ökonomen, die für ein uneingeschränktes privates Unternehmertum in den schwachentwickelten Ländern eintreten, werfen offensichtlich verschiedene Begriffe und historische Epochen durcheinander. Bei der Entwicklung der heute fortgeschrittenen Länder des Westens hat der Staat beim Aufbau des Verkehrswesens und anderer Objekte entweder unmittelbar oder — wie in den USA — durch Kreditgewährung eine wichtige Rolle gespielt. Bekanntlich war damals der Unterschied zwischen entwickelten und rückständigen Ländern nicht so riesig wie heute. Wenn heute die eben aus der kolonialen Abhängigkeit befreiten Länder versuchen würden, sich ausschließlich auf das private Unternehmertum zu stützen, würden sie sofort der Konkurrenz der mächtigen Monopole der imperialistischen

Staaten zum Opfer fallen. *Daher muß der Staat in den ökonomisch schwachentwickelten Ländern der wichtigste Faktor der nationalen Entwicklung sein.*

In den vorhergehenden Abschnitten wurde dargelegt, daß das Tempo der wirtschaftlichen Entwicklung bedeutend höher und gleichmäßiger ist, wenn der Staat selbst die Mittel akkumuliert und auf die Wirtschaftszweige verteilt. Durch die Verstärkung der ökonomischen Rolle des Staates wird die Beseitigung der ökonomischen Rückständigkeit der schwachentwickelten Länder beschleunigt. Die Völker dieser Länder können den Zeitfaktor nicht außer acht lassen. Auch von diesem Standpunkt aus ist also die Verstärkung der ökonomischen Rolle des Staates in den schwachentwickelten Ländern nicht nur wünschenswert, sondern geradezu notwendig.

Außerdem ist in den schwachentwickelten Ländern das Privatkapital nicht in der Lage, das Industrialisierungsproblem allein, ohne die Hilfe des Staates zu bewältigen. Die junge nationale Bourgeoisie besitzt noch nicht genügend Mittel, um ihre Stellung in den Zweigen der Schwerindustrie festigen zu können.

In einem schwachentwickelten Land ist allein der Staat in der Lage, der Konkurrenz der von ihren mächtigen Regierungen unterstützten ausländischen Monopole zu widerstehen. Der Staat muß außerdem eine Außenhandelspolitik durchsetzen, die den Interessen seines Landes entspricht.

Die Erfahrungen der UdSSR und der anderen sozialistischen Länder in der Aufstellung langfristiger wirtschaftlicher Entwicklungspläne werden weitgehend von den Regierungen schwachentwickelter Länder ausgenutzt; das ist in Indien, Burma, der VAR, Indonesien usw. der Fall.

Es ist allgemein anerkannt, daß die Planung der Wirtschaft im Landesmaßstab die wirksamste Methode zur Entwicklung der Wirtschaft ist. Die Planung bietet den schwachentwickelten Ländern die Möglichkeit, die Investitionen rationeller auf die Volkswirtschaftszweige zu verteilen, wodurch diese Länder in ihrer wirtschaftlichen Entwicklung rascher voranschreiten können. *Der Plan ermöglicht es, die Anstrengungen des Landes auf die Entwicklung der entscheidenden Zweige und auf die Entwicklung des staatlichen Sektors zu konzentrieren.* Bekanntlich fließt das Privatkapital in die Volkswirtschaftszweige, in denen es die höchsten Profite zu erzielen hofft. Das Privatkapital kümmert sich nicht um die nationalen Interessen des Landes; es wird ausschließlich von der Jagd nach Profit getrieben. Es ist jedoch allgemein anerkannt, daß der Erfolg der wirtschaftlichen Entwicklung der schwachentwickelten Länder von der Entwicklung der Zweige der Schwerindustrie abhängt, die große einmalige Investitionen erfordern und in der ersten Zeit keine hohen Gewinne versprechen, sondern in manchen Fällen sogar Verluste bringen. Daher wendet sich das Privatkapital ungern diesen Zweigen zu, obwohl sie für das Land von großer Bedeutung sind. *Die Entwicklung des staatlichen Sektors ist in den schwach entwickelten Ländern eine objektive Notwendigkeit.*

Die Anerkennung der Konzeption der Volkswirtschaftsplanung setzt ebenfalls eine Stärkung der ökonomischen Rolle des Staates voraus.

Die Rolle des Staates in der Wirtschaftsplanung hängt von zwei Faktoren ab: 1. in welchem Maße der Staat selbst Eigentümer von Produktionsmitteln ist, und 2. in welchem Maße er zur Entwicklung der Produktivkräfte im Interesse der ganzen Nation beiträgt, oder ob er die Entwicklung der Wirtschaft auf die Erzielung kapitalistischer Profite im Interesse der Klasse der Bourgeoisie orientiert. Wenn der Staat über keine starken Positionen in der Wirtschaft verfügt, wird er nicht in der Lage sein, Entwicklungspläne im Interesse der Nation zu verwirklichen. Nur wenn der Staat die Schlüsselstellungen der Wirtschaft in der Hand hat, kann er das Land zur Erfüllung solcher Pläne mobilisieren. Anderenfalls bleiben die Pläne Wunschgebilde. Der Staat muß selbst Werke, Fabriken, Bergwerke, Eisenbahnen usw. besitzen, damit er die Entwicklung der Wirtschaft entscheidend beeinflussen kann. Finanz- und Steuermaßnahmen bzw. eine Geld- und Kreditpolitik reichen nicht aus, die Entwicklung der Wirtschaft in eine bestimmte Richtung zu lenken.

In diesem Zusammenhang sei an eine Konzeption erinnert, die im Westen und in einer Reihe von schwachentwickelten Ländern starke Verbreitung gefunden hat. Es handelt sich um die Behauptung der westlichen Rechtssozialisten, daß der Staat das Wirtschaftsleben des Landes kontrollieren könne, ohne selbst Produktionsmittel zu besitzen. „Wer herrscht", behaupten sie, „besitzt nicht", bzw. sie sagen: „um zu herrschen, muß man nicht unbedingt besitzen". Diese unwissenschaftliche Konzeption benutzen die Rechtssozialisten im Westen dazu, ihren Verzicht auf die Forderung nach Nationalisierung der Industrie zu rechtfertigen. Die utopische Idee der Rechtssozialisten besteht darin, daß sie die Produktionsmittel den Interessen der ganzen Gesellschaft unterordnen, zugleich aber das Privateigentum an den Produktionsmitteln bestehen lassen möchten. Dies ist jedoch ein Betrug an der Arbeiterklasse, ein Versuch, sie zum Verzicht auf den Kampf für die Vergesellschaftung der Produktionsmittel zu veranlassen.

In manchen schwachentwickelten Ländern wird diese apologetische Konzeption des Monopolkapitalismus in der Presse diskutiert. Sie findet Anhänger. Diese Konzeption ist jedoch weder für die entwickelten noch für die schwachentwickelten Länder brauchbar. Diese Konzeption in schwachentwickelten Ländern zu akzeptieren, würde bedeuten, auf die Entwicklung des staatlichen Sektors in der Wirtschaft und eine Planung der Wirtschaft zu verzichten und dem ausländischen Privatkapital Tür und Tor zu öffnen. Dies aber hieße, auf eine selbständige Entwicklung zu verzichten und sich gänzlich dem ausländischen Privatkapital auszuliefern.

Die bürgerlichen Theorien und Konzeptionen, die die Rolle und Bedeutung des staatlichen Sektors in der Wirtschaft der schwachentwickelten Länder ignorieren, zielen darauf ab, die wirtschaftliche Entwicklung dieser Länder zu behindern. Die praktische Politik der imperialistischen Staaten fußt auf solchen Konzeptionen. Die Regierungen der imperialistischen Staaten versuchen, die Völker der schwachentwickelten Länder durch wirtschaftlichen und politischen Druck zu zwingen, auf die Entwicklung des staatlichen Sektors in der Wirtschaft zu verzichten, weil sie darin eine Gefahr für die Existenz des Imperialismus und des Kapitalismus überhaupt erblicken.

Wir können jedoch feststellen, daß diese bürgerlichen Theorien und Konzeptionen keinen großen Einfluß auf die praktische Wirtschaftspolitik der meisten schwachentwickelten Länder ausüben, sondern dort vielmehr alles Erdenkliche getan wird, um den staatlichen Sektor in der Wirtschaft zu stärken.

Man muß auch feststellen, *daß die bürgerlichen Theoretiker, die den schwachentwickelten Ländern vorschlagen, auf eine Verstärkung der ökonomischen Rolle des Staates zu verzichten, für ihre eigenen Länder keine derartigen Empfehlungen geben.* Auf diesen Widerspruch in den Ansichten bürgerlicher Ökonomen des Westens weist insbesondere der bekannte amerikanische Ökonom J. Galbraith hin.

> „Schon längst ist festgestellt worden, daß es, wenn es um die wirtschaftliche Weisheit geht, bei uns eine Theorie für den inneren Gebrauch und eine Theorie für den Export gibt. Die erste, für den inneren Gebrauch bestimmte Theorie stellt ein kompliziertes Gemisch von Pragmatismus und Kompromiß dar. Sie läßt ein Eingreifen der Regierung im Prinzip zu, aber nicht in der Praxis. Wir wenden uns kategorisch nur dann gegen das Eingreifen der Regierung, wenn dies offensichtlich im Interesse eines anderen liegt.
>
> Für den Export ist etwas Anderes bestimmt. Dies ist der völlige Verzicht auf das Eingreifen des Staates. Ausgeprägter Individualismus und Konkurrenz — das ist der springende Punkt. Menschen, die selbst dieses Heilmittel nicht annehmen wollen, schreiben es ohne Schwanken den Ausländern vor."[67]

Man muß dieser letzten Bemerkung von Galbraith zustimmen. *Die westliche politische Ökonomie empfiehlt den schwachentwickelten Ländern sehr häufig eine Politik, die sie für die eigenen Länder als unannehmbar betrachtet.*

Es wurde bereits darauf aufmerksam gemacht, daß die westlichen Ökonomen, die sich gegen eine echte Industrialisierung der schwachentwickelten Länder wenden, zur gleichen Zeit für ihre eigenen Länder eine Erhöhung des industriellen Entwicklungstempos empfehlen. Die USA z. B., die sich gegen die Schutzzollpolitik der schwachentwickelten Länder wenden, verfolgen selber jedoch eine harte Politik der Importeinschränkung.

Die Art und Weise, in der die bürgerlichen Ökonomen des Westens an die Probleme der wirtschaftlichen Entwicklung der schwachentwickelten Länder einerseits und der entwickelten Länder andererseits herangehen, entlarvt sie als Apologeten des Kolonialismus und als Feinde einer wirklichen wirtschaftlichen Entwicklung der schwachentwickelten Länder.

---

[67] „Foreign Affairs", Bd. 36, Juli 1958, Nr. 4, S. 590.

IV. DISKUSSION

ZUR KRITISCHEN AUSEINANDERSETZUNG MIT DER BÜRGERLICHEN LITERATUR ÜBER WIRTSCHAFT UND ÖKONOMISCHE THEORIE DES SOZIALISMUS

Anatolij Ignat'evič Paškov, Moskau

Mir ist die Ehre zuteil geworden, bei der Diskussion auf unserer Konferenz den Anfang zu machen. Ich möchte die Gelegenheit benutzen, um in meinem eigenen Namen, im Namen der sowjetischen Ökonomen, die an dieser Konferenz teilnehmen, und, wie ich glaube, im Namen aller hier Anwesenden der Befriedigung darüber Ausdruck zu verleihen, daß wir uns hier zur Beratung so wichtiger Fragen zusammengefunden haben. Ich möchte auch dem Initiator und Organisator der internationalen Konferenz, dem Institut für Wirtschaftswissenschaften an der Deutschen Akademie der Wissenschaften zu Berlin, seiner Leitung und den übrigen Mitarbeitern des Instituts, herzlich danken, die zur Vorbereitung dieser Konferenz viel Arbeit auf sich genommen haben.

In meinem Diskussionsbeitrag möchte ich mich vor allem mit der Frage befassen, über welchen Kreis von Problemen heute die marxistischen Ökonomen die Auseinandersetzung mit den bürgerlichen Ökonomen führen. Diese Frage ist von großer prinzipieller Bedeutung.

Unsere Konferenz hat die Kritik *neuer* Erscheinungen in der *modernen* bürgerlichen politischen Ökonomie zum Gegenstand. Unter diesen Erscheinungen nehmen großen Raum die bürgerlichen Zerrbilder von der Wirtschaft der sozialistischen Länder ein, stehen mit im Vordergrund die Verleumdung und Verfälschung der sozialistischen Wirklichkeit durch bürgerliche Ökonomen, der Kampf bürgerlicher Ökonomen gegen die marxistisch-leninistische ökonomische Theorie des Sozialismus.

Marx hat gesagt, daß die politische Ökonomie sich parallel zu der Entwicklung der realen Widersprüche der Gesellschaft und des Klassenkampfes entwickelt. Zu dieser wichtigen Schlußfolgerung gelangte Marx unter Berücksichtigung des ganzen historischen Entwicklungsprozesses der vorhergehenden wie der zeitgenössischen politischen Ökonomie. Diese Folgerung wird voll und ganz durch den Entwicklungsgang der politischen Ökonomie in der Periode nach Marx und insbesondere auch in der Gegenwart bestätigt.

Die Große Sozialistische Oktoberrevolution in der UdSSR und die Spaltung der Welt in zwei Systeme – in das kapitalistische und das sozialistische System –, der Sieg des Sozialismus in der UdSSR und der erfolgreiche sozialistische Aufbau in einer Reihe europäischer und asiatischer Länder bewirkten, daß sich in der bürgerlichen politischen Ökonomie neue wichtige Erscheinungen herausbildeten. Heute führt die bürgerliche politische Ökonomie einen erbitterten Kampf nicht nur wie vordem gegen die ökonomische Theorie des wissenschaftlichen Sozialismus und Kommunismus, sondern auch gegen den lebendigen, den realen Sozialismus, wie er in der UdSSR und den Ländern der Volksdemokratie besteht, und den lebendigen Kommunismus, der erfolgreich in der UdSSR aufgebaut wird.

In der bürgerlichen ökonomischen Literatur der Gegenwart lassen sich zwei Hauptströme der bürgerlichen Apologetik des Kapitalismus und des Kampfes der bürgerlichen politischen Ökonomie gegen den Marximus-Leninismus unterscheiden: erstens – die vulgären Theorien des gegenwärtigen *Kapitalismus*; zweitens – die bürgerlichen ökonomischen Theorien des *Sozialismus*.

Der unmittelbare Zusammenhang der modernen bürgerlichen Theorien des Kapitalismus mit der derzeitigen Situation des Kapitalismus selbst ist offenkundig. Der Zustand der bürgerlichen Ökonomie wird entscheidend beeinflußt durch die allgemeine Krise des Kapitalismus, durch den Sieg des Sozialismus in der UdSSR und den erfolgreichen Aufbau des Sozialismus in den Ländern der Volksdemokratie sowie durch den Zusammenbruch des Kolonialsystems des Imperialismus.

Die modernen bürgerlichen Theorien des Kapitalismus laufen einzig und allein darauf hinaus, Mittel ausfindig zu machen, die es ermöglichen könnten, den Kapitalismus zu retten, seine Gebrechen zu heilen. Die moderne bürgerliche Apologetik des Kapitalismus entspricht dessen derzeitiger Lage – entspricht der Epoche des monopolistischen Kapitalismus, des Imperialismus, der Epoche der allgemeinen Krise des Kapitalismus, der im Gange befindlichen revolutionären Zerschlagung des Kapitalismus. Die Lobeshymnen der bürgerlichen Ökonomen auf den Kapitalismus, ihr Bemühen um den Nachweis, daß die kapitalistische Wirtschaft rationell und es zweckmäßig sei, ihre Existenz zu wahren – alles dies verbinden dieselben bürgerlichen Ökonomen mit der Kritik des sozialistischen Wirtschaftssystems in der UdSSR und den übrigen sozialistischen Ländern. Zugleich wächst die Zahl der bürgerlichen Ökonomen, die sich gewissermaßen auf die Kritik an der sozialistischen Wirtschaft und der marxistisch-leninistischen ökonomischen Theorie des Sozialismus spezialisieren. Unmittelbare Aufgabe dieser Ökonomen ist es, die Wirtschaft der sozialistischen Länder in Verruf zu bringen, die ökonomischen Erfolge des Sozialismus, wenn nicht überhaupt in Abrede zu stellen, so doch zumindest für geringer auszugeben.

Heute, da der Sozialismus an den Kapitalismus die direkte Aufforderung zu friedlichem ökonomischem Wettstreit gerichtet hat, sind die bürgerlichen Ökonomen mit besonderem Eifer bemüht, in der Frage des wirtschaftlichen Entwicklungstempos der sozialistischen Länder und der kapitalistischen Länder Verwirrung zu stiften. Im praktischen Leben erweist sich, daß das Tempo der wirtschaftlichen Entwicklung der sozialistischen Länder das Wachstumstempo der Länder des Kapitalismus bei weitem übertrifft. Es steht fest, daß das Wachstumstempo der industriellen Produktion der UdSSR mehrfach höher ist als das Wachstumstempo der Industrie in den USA. Während der Zeit von 1918 bis 1959 belief sich das jahresdurchschnittliche Zuwachstempo der industriellen Produktion der UdSSR auf 10,1%, das der USA hingegen auf 3,3%. Für die Periode von 1945 bis 1959 sind die entsprechenden Zahlen 10,7% (UdSSR) und 1,7% (USA). Während der letzten 6 Jahre betrug das jahresdurchschnittliche Wachstumstempo der Industrie der UdSSR 11,3%, das der USA aber 2,4%.

Diese Zahlen bringen die bürgerlichen Ökonomen aus der Ruhe. Und das ist begreiflich, sind diese Zahlen doch das „memento mori“ des Kapitalismus in seiner heutigen Gestalt. Sie zeugen davon, daß im Wettbewerb des Sozialismus mit dem Kapitalismus niemand anders als der Sozialismus siegen wird und daß dieser Sieg nicht mehr fern ist. Eben darum sind die bürgerlichen Ökonomen nach Kräften bemüht, die in der sowjetischen Presse veröffentlichten Angaben über das Wachstumstempo der industriellen Produktion der UdSSR zu „widerlegen“, von den entsprechenden Zahlen Abstriche zu machen und zugleich das Wachstumstempo der USA-Industrie ungerechtfertigt hoch anzusetzen.

Die Ökonomen der sozialistischen Länder haben die völlige Unhaltbarkeit derartiger Versuche nachgewiesen. In der sowjetischen Literatur sind die von bürgerlichen Ökonomen angewandten Methoden des direkten Betruges und der gewissenlosen Entstellung bis ins letzte aufgedeckt worden, jene Methoden, mit denen diese Ökonomen ein falsches Bild von der Wirtschaft der UdSSR zu vermitteln und selbstfabrizierte Indizes über die Entwicklung der sowjetischen Industrie an Stelle der von den statistischen Organen der UdSSR publizierten Kennziffern unterzuschieben versuchen.

Die bürgerlichen Ökonomen beuten dabei die tatsächlich vorhandenen Schwierigkeiten aus, die bei einem Vergleich ökonomischer Kennziffern verschiedener Länder auftauchen und die nicht selten in den unterschiedlichen Berechnungsmethoden ihre Wurzeln haben, deren man sich in diesen Ländern bedient. Das gilt vor allem für die wertmäßigen Kennziffern, da ihnen ja unterschiedliche Währungen zugrunde liegen.

Aber auch damit haben die bürgerlichen Ökonomen Schiffbruch erlitten. Während der letzten Jahre haben sowjetische Ökonomen die umfangreiche und schwierige Aufgabe gemeistert, sowjetische und US-amerikanische ökonomische Kennziffern miteinander zu vergleichen, und zwar Kennziffern über den Umfang der industriellen Produktion und der landwirtschaftlichen Erzeugung, über Arbeitsproduktivität in der Industrie und in der Landwirtschaft, über das Volumen des Nationaleinkommens und den Lebensstandard.

Über die Ergebnisse dieser Arbeit hat Prof. V. Starovskij, Leiter der Statistischen Zentralverwaltung der UdSSR, in einem Artikel berichtet, der in Heft 4 des Jahrgangs 1960 der sowjetischen Zeitschrift „Voprosy ekonomiki“ veröffentlicht wurde.

Die sowjetische Statistik ist, wie auch die Statistik der übrigen sozialistischen Länder, streng wissenschaftlich. Sie gründet sich auf die feste Basis der marxistisch-leninistischen politischen Ökonomie, auf die marxistisch-leninistischen Prinzipien und Methoden der quantitativen Darstellung der Erscheinungen und Prozesse des Wirtschaftslebens. Die Versuche bürgerlicher Ökonomen hingegen, den Sozialismus auf die Weise zu bekämpfen, daß man die Daten über die wirtschaftliche Entwicklung der sozialistischen Länder direkt fälscht, sind höchst bezeichnende Äußerungen der von der modernen bürgerlichen politischen Ökonomie betriebenen vulgären Apologie.

Aufgedeckt wurde auch, daß die Versuche bürgerlicher Ökonomen völlig unbegründet sind, das rasche Tempo der wirtschaftlichen Entwicklung in den sozialistischen Ländern nicht auf die Überlegenheit des Sozialismus gegenüber dem Kapitalismus zurückzuführen, sondern auf alle möglichen anderen Ursachen und insbesondere auf das angeblich niedrige Entwicklungsniveau der sozialistischen Länder. Bekanntlich hat die Sowjetunion die frühere technische und ökonomische Rückständigkeit schon seit langem beseitigt, sie steht heute dem Umfang der Industrieproduktion nach an der Spitze aller europäischen Länder und nimmt den zweiten Platz in der Welt ein, während das Entwicklungstempo der Industrie der UdSSR auch heute das Entwicklungstempo der USA als des am meisten entwickelten kapitalistischen Landes mehrfach übersteigt.

Bekannt ist auch, wie sehr die bürgerlichen Ökonomen bemüht sind, die Steigerung des Lebensstandards der Werktätigen der UdSSR und der anderen sozialistischen Länder entweder gänzlich zu negieren, oder doch zumindest als äußerst geringfügig hinzustellen. Und jetzt, da die Erhöhung des Wohlstandes der Völker der sozialistischen Länder derart offenkundig ist, daß selbst die bürgerlichen Fälscher diese Tatsache nicht hinwegzuwischen vermögen, wollen sie die Sache so hinstellen, als habe der Sozialismus damit gar nichts zu schaffen, als sei das auf das Entwicklungsniveau der Industrie, auf den technischen Fortschritt zurückzuführen. Charakteristisch für diese Art der Argumentation ist die Diskussion über das Thema „Der kommunistische Wohlfahrtsstaat" in dem Januar/Februar-Heft für 1960 der Zeitschrift „Probleme des Kommunismus", die von der Behörde für internationale Information beim Staatsdepartment der USA herausgegeben wird.

Die an dieser Diskussion beteiligten bürgerlichen Ökonomen sind gewillt, die ganz offenkundige Tatsache ständigen Wachstums des Lebensstandards des Sowjetvolkes auf jede nur erdenkliche Weise zu erklären – bloß nicht mit dem sozialistischen Wirtschaftssystem in der UdSSR.

Aber die eigentliche Ursache der raschen und ständigen Erhöhung des Lebensstandards der Werktätigen in den sozialistischen Ländern ist gerade das sozialistische Wirtschaftssystem. Während als Triebkraft der kapitalistischen Produktion das Profitstreben fungiert, ist die sozialistische Produktion dem hohen Ziel der vollständigsten Befriedigung der ständig wachsenden Bedürfnisse der Gesellschaft und aller ihrer Glieder untergeordnet. Wenn die kommunistischen und Arbeiterparteien der sozialistischen Länder ständig Sorge dafür tragen, daß der Wohlstand des Volkes nach Kräften gehoben wird, so stützen sie sich dabei auf ein objektives ökonomisches Gesetz des Sozialismus, auf das Gesetz der ständigen Steigerung des Wohlstandes des Volkes auf Grundlage der Entwicklung der sozialistischen Produktion und der Erhöhung der Arbeitsproduktivität. Dies ist ein spezifisches ökonomisches Gesetz des Sozialismus; es ist das ganze Gegenteil des dem Kapitalismus immanenten objektiven ökonomischen Gesetzes der Verelendung der Werktätigen.

Es ist weder möglich noch nötig, hier auf alle anderen konkreten Fragen einzugehen, auf die sich die heutigen bürgerlichen Ökonomen im Kampf gegen den Sozialismus konzentrieren. Mir geht es hier vielmehr darum, bestimmte ganz allgemeine Züge der bürgerlichen ökonomischen Theorien des Sozialismus hervorzuheben, die methodologische Seite der bürgerlichen Schriften über die Wirtschaft des Sozialismus zu behandeln.

Natürlich sind die erwähnten zwei Hauptgruppen von Schriften bürgerlicher Ökonomen – zur Wirtschaft des Kapitalismus einerseits und zu der des Sozialismus andererseits – nicht durch eine Mauer voneinander getrennt. Was den ideologischen, den klassenmäßigen Gehalt angeht, unterscheiden sich diese beiden Hauptströme des bürgerlichen ökonomischen Denkens in keiner Weise. Es handelt sich eher nämlich um eine „Arbeitsteilung“ zwischen den bürgerlichen Ökonomen.

Während des letzten Jahrzehnts hat sich die bürgerliche Literatur über die Wirtschaft des Sozialismus ganz beträchtlich vermehrt, und die bürgerlichen Ökonomen attackieren den Sozialismus voller Wut. In den bürgerlichen Ländern, insbesondere in den USA, existiert ein verzweigtes Netz spezieller Institutionen, die die Wirtschaft der UdSSR und der anderen sozialistischen Länder studieren.

Es liegt klar auf der Hand, daß auch wir in unserem Kampf gegen die moderne bürgerliche politische Ökonomie in zwei Richtungen vorgehen müssen, als da sind: 1. marxistisch-leninistische Kritik der modernen bürgerlichen Theorien des *Kapitalismus* und 2. marxistisch-leninistische Kritik der bürgerlichen ökonomischen Theorien des *Sozialismus*.

Es ist nicht zu übersehen, daß unsere Kritik der bürgerlichen Theorien des Kapitalismus einerseits und der bürgerlichen Theorien des Sozialismus andererseits sich bei weitem nicht des gleichen Zustandes erfreuen.

Mit der Kritik der bürgerlichen Theorien des Kapitalismus befassen wir uns seit langem; sie muß natürlich noch erweitert werden, muß noch gründlicher sein und wirksamer gestaltet werden. Einer kritischen Analyse werden nicht nur einzelne bürgerliche Theorien des Kapitalismus unterworfen, nicht nur die Auffassungen einzelner bürgerlicher Ökonomen, sondern auch das gesamte System der heutigen Auffassungen der bürgerlichen Ökonomen und ihre Methodologie.

Über den Zustand unserer Kritik des anderen Hauptzweiges der modernen bürgerlichen politischen Ökonomie – der Kritik der bürgerlichen ökonomischen Theorien des Sozialismus – läßt sich ähnliches nicht berichten. Unsere Kritik dieses Abschnittes der modernen bürgerlichen politischen Ökonomie ist sichtlich unzureichend. Bislang werden von uns in der Hauptsache einzelne Gedankengänge bürgerlicher Ökonomen, einzelne Theorien und einzelne Ökonomen kritisiert und entlarvt. Heutzutage reicht das ganz offensichtlich nicht mehr aus. Wiewohl wir die Kritik der einzelnen bürgerlichen ökonomischen Theorien des Sozialismus zu verstärken haben, müssen wir offenkundig auch die bürgerlichen ökonomischen Konzeptionen des Sozialismus als Ganzes immer mehr der Kritik unterziehen, die Methoden der bürgerlichen Schriften über den Sozialismus und die klassenmäßige

Tendenz der theoretischen Exerzitien bürgerlicher Ökonomen über Fragen der Wirtschaft des Sozialismus aufdecken.

Es ist zu begrüßen, daß in das Programm unserer Konferenz auch ein Referat zu den bürgerlichen Konzeptionen über die Entwicklung der Wirtschaft der sozialistischen Länder aufgenommen wurde. Man kann nur bedauern, daß nur ein einziges Referat zu diesem Thema auf die Tagesordnung gesetzt wurde, und es ist noch bedauerlicher, daß selbst dieses eine Referat wegen Erkrankung des Referenten nicht zustande gekommen ist. Ich möchte hoffen, daß dies unsere Aussprache nicht negativ beeinflussen, die Aufmerksamkeit der Konferenzteilnehmer gegenüber den bürgerlichen Theorien des Sozialismus nicht beeinträchtigen wird.

Mir scheint, daß in der gegenwärtigen Etappe der Entwicklung unserer Kritik der modernen bürgerlichen politischen Ökonomie gerade die Frage der bürgerlichen ökonomischen Konzeptionen des Sozialismus als Ganzes oder, wenn man so will, der bürgerlichen politischen Ökonomie des Sozialismus große Bedeutung erlangt.

Kann man überhaupt von einer bürgerlichen politischen Ökonomie des Sozialismus sprechen? Ist denn eine bürgerliche politische Ökonomie des *Sozialismus* möglich, d. i. einer Ordnung, deren Existenz die bürgerlichen Ökonomen überhaupt nicht anerkennen?

Es ist uns allen klar, daß im Sinne einer echten Wissenschaft von einer bürgerlichen politischen Ökonomie des Sozialismus nicht die Rede sein kann. Das ist ebenso wahr, wie es schon seit langem und heute erst recht keine wissenschaftliche politische Ökonomie des Kapitalismus von dieser Seite geben kann. Aber wir sprechen von einer bürgerlichen politischen Ökonomie des Kapitalismus und befassen uns mit ihr. Und wir müssen mehr Aufmerksamkeit auch den bürgerlichen ökonomischen Theorien des Sozialismus zuwenden. Es darf der wichtige Umstand nicht übersehen werden, daß die moderne bürgerliche politische Ökonomie nicht nur Theorien des Kapitalismus umfaßt, sondern auch ökonomische Theorien des Sozialismus. Das kommt auch in den bürgerlichen Lehrbüchern und Lehrgängen zur politischen Ökonomie zum Ausdruck. Die Zeit, da die bürgerlichen Ökonomen sich in ihren Vorlesungen und Lehrbüchern auf die kapitalistische Wirtschaft beschränkten, gehört mehr und mehr der Vergangenheit an. Heute tauchen in den bürgerlichen Lehrbüchern immer häufiger Abschnitte über die Wirtschaft des Sozialismus auf. Die Einstellung bürgerlicher Ökonomen zu der Frage der Möglichkeit einer politischen Ökonomie des Sozialismus ist von prinzipieller Bedeutung.

Bekanntlich haben bürgerliche Ökonomen wie Sombart, Tugan-Baranowski und andere bereits vor geraumer Zeit – gegen Ende des 19. Jahrhunderts und zu Beginn des 20. Jahrhunderts – mit Entschiedenheit bestritten, daß es im Sozialismus eine politische Ökonomie geben kann. Sie begründeten dies damit, daß ökonomische Gesetze angeblich nur in einer spontan sich entwickelnden Wirtschaft existieren, da es sich um elementar wirkende Gesetze des Marktes handelt, im Sozialismus hingegen werde es elementare Gesetze nicht geben, werde die Wirtschaft nach einem Plan, entsprechend einem von der Gesellschaft gestellten Ziele geführt werden.

Daraus folge – wie sie meinten –, daß im Sozialismus die Notwendigkeit einer Wissenschaft von den ökonomischen Gesetzen der Gesellschaft nicht gegeben sei, eine solche Wissenschaft nicht bestehen könne.

Diese Behauptung wurde von den Theoretikern der II. Internationale aufgegriffen. Sie übte einen bestimmten Einfluß auch auf einen Teil der revolutionären Marxisten aus. In den zwanziger Jahren unseres Jahrhunderts war die irrige Meinung, das Ende des Kapitalismus bedeute das Ende der politischen Ökonomie, unter den sowjetischen Ökonomen ziemlich verbreitet.

Der „Sozialismus", über den Sombart und Tugan-Baranowski schrieben, hat nichts mit dem echten Sozialismus gemein, für dessen Verwirklichung seinerzeit die revolutionäre Arbeiterklasse unter dem Banner des Marxismus kämpfte. Der „Sozialismus" eines Sombart und Tugan-Baranowski ist ein „ethischer Sozialismus", ein Zustand moralischer Gleichheit der Menschen.

Die philosophische Basis für das Unterfangen der bürgerlichen Ökonomen, die Existenzmöglichkeit der politischen Ökonomie im Sozialismus zu leugnen, ist der Neokantianismus, wie er von Heinrich Rickert und Wilhelm Windelband vertreten wurde. Das „Gesetz" wird mit dem elementar wirkenden Gesetz identifiziert; „Gesetz" und „Ziel" werden als unvereinbar, als einander ausschließend angesehen.

In Wirklichkeit aber kann das „Gesetz", wie dies die Begründer der materialistischen Dialektik und des historischen Materialismus nachgewiesen haben, nicht mit dem elementar wirkenden Gesetz allein gleichgesetzt werden. Außer den elementar wirkenden ökonomischen Gesetzen bestehen unter bestimmten gesellschaftlichen Bedingungen auch Gesetze, die nicht elementar wirksam sind, sondern als wissenschaftlich erkannte und bewußt, planmäßig von der Gesellschaft ausgenutzte Gesetze wirken. Von dieser Art sind die ökonomischen Gesetze des Sozialismus und Kommunismus. Das objektive „Gesetz" und das „Ziel" des Wirtschaftens schließen einander keineswegs aus. Das Ziel des Wirtschaftens hat reale Bedeutung gerade darum, weil es durch die objektiven Gesetze des Wirtschaftslebens bedingt ist.

Die revolutionäre Umgestaltung der kapitalistischen Gesellschaft zur sozialistischen führte dazu, daß die spezifischen, elementar sich durchsetzenden ökonomischen Gesetze des Kapitalismus zu wirken aufhörten, anderen objektiven Gesetzen, den Gesetzen der sozialistischen Wirtschaft Platz machten, die von der Gesellschaft erkannt und planmäßig im Interesse der Werktätigen selbst ausgenutzt werden. Im Sozialismus ist die politische Ökonomie nicht nur möglich, sondern auch äußerst notwendig; sie dient als mächtiger Hebel beim Aufbau der Wirtschaft des Sozialismus und Kommunismus und ist theoretische Begründung der ökonomischen Gesetze des Sozialismus und der Prinzipien und Methoden der sozialistischen Wirtschaftsführung.

Auch heute noch bestreiten zahlreiche bürgerliche Ökonomen, daß im Sozialismus eine politische Ökonomie als theoretische Wissenschaft möglich und nötig ist. Sie verbinden das gewöhnlich mit der unzutreffenden Behauptung, in den Ländern des

Sozialismus wirkten keinerlei besondere, einzig und allein dem Sozialismus eigene ökonomische Gesetze, die sich gründlich, prinzipiell von den ökonomischen Gesetzen der kapitalistischen Gesellschaft unterscheiden. Diese Ökonomen möchten die Menschen glauben machen, daß die Wirtschaft der UdSSR und der Länder der Volksdemokratie sich nicht kraft des Wirkens besonderer, spezifischer Gesetze entwickelt, sondern ausschließlich dem Ermessen der Willkür der Staatsmacht dieser Länder zufolge. Andere ökonomische Gesetze als im Kapitalismus gibt es nicht und kann es nicht geben, meinen diese Ökonomen, in den sozialistischen Ländern seien die objektiven Gesetze durch den Willen, durch die Willkür der Staatsmacht ersetzt worden.

Wie unsinnig und haltlos derartige Behauptungen bürgerlicher Ökonomen sind, braucht hier nicht nachgewiesen zu werden. Sie wollen nicht sehen, daß der sozialistische Staat gerade darum eine so ungeheure ökonomische Stärke besitzt, weil er sich auf das feste Fundament des gesellschaftlichen Eigentums an den Produktionsmitteln und auf die objektiven Gesetze der ökonomischen Entwicklung der Gesellschaft stützt.

Ein beliebtes Verfahren der bürgerlichen Ökonomen zur Bekämpfung des Sozialismus war bekanntlich schon immer, zu behaupten, der Sozialismus sei deswegen unmöglich, weil es für die Menschen nach Abschaffung des Privateigentums und Beseitigung der kapitalistischen Konkurrenz keinerlei wirtschaftlichen Anreiz mehr gäbe und somit das Wirtschaftsleben einfach absterben, zum Erliegen kommen müßte. Die lebendige Praxis der UdSSR und der anderen sozialistischen Länder hat denkbar deutlich gezeigt, daß die mit Fleiß erdachten Weissagungen der bürgerlichen politischen Ökonomie, das Wirtschaftsleben werde nach der Beseitigung des Privateigentums und der kapitalistischen Konkurrenz zum Erliegen kommen, völlig unsinnig sind. Im Leben haben sich die Behauptungen des wissenschaftlichen Kommunismus als voll gültig erwiesen, daß der Sozialismus neue Triebkräfte der Entwicklung der Gesellschaft und neue Impulse zur Arbeit hervorbringt, daß allein der Sozialismus ein echtes materielles Interesse der Werktätigen selbst am Wachstum der Produktion und an der Rentabilität sichert, daß an die Stelle der kapitalistischen Konkurrenz der wahrhaft menschenwürdige Wettbewerb zwischen den Werktätigen um ausgezeichnete Quantität und Qualität ihrer eigenen Arbeit tritt. Die sozialistischen Impulse des Wirtschaftens haben mittlerweile ihre Bewährungsprobe in der Praxis bestanden, ihre große Kraft erwiesen. Heute kann ein jeder sehen, daß gerade der Sozialismus der Initiative der Menschen, der Entwicklung der Technik und der Produktion eine wahre Perspektive eröffnet, während der Kapitalismus schon seit langem die schöpferische Initiative der Werktätigen drosselt, ein Hemmnis für die Entwicklung der Produktivkräfte der Gesellschaft geworden ist.

Jedoch verschließen viele bürgerliche Ökonomen die Augen vor der Wirklichkeit und behaupten nach wie vor steif und fest, daß die sozialistische Wirtschaft „unrationell" sei und daher unmöglich siegen und existieren könne. Diese bürgerlichen

Ökonomen bestreiten auch, daß eine ökonomische Theorie, eine politische Ökonomie des Sozialismus möglich ist.

Nach der Großen Sozialistischen Oktoberrevolution wurde diese Position mit besonderem Nachdruck von Ludwig von Mises, einem Vertreter der österreichischen Schule der vulgären politischen Ökonomie, verfochten. Wie Mises behauptete, wird der rationale Charakter der Wirtschaft durch die spontane Einwirkung des Marktes auf die Preise gesichert, und da in der sozialistischen Wirtschaft der Markt diese Rolle nicht spiele, müsse dort unvermeidlich alles durcheinander gehen. Der Sozialismus sei, wie Mises in seiner Arbeit „Die Gemeinwirtschaft – Untersuchungen über den Sozialismus" (zuerst erschienen 1921) schreibt, eine Absage an das Rationalprinzip der Wirtschaft.

Daß sich das „Rationalprinzip" in der Wirtschaft der sozialistischen Länder nicht auswirken könne, behaupten auch andere bürgerliche Ökonomen, so z. B. Adolf Weber in seinem Buche „Sowjetwirtschaft und Weltwirtschaft", das 1959 erschienen ist.

Dieser Patriarch der bürgerlichen Apologetik beschränkt sich nicht darauf, den Sozialismus als neues Wirtschaftssystem allgemein zu kritisieren, sondern will dem Leser einreden, daß der Siebenjahrplan zur Entwicklung der Volkswirtschaft der UdSSR utopischen Charakter trüge, mit eigenen Kräften, ohne umfangreiche langfristige Kredite von seiten der kapitalistischen Länder nicht erfüllt werden könne.

Eine derartige „Prophezeiung" ist bekanntlich durchaus nichts Neues. Bei Bekanntmachung eines jeden neuen Fünfjahrplanes zur Entwicklung der Volkswirtschaft der UdSSR fanden sich bisher zahlreiche Weise, die vorhersagten, daß der Plan nicht zu erfüllen sei. Indes sind die sowjetischen Fünfjahrpläne nicht nur mit Erfolg, sondern auch vorfristig erfüllt worden. Das wird auch bei dem jetzigen Siebenjahrplan zur Entwicklung der Volkswirtschaft der UdSSR der Fall sein. Die ersten zwei Jahre der Periode des Siebenjahrplanes sprechen dafür, daß der Plan übererfüllt werden wird. Der gesamte Plan wird auch vorfristig erfüllt werden – und das ohne die Hilfe ausländischen Kapitals, deren, nach Adolf Weber, die UdSSR angeblich so dringend bedarf.

Wie Adolf Weber und ihm gleichgesinnte Ökonomen meinen, ist ein rationelles Wirtschaften nur möglich, wenn das Privateigentum herrscht und die Elementargewalten des Marktes und die kapitalistische Konkurrenz wirken.

Somit ist im Munde dieser Feinde des Sozialismus die Leugnung der Möglichkeit einer politischen Ökonomie des Sozialismus Resultat dessen, daß sie den Sozialismus selbst als fortschrittlichstes und rationellstes Wirtschaftssystem verneinen. Wie wenig stichhaltig die Behauptungen dieser bürgerlichen Ökonomen sind, liegt auf der Hand, und die Aufdeckung des apologetischen Wesens derartiger bürgerlicher Auffassungen über den Sozialismus bereitet keine sonderlichen Schwierigkeiten.

Eine kompliziertere und raffiniertere Apologie des Kapitalismus und des Kampfes gegen den Sozialismus stellt die Position der bürgerlichen Ökonomen dar, die in Worten zugeben, daß der Sozialismus als besonderes Wirtschaftssystem möglich ist. Dabei aber interpretieren sie die sozialistische Wirtschaft in einer Art, daß sie jeglichen prinzipiellen Unterschiedes zu der Wirtschaft des Kapitalismus entbehrt.

Der von diesen bürgerlichen Ökonomen anerkannte „Sozialismus" stellt eine logische Konstruktion nach Art eines reformierten Kapitalismus dar, worin von ihnen ersonnene ewige, gleichermaßen für Kapitalismus und Sozialismus geltende „Gesetze" wirken. Der Kapitalismus und der Sozialismus werden von diesen Ökonomen ganz und gar künstlich und willkürlich zu einem System vereinigt, zu der sogenannten „modernen Industriegesellschaft". Dies ist eine der neuen Erscheinungen in der modernen bürgerlichen politischen Ökonomie. Die Existenzmöglichkeit eines „Sozialismus", in dem alle die ewigen Gesetze des Kapitalismus weiterhin wirken, haben bestimmte bürgerliche Ökonomen aus dem Lager der Verfechter der Grenznutzentheorie, wie Friedrich von Wieser, Vilfredo Pareto und andere, schon früher eingeräumt. Die beträchtliche Verbreitung dieser Interpretation der Frage unter den heutigen bürgerlichen Ökonomen ist ein Zeichen der Zeit. Der Sozialismus ist schon lange nicht mehr nur eine Wissenschaft, sondern ist auch zu einer mächtigen Realität geworden. Der lebendige, der reale Sozialismus läßt sich bereits weder totschweigen noch gänzlich leugnen. Das heißt, daß man ihn verdrehen und verfälschen muß. In dieser Richtung ist denn auch das theoretische Denken vieler bürgerlicher Ökonomen der Gegenwart tätig.

An der Spitze dieser Richtung in der bürgerlichen ökonomischen Theorie des Sozialismus steht J. Schumpeter, der die nihilistische Position Mises' und der ihm gleichgesinnten Ökonomen in der Frage nach der Möglichkeit des Sozialismus als eines besonderen Wirtschaftssystems der Kritik unterzogen hat.

Schumpeter erklärte, daß die Vertreter der subjektiven mathematischen Schule der politischen Ökonomie Friedrich von Wieser, Vilfredo Pareto und Enrico Barone die wahren Begründer der ökonomischen Theorie des Sozialismus seien, und der amerikanische Ökonom Burnham P. Beckwith verkündete, daß in der Hauptsache Alfred Marshall den Weg zur Klärung der Probleme der sozialistischen Wirtschaft gewiesen habe.

Die Vertreter dieser Richtung in der bürgerlichen politischen Ökonomie sind weit davon entfernt, die Wirtschaft der UdSSR und der Länder der Volksdemokratie als das anzuerkennen, was sie ist, d. h. als Wirtschaft des Sozialismus. Sie wollen und können auch die in den sozialistischen Ländern wirkenden objektiven Gesetze nicht verstehen, sondern unterschieben stattdessen imaginäre, bereits vor langer Zeit von der Vulgärökonomie ersonnene Gesetze wie das Gesetz der Bestimmung des Preises einer Ware durch die Grenzkosten der Produktion, das Gesetz des ökonomischen Gleichgewichts usw.

Diese imaginären „Gesetze" sind von den bürgerlichen Ökonomen schon vor langer Zeit in Anwendung auf die kapitalistische Wirtschaft ins Feld geführt worden, als Gegengewicht gegen die marxistische politische Ökonomie, die die wirklichen Gesetze der bürgerlichen Gesellschaft aufgedeckt hat – sind zu dem alleinigen

Zwecke aufgebracht worden, die wahren Gesetze des Kapitalismus und seine antagonistischen Widersprüche zu verdecken, zu vertuschen.

Und eben diese, schon vor langer Zeit von den bürgerlichen Ökonomen für die kapitalistische Gesellschaft ersonnenen „Gesetze" werden jetzt auch auf die sozialistischen Länder ausgedehnt. Das Prinzip des Marginalismus (des Grenznutzens) wird als gleichermaßen gültig für die kapitalistische wie für die sozialistische Gesellschaft hingestellt. Es werden die verschiedensten Theorien des „Wirtschaftswachstums" fabriziert und propagiert, denen zufolge die Gesetze des Wachstums im Kapitalismus wie im Sozialismus angeblich die gleichen sind.

Das sind die neuen Methoden, zu denen die bürgerlichen Ökonomen in dem Bestreben greifen, die Überzeugung zu verbreiten, daß die Gesetze und die ökonomischen Prinzipien des Kapitalismus von ewiger Gültigkeit und vernünftig sind und daß der Sozialismus denselben ewigen ökonomischen Gesetzen wie der Kapitalismus unterworfen ist. Die ökonomischen Gesetze in der sozialistischen Gesellschaft, schrieb J. Schumpeter in seiner Arbeit „Kapitalismus, Sozialismus und Demokratie" (1942), seien die gleichen wie im Kapitalismus. Das Prinzip der Knappheit der Güter als der angebliche Grundfaktor des Wirtschaftslebens, der Grenznutzen, die Grenzproduktivität, das ökonomische Gleichgewicht als zentrales Problem des Wirtschaftens und der politischen Ökonomie – alle diese und andere Hirngespinste der bürgerlichen politischen Ökonomie, die der Marxismus-Leninismus in bezug auf den Kapitalismus schon längst zerschlagen hat, werden heute von den bürgerlichen Ideologen auch auf die Wirtschaft der sozialistischen Länder übertragen. In Wirklichkeit aber sind alle diese ersonnenen „Gesetze" weder im Kapitalismus noch im Sozialismus wirksam.

Bekanntlich wirken im Sozialismus spezifische Gesetze der ökonomischen Entwicklung, die die bürgerlichen Ökonomen nicht sehen wollen und, wenn sie bürgerliche Ökonomen bleiben, nicht sehen können. Bekanntlich fahren im Sozialismus auch einige allgemeine Gesetze zu wirken fort, d. h. Gesetze, die in allen sozial-ökonomischen Formationen wirksam sind. Es sind dies Gesetze, die den Zusammenhang der Produktionsverhältnisse mit den Produktivkräften zum Ausdruck bringen; ferner sind dies Gesetze, die das Verhältnis zwischen den verschiedenen Momenten der Reproduktion – zwischen Produktion, Verteilung, Austausch und Konsumtion – widerspiegeln, und andere allgemeine ökonomische Gesetze. Es wirken im Sozialismus auch einige ökonomische Gesetze, die einer Reihe von Gesellschaftsformationen gemeinsam sind. Natürlich haben sowohl die allgemeinen ökonomischen Gesetze als auch die Gesetze, die einer Reihe von Gesellschaftsformationen gemeinsam sind, im Sozialismus einen anderen sozialen, einen anderen Klasseninhalt als im Kapitalismus; auch der Charakter des Wirkens dieser Gesetze ist im Sozialismus ein anderer.

Jedoch befindet sich unter den ökonomischen Gesetzen, die im Sozialismus wirken, weder ein Gesetz des „ökonomischen Gleichgewichts" noch ein Gesetz der Bestimmung der Preise durch die Grenzkosten der Produktion, noch ein Gesetz der Grenzproduktivität, noch sonstige derartige „Gesetze", die von den bürgerlichen

Ökonomen – ohne jegliche wissenschaftliche Begründung – zur Grundlage des Wirtschaftslebens der Gesellschaft erklärt werden.

Ausgehend von einer Identität der ökonomischen Gesetze des Kapitalismus und des Sozialismus, rücken die bürgerlichen Ökonomen immer häufiger mit Projekten zur Schaffung einer gemischten, einer eigenartigen hybriden Wirtschaft heraus, in der zu den Hauptkennzeichen der kapitalistischen Wirtschaft – dem Privateigentum an den Produktionsmitteln, dem kapitalistischen Profit und anderen – einige Züge oder Kennzeichen der sozialistischen Wirtschaft hinzugefügt werden. So ruft z. B. der amerikanische Professor Walter Samuel Buckingham in seiner Arbeit „Theoretisch-ökonomische Systeme" dazu auf, ein „einheitliches ökonomisches System" zu schaffen, das eine Synthese des Kapitalismus und des Sozialismus darstellen würde, die darin besteht, daß das Privateigentum an den Produktionsmitteln und der Profit als Triebkraft der Produktion beibehalten werden und dem die ökonomische Gleichheit der Menschen, der Grundsatz der Planung und die Kontrolle der Arbeiter oder der Gewerkschaften über die Produktion hinzugefügt wird. Die Unsinnigkeit derartiger bürgerlicher Projekte zur Heilung der überlebten kapitalistischen Produktionsweise braucht hier nicht nachgewiesen zu werden, sie liegt für die hier Anwesenden offen zutage.

Bei der Behandlung dieses Aspektes des Problems der bürgerlichen ökonomischen Theorien des Sozialismus darf auch nicht übersehen werden, daß die heutigen bürgerlichen Ökonomen, die Anspruch darauf erheben, eine politische Ökonomie des Sozialismus auszuarbeiten, zugleich die Existenz der marxistisch-leninistischen politischen Ökonomie des Sozialismus leugnen. Sie behaupten verleumderisch, daß die Marxisten überhaupt nicht in der Lage seien, eine wirklich wissenschaftliche ökonomische Theorie des Sozialismus zu schaffen.

Es ist nicht schwierig zu verstehen, warum die heutigen bürgerlichen Ökonomen der marxistisch-leninistischen politischen Ökonomie des Sozialismus, die Bestandteil der wirklichen, wahren ökonomischen Wissenschaft ist, so hartnäckig die Anerkennung versagen. Die marxistisch-leninistische politische Ökonomie des Sozialismus anerkennen heißt, die Unvermeidlichkeit des revolutionären Sturzes des Kapitalismus und die Gesetzmäßigkeit der sozialistischen Revolution anzuerkennen, heißt, die objektiven ökonomischen Gesetze des Sozialismus, die Unvermeidlichkeit des Sieges des Sozialismus und des allmählichen Hinüberwachsens des Sozialismus in den Kommunismus anzuerkennen. Aber die bürgerlichen Ökonomen, die solche bleiben wollen, können natürlich nicht den gesetzmäßigen Charakter des Sozialismus und Kommunismus anerkennen, können im Sozialismus und Kommunismus nicht das sehen, was sie sind, d. h. eine notwendige, objektiv bedingte, historisch-progressive Stufe der Entwicklung der menschlichen Gesellschaft. Wenn sie dies anerkennen würden, würden sie keine bürgerlichen Ökonomen mehr bleiben, würden sie aufhören, dem Kapital zu dienen.

Wir wissen, daß es unter den heutigen bürgerlichen Ökonomen auch nicht wenige Ökonomen gibt, die sich aufrichtig und ehrlich mit den heute vor sich gehenden

Ereignissen von welthistorischer Bedeutung auseinanderzusetzen suchen, Ökonomen, die das Urteil der Geschichte über den Kapitalismus und die große Rolle des Sozialismus und Kommunismus zu verstehen beginnen. Aber nicht von ihnen ist die Rede, sondern von der großen Masse der bürgerlichen Ökonomen, die in dem historischen Kampf zwischen Kapitalismus und Sozialismus auf der Seite des kapitalistischen Systems stehen und nach Kräften dem Imperialismus dienen.

Es ist kein Geheimnis, daß auf der bürgerlichen Position, die Existenz einer marxistisch-leninistischen politischen Ökonomie in der Gegenwart zu leugnen, auch einige wenige marxistische Ökonomen stehen. Sie behaupten, daß es eine wirklich wissenschaftliche politische Ökonomie des Sozialismus noch nicht gibt, daß eine solche Wissenschaft erst noch zu schaffen ist. Es ist nicht schwierig einzusehen, daß eine derartige Meinung gänzlich unhaltbar ist.

Zu leugnen, daß heute eine politische Ökonomie des Sozialismus als untrennbarer Bestandteil der einheitlichen Wissenschaft der marxistisch-leninistischen politischen Ökonomie besteht, bedeutet, die Tatsache nicht zu sehen, daß der Aufbau der Wirtschaft des Sozialismus und des Kommunismus, daß die Lenkung der Entwicklung der Wirtschaft in den Ländern des Sozialismus nicht blind, nicht im Selbstlauf erfolgt, sondern in Übereinstimmung mit erkannten, entdeckten objektiven Gesetzen, bedeutet, nicht zu sehen, daß diese Gesetze gerade von der politischen Ökonomie des Sozialismus aufgedeckt werden.

Die Existenz der politischen Ökonomie des Sozialismus in der Gegenwart zu leugnen, bedeutet, die große Bedeutung des Erbes der Klassiker des wissenschaftlichen Kommunismus zu den Fragen der ökonomischen Theorie des Sozialismus und Kommunismus nicht zu sehen, bedeutet, nicht zu sehen, daß in den Arbeiten von Marx, Engels und Lenin die feste Grundlage und der Hauptinhalt der politischen Ökonomie des Sozialismus liegt.

Es heißt dies ferner, die ungeheure wissenschaftliche und praktische Bedeutung dessen nicht zu sehen, was die kommunistischen und Arbeiterparteien der sozialistischen Länder und insbesondere die Führer dieser Parteien beim Aufbau der Wirtschaft des Sozialismus, bei der Leitung der sozialistischen Wirtschaft sowie beim Aufbau des Kommunismus durch Verallgemeinerung der umfangreichen Praxis der sozialistischen Wirtschaftsführung zur ökonomischen Theorie des Sozialismus beigetragen haben und noch beitragen. Man darf auch alles das nicht außer acht lassen, was die marxistischen Ökonomen auf dem Gebiete der politischen Ökonomie des Sozialismus geleistet haben.

Die politische Ökonomie des Sozialismus ist ein neuer Abschnitt der marxistisch-leninistischen politischen Ökonomie. Es bleibt noch viel zum weiteren Ausbau, zur Vervollkommnung dieses wichtigen Abschnitts zu tun. Weiterer Ausarbeitung bedarf die Frage der einzelnen ökonomischen Gesetze des Sozialismus und ihres Systems sowie der Gesetzmäßigkeiten des allmählichen Hinüberwachsens der sozialistischen Gesellschaft in die kommunistische. Die marxistischen Ökonomen sind um eine richtigere und bessere Darlegung des neuen Abschnitts der politischen Ökonomie in Lehrbüchern und Vorlesungen bemüht – eines Abschnitts, der heute zum Rüstzeug der Werktätigen gehört. Jedoch darf man die Lehrbücher nicht mit der Wissenschaft selbst identifizieren und aus den Fehlern der vorhandenen Lehrbücher den falschen Schluß ziehen, daß es eine politische Ökonomie des Sozialismus noch nicht gäbe. Wenn man die falsche Position bezieht, zu bestreiten, daß es heute eine politische Ökonomie des Sozialismus gibt, kann man natürlich weder erfolgreich gegen die bürgerlichen Theorien des Sozialismus kämpfen noch das Wesen der sozialistischen Wirtschaft und die Triebkräfte und Tendenzen ihrer Entwicklung richtig verstehen, kann man die ökonomische Wissenschaft nicht richtig im Interesse der Entwicklung des Sozialismus und des Kommunismus ausnutzen.

Es liegt klar auf der Hand, daß wir den Kampf gegen die bürgerlichen ökonomischen Theorien des Sozialismus aktivieren müssen. Eine Verstärkung dieses Kampfes ist auch deswegen geboten, weil die vulgären, wissenschaftsfeindlichen Gedankengänge dieser bürgerlichen Theorien in bedeutendem Maße die Weisheitsquelle auch der heutigen Opportunisten aller Schattierungen und dabei auch der heutigen Revisionisten in den Reihen der kommunistischen und Arbeiterparteien sind. Wir müssen nicht nur den verschiedenen einzelnen Gedankengängen bürgerlicher Ökonomen über den Sozialismus eine Abfuhr erteilen, nicht nur die von ihnen vorgenommenen Verfälschungen dieser oder jener einzelnen Seiten und Elemente der sozialistischen Wirtschaft entlarven, sondern müssen auch den wissenschaftsfeindlichen Charakter der bürgerlichen positivistischen logischen Konstruktionen in bezug auf die Wissenschaft des Sozialismus insgesamt, müssen auch den wissenschaftsfeindlichen Charakter der Methode der bürgerlichen ökonomischen Theorien des Sozialismus aufdecken.

In den Ländern des Sozialismus hat die marxistische Kritik der bürgerlichen Konzeptionen der sozialistischen Wirtschaft in der letzten Zeit einen Aufschwung genommen. Als Beispiel einer derartigen, gründlicheren Kritik der bürgerlichen ökonomischen Theorien des Sozialismus sei hier ein Vortrag des Mitarbeiters S. Chavina am Institut für Ökonomie an der Akademie der Wissenschaften der UdSSR zu dem Thema „Über die methodologischen Grundlagen der gegenwärtigen bürgerlichen und kleinbürgerlichen Auffassungen über die Wirtschaft des Sozialismus“[1] genannt.

Ich möchte der Hoffnung Ausdruck verleihen, daß unsere internationale Konferenz zur Kritik neuer Erscheinungen in der modernen bürgerlichen politischen Ökonomie wesentliche Anregungen gibt, unsere Tätigkeit auch auf diesem wichtigen Abschnitt des ganzen umfassenden Feldes unseres Kampfes gegen die moderne bürgerliche politische Ökonomie, nämlich auf dem Gebiet des Kampfes gegen die bürgerlichen ökonomischen Theorien des Sozialismus, zu aktivieren.

---

[1] Dieser Vortrag ist in dem Sammelband „Probleme der politischen Ökonomie des Sozialismus“ des Instituts für Ökonomie an der Akademie der Wissenschaften der UdSSR, Jahrgang 1960, enthalten.

ZUM WANDLUNGSPROZESS DER BÜRGERLICHEN AUFFASSUNGEN ÜBER DIE FRAGE DES WERTES UND DES PREISES IM SOZIALISMUS

Ion Rachmuth, Bukarest

In folgendem möchte ich kurz eine besondere Seite der von der bürgerlichen politischen Ökonomie am Marxismus geübten Kritik beleuchten, und zwar die sich mit der Frage des Wertes und des Preises befassenden bürgerlichen Theorien.

Diese Frage nimmt im ideologischen Kampf zwischen Proletariat und Bourgeoisie einen nicht unbedeutenden Platz ein. Sie ist ideologisches Streitobjekt nicht nur in bezug auf die kapitalistische Wirtschaft. Die bürgerliche politische Ökonomie sucht nicht nur den kapitalistischen Ausbeutungsprozeß, sondern auch die wissenschaftlichen Schlußfolgerungen des Marxismus über die Unvermeidbarkeit des Entstehens und der weiteren Entwicklung der sozialistischen Wirtschaft in Abrede zu stellen.

Das Wertgesetz spielt in der kapitalistischen Wirtschaft die Rolle eines Regulators der Produktion und der Wirtschaft im allgemeinen. Nach Ansicht der bürgerlichen Ökonomen lassen sich also die Fragen der Produktionsregelung nicht von den Fragen des Marktes und der Preise trennen. Die Versuche der bürgerlichen Ökonomen, die marxistische Lehre als wissenschaftliche Lehre des Sozialismus zu bekämpfen, gehen fast ausnahmslos von der Frage des Wertes und des Preises aus.

Was die diesbezügliche bürgerliche Apologetik in der Zeit vor dem Aufbau der sozialistischen Sowjetwirtschaft kennzeichnet, ist die prinzipielle Verneinung der Möglichkeit einer sozialistischen Wirtschaft. Die Grundthese der bürgerlichen polischen Ökonomie reduzierte sich auf die Behauptung, daß ohne das Privateigentum an den Produktionsmitteln kein „rationelles" Wirtschaften möglich sei. Dem lagen folgende Überlegungen zugrunde: die Produktion wird durch die Preisbildung auf dem Markt im Wege der Konkurrenz reguliert. Konkurrenz ist nur dort möglich, wo die Produktionsmittel Privateigentum sind. Wo es also kein Privateigentum gibt, lassen sich keine Preise bilden; eine Regulierung der Produktion ist unmöglich und folglich ist auch ein vernünftiges Wirtschaften ausgeschlossen, ein Chaos wäre unvermeidlich. Daraus wurde geschlossen, daß der Sozialismus grundsätzlich „unmöglich" ist.

Als Vorläufer dieser Auffassung kann der Vater der Grenznutzentheorie, Hermann Heinrich Gossen, betrachtet werden, der bereits Mitte des vorigen Jahrhunderts behauptete, daß eine sozialistische Wirtschaft unmöglich sei.[1] Die bürgerliche politische Ökonomie suchte auf diese Weise der noch jungen Arbeiterbewegung Einhalt zu gebieten, die kurz vorher aus der Feder von Marx und Engels das „Manifest der Kommunistischen Partei" erhalten hatte. Eine ähnliche Stellung bezog 1902 auch N. G. Pierson.[2]

Bald nach der Großen Sozialistischen Oktoberrevolution, auf die die bürgerlichen und rechtssozialdemokratischen Ideologen mit einer Welle von Verleumdungen und Gehässigkeiten reagierten, wurden Stimmen laut, die die sozialistische Wirtschaft als „prinzipiell unmöglich" ablehnten. Ludwig von Mises behauptete, daß keine Preise zustande kommen können, sofern freie Vertragsabschlüsse auf dem Markte ausgeschlossen sind:

> „Ohne Preise keine Wirtschaftsrechnung... Sozialismus bedeutet das Ende der rationellen Wirtschaft."[3]

Sowohl die grundsätzliche als auch die praktische Möglichkeit der sozialistischen Wirtschaft sind in der Folge durch die historischen Erfolge der Sowjetunion schlagend bewiesen worden. Bestimmte bürgerliche Wirtschaftler, die sich angesichts dessen gezwungen sahen, die Behauptung fallen zu lassen, daß der Sozialismus „prinzipiell unmöglich" sei, suchten nunmehr die These zu verfechten, im Sozialismus sei es *praktisch* unmöglich, ein Preissystem zu schaffen.

Im Grunde wurde also behauptet, daß wohl in der kapitalistischen Wirtschaft die einzelnen subjektiven Nützlichkeitsgrade auf dem Markt verglichen werden könnten, und zwar auf Grundlage der in die Millionen gehenden und ebensoviele Verkäufe und Käufe darstellenden „Werturteile", in der sozialistischen Wirtschaft dagegen, obwohl eine zentrale Gegenüberstellung aller dieser Elemente denkbar wäre, ein solcher Vergleich sich praktisch von keinem menschlichen Hirn verwirklichen ließe. Diese Auffassung wurde vor allem von den bürgerlichen Ökonomen L. Robbins[4] und F. A. Hayek vertreten.

Daß eine sozialistische Wirtschaft möglich ist, bedarf heute keines Beweises mehr. Die nicht aus der Welt zu schaffende *Praxis* der sozialistischen Planwirtschaft in der Sowjetunion und den volksdemokratischen Ländern ist Antwort genug auf die Frage, ob der Sozialismus grundsätzlich wie praktisch möglich ist. Unter dem Druck der historischen Wirklichkeit mußte sowohl die These von der grundsätzlichen als auch die von der praktischen Unmöglichkeit des Sozialismus aufgegeben werden.

---

[1] Vgl. *Hermann Heinrich Gossen*, Entwicklung der Gesetze des menschlichen Verkehrs und der daraus fließenden Regeln für menschliches Handeln, Braunschweig 1854, S. 228–231.

[2] Vgl. *N. G. Pierson*, The Problem of Value in the Socialist Society. In: Collectivist Economic Planning, Hrsg. von F. A. Hayek, London 1956.

[3] *Ludwig von Mises*, Le calcul économique en régime collectiviste. In: L'économie dirigée en Regime collectiviste, Paris 1939, S. 101.

[4] Vgl. *L. Robbins*, The Great Depression, London 1934, S. 151.

Die alten, von der Wirklichkeit widerlegten feindseligen Behauptungen gegenüber dem Sozialismus werden jetzt durch eine neue Formel ersetzt, und zwar, daß die sozialistische Wirtschaft wohl möglich sei, jedoch nur unter der Bedingung, *daß sie den Kapitalismus der freien Konkurrenz nachahmt.* Um einen solchen „Konkurrenzsozialismus" aufbauen zu können, sollen, den ihn verfechtenden „Theoretikern" zufolge, die Preise für Konsumgüter wie für Produktionsmittel so festgesetzt werden, daß sie ein Gleichgewicht zwischen Angebot und Nachfrage gewährleisten; Löhne und Gehälter sind derart zu bestimmen, daß sie ein Gleichgewicht zwischen Nachfrage und Angebot auf dem Arbeitsmarkt sichern; für die den Betrieben zur Verfügung gestellten Kapitalien sollen Zinsen gezahlt werden, deren Größe ein Gleichgewicht von Kapitalnachfrage und Kapitalangebot gewährleistet. Außerdem sollen die sozialistischen Betriebe ihre Tätigkeit so organisieren, daß ein Höchstgewinn erzielt wird.

Was nun die Möglichkeit der praktischen Verwirklichung einer solchen Wirtschaft anbelangt, so sind in der betreffenden Literatur zwei Hauptvarianten zu unterscheiden. Die erste besagt, daß bei Nichtvorhandensein des Privateigentums an den Produktionsmitteln ein *wirklicher* Markt, eine *wirkliche* Konkurrenz zwischen vollkommen autonomen Betrieben eingerichtet werden solle, die nach dem Grundsatz des maximalen Gewinns arbeiten müßten. Auf diesem Standpunkt stehen zum Beispiel der christliche Sozialist Eduard Heimann und der bekannte zeitgenössische Apologet des Kapitalismus A. P. Lerner.

Eine zweite, den Aufbau einer sozialistischen Wirtschaft nach dem Beispiel des Konkurrenz-Kapitalismus befürwortende Auffassung geht von der Behauptung aus, im Sozialismus lasse sich eine „Scheinkonkurrenz" realisieren. Dieser Auffassung nach müssen die Preise der Konsumgüter und der Produktionsmittel, die Kapitalzinsen und die Arbeitslöhne den Preisen, Zinsen und Löhnen im Kapitalismus der freien Konkurrenz entsprechen, doch sollen sie nicht auf dem Wege der freien Marktkonkurrenz ermittelt, sondern durch die Planungsorgane zentral festgelegt werden.

Derartige Auffassungen über den „Konkurrenz-Sozialismus" wurden besonders von den Vertretern der „welfare-economics" während der dreißiger Jahre verfochten. Das waren vor allen Dingen A. P. Lerner, A. C. Pigou[5], R. L. Hall[6] und andere. Ein besonderes Merkmal dieser Literatur ist, daß sie die Fragen der sozialistischen Wirtschaft behandelte, ohne sich im geringsten darum zu kümmern, daß zu jener Zeit die sozialistische Wirtschaft der Sowjetunion bereits in vollem Aufschwung begriffen war. Die Wirtschaft des ersten sozialistischen Staates der Welt wurde ganz einfach ignoriert, oder später einfach als „unrationell" abgetan. Es wäre unserer Meinung nach verfehlt, dieses ganze Problem als überholt und unaktuell zu betrachten. Die sogenannten „sozialistischen" Anschauungen der „welfare-economics", die wir auch heute noch bei bürgerlichen Autoren wiederfinden, bilden gleich-

[5] Vgl. *A. C. Pigou*, Socialism versus Capitalism, London 1937.
[6] Vgl. *R. L. Hall*, The Economic System in a Socialist State, London 1937.

zeitig die „theoretische Grundlage“ des zeitgenössischen Revisionismus und Reformismus.

Ausgehend von der These vom Absterben des Staates und in erster Linie seiner wirtschaftlich-organisatorischen Funktion in der Übergangsperiode vom Kapitalismus zum Sozialismus, ersetzt der jugoslawische Revisionismus die planmäßige Leitung der Wirtschaft seitens des Staates durch die sogenannte „Selbstverwaltung der Produzenten“. Die Unternehmen handeln als vollkommen autonome Einheiten. Zwecks Erzielung eines Höchstmaßes an Gewinn bestimmen sie nach eigenem Ermessen, auf Grundlage der Nachfrage und des Angebots auf dem Markt, das Produktionsvolumen und das Produktionssortiment und setzen die Preise für ihre Erzeugnisse, die Verteilung der Gewinne usw. fest. Die Funktionen des Staates sind darauf beschränkt, einige allgemeine Festlegungen über die Tätigkeit der Unternehmen, die Abführung eines Teils ihrer Einkünfte und die Finanzierung verschiedener Produktionszweige zu treffen.

Ähnliche Auffassungen über die sozialistische Wirtschaft werden auch von rechtssozialdemokratischer Seite vertreten. Die neuesten Programme einer Reihe sozialdemokratischer Parteien verzichten bekanntlich auf die Sozialisierung der Produktionsmittel und auf die Wirtschaftsplanung. Aber die Urheber dieser Programme vergessen nicht zu unterstreichen, daß ihr „Sozialismus“ auf einem Marktsystem beruht.

> „Freier Wettbewerb und freie Unternehmerinitiative sind wichtige Elemente sozialdemokratischer Wirtschaftspolitik“[7],

heißt es im Godesberger Programm (1959) der Sozialdemokratischen Partei Deutschlands.

> „Deshalb bejaht die Sozialdemokratische Partei den freien Markt, wo immer wirklich Wettbewerb herrscht“,

heißt es weiter in diesem die Sozialisierung der Produktionsmittel grundsätzlich ablehnenden Programm. Auf denselben „theoretischen“ Grundlagen beruhen auch bestimmte programmatische Erklärungen der englischen Labour-Partei und das Programm der Sozialistischen Partei Österreichs. Alle diese Programme unterscheiden sich kaum noch von denen der bürgerlichen politischen Parteien.

Die Theorien, die den Aufbau einer sozialistischen Wirtschaft nach dem Vorbild des Kapitalismus vorschlagen, stellen eine spezifische Form der Apologie des Kapitalismus dar. Im Grunde beruhen sie auf der Behauptung, daß keine wirtschaftliche Organisation lebensfähig ist, die nicht auf den wesentlichen Elementen des Kapitalismus der freien Konkurrenz aufbaut. Dieser wird als das Ideal jeder wirtschaftlichen Organisation angesehen. Diese Theorien führen zu der Schlußfolgerung, daß es zwischen dem Kapitalismus und dem Sozialismus keinen wesentlichen Unterschied gibt. Sie hängen eng mit den irrigen Auffassungen zusammen, denen

---

[7] „Vorwärts“ vom 20. November 1959.

zufolge der Übergang vom Kapitalismus zum Sozialismus spontan, im Wege der Ansammlung gewisser „sozialistischer Elemente“ im Rahmen der kapitalistischen Ordnung selbst erfolgt.

Die genannten Auffassungen laufen auf die Behauptung hinaus, daß die „rationellste“ Wirtschaftslenkung die der freien Konkurrenz sei, die durch das freie Spiel von Nachfrage und Angebot das wirtschaftliche „Optimum“ sichert. Es ist offenkundig, daß die menschliche Gesellschaft nicht einfach die Summe der Einzelwesen ist und die sozialen Erscheinungen im allgemeinen nicht die einfache arithmetische Summe der betreffenden individuellen Tatsachen und Erscheinungen darstellen, und ebenso sind auch die wirtschaftlichen Bedürfnisse einer Gesellschaft nicht gleichbedeutend mit den summierten Bedürfnissen der Einzelmenschen. Die arithmetische Summierung der individuellen Nachfrage kann nicht die objektiven Entwicklungstendenzen der Gesellschaft ausdrücken, die eine bestimmte soziale Struktur hat, in Klassen aufgespalten ist und eine bestimmte Entwicklung durchlaufen hat. Dies gilt für die kapitalistische Gesellschaft, jedoch in höherem Maße noch für die sozialistische Gesellschaft. Das sozialistische Eigentum an den Produktionsmitteln erfordert die bewußte Leitung der Wirtschaft. Das aber setzt die Kenntnis und wissenschaftliche Durchdringung ihrer Struktur, der ihr eigenen Entwicklungstendenzen sowie ihrer objektiven Entwicklungsgesetze voraus. Die wissenschaftliche Untersuchung der menschlichen Gesellschaft enthüllt einen solchen Reichtum an Erscheinungen, Tendenzen und wirtschaftlichen Gesetzen, die unmöglich mit den augenblicklichen, subjektiven Bedürfnissen der Einzelmenschen bzw. ihrer zahlungskräftigen Nachfrage gleichgesetzt werden können.

Die objektiven Entwicklungsgesetze und -tendenzen der sozialistischen Gesellschaft sind im ökonomischen Grundgesetz des Sozialismus zusammengefaßt. Seiner Realisierung dienen die Politik der sozialistischen Industrialisierung, der sozialistischen Umgestaltung der Landwirtschaft und der ökonomischen Entwicklung der industriell rückständigen Gebiete sowie eine ganze Reihe weiterer konkreter Maßnahmen, die die Wirtschaftspolitik des sozialistischen Staates sowohl in der Übergangsperiode als auch nach dem Abschluß des Aufbaus des Sozialismus kennzeichnen. Wie könnte das freie Spiel von Nachfrage und Angebot auf dem Markt diese großen Aufgaben der Wirtschaftsführung im sozialistischen Staat sicherstellen?

Alle Bestrebungen, die sozialistische Wirtschaftspolitik in der einen oder anderen Form auf marktwirtschaftliche Kategorien zu begründen, laufen im Grunde nur darauf hinaus, die kapitalistischen Verhältnisse aufrechtzuerhalten und eine auf den Aufbau des Sozialismus gerichtete aktive Wirtschaftspolitik zu verneinen. Der Zweck der Verbreitung einer solchen Auffassung liegt demnach klar auf der Hand. Die spontanen Prozesse, die in der Wirtschaft eines solchen „Wettbewerbssozialismus“ auftreten würden, stehen im Gegensatz zum eigentlichen Ziel der sozialistischen Produktion. Sie müssen früher oder später zu einer Restauration des Kapitalismus führen.

Im allgemeinen ist es kaum verständlich, wie man ein System als „rationell“ bezeichnen kann, das seinem Wesen nach *die bewußte und rationelle* Tätigkeit der sozialistischen Produzenten ausschließt, ein System, dem ein spontaner und nicht kontrollierbarer Mechanismus zugehört.

Auch im Sozialismus besteht die Möglichkeit gewisser Gleichgewichtsstörungen, zu deren Beseitigung der sozialistische Staat über zahlreiche und verschiedenartige Mittel verfügt. Die Auswahl der besten Lösung kann jedoch nicht mechanisch oder automatisch erfolgen. Die Lösungen müssen nach Untersuchung der tatsächlichen Gegebenheiten bewußt ausgewählt werden. Im Sozialismus genügt es nicht, ein „Gleichgewicht" zu erhalten, welches es auch immer sei. Eine einfache Preisänderung kann nicht die optimale Lösung nach sich ziehen, die sämtliche Umstände und sämtliche Möglichkeiten berücksichtigt. Es ist eine tiefgehende Untersuchung der verschiedenen Zusammenhänge in der Wirtschaft notwendig, eine Untersuchung, die sich nicht auf das äußere Bild der Nachfrage und des Angebots sowie der Preise beschränken kann. Das Planungsorgan in der sozialistischen Wirtschaft ist nicht einfach ein Organ, das Störungen des Verhältnisses von Angebot und Nachfrage registriert und automatisch Preisänderungen herbeiführt. Die bewußte Planung und Leitung der Wirtschaft ist das ganze Gegenteil einer mechanischen Unterordnung unter den Automatismus des Wertgesetzes oder sonst einen automatischen Preisbildungsmechanismus.

Was die behandelten Theorien bezwecken, ist offenkundig. Um die Aufmerksamkeit der Arbeiterklasse von dem organisierten Kampf für eine wirkliche – und nicht nur scheinbare – Abschaffung der kapitalistischen Produktionsverhältnisse abzulenken, wird ihr ein sogenannter „Konkurrenz-Sozialismus" anempfohlen, der den Kapitalismus nachahmen müsse. Um die Kampfkraft der Arbeiterklasse zu lähmen, sucht man den Gedanken zu suggerieren, daß es, wenn nun einmal der Sozialismus nur eine Nachahmung des Kapitalismus darstellt, auch nicht mehr nötig erscheint, für den Sozialismus zu kämpfen, sondern daß es zweckmäßiger ist, für die „Verbesserung" des Kapitalismus im Sinne der zeitgenössischen Befürworter des sogenannten „Volkskapitalismus" einzutreten. In erster Linie verfolgen also diese Theorien das Ziel, die Arbeiterklasse zu veranlassen, auf ihren Kampf für die Abschaffung des Kapitalismus zu verzichten und die Aufrechterhaltung der kapitalistischen Ausbeutung gutzuheißen.

Was allen diesen Theorien bis vor wenigen Jahren gemein war, ist das hartnäckige Festhalten am „Konkurrenz-Modell" und die ebenso hartnäckige Weigerung, von der Existenz der Sowjetunion Kenntnis zu nehmen. Sie mißachteten sowohl die Tatsache, daß das für den Sozialismus vorgeschlagene „vollkommene" Konkurrenz-Modell in Wirklichkeit nie existiert hat, als auch den Umstand, daß die sozialistische Planwirtschaft seit langen Jahren erfolgreich funktioniert und somit alle apologetischen Behauptungen Lügen straft.

Es scheint, daß sich diesbezüglich in den letzten Jahren eine neue Tendenz bemerkbar macht, die für einen weiteren Rückzug der bürgerlichen politischen Ökonomie unter dem Eindruck der Wirklichkeit spricht. Es treten immer mehr bürgerliche Theoretiker auf, die den angeblich „rationellen" Charakter des „Konkurrenz-

Modells“ in Abrede stellen, die sich des vollkommen wirklichkeitsfremden Charakters der abstrakten Konstruktionen der „welfare-economics“ bewußt werden und sich eingestehen, daß eine von diesem Standpunkt aus an der sozialistischen Planwirtschaft der Sowjetunion und der volksdemokratischen Länder geübte Kritik unhaltbar ist. Die historischen Erfolge der sozialistischen Wirtschaft sind so offenkundig, und die abstrakten Thesen des „Konkurrenz-Sozialismus“ sind so schlagend widerlegt worden, daß man kaum noch auf ihnen bestehen kann. Daher werden in zunehmendem Maße neue Formen zersetzender Kritik am Sozialismus ins Feld geführt.

Das will aber nicht heißen, daß die alten Formen gänzlich verschwunden wären. So trifft man z. B. noch immer auf die ebenso absurde wie kategorische Behauptung, daß die Frage der Wirtschaftsrechnung im Sozialismus „schlechthin unlösbar“ sei.[8] Weiterhin gibt es Ökonomen, wie z. B. Abram Bergson, der sich in seinem Aufsatz „Socialist Economics“[9] damit begnügt, die abstrakten Diskussionen des vierten Jahrzehnts unseres Jahrhunderts wiederzugeben und sich deren „Ergebnissen“ mit einigen persönlichen Ergänzungen anzuschließen, die aber den vollkommen wirklichkeitsfremden und irreführenden Charakter der ganzen Diskussion nur noch verstärken. Diese Arbeit enthält kein Sterbenswörtchen über die Wirtschaft der Sowjetunion und der volksdemokratischen Länder. Vielmehr wird nach wie vor behauptet, daß im Sozialismus die optimalen Bedingungen

> „mit bestimmten Ausnahmen dieselben sind wie die Gleichgewichtsbedingungen der vollkommenen Konkurrenz im Kapitalismus.“[10]

In der „Revue d'économie politique“ wird in dem Aufsatz von Jean Marczewski „Das Geld in der sozialistischen Wirtschaft“[11] zugegeben, daß in der sozialistischen Wirtschaft eine Wirtschaftsrechnung (!) erfolgt und dennoch weiterhin an der Meinung festgehalten, daß

> „eine sozialistische Wirtschaft eines Preis- und Lohnsystems, das so exakt wie möglich die aus der Gegenüberstellung des tatsächlichen Bedarfs der Gesellschaft mit den Quellen sich ergebende Reihe von sozialen Werten widerzuspiegeln hat.
> Ein solches System ist ohne einen möglichst vollkommenen Markt nicht denkbar und fordert dementsprechend das Bestehen einer Geldwährung, die sich aller ihrer positiven Funktionen erfreuen muß.“[12]

Übrigens sollte nach der Auffassung dieses Verfassers der „Sozialismus“ nicht „als eine konkrete, in die Geschichte des menschlichen Denkens und der menschlichen Handlungen eingegliederte soziologische Erscheinung“ aufgefaßt werden, sondern als „ein ideales Organisationssystem“[13]. Er „löst“ demnach die Fragen der

---

[8] Vgl. *W. Röpke*, Civitas Humana, Erlenbach-Zürich 1944, S. 53.

[9] Vgl. *Abram Bergson*, Socialist Economics. In: A Survey of Contemporary Economics, Homewood/Illinois 1954, Bd. I, S. 412—448.

[10] Ebenda, S. 432.

[11] *Jean Marczewski*, La monnaie en économie socialiste. In: „Revue d'économie politique“, Nr. 68, März/April 1958, S. 433—449.

[12] Ebenda, S. 444. [13] Ebenda, S. 443.

sozialistischen Wirtschaft, indem er, wie er selbst ausdrücklich zugibt, die „heikle Frage der Beziehungen zwischen Unternehmen und Lohnempfängern" ausklammert[14]. Sein Vorschlag, daß in diesem „Sozialismus" „das Privatunternehmen mit allen seinen aus der schmiegsamen Beweglichkeit und der Empfindlichkeit des Systems für die Nachfrageschwankungen sich ergebenden Vorteilen" beibehalten werden soll[15], ist der logische Schluß aus dieser ganzen Konstruktion. Die einzige noch zu beantwortende Frage wäre, weshalb das alles Sozialismus heißen soll. Übrigens ist die Antwort nicht schwer zu finden: Es handelt sich um dieselbe Demagogie, wie sie seit jeher mit Hilfe von Redereien über „die Notwendigkeit einer Beteiligung der Lohnempfänger an der Betriebsleitung"[16] u. a. m. betrieben wird, um die Arbeiterklasse von ihrem Kampf für den wirklichen Sozialismus abzulenken.

Zugleich aber ist in den Reihen der bürgerlichen Wirtschaftswissenschaftler die Tendenz festzustellen, daß sie bei der theoretischen Erörterung der sozialistischen Wirtschaft endlich von der Sowjetunion Kenntnis nehmen. Während zwischen den zwei Weltkriegen in den Auseinandersetzungen über die sozialistische Wirtschaft die Sowjetwirtschaft ganz beiseite gelassen wurde, rückte man in den letzten Jahren unter dem Druck der Wirklichkeit immer mehr von dieser Verfahrensweise ab. Der Sozialismus ist ein unleugbarer Tatbestand, ist auf einem Drittel des Erdballs Wirklichkeit. So wie das nicht mehr zu leugnen ist, läßt sich auch nicht mehr schlankweg behaupten, die Sowjetwirtschaft sei „unrationell"; und über einen ausgedachten und nicht vorhandenen Sozialismus weiterhin zu spintisieren, bringt auch kaum was ein. Immer mehr drängt sich die Erkenntnis auf, daß die sozialistische Wirtschaft mit Hilfe und im Lichte des Konkurrenzpreises weder untersucht noch begriffen werden kann.

Im Zuge einer vor einigen Jahren in den Spalten der englischen Zeitschrift „Soviet Studies" veröffentlichten Diskussion über den rationellen Charakter der Preise im Sozialismus gibt Joan Robinson zu, daß sich die gegenwärtigen bürgerlichen Wirtschaftslehren (the text book theory) auf einer viel zu niedrigen Entwicklungsstufe befinden, als daß sie für die Planer von Nutzen sein könnten.

> „Wir werden mit Bedauern zugeben müssen, daß, ganz gleich wie viel sie gefehlt haben mögen, die Planer nicht zu viel verloren haben, wenn sie unsere Lehrbücher nicht gelesen haben."[17]

Dieser wehmütige Schluß wird selbstredend auf Grund von Überlegungen gezogen, die von einer marxistischen Untersuchung der Frage weit entfernt sind. Sie beweisen aber, daß selbst die bürgerlichen Wissenschaftler beginnen, sich darüber Rechenschaft abzulegen, wie weit von der Wirklichkeit entfernt die Baumeister der „Konkurrenz-Modelle" mit ihren Behauptungen von der „Rationalität" der Konkurrenzpreise und mit der Forderung sind, die Bildung dieser Preise als Grundlage für die sozialistische Wirtschaft anzunehmen.

---

[14] Ebenda, S. 449. [15] Ebenda, S. 448. [16] Ebenda, S. 449.

[17] *Joan Robinson, Mr. Wiles'* Rationality: A Comment. In: „Soviet Studies", Bd. VII, Nr. 3, Januar 1956, S. 273.

Obwohl der Inhalt dieser Überlegungen hier von nicht allzu großer Bedeutung ist, möchte ich ein Beispiel bringen. Das „Konkurrenz-Modell" setzt die „Souveränität der Verbraucher" in dem Sinne voraus, daß die Verbraucher auf dem Wege der Nachfrage der Produktion ihre Wünsche diktieren. In Wirklichkeit aber werden, wie Joan Robinson schreibt,

> „zufolge dem Streben nach Profit die Erzeugnisse hergestellt, von denen die Geschäftsleute annehmen, daß sie auch verkauft werden können, so daß die berühmte Souveränität nichts anderes ist als das Recht der Verbraucher, unter den Waren zu wählen, die ihnen angeboten werden."[18]

Es ist dies ein von einem der berufensten Vertreter der zeitgenössischen bürgerlichen politischen Ökonomie stammendes und unsere volle Aufmerksamkeit verdienendes Geständnis, das nun auftaucht, nachdem die bürgerlichen Apologeten jahrelang die sogenannte „Souveränität" des Verbrauchers gerühmt haben, die es im Kapitalismus angeblich gibt und ohne die es keinen „rationellen" Sozialismus geben könne.

Sehr bezeichnend für die neuen Tendenzen in der bürgerlichen Kritik des Sozialismus sind folgende Sätze aus einer Arbeit von Julio H. G. Olivera:

> „... ist der jetzige Stand der sogenannten 'Economics of socialism' nicht zufriedenstellend. Er liefert uns ein statisches Modell in Form eines verallgemeinerten Konkurrenz-Gleichgewichtsmodells, das besonders dadurch gekennzeichnet wird, daß das, was im Konkurrenz-Kapitalismus bloß faktische Tendenzen und 'Gesetze' darstellt, in Normen oder Vorschriften umgewandelt wird, die an die kollektivistischen ökonomischen Kräfte gerichtet sind ... Da nun die Frage, auf die die Theorie der kollektivistischen Wirtschaft antworten muß, die Frage nach dem Wesen und der Bedeutung der laufenden Entwicklung des Wirtschaftslebens im Kollektivismus ist ... wird ein neuartiges Herangehen an die Sache notwendig. Denn was notwendig ist, ist nicht ein System von Normen, sondern ein System von beschreibenden und erklärenden Sätzen."[19]

Wer nun glaubt, daß auf den darauffolgenden Seiten, in denen tatsächlich von der Sowjetwirtschaft die Rede ist, auch nur der Versuch einer Analyse des Funktionsmechanismus der sozialistischen Wirtschaft gemacht wird, unterliegt einem gewaltigen Irrtum. Was nun folgt, ist ein fast lächerlich anmutender Versuch, apriorisch die Notwendigkeit einer zyklischen Entwicklung der sozialistischen Wirtschaft nachzuweisen. Immerhin stellt dieser Aufsatz einen Beweis dafür dar, daß die bürgerliche Kritik am Sozialismus begonnen hat, ihre traditionellen „Konkurrenz-Bahnen" zu verlassen.

Ein anderes Beispiel der neuen Tendenz, die sich in der bürgerlichen politischen Ökonomie in bezug auf ihre Stellung zum Sozialismus anbahnt, liefert uns Gregory Grossman in seinem in der Zeitschrift „The American Economic Review" erschienenen Aufsatz über „Die Industriepreise in der UdSSR".[20] Grossman gehört zu

---

[18] Ebenda.

[19] *Julio H. G. Olivera*, Cyclical Economic Growth under Collectivism. In: „Kyklos", Bd. XIII (1960), Heft 2, S. 230 und 231.

[20] Vgl. *Gregory Grossman*, Industrial Prices in the USSR. In: „The American Economic Review", Bd. XLIX, Mai 1959, Nr. 2, S. 50–61.

jenen bürgerlichen Autoren, die der Meinung sind, daß man nicht über Sozialismus sprechen kann, ohne die Wirtschaft der Sowjetunion und der Volksdemokratien in Betracht zu ziehen, und daß man dieser Wirtschaft nicht gerecht werden kann, wenn man bloß darauf hinweist, daß hier die Preise keine Konkurrenzpreise sind. Abgesehen von einer Reihe von Entstellungen steht Grossman – in dem uns interessierenden Zusammenhang – vor der Tatsache, daß bei der Lenkung der Sowjetwirtschaft nicht nur die Preise, sondern auch andere Hebel und Instrumente angewendet werden. Da er aber nicht imstande ist, sich von den gängigen Vorstellungen der bürgerlichen ökonomischen Gedankenwelt loszulösen, erweitert er den Preisbegriff, um in ihn eine Reihe weiterer ökonomischer Kategorien einzubeziehen, die nichts mit den Preisen zu tun haben. So zählt er zu den Preisen, die im staatlichen Sektor der sozialistischen Wirtschaft existieren, außer den Großhandelspreisen, den konstanten Preisen und den Voranschlagspreisen auch die Prämien, die er „quasi-Preise" nennt, die konventionellen physischen Einheiten, die er „physische quasi-Preise", nennt, die „Planungs"-Preise, d. h. bestimmte, zu Planungszwecken berichtigte Preise, so wie die Rücklaufsperiode der Investitionen, die er als „Preisersatz" betrachtet.

Dieses verworrene Durcheinander ist, wie bereits erwähnt, einerseits ein Beweis für die Unfähigkeit der bürgerlichen Ökonomen, nicht anders als in Preiskategorien und -ausdrücken zu denken. Andererseits beweist es aber, daß endlich zugegeben wird, daß die sozialistische Wirtschaft, allen jahrelangen Behauptungen zum Trotz, dennoch ohne Konkurrenzpreise funktioniert.

Grossman gibt ausdrücklich zu, daß die Preise im staatlichen Sektor der Sowjetwirtschaft dazu bestimmt sind, „die technologische Vergeudung zu entmutigen", „die über die Verwaltungsarbeit der Betriebsleiter ausgeübte Kontrolle zu erleichtern", den Planungsmechanismus zu vereinfachen und die „Verteilung der Einkommen" zu erleichtern.[21] Alles dies bedeutet nichts anderes als den Verzicht auf den jahrelang von der bürgerlichen politischen Ökonomie verfochtenen Standpunkt, demzufolge eine sozialistische Wirtschaft nur auf einer Konkurrenzgrundlage möglich wäre. Der Verfasser gibt überdies zu, daß die Preise (diesmal handelt es sich um echte Preise) bei der Leitung der sozialistischen Wirtschaft eine Nebenrolle spielen und daß sie neben der Planung in natürlichen Einheiten ein Hilfswerkzeug darstellen.[22] Wie gesagt, weist Grossmans Darstellung eine Reihe von Entstellungen der sozialistischen Wirtschaft auf. Außerdem werden seine Gedankengänge und Schlußfolgerungen noch immer von der Idee beherrscht, daß das, was der Sowjetwirtschaft fehlt, ein Preismechanismus ist, der diese Wirtschaft regelt.

Ähnliche Schlüsse in bezug auf einen von der unerbittlichen Wirklichkeit ausgelösten Verzicht auf die extremen Gesichtspunkte der bürgerlichen politischen Ökonomie lassen sich auch aus den Ansichten eines anderen bürgerlichen Wirtschaftlers, J. M. Montias, ziehen, die in seinem in der „American Economic Review"

---

[1] Ebenda, S. 52 f.
[2] Vgl. ebenda, S. 59–61.

unter dem Titel „Die Planung unter Zugrundelegung von materiellen Bilanzen in Sowjet-Typ-Wirtschaften“[23] veröffentlichten Aufsatz zum Ausdruck kommen. Der Verfasser befaßt sich mit der Methode der materiellen Bilanzen, die im Rahmen der sozialistischen Wirtschaftsplanung „in Ermangelung der Märkte und eines geschmeidigen Preissystems“ angewandt wird. Aber der aus derartigen Sätzen herauszulesenden Sehnsucht nach der Konkurrenz zum Trotz gibt der Verfasser eigentlich zu, daß die Sowjetwirtschaft gut funktioniert und sich entwickelt. Ja noch mehr. Zwecks Vereinfachung der zur Aufstellung der materiellen Bilanzen notwendigen Arbeiten schlägt der Verfasser die Verwendung eines linearen Programmierungssystems vor. Selbstredend kann auch er nicht umhin, „der in natürlichen Einheiten vorgenommenen Planung ein System effektiver Preise aufzupfropfen“, um auf diese Weise die „relativen Knappheiten“ berücksichtigen zu können.[24] Auch in diesem Falle handelt es sich zweifellos um einen Rückzug der bürgerlichen politischen Ökonomie angesichts der Tatsachen.

In diesem Zusammenhang soll abschließend auch nicht unerwähnt bleiben, daß eine Reihe bürgerlicher Wirtschaftler der Meinung ist, die Preise der sozialistischen Wirtschaft müßten eigentlich nicht mit den Konkurrenzpreisen verglichen werden, sondern mit den Preisen, die innerhalb großer Monopolorganisationen Geltung haben und die Beziehungen zwischen den einzelnen Betrieben oder Gliedern des betreffenden Monopols regeln sollen. Solcherlei Auffassungen sind ebenfalls ein Beweis für den Rückzug der bürgerlichen politischen Ökonomie vor der Wirklichkeit. Sie werden z. B. von Gregory Grossman in dem vorerwähnten Aufsatz[25] von David Granick[26] und Alec Nove[27] vertreten.

Wir möchten ausdrücklich hervorheben, daß, der soeben beschriebenen Entwicklung zum Trotz, alle diese Verfasser der Meinung sind, daß die Sowjetwirtschaft einer „Verbesserung“ durch die „Aufpfropfung“ eines Konkurrenzpreissystems bedürfe. Außerdem enthalten alle erwähnten Schriften offensichtliche und zum Teil ausgesprochen feindselige Entstellungen der wirtschaftlichen Tatsachen in den sozialistischen Ländern. Der von uns im Rahmen dieser Ausführungen verfolgte Zweck war jedoch nicht die Analyse und Widerlegung aller dieser Entstellungen, die ja so lange bestehen werden, wie es bürgerliche Wirtschaftler geben wird, die sich mit der sozialistischen Wirtschaft befassen.

Zusammenfassend können wir sagen, daß die Entwicklung der bürgerlichen Auffassungen über die Preise im Sozialismus durch ein schrittweises Zurückweichen vor den Tatsachen gekennzeichnet ist: Von der Behauptung der grundsätzlichen Unmöglichkeit des Sozialismus zur Behauptung seiner bloß praktischen Unmöglich-

---

[23] Vgl. *J. M. Montias*, Planning with Material Balances in Soviet-Type Economics. In: “The American Economic Review”, Bd. XLIX, Dezember 1959, Nr. 5, S. 963–985.
[24] Ebenda, S. 982.
[25] Vgl. „The American Economic Review“, Mai 1959, S. 53.
[26] Vgl. ebenda, S. 80.
[27] Vgl. „Economica“ 1958, Nr. 97, S. 13.

keit; von der Behauptung der praktischen Unmöglichkeit zum Zugeständnis der Möglichkeit, jedoch unter der Bedingung, daß es ein „Konkurrenz-Sozialismus" sei, wobei die Sowjetwirtschaft vollkommen ignoriert, oder ihr „rationeller" Charakter in Abrede gestellt wird. Dieser Stellungnahme folgt aber schließlich die Zurkenntnisnahme der Wirtschaft der Sowjetunion und der volksdemokratischen Länder und das Eingeständnis, daß diese Wirtschaft sich nicht mit Hilfe und vom Gesichtspunkt des Konkurrenzpreises analysieren läßt. Unseres Erachtens ist diese Entwicklung ein Ausdruck der Krise der zeitgenössischen bürgerlichen politischen Ökonomie.

ZUR THEORIE DER LAGE DER ARBEITER IN DEN SCHWACHENTWICKELTEN LÄNDERN

JÜRGEN KUCZYNSKI, BERLIN

Manche werden vielleicht enttäuscht gewesen sein, in dem Beitrag von Kollegen Kleer praktisch nichts über bürgerliche Theorien zur Lage der Arbeiterklasse bzw. allgemein der Werktätigen gehört zu haben.

Wenn von der Lage der Werktätigen die Rede war, dann vor allem im Zusammenhang mit der sogenannten Gleichgewichtsfalle Nelsons[1] (vgl. S. 61 des vorliegenden Halbbandes). Dabei handelt es sich nicht um eine Theorie der Lage der Werktätigen, sondern, entsprechend den monopolistischen Interessen, um eine Theorie der Investitionen. Nelsons Versuch zur Erklärung der geringen Investitionsaktivität in den schwachentwickelten Ländern geht von der Feststellung aus, daß dort das Einkommen für die große Masse der Bevölkerung etwa auf dem Niedrigststande, dem Existenzminimum liege, und sodann von der Behauptung, daß dort jede Investitionszunahme eine entsprechende Bevölkerungsvermehrung verursache, was zu einer entsprechenden Senkung der Investitionen pro Kopf der Bevölkerung führe, so daß, wenn man wirtschaftliches Wachstum als Wachstum des Einkommens pro Kopf der Bevölkerung definiere, praktisch jedes wirtschaftliche Wachstum unmöglich sei; die Wirtschaft befände sich eben in einer low level equilibrium trap, in der Falle eines Gleichgewichts auf niedrigem Niveau.

Kollege Kleer meint, daß für eine solche Problematik der demographische Faktor große Bedeutung habe – und ich stimme ihm völlig darin zu und betone das, da der Bevölkerungsfaktor in unseren Arbeiten oft vernachlässigt wird –, daß aber *natürlich* nicht der Demographie, sondern *der sozialökonomischen Struktur*, den *Produktionsverhältnissen das Primat der Erklärung solcher Zustände gegeben werden muß.*

In diesem Zusammenhang erwähnt Kollege Kleer die Auffassung bürgerlicher Ökonomen, daß die Einkommensverteilung in den schwachentwickelten Ländern viel ungleichmäßiger sei als in den starkentwickelten Ländern. Als Beispiel nennt er Arbeiten von T. Morgan[2] und W. P. Strassmann[3], und meint ganz richtig, daß ihre Auffassung von vielen anderen bürgerlichen Ökonomen geteilt werde. Aber

---

[1] *Richard Nelson*, A Theory of the Low-Level Equilibrium Trap in Underdeveloped Economies. In: „The American Economic Review“, Bd. XLVI, 1956, Nr. 5.

[2] *Theodore Morgan*, Distribution of Income in Ceylon, Puerto Rico, The United States and The United Kingdom. In: „The Economic Journal“, Bd. 63, Dezember 1953.

[3] *W. Paul Strassmann*, Economic Growth and Income Distribution. In: „The Quarterly Journal of Economics“, Bd. 70, 1956, Nr. 3.

mit Unrecht scheint er sie sich ebenfalls zu eigen zu machen. Dabei kann man doch nicht daran zweifeln, daß der Einkommensunterschied, sagen wir, zwischen den 100000 Ärmsten in den USA und den 100 Reichsten größer ist als zwischen den entsprechenden 300000 Ärmsten und 300 Reichsten in Indien. Ganz offenbar verwechseln diese Ökonomen Einkommen und individuellen Konsum.

Anders als die allgemeine Einkommensverteilung gestaltet sich die Lohnskala der Arbeiter. Und mit dieser Frage, die von den bürgerlichen Ökonomen völlig vernachlässigt worden ist, ist es nützlich, sich kurz zu beschäftigen.

Allgemein kann man bei der Industrieentwicklung der schwachentwickelten Länder beobachten, daß sie in der Gegenwart *die primitivsten wie die modernsten Formen* einschließt. Wir finden *technisch hochstehende Betriebe in den Händen von Großkapitalisten, von Monopolkapitalisten, und primitive Großwerkstätten, in denen es vielfach nicht anders zugeht als in Europa während der Industriellen Revolution.*

Nun hat die Industrieentwicklung der Industriellen Revolution wie die des reifen vormonopolistischen Kapitalismus in Westeuropa von 1850 bis 1900 und schließlich die des monopolistischen Kapitalismus jede ihre eigentümlichen Arbeitsverhältnisse. Können wir diese nun in den schwachentwickelten Ländern reproduziert finden?

Das Internationale Arbeitsamt macht jährliche Untersuchungen der Löhne für den Monat Oktober. Für die Westgebiete Nigerias lauten die Stundenlohnzahlen in Pence für 1958 in einer Reihe von Industrien[4]:

Bäcker 2–15
Setzer, Hand 3–31
Setzer, Maschine 3–17$^1/_2$
Autoreparatur-Mechaniker 3–25
Bautischler 6$^1/_4$–26$^1/_2$
Lastkraftwagen-Chauffeur 6–28

Diese Zahlen machen im Gegensatz zu den Lohndaten für zahlreiche Länder, gerade weil sie so phantastisch erscheinen, einen durchaus realistischen Eindruck. Solche Lohnverhältnisse, solche *enormen Lohnspannen sind typisch für schwachentwickelte Länder.* Und zwar aus dem Grunde, weil eben alle 3 Formen der kapitalistischen Entwicklung, die wir oben gekennzeichnet haben, auf die Lohnverhältnisse einwirken: Die Verhältnisse, die in Europa zur Zeit der Industriellen Revolution üblich waren: ganz niedrige Löhne und relativ sehr niedrige Arbeitsproduktivität; die Verhältnisse des reifen vormonopolistischen Kapitalismus: steigende Reallöhne verbunden mit steigender Arbeitsproduktivität und Intensität der Arbeit; und schließlich die Verhältnisse des monopolistischen Kapitalismus, die eine sehr hohe Arbeitsintensität und gegenüber der vorangehenden Periode geringer steigende Reallöhne charakterisieren.

---

[4] Vgl. „Revue Internationale du Travail“, Bd. LXXX, Nr. 1, Supplément statistique, Juli 1959, S. 8.

Natürlich kann man in den schwachentwickelten Ländern nicht faktisch von einer industriellen Revolution oder einer Entwicklung, die dem reifen vormonopolistischen Kapitalismus entspricht, reden, während modernste Großbetriebe und Monopolorganisationen tätig sind. Aber Tatsache bleibt, daß sich wichtige Erscheinungsformen aller drei Stadien heute bei der Gestaltung der Lage der Arbeiter gleichzeitig zeigen.

Selbstverständlich gibt es auch dabei Besonderheiten. Bleiben wir noch bei dem Beispiel der Westgebiete Nigerias. Die höchsten Löhne der Maschinensetzer betrugen im Oktober 1958 $17^1/_2$ Pence. Gleichzeitig betrugen die durchschnittlichen Stundenlöhne der Maschinensetzer nach der gleichen Statistik des Internationalen Arbeitsamtes in Birmingham und Manchester $62^2/_5$ Pence, also rund dreieinhalbmal soviel wie in Nigeria.

Niemand wird zweifeln, daß die Arbeitsleistung der Maschinensetzer in Nigeria, die nur 3 Pence pro Stunde bekommen, also weniger als 5% der Löhne der englischen Maschinensetzer, weit niedriger ist als die der englischen. Aber wie steht es mit der Leistung der bestbezahlten Maschinensetzer in Nigeria? Ist ihre Leistung weniger als ein Drittel so groß, entsprechend ihren Löhnen, wie die Durchschnittsleistung der englischen Maschinensetzer?

Wir haben keine vergleichenden Statistiken für die Setzer. Aber wir brauchen sie auch nicht, um zu wissen, daß das nicht der Fall ist. *Es ist eine allgemeine Erfahrung, daß die Arbeiter in den modernsten Betrieben der schwachentwickelten Länder bei nicht oder nur wenig unterlegener Arbeitsleistung wesentlich niedrigere Löhne als in den imperialistischen Ländern erhalten.*

In seinem Buch über den amerikanischen Imperialismus hat Victor Perlo schon vor 10 Jahren einige Daten über Lohn und Produktivität in Gebieten, Industrien, Betrieben schwachentwickelter Länder, in denen das amerikanische Monopolkapital entscheidenden Einfluß hat, zusammengestellt.[5] Er schreibt dort:

> „Der Imperialismus, insbesondere der USA-Imperialismus ... erhält zwar (in schwachentwickelten Ländern — J. K.) die Arbeitsbedingungen der Sklaverei wie lange Arbeitszeit und niedrige Löhne aufrecht, zwingt jedoch diese Arbeiter, mit modernen Maschinen und nach den modernsten amerikanischen Methoden der Arbeitsorganisation und der Beschleunigung des Arbeitstempos zu produzieren. Dadurch ist nicht nur der Profit, sondern auch die Ausbeutung beträchtlich höher als im 'Mutterland'.
>
> Ein Beispiel dafür bietet Chile, wo die Anaconda Copper Mining Co. eine wesentlich höhere Profitrate erzielt als in den Vereinigten Staaten. 1940 betrug der Durchschnittslohn eines Arbeiters in den in ausländischem Eigentum stehenden Bergwerken in Chile jährlich 273 Dollar und damit nur etwa ein Fünftel des damals in den Kupferbergwerken in den Vereinigten Staaten gezahlten Durchschnittslohns von 1400 Dollar. Die Durchschnittsproduktion je Arbeiter in Chile betrug jährlich 23 Tonnen und war damit nicht viel geringer als die durchschnittliche Leistung von 27 Tonnen je Bergarbeiter in den Vereinigten Staaten.[6]

---

[5] *Victor Perlo*, Der amerikanische Imperialismus, Berlin 1953, S. 84 f.

[6] Vgl. *Chile*, Corporación de Fomento, Renta Nacional, 1946, und US. Department of Interior, Minerals Yearbook, 1944.

Unlängst hat eine Reihe von USA-Fabrikanten in der Kolonie Puerto Rico Ausweichbetriebe eingerichtet. Die Löhne betragen ein Drittel bis ein Viertel der in den Vereinigten Staaten üblichen Sätze, aber ein Fabrikant stellte fest, daß 'die Arbeiter innerhalb weniger Wochen die Produktionsleistungen des Festlandes erreichten'; ein anderer 'produzierte nach zwei Jahren doppelt so viel, wie er erwartet hatte' usw...[7]

In Arabien und in Afrika ergibt sich das gleiche Bild. Die Löhne der arabischen Ölarbeiter entsprechen kaum einem Zehntel des Durchschnittslohns der USA-Ölarbeiter, obwohl die Produktion je Arbeiter in Arabien höher ist."[8]

Sicherlich hängt der ungleich niedrigere Lohn bei praktisch gleicher oder wenig geringerer Arbeitsleistung in den schwachentwickelten Ländern teilweise auch mit der dort so beachtlichen *latenten Arbeitslosigkeit in der Landwirtschaft* zusammen. Solodovnikov weist in seinem Beitrag auf die Behandlung des Problems der latenten Arbeitslosigkeit durch die bürgerliche Politökonomie, zum Beispiel in den Arbeiten von Nurkse[9], hin. Aber in welchem Zusammenhang beschäftigt sich Nurkse mit der Frage der latenten Arbeitslosigkeit? Wiederum ist es das Problem der Investitionen, das für ihn das zentrale ist, und seine Fragestellung lautet darum: die latente Arbeitslosigkeit als Quelle für die Akkumulation. Von keinem Interesse für Nurkse ist die Frage: latente Arbeitslosigkeit und Lage der Arbeiter.

Wieder sehen wir, wie die bürgerliche Politische Ökonomie eine Theorie der Lage der Werktätigen in den schwachentwickelten Ländern nicht kennt – es sei denn als „Nebenzweig" der Theorie der Investitionen. –

Wir gingen in unseren Betrachtungen davon aus, daß Kollege Kleer kaum Mitteilungen von Analysen bürgerlicher Ökonomen über die Lage der Arbeiter in den schwachentwickelten Ländern gemacht hat.

Das kann aber, wie wir nun gesehen haben, nicht wundernehmen, weil sich die bürgerliche politische Ökonomie faktisch kaum mit der Lage der Arbeiter beschäftigt hat, es sei denn im Zusammenhang, wie erwähnt, mit Investitionsproblemen oder um summarisch und apologetisch festzustellen, daß die Armut der Werktätigen dort vor allem durch das Klima oder die „rassische Inferiorität der Eingeborenen" verursacht sei. Selbst ein Werk wie das von Willem Brand, das den Titel trägt „The Struggle for a Higher Standard of Living. The Problem of the Underdeveloped Countries" (1958) kommt nicht über Allgemeinheiten hinaus, entbehrt jeder theoretischen Tendenz und konkreten Analyse. Das heißt natürlich nicht, daß es nicht einige gescheite Beobachtungen enthalten kann wie die folgende: Arbeiter, die in Gesellschaften arbeiten, welche ausländisches Eigentum sind, sind wegen ihrer höheren Löhne und stärkeren Konzentration oft die ausgesprochensten und klarsten

---

[7] „Fortune", New York, Mai 1950, S. 149.

[8] Vgl. „Business Week", 1950, April 1, S. 51; „Journal of Commerce", 1950, April 3; „Survey of Current Business", Febr. 1950; U. S. Department of Labor, Employment and Payrolls, Dez. 1949.

[9] *Ragnar Nurkse*, Problems of Capital Formation in Underdeveloped Countries, Oxford 1953.

Vertreter des Nationalismus. Betrachten wir diese zweifellos insofern richtige Feststellung, als die Arbeiter in den Monopolbetrieben eine kürzere Arbeitszeit und mehr Zeit zur Bildung haben, und darum zumeist an der Spitze der politischen Aktivität, an der Spitze des Kampfes für Fortschritt und Freiheit stehen, im Zusammenhang mit unseren oben gemachten Feststellungen über die außerordentliche Unterschiedlichkeit der Betriebs- und Arbeitsverhältnisse in den schwachentwickelten Ländern, so sehen wir gleich eine ganze Reihe sozialökonomischer und sozialpolitischer Forschungspfade vor uns.

Auch die Arbeit von Bonné[10] enthält eine Reihe von Hinweisen, die zwar nicht neu, aber trotz ihres Alters noch ungenügend theoretisch in unseren ökonomischen, soziologischen und politischen Studien verarbeitet sind, wie etwa der Hinweis auf die Tatsache, daß innerhalb der nicht-landwirtschaftlich Tätigen die mit Dienstleistungen Beschäftigten solch hohes Gewicht in den schwachentwickelten Ländern haben gegenüber Fabrikindustrie, Bergbau und Bauwesen. Ferner geben einige Studien zur Arbeiterbevölkerungsbewegung wie die der Navarretes über Unterbeschäftigung[11] und die von W. A. Lewis über wirtschaftliche Entwicklung unter der Annahme unbeschränkt vorhandener Arbeitskräfte[12] einige interessante Anregungen.

Im ganzen aber konzentriert sich das Interesse der Bourgeoisie entsprechend ihrem Streben nach Maximalprofiten vor allem auf Investitionsprobleme, und selbst ein so fortschrittlicher Politökonom wie Paul Baran hat in seinem umfangreichen Buch „The Political Economy of Growth" (1957) kaum Bemerkungen über Probleme der Lage der Arbeiter in den unterentwickelten Ländern zu machen.

Die „Nichtbeachtung" eines so entscheidenden Problems wie das der Entwicklung der Lage der Arbeiter und der Werktätigen allgemein in den schwachentwickelten Ländern ist ein Kennzeichen der Krise der bürgerlichen politischen Ökonomie, die Marx schon seit 1830 als wirksam feststellte. Zu dieser nun schon 130 Jahre währenden Krise gehören auch solche „Argumente" für die, natürlich gelegentlich erwähnte, Armut der schwachentwickelten Länder wie das Klima, die Fruchtbarkeit der Ehen oder die „Inferiorität der Rassen der Eingeborenen".

Mit der Vertiefung der Krise der politischen Ökonomie der Bourgeoisie im Rahmen der allgemeinen Krise des Kapitalismus finden wir einige „neue Züge" auch in der „Nichtbeachtung" der Theorie der Lage der Arbeiter und der Werktätigen allgemein. Diese Theorie bleibt, wenn sie überhaupt leicht angerührt wird, wie in der Vorzeit ein nebensächliches Anhängsel anderer, aber jetzt eben „neuer" Theorien, die in

---

10 *Alfred Bonné*, Studies in Economic Development. With Special Reference to Conditions in the Underdeveloped Areas of Western Asia and India, London 1957.

11 *Alfredo Navarrete Jr.*, Ifigenia M. de Navarrete, La Subocupación en las Economias Poco Desarrolladas, El Trimestre Económico, Bd. XVIII, 1951, Nr. 4, Fondo de Cultura Ecomónica, Mexico.

12 *W. A. Lewis*, Economic Development with Unlimited Supplies of Labour. In: „The Manchester School", Mai 1954.

den Vordergrund gerückt werden, etwa der „modernen“ Investitionstheorien, Gleichgewichtstheorien, Wachstumstheorien usw.

Weder in ihrer alten apologetischen noch in ihrer neuen ebenso apologetischen Form erlaubt die Krise der bürgerlichen politischen Ökonomie eine realistische, die Wirklichkeit erklärende Analyse und Synthese der Lage der Arbeiter und der Werktätigen allgemein in den schwachentwickelten Ländern. Ja eine Analyse und Synthese werden überhaupt nicht versucht.

Um so wichtiger ist es, daß wir Marxisten heute die Lage der Arbeiter in den schwachentwickelten Ländern konkret und theoretisch gründlich untersuchen.

DIE BÜRGERLICHE ÖKONOMIE ZUR FRAGE DER SCHWACHENTWICKELTEN LÄNDER

Jósef Zawadzki, Warschau

Ich möchte an das interessante Referat von Kollegen Kleer über die ökonomische Theorie der unterentwickelten Länder anknüpfen. Die Probleme dieser Länder stehen schon seit längerer Zeit im Mittelpunkt der ökonomischen, ideologischen und politischen Kämpfe unserer Zeit. Darum ist es verständlich, daß sie auch den Mittelpunkt der Betrachtungen und Theorien der bürgerlichen Ökonomen bilden.

In den dreißiger Jahren stand das Problem der Arbeitslosigkeit im Vordergrund des Interesses der bürgerlichen Ökonomen. Das bekannte Buch von J. M. Keynes, „Allgemeine Theorie der Beschäftigung, des Zinses und des Geldes", war hauptsächlich diesen Problemen gewidmet. Der bekannte amerikanische Ökonom Samuelson bemerkte, daß die bürgerlichen Theoretiker nach 1930 12 Jahre oder mehr vom Problem der Vollbeschäftigung besessen waren. Nach Meinung dieses amerikanischen Ökonomen war das auch selbstverständlich, da man sich in einer Zeit der Massenepidemie nicht um einen Sonnenstich oder um Erscheinungen des Alterns sorgt.

Man kann dem Klasseninstinkt des bürgerlichen Ökonomen deshalb ein gutes Zeugnis ausstellen, weil sie sich gegenwärtig, d. h. in einer Zeit „der asiatisch-afrikanischen Massenepidemie", mit Problemen der ökonomisch schwachentwickelten Länder beschäftigen. Auf diesen großen Kontinenten entscheidet sich in erheblichem Maße die Zukunft des kapitalistischen Weltsystems. Hier befinden sich die schwächsten Glieder der kapitalistischen Weltwirtschaft.

Ein großer Teil der bürgerlichen ökonomischen Literatur versucht vor allem, eine Definition der unterentwickelten Länder zu geben, und zwar hauptsächlich vom Standpunkt folgender Merkmale: ob diese Länder wenig bevölkert oder übervölkert sind, ob es Agrar- oder Industrie-Agrar- oder Monokulturländer sind. In der Theorie des Wachstums beschäftigt man sich damit, ob als Kriterium die Pro-Kopf-Produktion oder das Pro-Kopf-Einkommen, oder die Arbeitsproduktivität, der Charakter des technischen Niveaus, die Kapitalintensität u. a. m. gelten kann. Man bemüht sich, die Traditionen, die Mentalität, den religiösen Glauben, die Neigungen und die Institutionen der schwachentwickelten Länder unter dem Gesichtspunkt zu analysieren, ob sie das wirtschaftliche Wachstum dieser Länder fördern oder hemmen. Das Charakteristischste dabei aber ist, daß, wenn man die Hemmnisse analysiert oder nachweist, man gänzlich von den sozialen Hemmnissen absieht. Solche Haupthemmnisse in der Entwicklung der rückständigen Länder wie Kolonialismus, ökonomische Diskriminierung und Ausbeutung der rückständigen Länder durch die kapitalistischen Hauptländer erwähnt man gar nicht oder sieht sie als zweit- oder drittrangig an. In der bekannten und viel gerühmten Arbeit des bürgerlichen Ökonomen Rostow: „Der Prozeß des ökonomischen Wachstums" findet man zwar das Wort „Kolonialismus", es wird ihm aber keine Bedeutung beigemessen.

In einem Vortrag auf dem I. Internationalen Kongreß der ökonomischen Gesellschaften, der vor 3 Jahren in Rom stattfand, zählte Jakob Viner die äußeren und inneren Ursachen der Armut und des niedrigen Entwicklungsstandes der unterentwickelten Länder auf. Unter anderem rechnete er dazu auch eine ungenügende Menge an Produktionsmitteln im Verhältnis zu den vorhandenen Arbeitskräften, einen Überfluß an Arbeitskräften im Verhältnis zu den existierenden Kapitalreserven, ungenügende Arbeitsproduktivität, ein niedriges Niveau der Regierungs- und öffentlichen Institutionen, einen Mangel an talentvollen Unternehmern. Erst nach Aufzählung aller dieser Ursachen kommt Viner auf den Kolonialismus zu sprechen:

> „Ich werde nicht den ökonomischen Imperialismus und den Kolonialismus erwähnen, wenn man darunter die Ausbeutung der armen Länder durch die reichen mit Hilfe ihrer politischen und militärischen Macht versteht, um Hemmnisse für die armen Länder in ihrem Streben nach ökonomischem Fortschritt zu schaffen. Wie wichtig diese politische und ökonomische Kraft auch in der Vergangenheit war, so gehört sie doch der Vergangenheit an. Die Länder, mit denen ich mich hier befasse, sind weder politisch noch wirtschaftlich einem äußeren Druck ausgesetzt."[1]

Diese Worte von Viner sind ein klassisches Beispiel für die Einstellung der modernen bürgerlichen Apologetik gegenüber den Problemen der schwachentwickelten Länder. Die Methode besteht darin, daß man die Betrachtungen von gesellschaftlichen Ursachen auf technisch-ökonomische Ursachen lenkt, bzw. auf Traditionen und Mentalitäten, auf Institutionen oder auf die Natur des Menschen selbst, um so Kapitalismus und Imperialismus von jeglicher Schuld freizusprechen.

Eine der beliebtesten Methoden der bürgerlichen Ökonomen in ihrem Bestreben, das Problem der schwachentwickelten Länder rein technisch zu betrachten, ist die Methode der Unterteilung der Länder in entwickelte und unterentwickelte. Als technisch-ökonomisches Merkmal, wenn wir es so nennen wollen, führt man häufig die Höhe des Einkommens pro Kopf der Bevölkerung an. Gewöhnlich setzt man fest, daß ein Land mit einem Pro-Kopf-Einkommen von 300 (oder sagen wir 500 usw.) Dollar im Jahr zu den unterentwickelten Ländern zählt; dagegen zählen Länder mit einer größeren Pro-Kopf-Summe zu den entwickelten Ländern. Einige bürgerliche Ökonomen rücken die Menge des Kapitals, das ein Land pro Kopf der Beschäftigten besitzt, in den Vordergrund. In einem Land, in dem das Kapital

---

[1] *Jacob Viner*, The Poorer Countries Problem.
In: Stability and Progress in the World Economy, London, New York, 1958, S. 52 ff.

nicht ausreicht, um alle Arbeitskräfte mit den neuesten Produktionsmitteln zu beschäftigen, haben wir es danach mit einer unterentwickelten Wirtschaft zu tun. In einem solchen Land, so lesen wir, steht die Gesellschaft vor der Alternative, die Arbeitskräfte entweder bei Anwendung primitiver Technik zu beschäftigen, was eine geringe Produktivität und ein niedriges Pro-Kopf-Einkommen zur Folge hat, oder eine neue Technik anzuwenden, die zu einer höheren Produktivität führt, aber auch Massenarbeitslosigkeit zuläßt, weil das Kapital eben nicht ausreicht, um allen Arbeitern Beschäftigung zu bieten.

Mir scheint, daß man diese Methoden, die Länder allein an Hand technischer Kriterien zu klassifizieren, nicht akzeptieren kann. Vor allem kann man kein Kriterium anerkennen, mit dessen Hilfe sozialistische und kapitalistische Länder vermengt werden. Es gibt auch sozialistische Länder, die in dem Sinne wirtschaftlich rückständig sind, daß sie keine entwickelten Produktivkräfte haben. In Zukunft wird es noch mehr solcher Länder geben, und zwar in dem Maße, wie sich die kolonialen und halbkolonialen Länder befreien werden. Diese rückständigen Länder müssen, wenn sie in die sozialistische Ordnung hineinwachsen wollen, ein schnelleres Wachstumstempo haben, um zusammen mit anderen Ländern zum Kommunismus zu kommen. Wir müssen auch in Betracht ziehen, daß vor diesen sozialistischen, heute noch wirtschaftlich schwachentwickelten Ländern, andere Aufgaben und Möglichkeiten stehen wie vor Ländern, die zum kapitalistischen System zählen. Darum ist es falsch, rückständige Länder an Hand allein ökonomisch-technischer Merkmale in einen Topf zu werfen, ungeachtet ihrer Struktur und Ordnung. Auch im Hinblick auf die kapitalistische Welt ist diese Unterteilung in entwickelte und unterentwickelte Länder falsch, weil sie zu sehr vereinfacht. Es käme der Wahrheit näher, wenn wir folgende Unterteilung vornehmen würden:

1. Imperialistische Mächte, wozu die USA, England, Frankreich und Westdeutschland zählen.

2. Länder mit mittlerer Entwicklung des Kapitalismus wie Spanien, Portugal, Türkei, Griechenland, und in gewisser Hinsicht auch Italien und Japan. Diese Länder kann man nicht einfach zu den schwachentwickelten Ländern zählen. Sie verfügen über eine gewisse Tradition der kapitalistischen Entwicklung und eine verhältnismäßig starke Arbeiterklasse mit Traditionen der Arbeiterbewegung. Das Pro-Kopf-Einkommen liegt zwar unterhalb der Grenze von 400 oder 500 Dollar, andererseits aber besitzen diese Länder entwickelte Industriezweige, die mit denen der vorgenannten imperialistischen Länder durchaus konkurrieren können. Zugleich existieren in den Ländern der zweiten Gruppe starke Überreste des Feudalismus, wovon die agrarische Übervölkerung und der private Großgrundbesitz zeugen. Es gibt dort auch stark zersplitterte Industriezweige mit einem starken Anteil von Handwerkern.

An dritter Stelle kommen die jungen Länder, d. h. jene, die sich heute zu entwickeln beginnen, die ehemaligen Kolonien und Halbkolonien. Wenn man diese Unterteilung betrachtet, wird klar, daß man nicht nur technisch-ökonomische

Merkmale einer Gliederung der Länder in entwickelte und schwachentwickelte zugrunde legen darf. Das soll nicht heißen, daß solche Merkmale wie Einkommen pro Kopf, Menge des Kapitals pro Beschäftigten, Arbeitsproduktivität, Höhe des Lebensstandards der arbeitenden Bevölkerung usw. völlig außer acht gelassen werden sollen. Man soll sich aber vor Vereinfachungen hüten, die unvermeidlich sind, wenn man nur diese Merkmale in Betracht zieht.

Aus der bisherigen Charakteristik der bürgerlichen ökonomischen Literatur geht hervor, daß sich ihr Hauptinhalt darauf reduziert, eine Beschreibung der schwachentwickelten Länder oder eine Definition bzw. eine Klassifizierung dieser Länder zu geben, oder auch darauf, Methoden zur Messung des Nationaleinkommens, der Kapitalmenge, der Arbeitskräftezahl, der nationalen Reichtümer und der Rate der Investitionen auszuarbeiten. In der Beschreibung und Analyse der verschiedenen Merkmale und Ursachen, die das wirtschaftliche Wachstum hemmen, haben die bürgerlichen Ökonomen auch manches Verdienst. Sie bereichern unser Wissen mit Kenntnissen über konkrete Fakten und Prozesse. Manchmal stellen sie ganz konkrete Aufgaben. Sie zeigen ihren imperialistischen Regierungen die billigsten und wirksamsten Methoden zur Beeinflussung der unterentwickelten Länder. Sie möchten den imperialistischen Staaten helfen, sich mit dem kleinsten Risiko in die Entwicklungsprogramme der schwachentwickelten Länder einzuschalten.

Der Zerfallsprozeß des Kolonialsystems bedeutet durchaus nicht, daß der Imperialismus auf die Hegemonie über die schwachentwickelten Länder verzichtet. Auf der Seite der ausschlaggebenden kapitalistischen Länder sind starke theoretische und politische Bestrebungen zu erkennen, den alten Kolonialismus durch einen neuen zu ersetzen, d. h. die alten administrativen Formen gegen Formen der „ökonomischen Hilfe“ und bequem zu beherrschende Regierungen zu vertauschen. Der alte Kolonialismus ist heute in den Augen der Völker unmöglich geworden. Manche Richtungen der bürgerlichen politischen Ökonomie verteidigen diesen Kolonialismus, indem sie behaupten, daß die Liquidierung der Rückständigkeit dieser Länder ohne Liquidierung des kapitalistischen Systems und der Überbleibsel des Kolonialismus möglich ist. Andere suchen zu beweisen, daß das Programm der Industrialisierung und wirtschaftlichen Entwicklung keinerlei Sinn hätte und besser alles so bleiben sollte, wie es jetzt ist. Damit soll natürlich nicht gesagt werden, daß alle bürgerlichen Theoretiker als Agenten tätig sind.

Meines Erachtens ist die Theorie des wirtschaftlichen Wachstums eine Reaktion auf eine in den dreißiger Jahren stark verbreitete Theorie des stagnierenden Kapitalismus. Mit ihr soll bewiesen werden, daß auch in den ausschlaggebenden kapitalistischen Ländern ein Wirtschaftswachstum möglich ist. In früheren Zeiten war unter den bürgerlichen Ökonomen die Meinung stark verbreitet, daß der Marktmechanismus selbst die kapitalistische Wirtschaft reguliert, daß er der kapitalistischen Wirtschaft eine optimale Gestaltung sichert, daß er nicht nur überhaupt ein Gleichgewicht zwischen Produktion und Konsumtion, zwischen Produktionsmitteln und Konsumtionsmitteln herstellt, sondern ein Gleichgewicht auf höchstem

Niveau. Der Haupttheoretiker dieser Richtung war der berühmte französische Vulgärökonom J. B. Say, der bekanntlich behauptet hat, daß sich jedes Angebot automatisch die entsprechende Nachfrage schafft. Die ökonomische Krise der dreißiger Jahre hat diesen Glauben an den ökonomischen Mechanismus untergraben. Daher kam die Wachstumsforschung auf die Tagesordnung. Der breiten Öffentlichkeit, die den Glauben an die Fähigkeit des wirtschaftlichen Mechanismus verloren hat, muß man neue Kräfte zeigen, die angeblich eine fortschreitende Entwicklung des Kapitalismus garantieren können. Wenn schon solche Theorien ausgearbeitet werden, gibt es von dieser Seite keinen Hinderungsgrund, sie auch auf die schwachentwickelten Länder auszudehnen, zumal in einer Zeit, in der die Möglichkeit des Wachstums dieser Länder für die Perspektive des kapitalistischen Weltsystems von Bedeutung ist.

Modelle der Wachstumstheorie werde ich nicht näher analysieren. Sie sind ja Gegenstand mancher Referate. Ich möchte hier nur unterstreichen, daß diese Modelle den berühmten Marktgesetzen von Say sehr nahekommen. Sie sollen beweisen, daß dann, wenn einmal die entsprechende ökonomische Größe gefunden ist, eine Weiterentwicklung ohne Störungen möglich erscheint. Man kann sagen, daß die Wachstumsmodelle von Harrod und Domar eine Wiedergeburt der Sayschen Gesetze, eine moderne, etwas vorsichtigere, weniger optimistische Formulierung dieser Gesetze sind. Es zeigt sich, daß die Sayschen Gesetze, die in der Zeit der großen Krise in den Augen der bürgerlichen Ökonomen stark kompromittiert worden sind, heute, in Zeiten einer Hochkonjunktur, wieder Anerkennung finden. In bezug auf die rückständigen Länder sind aber diese Wachstumstheorien noch viel fehlerhafter als in bezug auf stark entwickelte Länder. Hier kann man weder Sparneigung noch neutralen technischen Fortschritt einfach voraussetzen, die angeblich den ökonomischen Fortschritt bewirken. Weiterhin kann man nicht annehmen, daß das Kapital ständig proportional zur Bevölkerungsvermehrung wächst. Daraus folgt besonders klar, daß Wachstum und Gleichgewicht in bezug auf kapitalistische Entwicklung Unsinn ist, weil Wachstum einen Gegensatz zum Gleichgewicht darstellt.

Wir sehen also, daß die bürgerliche Literatur, obwohl sie manche interessanten Fakten vermittelt und oftmals interessante Beschreibungen der Wirtschaft in den rückständigen Ländern liefert, obwohl sie manchmal bei der Typisierung und Klassifizierung der rückständigen Länder vom technisch-ökonomischen Standpunkt behilflich sein kann und manche ihrer Richtungen richtig betonen, daß den rückständigen Ländern der ehemals von den großen kapitalistischen Ländern beschrittene Weg verschlossen ist, und obzwar sie auch die eigentlichen Werkzeuge des Wachstums zeigt – wir sehen also, daß die bürgerliche Ökonomie im großen und ganzen nicht fähig ist, auf die Hauptprobleme der schwachentwickelten Länder eine richtige Antwort zu geben. Die Ursache dessen liegt nicht darin, daß es dem Kapitalismus an fähigen Köpfen fehlt, daß die bürgerlichen Ökonomen nicht zu wissenschaftlicher Arbeit fähig wären, sondern daran, daß man sie vor eine unlösbare Aufgabe gestellt hat. Sie sollen die Ursache der Rückständigkeit der schwachentwickelten Länder zeigen und gleichzeitig die Raubwirtschaft des Kolonialismus und die jahrhundertelange Kolonialherrschaft des Kapitalismus und ihre Auswirkungen verschweigen. Sie sollen die Möglichkeiten des Wachstums zeigen und dabei verschweigen, daß die erste Hauptvoraussetzung des Wachstums die Liquidierung der Überbleibsel des Kolonialismus und Neokolonialismus ist. Sie sollen den Weg vom Elend zu einem hohen Lebensstandard zeigen und sollen verschweigen, daß die bürgerlichen Produktionsverhältnisse zu einem unüberwindlichen Hemmnis für eine solche Entwicklung geworden sind.

Eben deshalb bleiben den bürgerlichen Ökonomen nur Gemeinplätze übrig, wie etwa, daß „arme Länder eben arm sind, weil sie arm sind" (Nurkse), oder, daß arme Länder nicht genug entwickelt sind, weil der Boden wenig ergiebig ist, wenig Kapital zur Verfügung steht, es an Bildung mangelt und die Regierungen unfähig sind.[2]

Zum Schluß möchte ich sagen, daß unsere marxistische Literatur über die schwachentwickelten Länder freilich die Hauptprobleme richtig erfaßt, aber im Verhältnis zur Wichtigkeit der Probleme dieser Länder noch nicht ausreicht. Zu dieser Literatur, die den unterentwickelten Ländern gewidmet ist, möchte ich manche Arbeiten der sowjetischen Ökonomen zählen, in erster Linie die Arbeit von Rubinstein über Kolonialprobleme. Aus der englisch-sprachigen Literatur möche ich einige Arbeiten von P. Dutt und Prof. P. Baran hervorheben. Baran schrieb z. B. „The Political Economy of Growth". Auch Maurice Dobb untersucht in seiner letzten Arbeit Fragen der schwachentwickelten Länder. Ich möchte die Aufmerksamkeit ferner auf Arbeiten lenken, die unter der Redaktion des indischen marxistischen Ökonomen Singh entstanden sind. Es handelt sich um den Sammelband „Keynesian Economics". Von den polnischen Ökonomen möchte ich auf die Arbeiten von Oskar Lange, Sachs und Rydygier hinweisen. Wie wir schon aus dieser flüchtigen Aufzählung ersehen – und ich bemühe mich nicht, die ganze einschlägige marxistische Literatur anzuführen –, haben wir Marxisten in dieser Hinsicht manches geschaffen. Aber die konkrete datailliertere Analyse der wirtschaftspolitischen Probleme, die sich aus den Beziehungen der verschiedenen Kontinente und Regionen ergeben, bleibt uns noch zu erarbeiten. Ich glaube, daß für diese große Aufgabe, die eine der wichtigsten unserer Zeit ist, Programm und Autorenkollektive erst gefunden werden müssen.

---

[2] Vgl. *Willem Brand*, The Struggle for a Higher Standard of Living, Glencoe, Den Haag, Bandung 1958.

ÜBER DIE GEGENWÄRTIGE ROLLE UND METHODE DER KLERIKALEN „MARXISMUS-FORSCHUNG" IN WESTDEUTSCHLAND

WOLFGANG JAHN, JENA

Das spezifische und bestimmende Merkmal des heutigen Entwicklungsstadiums der Weltgeschichte ist der Übergang vom Kapitalismus zum Sozialismus. Diese durch die Große Sozialistische Oktoberrevolution ausgelöste Gesetzmäßigkeit ist die wichtigste Grundlage aller wesentlichen Erscheinungen und tiefgreifenden Prozesse unserer Epoche. Dieser Prozeß ist begleitet von einer immer größer werdenden Anziehungskraft und weiteren Verbreitung der sozialistischen Ideologie, des Marxismus-Leninismus.

Die Aufbauerfolge im ganzen sozialistischen Lager versetzen der bürgerlichen Ideologie wuchtige Schläge und zwingen sie zu immer heimtückischeren, gehässigeren und unwissenschaftlicheren Methoden des Kampfes gegen die unaufhaltsamen Kräfte der neuen Welt. Die bürgerliche Ideologie ist unfähig, dem Sieg des Sozialismus in Theorie und Praxis auch nur einen positiven Gedanken entgegenzusetzen. Der Antikommunismus ist zur Hauptgrundlage ihrer Ideologie geworden.

Obwohl der Antikommunismus häufig unter dem Namen der Wissenschaft auftritt, hat er mit Wissenschaft absolut nichts gemein, weil er notwendigerweise auf der bewußten Verfälschung der Gesetze der gesellschaftlichen Entwicklung und der Entstellung der gegebenen Tatsachen aufbauen muß. Der offene Antikommunismus und die Apologetik der kapitalistischen Gesellschaftsordnung sind zwei Seiten ein und derselben Medaille. In allen seinen Spielarten ist der Antikommunismus gekennzeichnet durch den offenen Haß gegen den Sozialismus-Kommunismus, der durch keine ernsthaften Argumente gestützt ist, die die großen Ideen und Prinzipien der neuen Gesellschaftsordnung auch nur im geringsten ins Schwanken bringen könnten.

Bei der Wahl ihrer Mittel sind die Antikommunisten nicht sehr wählerisch. Ausgangspunkt ist die Losung, die Pius XI. in der Enzyklika „Divini Redemptoris" vom 31. 3. 1937 ausgegeben hat:

> „Der Kommunismus ist in seinem innersten Kern schlecht, und es darf sich auf keinem Gebiet mit ihm auf Zusammenarbeit einlassen, wer immer die christliche Kultur retten will."[1]

In dem vergeblichen Bemühen, den Marxismus-Leninismus zu widerlegen und seine Lehren zu verfälschen, haben die katholischen Theoretiker des politischen

---

[1] Mensch und Gemeinschaft in christlicher Schau. Dokumente, hrsg. von *Dr. E. Marmy*, Freiburg 1945, S. 163.

Klerikalismus, als die aktivsten ideologischen Verfechter der Kriegspolitik der Adenauer-Regierung, zweifellos die führende Stellung. Aber in ihrem Gefolge schwimmen die Vertreter des NATO-Flügels der evangelischen Kirche ebenso wie die Neoliberalen und die rechten sozialdemokratischen Führer.

Um die Donquichotterie der Angriffe gegen den Marxismus-Leninismus ständig um neue – wenn auch ebenso geistlose – Varianten „zu bereichern“, scheuen sich die Marxtöter der verschiedenen Richtungen nicht, als Marxforscher aufzutreten, die von sich behaupten, Marx besser zu verstehen, als er sich selbst verstanden habe, um ihn auf ihre Weise zu interpretieren. Diese neue Variante der sogenannten Marxtöterei, die sich als Marxforschung ausgibt, begann Anfang der dreißiger Jahre. Den äußeren Anlaß bildete die erstmalige Herausgabe der „Ökonomisch-philosophischen Manuskripte“ von Karl Marx.

Der tiefe humanistische Gehalt der Frühschriften von Karl Marx hinterläßt – wie die Marxtöter selbst zugeben – vor allem bei der jungen Intelligenz Westeuropas einen tiefen Eindruck. Die bürgerliche Ideologie versucht nun das starke Interesse, das die Frühschriften gefunden haben, auf ihre Art durch sogenannte Interpretationen für die Bourgeoisie nutzbar zu machen.

Die Einheit und Geschlossenheit des Marxismus-Leninismus, sein schöpferischer Charakter ist ihnen ein Greuel. In echt scholastischer Weise werden die Entwicklungsetappen des Marxismus-Leninismus aus dem Zusammenhang gerissen und verabsolutiert. Aus der Arbeitsteilung zwischen Marx und Engels werden spitzfindige, grundlegende Meinungsverschiedenheiten konstruiert, die darin bestanden haben sollen,daß sich Marx nur der geschichtlichen Dimension hingegeben habe und sich nicht für die Natur interessierte. Engels hingegen habe sich mit der Natur an sich beschäftigt und überall in der Natur nach der Bestätigung der Dialektik gesucht. So soll Marx in einen ausschließlichen Vertreter des historischen und Engels in einen solchen des dialektischen Materialismus verwandelt werden. In Wirklichkeit aber haben sowohl Marx als auch Engels stets die Einheit von dialektischem und historischem Materialismus nicht nur betont, sondern konsequent in ihren Werken angewandt.

Lenin wird allen Tatsachen zum Hohn vorgeworfen, er habe das tiefe humanistische Anliegen von Karl Marx nicht verstanden.

Das Programm dieser bourgeoisen sogenannten Marxforscher faßte Metztke im Vorwort zu der Ersten Folge der Marxismusstudien der evangelischen Akademien zusammen:

> „In Wahrheit ist gerade die Fraglichkeit (der einheitlichen Größe des Marxismus-Leninismus, W. J.) ein zentrales Thema der Kommissionsarbeit gewesen. Wer versucht den Weg von Marx und Engels und von diesen zu Lenin und Stalin mit Sorgfalt zu verfolgen, muß sehr bald erkennen, daß er in ein zerklüftetes und teilweise noch unerforschtes Gelände gerät.“[2]

[2] Marxismus-Studien, Schriften der Studiengemeinschaft der Evangelischen Akademien, 1. Folge, Tübingen 1954, S. Vff.

Die bourgeoisen sogenannten Marxismusforscher sind nun bemüht, für ihre haarsträubenden Konstruktionen eine für den marxistisch ungebildeten Leser gängige Argumentation zu finden. Deshalb greifen sie gierig den Hinweis des rechten Sozialdemokraten Herbert Marcuse auf, der nach Erscheinen der „Ökonomisch-philosophischen Manuskripte“ in „Die Gesellschaft“ Heft 9, 1932, forderte, den gesamten Marxismus neu zu interpretieren. Seither gibt es einen ganzen Troß bürgerlicher Ideologen, die sich bemühen, die Forderungen Marcuses zu erfüllen. In dem Streben, den Marxismus-Leninismus zu entschärfen, werden die Frühschriften von Marx verabsolutiert und falsch interpretiert und den reifen Werken des Marxismus-Leninismus in methaphysischer Manier gegenübergestellt.

Kollege Heretik hat im Referat besonders die französische Richtung dieser Falsifikatoren erwähnt. In Westdeutschland ist diese Richtung weit verbreitet und findet offiziell materielle Unterstützung beim Bonner Staat und bei den Kirchen beider Konfessionen. Hierher gehören vor allem: Iring Fetscher, Hermann Bollnow, August Brunner, Helmut Gollwitzer, Ludwig Landgrebe, Siegfried Landshut, Hans-Joachim Lieber, Heinz Maus, Erwin Metztke, Heinrich Popitz, Hubert Schiel, Hans-Horst Schrei, Walter Teiner, Erich Thier, Paul Tillich u. a.

Der junge Marx wird von ihnen in den eigentlichen Marx verwandelt, da angeblich in seinen Frühschriften sein humanistisches Anliegen noch sichtbar sei, während später die „ökonomischen Dogmen aufgepfropft“ worden seien. Der Zweck ist leicht erkennbar. Marx soll in einen idealistischen bürgerlichen Humanisten verfälscht werden, der dann später die Alterssünde begangen haben soll, „unhaltbare ökonomische Dogmen“ aufzustellen. Deshalb müsse man den alten Marx vergessen, und den jungen humanistischen Marx herausstellen, der durch ihre Interpretationen für die Bourgeoisie annehmbar gemacht wurde.

Dieser verfälschte Marx wird dann dazu ausgenützt, um in Widerspuch zu der ebenso verfälschten Wirklichkeit des sozialistischen Lagers gesetzt zu werden. Heinz-Dietrich Wendland, dessen Herangehen typisch für die bourgeoisen „Marxforscher“ ist, schreibt:

> „Hier hat sich ein furchtbarer Umschlag des starken und ursprünglichen Humanismus ... in den Jugendschriften von Marx in den radikalen *Antihumanismus* vollzogen. Er ist bereit, Millionen von Menschen um des Endziels willen zugrunde zu richten. Hier tritt die grauenvolle Logik dieses Systems zu Tage: das Reich des Menschen ist die *Zerstörung* des Menschen. Es lebt von der Sklavenarbeit der Millionen rein instrumentaler Menschen, die, wenn sie zur Arbeit nicht mehr fähig sind, auf den Schutthaufen der totalen Geschichte abgekarrt werden ... In denselben Umkreis gehört auch die eigentümliche Religion und Verabsolutierung der *Arbeit.* 'Dawei! Raboty!' Vorwärts! Arbeiten! ist der Ruf, der unaufhörlich über ganz Rußland erschallt...“[3]

In diesem repräsentativen Zitat kommt nicht nur klar zum Ausdruck, daß die bourgeoise sogenannte Marxforschung aus dem Antikommunismus hervorwächst, sondern daß sie auch Teil der psychologischen Kriegsführung ist. Uns, Menschen

[3] Ebenda, S. 222.

aus dem sozialistischen Lager, die wir täglich Zeuge sind, wie die humanistischste aller Gesellschaftsordnungen aufgebaut wird und damit das humanistische Grundanliegen von Marx und Engels nicht als Phrase gebraucht, sondern in der Praxis verwirklicht wird, kann diese – mit Verlaub zu sagen – „Argumentation“ nur ein Kopfschütteln über eine solche primitive Hetze á la Goebbels entlocken.

Aber für uns ist sie ja auch gar nicht bestimmt, sondern für Menschen, die das sozialistische Lager nur durch die Brille des Antikommunismus sehen können, und die Wirkung ist auf Leute wie jener Lehrer in Dortmund berechnet, der laut „Die Andere Zeitung“ v. 23. 10. 1958 die Kinder seiner Klasse so gegen das sozialistische Lager aufputschte, daß in der Pause ein Schüler erklärte:

„Ich wollt', ich hätt' eine Atombombe, die tät' ich auf Rußland schmeißen!“

Der sozialistische Humanismus, der nicht nur in den Frühschriften des Marxismus zum Ausdruck kommt, sondern den gesamten Marxismus-Leninismus durchdringt, wird von den bürgerlichen sogenannten Marxforschern von seiner Basis gelöst, um ihn in unverbindliche Phrasen zu verwandeln, die die Jugendideale eines großen Mannes zum Ausdruck bringen, welche aber mit den Gesetzen der gesellschaftlichen Entwicklung nichts zu tun haben. Die verfälschten Jugendideale eines sogenannten jungen Marx erscheinen der Bourgeoisie durchaus annehmbar. Nur haben sie absolut nichts mit der tatsächlichen Entwicklung des Marxismus-Leninismus zu tun.

Für uns sind die Frühschriften des Marxismus wichtige Dokumente seiner Entstehung und Entwicklung. Jedem ist verständlich, daß die große weltverändernde Lehre des Marxismus-Leninismus nicht mit einem Mal fertig vorliegen konnte, sondern Zeit zum Ausreifen brauchte. Schritt für Schritt erfolgte die Ersetzung unvollkommener durch immer vollkommenere Erkenntnisse.

Nirgends wird das Erbe der Entstehung und Entwicklung des Marxismus liebevoller gepflegt, wissenschaftlich sorgsamer gehütet und der Öffentlichkeit zugänglich gemacht als in der Sowjetunion und den übrigen sozialistischen Ländern. Das hat aber nichts damit zu tun, daß wir plötzlich bestimmte entwicklungsbedingte Erkenntnisse aus ihrem historischen Zusammenhang reißen, sie verabsolutieren und in ihrer Bedeutung über die reifen Erkenntnisse setzen. Weil wir das nicht tun, werfen uns die sogenannten Marxforscher vor, wir würden nicht an der Entwicklung eines richtigen Marxbildes arbeiten.

Die bourgeoisen sogenannten Marxforscher verabsolutieren und verfälschen bestimmte Gedankengänge aus den Frühschriften, insbesondere den Entfremdungsbegriff, weil sie die Einheit der Bestandteile des Marxismus-Leninismus zerreißen wollen, indem sie die politische Ökonomie aus dem Marxismus eliminieren, die Lehre vom Klassenkampf und den wissenschaftlichen Sozialismus verschweigen und die Philosophie entstellen.

Damit wird schon die Ausgangsfragestellung bei Marx verschoben. Die Hauptfrage bei Marx ist nicht, wie u. a. Erich Thier behauptet, die Frage nach dem Wesen des Menschen, sondern die Erforschung der objektiven Gesetze der gesellschaftlichen

Entwicklung. Die Apologeten des Kapitalismus aber fürchten diese Gesetze, denn diese Gesetze sagen unwiderleglich aus, daß in unserem Jahrhundert der Kapitalismus zum Untergang verurteilt ist und eine bessere Gesellschaftsordnung, der Sozialismus-Kommunismus, aufgebaut wird.

Wenn man Marx in einen „Anthropologen" und „Humanisten" unter vielen anderen verwandelt, dem es nur um die Erforschung des Wesens des Menschen gegangen sei, so braucht man dieses Wesen nur entsprechend anders zu interpretieren – und schon ist man der schwierigen Frage nach der Wirksamkeit objektiver ökonomischer Gesetze enthoben, die die Auftraggeber der bürgerlichen Ideologen so sehr fürchten.

Wie sehr Erich Thier diese Gesetze fürchtet, wird klar, wenn er uns den Zweck seiner stark gekürzten, „Nationalökonomie und Philosophie" betitelten Ausgabe von Marx' „Ökonomisch-philosophischen Manuskripten" verrät:

> „Die Anthropologie ist völlig entwickelbar, von ihr ausgehend ist Marx' Anliegen bis in seine wissenschaftliche und politische Auswirkung hinein verstehbar, ohne daß das Wertgesetz und seine Problematik gedacht ist."[4]

Durch Anwendung des dialektischen und historischen Materialismus auf die politische Ökonomie wird unwiderlegbar nachgewiesen, daß der Kapitalismus zum Untergang verurteilt ist und aus den Trümmern des Kapitalismus der Sozialismus hervorwächst. Die bourgeoise sogenannte Marxforschung eliminiert zunächst die ökonomischen Gesetze der gesellschaftlichen Entwicklung, um dann plötzlich mit der seltsamen Behauptung hervortreten zu können, der Sozialismus-Kommunismus sei eine Art Eschatologie, d. h. eine Art religiöse Vorstellung von der kommenden Welt. Diese Fiktion ermöglicht ihnen dann auch die Behauptung, der Marxismus sei eine Art Religion. Jetzt braucht man nur noch nachzuweisen, daß es sich um eine falsche Religion handelt, deren Propheten falsche Propheten sind, und man kann auf einem selbstgeschaffenen Schlachtfeld einen selbstgemachten Popanz besiegen. Aber nicht den Marxismus-Leninismus.

Gerade das, was die bourgeoisen sogenannten Marxforscher verleugnen, und was sie entstellen, ohne das der Marxismus kein Marxismus mehr ist, ist die große weltgeschichtliche Leistung von Marx und Engels, nämlich die Erkenntnis der Gesetzmäßigkeiten der gesellschaftlichen Entwicklung, die erst die Gesellschaftswissenschaft zu einer Wissenschaft in der vollen Bedeutung des Wortes macht.

Der Marxismus-Leninismus entzog den religiösen und mystischen Anschauungen von der Gesellschaft den Boden, indem er unwiderlegbar nachwies, daß die Gesetze der gesellschaftlichen Entwicklung in letzter Instanz in der Produktion wurzeln. Der jeweilige Entwicklungsstand der Produktivkräfte bedingt den Charakter der Produktionsverhältnisse. Diese wiederum bilden ihrerseits die Basis, auf der sich ein komplizierter Überbau politischer und juristischer Einrichtungen erhebt, und der

---

[4] Nationalökonomie und Philosophie, hrsg. von *E. Thier*, Köln/Berlin 1950, S. 4.

die mannigfaltigen Formen des gesellschaftlichen Bewußtseins entsprechen. Der Marxismus-Leninismus ist eine geschlossene Theorie der gesellschaftlichen Entwicklung und ihrer Triebkräfte und hilft damit den Menschen die Gesellschaft, in der sie leben, richtig zu verstehen und die weitere Entwicklung der Gesellschaft vorauszusehen.

Gestützt auf die Kenntnis der allgemeinen Gesetze sind die Marxisten-Leninisten in der Lage, die jeweilige Situation gründlich zu analysieren, die wirkenden gesellschaftlichen Kräfte einzuschätzen und exakte wissenschaftliche Voraussagen zu machen. Das hat weder etwas mit Eschatologie noch mit Religion zu tun, sondern beruht auf exakten wissenschaftlichen Grundlagen. Wir sind seit der Großen Sozialistischen Oktoberrevolution nicht mehr ausschließlich auf die theoretische Beweisführung angewiesen, sondern die Praxis beweist die Richtigkeit der wissenschaftlichen Voraussicht des Marxismus-Leninismus.

Da der Sozialismus täglich stärker wird und seine Lebenskraft und Überlegenheit in der Praxis unter Beweis stellt, muß notwendigerweise die bereits ausgebrochene offene Krise des Antikommunismus sich ständig vertiefen. Es wäre aber ein Irrtum anzunehmen, daß er deswegen ungefährlicher wird. Er bleibt nach wie vor die Hauptwaffe in den Händen der imperialistischen Bourgeoisie gegen die Kräfte des Volkes; er bleibt das Hauptinstrument in den Händen der Kriegstreiber. Er wird zwar immer stärker gezwungen sein, zu noch verlogeneren Mitteln zu greifen, sich noch besser zu tarnen und selbst als Marxforschung aufzutreten – deren Hauptzüge in einem kurzen Diskussionsbeitrag nur angedeutet werden konnten. Von selbst tritt er nicht ab.

Nicht nur die Marxisten-Leninisten, sondern alle fortschrittlichen Wissenschaftler, haben deshalb die Pflicht, alle Erscheinungsformen des Antikommunismus zu entlarven und so ihren Beitrag zur Sicherung des Friedens zu leisten.

DIE ROLLE DES MARGINALPRINZIPS IN DER BÜRGERLICHEN POLITISCHEN ÖKONOMIE

Rudhard Stollberg, Halle

Gestatten Sie mir einige Bemerkungen zum Referat des Kollegen Stefan Heretik, das sich mit der Stellung der modernen bürgerlichen Ökonomie zu Marx und zum Marxismus beschäftigt. Kollege Heretik erwähnte dabei das von der bürgerlichen Ökonomie heute ausgiebig strapazierte Marginalprinzip, und er wendet sich zu Recht gegen die Auffassung Schumpeters und anderer bürgerlicher Ökonomen von der angeblichen Neutralität dieses Prinzips. Meine folgenden Ausführungen sollen diese These erhärten. In zwei Punkten unterscheidet sich mein Standpunkt allerdings von dem des Kollegen Heretik. Ich kann erstens seiner Ansicht nicht zustimmen, daß die subjektive Schule in der bürgerlichen Ökonomie die *alleinige* theoretische und methodologische Grundlage des Marginalismus ist, und ich bin schließlich auch nicht der Meinung, daß der Marginalismus die heute herrschenden apologetischen Kategorien *und Theorien* hervorgebracht hat. Gerade umgekehrt, so denke ich, wird ein Schuh daraus. Ich will versuchen, das zu beweisen.

Es ist zunächst notwendig, eine allgemeine Definition des Marginalprinzips zu geben. Aus dem Munde der Anhänger des Marginalismus ist mir eine solche leider nicht bekannt. In Knut Wicksells zweibändiger Schrift „Vorlesungen über Nationalökonomie auf Grundlage des Marginalprinzipes“ (1. Auflage, Jena 1913) findet sich trotz ihres Titels keine Definition der Wicksellschen „Grundlage“. Schumpeter aber meint, „nur die Mathematik vermag ihn (den Grenznutzenbegriff) völlig befriedigend zu definieren.“[1] Vielleicht sollte man sagen: Das Marginalprinzip in der ökonomischen Theorie ist der Ausdruck der Auffassung, daß den sogenannten „Grenzgrößen“ bei der Analyse wirtschaftlicher Erscheinungen und Prozesse eine entscheidende und in erster Linie aussagekräftige Bedeutung zukommt. (Das ist natürlich keine Definition, die in ein Lexikon aufgenommen werden kann.) Diese Auffassung von der Vorherrschaft der Grenzgrößen ist natürlich unrichtig. Sie wird aber von der modernen bürgerlichen Ökonomie akzeptiert, weil die theoretischen Grundlagen der bürgerlichen Lehren der Anwendung des Marginalprinzips nicht entgegenstehen, ja, weil sogar nur auf der Basis des Marginalismus die folgerichtige Weiterentwicklung dieser technischen Grundlagen möglich ist.

Die wichtigste theoretische Grundlage des Marginalismus ist meines Erachtens die subjektive Wertlehre. Wenn man einmal davon ausgeht, daß der Wert durch den

[1] *Joseph A. Schumpeter*, Aufsätze zur ökonomischen Theorie, Tübingen 1952, S. 538.

Nutzen bestimmt wird, den ein Gut für einen Menschen hat, dann kommt man, vorausgesetzt, daß das Subjekt über verschiedene Einheiten verfügt, zwangsläufig zu dem sogenannten „ersten Gossenschen Gesetz“, wonach der Nutzen der zweiten zur Verfügung stehenden Einheit geringer ist, als der Nutzen der ersten, und der Nutzen der dritten Einheit ist wiederum geringer als der Nutzen der zweiten und so fort. Natürlich drängt sich nun die Frage nach dem Wert *einer Einheit* auf. Und hier kann die Grenznutzenschule nicht anders, als auf dem einmal beschrittenen unwissenschaftlichen Weg der subjektivistischen und individualistischen Analyse fortzufahren und den Nutzen der letzten verfügbaren Einheit, den „Grenznutzen“, als wertbestimmend zu benennen, weil der Verlust einer Einheit für ein Subjekt gleichbedeutend mit dem Ausfall des geringsten Nutzens ist. In dem bekannten Beispiel Böhm-Bawerks ist das der fünfte Sack eines Getreidevorrats, den ein Kolonist für die Fütterung von Papageien verwendet, während ihm die ersten vier Säcke einen größeren Nutzen stiften. Es ist also der Subjektivismus, der die Grenznutzentheoretiker in der Frage der Bestimmung des Wertes auf die letzte Einheit eines Gütervorrates führt, die hier die Grenzgröße bildet.

Derselbe Subjektivismus ist auch für die marginalistische Bestimmung der anderen Kategorien der subjektiven Schule maßgebend. Doch wie ich eingangs sagte, bildet der Subjektivismus nicht die einzige Basis des Marginalismus. Die zweite theoretische Grundlage für die Anwendung des Marginalprinzips ist, so glaube ich, die Theorie der Produktionsfaktoren. Diese Theorie stand seit eh und je, genauer gesagt, seit ihrer Konstruktion durch Jean Baptiste Say, vor der schwierig zu lösenden Frage, welcher Anteil den einzelnen Produktionsfaktoren an der Schaffung des Produktionswertes zuzurechnen sei. Die in der bürgerlichen politischen Ökonomie heute allgemein akzeptierte Erklärung dieses sogenannten Zurechnungsproblems ähnelt dem Vorgehen der Grenznutzenschule. Man kehrt den „Verlust- oder Ausfallgedanken“ um, der die subjektive Schule auf die Betrachtung der letzten verfügbaren Einheit führte, und betrachtet die Produktionssteigerung, die eine *zusätzliche Einheit* eines Produktionsfaktors hervorruft: das sogenannte „Grenzprodukt“. Vorausgesetzt wird hierbei, daß jeweils nur ein Faktor um eine zusätzliche Einheit vermehrt wird, während die anderen Faktoren gleichbleiben. Dieses Grenzprodukt, so behauptet die bürgerliche Ökonomie, sei dann für die Entlohnung der einzelnen Produktionsfaktoren maßgebend. (Wobei wir uns darüber im klaren sind, daß diese Darstellung hier stark vereinfacht ist.) Steigt also die Produktion bei Beschäftigung eines zusätzlichen Arbeiters um 10 Dollar täglich, dann bilden 10 Dollar das Grenzerzeugnis des Faktors Arbeit und gleichzeitig die Grundlage für den Lohn eines jeden Arbeiters. Ich meine, daß auch in der unwissenschaftlichen Theorie der Produktionsfaktoren, besonders der Zurechnungslehre, eine unmittelbare Ursache für die Anwendung des Marginalprinzips durch die bürgerlichen Ökonomen gegeben ist.

Mit der Theorie der Produktionsfaktoren und dem Zurechnungsproblem hängt das sogenannte „Gesetz des abnehmenden Ertragszuwachses“ eng zusammen, das sich in der Formulierung „Gesetz vom abnehmenden Bodenertrag" bis auf Turgot zurückführen läßt. Dieses Gesetz bildet meiner Auffassung nach eine dritte theoretische Grundlage für die Anwendung des Marginalprinzips. Die bürgerlichen Ökonomen gehen davon aus, daß die fortlaufende Vermehrung eines Produktionsfaktors bei konstanten anderen Faktoren einen *abnehmenden* Ertragszuwachs mit sich bringt. Da aber, wie wir eben sahen, der Ertrag der zuletzt zugesetzten Einheit eines Faktors, d. h. sein Grenzprodukt, für die Entlohnung des betreffenden Faktors maßgebend ist, wird die enge Verbindung des Marginalprinzips auch mit dieser bürgerlichen Theorie deutlich.

Die vierte Grundlage für die Einbeziehung des Marginalprinzips in die ökonomische Analyse der bürgerlichen Theoretiker sehe ich in der wachsenden Rolle der Mathematik. Hier ist es besonders die Infinitesimalrechnung, die die Verwendung des Marginalprinzips unumgänglich macht. Bekanntlich stellen die mathematischen Richtungen der bürgerlichen Wirtschaftstheorie in den Mittelpunkt ihrer Betrachtungen funktionale Beziehungen zwischen wirtschaftlichen Größen, die auf der Annahme unabhängiger und abhängiger Variabler basieren und mit dem Ausdruck $y = f(x)$ bezeichnet werden.

Mit Hilfe dieser Grundgleichung der Differentialrechnung soll die Veränderung von y bei einer gegebenen Veränderung von x ermittelt werden. Immanenter Bestandteil der Infinitesimalrechnung ist aber der Grenzbegriff, auf den die mathematisch orientierten bürgerlichen Ökonomen zwangsläufig gedrängt werden. Schumpeter hebt in seinem Aufsatz „Über die mathematische Methode der theoretischen Ökonomie" die enge Beziehung zwischen Marginalprinzip und Mathematik (Infinitesimalmethode) ausdrücklich hervor[2], woraus ja auch sein Standpunkt erwächst, daß es sich beim Marginalprinzip um eine ideologisch völlig indifferente Methode handele, die auch Marx verwandt haben würde, wenn er sie gekannt hätte.[3] (Kollege Heretik zitierte diese Stelle.)

Schumpeter dreht den Spieß um und sagt, daß die Mathematik gerade deswegen in der politischen Ökonomie angewandt werden kann und muß, weil die Ökonomie die vorherrschende Rolle der Grenzgrößen erkannt hat und weil damit die mathematische Betrachtungsweise in Gestalt der Infinitesimalrechnung besonders prädestiniert erscheint.

---

[2] Vgl. ebenda, S. 538 f.

[3] Gegen *Schumpeter* läßt sich übrigens einwenden, daß *Marx* die Arbeiten *Thünens* gekannt hat, die auf der erstmaligen Verwendung des Marginalprinzips basieren. Sein Urteil darüber ist keineswegs zustimmend. *Marx* sagt zusammenfassend über *Thünen:* „Ein Mecklenburger Junker (übrigens mit *deutscher* Denk-Distinktion), der sein Gut Tellow als das Land und Mecklenburg-*Schwerin* als die Stadt behandelt und von diesen Voraussetzungen aus, mit Hilfe von Beobachtung, Differentialkalkül, praktischer Rechnungsführung etc., sich die Ricardosche Theorie der Grundrente selbst konstruiert. Es ist dies respektabel und zugleich ridicul." (*Karl Marx*, Briefe an *Kugelmann*, Berlin 1952, S. 57.)

Schumpeter schrieb diesen Aufsatz allerdings schon 1906. Ich glaube, für die modernen mathematischen Richtungen in der bürgerlichen Ökonomie muß man sagen, daß hier die mathematische Betrachtungsweise, die eine Folge der Versuche ist, die volkswirtschaftlichen Prozesse exakt zu erfassen und zu lenken, die Ursache für die Anwendung des Marginalprinzips ist.

Wenn meine bisherige Darstellung richtig ist, dann muß man zu dem Schluß kommen, daß nicht die subjektive Schule der bürgerlichen Ökonomie *allein* die Ursache für die Entstehung des Marginalismus ist. Die übrigen drei Theoreme, die ich nannte, spielen meines Erachtens eine fast ebenso wichtige Rolle bei der Hervorbringung des Marginalismus; und diese drei Theoreme brauchen nicht unbedingt auf subjektivistischen methodologischen Grundlagen zu beruhen, obwohl ich zugeben muß, daß das verschiedentlich der Fall ist. Das gilt z. B. für John Bates Clark, der das „Gesetz des Grenznutzens" und das „Gesetz des abnehmenden Ertrages" derart vermengt, daß das eine nur als ein Spezialfall des anderen erscheint. Das kann man aber nicht verallgemeinern. Ein Beispiel dafür ist der Marginalist Nummer eins, Johann Heinrich von Thünen, dessen „Differentialkalkül", wie Marx sagt, keineswegs auf subjektivistischen methodischen Grundlagen fußt.

Zweitens geht wohl aus meinen Ausführungen hervor, daß nicht der Marginalismus verschiedene Theorien hervorgebracht hat, sondern verschiedene Theorien den Marginalismus hervorgebracht haben. Natürlich tragen die konkreten angeblichen „Gesetze", die von den Marginalisten aller Richtungen konstruiert werden, den Stempel des Marginalprinzips, aber die Wurzel der Verwendung des Marginalprinzips überhaupt liegt in den vier theoretischen Grundlagen der bürgerlichen Ökonomie, die ich genannt habe.

Da meine Redezeit noch nicht ganz verstrichen ist, möchte ich noch eine allgemeine Bemerkung darüber machen, warum meiner Meinung nach die Anwendung des Marginalprinzips in der politischen Ökonomie grundsätzlich unzulässig ist. Die Basis des Marginalismus war, wie ich zu zeigen versuchte, erstens die subjektivistisch-psychologische Deutung ökonomischer Erscheinungen durch die Grenznutzenschule. Da die subjektiven Erwägungen der Individuen nichts mit der politischen Ökonomie zu tun haben, die sich mit gesellschaftlichen Verhältnissen zu befassen hat, entfällt auch von dieser Seite her die Möglichkeit der Verwendung des Marginalprinzips.

Das gleiche gilt für das „Gesetz des abnehmenden Ertragszuwachses" in Verbindung mit der Produktionsfaktorentheorie. Es ist bekannt, daß die bürgerliche Ökonomie, um zu bestimmten apologetischen Aussagen zu gelangen, in dieser Frage betriebswirtschaftliche und produktionstechnische Probleme mit ökonomischen Problemen verwechselt bzw. beide miteinander identifiziert. Auch hier fällt mit der fehlerhaften Voraussetzung die Folge: die Verwendbarkeit des Marginalprinzips.

Was schließlich die mathematischen Richtungen der bürgerlichen Ökonomie betrifft, so sind wir uns darüber im klaren, daß mit Hilfe ihrer Methoden bestenfalls quantitative Zusammenhänge von Oberflächenerscheinungen des Wirtschaftsprozesses analysiert werden können, die nicht zum engeren Gegenstand der politischen

Ökonomie, zu den Produktionsverhältnissen, gehören. Abgesehen davon, werden die mathematischen Berechnungen und Voraussagen des *kapitalistischen* Wirtschaftsprozesses ohnehin über den Haufen geworfen, weil sie von einem Faktor abstrahieren, der sich nicht quantitativ erfassen und in die mathematischen Analysen einbauen läßt: das Profitstreben der Kapitalisten, das auf der Basis des ökonomischen Grundgesetzes des Kapitalismus wirkt. Mit der Unmöglichkeit der exakten mathematischen Analyse erweist sich also auch die Unbrauchbarkeit des Marginalprinzips.

Ich muß hier einflechten, daß ich zur Beantwortung der Frage, welche Rolle die Mathematik in der Analyse des Wirtschaftsprozesses der sozialistischen Gesellschaft vor allem in Hinsicht auf die zunehmenden Aufgaben der gesamtwirtschaftlichen Planung spielen wird, nicht kompetent bin. Da aber der Charakter der sozialistischen Produktionsweise, im Gegensatz zur kapitalistischen, die quantitative Analyse bestimmter Prozesse erst ermöglicht, ergibt sich hier in der Analyse und Planung der volkswirtschaftlichen Prozesse sicherlich ein breites Anwendungsfeld für mathematische Methoden und in geeigneten Fällen möglicherweise auch für das Marginalprinzip. Aber dieses Anwendungsgebiet liegt am Rande des eigentlichen Gegenstandes der politischen Ökonomie und berührt wohl mehr die technischen Seiten der Volkswirtschaftsplanung. Das Arbeiten mit „Grenzgrößen" wird hier zu einem Problem der „Grenzgebiete" der politischen Ökonomie.

In diesem Zusammenhang muß man auf ein weiteres Problem aufmerksam machen, das mit der Möglichkeit der Anwendung des Marginalprinzips zusammenhängt. Das ist das Problem der wirtschaftlich kleinsten Mengen. Schon bald nach Erscheinen der Böhm-Bawerkschen Hauptschrift tauchte der Einwand auf, daß man die fünf Säcke Getreide, die Böhm-Bawerk zur Illustration seines „Grenznutzengesetzes" verwendet, auch in 10 halbe Säcke verwandeln kann, wonach sich folgerichtig ein geringerer Grenznutzen ergeben muß. Dieselbe Problematik ergibt sich auf der Grundlage des „Gesetzes vom abnehmenden Ertragszuwachs" bei der Aufwendung einer zusätzlichen Einheit an Produktionsmitteln, Arbeitskräften oder Boden. Wie groß ist eine solche Einheit? Dem Marginalprinzip als mathematischer Kategorie Rechnung tragend, müßte diese Einheit unendlich klein sein, was aber in bezug auf die Wirtschaft unrealistisch ist. Selbst der von der bürgerlichen Ökonomie konstruierte „Grenzarbeiter" als physische Einheit ist eine Fiktion, da es von der Entwicklung der Produktionsverhältnisse und der Produktivkräfte sowie von anderen Faktoren abhängt, ob die zusätzliche Beschäftigung *eines* Arbeiters überhaupt einen Effekt hervorruft. Noch schwieriger wird das Problem bei einem zusätzlichen Einsatz von Produktionsmitteln, deren „kleinste" Einheiten unter Umständen in der Realität als 100000-Dollar-Objekte erscheinen können. Hier steckt sicherlich ein Problem, das bereits allein die gesamte marginalistische bürgerliche Ökonomie höchst fragwürdig macht. Fragwürdig, oder besser gesagt, als eindeutig apologetische Lehre qualifiziert, wird der Marginalismus allerdings in erster Linie durch die genannten, zum Zwecke der Verteidigung des Kapitalismus geschaffenen Theorien, die die Grundlage für die Verwendung des Marginalprinzips bilden.

EINIGE BEMERKUNGEN ÜBER VERÄNDERUNGEN IN DER GEGENWÄRTIGEN BÜRGERLICHEN KRITIK AM MARXISMUS

Kiril Grigorov, Sofia

Die älteren theoretischen Dogmen der bürgerlichen Vulgärökonomie, die vornehmlich auf liberalen Grundlagen aus der Zeit des vormonopolistischen Kapitalismus beruhen und in der Ära des monopolistischen Kapitalismus einige unwesentliche Anpassungsveränderungen erfahren haben, geraten in der Periode der allgemeinen Krise des Kapitalismus immer stärker in Widerspruch zur Wirklichkeit. Das wird besonders deutlich in der Periode der Verschärfung der Krise nach dem zweiten Weltkrieg, da der Sozialismus zu einem Weltsystem wird und die Diktatur des Proletariats internationale Formen annimmt. Die bürgerlichen Wirtschaftswissenschaftler sind, wie I. G. Bljumin[1] mit Recht hervorhebt, immer mehr genötigt, „den ungedeihlichen Zustand des Kapitalismus, seine Labilität, die wachsenden wirtschaftlichen Schwierigkeiten" anzuerkennen. Infolgedessen propagieren sie – auf einer angeblich wissenschaftlichen, in Wirklichkeit aber vulgären Grundlage – Rettungsmittel für einen bürgerlichen Ausweg aus der allgemeinen Krise des kapitalistischen Systems. All dies führt in unserer Zeit zu wesentlichen Veränderungen in der äußeren Form der verschiedenen Richtungen der zeitgenössischen bürgerlichen politischen Ökonomie als einer vulgären, unwissenschaftlichen und reaktionären politischen Ökonomie, was sowohl in der Methodologie und den grundlegenden theoretischen Dogmen als auch in den konkreten theoretischen Analysen und wirtschaftspolitischen Rezepten zum Ausdruck kommt.

Der Prozeß der Veränderungen in der gegenwärtigen bürgerlichen politischen Ökonomie spiegelt sich auch deutlich in der Kritik maßgeblicher zeitgenössischer Vertreter bürgerlicher ökonomischer Ideen an der marxistischen politischen Ökonomie wider. Auch auf diesem Gebiet, der Kritik bürgerlicher Ökonomen an der Theorie und Praxis des Sozialismus, sind erhebliche formale Veränderungen festzustellen.

Kollege Heretik sprach in seinem Vortrag in verallgemeinernder Form, aber doch erschöpfend über die Grundrichtungen und Veränderungen in der zeitgenössischen bürgerlichen Wirtschaftstheorie und vornehmlich in der bürgerlichen Kritik am Marxismus. Seiner Analyse und Beurteilung kann man vom Standpunkt des Marxismus-Leninismus voll beipflichten. Ich will versuchen, die Ausführungen von Heretik über die allgemeine theoretische Ausrichtung der gegenwärtigen bürgerlichen öko-

[1] *И. Г. Блюмин*, Кризис современной буржуазной политической экономии. (*I. G. Bljumin*, Die Krise der modernen bürgerlichen politischen Ökonomie), Moskau 1959, S. 12.

nomischen Auffassungen im Lichte einiger bürgerlicher Arbeiten der letzten Jahre zu ergänzen.

Die methodologischen Ausgangspunkte sowie die allgemeinen theoretischen Zusammenhänge des Subjektivismus-Marginalismus, dessen Grundlagen gegen Ende des 19. und am Anfang des 20. Jahrhunderts entwickelt wurden, liegen auch der Methodologie und allgemeinen Theorie der späteren bürgerlichen ökonomischen Lehren zugrunde, d. h. auch den neuesten Lehren, wie etwa den verschiedenen neokeynesianischen und sogar den ihnen entgegengesetzten liberalistischen Strömungen. Trotzdem sind – bei bestimmten Einschränkungen und Korrekturen des Marginalismus in der allgemeinen Theorie der gegenwärtigen bürgerlichen politischen Ökonomie – bei den typischen Vertretern wie auch auf dem Gebiet der allgemeinen Theorie doch zunehmende Abweichungen von den Prinzipien der subjektivistisch-marginalistischen und neomarginalistischen Schule festzustellen. Man kann in diesem Zusammenhang eine Wiedergeburt, zugleich aber auch eine Anpassung der bürgerlichen soziologischen und institutionalistischen Theorien beobachten, die auf positivistischen oder offenkundig idealistischen philosophischen Grundlagen fußen. Die Marginalisten verneinten ganz offen die marxistische politische Ökonomie. Sie versuchten vergeblich, ihren Kern, die Marxsche Wert- und Mehrwerttheorie, und damit auch Marx' Theorie der Einkommen in der bürgerlichen Gesellschaft zu widerlegen. Auf diese Weise glaubten die Vertreter des subjektivistischen Marginalismus, alle theoretischen Zusammenhänge des Marxismus und alle seine soziologischen Schlußfolgerungen über Wesen, Funktion und Entwicklung der kapitalistischen Wirtschaft und überhaupt jeder sozialökonomischen Ordnung widerlegen zu können.

Die besonders nach dem zweiten Weltkrieg festzustellenden Veränderungen in der Kritik maßgeblicher bürgerlicher Ökonomen am Marxismus beziehen sich allein auf die Form, berühren keineswegs das Wesen der bürgerlichen theoretischen Analyse. Nach wie vor wird (wie Marx sagt) in pseudowissenschaftlicher Art der Kern der marxistischen ökonomischen Analyse abgelehnt. Die zeitgenössischen bürgerlichen Wirtschaftswissenschaftler aller Richtungen verneinen strikt die Marxsche Wert- und Mehrwerttheorie. Der mehr oder weniger verhohlene Haß gegen diese Theorie treibt sie dazu, auch die Arbeitswerttheorie der bürgerlichen klassischen Schule von Smith und Ricardo immer schärfer abzulehnen.

Die soziologischen Strömungen in der modernen bürgerlichen politischen Ökonomie brechen mit den streng individualistisch-subjektivistischen Prinzipien des Marginalismus. Sie versuchen, die unwissenschaftliche, apologetische bürgerliche Theorie mit angeblich wissenschaftlichen soziologischen Erklärungen der grundlegenden ökonomischen Prozesse zu verbinden. Das geschieht unter dem Druck der offensichtlichen Haltlosigkeit und des Zusammenbruchs der irrigen subjektivistisch-liberalistischen Dogmen während der allgemeinen Krise des kapitalistischen Systems. Die Abkehr vom offenen Subjektivismus und die Übernahme der soziologischen Richtungen in die bürgerliche Ökonomie wurden im wesentlichen durch die

Festigung und Weiterentwicklung der marxistischen politischen Ökonomie in der Epoche der proletarischen Revolutionen und des Aufbaus des Sozialismus bewirkt. Denn die marxistische Wirtschaftstheorie hat den subjektivistisch-marginalistischen Konstruktionen einen vernichtenden Schlag versetzt und ihre Fälschungen und reaktionären Ziele aufgedeckt.

Unter diesen Bedingungen stellen zahlreiche zeitgenössische bürgerliche Wirtschaftswissenschaftler der wissenschaftlichen Soziologie des Marxismus neue Varianten der Vulgärsoziologie entgegen. Diese Varianten sind gekennzeichnet einerseits durch eine Aussöhnung mit dem Subjektivismus, andererseits aber auch dadurch, daß gewisse marxistische Thesen falsch ausgedeutet und übernommen werden. Das bedeutet, daß die bürgerliche Soziologie der Gegenwart sich in zahlreichen Fragen dem modernen Revisionismus nähert und mit ihm verbindet; der Revisionismus aber schöpft seinerseits in vieler Hinsicht aus den Quellen der bürgerlichen Soziologie.

Die modernen soziologischen Strömungen in der kapitalistischen Welt entwickelten sich besonders in Frankreich, zum Teil auch in Italien. Zweifellos war eine der treibenden Ursachen hierfür die starke gesellschaftliche Stellung der kommunistischen Parteien in diesen Ländern und der wachsende Einfluß der marxistisch-leninistischen Ideologie, vor allem der Wirtschaftstheorie.

Gerade in Frankreich haben einige einflußreiche Wirtschaftswissenschaftler, die sich um die Zeitschrift „Revue économique" gruppieren, während des letzten Jahrzehnts die soziologischen Modeströmungen mit Eifer verteidigt. Dazu gehören solche Vertreter der jüngeren Generation von Wirtschaftswissenschaftlern wie André Marchal, Jean Marchal, Jean Lhomme, L. A. Vincent und andere. Diese Ökonomen verhehlen nicht, daß sie nicht nur von der Sterilität und Leblosigkeit der älteren theoretischen Richtungen, z. B. des Marginalismus, sondern auch von den anspruchsvollen Theorien der Ökonometriker und der Vertreter des dynamischen Prinzips enttäuscht sind.

In diesen zeitlich neuen theoretisch-methodologischen Strömungen der bürgerlichen Ökonomie ist nichts klar. Sie sind eine der Form nach eigentümliche Synthese des amerikanischen Institutionalismus, der soziologischen Konstruktionen im Geiste Franz Oppenheimers und des französischen Positivismus in der Auffassung von François Simiand. Das scheinbar Neue dabei besteht darin, daß man Gedankengänge Oppenheimers in einen eklektischen, verstümmelten „Marxismus" (was weniger vorkommt) oder in die Lehren alter Institutionalisten sowie in die soziologische Lehre der zwanziger Jahre einbaut. Dieses ideologische Manöver ist auf die große Anziehungskraft zurückzuführen, die die Lehren von Marx, Engels und Lenin in unserer Zeit auch auf nichtproletarische Kreise, vor allem auf demokratisch gesinnte Intellektuelle ausüben. Die teilweise „Anerkennung" des Marxismus ist nur eine Handhabe, um dem Marxismus in den Rücken zu fallen. Zahlreiche Anhänger dieses Neosoziologismus lassen dabei auch die keynesianischen Strömungen nicht außer acht, ja, sie brechen auch nicht einmal mit den Positionen der sogenannten „Neoklassik", in der der Neomarginalismus das Übergewicht hat. Kollege

Heretik räumt diesen Strömungen in seinem Vortrag mit vollem Recht einen wichtigen Platz ein.

Die Unwissenschaftlichkeit der theoretischen Ausgangsstellungen dieser historisch-soziologischen Richtungen trat besonders deutlich bei dem Versuch zutage, solche Probleme der heutigen kapitalistischen Wirtschaft wie die des Nationaleinkommens konkret zu untersuchen. So versuchte einer der bekanntesten Vertreter der modernen französischen soziologischen Schule, Jean Marchal, eine neue Einkommenstheorie zu entwickeln, und zwar nicht so sehr auf der Basis der Produktionsfaktorentheorie, sondern ausgehend von dem Verhalten und der Organisiertheit der sozialen Gruppen.

Jean Marchal negiert das Wertgesetz, indem er – ähnlich wie der Schwede Myrdal – die Arbeitswerttheorie von Ricardo und Marx als „metaphysisch" ablehnt. Er behauptet, und nicht zu Unrecht, daß auch in der monopolistischen Entwicklungsphase des Kapitalismus (die er durchaus nicht marxistisch erklärt) wirkliche Märkte bestehen. Er meint ferner, daß allein das Kräfteverhältnis der sozialen Gruppen, die sich auf ihre Organisationen, wie Gewerkschaften usw., stützen, bei Einmischung des Staates, dem er als einer über oder zwischen den Klassen stehenden gesellschaftlichen Organisation wirtschaftlich-organisatorische und soziale Verteilungsfunktionen zuschreibt, die Verteilung des gesellschaftlichen Einkommens bestimmt.

Die grundlegenden Prinzipien dieser eigentümlichen Seite der vulgären Soziologie, hat Kollege Heretik in seinem Vortrag sehr ausführlich behandelt, so daß ich darauf nicht näher einzugehen brauche.

Die Soziologie Jean Marchals und seiner Freunde von der „Revue économique" hat nichts mit den wissenschaftlichen soziologischen Prinzipien von Marx gemein, sondern ähnelt eher den soziologischen Elementen des amerikanischen Institutionalismus. Daher ist es kein Zufall, wenn zahlreiche jüngere geistige Gefolgsmänner des Kreises um J. Marchal der oben angeführten Theorie des Einkommens einen immer mehr institutionalistischen Charakter verleihen, mit der Tendenz, eine neuinstitutionalistische Einkommenstheorie zu entwickeln. Auf eine derartige Tendenz lenkt z. B. ein Artikel von Marc Penouil in der „Revue économique" aus dem Jahre 1959 hin.[2] Der Verfasser, der im Grunde ein Anhänger der Jean Marchalschen Soziologie ist, unterstreicht den institutionalistischen Charakter des Gewinns. Er entwickelt seine vulgäre Idee in einer institutionalistischen Form, wonach der Gewinn gewisser Gruppen größer oder kleiner sei als der Preis-Kapitalfaktor und günstige Vorbedingungen, die die Gewerkschaften, andere gesellschaftliche Organisationen und insbesondere der Staat schaffen, die Größe des Gewinnes bestimmen sollen. Penouil sagt ohne Vorbehalt, daß zahlreiche Gewinnkategorien in unserer Zeit vom Staat und von den Institutionen geschaffen werden. Es ist klar, daß dies keine neue Gewinntheorie darstellt, sondern eine alte vulgäre Gewinntheorie ist.

---

[2] Vgl. *Marc Penouil*, L'institutionnalisation du profit et la nature de ce revenu. In: „Revue économique", 1959, Nr. 3, S. 428–462.

Nach ihr entsteht der Gewinn aus Umsatz und Verteilung. Diese Theorie ist nur mit „neuen theoretischen“ institutionalistischen Konstruktionen verbrämt worden. Der Verfasser stellt sie der klassischen bürgerlichen Profittheorie und der marxistischen Profittheorie gegenüber. In diesem Wirrwarr von Phrasen und Gemeinplätzen kommt schließlich mehr oder weniger die apologetische Absicht zum Ausdruck, den modernen Kapitalismus zu retten und seine Positionen durch angebliche Reformen zu festigen. Die soziale Unzufriedenheit und die revolutionären Erschütterungen sollen durch soziale Demagogie abgefangen werden.

Von zahlreichen Vertretern der bürgerlichen Soziologie werden diese Theorien, ergänzt durch das Postulat des „allgemeinen Wohlstands“, auch mit den marginalistischen Prinzipien eng verknüpft. Auf dieser Basis kritisieren sie auch die grundlegenden theoretischen Prinzipien von Marx (zum Unterschied von den Soziologen vom Typ J. Marchals, die vorgeben, sich in einigen Fragen dem Marxismus anzunähern, wobei zu bemerken ist, daß ihre Revision nicht auf marginalistischen, sondern auf soziologisch-positivistischen Prinzipien basiert.) In diesem Zusammenhang ist auf Melvin M. Reder, Tibor de Scitovszky, K. I. Aron, Henri Noyelle u. a. hinzuweisen. Die antimarxistische Einstellung dieser Autoren tritt unverhohlener und offener zutage. So versucht z. B. Henri Noyelle das Problem der Verteilung nach „klassischer“, d. h. vulgär-liberalistischer, Art als Preis der Produktionsfaktoren mit den soziologischen Auffassungen zu verbinden, die der Idee von der Verwirklichung des „allgemeinen Wohlstandes“ durch Verteilung zugrunde liegen. Wäre die Konkurrenz vollkommen, erklärt Noyelle, würden Gewinn, Zins, Arbeitslohn in der gleichen Weise bestimmt werden wie der Preis aller Güter bestimmt wird. In dieser Hinsicht steht Noyelle auf der Position von Walras. Im weiteren verläßt er sie und äußert nicht nur Zweifel an der Gültigkeit dieser Prinzipien, sondern spricht sogar von der Notwendigkeit ihrer Korrektur und ihrer Ergänzung bei Auswertung der praktischen Bedingungen der Konkurrenz. In diesem Sinne äußert Noyelle, daß die Konkurrenz unvollständig ist und daher Ergänzungen in der Analyse und Korrekturen an der klassischen Preis- und Gleichgewichtstheorie vorgenommen werden müssen. Während Noyelle Angebot und Nachfrage in bezug auf Verbrauchsgüter und Dienstleistungen durch den Bedarf oder den Wunsch nach ihnen erklärt (idealistisch-subjektivistische Auffassung), führt er Kapitalnachfrage und Kapitalangebot auf eine „progressive organisierte und auf Gewinnerzielung gerichtete Aktivität des Unternehmers“ zurück (soziologisch-idealistische Auffassung). Noyelle richtet also das Augenmerk auf die Distributionssphäre und kritisiert von da aus die Thesen der klassischen bürgerlichen Ökonomie und der marxistischen politischen Ökonomie über die Rolle der Produktionssphäre. Anstatt nach den Erfordernissen der Produktion als der Determinante der Verteilung zu suchen, analysiert – nach Noyelle – die zeitgenössische wissenschaftliche Theorie, auf welchen Wegen und mit welchen Mitteln eine gerechte Verteilung erreicht werden kann.[3]

[3] Vgl. *Henri Noyelle,* La répartition, Paris 1959, S. 761f.

Der soziale Sinn derartiger fruchtloser und banaler „theoretischer" Grübeleien liegt klar auf der Hand. Sie bezwecken eine Verneinung der wissenschaftlichen Elemente in Ricardos Lehre von der Verteilung als Ausdruck der Gesetze der kapitalistischen Produktion und eine Ablehnung der Marxschen Verteilungstheorie, die die Quelle von Profit und Rente beim Kapitalismus im Mehrwert aufdeckt. Die so leichtfertig und ungerechtfertigt verworfene wirklich wissenschaftliche Theorie wird durch die demagogische Losung vom „kollektiven Wohlstand" als treibende Kraft und als Ziel der Wirtschaft ersetzt, da es nicht mehr möglich ist, die streng individualistischen und optimistischen liberalistischen Thesen aufrechtzuerhalten, die die sozialen Widersprüche und Probleme ignorieren. Auf diese Weise werden der kapitalistischen Produktion Möglichkeiten und Ziele zugeschrieben, die ihr gar nicht eigen sind: Es wird eine flache Demagogie betrieben, indem mit Hilfe theoretischer Konstruktionen der Anschein erweckt wird, als sei auch bei Aufrechterhaltung der kapitalistischen Grundlagen der Produktion eine gerechte Verteilung möglich. Das Charakteristische dieser Idee ist, daß sie eine Variante der bekannten unwissenschaftlichen These von John Stuart Mill über die Möglichkeit einer Veränderung der Verteilungsprinzipien ohne Veränderung der Produktionsgrundlagen dar stellt.

Die spezifische Variante der modernen bürgerlichen Kritik an der marxistischen politischen Ökonomie, die einer teilweisen „Anerkennung" des Marxismus das Wort redet, wird auch in den Schriften zahlreicher Neokeynesianer vertreten. Ein typisches Beispiel dafür ist die Stellungnahme von Joan Robinson, die Marx in gewisser Hinsicht den Vorzug vor den bürgerlichen Klassikern gibt. Sie schätzt den historischen Blick von Marx, d. h., wie Marx den historischen Übergangscharakter des Kapitalismus behandelt. Gleichzeitig versucht Frau Robinson aber, den Marxismus zu verstümmeln und zu entkräften. Sie verwirft entschieden und mit Schärfe die Werttheorie von Marx, greift auch Ricardo an, dessen angeblich unwissenschaftliche Werttheorie den Marxismus angesteckt habe, usw. Von den unwissenschaftlichen keynesianischen theoretischen Auffassungen über Depression und Arbeitslosigkeit ausgehend, vermengt Frau Robinson die Marxsche Krisentheorie mit den keynesianischen Thesen über die Verringerung der Investitionen infolge verminderter Grenzleistungsfähigkeit des Kapitals und sinkender effektiver Nachfrage im Monopolkapitalismus.

In dieser Beziehung zieht J. Robinson Keynes vor und behauptet, das Verdienst von Marx bestehe darin, daß er auf die Beschränktheit der Kaufkraft hingewiesen und damit in gewisser Beziehung Elemente der erst viel später, vollständiger und auf breiterer Grundlage von Keynes entwickelten Theorie vorweggenommen habe. Auf diese Weise sind Wolf und Lamm zufriedengestellt: Dem Marxismus wird in Worten wenigstens eine gewisse Bedeutung bescheinigt, aber das „Neue" bei Keynes in den Vordergrund geschoben. Das Ergebnis einer derartigen kritischen Operation ist ein vulgärsoziologischer und vulgärhistorischer „Krüppel". Ähnliche mißlungene

Versuche, Beziehungen zwischen den Systemen von Marx und Keynes herzustellen, sind heute nicht selten.[4]

Auch aus den Reihen der Neoliberalen, der geschworenen Gegner des Marxismus, werden Stimmen laut, die eine teilweise Anerkennung gewisser Thesen der Marxschen Theorie verlangen, so in letzter Zeit in den Schriften einiger französischer Neoliberalen, die von der Soziologie Jean Marchals beeinflußt sind. So spricht Pierre Kende in seinem Artikel „Das persönliche Interesse im System der sozialistischen Wirtschaft“[5] von einer gewissen Berechtigung der Marxschen These vom Warenfetischismus. Er tut dies alles aber nur, um der These von der sozialistischen Planwirtschaft einen Schlag zu versetzen, denn er sucht zu beweisen, daß im Sozialismus ein Planfetischismus existiere. Ein Ausdruck dieses von ihm erdachten Planfetischismus sei, daß die „Manager“, wie er die Leiter der sozialistischen Betriebe nennt, um den Plan nach den für sie vorteilhaftesten Kennzahlen zu erfüllen, den glatten Produktionsablauf durcheinander bringen und insbesondere die Arbeitsproduktivität sowie die Qualität der Produktion beeinträchtigen. Hier bauscht der bürgerliche Apologet einseitig und mit vorbedachter antisozialistischer Zielsetzung einige zweifellos bestehende Schwächen in der Erfüllung der sozialistischen Pläne auf, ohne aber das Gesetz und die Notwendigkeit der planmäßigen proportionalen Entwicklung der Volkswirtschaft wissenschaftlich zu erklären. Kende schlägt vor, die sozialistischen Planungsgrundsätze zu korrigieren, indem man sie liberalistischen Prinzipien unterordnet. Diese Prinzipien bilden – wie z. B. L. Robbins, ein führender Vertreter des Neoliberalismus und geschworener Gegner des Marxismus, einmal gesagt hat – die Triebkräfte der Wirtschaft und stellen sich dar als die individuellen Verhaltensweisen der wirtschaftenden Subjekte.

Die Arbeiten einzelner progressiver Gelehrten, denen die sozialen Interessen und Auffassungen des Kleinbürgertums und der Mittelschichten naheliegen, erweisen sich schon als ernsthafter von der marxistischen ökonomischen Theorie beeinflußt. Diese Theoretiker versuchen, den Marxismus gewissenhaft, ohne verfälschende Absicht zu nutzen. Dieses Moment, auf das auch Kollege Heretik mit Recht zu sprechen kam, verdient unsere weitere Beachtung und kritische Untersuchung. In diesem Zusammenhang möchte ich bemerken, daß die Arbeiten dieser Wirtschaftswissenschaftler, obwohl sie nicht konsequent marxistisch sind, an wesentlichen Stellen und in ganzen Abschnitten nicht einer richtigen marxistischen Analyse entbehren. Ein typisches Beispiel hierfür sind die Arbeiten der französischen Ökonomen Henri Denis und Eliane Mossé.[6]

---

[4] Vgl. *Jacques Lecaillon*, Marx et Keynes devant la pensée économique contemporaine. In: „Revue économique“, Mai-Juli 1950; Charles Bettelheim, Investissement dès Marx et dès Keynes, 1948.

[5] Vgl. *Pierre Kende*, L'intérêt personnel dans le système d'économie socialiste. In: „Revue économique“, 1959, Nr. 3, S. 340–364.

[6] Vgl. *Henri Denis*, La crise de la pensée économique, 1951; E. Mossé, La théorie marxiste et le problème de la croissance dans une économie capitaliste, 1956.

Wenn auch verschiedene dieser vom Marxismus positiv beeinflußten Wirtschaftswissenschaftler sich noch nicht von jeglichem Einfluß moderner bürgerlicher Auffassungen freigemacht und sich noch nicht der bürgerlichen Terminologie begeben haben (was den Gang der wissenschaftlichen Analyse negativ beeinflußt), so bauen sie doch auf zahlreichen Elementen der marxistischen politischen Ökonomie – wie der Wert- und Mehrwerttheorie, der Lehre von der Akkumulation des Kapitals, der Krisentheorie usw. – auf, die von den zeitgenössischen bürgerlichen Nationalökonomen, einschließlich der Mehrzahl der Neokeynesianer, strikt abgelehnt werden. Zum Beweise dessen möchte ich auf die bereits erwähnte Arbeit von E. Mossé verweisen. In dieser Arbeit wird der Terminologie der marginalistischen bürgerlichen Theorie kein geringer Tribut gezollt. Andererseits wird darin dem Marxismus – allerdings unter manchem Vorbehalt und in objektivistischer Sicht – der Weg gebahnt, da sich durch diese Arbeit als roter Faden eine hohe Bewertung der theoretisch-ökonomischen und soziologischen Prinzipien des Marxismus zieht, die zum Ausgangspunkt der Untersuchung gemacht werden. E. Mossé steht hierbei unter dem Einfluß der wirklichen marxistischen Lehre, die sich in unserer gegenwärtigen Epoche als marxistisch-leninistische Theorie entwickelt, und wendet sie bei der Untersuchung zahlreicher Probleme der ökonomischen Entwicklung Frankreichs an, die in der marxistischen ökonomischen Literatur noch nicht hinreichend geklärt sind.

Wie sollen sich die marxistisch-leninistischen Wirtschaftswissenschaftler gegenüber der neosoziologischen bürgerlichen Kritik einerseits, die mit einer scheinbaren Anerkennung des Marxismus einhergeht, und andererseits gegenüber den Wissenschaftlern verhalten, die von der bürgerlichen Ökonomie herkommen, aber schon ihr Augenmerk dem Marxismus zuwenden? In dieser Frage darf es keine wesentlichen Meinungsverschiedenheiten geben. Der ersten Gruppe gegenüber muß unsere Haltung grundsätzlich ablehnend sein; wir müssen sie entlarven, überführen, mit wissenschaftlicher Begründung und parteilicher marxistisch-leninistischer Zielsetzung. Was die zweite Gruppe anbelangt, so ist ihnen und ihren Arbeiten gegenüber eine positive, wohlwollende Haltung einzunehmen. Ihre Fehler müssen kompromißlos, aber kameradschaftlich und geduldig aufgezeigt werden, und zwar unter Betonung der positiven Seiten.

All dies bedeutet aber nicht, daß man sektiererisch, dogmatisch gewisse wertvolle Anregungen – insbesondere im Hinblick auf die quantitative Analyse und die begrenzte richtige Tatsachenanalyse – ablehnen soll, die sich bei manchen bürgerlichen Ökonomen der ersten Gruppe, insbesondere den Linkskeynesianern, finden. Vorbedingung ist jedoch, daß man des alten Sprichworts „Timeo danaos et dona ferentes" („Ich fürchte die Danaer, auch wenn sie Geschenke machen") eingedenk ist und marxistisch-leninistische Wachsamkeit walten läßt.

ROSTOW, MARX UND DIE THEORIE DES WIRTSCHAFTLICHEN WACHSTUMS

Bo G. Gustafsson, Upsala

Wie Lenin gesagt hat, muß man, um eine Theorie von den weltumfassenden sozialen Vorgängen zu schaffen, „unbedingt die *Gesamtheit* der Daten über die *Grundlagen* des Wirtschaftslebens... der *ganzen* Welt nehmen." Wird das unterlassen, so riskiert man, zu irrigen Schlußfolgerungen zu gelangen, denn

> „... bei der ungeheuren Kompliziertheit der Erscheinungen des gesellschaftlichen Lebens kann man immer eine beliebige Zahl von Beispielen oder Einzeldaten ausfindig machen, um jede beliebige These zu erhärten..."[1]

Wer für eine neue gesellschaftliche Theorie eine Lanze brechen will, so daß er – wie die chinesischen Marxisten sagen – einen Finger für zehn gelten läßt, für den sind gewisse Möglichkeiten vorhanden. Ich befürchte aber, daß das sogenannte "Nichtkommunistische Manifest" von Walt Whitman Rostow, sein Buch über „ Die Stadien des wirtschaftlichen Wachstums", zur Einfingerkategorie gehört.[2]

Die Aufmerksamkeit, die Rostows Theorie erregt hat, rechtfertigt eine kritische Einschätzung. Die kurze Zeit, die mir zur Verfügung steht, erlaubt keine detaillierte Prüfung. Ich werde mich daher nicht mit einzelnen Thesen seiner Theorie befassen, von denen einige ohne Zweifel richtig sind, sondern vielmehr mit seiner Theorie als Ganzem.

Rostows Theorie gliedert sich in vier Hauptteile: 1. Einteilung der wirtschaftlichen Entwicklung in fünf Stadien; 2. Vergleich zwischen dem industriellen Wachstum der USA und der Sowjetunion; 3. Analyse des Imperialismus und 4. Darstellung und Kritik des Marxismus. Rostow betrachtet sein Manifest als eine Alternative zum Marxismus.[3] Deshalb wende ich mich zuerst seiner Kritik am Marxismus zu.

Rostow und der Marxismus

Einen Teil der Ausführungen Rostows über den Marxismus kann man ohne weiteres unbeachtet lassen. Das trifft auf Behauptungen wie diese zu, daß Marx die malthusianische Bevölkerungstheorie unausgesprochen als Grundlage für seine Theorie

---

[1] *W. I. Lenin,* Der Imperialismus als höchstes Stadium des Kapitalismus. In: Ausgewählte Werke in 2 Bänden, Bd. I, Berlin 1953, S. 770.

[2] Vgl. *Walt Whitman Rostow,* The Stages of Economic Growth, A Non-Communist Manifesto, Cambridge 1960.

[3] Vgl. Ebenda, S. IX.

der relativen Überbevölkerung angenommen habe, daß der Leninismus unmarxistisch sei, die chinesischen Marxisten „indifferente Marxisten“ seien, der Kolonialismus im Grunde genommen tot und der Kommunismus eine Krankheit derjenigen Gesellschaften sei, die sich in Rostows Übergangsstadium befinden.[4] Alle diese Urteile widersprechen ganz offenkundig wohlbekannten Tatsachen, die leicht zu kontrollieren sind. Die folgenden drei Behauptungen sind nicht weniger unrichtig, haben aber wegen ihrer entscheidenden Stellung in Rostows Argumentation eine größere Bedeutung.

Laut Rostow besteht das Wesen des Marxismus und der materialistischen Geschichtsauffassung darin, daß sie die wirtschaftlichen Motive, den Erwerbssinn und die Gewinnsucht als uneingeschränkt und alleinherrschend betrachteten.[5] Rostow meint – und darin hat er recht –, daß diese Auffassung den Tatsachen widerspreche. Diese Entgegnung trifft jedoch nicht den Marxismus. Weder Marx noch irgendein anderer Marxist hat diese Auffassung vertreten. Hätte Rostow den Gegenstand seiner Kritik gekannt, würde er natürlich wissen, daß Marx und Engels z. B. in ihrem Werk „Die deutsche Ideologie“ gerade diese Auffassung widerlegt haben. In dieser Schrift beweisen die Verfasser an Hand einer geschichtlichen Analyse der Ideologie, daß die Vorstellung vom Eigennutz eine durch und durch bürgerliche Auffassung ist, die einst (bei Holbach und Helvetius) eine progressive Rolle gespielt hat, jedoch in Benthams Händen in eine trockene Formel verwandelt wurde. Rostow urteilt so, wie es einst de Man in der „Psychologie des Sozialismus“ tat. Da die Vorstellung vom Erwerbssinn als vorherrschendem Motiv die Grundlage der klassischen politischen Ökonomie gebildet habe, hätte Marx diese Auffassung teilen müssen.

Der Marxismus ist aber keine Motivlehre, keine psychologische Theorie. Der Marxismus ist eine soziologische und sozialökonomische Theorie. Er bezieht keine Stellung zur menschlichen Motivierung und braucht es auch nicht. Vom marxistischen Standpunkt aus sind die Motive für die Handlungen der Menschheit sekundäre und abgeleitete Erscheinungen. In den vorkapitalistischen, auf Selbstversorgung eingestellten Gesellschaften, ist der Erwerbssinn nicht dominierend; in dem Maße, wie sich der Austausch entwickelt, nimmt auch die Bedeutung des Profitmotivs zu. Im Kapitalismus werden sogar Überzeugung, Liebe und Wissen zur Ware. Aber die Motivierung spielt keine Hauptrolle in der Gesellschaftsauffassung des Marxismus. Der Marxismus untersucht nicht die privaten Beweggründe, sondern die praktischen Voraussetzungen für die Tätigkeit der Gesellschaft. Ich glaube, daß sowohl Marx wie Engels bereit wären, dem Urteil von Schumpeter über jene Art Forscher beizustimmen, die hinter jeder menschlichen Handlung den Profitwunsch erblicken: Sie enthüllen mehr von ihrer Welt der Vorstellungen als von der Wirklichkeit, die sie zu analysieren wünschen. Schumpeter war sich übrigens über den Standpunkt des Marxismus in dieser Frage im klaren:

[4] Vgl. Ebenda, S. 145 et passim.
[5] Vgl. Ebenda, S. 145–152.

„Die ökonomische Geschichtsauffassung bedeutet *nicht*, daß die Menschen, bewußt oder unbewußt, vollständig oder vorwiegend, durch ökonomische Motive vorwärts getrieben werden. Im Gegenteil ist die Erklärung der Rolle und der Wirksamkeit nicht-ökonomischer Motive und die Analyse der Art und Weise, in welcher die soziale Realität sich in der individuellen Psyche spiegelt, ein wesentliches Element der Theorie und einer ihrer bedeutungsvollsten Beiträge. Marx hat nicht behauptet, daß Religion, Metaphysik, Kunstrichtungen, ethische Ideen und politisches Wollen sich entweder auf ökonomische Motive reduzieren ließen oder von keiner Bedeutung seien.. Er versuchte nur, die ökonomischen *Bedingungen* aufzudecken, die sie formen und die ihren Aufstieg und Niedergang erklären."[6]

Rostow würde seine Auffassung zu diesem Punkte korrigieren, wenn er dem Rat folgte, den Engels einst J. Bloch gab:

„Des weiteren möchte ich Sie bitten, diese Theorie in den Originalquellen und nicht aus zweiter Hand zu studieren, es ist wirklich viel leichter."[7]

Rostow behauptet weiter, daß in den USA während der letzten fünfzig Jahre keine Konzentration der Produktion stattgefunden habe, und er bezweifelt, daß es in „anderen reifen Gesellschaften des Westens" anders gewesen sei.[8] Rostows Urteil setzt uns in Erstaunen; denn die Untersuchungen über die Konzentration von Produktion, Beschäftigungen, Umsatz und Finanzen, die nicht nur von Marxisten, sondern auch von bürgerlichen Forschern vorgenommen wurden, reden eine ganz andere Sprache. Nach Angaben des bekannten amerikanischen Nationalökonomen und Statistikers F. C. Mills hat sich die industrielle Produktion in den USA bereits vor 1914 in immer weniger Unternehmen konzentriert. Während der zwanziger Jahre verringerte sich die Anzahl der Unternehmen beinahe um ein Fünftel. Gleichzeitig erhöhte sich die Produktion, berechnet je Unternehmen, um zwei Drittel.[9] Von 1935 bis 1950 bzw. 1955 stieg (nach einer regierungsamtlichen amerikanischen Untersuchung) der Anteil der 200 größten amerikanischen Industrieunternehmen am Gesamtumsatz der verarbeitenden Industrie von 38 auf 40,5 bzw. 45,5%.[10] Während der fünfziger Jahre setzte sich der Konzentrationsprozeß in der amerikanischen Wirtschaft in einem Umfange fort, der sich nur mit dem des Konzentrationsprozesses um die Jahrhundertwende vergleichen läßt.[11] Eine der bekanntesten bürgerlichen Autoritäten auf dem Gebiet der Wirtschaft der USA und der Stellung der großen Unternehmen, A. A. Berle jr., erklärte ausdrücklich, daß die USA-Industrie

„eine stärkere Konzentration des wirtschaftlichen Eigentumsrechtes aufweist, als jemals in der Geschichte ... ein System. Man nehme Industrie für Industrie, in jeder beherrschen einige große Gesellschaften den Handel. Zwei oder drei oder höchstens fünf Gesellschaften besitzen mehr als die Hälfte des Geschäftes, und was übrig

[6] *Joseph A. Schumpeter*, Kapitalismus, Sozialismus und Demokratie, Bern 1950, S. 26f.
[7] *Karl Marx/ Friedrich Engels*, Ausgewählte Briefe, Berlin 1953, S. 504.
[8] *W. W. Rostow*, a. a. O., S. 154.
[9] Vgl. *F. C. Mills*, Economic Tendencies in the United States. Zitiert bei *M. Dobb*, Studies in the Development of Capitalism, London 1947, S. 344.
[10] Vgl. *Victor Perlo*, Das Reich der Hochfinanz, Berlin 1960, S. 22.
[11] Vgl. ebenda, S. 108.

bleibt, verteilt sich zwischen einer größeren oder geringeren Anzahl von kleinen Konzernen, die unbedingt unter den Bedingungen existieren müssen, die ihnen von den 'Zwei Großen' oder 'Drei Großen' oder 'Fünf Großen' vorgeschrieben werden, wie es auch immer sei."[12]

Eine ähnliche Konzentration der Produktion trifft man auch in anderen kapitalistischen Ländern an. In Schweden z. B. verringerte sich der Anteil der kleinen Industrieunternehmen (mit weniger als 10 Angestellten) am Umsatz in den Jahren zwischen 1930 und 1950 von 18 auf 11%, während die großen Unternehmen (mit mehr als 500 Angestellten) ihren Anteil am Umsatz von 21 auf 28% steigern konnten.[13]

Rostow hat seine Feststellung in keiner Hinsicht bewiesen, ebensowenig wie seine Kritik der marxistischen Konzentrationstheorie. Die Tatsachen zeigen, daß die marxistische Theorie richtig ist.

Der dritte Hauptpunkt in Rostows Kritik am Marxismus gilt schließlich der Frage, inwiefern die kapitalistischen Überproduktionskrisen die Tendenz hätten, heftiger zu werden. Der Kern seiner These ist, daß die Krisen bis 1914 nicht umfassender geworden sind; die Krise und Depression der dreißiger Jahre betrachtet er als eine Einzelerscheinung. Um den Schwierigkeitsgrad der Krisen zu messen, benutzt er als Indikator den Umfang der Arbeitslosigkeit.

Was die USA anbelangt, so wurde diese Frage bei verschiedenen Gelegenheiten von den Ökonomen A. Ross Eckler[14], Ira O. Scott jr.[15] und Joseph M. Gillman[16] untersucht. Eckler fand keine Tendenz auf lange Sicht, aber er wies nach, daß die Depressionen von 1914, 1921 und 1932 die Tendenz hatten, sich zu verstärken. Scott fand, daß die schweren Depressionen des 20. Jahrhunderts tiefer waren als die schwersten Depressionen des 19. Jahrhunderts. Gillman, der diese Frage kürzlich behandelte, hat die Zeit von 1865–1940 untersucht und einen zusammengesetzten Index konstruiert, der den Tiefpunkt der Depression, die durchschnittliche Tiefe der Depression und die Dauer der Depression, berechnet nach Monaten, umfaßt. Gillman folgert aus seiner Untersuchung, daß seine Berechnungen für die USA auf eine immer tiefer werdende Depression in den Jahren 1865–1950 hinweisen. Das werde besonders deutlich, wenn man die größte Depression vor dem ersten Weltkrieg mit der Depression nach diesem Krieg vergleicht.[17]

Es steht fest, daß die Krisen im 20. Jahrhundert schwerer waren als im 19. Jahrhundert und daß sie von 1900 bis zur Krise der dreißiger Jahre noch tiefer wurden. Sie dauerten länger und wurden umfassender, gleichgültig, ob man sie mit Arbeitslosenzahlen oder Produktionsindexzahlen mißt. Für die Zeit vor 1914 darf man die

---

[12] *Adolf A. Berle jr.*, The Twentieth Century Capitalist Revolution, London 1955, S. 16.
[13] Vgl. *C. H. Hermansson*, Koncentration och storföretag, Stockholm 1959, S. 77.
[14] Vgl. „Review of Economics and Statistics", 15. Mai 1933, S. 75–81.
[15] Vgl. „The American Economic Review", Bd. XLII, September 1952, S. 569–576.
[16] Vgl. *Joseph M. Gillman*, The Falling Rate of Profit, London 1957, S. 114–144.
[17] Vgl. ebenda, S. 122.

Arbeitslosenzahlen nicht als Indikator verwenden, da die Statistik der damaligen Zeit über die Arbeitslosigkeit unzuverlässig ist. Wenn wir die Steinkohlen- und Roheisenproduktion der Welt als Maß benutzen (und das müßte der umfassendste Index sein, der von allen, die uns zur Verfügung stehen, am zuverlässigsten ist), finden wir, daß die Produktion während der Krise 1907/08 stärker sank als während irgendeiner Krise seit 1873. Die Steinkohlenproduktion sank um 4 % (gegenüber einem Maximum von 2% im Jahre 1873) und die Roheisenproduktion fiel um 20% (gegenüber einem Maximum von 8% im Jahre 1873).[18] Wenn wir die Krise der Jahre 1920–1923 mit jener von 1929–1933 vergleichen, erkennen wir eine weitere Verschärfung der Lage:

USA: Produktion von 1920–1933[19] (Größter Rückgang in der Jahresstatistik)

	1920/23	1929/23
Produktionsindex	– 23%	– 47%
Roheisen-Produktion	– 55%	– 79%

Ein Vergleich der kurzen und nicht sehr tiefgehenden Finanz- und Handelskrisen des vormonopolistischen Kapitalismus mit den langwierigen, sich vertiefenden und weltumfassenden Konvulsionen der Produktion und der Beschäftigung, die für die Krisen des 20. Jahrhunderts so charakteristisch sind, rechtfertigt ohne weiteres die Behauptung, daß sich die Wirtschaftskrisen des Kapitalismus verschärft haben. Aber die Krisen des Kapitalismus haben neben rein ökonomischen noch andere Seiten. Wir haben im 20. Jahrhundert zwei Weltkriege erlebt, der eine umfangreicher und verheerender als der andere; der Krieg ist die gewaltigste und akuteste aller Krisen. Wir waren auch Augenzeugen, als sich ein Drittel der Menschheit vom Kapitalismus befreite und die sozialistische Gesellschaft schuf. Die nationalen Revolutionen in den kolonialen Ländern unterminieren täglich den Kapitalismus als Weltsystem. Ist das etwa kein Symptom einer schweren und bisher nie erlebten allgemeinen Krise, die das gesamte kapitalistische System ergreift?

Rostows fünf Entwicklungsstadien

Das Hauptthema in Rostows Werk ist seine Theorie der Entwicklungsstadien, eine Theorie, die nach Rostow „letzten Endes eine Theorie des wirtschaftlichen Wachstums und eine allgemeine, wenn auch nicht komplette Theorie der modernen Geschichte in ihrer Gesamtheit ist."[20] Zugleich betont er ausdrücklich, daß „die Stadien des Wachstums eine willkürliche und beschränkte Betrachtungsweise..

[18] Vgl. *G. Sundbärg*, Aperçus statistiques internationaux, Stockholm 1908.
[19] Vgl. Kommersiella Meddelanden, Economisk Översikt, Stockholm.
[20] *W. W. Rostow*, a. a. O., S. 1.

bedeuten". Man möchte nur hoffen, daß Rostow ernst genommen werden will, denn wäre seine Theorie im Grunde nur willkürlich, wie könnte er dann Anspruch darauf erheben, die marxistische Theorie oder eine andere Beweisführung zu ersetzen?

Rostow teilt die wirtschaftliche Entwicklung in fünf Stadien ein: die herkömmliche Gesellschaft, die Übergangsgesellschaft, den entscheidenden Durchbruch, die Entwicklung zur Reife und die Gesellschaft des hohen Massenverbrauchs. Es ist mir hier nicht möglich, mich mit den naiven, metaphysischen Grundgedanken zu befassen, auf denen Rostows Entwicklungsphilosophie basiert, und so will ich mich auf die drei wichtigsten Probleme beschränken.[21]

Rostows Theorie beruht nicht durchweg auf der inneren Dynamik des wirtschaftlichen Wachstums, sondern hält sich oft an zufällige oder oberflächliche Erscheinungen, die manchmal das wirtschaftliche Wachstum begleiten. In seiner Theorie gibt es eine quantitative Verbindung zwischen dem „entscheidenden Durchbruch" und der „Entwicklung zur Reife". Aber zwischen dem letztgenannten Stadium und der „Gesellschaft des hohen Massenverbrauchs" wird die Einteilungsgrundlage plötzlich verändert. Während er vorher die *industrielle Entwicklung* beschrieben hat, geht er jetzt zum *Ergebnis* der industriellen Entwicklung über, z. B. zu Problemen des hohen Massenverbrauchs bei gewissen Bevölkerungsschichten in den USA. Die Theorie deutet auf keinen Zusammenhang in dieser Entwicklung hin. Natürlich ist auch für einen hohen Massenverbrauch die industrielle Entwicklung eine Voraussetzung, aber sie unterscheidet sich nicht qualitativ von den früheren Stadien; denn so wie Rostow die wirtschaftliche Entwicklung schildert, gibt es in dieser keine notwendige, innere Dynamik.

Es fehlen auch deutliche qualitative Kriterien der Entwicklungsstadien. Das hängt damit zusammen, daß Rostow sich hauptsächlich an den Inhalt und nicht an die Form der wirtschaftlichen Entwicklung hält. Aber für einen Prozeß in Stadien bilden nicht nur die andauernden Zusammenhänge, sondern auch qualitative Veränderungen eine Voraussetzung. Denn ohne qualitative Veränderungen kann man überhaupt nicht von Stadien reden. So besteht z. B. nach Rostow der Kern des Übergangs zum „entscheidenden Durchbruch" darin, daß der Anteil der Investitionen am Nationaleinkommen von 5 auf 10% und mehr steigt. Aber eine solche quantitative Veränderung ändert an sich die wirtschaftliche Struktur nicht in einem solchen Maße, daß man von einem neuen Stadium sprechen könnte. Das hängt allein davon ab, wie die Investitionen verwendet werden, was wiederum von den sozialen

[21] *Rostow* erklärt den amerikanischen Imperialismus der Jahrhundertwende als die Folge „einer weitverbreiteten Stimmung". Den imperialistischen Drang zum Krieg erklärt er wie folgt:
„Es war ein durchaus übereinstimmendes Merkmal der modernen Geschichte, daß gewisse Gruppen über ihre Grenzen hinaus Ausschau hielten, um neue Welten zu erobern, als ihre Gesellschaft sich der technischen Reife näherte. Und zum Übergang zur „Gesellschaft des hohen Massenverbrauchs" meint *Rostow*: „Die Gesellschaft als Ganzes beginnt ein wenig durch das Wunder der Industrialisierung gelangweilt zu werden." (*W. W. Rostow*, a. a. O., S. 72–75.) — Eine herrliche Gesellschaftsauffassung!

und politischen Strukturen abhängt. Wenn man die verschiedenen Stadien eines Prozesses qualitativ unterscheiden will, so muß man auch entsprechende qualitative Erscheinungen nachweisen. Das scheint Rostow auch zu sehen. Er wählt als qualitatives Kriterium für die „Gesellschaft des hohen Massenverbrauchs", einen bestimmten Verbrauchsartikel, nämlich den Kraftwagen. Hier tritt die Borniertheit seiner Theorie besonders deutlich zutage. Er wählte einen führenden amerikanischen Verbrauchsartikel als Index der wirtschaftlichen Entwicklung überhaupt, ohne sich um den gesellschaftlichen Typ oder andere konkrete Bedingungen zu kümmern. Die Mongolen sollen doch zu fliegen angefangen haben, bevor sie je einen Kraftwagen sahen; die Chinesen ziehen u. a. den Bau von Theatergebäuden dem Bau von Kraftwagen vor!

Die erwähnten Mängel der Rostowschen Theorie hängen mit einem fundamentalen Fehler zusammen, der alle die anderen Fehler bedingt, nämlich mit dem unhistorischen und willkürlichen Charakter seiner Betrachtungsweise. Die Menschheit hat in ihrer Entwicklung vier Metamorphosen durchgemacht, die eine gewaltiger als die andere: Von der Urgemeinschaft zur Sklavenhaltergesellschaft, von der Sklavenhaltergesellschaft zum Feudalismus, von der feudalen zur kapitalistischen Gesellschaft, vom Kapitalismus zum Sozialismus. Der Übergang zur kommunistischen Gesellschaft ist nicht mehr fern. Diese Einteilung der gesellschaftlichen Entwicklung stützt sich in erster Linie auf eine konkrete Analyse der wirtschaftlichen Struktur und deren historische Veränderungen, und es gibt eine bestimmte innere Gesetzmäßigkeit in der ganzen Entwicklung, die sich auch in der diesbezüglichen Theorie, in der marxistischen politischen Ökonomie, widerspiegelt.

In Rostows Stadientheorie findet man keine ähnliche konkrete, geschichtliche Analyse. Seine fünf Stadien sind allzu allgemein und gleichzeitig allzu spezifisch. Rostows „herkömmliche Gesellschaft" umfaßt z. B. alle Gesellschaften vor und nach der kapitalistischen oder sozialistischen Industrialisierung. Wir finden in ein und demselben Topf: das römische Reich der Antike, das europäische Mittelalter, Indien und China in den vierziger Jahren des 20. Jahrhunderts und den größten Teil des heutigen Afrikas. Ein derartiges Verfahren verbirgt mehr, als es enthüllt. So hat z. B. die tatsächliche Entwicklung bewiesen, daß gerade die imperialistische Expansion der hochindustrialisierten Länder, die in den siebziger Jahren des vorigen Jahrhunderts ihren Anfang nahm, die beginnende Industrialisierung der Kolonialwelt aufgehalten hat und daß die Kolonialländer erst dann die Industrialisierung und wirtschaftliche Entwicklung antraten, als sie bereits ihre nationale Unabhängigkeit erreicht hatten. Diese fundamentale Tatsache der wirtschaftlichen Entwicklung der Welt wird in Rostows Theorie nicht erwähnt.

Rostows Stadien sind aber auch allzu beschränkt. Den Schwerpunkt in seiner Theorie bildet die Darstellung des „entscheidenden Durchbruchs", die erste Industrialisierung. Aber die Industrialisierung, die er schildert, ist die Industrialisierung der kapitalistischen Gesellschaft. Rostow betont nämlich, und zwar mit vollem Recht, daß das Bezeichnende für die Industrialisierung unter kapitalistischen Verhältnissen die ungleiche Entwicklung der verschiedenen Sektoren sei. In England war es die Baumwollindustrie, die die Industrialisierung im Frühstadium förderte, da in diesem Zweig der Kapitalbedarf für die einzelnen Kapitalisten relativ gering, der Absatz beständig und die Umschlagszeit relativ kurz waren. Aber im Sozialismus können, da die wirtschaftlichen Ressourcen gesellschaftlicher Besitz sind und eine die ganze Wirtschaft umfassende Planung existiert, die Konsumgüter- und die Produktionsmittelindustrie bei vorrangigem Wachstum der Produktion von Produktionsmitteln gleichzeitig ausgebaut werden. In Westeuropa war die Eisenindustrie der entscheidende Abschnitt in der Mitte der fünfziger Jahre, der später abgelöst wurde von der Erdölindustrie, der chemischen und elektrotechnischen Industrie. Aber in der sozialistischen Wirtschaft wurden und werden alle nötigen Industrieanlagen *gleichzeitig* aufgebaut. Die Landwirtschaft blieb in der kapitalistischen Wirtschaft gewöhnlich zurück, erfuhr eine geringe Entwicklung. Aber für die sozialistische Wirtschaft ist es typisch, daß die industrielle Arbeitsteilung und Technik auch in der Landwirtschaft eingeführt werden. Der widersprüchlichen und antagonistischen wirtschaftlichen Entwicklung in der kapitalistischen Gesellschaft steht die planmäßige und proportionale Entwicklung der gesamten Wirtschaft in der sozialistischen Gesellschaft gegenüber.

Rostows Kriterien für die wirtschaftliche Entwicklung in ihren verschiedenen Stadien sind nicht so allgemeingültig, wie er behauptet. Statt konkret zu untersuchen und deutliche Unterscheidungen zu machen, begnügt er sich damit, hauptsächlich bestimmte Aspekte der wirtschaftlichen Entwicklung in gewissen Teilen der Welt zu beschreiben. Der endgültige Beweis für die Stichhaltigkeit der Rostowschen Stadientheorie liegt natürlich in ihrer Verwendbarkeit. Denn eine gute Theorie, die sich auf empirische Tatsachen und die Verallgemeinerung der wichtigsten Tatsachen stützt, zeichnet sich durch ihre Eignung aus, den allgemeinen Zusammenhang für gewisse Fälle vorhersagen zu können. Ich bezweifle aber sehr, daß die Rostowsche Theorie von großem Nutzen sein wird.

Ich möchte noch eine Bemerkung hinzufügen. Nach Rostow bedingt die innere Struktur während des „entscheidenden Durchbruchs" zweierlei: Angebot von Leihkapital und Entstehung einer Schicht von selbständigen Kapitalisten.[22] Die erste trifft zu, die zweite nur scheinbar. Die während der letzten Jahre begonnene Erfoschung der Geschichte der Unternehmer ist an sich ein legitimes Forschungsobjekt. Dagegen ist es nicht zulässig, so weit zu gehen wie Rostow und viele andere Wirtschaftshistoriker, nämlich eine Theorie darüber aufzustellen, daß Voraussetzung für eine Industrialisierung die Entstehung einer besonderen Unternehmerschicht sei. Wie Paul Baran nachdrücklich hervorhebt[23], ist diese Darstellung im besten Falle eine Tautologie folgenden Inhalts: Gibt es keinen industriellen Kapitalismus, so gibt es keine industriellen Kapitalisten; gibt es einen industriellen

[22] Vgl. *W. W. Rostow*, a. a. O., S. 46–52.

[23] Vgl. *Paul Baran*, The Political Economy of Growth, New York 1957, S. 235 f.

Kapitalismus, dann gibt es auch industrielle Kapitalisten. Das ist richtig, aber nicht besonders belehrend. In der Tat fehlen zu keiner Zeit und in keinem Land begabte Unternehmer. Wenn sie sehen, daß es echte Möglichkeiten gibt, ein Industrieunternehmen zu gründen, dann fangen sie an, sich – unter anderem – dem industriellen Kapitalismus zu widmen. Das Wichtige aber ist, daß sich die wirtschaftliche Struktur durch diese Tätigkeit ändert. Das muß man erklären, nicht aber die Folgeerscheinung, die Entstehung einer Industrieunternehmerschicht.

Die wirtschaftliche Entwicklung in den USA und in der Sowjetunion

Seinem Ausgangspunkt nach will Rostow natürlich beweisen, daß die Wirtschaft der sozialistischen Sowjetunion in demselben Maße gewachsen ist wie die Wirtschaft der kapitalistischen Staaten, vor allem der USA. Er betrachtet dies als eine „merkwürdige Parallele". Bekanntlich sind heute auch sehr konservative Beobachter der Meinung, daß die Sowjetwirtschaft in einem Tempo gewachsen ist, das von der Wirtschaft der kapitalistischen Staaten selten oder nie überschritten wurde. In dieser Hinsicht ist die Darstellung Rostows besonders merkwürdig. Die Erklärung liegt darin, daß er sich einzig und allein auf einen Wachstumsindex der industriellen Produktion in der Sowjetunion stützt, der von dem Amerikaner Warren G. Nutter[24] zusammengestellt wurde. Die Richtigkeit von Nutters Berechnungen ist von mehreren amerikanischen Ökonomen, die sich auf die Untersuchung der Sowjetwirtschaft spezialisiert haben, u. a. Gregory Großman und Hans Heyman jr., in Frage gestellt worden. Die Ökonomen E. V. Greenslade und Phyllis A. Wallace haben Nutters Berechnungen einer Kontrolle unterworfen, indem sie nach derselben Methode einen entsprechenden Index der industriellen Produktion der USA berechneten. Dabei fanden sie, daß sich die industrielle Produktion der Sowjetunion im Zeitraum von 1928–57 dreimal schneller und von 1950–57 fünfmal schneller entwickelt hat als die der USA.[25]

Rostow gibt in seiner Schrift eine Tabelle von Nutter wieder, die beweisen soll, daß die Sowjetunion im Verhältnis zu den USA bei 37 ausgewählten Waren in der Periode von 1937–55 zurückgeblieben ist. Nach diesem Index soll die Sowjetunion den USA während der ganzen Periode nur um ein Jahr näher gekommen sein. Wenn wir die Tabelle untersuchen, verstehen wir warum.

Vom Standpunkt der USA ist es ein sehr vorteilhafter Zeitabschnitt, da er die Zeit des zweiten Weltkrieges und den Koreakrieg einschließt. Vier Fünftel des wirtschaftlichen Wachstums der USA seit 1910 erfolgten während des ersten und zweiten Weltkrieges sowie während des Koreakrieges.[26] Andererseits ist aber die

---

[24] Vgl. *W. W. Rostow*, a. a. O., S. 96–97.
[25] Vgl. *Victor Perlo*, USA and USSR, The Economic Race, New York 1960, S. 36.
[26] Vgl. *Carl Marzani, Victor Perlo*, Dollars and Sense of Disarmament, New York 1960, S. 50.

Wahl des Zeitabschnittes, vom Standpunkt der Sowjetunion aus betrachtet, äußerst unvorteilhaft, da der Zeitabschnitt den für die Sowjetunion verheerenden zweiten Weltkrieg einschließt. Ferner muß man beachten, wie Nutter zu seinem Ergebnis gekommen ist. Die Angaben, nach denen die Sowjetunion gegenüber den USA nur ein Jahr aufgeholt hätte, kamen dadurch zustande, daß Nutter den Median als Durchschnittszahl benutzte. Wenn man statt dessen – oder als Korrektiv zu dieser Durchschnittszahl – den relativen Vormarsch der beiden Länder bezüglich der in Nutters Index erwähnten 37 Waren betrachtet, findet man, daß die USA insgesamt um 78 Jahre vorwärts kamen, die Sowjetunion aber um 136 Jahre. Wenn wir schließlich beachten, wie sich dieser Fortschritt auf die verschiedenen Waren verteilt, sehen wir, daß die USA sich bei Eisenbahnwaggons, Zucker, Petroleum, Papier, Bier, Wurst u. a. relativ schneller entwickelten, die Sowjetunion dagegen machte bei Eisenerz, Holzwaren, Kunstdünger, Stahl, Kohle, Elektrizität und Zement, d. h. bei Waren, die auf die Dauer das Wachstumstempo bestimmen, einen relativ großen Schritt vorwärts.

Weder die Wahl des Zeitabschnitts für diesen Index noch die Zusammensetzungen oder Berechnungsmethoden sind mit wissenschaftlicher Methodik zu vereinbaren. Rostows „merkwürdige Parallele“ hat nichts mit den wirklichen Verhältnissen zu tun. Sie stützt sich auf einen Mißbrauch der Statistik.

Rostow und der Imperialismus

Rostow will schließlich auch die marxistische Theorie des Imperialismus durch ein eigenes System ersetzen.[27] Seine fundamentale Hypothese ist, daß der Krieg wie er sagt, „letztlich aus der Existenz und Anerkennung der nationalen Unabhängigkeit entsteht“.[28] Aus dieser Hypothese ergeben sich zwei Folgerungen: Wo der Begriff nationale Souveränität nicht vorhanden ist oder nicht anerkannt wird, entstehen keine Kriege und es besteht auch kein Grund zum Krieg; dort hingegen wo der Begriff nationale Souveränität vorhanden ist oder anerkannt wird, entstehen Kriege oder gibt es einen Grund dazu. Weder die eine noch die andere Behauptung ist richtig.

Krieg hat es auch in Zeiten und unter Völkern gegeben, die den Begriff der nationalen Souveränität weder gekannt noch anerkannt haben. Dagegen akzeptieren und verteidigen die sozialistischen und auch andere moderne Staaten den Begriff der nationalen Souveränität, ohne daß es zwischen diesen Staaten zum Krieg käme, ja, die nationale Souveränität bildet hier gerade eine sichere Grundlage für korrekte und friedliche Beziehungen. Daraus folgt, daß Rostows fundamentale Hypothese über die Ursachen des Krieges falsch ist.

---

[27] Vgl. *W. W. Rostow*, a. a. O., S. 106–122.
[28] Ebenda, S. 108.

Wenn Rostow seine Hypothese auf die Wirklichkeit bezieht, unterscheidet er drei Arten von Krieg: Kolonialkrieg, Regionalkrieg und Weltkrieg.[29] Um den zuletzt genannten zuerst anzuführen: er erklärt den ersten und zweiten Weltkrieg sowie den Koreakrieg damit, daß

> „die relative Schwäche Osteuropas und Chinas — ihre Verwundbarkeit in militärischer, politischer und ökonomischer Hinsicht während des hinausgezogenen Stadiums der Vorbedingungen — Anlaß dazu bot."[30]

Die Ursache dafür, daß die deutschen und japanischen Aggressoren die schwächeren Länder angegriffen haben, soll also die Schwäche dieser angegriffenen Länder gewesen sein. Man schiebt also die Schuld auf die angegriffenen und eroberten Länder und läßt die wahren Ursachen dahingestellt. Es ist so, als ob wir auf die Frage, warum der Wolf das Lamm angreift, antworten würden: Weil das Lamm so schwach ist und so appetitlich aussieht. Die Antwort ist unbestreitbar richtig, aber die Unterlassung zu erwähnen, daß der Wolf seiner Natur nach ein Fleischfresser ist, läßt uns ein wenig unbefriedigt.

Abgesehen davon ist Rostows Erklärung vollkommen falsch. Im ersten sowie im zweiten Weltkrieg wandte sich Deutschland als die angreifende Großmacht in erster Linie nicht gegen wirtschaftlich unterentwickelte Länder, sondern gegen Nachbarländer, die sich im wesentlichen auf dem gleichen Entwicklungsniveau befanden, nämlich gegen Frankreich und England. Mit anderen Worten, die wahren Ursachen der Weltkriege bestätigen die Theorie des Marxismus über den Imperialismus. Nach der vor dem ersten Weltkrieg vollzogenen Aufteilung der Welt mußte jeder Krieg zwischen den kapitalistischen Staaten den Charakter eines Krieges um die Neuaufteilung annehmen. Dies gilt sowohl für den ersten Weltkrieg als auch für die erste Periode des zweiten Weltkrieges.

Ohne Komplikationen läßt sich auch der Koreakrieg nicht in das Rostowsche Schema einordnen. Nach Rostow sind China und Nordkorea schuld am Kriegsausbruch in Korea. Gegen diese Staaten lehnte sich Amerika auf. Wollte Rostow seine Theorie folgerichtig anwenden, so müßte er sagen: Die Ursache des Krieges zwischen dem schwachentwickelten Nordkorea und China einerseits und den hochentwickelten USA andererseits war Nordkoreas und Chinas „relative Schwäche" im Verhältnis zu den USA. Das heißt, die USA haben Nordkorea angegriffen, weil Nordkorea schwach war und die USA glaubten, daß sie diesen Teil von Korea unterwerfen könnten. Rostow zieht diesen folgerichtigen Schluß jedoch nicht.

Rostows Erklärung der Kolonialkriege ist auch nicht besser. Er nimmt folgendermaßen Stellung zum modernen Imperialismus:

> „Zuerst haben gewisse nichtkoloniale Staaten aus Prestigegründen und um den Stil zu erhalten, angefangen, Kolonialbesitz zu verlangen als ein Symbol für ihre künftige Stärke. Zum Beispiel hat nichts auf den Kapitalmärkten und im Handel der Atlantischen Welt dazu berechtigt, viel Wesens von Kolonien zu machen, sagen wir zwischen 1873 und 1914... die zweite Folge... war, daß der Rückzug aus einer Kolonie eine koloniale Prestigefrage und daher sehr schwer wurde."[31]

[29] Vgl. ebenda, S. 107f. [30] Vgl. ebenda, S. 117. [31] Ebenda, S. 110f.

Nach dieser Theorie sollte also die Aufteilung der Welt und die Weltpolitik vor dem ersten Weltkrieg – die Aufteilung von Asien und Afrika, der russisch-japanische Krieg, der spanisch-amerikanische Krieg, die Marokkokrisen, der Kapitalexport nach den Kolonien, der Bau von Eisenbahnen und die Ausbeutung der Rohstoffe der Kolonien usw. – damit erklärt werden, daß die betreffenden Großmächte von irrationalen und nationalistischen Vorstellungen geleitet wurden und daß „die Kolonien anerkannte Symbole für Macht und Reichtum waren".

Diese Erklärung ist wegen ihres wirklichkeitsfremden Charakters vollkommen unbefriedigend. Die Politik der Großmächte in dieser Zeit ist genügend erforscht worden, um zu wissen, daß sie nicht von irrationalen Vorstellungen, sondern von äußerst konkreten Überlegungen bezüglich wirtschaftlicher, politischer und militärischer Vor- und Nachteile, begründet auf tatsächliche Verhältnisse, geleitet wurde.[32] Rostows Theorie nimmt zum Verlauf der tatsächlichen Begebenheiten während dieser Periode nicht Stellung, sondern sie kann – mit ebensoviel oder ebensowenig Erfolg – auf eine beliebige Zeit nach dem Enstehen der Nationalstaaten angewandt werden. Dies veranlaßt uns, eine andere Frage zu stellen: Warum führte die von ihm angegebene Ursache des Kolonialismus nicht bereits in einem früheren Zeitabschnitt zu einer Verschärfung des Kampfes um Kolonien, zur Aufteilung der Welt, sondern erst in der Zeit von 1870 bis 1914? Aber „in den Jahren 1840–1860 waren die führenden bürgerlichen Politiker Englands *Gegner* der Kolonialpolitik und hielten die Befreiung der Kolonien und ihre völlige Lostrennung von England für unvermeidlich und nützlich." Wie will Rostow das erklären? Und wie erklärt er es, daß 1852 „Disraeli ... geäußert hat: ‚Die Kolonien sind Mühlsteine um unseren Hals'", während „gegen Ende des 19. Jahrhunderts ... Cecil Rhodes und Joseph Chamberlain ... offen den Imperialismus predigten und mit dem größten Zynismus imperialistische Politik betrieben?"[33] Im Gegensatz zu Rostows Behauptung gibt es nachweisbare Ursachen „auf streng ökonomischer Basis" dafür, daß der moderne Kolonialismus erst nach 1870 auftrat. Eine Antwort gibt die marxistische Theorie über den Imperialismus, die auf einer konkreten Analyse der geschichtlichen Verhältnisse beruht.

Die Konzentration der Produktion, die Entstehung der Monopole und des Finanzkapitals nach 1870 führte zu einem gesteigerten Interesse der führenden Industrieländer an gesicherten Rohstoffquellen, an der Erschließung von Absatzmärkten und an deren Sicherung sowie an der Investierung des überflüssigen Kapitals. Unter diesem Gesichtspunkt betrachtet der Marxismus die Aufteilung der Welt zwischen den Großmächten nach 1870, den modernen Kolonialismus und Imperialismus. Das ist eine Theorie, die bestätigt werden kann und die von den Tatsachen bestätigt worden ist. Rostows Theorie dagegen ist einmal derart weit von der Wirklichkeit

---

32 Die Literatur ist fast unübersehbar. Eine gute Zusammenfassung gibt *Georg W. F. Hallgarten*, Imperialismus vor 1914, München 1951.

33 *W. I. Lenin*, Der Imperialismus ..., a. a. O., S. 830.

entfernt und haltlos, daß man sie nicht nur an den Kolonialismus nach 1870 anpassen könnte, sondern auch an den Kolonialismus im 16., 17. und 18. Jahrhundert. Zum anderen wird sie, wenn man sie mit dem Imperialismus nach 1870 wirklich konfrontiert, nicht von den Tatsachen bestätigt.

*

Wir haben gesehen, daß (1) Rostow den Marxismus falsch aufgefaßt und ausgelegt hat; (2) seine Theorie über die Entwicklungsstadien des wirtschaftlichen Wachstums keine allgemeine Theorie der wirtschaftlichen Entwicklung ist; (3) seine Theorie der „merkwürdigen Parallele“ zwischen dem Wachstum der Industrieproduktion der USA und der Sowjetunion jeder ernsthaften Forschung auf diesem Gebiet widerspricht und schließlich (4) Rostows Erklärung der Weltkriege und des modernen Kolonialismus apologetisch und voller Widersprüche ist und sich mit fundamentalen Tatsachen nicht vereinbaren läßt. Rostows Theorie ist also weder eine allgemeine Theorie der wirtschaftlichen Entwicklung noch der modernen Geschichte. Sein Anspruch darauf, eine Alternative zum Marxismus zu geben, ist durch nichts gerechtfertigt.

ZUR RESONANZ EINER MARXKRITIK IM BÜRGERLICHEN DEUTSCHLAND

Werner Krause, Berlin

Der Beitrag von Kollegen Stefan Heretik, den er der Konferenz vorgelegt hat, behandelte ein sehr interessantes und wichtiges Problem. Wie Heretik nachweist, besteht eine neue Tendenz der bürgerlichen Ideologie darin, daß man von der Taktik des Totschweigens der marxistischen politischen Ökonomie abgeht und daß einige namhafte bürgerliche Ökonomen vorgeben, ihre Lehren auf wichtige Erkenntnisse zu gründen, die Marx und Engels zuzuschreiben seien.

Diese Form des Kampfes gegen den Marxismus, die in dem Versuch besteht, der marxistischen Theorie den revolutionären Charakter zu nehmen, indem man sie entstellt und verwässert, blieb früher im allgemeinen auf die bürgerlichen Ideologen *innerhalb* der Arbeiterbewegung beschränkt. Während Eduard Bernstein und andere Revisionisten diesen Weg gingen, war man noch lange im bürgerlichen Lager *außerhalb* der Arbeiterbewegung bemüht den Marxismus zu ignorieren. Häufig „erledigte" man Marx vom Katheder und in den Lehrbüchern entweder mit einem völligen „Totschweigen", oder aber mit wenigen abfälligen Bemerkungen.

Selbstverständlich hat es auch bereits unter diesen Ökonomen frühzeitig Versuche gegeben, die denen sehr ähnlich waren, die Eduard Bernstein unternahm, der mit dem Ruf eines Marxisten in den Kampf gegen den Marxismus ging. Heretik hat einige Beispiele angeführt, die frühe Formen des Antimarxismus mit marxistischer Verbrämung darstellen. Natürlich ist die Qualität der einzelnen bürgerlichen Ökonomen, hier ist der Grad ihrer negativen Wirksamkeit gemeint, sehr differenziert einzuschätzen. Die von Heretik erwähnten beiden deutschen Ideologen beispielsweise, die die angebliche Verwandtschaft ihrer eigenen Lehren mit denen des Marxismus hervorgehoben haben, Max Weber und Werner Sombart, haben trotz freundschaftlicher Beziehungen zueinander und trotz enger geistiger Verwandtschaft in einigen Dingen in ihrem Verhältnis zum Marxismus doch wesentlich unterschiedliche Wege eingeschlagen. Max Weber hat es trotz gelegentlicher Hinweise auf Marx im allgemeinen vermieden, in allzu enge Beziehungen zum Marxismus gebracht zu werden. Kurt Braunreuther hat recht, wenn er in seinen „Bemerkungen über Max Weber und die bürgerliche Soziologie" darauf hinweist, daß „Max Weber in keiner Weise im Sinne hatte, die bürgerliche Ideologie mit dem Marxismus zu verbinden, wie Eduard Bernstein dies umgekehrt zunächst versuchte, sondern den Marxismus im Kern sofort zu vernichten."[1]

Dagegen sind die ökonomischen Lehren von Werner Sombart ein Schulbeispiel für einen Versuch eines bürgerlichen Ideologen *außerhalb* der Arbeiterbewegung, den Marxismus für die bürgerliche Apologetik zu mißbrauchen. *Das Schicksal dieser Lehren ist* im Hinblick auf die von Heretik aufgeworfenen Fragen *recht aufschlußreich, weil es zeigt, daß sich die neue Taktik des Kampfes gegen den Marxismus erst relativ spät durchsetzte.* Von der allgemeinen Ignorierung des Marxismus (wir sehen hier von den Revisionisten ab, die als bürgerliche Ideologen eine ganz spezifische historische Aufgabe hatten) bis zur Aufmerksamkeit, die die bürgerliche Literatur der Marxschen ökonomischen Lehre in diesen Tagen widmet, liegen ungefähr 6 Jahrzehnte. Dabei spielt in Deutschland das Dutzend Jahre nach 1933 noch eine besondere Rolle, in dem eine derartige Form der Apologetik, die gewisse Zugeständnisse an den Marxismus macht, durch die politischen Verhältnisse von vornherein ausgeschlossen war.

Sombart nimmt in der Zeit um die Jahrhundertwende eine Sonderstellung ein. Ein Zeitgenosse von Sombart, Bruno Schönlank, hat im Jahre 1900 in der „Leipziger Volkszeitung" Sombarts Schicksal vortrefflich vorausgesagt. Er schrieb damals:

> „Der Sozialismus und die soziale Forschung wird die Arbeit des vielgewandten... Herrn entbehren können, um so unentbehrlicher wird sie zur Charakteristik des deutschen Professorentums zu Beginn des 20. Jahrhunderts sein."[2]

Heute ist auf diese Charakteristik zurückzukommen, weil das Schicksal von Sombart erkennen läßt, wie es bürgerlichen Ideologen zu jener Zeit ergangen ist, die mit Marxzitaten um sich warfen und die dabei ihren Wirkungskreis an der Universität hatten.

Werner Sombart, der bereits als jugendlicher Held einen Sozialreformismus wie sein Lehrer Schmoller vertrat, hat sich anfangs der neunziger Jahre des vergangenen Jahrhunderts mit der marxistischen Lehre vertraut gemacht. Er schrieb einmal eine derart vortreffliche Rezension über das Marxsche „Kapital", daß er dafür ein Lob von Friedrich Engels erhielt. Julius Wolf, der zu damaliger Zeit gerade ein antimarxistisches Buch veröffentlichte, mußte sich von Sombart wegen seines plumpen Antimarxismus abkanzeln lassen. In der Folgezeit, besonders nach dem Tod von Engels, spielte sich Sombart als der große Marxkenner auf, um schließlich 1896 davon zu sprechen, daß er den Marxismus auf dem Gebiet der politischen Ökonomie zu korrigieren gedenke. Er maßte sich an, in das „höchst unbeholfene Durcheinander von teilweise sich widersprechenden Lehren"[3], das der Marxismus angeblich dar-

[1] *Kurt Braunreuther*, Bemerkungen über Max Weber und die bürgerliche Soziologie. In: „Wissenschaftliche Zeitschrift der Humboldt-Universität zu Berlin", Gesellschafts- und sprachwissensch. Reihe, Jg. VIII (1958/59), Nr. 1, S. 119.

[2] „Leipziger Volkszeitung" Nr. 40/1900.

[3] *Werner Sombart*, Sozialismus und soziale Bewegung im 19. Jahrhundert, Jena 1896, S. 69.

stelle, Ordnung hineinzubringen und somit ein Fortsetzer von Marx zu sein. Als literarisches Produkt dieser Vermessenheit legt Sombart im Jahre 1902 die antimarxistische Schrift „Der moderne Kapitalismus“ vor.

Hier bahnt sich also bereits frühzeitig eine Erscheinung an, deren ausgeprägte, ausgedehnte, allgemeine Form wir erst viel später konstatieren können. Heretik formuliert sie als: zunehmende Aktivität im Kampf gegen den Marxismus, Aufgabe der alten Taktik des Ignorierens des Marxismus und Annäherung des bürgerlichen Reformismus an den Revisionismus in der Arbeiterbewegung. Es ist interessant, welche Konsequenzen das in der Sombartschen Lehre nach sich zieht und welches Schicksal sie hat. Nämlich

erstens den Wechsel Sombarts von der Schmollerschen Richtung des Kathedersozialismus zur Brentanoschen Richtung, der für die Arbeiterklasse weitaus gefährlicheren Form des Sozialreformismus;

zweitens ein unverhohlenes Liebäugeln mit dem Bernsteinschen Revisionismus. Faktisch stellt ja das Wirken der Revisionisten und das der bürgerlichen Reformisten auch nichts anderes als eine Arbeitsteilung dar, wobei die einen innerhalb, die anderen außerhalb der Arbeiterbewegung mit sehr ähnlichen Waffen kämpfen;

drittens ist das Bemühen Sombarts bemerkenswert, der marxistischen politischen Ökonomie in der Methodologie etwas Gleichwertiges entgegenzusetzen. Sombart zog in die Schlacht, um für die Bourgeoisie eine neue Methodologie zu gewinnen, die die historisch-betrachtende und die theoretisch-abstrahierende Methode miteinander verknüpft.

Das ist ein interessantes Kapitel für sich und allein eine gründliche marxistische Untersuchung wert. In der bürgerlichen Ökonomie gibt es bis heute noch immer so etwas wie einen Methodenstreit. Das ist festzustellen, *obwohl* es manchmal den Anschein hat, daß die aus der Grenznutzenschule hervorgehende Richtung innerhalb der bürgerlichen politischen Ökonomie den Sieg davongetragen hat. Aber noch immer ist in der bürgerlichen Literatur das Unbehagen darüber zu spüren, daß es die bürgerliche politische Ökonomie nicht zu einer Synthese zwischen der historischen und der logischen Betrachtungsweise gebracht hat. So heißt es z. B. in den in Stuttgart erschienenen „Beiträgen zur Erforschung der wirtschaftlichen Entwicklung“ im Heft 5/1960:

> „Exakte Theorie will den Wirtschaftsverlauf immer als quantitativ eindeutig bestimmtes, in allen Einzelheiten determiniertes Geschehen erfassen. Auch das verlangt — wenn wir es übertrieben vorsichtig ausdrücken wollen: zumindest bei unserem gegenwärtigen Erkenntnisstand —, daß wesentliche Fakten aus der Betrachtung ausgeschlossen werden, daß also die geschichtliche Wirklichkeit vergewaltigt wird.“[4]

Und an anderer Stelle heißt es:

> „Ob das untersuchte Geschehen sich als exakt determiniert erfassen läßt, ist eine Tatfrage. Im Bereich nationalökonomischer Forschung muß sie zumindest heute

[4] *Felix Lehnis*, Der Beitrag des späten Schumpeter zur Konjunkturforschung, Stuttgart 1960, S. 6.

noch negativ behandelt werden, und es gibt viele Hinweise darauf, daß das auch in Zukunft so bleiben wird."[5]

Wenn man diese Zeilen liest, die im Jahre 1960 gedruckt wurden, glaubt man sich in die Zeit vor 80 Jahren versetzt, als Menger und Schmoller über die richtige Methode in der politischen Ökonomie debattierten. Noch heute vermag man im bürgerlichen Lager nicht Historismus und Abstraktion unter einen Hut zu bringen. Aber im Grunde genommen haben sich schon damals nicht die Schmoller und Menger als Antipoden gegenübergestanden, sondern es stehen sich lediglich die dialektisch-materialistische, die einzig wissenschaftliche Methode, und die methodologischen Varianten einer Pseudowissenschaft schroff gegenüber. Beide sind durch ihre Klassenbedingtheit weit voneinander getrennt. Die von bürgerlichen Ökonomen als tiefe Gegensätze deklarierten unterschiedlichen Methoden in der bürgerlichen politischen Ökonomie erweisen sich bei näherer Betrachtung in der Beziehung völlig miteinander verwandt, als sie beide Formen von Mitteln zur Erreichung eines einzigen Zieles sind: der Apologie der kapitalistischen Produktionsweise. Weder der bürgerliche Historismus, noch die von der kapitalistischen Wirklichkeit abstrahierende Abstraktion, die in der Grenznutzenschule ihren beredten Ausdruck fand, kennen ein anderes Ziel. Nicht die Schmoller und Menger oder irgendwelche anderen bürgerlichen Debattierer stehen sich als unversöhnliche Kontrahenten gegenüber, sondern vielmehr die Schmoller und Menger auf der einen Seite und der Marxismus auf der anderen Seite.

Der Bourgeoisie würde es im 20. Jahrhundert nicht mehr einfallen, nach einer „neuen Methode" zu suchen, wenn sie nicht mit Unbehagen feststellen müßte, daß ihren bisher praktizierten Deutungsversuchen von der Ewigkeit und Herrlichkeit der bürgerlichen Gesellschaft der Rang von einer Erkenntnismethode abgelaufen wird, die allerdings zu einem anderen als dem von der Bourgeoisie gewünschten Resultat führt. Der historische Materialismus weist gerade die Vergänglichkeit dessen nach, was die Bourgeoisie zu erhalten wünscht, sie muß ihn daher, wie der Teufel das Weihwasser, meiden. Es ist klar, daß sie deshalb auch nicht zu der historischen Betrachtungsweise und wissenschaftlichen Abstrahierung gelangt, die der historische Materialismus als eine notwendige und unzertrennliche Einheit sorgfältig wahrt. Versuchen Sombartscher Art, die Vorzüge der abstrakt-theoretischen Methode mit denen der historischen zu verbinden, sind notwendigerweise Schranken gesetzt, weil das Resultat den Voraussetzungen der bürgerlichen Gelehrsamkeit widersprechen würde.

Andererseits zwingt jedoch die marxistische politische Ökonomie durch ihr bloßes Dasein, besser gesagt durch ihr *erfolgreiches* Dasein, den bürgerlichen Ideologen geradezu den Versuch auf, die „neue" Methode der Apologetik darin zu suchen, den Werktätigen weiszumachen, daß auch die Bourgeoisie die einzig wissenschaftliche Methode in der glücklichen Verknüpfung von Historismus und Abstraktion sehe. Letzten Endes bedeutet die Anpreisung einer sogenannten „historischen

[5] Ebenda, S. 7.

Sozialtheorie", die nach der Meinung von Sombart über den Marxismus hinausführe, nichts anderes als die Aufforderung, sich des dialektischen Materialismus als wissenschaftliche Methode der Erforschung gesellschaftlicher Zusammenhänge zu entledigen.

Die Methode, die Sombart dann selbst praktiziert hat, lief letzten Endes doch auf einen vulgären Historismus und einen unoriginellen Eklektizismus hinaus. Zu Eklektikern wurden schließlich alle jene bürgerlichen Ökonomen, die sich in ähnlicher Weise an der Methodologie-Diskussion beteiligten, und das selbstverständlich auch dann, wenn sie dem Marginalismus näherstanden als der historischen Schule.

Viertens ist als besonders bemerkenswertes Charakteristikum der Sombartschen Lehre festzustellen, daß Sombart wie andere Ökonomen versuchte, den Marxismus vom Leninismus zu trennen und die sozialistische Sowjetunion zu verleumden. Das unterstreicht nur die von Kollegen Heretik in diesem Zusammenhang getroffene Feststellung.

Das fünfte und wichtigste Ergebnis, das in diesem Zusammenhang aus den vielfachen Bemühungen Sombarts hervorzuheben ist, ist schließlich das Mißtrauen, daß man von bürgerlicher Seite den Sombartschen Anstrengungen entgegenbrachte. Vielfach von seinen Klassengenossen als ein „Roter" angesehen, kreiden ihn seine Kollegen häufig an, daß er dem Marxismus zu viele Zugeständnisse mache. Dieser Ruf Sombarts ist ziemlich dauerhaft. Selbst nachdem Sombart von Marxisten in der deutschen Sozialdemokratie, vor allem von Rosa Luxemburg und Franz Mehring, in aller Öffentlichkeit als ein Antimarxist angeprangert worden war, ist er diesen Ruf im bürgerlichen Lager nicht so schnell wieder losgeworden. Sein Lehrer Schmoller z. B. bezeichnet ihn noch 1915 als Marxianer und Ludwig v. Mises macht Sombart 10 Jahre später grimmig den Vorwurf, daß er „Marx in die deutsche Wissenschaft eingeführt und Marxens Lehre dem deutschen Denken vertraut gemacht" habe.[6] Und Mises glaubt noch 1925, daß Sombart „nach wie vor wissenschaftlich auf dem Boden des Marxismus steht".[7]

Wie bedeutungsvoll es für einen bürgerlichen Ökonomen war, den Ruf eines Marxisten zu haben, selbst dann, wenn dieser Ruf völlig unverdient war, zeigt der hartnäckige Kampf, der um den Lehrstuhl an der Berliner Universität 1916/17 einsetzte, den Adolph Wagner verlassen hatte. Die meisten Professoren ließen sich erst durch die Neuauflage des „Modernen Kapitalismus" davon überzeugen, daß die weitgehenden Zugeständnisse an den Marxismus, die Sombart früher einmal gemacht hatte, nun nicht mehr vorhanden seien.[8]

In der 10. Auflage seines berüchtigten Buches über den Sozialismus, die im Jahre 1924 erschien[9], lehnt Sombart schließlich den Marxismus völlig ab. Wir sehen also, wie ein bürgerlicher Ökonom, der dafür bekannt ist, daß er sein Mäntelchen immer

---

[6] *Ludwig* v. *Mises*, Antimarxismus. In: „Weltwirtschaftliches Archiv", 21. Bd., 1925, S. 284.

[7] Ebenda, S. 289.

[8] Vgl. Akte der Philosophischen Fakultät der Friedrich-Wilhelm-Universität betr. Anstellung von Professoren —P—3—14— Blatt 93.

[9] Vgl. *Werner Sombart*, Der proletarische Sozialismus („Marxismus"), Jena 1924.

nach dem Wind hängte, in seiner Marxverfälschung eine völlige Wendung machte. Jetzt aber blieb ihm der große Publikumserfolg versagt, den der Sensationsschriftsteller Sombart mit seinen ersten neun Auflagen des „Sozialismus-Buches" hatte.

Aber schon 1927 kommt eine neue Wendung in der Sombartschen Marxkritik. Sombart legt in seiner Neuauflage des „Modernen Kapitalismus" wiederum ein Lippenbekenntnis zum Marxismus ab. Das passiert also noch in der Periode der relativen Stabilisierung des Kapitalismus und vor der großen Wirtschaftskrise. Der erneute Mißbrauch des Marxismus muß hier im Zusammenhang damit gesehen werden, daß die relative Stabilisierung einen fruchtbareren Boden für die bürgerliche Sozialreform darstellt, als es die Zeit der Krise und der Depression ist. Schließlich darf auch nicht außer acht gelassen werden, daß zu jener Zeit in Deutschland bereits eine zielbewußte, kampferprobte KPD mit Ernst Thälmann an der Spitze existierte, die einen Skandalschriftsteller wie Sombart vor neue Probleme stellte.

Zur Zeit der Herrschaft der Faschisten in Deutschland wendet Sombart sich erneut vom Marxismus ab. In seinem 1934 erschienenen Buch „Der deutsche Sozialismus", in dem sich Sombart den Faschisten anzubiedern sucht, streicht er entgegen früheren Äußerungen seinen Antimarxismus und Antisemitismus heraus. Er erntet zwar dafür einigen Beifall bei Gesinnungsgenossen, erhält aber im allgemeinen von den Faschisten, denen er nicht ins Konzept paßte, eine Abfuhr.

Heute wird ein großer Teil der Sombartschen Schriften in Westdeutschland wieder neu aufgelegt. Vor 70 Jahren war Sombart noch eine Schwalbe, die noch keinen Marxkritik-Sommer machte. Heute dagegen beschreiten die bürgerlichen Apologeten eine ähnlichen Weg in breiter Front, den ein Sombart damals fast allein gegangen ist. Die politökonomischen Ansichten von Schumpeter beispielsweise, der nicht nur in die Grenznutzen-„Schule" gegangen ist, sondern der auch von dem Katheder-Sozialisten Sombart gelernt hat, ist eine theoretische Quelle für ein neues Rezept der bürgerlichen Apologetik. „Die formale Anerkennung von Karl Marx' Werk durch bürgerliche Ökonomen zum Zwecke geläuterter Apologetik" ist insofern als eine neue Erscheinung zu charakterisieren, als dieses Verfahren Systemcharakter annimmt.[10] Schumpeter hat einige der Sombartschen Thesen aufgenommen und weiter ausgeführt. Aber mit seinen Marxanalogien ist Schumpeter schon kein Einzelgänger mehr. Er schwimmt schon in einem Strom mit.

Ich fasse zusammen: Der Versuch einiger bürgerlicher Ökonomen, wie z. B. der eines Werner Sombart, bereits 1896 den Marxismus in apologetischer Absicht derart zu mißbrauchen, daß man demagogisch teilweise die wissenschaftlichen Leistungen des Marxismus anerkannte und ihn weiterzuentwickeln vorgab, stieß lange Zeit auf den allgemeinen Widerstand jener bürgerlichen Ökonomen, die außerhalb der Arbeiterbewegung wirksam waren. Jene Erscheinung, die von Heretik zusammenfassend dargestellt worden ist, kann aber daher mit Recht als *neue* Tendenz in der bürgerlichen Kritik an der marxistischen politischen Ökonomie bezeichnet werden.

[10] *Kurt Braunreuther*, Der moderne Bourgeoisiesozialismus des *Joseph Alois Schumpeter*. In: „Wirtschaftswissenschaft", 5. Jg. 1957, Heft 3, S. 419.

DAS DEBAKEL DER ANTISOZIALISTISCHEN UND ANTIMARXISTISCHEN KONZEPTION VON DER UNMÖGLICHKEIT DER WIRTSCHAFTSRECHNUNG IM SOZIALISMUS

Gunther Kohlmey, Berlin

I. Die Verknüpfung der Kritik am Marxismus mit der Kritik am Sozialismus

Der Antimarxismus und der Antisozialismus stellen Hauptelemente der wirtschaftswissenschaftlichen Apologetik der imperialistischen Gesellschaft dar. Seit dem Erscheinen des „Kapitals“ und der anderen Schriften von Marx und Engels, seit der Pariser Kommune und dem nachfolgenden großen Aufschwung der internationalen Arbeiterbewegung (so in Deutschland im letzten Viertel des 19. Jahrhunderts) gehören Kritik, „Widerlegung“ und Verleumdung der marxistisch-leninistischen Wirtschaftstheorie wie auch der sozialistischen Wirtschaftsprogramme und -wirklichkeit zum Waffenarsenal der dem Imperialismus verfallenen und verschworenen Wirtschaftswissenschaftler. Keine Geschichte und sonstige Analyse der modernen bürgerlichen Wirtschaftstheorie kann an dieser ihrer wesentlichen Seite, an dieser ihrer gesellschaftlichen Funktion vorbeigehen.

Vielleicht kann man, wenn auch etwas vereinfachend und schematisierend, von drei antimarxistischen und antisozialistischen Wellen in der Geschichte der neueren bürgerlichen Wirtschaftstheorie sprechen. Alle drei Wellen sind Reaktionen auf große Erfolge der internationalen proletarischen Bewegung.

Die erste Welle beobachten wir um die Jahrhundertwende (Historische Schule und Grenznutzen-Theorie). Angriffsziele der bürgerlichen Kritik waren die ökonomische Theorie des Marxismus ebenso wie der Kampf der Arbeiterklasse gegen das Kapital und für den Sozialismus.

Daß die direkte Auseinandersetzung mit dem Marxismus und der sozialistischen Bewegung eine Hauptfunktion der damaligen bürgerlichen Wirtschaftslehre war, zeigt sich in Inhalt und Thematik der Arbeiten Schmollers ebenso wie in denen Böhm-Bawerks oder der Schriften von Menger (1886) und Cassel (1900) über das Recht auf den vollen Arbeitsertrag.[1] Die Sozialismus- bzw. Marxismus-Bezogenheit vieler damaliger Schriften der bürgerlichen Wirtschaftswissenschaftler läßt sich ganz gut mit zwei Zitaten aus den Arbeiten von Schäffle und Julius Wolf belegen. Schäffle beginnt seine Schrift über „Die Quintessenz des Sozialismus“ (1874) mit dem bezeichnenden Satz:

[1] *Anton Menger*, Das Recht auf den vollen Arbeitsertrag, Stuttgart und Berlin 1886; *Gustav Cassel*, Das Recht auf den vollen Arbeitsertrag, Göttingen 1900.

„Seit den letzten Wahlen zum Deutschen Reichstag spukt das 'rote Gespenst' bis in die letzte Bierstube."[2]

Oder Wolf, im Vorwort zu seiner Arbeit „Sozialismus und kapitalistische Gesellschaftsordnung" (1892):

„Der Sozialismus ist längst mit sich im reinen über die Unerschütterlichkeit seines Systems, ebensowohl nach der theoretisch-kritischen, wie nach der praktisch-positiven Seite. Viele hunderttausende von Wählern haben sich in Deutschland zu ihm geschlagen, und die Anfechtungen, die er theoretisch und praktisch erfahren hat, sind ihm wenig nahe gegangen..."[3]

Wissenschaftsgeschichtlich ist es übrigens bemerkenswert, daß Wolf ebenso wie später Pohle, Halm[4] und eine Reihe anderer Autoren bei der Auseinandersetzung mit dem Marxismus ausdrücklich auf den theoriefeindlichen oder doch atheoretischen Charakter der historischen Schule verweisen, deren damalige Vorherrschaft in Deutschland die bürgerliche Wirtschaftswissenschaft zwangsläufig unfähig machte, der marxistischen politischen Ökonomie auf dem Felde der abstrakten Theorie entgegenzutreten.

Die zweite Welle des Antisozialismus und Antimarxismus folgt nach der Oktober-Revolution; sie ist vor allem durch ihre Angriffe gegen die sozialistische Planwirtschaft gekennzeichnet.

Die dritte antisozialistische Welle setzt einige Jahre nach dem zweiten Weltkrieg ein. Ihre sozialökonomische Basis ist die Existenz zweier Weltsysteme, der Wettbewerb zwischen Kapitalismus und Sozialismus. Hauptthemen des kapitalistischen Angriffs gegen Marxismus und Sozialismus auf dem Gebiete der Wirtschaftstheorie sind nunmehr in erster Linie die Probleme der Freiheit und Demokratie, aber auch der Bilanzierung von Wachstum und Wohlstand.

Wie anderwärts, so läßt sich auch auf dem Gebiet der Geschichte der Sozialismus- und Marxismus-Kritik keineswegs irgendein Prozeß der „Entapologetisierung" der imperialistischen ökonomischen Theorie beobachten. Meiner Meinung nach kann man aber auch nicht, wie dies bei Heretik der Fall ist, den „Übergang vom offenen Angriff zu verhüllten Formen des Kampfes gegen den Marxismus" als generellen Zug der modernen kapitalistischen Wirtschaftstheorie bezeichnen.[5] Heretik meint auch, daß „die Theoretiker des politischen Klerikalismus begriffen haben, wie ungeeignet der offene, direkte Angriff" sei.[6] Mit diesen Behauptungen wird, so scheint es mir, eine Teilerscheinung der heutigen bürgerlichen Wirtschaftstheorie zum generellen Charakteristikum der Entwicklung gemacht. Heretik müßte, was er sicher

---

[2] *A. Schäffle*, Die Quintessenz des Sozialismus, 12. Auflage, Gotha 1890, S. 1.

[3] *Julius Wolf*, Sozialismus und kapitalistische Gesellschaftsordnung, Stuttgart 1892, S. V.

[4] *Ludwig Pohle*, Kapitalismus und Sozialismus, 4. Auflage, aus dem Nachlaß herausgegeben, bearbeitet und ergänzt von *Georg Halm*, Berlin 1931; ferner eine Reihe anderer Schriften von *Georg Halm*, z. B.: Ist der Sozialismus wirtschaftlich möglich? Berlin 1929.

[5] *Stefan Heretik*, Referat „Neue Tendenzen in der bürgerlichen Kritik an der marxistischen politischen Ökonomie", S. 27.

[6] Ebenda.

nicht beabsichtigt, zu der Schlußfolgerung gelangen, daß offene ideologische Aggresssion, z. B. Militarisierung oder gar Faschisierung des geistigen Lebens, nicht in den Entwicklungsstand der modernen bürgerlichen Weltanschauungen und Theorien gehörten.

Noch eine weitere Schlußfolgerung ergibt sich: Man kann bei der Analyse der heutigen kapitalistischen Wirtschaftstheorie nicht das Problem des funktionsnotwendigen Zusammenhangs von Kritik am Marxismus und Kritik am Sozialismus übersehen. Beide Kritiken bilden wissenschaftshistorisch eine Einheit, was Differenzierungen bei einzelnen Wirtschaftswissenschaftlern nicht ausschließt. Man kann die Kritik am Marxismus-Leninismus und die Angriffe gegen ihn nicht von der Kritik an der sozialistischen Praxis und den Angriffen gegen sie trennen. Mir scheint, daß diese Trennung in Heretiks Arbeit erfolgt.

Allerdings ist der Zusammenhang von Marxismus- und Leninismus-Kritik kompliziert und voller Widersprüche. Es gibt eine breite Skala der Abstufungen vom reaktionären Antimarxismus und Antikommunismus, z. B. bei Adolf Weber, Mises oder Hayek, über Autoren wie etwa Schumpeter bis hin zu Wirtschaftstheoretikern wie vor allem Joan Robinson, die ihre Kritik an der marxistisch-leninistischen politischen Ökonomie und den Prinzipien der Wirtschaftsführung im sozialistischen Weltlager nicht daran hindert, im wichtigsten gegenwärtigen Anliegen der Menschheit, dem Kampf um die Erhaltung des Friedens, an unserer Seite zu stehen. Auf dem rechten Flügel dieser Skala finden wir auch jene Autoren der heutigen kapitalistischen Wirtschaftstheorie, die bestimmte Elemente der Marxschen Wirtschaftstheorie dulden oder gar aktiv verarbeiten, gleichzeitig aber behaupten, daß wir Kommunisten, vor allem in unserer sozialistischen Praxis, Marx-Verräter und -Verfälscher seien.

Die Einheit von Marxismus- und Sozialismus-Kritik bzw. von Antimarxismus und Antikommunismus ist also widerspruchsvoll, hat nach Zeit und Raum des Klassenkampfes unterschiedliche Akzente und Wechselbeziehungen und ist auch politisch, wie wir sahen, keineswegs über einen Kamm zu scheren. Auf jeden Fall aber ziehen sich Marxismus- und Sozialismus-Kritik bzw. -Bekämpfung in ihren klassennotwendigen Zusammenhang durch alle drei erwähnten Wellen der neueren Kapitalismus-Apologetik hindurch.

Die Angriffe gegen die marxistisch-leninistische Wirtschaftstheorie und gegen die sozialistische Praxis erfolgen in jeder der drei Perioden der antisozialistischen Attacken vor allem in drei Richtungen: erstens gegen die marxistische Arbeitswertlehre, zweitens gegen die Kapital- und Mehrwerttheorie, drittens schließlich gegen die ökonomische Entwicklungstheorie. Im einzelnen allerdings ändern sich im Laufe der Zeit die Gegenstände, Probleme, Methoden und Standpunkte der Sozialismus-Kritik. Diese Änderungen ergeben sich aus den Niederlagen des Kapitalismus und aus den Erfolgen des Sozialismus und der marxistischen Theorie. So sind die knapp 100 Jahre der Geschichte der neueren bürgerlichen Wirtschaftstheorie durch den Rückzug der kapitalistischen vor der sozialistischen Wirtschaftstheorie und Wirtschaftswirklichkeit gekennzeichnet. Die Geschichte der neueren kapitalistischen Wirtschaftslehren ist demnach u. a. auch die Geschichte des Zusammenbruchs ihrer antisozialistischen Argumentationen.

Ich möchte all dies an einem Beispiel, und zwar am Themenkomplex „Wirtschaftsrechnung im Sozialismus", verdeutlichen. Dabei sollen weniger das Kategoriensystem und der methodische Apparat, sondern mehr die Veränderung und der Zusammenbruch der einzelnen Positionen der Kritik untersucht werden.

II. Die Diskussion über die Wirtschaftsrechnung im Sozialismus um die Jahrhundertwende

Bereits in der Zeit der ersten Welle der Marxismus- und Sozialismus-Polemik nahm die Kritik an der Marxschen Wirtschaftstheorie auch die Form der These an, daß eine sozialistische Planwirtschaft auf der Grundlage der marxistischen Arbeitswerttheorie unmöglich sei. Kennzeichnend für die damalige Diskussion ist, daß das Modell der zentralgeleiteten sozialistischen Planwirtschaft mit dem marginalistischen theoretischen Arsenal des Modells der angeblich allgemeingültigen Kategorien der subjektiven Nutzenerwägungen, des Marginalprinzips, der Faktoren-Einkommen und des Marktpreis-Mechanismus ad absurdum geführt werden sollte.

So geht Pareto zunächst von der Feststellung aus, daß „die Ungleichheit der Verteilung der Einkommen ... viel mehr von der Natur der Menschen als von der wirtschaftlichen Organisation der Gesellschaft"[7] abzuhängen scheine und fährt dann fort, indem er direkt auf den Sozialismus Bezug nimmt:

> „Die wirtschaftlichen Güter verteilen sich (auch im Sozialismus — G. K.) nach den Regeln, die wir fanden, als wir eine Ordnung mit freier Konkurrenz untersuchten."[8]

Barone kommt 1908, bei Anwendung mathematischer Verfahren, im Prinzip zu gleichen Resultaten:

> „... es ist offensichtlich, wie phantastisch jene Lehren sind, die den Eindruck hervorrufen, daß die Produktion in einer kollektivistischen Ordnung wesentlich anders dirigiert werden könnte als die 'anarchische' Produktion."[9]

Richtige ökonomische Entscheidungen könnten von der sozialistischen Zentrale nicht a priori getroffen werden, es seien nur Urteile ex post an Hand von Experimenten möglich. Dies wiederum mache notwendig, daß

> „... alle ökonomischen Kategorien der alten Ordnung wieder erscheinen müssen, wenn vielleicht auch mit anderen Namen: Preise, Löhne, Zins, Rente, Profit, Sparen usw."[10]

---

[7] *Vilfredo Pareto*, Cours d'économie politique, Zweiter Band, Lausanne-Paris 1897, S. 363.
[8] Ebenda, S. 364.
[9] *E. Barone*, The Ministry of Production in the Collectivist State. In: „Collectivist Economic Planning", hrsg. von *F. A. Hayek*, London 1935, S. 289.
[10] Ebenda.

Wie Pareto (und auch Wieser[11]) meint Barone ebenfalls:

„... es ist nicht unmöglich (im Sozialismus – G. K.), die Gleichgewichtsgleichungen auf dem Papier zu lösen. Es würde eine riesige, eine gigantische Arbeit sein (eine Arbeit, die also von den produktiven Diensten abgezogen werden müßte), aber es ist keine Unmöglichkeit."[12]

Pareto, Wieser, Barone und auch Pierson[13], ferner Cassel oder, Jahre zuvor bereits, Schäffle tragen allerdings, wenn sie auch die Möglichkeit der Wirtschaftsrechnung im Sozialismus nicht abstreiten können, allerlei Argumente vor, um zu beweisen, daß die Planwirtschaft weniger rationell sein müsse als der Kapitalismus, daß sie Bürokratismus erzeuge, Freiheit vernichte usw.

Der Grenznutzen-Weisheit letzter Schluß ist also: Die sozialistische Revolution ist nicht notwendig, da der Sozialismus, wenn man ihn sich einmal abstrakt vorstellen wolle, nur auf der Basis der bereits bestehenden kapitalistischen Marktkategorien funktionsfähig sei, dabei aber auf keinen Fall besser sei als der Kapitalismus. Wozu also Arbeiterbewegung, Revolution und Sozialismus!

Auf Pierson antwortete damals, im Jahre 1902, Karl Kautsky mit zwei Vorträgen.[14] Er legte dar, daß zwar im Sozialismus keine Tauschwirtschaft und damit kein Wertproblem existieren werde, daß aber Kategorien wie Geld, Preis und Lohn erhalten bleiben würden:

„Die Notwendigkeit, die Produktion durch den Austausch gleicher Werte zu regeln, hört auf. Damit wird auch die Notwendigkeit beseitigt, daß das Geld Wertmesser und Wertgegenstand sei. An Stelle des Metallgeldes kann irgendein Geldzeichen treten. Die Preise der Produkte selbst können jetzt unabhängig vom Werte festgestellt werden ... Wenn es aber Geld und Preise der Produkte gibt, wird auch die Arbeit mit Geld bezahlt werden, wird es also Löhne geben müssen. Trotzdem wäre es falsch, wollte man von einem Fortbestehen des heutigen Lohnsystems reden ..."[15]

Während Kautsky damals noch für die sozialistische Revolution eintrat, waren Pareto, Cassel, Pierson – und wie sie alle heißen mögen – selbstverständlich deren Gegner. Der Kampf gegen sie war ihr gesellschaftliches Anliegen, war ihre gesellschaftliche Funktion.

So setzt sich Pareto in seinem „Cours" wiederholt mit den „écoles socialistes" auseinander und wenn er dann die Monopole als Verfälscher der libre concurrence und des Gleichgewichts und damit als Verhinderer des Maximums an ophélimité bezeichnet, deckt er nicht etwa den Konzentrations- und Zentralisationsprozeß des

---

[11] *Friedrich v. Wieser*, Der natürliche Wert, Wien 1889.

[12] *E. Barone*, a. a. O., S. 287.

[13] *N. G. Pierson*, Das Wertproblem in der sozialistischen Gesellschaft. In: „Zeitschrift für Volkswirtschaft und Sozialpolitik", Neue Folge, IV. Band, Jg. 1925, S. 609. (Zuerst erschienen in Holland im Jahre 1902.)

[14] Die beiden Vorträge wurden unter den Titeln „Sozialreform und soziale Revolution" und „Am Tage nach der sozialen Revolution" in einer Broschüre veröffentlicht: *Karl Kautsky*, Die soziale Revolution, Berlin 1902.

[15] Ebenda, S. 83.

Kapitals auf, sondern polemisiert sofort, eben gemäß der antisozialistischen Funktion der Grenznutzentheorie, gegen jeden Eingriff in die kapitalistische Distributionssphäre und gegen einen zu großen Aktionsradius der Gewerkschaften in dieser Sphäre.[16]

Pierson hatte in seinem Vortrag, wie Kautsky bemerkt,

> „. . . die Behauptung aufgestellt . . ., eine proletarische Revolution müsse aus inneren Gründen notwendigerweise scheitern."[17]

Cassel sprach nicht nur von den „Spekulationen" und dem „Irrtum der sozialistischen Wertlehre", sondern auch von der „allmählichen Emancipation der Arbeiterklasse . . . nicht durch Erdrückung der bessergestellten Klassen . . .", sondern im Rahmen der bestehenden Ordnung. Diese Erkenntnis „müßte die Lust zu wirtschaftlichen Revolutionen ganz erheblich abschwächen . . ."[18]

Doch „die Lust" der Arbeiter und Bauern zur Revolution verstärkte sich. Es kam das Jahr 1917. Es entstand das sozialistische System. Das bedeutete eine gewaltige Zuspitzung des Gegensatzes zwischen Arbeit und Kapital, Marxismus und Antimarxismus, Kommunismus und Antikommunismus. Das war ein veränderter sozialökonomischer Nährboden für das theoretische Denken. Auch die Diskussion um die Wirtschaftsrechnung im Sozialismus erhielt neue Akzente, sahen sich doch unsere Gegner nunmehr nicht nur der marxistischen Theorie und den sozialistischen Programmen, sondern bereits der sozialistischen Wirklichkeit gegenüber. Es galt, sich mit ihr auseinanderzusetzen.

III. Mises' These von der Unmöglichkeit der Wirtschaftsrechnung im Sozialismus und die Antwort der sozialistischen Praxis und Theorie

Einige Grenznutzenhistoriker des ausgehenden 19. und des beginnenden 20. Jahrhunderts akzeptierten den Sozialismus (allerdings mit den Kategorien der kapitalistischen Marktwirtschaft) als mögliches, wenn auch nicht unbedingt rationelles ökonomisches Modell. Bestimmte bürgerliche Theoretiker der zwanziger und dreißiger Jahre dieses Jahrhunderts ließen den Sozialismus (die zentralgeleitete sozialistische Planwirtschaft) als mögliches Denkmodell gar nicht erst zu, nicht *obwohl*, sondern eben *weil* der Sozialismus numehr existierte. Natürlich gab es auch andere Stimmen. Aber hier soll ja nur von der jeweiligen wissenschaftsgeschichtlichen *Grundtendenz* der bürgerlichen ökonomischen Konzeption die Rede sein.

Selbst ein Mann wie Schumpeter, der bestimmte, wenn auch sehr merkwürdige „Sozialistische Möglichkeiten von heute" entdeckt hatte, „prophezeite" 1920/21:

---

[16] „Der Gewinn, den . . . die Mitglieder der Gewerkschaften machen, . . . ist immer geringer, und im allgemeinen viel geringer als der Verlust. Die Differenz stellt Zerstörung von Reichtum dar." (*Pareto*, a. a. O., S. 101.)

[17] *Karl Kautsky*, a. a. O., Vorwort zur ersten Auflage.

[18] *Gustav Cassel*, Das Recht auf den vollen Arbeitsertrag, S. 150 f.

„... ist im Falle Rußlands die Diagnose doch sehr leicht: ein Volk, das kaum zu 5% aus Industriearbeitern besteht, kann zu einem Zeitpunkt, wo die am meisten fortgeschrittenen Industrievölker noch nicht sozialisieren, bei einem Sozialisierungsversuch nicht ernst genommen werden.“[19]

Im Jahre 1921 schrieb Ludwig v. Mises seinen bekannten Aufsatz über „Die Wirtschaftsrechnung im sozialistischen Gemeinwesen“. Seine Kernthesen lauten:

„Denn es liegt ... im Wesen der sozialistischen Produktionsweise, daß in ihr die Anteile der einzelnen Produktionsfaktoren am Ertrage der Produktion überhaupt nicht ermittelt werden können, daß sie jeder rechnerischen Überprüfung des Verhältnisses zwischen Produktionsaufwand und Produktionsertrag unzugänglich ist.“[20]

Und weiter:

„Da kein Produktivgut im Tauschverkehre umgesetzt wird, wird es unmöglich, Geldpreise der Produktivgüter zu erkennen ... Die Wertrechnung in Geld wird hier unmöglich.“[21]

Dem Wesen nach finden wir diese These auch bei Brutzkus, Max Weber, Halm, Hayek, Adolf Weber, später Eucken und einer Reihe anderer Autoren kapitalistischer Provenienz. Variationen von Autor zu Autor sind selbstverständlich vorhanden und zu beachten. Noch wichtiger ist allerdings die *zeitliche* Variierung der Mises-These. In den dreißiger Jahren nämlich, als die Sowjetunion den ersten Fünfjahrplan erfolgreich abgeschlossen hatte, wagte ein Autor wie Hayek[22] nicht mehr, die *theoretische* Unmöglichkeit der Wirtschaftsrechnung im Sozialismus zu bestreiten, er zog sich auf die These von ihrer *praktischen* Unmöglichkeit zurück.

Die antisozialistische Zielsetzung Mises' und seiner Kollegen war und ist klar. Eine der *erkenntnistheoretischen* Unsinnigkeiten der Mises-Plattform kann m. E. darin gesehen werden, daß Mises zwei ausgedachte, unwahre, nicht aus der Wirklichkeit abstrahierte Modelle gegenüberstellt: auf der einen Seite einen ausgedachten Sozialismus ohne dessen objektive ökonomische Gesetzmäßigkeiten, z. B. ohne Wert-, Geld-, und Preis-Mechanismus, ohne exakte volkswirtschaftliche Bilanzierung in Mengen, Zeiteinheiten und Werten (Preisen), ohne die Möglichkeit, eine exakte ökonomische Wahl zwischen verschiedenen optimalen Investitionsvarianten zu treffen u. a. m.; auf der anderen Seite einen Als-Ob-Kapitalismus mit reibungslosem widerspruchsfreiem Angebot- und Nachfrage-, d. h. Preis-Mechanismus, ohne Ausbeutung und Monopole, dafür aber voller freier Konkurrenz und wirtschaftlicher Freiheit sowie mit maximalem wirtschaftlichen Nutzen und Erfolg.

---

[19] *Joseph A. Schumpeter,* Sozialistische Möglichkeiten von heute. In: Aufsätze zur ökonomischen Theorie, Tübingen 1952, S. 482.

[20] *Ludwig v. Mises,* Die Wirtschaftsrechnung im sozialistischen Gemeinwesen. In: „Archiv für Sozialwissenschaft und Sozialpolitik“, 47. Band 1920/21, S. 88.

[21] Ebenda, S. 90.

[22] *F. A. Hayek,* The Present State of the Debate. In: „Collectivist Economic Planning“, a. a. O.

Spätere Autoren gehen dann zum Teil etwas anders vor: Sie zeichnen uns ein völlig verzerrtes Bild der ja tatsächlich gewaltigen Schwierigkeiten eines erst zehn oder fünfzehn Jahre währenden sozialistischen Aufbaus in einem einzigen, noch dazu zurückgebliebenen Land und stellen diesen kapitalistischen Verzerrungen sozialistischer Schwierigkeiten den Als-Ob-Kapitalismus völlig freier Konkurrenz gegenüber.

Maurice Dobb hat mit Recht das Mises-Phantom des gerechten sowohl als auch freien kapitalistischen Preismechanismus kritisiert.[23] Er hat auf die Thesen von Mises mit einer strikten Verteidigung der zentralgeleiteten sozialistischen Planwirtschaft (ohne Wertgesetz als Regulator) geantwortet; später, mit gewissen Variationen, taten dies auch Sweezy und Bettelheim.[24]

Dickinson[25] und andere Autoren arbeiteten in ihren Diskussionsbeiträgen mit einem „Konkurrenz-Sozialismus" als Gegenmodell. Das gilt auch für E. Heimann[26] und andere in Deutschland.

In diesen und ähnlichen Arbeiten haben wir eine Antwort opportunistischen, sozialdemokratischen Charakters auf die Angriffe von Halm usw. Diese revisionistische Antwort ist ein Reflex der Erschütterungen der kapitalistischen Wirtschaft, ein Reflex der revolutionären Bestrebungen der Arbeiterklasse und des Aufbaus der sozialistischen Planwirtschaft in der Sowjetunion. Ein dritter Weg wird vorgegaukelt, der Weg des sogenannten Konkurrenz-Sozialismus oder auch Gilden-Sozialismus, oder eines Sozialismus mit Selbstverwaltung der Wirtschaft, auf jeden Fall ohne zentralgeleitete Planwirtschaft.

Dies ist gewissermaßen, neben der Mises-Hayek-Halm-Konzeption, die zweite Linie der Wirtschaftsrechnungs-Diskussion in der Zeit zwischen den beiden Weltkriegen.

Oskar Lange[27], der in den dreißiger Jahren in die Diskussion eingriff, meinte, daß

> „besonders auf dem europäischen Kontinent (mit Ausnahme Italiens) Professor Mises ganz das Verdienst zufalle, die Sozialisten veranlaßt zu haben, sich diesem Problem (der Wirtschaftsrechnung im Sozialismus — G. K.) systematisch zu nähern."[28]

---

[23] *M. Dobb*, A Review of the Discussion Concerning Economic Calculation in a Socialist Economy. In: On Economic Theory and Socialism, London 1955, S. 55ff.

[24] *Paul M. Sweezy*, Socialism, New York 1949; *Charles Bettelheim*, Problèmes théoriques et pratiques de la planifikation, Paris 1951.

[25] *H. D. Dickinson*, Price Formation in a Socialist Community. In: „The Economic Journal", Juni 1933 (und in anderen Schriften).

[26] *Eduard Heimann*, Kapitalismus und Sozialismus, Potsdam 1931 (und in anderen Schriften).

[27] Die Position von *Oskar Lange*, On the Economic Theory of Socialism. Zuerst in: „Review of Economic Studies", Bd. IV, Nr. 1 und 2, Oktober 1936 und Februar 1937, lag damals etwa zwischen der von Dobb und Dickinson. Lange hielt echte Preise für Konsumgüter im Sozialismus für notwendig und schlug für die Produktionsmittel ein Verrechnungspreissystem vor, einen Als-Ob-Preismechanismus gewissermaßen.

[28] Zitiert nach der Buchausgabe von *Oskar Lange* und *Fred N. Taylor*, On the Economic Theory of Socialism, hrsg. von *B. E. Lippincott*, Minneapolis 1938, S. 57.

Hat nun Mises wirklich den Marxisten in Fragen der Wirtschaftsrechnung im Sozialismus auf irgendwelche Sprünge geholfen?

Allerdings ist es wahr, daß bei den Marxisten vor der Oktober-Revolution im wesentlichen Konzeptionen von einer geldlosen sozialistischen Wirtschaft herrschten. Aber schon im Programm der Kommunistischen Partei Rußlands vom Jahre 1918 heißt es:

> „In der ersten Zeit des Übergangs vom Kapitalismus zum Kommunismus stellt sich die Vernichtung des Geldes so lange als unmöglich heraus, als die kommunistische Produktion und Verteilung der Produkte noch nicht vollständig organisiert sind.“[29]

Lenin stellte im Oktober 1921 fest, daß in

> „unserer theoretischen Literatur ... seit 1918, als die Aufgabe der Machtübernahme sich erhob ..., mit Bestimmtheit hervorgehoben (wurde), daß ein langwieriger und komplizierter Übergang von der kapitalistischen Gesellschaft ..., ein Übergang auf dem Weg über die sozialistische Rechnungslegung und Kontrolle notwendig ist, um auch nur zu einer der Vortstufen der kommunistischen Gesellschaft zu gelangen.“[30]

Über die Periode des Kriegskommunismus sagte er:

> „... unter dem Einfluß dieser (nämlich des Bürgerkriegs – G. K.) und einer Reihe anderer Umstände begingen wir den Fehler, daß wir beschlossen, den unmittelbaren Übergang zur kommunistischen Produktion und Verteilung zu vollziehen ... eine nicht sehr lange Erfahrung (brachte uns) zu der Überzeugung von der Fehlerhaftigkeit dieser Konstruktion ..., die in Widerspruch stand zu dem, was wir früher über den Übergang vom Kapitalismus zum Sozialismus geschrieben haben, als wir die Auffassung vertraten, daß es ohne eine Periode der sozialistischen Rechnungslegung und Kontrolle unmöglich sei, auch nur die untere Stufe des Kommunismus zu erreichen.“[31]

Es ist bekannt, wie dann in den zwanziger Jahren und später das System der sozialistischen Waren- und Geldwirtschaft, der wirtschaftlichen Rechnungsführung usw. in der Sowjetunion ausgebaut wurde. Allerdings hielten die theoretischen Diskussionen und Erkenntnisse mit der Entwicklung der realen Gesetzmäßigkeiten der sozialistischen Wirtschaft nicht immer Schritt; das gilt besonders für die dreißiger, auch für die vierziger Jahre. Insgesamt war ein langer Zeitraum erforderlich, um das Problem des Wertes in der sozialistischen Gesellschaft in seinen allgemeinen Zügen und einzelnen Momenten an eine befriedigende Fragestellung und Lösung heranzuführen.

Die den Wachstumsraten des Kapitalismus überlegenen Raten der sozialistischen Wirtschaft beweisen heute schon eindeutig, daß der Sozialismus das Problem der rationellen zentralen Steuerung des volkswirtschaftlichen Wachstums im Prinzip

---

[29] Коммунистическая партия советского союза в резолюциях и решениях. (Die Kommunistische Partei der Sowjetunion in Resolutionen und Beschlüssen), Teil I, Moskau 1953, S. 427.

[30] *W. I. Lenin*, Bericht auf dem II. Allrussischen Kongreß der Abteilungen für politische Aufklärung. In: Ausgewählte Werke in 12 Bänden, Bd. IX, Moskau, Leningrad 1936, S. 275.

[31] Ebenda, S. 274 f.

gelöst hat und daß auch das Problem der rationellen Konjunktion von zentral fixierten Prozessen und Daten der ökonomischen Gesamtproportionen und punktueller (individueller, betrieblicher, örtlicher, operativer, kurzfristiger usw.) Beweglichkeit erkannt ist und mit Hilfe der verschiedensten Versuche in den einzelnen sozialistischen Staaten der Lösung zugeführt werden wird.

Zusammenfassend: Die Veränderungen der Wirtschaftsrechnungs-Diskussion nach dem ersten Weltkrieg ergeben sich aus der veränderten gesellschaftlichen Situation, der allgemeinen Krise des kapitalistischen Weltsystems, der Existenz des Sozialismus in zunächst einem Lande. Die Veränderungen sind dadurch gekennzeichnet, daß:

1. die wichtigsten Vertreter der reaktionären Gruppierung der kapitalistischen Wirtschaftstheorie die These von der theoretischen und (oder) praktischen Unmöglichkeit einer rationellen zentralgeleiteten Planwirtschaft aufstellen, also den notwendigen Zusammenbruch des sozialistischen Systems in der UdSSR prophezeien;

2. die meisten sozialdemokratischen Theoretiker, die zur Frage der Wirtschaftsrechnung schreiben, ebenfalls gegen die zentralgeleitete sozialistische Planwirtschaft Stellung nehmen und einen dritten Weg, den des „Konkurrenz-Sozialismus“, vorschlagen;

3. unter den schwierigen Bedingungen des sozialistischen Aufbaus in einem zurückgebliebenen Land das sich in der sozialistischen Praxis entwickelnde System der Gesetzmäßigkeiten der sozialistischen Planwirtschaft nach und nach von der marxistischen Wirtschaftstheorie als „Politische Ökonomie des Sozialismus“ ausgearbeitet wird.

IV. Der Zusammenbruch der Auffassungen von der angeblichen Unmöglichkeit der Wirtschaftsrechnung im Sozialismus

Auch in der Zeit nach dem II. Weltkrieg, in der Zeit des Wettkampfes zwischen den beiden Weltsystemen, sind noch Auffassungen von der angeblichen Unmöglichkeit der Wirtschaftsrechnung in der zentralgeleiteten sozialistischen Planwirtschaft anzutreffen[32], aber sie spielen im Chor der bürgerlichen Ökonomen nur noch eine untergeordnete Rolle. Das planmäßige und schnelle Wachstum der sozialistischen Volkswirtschaften spricht schon eine zu eindeutige Sprache. So erleben wir gegenwärtig den endgültigen Bankrott der antisozialistischen und antimarxistischen Konzeptionen von der Unmöglichkeit der Wirtschaftsrechnung in der zentralgeleiteten sozialistischen Planwirtschaft.

Das bedeutet aber nicht Aufgabe der Angriffe gegen die Wertrechnung der sozialistischen Gesellschaft. Die Positionen, Akzente und Argumente der bürgerlichen

[32] Vgl. z. B. *Adolf Weber*, Marktwirtschaft und Sowjetwirtschaft, 2. Auflage, München 1951.

Wirtschaftstheorie haben sich in Anbetracht der neuen gesellschaftlichen Verhältnisse (der Erfolge des Marxismus und des Sozialismus) geändert.

Die kapitalistisch orientierte Kritik des Wertproblems im Sozialismus erfolgt heute vor allem in den folgenden drei Varianten:

1. Auch in der sozialistischen Gesellschaft (bisweilen unter „Zentralverwaltungswirtschaft" subsumiert) sei, entweder mit Hilfe des Geldes oder auch ohne Geld, rationelle Verteilung der Produktivkräfte und des Produktionsergebnisses, sei exakte Abrechnung des Produktions- und Distributionsprozesses möglich. In dieser Richtung argumentiert z. B. der Eucken-Schüler Paul Hensel, der in seiner „Einführung in die Theorie der Zentralverwaltungswirtschaft" auf die „wesentlichen Unterschiede" hinweist, die es zwischen seinen Ansichten und denen Euckens „in der Beurteilung der Möglichkeiten der Wirtschaftsrechnung in diesem Lenkungssystem" (der Zentralverwaltungswirtschaft) gibt.[33] Hensel kommt u. a. zu folgender Feststellung:

> „Die rein wirtschaftlichen Vor- und Nachteile der beiden Lenkungssysteme lassen sich nicht immer leicht erkennen, insbesondere lassen sie sich meist nur schwer miteinander vergleichen."[34]

An anderer Stelle heißt es zum Schema der Zentralverwaltungswirtschaft:

> „... bejahen wir die Möglichkeit einer zureichenden Wirtschaftsrechnung und führen die praktischen Unzulänglichkeiten auf das Fehlen idealtypischer Voraussetzungen zurück."[35]

Das bekannteste Dokument dieser ersten Variante der bürgerlichen Wirtschaftsrechnungs-Diskussion in der Nachkriegszeit ist zweifellos J. A. Schumpeters „Kapitalismus, Sozialismus und Demokratie."[36] Es ist zur Genüge bekannt.

2. Die zweite Variante, die durchaus auch von Autoren der ersten Variante vertreten werden kann, lautet etwa: Wenn schon rationelle Wirtschaftsrechnung in der zentralgeleiteten sozialistischen Planwirtschaft möglich sein mag, dann nur auf Kosten der Freiheit, der Demokratie und des Wohlstands. So bei Hayek, Mises, Rüstow, Röpke und anderen.

Auf dieser Linie bewegt sich auch ein großer Teil der Rechtssozialisten. Während sie in der Zeit zwischen den beiden Weltkriegen in Worten noch für eine gewisse Sozialisierung und Planwirtschaft eintraten, lehnen sie heute die Sozialisierung als zu vermeidendes Übel ab, während das Übel der Planung „soweit wie notwendig" in Kauf genommen werden müsse.

3. Sehr bemerkenswert ist die dritte Variante der heutigen kapitalistischen Reaktionen auf die praktische Entfaltung und Vervollkommnung der Wirtschaftsrechnung in den sozialistischen Staaten: Der Sozialismus bringe, wie und aus

---

[33] *P. Hensel*, Einführung in die Theorie der Zentralverwaltungswirtschaft, Stuttgart 1954, S. 226.

[34] Ebenda, S. 213. [35] Ebenda, S. 228.

[36] *J. A. Schumpeter*, Kapitalismus, Sozialismus und Demokratie, 2. Auflage, Bern 1950.

welchen Gründen auch immer, ein höheres wirtschaftliches Entwicklungstempo als der Kapitalismus mit sich; folglich müsse auch der bürgerlich-imperialistische Staat das (angeblich existierende) System der freien ökonomischen Wahl (der freien Konkurrenz, des freien Marktpreis-Mechanismus) abschaffen oder doch regulieren, um mit dem Sozialismus Schritt zu halten, um den Kalten Krieg zu führen und siegreich zu beenden. Natürlich beruhen diese Ansichten vor allem auf dem Keynesianismus.

Unter dem bezeichnenden Titel „Growth versus Choice" („Wachstum gegen Wahl") gab P. Wiles 1956 im „Economic Journal" eine eindeutig politische, antisozialistische Begründung seiner zu dieser dritten Variante zu zählenden Auffassungen:

> „Heutzutage, in der Zeit des kalten Krieges, verlangen die Ziele der Propaganda, Außenpolitik und Militärstrategie, daß die Rate des wirtschaftlichen Wachstums in den NATO-Ländern nicht unter die der kommunistischen Welt . . . absinkt . . . Wenn wir die Kommunisten heute auch noch (im wirtschaftlichen Entwicklungsniveau — G. K.) schlagen können, so wachsen sie doch doppelt so schnell wie wir und werden morgen in der Lage sein, uns zu schlagen. Der kalte Krieg wird sehr lange dauern. Wir werden ihn nur gewinnen, wenn wir den Feind im Wachstum ausstechen."[37]

V. Schlußbemerkung

Es kam uns vor allem darauf an, den Nachweis zu führen, daß und wie Marxismus- und Sozialismus-Kritik bzw. militanter Antimarxismus und Antikommunismus in der Geschichte der neueren bürgerlichen Wirtschaftstheorien eine Einheit bilden. Sie sind ein Wesenszug der kapitalistischen ökonomischen Theorie und stempeln diese damit als Apologetik ab. Der „Realismus" der modernen bürgerlichen Wirtschaftslehren, von dem zuweilen gerne gesprochen wird, besteht nicht etwa — wie auch das Beispiel des geschichtlichen Überblicks über die Wirtschaftsrechnungs-Diskussion zeigen sollte — darin, der Wahrheit der gesellschaftlich-ökonomischen Entwicklungsprozesse näher zu kommen, sondern, ganz im Gegenteil, darin, durch Verdecken, Leugnen oder Negieren der objektiven ökonomischen Zusammenhänge dem Imperialismus im Klassenkampf gegen Sozialismus und Demokratie behilflich zu sein.

Dabei nimmt das Verdecken, Leugnen, oder Negieren der objektiven ökonomischen Beziehungen (der Produktionsverhältnisse) wiederholt die Form an, daß die allen Produktionsverhältnissen zugrunde liegenden stofflich-technischen Prozesse als ökonomische Prozesse deklariert werden oder doch mit bürgerlich-ökonomischen Kategorien (wie etwa produktive Arbeit, Wert, Kapital, Nationaleinkommen usw.) verdeckt und verfälscht werden. Hier muß man bei der Kritik von jener

[37] *P. Wiles*, Growth versus Choice. In: „The Economic Journal", Jg. 1956, Juni-Heft, S. 244.

Konzeption ausgehen, die Marx bei der Kritik der bürgerlichen Wirtschaftstheorie anwandte: es sei zwischen den allgemeinen Produktionsbedingungen nach ihren historisch-sozialen Formen zu unterscheiden; diese Prozesse seien nicht zu vermengen oder gar zu identifizieren, wie das die bürgerlichen Ökonomen täten.[38] Die stofflichen Formen bzw. Elemente des Produktionsprozesses, die allen Produktionsweisen gemeinsam seien, hätten „mit der gesellschaftlichen Form desselben nichts zu schaffen . . ."[39]

Bürgerliche ökonomische Theorien sind um so „realistischer", je mehr sie der kapitalistischen Überbau-Funktion entsprechen, je mehr sie die kapitalistischen Produktionsverhältnisse aufrechtzuerhalten versuchen, je weiter sie sich also von der Erkenntnis der heutigen sozialökonomischen Grundwahrheit, dem Übergang der Welt vom Kapitalismus zum Sozialismus, entfernen.

---

[38] „Bei den Ökonomen aber wird notwendig immer als Eigenschaft des Dinges ausgesprochen, was eine Eigenschaft, ein Charakteristikum der kapitalistischen Produktionsweise ist . . ." (*Karl Marx*, Theorien über den Mehrwert, Dritter Band, Stuttgart 1921, S. 322.)

[39] *Karl Marx*, Das Kapital, Bd. III, Berlin 1953, S. 869.

ZUR FRAGE DES KAPITALEXPORTS IN SCHWACHENTWICKELTE LÄNDER

Ele Alenius, Helsinki

Die Frage der Entwicklung wirtschaftlich schwachentwickelter Länder gehört, wie der Referent über dieses Thema festgestellt hat, zu den zentralen Problemen der heutigen politischen Ökonomie. Sie hat auch ihre eigene Bedeutung in dem Kampf zwischen Kapitalismus und Sozialismus. Das zeigt sich unter anderem darin, daß man in der bürgerlichen politischen Ökonomie damit begonnen hat, den schwachentwickelten Ländern eine zunehmende Aufmerksamkeit zu schenken, und daß man oft die Fragen ihrer Entwicklung mit internationalen Proklamationen verbunden hat, die die schwächer werdende Stellung des kapitalistischen Wirtschaftssystems in der Welt festigen sollen. Dabei haben die internationalen Kapitalbewegungen eine der zentralen Fragen gebildet.

Nach dem Kriege wurde das Problem der internationalen Kapitalüberführungen im wesentlichen mit der Diskussion über die keynesianische Beschäftigungstheorie verbunden. Dabei wurden unter anderem Pläne dargelegt und ausgearbeitet, deren eingestandener Zweck es war, durch einen ausgedehnten internationalen Kapitalexport in die schwachentwickelten Länder eine beschäftigungspolitische Wirkung in den kapitalistischen Industrieländern, in erster Linie in den Vereinigten Staaten von Amerika, zu erzielen. So schlug z. B. Staley vor, die Auslandsinvestitionen einheitlich zu lenken und die Investitionszeiten nach der allgemeinen Depression zu bestimmen.[1] In gleicher Weise betonte Alvin Hansen, daß alle Gründe für ausgedehnte internationale Darlehen der USA sprechen, weil dadurch ein großer Teil der Ersparnisse Verwendung findet.[2]

Der Grundgedanke dieser Pläne bestand darin, ein genügend hohes Niveau der effektiven Nachfrage in den Industrieländern zu sichern, um dort Depressionen zu verhindern. Sie waren ihrem Charakter nach dazu geeignet, das kapitalistische System zu verteidigen. Eine Radikalisierung, die durch eine Arbeitslosigkeit etwa des Ausmaßes der dreißiger Jahre dieses Jahrhunderts entstehen könnte, bedeutet nämlich in der Nachkriegszeit eine große Bedrohung für die Existenz des Kapitalismus.

---

[1] Vgl. *Eugene Staley*, World Economic Development, International Labour Office, Montreal 1944, S. 45 und 92.

[2] Vgl. *Alvin H. Hansen*, Die Rolle Amerikas in der Weltwirtschaft, Wiesbaden 1947, S. 136.

Diese Pläne mußten jedoch ziemlich schnell zurückgezogen werden, weil sie die Beteiligung des Staates voraussetzen. Das entsprach aber nicht den Grundinteressen der Kapitalisten, die befürchteten, daß der Kapitalexport des Staates späterhin die Möglichkeiten eines privaten Kapitalexports beeinträchtigen könnte. Die Tätigkeit des Staates sollte sich darauf beschränken, günstige Bedingungen für den privaten Kapitalexport zu schaffen und entsprechende Garantien zu gewähren. Außerdem boten sich für die kapitalistische Wirtschaft, insbesondere der USA, noch andere Mittel der Expanison, wie z. B. der Marshallplan und die militärische Rüstung.

Wenn wir die augenblicklichen Perspektiven des Kapitalexports in die schwachentwickelten Länder betrachten, müssen wir davon ausgehen, daß das kapitalistische Wirtsschaftssystem wieder vor einer neuen Situation steht. Einerseits beginnt sich nämlich die Bedeutung der bisher die kapitalistische Wirtschaft stimulierenden Faktoren zu vermindern, und andererseits ist die wirtschaftliche Konkurrenz mit dem sozialistischen System im Begriff, heftiger und offener als früher zu werden, weil die relative Wirkung der Aufrüstung sich womöglich verringert.

Es ist offensichtlich, daß man in der kapitalistischen Welt nach Möglichkeiten sucht, neue Mittel für die Apologie des Systems zu mobilisieren. Dazu gehören zu einem gewissen Teil und trotz ihrer Widersprüche auch die heutigen Erscheinungen der wirtschaftlichen Zusammenarbeit in Westeuropa. Und man kann annehmen, daß man aus diesem Grunde auch den schwachentwickelten Ländern noch mehr Aufmerksamkeit widmen wird – mehr noch, als es die neokolonialistischen Ideologen heute schon zeigen. Weil diese Länder angesichts des Zusammenbruchs des Kolonialsystems danach streben, sich kräftig zu entwickeln und ihre Anstrengungen im Laufe der Zeit auch von Erfolg gekrönt sein werden, ist es klar, daß die Kapitalisten alles versuchen, diese Situation nach Kräften in ihrem Sinne auszunützen; mit anderen Worten, sie streben letzten Endes danach, diese Entwicklung mit Hilfe des Kapitalexports zu beeinflussen. Z. B. hat man in den USA schon von einer Art neuer Marshall-Hilfe für Lateinamerika als Gegengewicht zu dem von Kuba gewählten Weg gesprochen.

Dabei stoßen die Kapitalisten jedoch auf zahlreiche Schwierigkeiten. Wie Kollege Kleer sagt, bildet schon die heutige ökonomische Klassenstruktur in den schwachentwickelten Ländern ein recht gewichtiges Hindernis für eine wirtschaftliche Entwicklung auf kapitalistischer Grundlage. Dies zu ändern, sehen die ausländischen Kapitalisten jedoch keinen Anlaß, weil ihr Einfluß auf diese Länder nur dauern kann, wenn er auf einer Gemeinsamkeit der Klasseninteressen des ausländischen Kapitals und der in diesen Ländern herrschenden Klasse basiert. Ein anderes großes Problem ist der Charakter des Kapitalexports selbst.

Die Kapitalisten wollen den privaten Kapitalexport nicht durch den staatlichen Kapitalexport ersetzen. Andererseits ist gerade das private ausländische Kapital einer der Faktoren, die die Entwicklung der schwachentwickelten Länder verlangsamt haben. Es hat sich einseitig auf die Exportindustrie konzentriert, und die

Profite der Exportindustrie sind im allgemeinen aus diesen Ländern herausgeströmt. Es gibt keinen Grund anzunehmen, daß das dem Profitstreben verhaftete private Kapital das Bedürfnis hätte, seine Methoden zu ändern. Außerdem vermindert sich im allgemeinen der private Kapitalexport während der Depressionsperioden in den kapitalistischen Ländern, d. h. gerade dann, wenn der Kapitalexport den Metropolen als stimulierender Faktor nützen könnte.

Man kann also feststellen, daß die kapitalistischen Industrieländer die Veränderung der wirtschaftlichen Klassenstruktur der schwachentwickelten Länder und die Ausdehnung der wirtschaftlichen Aktivität des Staates mit Hilfe des staatlichen Kapitalexports unterstützen müßten, wenn sie beabsichtigten, die Entwicklung der schwachentwickelten Länder als ein Mittel zur Expansion ihrer eigenen Wirtschaft zu nützen. Obwohl dies eine Förderung des Staatskapitalismus bedeuten würde, macht es deutlich, daß die bürgerliche Wirtschaftstheorie in eine Sackgasse geraten ist.

Die Möglichkeiten der kapitalistischen Länder, die Hochkonjunktur durch Kapitalexport zu stützen, sind jedoch selbst dann ziemlich begrenzt, wenn man die Sache vom Standpunkt der Beschäftigungstheorie betrachtet. Wenn der staatliche Kapitalexport nach dieser Theorie die effektive Nachfrage durch Eliminierung der übermäßigen Ersparnisse vermehren soll, muß bei fortgesetzt steigendem Volkseinkommen auch das Sparvolumen fortgesetzt wachsen, so daß der Kapitalexport ständig verstärkt werden müßte, um die gewünschte Wirkung zu erzielen. Das kann aber deswegen nicht auf die Dauer fortgesetzt werden, weil die Rückzahlungspflichten der kapitalimportierenden Länder wachsen und das Sparvolumen in diesen Ländern auch wächst. Außerdem kann man auf verschiedenartige Akzelerationswirkungen in der Wirtschaft der Industrieländer und auf das Anwachsen der Konkurrenzfähigkeit der kapitalimportierenden Länder auf den internationalen Märkten hinweisen. Auch aus diesem Grund sind also die Zukunftsperspektiven des kapitalistischen Wirtschaftssystems nicht besonders optimistisch einzuschätzen.

ZUR KRITIK DER HEUTIGEN RECHTSSOZIALDEMOKRATISCHEN KONZEPTION

Otto Reinhold, Berlin

Man kann heute die bürgerliche Kritik am Marxismus und an der Entwicklung der sozialistischen Länder nicht behandeln, ohne sich mit den entsprechenden Auffassungen der rechten Sozialdemokraten zu befassen. In Westdeutschland sind die meisten rechten sozialdemokratischen Führer und deren Theoretiker besonders bestrebt, der Bourgeoisie zu beweisen, daß sie Marxgegner erster Klasse sind.

Selbstverständlich gibt es unter den Mitgliedern der SPD keine einheitliche Stellung zu Marx. Es gibt sowohl in der SPD selbst als auch in den der SPD nahestehenden Kreisen viele, die zwar keine Marxisten sind, aber in einer Reihe von Fragen der gesellschaftlichen Entwicklung einen marxistischen Standpunkt einnehmen.

Die Mehrheit der SPD-Mitglieder steht jedoch in der einen oder anderen Form ideologisch und politisch unter dem Einfluß jener sozialdemokratischer Ideologen, die den Marxismus radikal ablehnen. Kollege Heretik sprach davon, daß heute eine Reihe bürgerlicher Ökonomen einzelne Thesen des Marxismus übernehmen. Unter den Rechtssozialisten Westdeutschlands gibt es keine solchen Erscheinungen. Während Bernstein und Kautsky einzelne, wenn auch entscheidende Erkenntnisse des Marxismus ablehnten, erklärt heute z. B. der sozialdemokratische Soziologe Dahrendorf, die SPD brauche Marx nicht über Bord zu werfen, da er nie an Bord der SPD war. Tatsächlich wurden mit dem Godesberger Programm der SPD alle noch in irgendeiner Weise vorhandenen marxistischen Rudimente endgültig beseitigt. Im Godesberger Programm wird zwar das Christentum, nicht aber der Marxismus als eine Quelle des sogenannten demokratischen Sozialismus genannt.

In der Stellung zum Marxismus wie auch zur Entwicklung der sozialistischen Länder gibt es zwischen den sozialdemokratischen Ideologen und den unmittelbaren bürgerlichen Ökonomen nur den Unterschied, daß die sozialdemokratischen Ideologen bestrebt sind, vor allem jene Auffassungen in den Vordergrund zu stellen, von denen sie sich einen größtmöglichen Einfluß auf die werktätigen Massen versprechen.

Die hauptsächlichen antimarxistischen Thesen und Auffassungen der Ideologen der SPD sind heute vor allem folgende:

1. Die Theorie der Transformation der kapitalistischen Ordnung in eine sogenannte Industriegesellschaft.

2. Die Verteidigung des kapitalistischen Eigentums an Produktionsmitteln als Bedingung der freien Entwicklung der Gesellschaft. In diesem Zusammenhang wird die These der gemischten Wirtschaft entwickelt, in der neben dem kapitalistischen Privateigentum das Vorhandensein von staatlichem und genossenschaftlichem Eigentum als notwendig erachtet wird.

3. Die Ablehnung der Marxschen Theorie der Klassen und des Klassenkampfes, wobei die These von der Nivellierung der Gesellschaft vertreten wird.

4. Es werden die bürgerlichen Wachstumstheorien anerkannt, es wird vor allem mit der volkswirtschaftlichen Gesamtrechnung und dem Nationalbudget in Westdeutschland eine noch stärkere Einmischung des Staates in die Wirtschaft gefordert.

5. Schließlich wird von den SPD-Ideologen besonders mit der Theorie der Entfremdung des Menschen versucht, einen Gegensatz zwischen dem jungen und dem älteren Marx zu konstruieren, um den jungen Marx als Beweis für ihre antimarxistischen Thesen zu benutzen. Dabei gipfeln sie in der Behauptung, Marx selbst sei kein Marxist gewesen.

Der Wesenskern aller dieser Auffassungen ist natürlich die These von der Transformation der kapitalistischen Gesellschaft. Die Stellung zum kapitalistischen Eigentum an Produktionsmitteln oder die These vom Verschwinden der Klassen und des Klassenkampfes sind nur einzelne Seiten der Theorie der Transformation. Sternberg malt diese „Transformation" der kapitalistischen in eine neue, klassenlose Gesellschaft in seinem Buch „Die militärische und die industrielle Revolution" folgendermaßen aus:

> „Sie (die „Zweite industrielle Revolution" — O. R.) hat dies ... im Gegensatz zu den Annahmen von Karl Marx und vieler Sozialisten nicht im Rahmen einer sozialistischen Produktionsweise getan, sondern in Amerika wie in Westeuropa im Rahmen einer tiefgehenden Transformation der kapitalistischen Produktionsweise, ... in der die Industrien noch zum größten Teil in privaten Händen sind und nicht der Gesellschaft gehören.
>
> Diese vor unseren Augen sich ständig neu transformierende kapitalistische Produktionsweise löst nunmehr das uralte Problem: die Liquidierung der Armut."[1]

Sternberg schreibt ferner:

> „Innerhalb des dritten Viertels unseres Jahrhunderts, vielleicht etwas später, wird es daher in der westlichen Welt, in den USA, einen Gesellschaftskörper geben, der bei einer 4-Tage-Woche keine Armen mehr kennt, sondern nur noch Mittelständler; wird es in Westeuropa eine Reihe von Gesellschaftskörpern geben, die auf dem Wege zu diesem Ziele sind und es in kürzerer oder längerer Zeit erreichen werden. Ein Wendepunkt in der Geschichte der Menschheit wird dann erreicht sein."[2]

Die gleiche Auffassung wird in der programmatischen Erklärung des Parteivorstandes der SPD, die im Februar 1960 unter dem Titel „Auseinandersetzung der Sozialdemokratie mit dem Kommunismus" veröffentlicht wurde, vertreten:

---

[1] *Fritz Sternberg*, Die militärische und die industrielle Revolution, Berlin und Frankfurt a. M., S. 308.

[2] Ebenda, S. 303.

„Unsere Zeit ist gekennzeichnet durch große Umwälzungen und Bewegungen, die sich in der ganzen *Welt vollziehen. Die fortschreitende wissenschaftlich-technische Revolution verändert unsere Gesellschaft und zieht die ganze Menschheit in ihren Bann. Die soziale und politische Ordnung aller Völker ist davon berührt. Wir leben im Übergang zu einem neuen Zeitalter, das eine neue Ordnung der Welt und eine neue Stellung der Menschen in ihr bringen wird.*"[3]

In dieser Erklärung muß auch festgestellt werden, daß es sinnlos wäre, die ökonomischen, vor allem wissenschaftlich-technischen Fortschritte des Sozialismus zu leugnen, daß vielmehr auch in Zukunft eine schnelle Entwicklung zu erwarten sei. Es wird die Schlußfolgerung gezogen, daß im Sozialismus wie im Kapitalismus wissenschaftlich-technische und ökonomische Fortschritte möglich seien, daß dies aber kein Maßstab für die Beurteilung einer Gesellschaftsordnung wäre. Obwohl diese Feststellung mit einer Reihe unsinniger Behauptungen verbunden wird, ist sie doch eine Anerkennung der erfolgreichen Entwicklung des Sozialismus.

Es ist natürlich sehr erfreulich, daß hier unter dem Druck der Tatsachen die alte antikommunistische These von der Unfähigkeit des Sozialismus, Wissenschaft und Technik zu entwickeln, aufgegeben werden mußte. Aber das geschieht selbstverständlich nicht, um die Überlegenheit des Sozialismus auf diesem Gebiet anzuerkennen. Im Gegenteil. Ausgehend von ihrer Theorie der Transformation des Kapitalismus in eine Art klassenloser Industriegesellschaft, stellen die rechten SPD-Führer die Behauptung auf, die schnelle Entwicklung von Wissenschaft und Technik in den sozialistischen Ländern müßte notwendigerweise dazu führen, daß auch diese sich in die gleiche „Industriegesellschaft" verwandeln werden.

Charakteristisch sind dafür einige Erklärungen von Knoeringens. Er schreibt:

„Man mag dem Nahziel der Russen, den Westen in der wirtschaftlichen Produktion und in der technischen Leistung zu überholen, eine Chance geben oder nicht, es bleibt die Tatsache, daß der Kommunismus mit dem Aufbau der modernen hochrationalisierten industriellen Gesellschaft auch ihre Gesetze und ihre Folgen übernimmt ... Rationalisierung und Dezentralisierung der Produktion in Rußland und immer stärkere Planungselemente in Amerika zeigen Tendenzen der industriellen Entwicklung und der Sozialstrukturen auf, die sich nicht voneinander entfernen, sondern eher aufeinander zukommen."[4]

Das heißt, die rechtssozialistischen Ideologen Westdeutschlands entwickeln die These, daß der Sozialismus eigentlich nur ein Übergangsstadium, besser gesagt: ein Nachholestadium, sei, in dem einige industriell rückständige Länder an das Niveau der industriell hoch entwickelten kapitalistischen Länder herangeführt werden können, um schließlich mit ihnen gemeinsam die einheitliche „Industriegesellschaft" zu bilden, wobei diese Industriegesellschaft sich nach einheitlichen Gesetzen entwickelt. Diese Gesetze sollen dann im Grunde die Gesetze des Kapitalismus oder eines Konkurrenzsozialismus sein, über den gestern schon Kollege

---

[3] „Vorwärts" vom 5. Februar 1960 (Hervorhebungen von mir — O. R.)

[4] „Vorwärts" vom 24. 12. 1959.

Rachmuth sprach. Die „freie Industriegesellschaft“ soll selbstverständlich im wesentlichen auf dem Privateigentum an Produktionsmitteln basieren, in ihr soll es dann möglich sein, auch mit Hilfe des Staates die modernen Wachstumstheorien voll anzuwenden.

Eine reale Einschätzung der Entwicklung in den imperialistischen Ländern zeigt, daß es keine solche Transformation des Kapitalismus gibt. Besonders in den USA wird deutlich, daß durch die Anwendung der modernen Wissenschaft und Technik sowie durch die Entwicklung des staatsmonopolistischen Kapitalismus die kapitalistischen Widersprüche nicht überwunden werden, sondern sich in vieler Hinsicht verschärfen. Gerade die Entwicklung der letzten Jahre und Monate zeigt, daß weder von einem Verschwinden der Klassengegensätze noch von einer Überwindung der Wirtschaftskrisen die Rede sein kann. Daran konnten auch die neuen bürgerlichen Wachstumstheorien und -modelle nichts ändern.

Diese von den rechten sozialdemokratischen Ideologen in Westdeutschland verbreitete These der Transformation des Kapitalismus und des Sozialismus zur Industriegesellschaft hat heute für die Bourgeoisie eine große Bedeutung im Kampf gegen den Marxismus und die sozialistischen Länder. Sie spielt besonders im Klassenkampf in Deutschland eine große Rolle. Selbstverständlich wollen die rechten SPD-Ideologen ,genau wie mit allen früheren reformistischen Auffassungen vom Hineinwachsen des Kapitalismus in den Sozialismus, die Aktivität der Massen im revolutionären Kampf gegen den Imperialismus lähmen. Aber die Bourgeoisie und ihre Ideologen verfolgen nicht nur dieses allgemeine Ziel, sondern wollen daraus ableiten:

1. daß der Sozialismus zwar unter bestimmten Umständen gut und notwendig sein kann, daß er aber für Deutschland und auch die anderen Länder des Westens ein Rückschritt sei, ein Schritt hinter den historisch bereits erreichten Stand der Transformation der Gesellschaft zurück;

2. daß deshalb die Richtung und die Methoden des sozialistischen Aufbaus in der DDR völlig verfehlt seien, daß der Sozialismus für uns etwas Lebensfremdes, Aufgepfropftes sei;

3. daß sich daran beweise, daß der Marxismus, mit dem unsere Politik begründet wird, überholt, zurückgeblieben sei, weil er eben diese neuen Entwicklungsprozesse zur Industriegesellschaft nicht berücksichtige. Eines ihrer wichtigsten Argumente zur Unterstreichung ihrer Thesen im Kampf gegen uns ist dabei der Hinweis, daß es ja in einigen sozialistischen Ländern schon selbst eine Reihe kluger Leute gäbe, die das längst begriffen hätten, die die neuen Wachstumstheorien anerkennen und bestrebt seien, den sogenannten rationellen Kern, den angeblich vorhandenen wissenschaftlichen Gehalt der neuen bürgerlichen ökonomischen Auffassungen für die sozialistische Theorie zu übernehmen. Bekannt ist in diesem Zusammenhang die als eine Art Gesetz formulierte Hoffnung der Imperialisten, daß in den sozialistischen Ländern parallel mit dem industriellen Fortschritt auch die Zahl vor allem der Intellektuellen wachsen werde, die sich diesem Standpunkt anschließen würden.

Ich glaube, daß unsere Konferenz auch deshalb von großer Bedeutung ist, weil sie mit dazu beitragen wird, diesen Spekulationen ein Ende zu bereiten.

Die wesentlichen antimarxistischen Thesen und Auffassungen der sozialdemokratischen Ideologen sind in ihrem Kern von den Reformisten im Grunde seit einigen Jahrzehnten vorgetragen worden. Die Theorie der Transformation z. B. finden wir faktisch schon bei Kautsky in den zwanziger Jahren. Das Neue besteht jedoch vor allem darin:

1. Daß die Ideologie der rechten Sozialdemokraten sich in ihrer bisher tiefsten Krise befindet. Unter dem Einfluß der Entwicklung des sozialistischen Weltsystems, der schnellen Veränderung des internationalen Kräfteverhältnisses zugunsten des Sozialismus hat die Theorie des dritten Weges oder der dritten Kraft zwischen Sozialismus und Kapitalismus Schiffbruch erlitten. Um zu verhindern, daß die Ideen des Sozialismus unter den Werktätigen Einfluß gewinnen, haben die rechten SPD-Führer samt ihren Ideologen eine Schwenkung nach rechts gemacht und sich in allen Grundfragen offen auf den Boden der bürgerlichen Auffassungen gestellt.

Damit im Zusammenhang steht die Tatsache, daß ihr militanter Antikommunismus wesentlich verstärkt wurde.

Für Westdeutschland ist dabei besonders die Klerikalisierung der ökonomischen Auffassungen bemerkenswert. Selbst der namhafteste Vertreter der katholischen Soziallehre, der Jesuitenpater Nell-Breuning, stellte fest, daß es jetzt zwischen den ökonomischen Auffassungen der SPD und der katholischen Soziallehre weniger Differenzen gibt als zwischen der katholischen Soziallehre und dem Neoliberalismus. Vom Parteivorstand der SPD wurde vor einiger Zeit eine Broschüre unter dem Titel „Der Katholik und die SPD“ herausgegeben, in der von der SPD selbst nachgewiesen wird, daß die heutigen ökonomischen Auffassungen der SPD mit den Erklärungen der Päpste völlig übereinstimmen. Es wird schließlich wörtlich erklärt, daß „... nicht nur kein Gegensatz zwischen katholischer Soziallehre und sozialistischer Gesellschaftsauffassung besteht, sondern eine ausgesprochene Bundesgenossenschaft“ (S. 26).

Damit reihen sich die Rechtssozialisten ein in die Bestrebungen jener imperialistischen Ideologen, die die Menschen zur Lösung der kapitalistischen Widersprüche auf Gott, auf die Seele oder religiöse Gefühle verweisen.

2. Sie sind gezwungen, eine Reihe neuer Erscheinungen des heutigen Kapitalismus in ihren theoretischen Arbeiten zu berücksichtigen.

Dazu gehören vor allem die Tatsache, daß der staatsmonopolistische Kapitalismus zur wichtigsten Erscheinung des gegenwärtigen Kapitalismus wurde,

daß die wichtigsten ökonomischen Prozesse und Beziehungen mit Hilfe des imperialistischen Staates vollzogen werden und daß in den imperialistischen Ländern nach dem zweiten Weltkrieg das staatsmonopolistische Eigentum an Produktionsmitteln zugenommen hat.

Die meisten Thesen, die sie entwickeln, spiegeln die schnelle Entwicklung des staatsmonopolistischen Kapitalismus wider. Sie versuchen ferner, die Umwälzung in der Wissenschaft und Technik für die Begründung ihrer Thesen zu benutzen.

3. Schließlich sind sie bestrebt, die Erfolge, die die Arbeiterklasse in einer Reihe kapitalistischer Länder im Kampf um die Verbesserung der Lebenshaltung vor allem unter dem Einfluß des sozialistischen Weltsystems erzielt hat, auszunutzen, um damit die Thesen von der Veränderung des Wesens der kapitalistischen Ordnung, vom Verschwinden des Klassenkampfes usw. zu stützen.

Eine Analyse der ökonomischen Auffassungen der sozialdemokratischen Ideologen Westdeutschlands zeigt einerseits, daß sich in ihrem Wesen als Apologetik des Kapitalismus nichts verändert hat. Im Gegenteil, der apologetische Charakter lag noch nie so klar und offen zutage wie heute. Erhard stellte mit Recht fest, daß die heutigen ökonomischen Auffassungen der SPD seit dem Godesberger Parteitag im wesentlichen von ihm stammen.

Aber zugleich ergibt sich, daß eine erfolgreiche Auseinandersetzung mit den ökonomischen Auffassungen der SPD nicht geführt werden kann, wenn nicht die neuen Erscheinungen untersucht und berücksichtigt werden. Ich meine dabei vor allem die Tatsache, daß wir uns in der Epoche des Übergangs vom Kapitalismus zum Sozialismus befinden, in einem Abschnitt der Entwicklung, in dem der Übergang zum Sozialismus in bisher unbekanntem Ausmaß zur objektiven Notwendigkeit geworden ist und in dem das sozialistische Weltsystem bereits einen entscheidenden Einfluß auf die internationale Entwicklung ausübt. Das ist ja auch die Hauptursache für die schnelle Entwicklung des staatsmonopolistischen Kapitalismus, die ihren theoretisch-ideologischen Ausdruck in vielen Auffassungen der modernen bürgerlichen politischen Ökonomie findet.

DER STAATSKAPITALISMUS UNTER DEN BEDINGUNGEN DER UNTERENTWICKELTEN WIRTSCHAFT INDIENS UND DIE THEORIE EINER „GEMISCHTEN WIRTSCHAFT“

Zdeněk Švejnar, Prag

In Indien entstand der Staatskapitalismus – ebenso wie in Indonesien, Burma und anderen Ländern Asiens – unmittelbar nach der Befreiung. Um sein wahres Wesen zu begreifen, müssen wir die Bedingungen kennenlernen, die seine Entwicklung bestimmten.

Diese Bedingungen werden in erster Linie dadurch charakterisiert, daß Indien auch nach der Befreiung ein ökonomisch unentwickeltes Land mit starken feudalen, veralteten Gewohnheiten in der Landwirtschaft blieb. Die Wirtschaft bildete ein Agrar- und Rohstoffanhängsel des Imperialismus. Bereits in der Kolonialzeit hatte der Kapitalismus in Indien eine verhältnismäßig hohe Stufe der Entwicklung erreicht. Als Träger dieser Entwicklung ist in erster Linie die Nationalbourgeoisie zu betrachten, die in Indien die kleine, mittlere und große Bourgeoisie und einen kleinen Teil der Kulaken umfaßt. Die junge Nationalbourgeoisie ist – im Gegensatz zu der reaktionären Klasse der feudalen Landlords, der Zamindaren – eine verhältnismäßig fortschrittliche Klasse, die nach dem Sturz der Kolonialherrschaft regierende Klasse geworden ist.

In Anbetracht der empfindlichen ökonomischen Rückständigkeit und Abhängigkeit des Landes sieht sich die Nationalbourgeoisie veranlaßt, mit Nachdruck für eine selbständige ökonomische Entwicklung einzutreten. Eine solche beschleunigte Entwicklung des Kapitalismus in einem Lande, dem es an allen für eine Industrialisierung erforderlichen Quellen mangelt und das in erheblichem Grade ökonomisch vom Imperialismus abhängig ist, kann nur unter der aktiven Beteiligung des Staates verwirklicht werden. Der Staatskapitalismus erscheint deshalb als eine Form der kapitalistischen Produktionsbedingungen, wie sie sich in Indien ganz gesetzmäßig entwickelt haben.

Wenn man die Unterschiedlichkeit der Bedingungen wie auch der historischen Aufgaben in Betracht zieht, so muß man zu dem Schluß kommen, daß der Staatskapitalismus in Indien eine Kategorie darstellt, die *keineswegs mit dem staatsmonopolistischen Kapitalismus gleichgesetzt werden kann.* Der staatsmonopolistische Kapitalismus ist ein Ausdruck des verfaulenden Kapitalismus; und sein Hauptträger ist die Finanzoligarchie, die im Vergleich zur Nationalbourgeoisie ein kleines Grüppchen darstellt.

In diesem Zusammenhang möchte ich bemerken, daß ich nicht verstehe, wieso Kollege Kleer von drei statt von zwei möglichen Entwicklungswegen der schwachentwickelten Länder spricht. Der von Kollegen Kleer genannte erste Weg, d. h. der angeblich traditionelle kapitalistische Weg des Zusammengehens mit dem Kapitalismus der hochentwickelten Länder, bedeutet doch praktisch nichts anderes als Unterordnung unter die imperialistische Kolonialmacht. Das heißt doch, den Kolonialismus mit allen seinen Folgen am Leben zu halten. Die Praxis zeigt aber gerade, daß sich diese Länder nur im Kampf gegen koloniale Unterdrückung und Ausbeutung entwickeln können.

Damit wir den konkreten Inhalt des Staatskapitalismus näher erklären können, betrachten wir jetzt einige Maßnahmen der staatlichen Wirtschaftspolitik in Indien.

Der Staat der indischen Bourgeoisie sucht vor allem durch seine Politik die Distribution des Volkseinkommens, die Entwicklung des inneren Marktes und des Außenhandels sowie die Entfaltung der Produktivkräfte in gewissen Sektoren der Produktion zu beeinflussen. Um dies zu erreichen, muß er mit seiner Fiskal- und Außenhandelspolitik eingreifen, einer Politik, die in Indien zum Beispiel zu einer durchgreifenden Beschränkung der Einfuhr von Verbrauchsgütern geführt hat. Er führt ein Zuteilungsregime ein und bemüht sich, die Preise bei Defizitgütern – in Indien gehören dazu Reis, Weizen, Stahl und andere wichtige Rohstoffe und Nahrungsmittel – zu beeinflussen. Er greift außerdem mittels des Staatshaushaltes in das Marktgeschehen ein. Als Hauptergebnis einer solchen Tätigkeit erscheint aber, daß derselbe Staat einige Unternehmen in der Sphäre der Erzeugung und auch in der Sphäre der Zirkulation schafft. Außerdem beteiligt sich der Staat mit Kapital an den vom wirtschaftlichen Standpunkt wichtigen Privatbetrieben.

Durch eine solche Initiative schließt der Staat keineswegs den Privatsektor aus, sondern dient damit den Interessen der Bourgeoisie, namentlich in dem Sinne, daß die Produktion einer Fülle von billigen Rohstoffen, von elektrischer Energie, Brennstoffen, Maschinen sichergestellt wird, vorteilhafte Kredite und wissenschaftlich-technische Hilfe geboten sowie das Transport- und Bewässerungsnetz erweitert werden. Das alles trägt zur Entwicklung der Produktivkräfte, zur Entfaltung des Marktes und letzten Endes zur Entwicklung des Staatskapitalismus eines unterentwickelten Landes bei.

Eine solche Konzentration der staatlichen Wirtschaftspolitik, die sich in erster Linie auf die Unterstützung des Staatskapitalismus und dadurch gleichzeitig auf die Entwicklung der Industrie richtet, ließ schon die erste bedeutungsvolle Resolution über die industrielle Politik vom 6. April 1948 erkennen. Im Sinne dieser Resolution[1] sollen in Zukunft sowohl Privatpersonen wie auch der kapitalistische Staat als Eigentümer von industriellen und sonstigen wirtschaftlichen Unternehmungen auftreten. Den beiden Gruppen von Eigentümern werden nach Meinung der indischen Ökonomen auch weiterhin volle Entwicklungsmöglichkeiten garan-

[1] Constituent Assembly of India, Legislative Debats, Bd. V/1 und Bd. V/2, 1948.

tiert.[2] Um die Sphäre der staatskapitalistischen Unternehmertätigkeit besser zu erfassen, wird die gesamte Industrie in drei Gruppen aufgeteilt.

Die erste Gruppe bleibt ausschließlich der öffentlichen Hand vorbehalten, das heißt dem Staatskapitalismus. Dazu gehören die Erzeugung von Atomenergie, die Produktion von Waffen und Munition sowie die Eisenbahnen. Diese Bereiche wurden allerdings schon früher als Staatsmonopol betrachtet. Aus diesem Grunde gab es hier keine Veränderung. Die zweite Gruppe umfaßt die Erzeugung von Eisen, Stahl, Kohle, Mineralölen, Flugzeugen, Schiffen und Fernmeldeeinrichtungen. Das Recht, neue Unternehmen zu gründen, fällt bei dieser Gruppe ausschließlich dem Staat zu, wobei die Frage einer Nationalisierung der schon bestehenden Privatunternehmen nach Ablauf von zehn Jahren neu überprüft werden soll. Zur dritten Gruppe gehört die gesamte übrige Industrie. Die unternehmerische Tätigkeit im Rahmen dieser Gruppe wurde praktisch der privaten Hand überlassen.[3]

Wie ersichtlich, erstreckt sich die Unternehmertätigkeit des Staates auf die in der zweiten Gruppe aufgezählten Bereiche. Das bedeutet, daß er praktisch den Aufbau der Schwerindustrie übernimmt. Die Regierungsresolution, die dem Staat beim Aufbau der Schwerindustrie eine erhöhte Rolle beimißt, steht in Einklang mit den Bedürfnissen der Nationalbourgeoisie und mit der historischen Rolle des Staatskapitalismus. Die indische Nationalbourgeoisie besitzt, wie ich schon früher erwähnte, nicht genügend Kapital und keine ausreichenden Erfahrungen für eine unternehmerische Tätigkeit in der Schwerindustrie. Sie zieht deshalb Investitionen in der Leicht- oder Kleinindustrie oder in den unproduktiven Sektoren vor. Der Staatskapitalismus entspricht unmittelbar nach der Machtübernahme den Klasseninteressen der Nationalbourgeoisie am besten.

Die Tatsache, daß der Aufbau der Schwerindustrie in einem wirtschaftlich abhängigen Land in erster Linie dem Staat anvertraut werden muß, zeigt den objektiven Charakter des Staatskapitalismus in Indien.

Lenken wir jetzt unsere Aufmerksamkeit auf die Widerspiegelung des Staatskapitalismus in der Ideologie. Der Einfluß des Kapitalismus auf die Ideologie gestaltet sich sehr eigenartig. Diese Eigenart zeigt sich in erster Linie darin, daß die Nationalbourgeoisie in der zweiten Etappe der allgemeinen Krise des Kapitalismus nicht mehr den Mut besitzt, den Kapitalismus zu propagieren, da er sich bei den vom Imperialismus völlig versklavten Völkern diskreditiert hat. Die historische

[2] *C. N. Vakil* und *F. R. Brahmanand* (Planning for an Expanding Economy, Bombay 1956) sagen dazu: „Es ist genügend Spielraum für die Arbeit beider, des öffentlichen und Privatsektors ... Bei unserer Methode wird sich die Tätigkeit der beiden Sektoren aufeinander einstellen und die Ausdehnung des einen Sektors muß keineswegs die des anderen verhindern ... ökonomischer Fortschritt in den unterentwickelten Ländern (erfordert — Z. Š.) eine Beschränkung des relativen Anteils des Privatsektors ..."

[3] In dem Bestreben, den Einfluß ausländischer Monopole zu paralysieren, hat der Staat begonnen, einige der größten Banken schrittweise zu kontrollieren oder in seine Hände zu übernehmen, und hat staatliche Handelsgesellschaften errichtet. Diese komplizierte Frage kann hier nicht behandelt werden.

Entwicklung und vor allem auch die gleichzeitige Zuspitzung des Klassenkampfes zwingt die Ideologen der Nationalbourgeoisie, den indischen Kapitalismus im Gewand des Sozialismus demagogisch zu verschleiern. Als Hauptprodukte dieser Ideen können die sogenannte Theorie der „gemischten Wirtschaft" sowie verschiedene Konzeptionen der wirtschaftlichen „Lenkung" und „Planung" betrachtet werden, die als Beweis für die „sozialistischen Züge der Gesellschaft", den „indisch demokratischen" oder „ungewaltsamen" Weg zum „Sozialismus" dienen.

Wir wollen jetzt den Inhalt dieser Konzeptionen und einige Zusammenhänge mit dem Staatskapitalismus näher betrachten. Man kann den Inhalt der Theorie von der „gemischten Wirtschaft" und die Deutung „einer planmäßigen Lenkung" des ökonomischen Wachstums in Indien sowohl aus den Regierungsresolutionen über die Wirtschaftspolitik als auch den Thesen der bürgerlichen Ökonomen und Ideologen entnehmen, die für diese Richtung eintreten. Hierzu gehören namentlich C. N. Vakil, F. R. Brahmanand, J. J. Anjaria, Masani sowie einige Führer des Indischen Nationalkongresses mit J. Nehru an der Spitze; und letzten Endes fehlt auch nicht der Ideologe und Vorsitzende der „Indischen Sozialistischen Volkspartei" Asoka Mehta.

Den Inhalt und die Hauptziele einer „gemischten Wirtschaft", einer „Planung", was perspektivisch als „Hauptgrundriß des Sozialismus" betrachtet werden kann[4], bringen außerdem die bedeutende Regierungsresolution über die Wirtschaftspolitik vom 30. 4. 1956[5] sowie die Materialien der Planungskommission zum zweiten und dritten Fünfjahrplan zum Ausdruck.

So gehören z. B. im Sinne der Regierungsresolution vom Jahre 1956 die Industriezweige der ersten und zweiten Kategorie in die Sphäre der staatlichen unternehmerischen Tätigkeit. Zu diesen Gruppen wurden zwar einerseits weitere Zweige der Schwerindustrie herangezogen, andererseits wurde aber in der Resolution ausdrücklich gesagt, daß die neu eingereihten Zweige weiterhin teilweise in der Sphäre des Privateigentums bleiben sollen. In dieser Sphäre kann außerdem die Kapazität der bestehenden Privatunternehmungen erweitert werden, und in den Zweigen der zweiten Kategorie kann ein Privatkapitalist mit Zustimmung der Regierung sogar neue Betriebe gründen. Das bedeutet, daß der Staat der privaten Hand praktisch keine ernsten Hindernisse, auch nicht in der Sphäre der Schwerindustrie, in den Weg legt. Die Bedeutung der angeführten Resolution liegt also nur darin, daß die Verantwortlichkeit für den Aufbau der Schwerindustrie in erster Linie dem Staat zufällt.

Sowohl diese Resolution als auch die Theorie einer „gemischten Wirtschaft" setzen ein „gegenseitiges Durchdringen" und „beiderseitige Zusammenarbeit" der

[4] „... das Parlament akzeptierte im Dezember 1954 das sozialistische Gesellschaftsmodell als Ziel der Sozial- und Wirtschaftspolitik. Die Industriepolitik muß, wie die Politik auf anderen Gebieten, von diesen Prinzipien und Direktiven bestimmt werden."

[5] Als eine wichtige Quelle kann man auch die Resolution vom 6. 4. 1948 bezeichnen, auf deren Hauptzüge wir schon früher aufmerksam gemacht haben.

zwei Sektoren voraus. Man verschweigt damit nicht nur, daß der Staatssektor kapitalistischen Charakter trägt und der Entwicklung des Kapitalismus förderlich ist, sondern bezeichnet diesen Sektor in Gegenüberstellung zum privatkapitalistischen Sektor als ein „sozialistisches" Element. Die Verfälschung des wahren Charakters des staatskapitalistischen Sektors ermöglicht es den bürgerlichen Ideologen also nicht nur, den Staatskapitalismus als eine „gemischte Wirtschaft" zu bezeichnen, sondern ihn sogar als Übergang zum Sozialismus hinzustellen.

Wenn auch J. Nehru und andere Vertreter des Staatskapitalismus über die Beseitigung großer Ungleichheiten in bezug auf Vermögen und Einkommen der Bevölkerung sprechen, so zeigen die angeführten amtlichen Materialien doch eindeutig, daß sich die „gemischte Wirtschaft" nicht gegen das indische Großkapital richtet, weil sie nicht auf die Verstaatlichung der großen Betriebe hinzielt, sondern ganz im Gegenteil mit ihrer weiteren Entwicklung rechnet. Das haben wir schon bei der Regierungsresolution gezeigt, die davon ausgeht, daß sich das Privatkapital in immer größerem Ausmaße auch in der Schwerindustrie entfalten wird. Ein ähnlicher Widerspruch erscheint auch als Folge der Prinzipien, die die ersten drei Fünfjahrpläne leiten sollten. Die Planungskommission, deren Vorsitzender J. Nehru und stellvertretender Vorsitzender V. T. Krishnamachari ist, führt zum Beispiel in ihrer Publikation „Third Five Year Plan – a Draft Outline" (Juni 1960, Seite 2) an:

> „Die Vorteile der wirtschaftlichen Entwicklung sollten mehr den relativ weniger privilegierten Gesellschaftsklassen dienen und zu einer progressiven Umverteilung der Einkommen, des Reichtums und der ökonomischen Macht führen."

In Widerspruch dazu wird allerdings gleich im folgenden Absatz die Notwendigkeit der Entwicklung des Privatkapitals hervorgehoben:

> „Das sozialistische Gesellschaftsmodell, das durch die indischen Pläne angestrebt wird, bedeutet nicht, daß die gesamte wirtschaftliche Initiative vom Staat ausgehen muß. Die Privatunternehmen spielen in der Tat eine bedeutende Rolle in der nationalen Entwicklung."

Ähnlich drücken sich auch die theoretischen Vertreter der indischen „Planung" und des Staatskapitalismus aus. Professor J. J. Anjaria, Präsident der Indian Economic Association und Hauptberater des Finanzministeriums, führt in seiner Abhandlung: „Probleme der Planung" an:

> „Indiens Pläne erstreben weder die Schaffung eines kapitalistischen, kommunistischen oder sonstigen Modells. Das sozialistische Modell, das als Ziel unserer Pläne bezeichnet wird, bildet kein starres Modell. Es betont bestimmte Dinge, so die Verminderung der Ungleichheiten, die breite ökonomische Machtverteilung . . ."[6]

Auch hier wird im Zusammenhang mit Betrachtungen über den „Sozialismus" eine Beseitigung der Vermögensungleichheiten und der ökonomischen Macht von Einzelpersonen hervorgehoben, wobei im gleichen Atemzug die Wichtigkeit der

---

[6] „The March of India", Bd. XII, 1960, Nr. 4, S. 5.

Entwicklung des Privatsektors betont wird, was nichts anderes als Steigerung der sozialen und ökonomischen Ungleichheiten bedeutet. Der Verfasser betont:

> „Indiens Pläne beabsichtigen nicht, ein System zu schaffen, das allein auf Privatunternehmen beruht, sondern die Privatunternehmen haben eine wichtige Rolle als Initiatoren im Entwicklungsprozeß zu spielen. Der Staat ist nicht der alleinige Eigentümer und Verteiler der Produktionsmittel. Es soll kein monolithisches System entwickelt werden, in dem die ganze ökonomische Initiative oder Macht beim Staat konzentriert ist, sondern der Staat soll als Haupttriebkraft für die Erreichung einer schnellen und gleichmäßigen Entwicklung ausgenutzt werden."

Es zeigt sich, daß die Propagandisten einer „gemischten Wirtschaft" den Umstand betonen, daß der Staat nicht alle Produktionsmittel in sein Eigentum übernehmen darf. Sie befürchten, daß dadurch die „Gefahr" eines wirklichen Übergangs zum Sozialismus entstehen könnte.

In diesen Fragen stimmen auch die Rechtssozialisten mit den bürgerlichen Ideologen überein, die damit auf die Position der Bourgeoisie übergehen. Der Führer der indischen Rechtssozialisten, Asoka Mehta, stellt z. B. fest, daß eine völlige Nationalisierung der Industrie zum wirtschaftlichen Chaos führe. Deshalb erscheine es notwendig, nur einige Betriebe zu nationalisieren. Teilweise Nationalisierung, zum Unterschied von einer völligen Nationalisierung, stellt im Sinne von A. Mehta ein Unterscheidungsmerkmal zwischen Sozialisten und Kommunisten dar.[7]

Daraus ist zu ersehen, daß sich die Rechtssozialisten in den Grundfragen mit den Vertretern der Bourgeoisie, die für eine „gemischte Wirtschaft" eintreten, einig sind. Ein Unterschied besteht nur darin, daß sie solche Privilegien nicht öffentlich für das Privatkapital verlangen können, wie dies einige bürgerliche Ökonomen tun. Die Professoren Vakil und Brahmanand setzten z. B. voraus, daß die „gemischte Wirtschaft" dem Staat in höherem Maße die Unterstützung des Privatsektors ermöglichen werde, und zwar insbesondere bei der Distribution wichtiger Mittel für die Industrialisierung. Dazu gehören die Ausreichung von Krediten, die Errichtung von Informationszentren für technische Hilfe und andere Methoden der Unterstützung, die Schwierigkeiten beseitigen helfen und die Privatunternehmer in ihrer Tätigkeit bei der „Aufdeckung ergiebiger Möglichkeiten" anregen.

Die bisherige Praxis beweist am besten, daß die sogenannten sozialistischen Veränderungen, die auf dem Wege der „gemischten Wirtschaft" durchgeführt werden, nicht zur Verstaatlichung der Privatindustrie führen, sondern im Gegenteil eine vorteilhafte Rohstoff-, Maschinen- und Absatzbasis für deren Entwicklung bilden. Das ist am Beispiel der Modernisierung und umfassenden Erweiterung von privaten Maschinenfabriken und Stahlwerken des Tata-Konzerns ersichtlich, der in letzter

---

[7] *Asoka Mehta*, Studies in Asian Socialism, Bombay 1959, S. 225. „Eine ständige Drohung der Nationalisierung kann die Wirtschaft lähmen. Aussondernde Sozialisierung ist das besondere Charakteristikum des demokratischen Sozialismus, weil die totale oder beschleunigte Nationalisierung und politische Demokratie nicht miteinander existieren können."

Zeit die Produktionskapzität von Stahl von etwa 1 Million Tonnen auf 2 Millionen Tonnen erhöht hat. Das bedeutet also, daß der Privatsektor sogar in Schlüsselindustrien eindringt, in denen jeder weitere Ausbau ausschließlich dem Staat vorbehalten bleiben sollte.

Die bisherige ökonomische Entwicklung entkräftet auch die Behauptung, daß eine Gesellschaft „sozialistischen Musters" errichtet werde. Es trifft wohl zu, daß seit der ersten Regierungsproklamation im Jahre 1948 schon große Erfolge beim Aufbau der Schwerindustrie erzielt wurden. Man muß aber daran erinnern, daß die indischen Pläne bisher zu keiner Liquidierung der einflußreichen Klasse der halbfeudalen Grundbesitzer geführt haben. Sie konnten deshalb weder die tiefe Rückständigkeit und Stagnation der halbfeudalen Landwirtschaft, die agrarische Überbevölkerung, die hohe Arbeitslosigkeit, die Hungerlöhne, das Analphabetentum, noch andere ernste Krankheiten des Kapitalismus beseitigen.

Wenn z. B. in den Jahren von 1951–1958 das Volumen der industriellen Produktion um 40% stieg, dann erhöhte sich der Gesamtindex gegenüber dem Basisjahr 1949/50 im Jahre 1957/58 auf 108 und im Jahre 1958/59 auf 128, bei Erreichung der höchsten Rekordernte. Das niedrige Niveau und die Rückständigkeit der landwirtschaftlichen Produktion wird besonders bei kleinen Erträgen, z. B. pro Morgen Land, noch offensichtlicher. Sie betrugen in den Jahren 1948–1957 bei Reis 698 bis 704 Pfund pro Morgen, bei Weizen 566 bis 578 Pfund pro Morgen. Eine völlige Stagnation zeichnet sich in der tierischen Produktion ab, wo z. B. in den Jahren 1951–1956 der Kuhmilchertrag zurückging.

Die agrarische Überbevölkerung speist eine Millionenarmee arbeitsloser Arbeiter, da die Landarbeiter in der stagnierenden Landwirtschaft keine Arbeit finden können. Deshalb wandern jährlich 1,5 Millionen Menschen in die Städte und üben damit einen ungeheuren Druck auf den Arbeitsmarkt aus. Die Zahl der Arbeitslosen wurde in den Jahren 1957/58 auf 13 Millionen geschätzt. Aus den Angaben über die tiefe Rückständigkeit der Landwirtschaft, die Proletarisierung der Bevölkerung und die drohende Arbeitslosigkeit ist ersichtlich, wie weit die staatskapitalistische „Planung" von einem wirklichen Sozialismus entfernt ist.

Der indische Arbeiter, dessen Lohn und Lebensniveau zu den niedrigsten in der Welt gehören, hat immer häufiger die Forderung erhoben, die Kolonialrevolution durch die sozialistische Revolution zu ergänzen. Gleichzeitig hat sich die Anziehungskraft des Sozialismus auf kleine Landwirte und Bauern ohne Land vergrößert. Nach den amtlichen statistischen Angaben hat in Indien in den Jahren 1951–1956 fast die Hälfte (45%–50%) aller in der Landwirtschaft tätigen Familien entweder überhaupt keinen Boden oder weniger als einen Morgen Land besessen. Die monatlichen Aufwendungen pro Kopf lagen in dieser Gruppe noch 1955/56 unter 10 Rupien.[8]

---

[8] Agricultural Labour Enquiry, Government of India Press Nasik, Delhi 1952; NSS, Indian Statistical Institute, Calcutta, Tenth Round, Nr. 39, 1955/56.

Die indische Nationalbourgeoisie hat zwar mehr oder weniger gemeinsam mit der Masse der Landwirte und Arbeiter gegen den Kolonialismus gekämpft, aber seitdem hat sich auf der wirtschaftlichen Ebene der Klassenkampf zwischen der Bourgeoisie und der ungeheuren Masse des arbeitenden Proletariats beträchtlich verschärft. Die bürgerliche Ideologie kann es sich nicht leisten, diese Gefahr für den Kapitalismus zu ignorieren, und wie wir gesehen haben, ignoriert sie diese auch nicht.

Die Verbreitung der Losungen über den „Aufbau des Sozialismus", die „planmäßige Leitung" der Wirtschaft und die Errichtung eines Systems der „gemischten Wirtschaft" dient nur der Verdunkelung des wahren Wesens des Staatskapitalismus, der Desorientierung der werktätigen Massen. Die apologetische und demagogische Rolle der indischen bürgerlichen Wissenschaft und Ideologie deutet zugleich auf eine sich ständig vertiefende Krise des Kapitalismus auf ideologischer Ebene in den unterentwickelten Ländern hin.

Zum Schluß noch einige Bemerkungen über die Zukunft des Staatskapitalismus. Wir haben bereits gezeigt, daß die indische Nationalbourgeoisie nicht imstande ist, ihre führende Rolle bei der Mobilisierung von Investitionsquellen für den Aufbau einer Schwerindustrie und damit die Errichtung einer unabhängigen Wirtschaft ohne Staatshilfe durchzusetzen. Diese Machtlosigkeit oder beschränkte Macht des privatkapitalistischen Sektors beweist die Unbrauchbarkeit dieses Sektors im Kampf des indischen Volkes für die politische und wirtschaftliche Selbständigkeit. Selbst die Existenz des staatlichen Sektors und des Staatskapitalismus kann die sich immer mehr vertiefende Krise des Kapitalismus in einem unterentwickelten Land nicht verhindern.

Wenn sich die Krise des Kapitalismus in Indien in der Form des Staatskapitalismus entwickelt, dann hängt die Beschleunigung dieser Krise in erster Linie – abgesehen vom Klassenkampf – von der Entwicklung des Staatskapitalismus ab. Das wird letzten Endes auch durch die Tatsache bestätigt, daß der Staatskapitalismus sich objektiv unter dem Einfluß der fortschrittlichen Kräfte derNationalbourgeoisie entwickelt. Die fortschrittliche Rolle des staatskapitalistischen Sektors wird auch von der Kommunistischen Partei Indiens unterstrichen. Sie betont nicht nur seine progressive Rolle im Kampf für die wirtschaftliche Unabhängigkeit, sondern auch die Tatsache, daß die Entwicklung des staatskapitalistischen Sektors unter den Bedingungen einer günstigen Entwicklung des Klassenkampfes die Liquidierung des Kapitalismus beschleunigen kann.

Derartiges hatte sich z. B. in Kerala zu entwickeln begonnen, wo die gewählte Regierung durch die vereinten Kräfte der Reaktion gestürzt wurde. Die Reaktion hat außerdem befürchtet, daß die Kommunisten die vom Kongreß versprochene Landreform durchführen und den staatlichen und den genossenschaftlichen Sektor in wirtschaftliche Einheiten wirklich sozialistischen Charakters umwandeln werden. Die Ereignisse in Kerala und andere ähnlichen Charakters beweisen die Aktivität der Reaktion, die durch gewisse Zerfallstendenzen in den Reihen der Nationalbourgeoisie und dadurch auch in den Reihen der Kongreßpartei begünstigt wurde.

Als Hauptträger dieser reaktionären Tendenzen kann man die indische Großbourgeoisie betrachten, die immer engere Kontakte mit den ausländischen Monopolen – z. B. Tata mit der amerikanischen Firma Kaiser – und innerhalb des Landes mit den reaktionären „Landlords" anknüpft. Die Großbourgeoisie verliert also ihren ursprünglichen Charakter als Nationalbourgeoisie. Als Sprecher dieser Kräfte in der politischen Arena tritt die neu gegründete reaktionäre „Swatantra Party" hervor.

Der Druck des radikalen rechten Flügels führt dazu, daß die bürgerliche Kongreßpartei nicht imstande ist, die wichtigen Beschlüsse ihrer Jahreskonferenzen zu verwirklichen. Es handelt sich insbesondere um die Aufteilung des Großgrundbesitzes an Bauern, die keinen Boden besitzen, um die Gründungen von Genossenschaften und die Entwicklung des staatlichen Sektors. Bezeichnend für diese Lage ist die Tatsache, daß die Kommunistische Partei Indiens als konsequentester Kämpfer für die Erfüllung der Kongreßresolutionen auftritt.

Außerhalb dieses „Minimalprogramms" der Nationalbourgeoisie fordert die Kommunistische Partei Indiens die Verstaatlichung von weiteren Schlüsselindustrien. Der staatskapitalistische Sektor kann zwar nicht als sozialistischer Sektor betrachtet werden, nähert sich aber der sozialistischen Form sehr an und kann deswegen am leichtesten in diese Form verwandelt werden.

Aus den politischen und ökonomischen Tendenzen, die wir kurz behandelt haben, ergibt sich, daß über den Fortschritt des Staatskapitalismus in erster Linie durch den Kampf des Proletariats gegen die Großbourgeoisie entschieden wird. Er wird von der Stärke der indischen Monopole, von der Organisiertheit des Proletariats und letzten Endes von den Beziehungen der indischen Bourgeoisie zum ausländischen Imperialismus und zu dem sozialistischen Lager abhängen.

EINIGE BEMERKUNGEN ZUR ROLLE DER BÜRGERLICHEN POLITISCHEN ÖKONOMIE BEI DER ATOMAREN KRIEGSVORBEREITUNG DES WESTDEUTSCHEN IMPERIALISMUS

Harry Maier, Berlin

Die reaktionärsten und aggressivsten Teile des Monopolkapitals, denen einst Hitler zu Dienste stand, bemühen sich gegenwärtig krampfhaft um die Revision der Ergebnisse des zweiten Weltkrieges. Ihre Pläne zielen, wie sie es in aller Öffentlichkeit in Wort und Tat verkünden, auf die Eroberung der DDR sowie polnischer und tschechoslowakischer Gebiete und die Erringung der völligen politischen und ökonomischen Vorherrschaft über Westeuropa hin.[1] Die deutsche Finanzoligarchie geht an die Realisierung dieser wahnwitzigen Pläne zu einem Zeitpunkt, da ihre Positionen sich absolut gegenüber der Zeit des ersten und zweiten Weltkrieges verschlechtert haben. Heute gibt es auf dem Territorium der deutschen Nation einen fried- und freiheitsliebenden Staat, die DDR; die internationale Situation wird in ihrer Entwicklungstendenz nicht mehr vom Imperialismus, sondern von den zur bestimmenden Seite im Grundwiderspruch unserer Epoche gewordenen Kräften des Friedens und Sozialismus bestimmt.

Auch in Westdeutschland befinden sich die Ideen des Friedens und der Verständigung in einer Offensive. Wegen seiner aggressiven Ziele ist daher das westdeutsche Monopolkapital gezwungen, zu faschistischen Herrschaftsmethoden überzugehen, um die Volksmassen am Kampf gegen seine menschheitsfeindlichen Pläne zu hindern und sie mit größter Sorgfalt und Raffinesse auf das atomare Kriegsabenteuer vorzubereiten. Die Aufgabenstellung, vor der gegenwärtig die Apologetik der reaktionärsten und aggressivsten Teile des Monopolkapitals in Westdeutschland steht, beinhaltet daher folgende 3 Seiten:

1. Sie soll eine gegen das sozialistische Lager gerichtete Kampf- und Opferbereitschaft bei den Volksmassen erzeugen. Die Erfolge des Sozialismus auf allen Gebieten des gesellschaftlichen Lebens müssen so interpretiert werden, daß sie den Volksmassen als eine furchtbare Bedrohung „menschlicher Existenz“ erscheinen und diese nicht nur in Furcht und Schrecken versetzen, sondern auch zu aktiver Unterstützung des aggressiven Programms des Monopolkapitals anhalten.

2. Gleichzeitig müssen die ideologischen Advokaten des westdeutschen Monopolkapitals alles tun, um den Widerstand der Volksmassen gegen ihre aggresiven

[1] Vgl. *W. Ulbricht*: Des deutschen Volkes Weg und Ziel. In: „Einheit“, Nr. 9/1959, S. 1237.

Pläne zu lähmen sowie den Abbau der demokratischen Rechte und des Lebensstandards der Werktätigen zu rechtfertigen.

3. Muß der Willen des „Gegners" – also der Werktätigen in der DDR und den anderen sozialistischen Ländern – „gebrochen werden". Dem dienen die vielfältigen Versuche der „ideologischen Aufweichung" der Werktätigen in den Ländern des Sozialismus.

Eine solche Aufgabenstellung muß natürlich den irrationalistischen und vulgären Charakter der westdeutschen bürgerlichen politischen Ökonomie erheblich steigern. Da sie die westdeutsche Bevölkerung in einer Zeit, da der Sozialismus auf allen Gebieten des gesellschaftlichen Lebens einen Erfolg nach dem anderen erringt, zum Kampf gegen das sozialistische Lager fanatisieren und mobilisieren soll, ist es für sie unmöglich, mit der Waffe der Vernunft gegen den Sozialismus zu kämpfen. Daher müssen Verdrehungen, Verleumdungen, skrupelloseste Demagogie und primitivster Mystizismus bei den führenden westdeutschen Politökonomen dominieren. Hieran zeigt sich eindeutig, daß das Sinken des wissenschaftlichen Niveaus der bürgerlichen politischen Ökonomie gesellschaftliche Ursachen und nichts mit der subjektiven Schwäche dieses oder jenes Theoretikers zu tun hat. Denn auch in der politischen Ökonomie ist die Entscheidung für oder gegen die Vernunft das Kardinalproblem, da die Vernunft niemals klassenunabhängig, niemals unparteilich oder neutral ist, sondern immer die konkrete Vernünftigkeit einer bestimmten gesellschaftlichen Lage, einer sozialen Entwicklungsrichtung widerspiegelt und daher stets eine Entscheidung für oder gegen den gesellschaftlichen Fortschritt bedeutet. Die Entscheidung der Mehrheit der westdeutschen Politökonomen für das atomare Kriegsprogramm der Adenauer-Regierung muß sie also offen oder versteckt in die Arme des sozialen Mystizismus treiben.

Ein deutlicher Beweis dafür ist die Tatsache, daß das westdeutsche Monopolkapital die ideologische Kriegsvorbereitung und die Rechtfertigung der Faschisierung seines Regimes vor allem mit Hilfe der Soziallehren des politischen Klerikalismus durchführt, der skrupellos religiöse Gefühle im Interesse des Atomkrieges mißbraucht. In den Sozialtheorien des reaktionären Klerus ist grotesker Mystizismus mit „philisterhafter Gelehrsamkeit" zu einer idealen Synthese verschmolzen. Hier verflüchtigt sich auch die oberflächlichste Analyse der kapitalistischen Produktionsverhältnisse, indem der letzte Ursprung ihrer Gesetzmäßigkeiten von der Erde in den Himmel verpflanzt wird. Hiermit sollen die Werktätigen im Zustand der Spontaneität gehalten und die kapitalistische Gesellschaftsordnung für die „Waffe der Kritik" der Unterdrückten und Ausgebeuteten unerreichbar gemacht werden. Der Mystizismus ist hier auf die Spitze getrieben, er wird nicht mehr schamhaft verdeckt, sondern kultisch vergöttert. Er hat für alle Widersprüche der kapitalistischen Gesellschaftsordnung und die logischen Ungereimtheiten ihrer Theoretiker geradezustehen.

Der Prozeß der Klerikalisierung der bürgerlichen politischen Ökonomie in Westdeutschland, der in der Gegenwart zum großen Teil auch ein Faschisierungsprozeß ist, kommt in der wachsenden Rolle zum Ausdruck, die die Theoretiker des politischen Klerikalismus in der gegenwärtigen Apologetik spielen. Er äußert sich auch darin, daß die reaktionärsten Vertreter der anderen Richtungen der bürgerlichen politischen Ökonomie auf die Positionen des politischen Klerikalismus übergehen. Der Prozeß der Klerikalisierung der bürgerlichen ökonomischen Apologetik ist sowohl bei den Neoliberalen als auch bei den Rechtssozialisten unschwer nachzuweisen. Er kommt besonders deutlich in der Stellung zum Sozialismus zum Ausdruck. So erklärte das theoretische Haupt des Neoliberalismus, W. Röpke:

> „Wollen wir in diesem Ringen (mit dem Kommunismus, d. V.) standhalten, so sind mehrere Voraussetzungen zu erfüllen ... Eine der wichtigsten unter ihnen ist jedoch unsere entschiedene Besinnung auf die ethischen Grundfragen unseres eigenen Wirtschaftssystems. Nichts ist hierfür notwendiger, als die Verbindung von höchster Empfindsamkeit für das Moralische mit nationalökonomischer Sachkunde."[2]

Ein anderer Neoliberaler, Dr. Kunze, ruft – die tiefe Krise der bürgerlichen politischen Ökonomie treffend widerspiegelnd – aus:

> „Die Wirtschaftswissenschaft richtet an die Theologie einen Hilferuf 'aus innerer Bedrängnis'."[3]

Die Illusionen, die sich die bürgerlichen Ökonomen mit der Flucht unter die „alleinseligmachenden" Fittiche des reaktionären Klerus machen, spiegeln folgende Sätze in dem Buch Adolf Webers: „Sowjetwirtschaft und Weltwirtschaft" wider:

> „In 100 Jahren wird ein Historiker, der verzeichnen kann, daß wir noch einmal davon gekommen sind, die Rückwendung zur Religion vielleicht als das bezeichnendste Ereignis unseres Jahrhunderts beurteilen und als Wendepunkt in der Übergangsgeschichte der Neuzeit."[4]

Ausgehend von den Vorstellungen des politischen Klerikalismus über den Sozialismus – nämlich daß dieser die Manifestation des „Bösen" schlechthin sei – betreiben die reaktionärsten westdeutschen Politökonomen aktive Kriegspropaganda gegen den Sozialismus. Nach bekanntem Vorbild verfälschen sie den Charakter unserer Epoche, die eine Epoche des sozialen Übergangs vom Kapitalismus zum Sozialismus ist, in eine Zeit, in der angeblich „Christentum", „Freiheit", „Moralität", „Rechtsstaatlichkeit" auf der einen Seite und „Materialismus", „Unfreiheit", „Unmoral" und „Rechtlosigkeit" auf der anderen in einem Entscheidungskampf stehen.

---

[2] *W. Röpke*, Marktwirtschaft ist nicht genug. In: Hat der Westen eine Idee?, Ludwigsburg 1957, S. 18.

[3] Der Christ und die soziale Marktwirtschaft, Hrsg. v. *P. Boarman*, Ludwigsburg 1955, S. 44.

[4] Vgl. *A. Weber*: Sowjetwirtschaft und Weltwirtschaft, München 1959, S. 262.

[5] Für die klerikalen Auffassungen der jüngsten Zeit über den Sozialismus sind besonders typisch: *Johannes XXIII.*, Osterbotschaft 1960. In: „Herder-Korrespondenz" vom Juni 1960, S. 414. Ähnlich: *Pius XII.*, Aufbau und Entfaltung des gesellschaftlichen Lebens. In: Soziale Summe, Freiburg 1954, Bd. I, S. 49. Weiterhin *A. Rich*, Atomare Bewaffnung?, Zürich 1958, S. 9.

Wenn die Mehrheit der westdeutschen Ökonomen die Positionen des politischen Klerikalismus bezieht, so hängt das auch mit der erfolgreichen Entwicklung des Sozialismus auf allen Gebieten des gesellschaftlichen Lebens zusammen, weil hierdurch die meisten Argumente der bürgerlichen Ökonomen – wie jeder erkennen kann – gegenstandslos geworden sind. Für die derzeitigen Auffassungen der westdeutschen Ökonomen sind folgende „Gedanken" W. Röpkes bezeichnend:

> „Es sollte uns heute klar geworden sein, daß der Kampf der freien Welt mit dem Kommunismus kein gigantisches Turnier um die bessere Güterversorgung ist ... In Wahrheit handelt es sich natürlich um den alles bis in die letzten Tiefen aufwühlenden Konflikt zweier unversöhnlicher Moralsysteme im weitesten Sinne des Wortes, um ein Ringen, in dem es um die geistig moralischen Möglichkeiten menschlicher Existenz schlechthin geht. Die freie Welt darf keinen Augenblick in der Überzeugung wankend werden, daß die eigentliche Gefahr des Kommunismus in der drohenden Zerstörung dieser Möglichkeiten auf der Erde liegt."

Die sieben adenauerhörigen katholischen Moraltheologen, die in ihrem makabren Atomgutachten der atomaren Kriegsvorbereitung in Westdeutschland den Freibrief ausstellten, vorwegnehmend, fährt W. Röpke mit größter Menschenverachtung fort:

> „Diese Gefahr ist – was dem durch die Angst vor den Nuklearwaffen völlig konfus gewordenen nachdrücklich zu sagen ist – weit schrecklicher als die der Wasserstoffbombe, weil die moralisch-seelische Vernichtung unvergleichlich furchtbarer als die physische ist, der im natürlichen Verlauf der Dinge wir ohnehin tapfer ins Auge sehen müssen."[6]

Auch die rechten Führer der SPD, die seit ihrem Verrat vom 30. Juni 1960 offen in das Lager der aggressivsten und reaktionärsten Teile des Monopolkapitals übergegangen sind, betätigen sich in dieser Richtung. Dies kommt vor allem in dem offiziellen antikommunistischen Dokument des SPD-Parteivorstandes zum Ausdruck. Hier versuchen die rechten SPD-Führer dem westdeutschen Monopolkapital plausibel zu machen, daß sie über bessere Mittel für den Kampf gegen den Sozialismus verfügen als die CDU-CSU, denn „... es ist das Versagen einer primitiven Kreuzzugspropaganda vorherzusehen". Sieht man sich dieses Dokument jedoch näher an, so muß man feststellen, daß in ihm gleichfalls „primitivste Kreuzzugspropaganda" betrieben wird. Auch die rechten SPD-Theoretiker müssen zugeben, daß „... die naturwissenschaftlichen und industriellen Fortschritte in der UdSSR (nicht) zu leugnen (sind)", und „daß die kommunistische Herrschaft auch in Zukunft einen schnellen industriellen Fortschritt (erzwingen wird)". Das einzige, worauf es ankäme, sei aber der „sittliche Gehalt einer Gesellschaftsordnung" und dieser sei angeblich in den sozialistischen Ländern nicht gegeben, deshalb müsse man gegen

[6] Hat der Westen eine Idee?, a. a. O., S. 17. Diese zynische Formulierung scheint es *W. Röpke* so sehr angetan zu haben, daß er sie in seine neuesten Bücher übernimmt. Vgl. Jenseits von Angebot und Nachfrage, Erlenbach-Zürich und Stuttgart 1958, S. 153, und, Gegen die Brandung, Erlenbach-Zürich und Stuttgart 1959, S. 322.

[7] Vgl. „Vorwärts" vom 5. 2. 1960, S. 6.

sie mit allen Mitteln kämpfen. So schreibt W. Eichler, einer der Hauptverfasser des berüchtigten Godesberger Parteiprogramms der SPD:

> „Natürlich würde auch dann gewirtschaftet (d. h. wenn die heutigen kapitalistischen Länder sozialistisch werden sollten, d. V.) und verwaltet werden, man ginge zur Schule und triebe wissenschaftliche Forschung, es würden Kinder geboren und aufgezogen und man erfreute sich vielleicht eines wachsenden technischen Lebensstandards. Was es aber nicht gäbe, daß wäre ein Leben in Freiheit der Selbstbestimmung, Freiheit des Glaubens, der Forschung, der Kunst — also der Kultur, an der schöpferisch teilzunehmen die Würde des Menschen, jedes Einzelwesens ausmacht."[8]

Wir sehen also, auch die rechten Führer der SPD landen, obwohl sie den Anschein zu erwecken versuchen, daß sie realistischer als die CDU-CSU-Ideologen an diese Problematik herangehen, auf einem äußerst „primitiven Kreuzzugsstandpunkt", der den Sozialismus-Kommunismus als die „Manifestation" des Bösen, als Negation alles „Menschlichen" diffamiert und somit eine Kampfbereitschaft gegen das sozialistische Lager bei der westdeutschen Bevölkerung erzeugen soll.

Eine derartige Argumentation ist eine direkte Fortsetzung der Propaganda des Hitler-Faschismus. So erklärte z. B. Alfred Rosenberg in seiner berüchtigten Nürnberger-Parteitagsrede: „Der Bolschewismus als Aktion einer fremden Rasse", 1935:

> „Der Sozialismus-Kommunismus ... bedeutet die grundsätzliche Ablehnung nicht nur bestimmter Konfessionen, sondern des Religiösen überhaupt zusammen mit der Verneinung eines nationalen Wertgefüges, eine Anschauung, die buchstäblich allem widerspricht, woraus die Kulturen aller Völker Europas, und nicht nur Europas entstanden sind ... Wenn nun eine solche Verneinung ... Millionen Menschen zu erfassen beginnt, so ist das ein Zeichen, daß wir nicht mehr in einer Zeit leben, da man mit der kommunistischen Bewegung einen Kompromiß abschließen könnte..."[9]

Da die Aufgabenstellung für die imperialistischen Ideologen in Westdeutschland heute im Grunde die gleiche wie in der Hitlerzeit ist, lehnen auch sie ein friedliches Nebeneinanderbestehen mit dem Sozialismus ab, denn sie müssen — wie es A. Rüstow unmißverständlich ausdrückte —

> „... den kalten Krieg nicht nur defensiv, sondern offensiv führen, mit dem Ziel, ihn zu gewinnen, in ihm zu siegen."[10]

Zur Begründung ihrer atomkriegerischen Thesen vom „unmenschlichen" Sozialismus bringen die imperialistischen Ideologen Argumente gegen den Sozialismus, die bereits vor über hundert Jahren von Marx und Engels zerschlagen worden sind. Monoton behaupten sie, daß durch die Aufhebung des Privateigentums an den Produktionsmitteln die „alte natürliche Gliederung" der Gesellschaft verlorengegangen sei, d. h., die Klassenherrschaft der Bourgeoisie gebrochen wurde, wodurch die „religiösen", „geistigen" und „ethischen" Werte der Persönlichkeit

[8] *W. Eichler*, Nährboden für den Kommunismus. In: „Geist und Tat", 1960, Nr. 5, S. 129.

[9] *A. Rosenberg*, Der Bolschewismus als Aktion einer fremden Rasse, München 1935, S. 4.

[10] *A. Rüstow*, Wie kann die freie Welt den kalten Krieg gewinnen? In: Die freie Welt im kalten Krieg, Erlenbach-Zürich und Stuttgart 1955, S. 230.

angeblich in Frage gestellt worden sind. Gleichzeitig suchen sie den Volksmassen in den kapitalistischen Ländern den Sozialismus als überdimensionale Vergrößerung dessen darzustellen, was sie unter der Herrschaft des Kapitals drückt, quält und bedroht.

Unter den Bedingungen der atomaren Kriegsvorbereitung erhält die Demagogie der westdeutschen Marxfälscher einen besonders grotesk-abenteuerlichen Charakter. Ihre Hauptaufgabe besteht vor allem darin, unter Berufung auf Karl Marx die Verwirklichung des Marxismus-Leninismus in den sozialistischen Ländern bei den Volksmassen zu diskreditieren und die Widerstandskraft der Werktätigen im sozialistischen Lager gegen die imperialistischen Aggressoren zu untergraben. Typisch hierfür sind die Bemühungen des CDU-CSU-Ideologen Lotz, der von der Bonner „psychologischen Kriegsführung" den Nachweis erwartet, „. . . daß die von Marx dargestellten Bedingungen des Kapitalismus in erster Linie in der Sowjetunion und in den anderen kommunistisch beherrschten Ländern, dagegen nicht mehr in den USA und den entwickelten Ländern des Westens gegeben sind".[11] Lotz gibt auch die taktische Linie für die Bonner Marxfälscher an:

> „Das wichtigste Ergebnis dieser Argumente ist, daß die marxistische Entwicklungslehre eine neue und propagandistisch verwertbare Deutung erfährt, nämlich dahingehend, daß die kommunistisch beherrschten Länder sich noch in der Epoche des (Funktionärs-)Kapitalismus befinden, während in den entwickelten Ländern des Westens mit hohem sozialem Entwicklungsstand bereits der 'Sozialismus' . . . verwirklicht ist."[12]

Ein weiterer Beweis dafür, daß die Mehrheit der Ideologen des westdeutschen Monopolkapitals sich voll und ganz in den Dienst der Aggressionsvorbereitung gegen das sozialistische Lager gestellt haben, ist die Ablehnung und Verdammung des "Ost-West-Handels" als „Todfeind-Handel".[13] Ganz unmißverständlich drückt dies W. Röpke aus:

> „Daß westliche Unternehmer gewissenlos genug sind, unseren Todfeind dauernd zu stärken und westliche Regierungen schwach genug sind, das zuzulassen, ist eines der schmachvollsten und unbegreiflichsten Zeichen unseres geistig-moralischen Unvermögens."[14]

W. Röpke erklärt ausdrücklich, daß er nur deshalb gegen einen Ost-West-Handel ist, weil dies der Entspannung dienen könnte und somit die atomare Kriegsvorbereitung behindern würde.[15] Aus dem gleichen Grunde wird von diesen Ideologen

---

[11] *H. Lotz*, Funktionär-Kapitalismus. In: „Bulletin des Presse- und Informationsamtes der Bundesregierung", vom 11. 8. 1960, S. 1469.

[12] Ebenda, S. 1470/71.

[13] *W. Röpke*, Über den Umgang mit dem Bolschewismus. In: Was soll der freie Westen tun?, Ludwigsburg 1959, S. 10.

[14] *W. Röpke*, Kommunistische Wirtschaft. In: „Rheinischer Merkur", 2. 9. 1960, S. 4. Ähnlich äußerte sich der „Nestor der westdeutschen Nationalökonomie", Adolf Weber. In: „Industriekurier" vom 27. 6. 1959.

der Wettbewerb der beiden Systeme in Deutschland auf dem Gebiet des Lebensstandards abgelehnt. Dieser – so schreibt W. Röpke

> „... raubt uns in dem heutigen Weltkampf, in dem es um mehr als den Lebensstandard ... geht, Härte, Widerstandskraft und Opferbereitschaft und macht uns ängstlich und feige, bis es zu spät zu der Erkenntnis sein könnte, daß eine solche Konzentration auf den Lebensstandard uns sowohl um diesen wie um die Freiheit bringen."[16]

Solche Ansichten sind in der Tat nur folgerichtig, da selbst in der Demagogie friedlicher Wettbewerb und atomare Rüstung nicht zu vereinbaren sind.

Im Zusammenhang mit ihrer Rechtfertigung der atomaren Rüstung propagieren die imperialistischen Ideologen ein Programm des Abbaus der demokratischen Rechte und des gegenwärtigen Lebensstandards der Werktätigen sowie der politischen Entmannung der Arbeiterklasse. Hierbei wird den inneren Widersprüchen der kapitalistischen Gesellschaftsordnung eine klerikal-militaristische Deutung gegeben. Da schreibt z. B. W. Röpke:

> „... der tiefste Sitz der Krankheit unserer Kultur liegt in der geistig-religiösen Krise, die sich in jedem einzelnen vollzogen hat und nur in der Seele jedes einzelnen auch überwunden werden kann."[17]

Mit großer Gedankenlosigkeit wiederholen und variieren die ideologischen Wegbereiter des Atomkrieges die Worte Pius XII.:

> „... der zügellose Verbrauch ist das Krebsübel der heutigen Demokratie."[18]

Sie fordern von den Massen, daß sie in einer Zeit, da der dialektische Materialismus einen Sieg nach dem anderen erringt, nicht dem „praktischen Materialismus"[19] verfallen dürfen und somit in völliger „Verkennung der wahren Rangordnung der Lebenswerte" nach höheren Löhnen und kürzerer Arbeitszeit streben. Da sich jedoch die Massen mit dem Abbau des Lebensstandards zugunsten der Atomrüstung nicht ohne weiteres abfinden und offenen Widerstand leisten, wird eine solche Äußerung innerer Widerspüche zur Machination äußerer Kräfte, zur Feindtätigkeit erklärt. Die Ausrichtung nach dem „Gemeinwohl" – d. h. nach den Interessen der aggressivsten Teile des Monopolkapitals – wird somit zur allgemeinen Norm. So fordert A. Rüstow, dem Zustand der gegenwärtigen inneren Widersprüche „... ein Ende zu setzen, der einer lebensgefährlichen Bedrohung von außen in die Hände arbeitet".[20] Die Rezepte, die zur Realisierung dieser inneren Einheit angeboten

---

[15] *W. Röpke*, Gegen die Brandung, a. a. O., S. 324.
[16] *W. Röpke*, Über den Umgang ..., a. a. O., S. 25.
[17] *W. Röpke*, Jenseits ..., a. a. O., S. 22. Vgl. auch *A. Müller-Armack*, Da Jahrhundert ohne Gott. In: Religion und Wirtschaft, Stuttgart 1959, S. 474ff.
[18] *E. Muhler*, Die Soziallehren der Päpste, München 1959, S. 131.
[19] Vgl. Fasthirtenbrief der katholischen Bischöfe 1956. In: „Herder-Korrespondenz," 1956, Nr. 6, S. 277.
[20] Was soll der freie Westen tun?, a. a. O., S. 8.

werden, wie „Entproletarisierung" durch „Eigentumsbildung in Arbeiterhand"[21] und die Verwirklichung einer „echten Sozialpartnerschaft" sind hinreichend bekannt.

Da der Massenkampf gegen die atomare Bewaffnung der Bundesrepublik das aggressive westdeutsche Monopolkapital auf das stärkste behindert, ist für seine Apologeten die Verächtlichmachung der Volksmassen eine der dringendsten Aufgaben. So schreibt der auch auf diesem Gebiet vorbildliche Röpke:

> „... als Teil der 'Masse' sind wir anders, als wir es normaler- und gesunderweise sind, subhuman, herdenhaft, und der Zustand der Gesellschaft entspricht dem in bedenklichster Weise."[22]

Deshalb muß – wie Röpke weiter ausführt –

> „... der Massengesellschaft eine Führung von einzelnen entgegenwirken ... dem 'Aufstand der Massen' (muß) ein anderer Aufstand entgegentreten. ...", nämlich der 'Aufstand der Elite'."[23]

Vor allem kämpfen die bürgerlichen Ökonomen gegen das „jakobinische Prinzip der Volkssouveränität", da es „... die Möglichkeit einer totalitären Regierung (Röpke meint hiermit eine Volksregierung, d. V.) durch Mehrheitsbeschluß einschließt."[24] Daher hält er es „... für selbstverständlich ..., daß wir es nicht der Entscheidung einer Mehrheit überlassen, ob unser Land kommunistisch wird..."[25] Mit solchen gegen den Frieden und die Demokratie gerichteten Theorien weisen sich die dominierenden Teile der westdeutschen Politökonomen als eifrige Läutebuben einer selbstmörderischen und antinationalen Politik aus.

Es wäre jedoch ein verhängnisvoller Fehler für die Arbeiterbewegung, wenn sie die Wirkung dieser menschheitsfeindlichen Apologetik unterschätzen und daher den Kampf gegen diese nicht mit der genügenden Aufmerksamkeit und Sorgfalt führen würde. Das würde bedeuten, die Fehler zu wiederholen, auf die bereits der unvergessene Georgi Dimitroff auf dem 7. Kongreß der Kommunistischen Internationale hingewiesen hat:

> „Es ist eine der schwächsten Seiten des antifaschistischen Kampfes unserer Parteien, daß sie ungenügend und nicht rechtzeitig auf die Demagogie des Faschismus reagierten und bis auf den heutigen Tag fortfahren, die Fragen des Kampfes gegen die faschistische Ideologie geringschätzig zu behandeln. Viele Genossen glaubten nicht, daß eine so reaktionäre Abart der bürgerlichen Ideologie, wie die Ideologie des Faschismus, die sich in ihrer Unsinnigkeit häufig bis zum Wahnwitz versteift, überhaupt fähig ist, Einfluß auf die Massen zu gewinnen. Das war ein großer Fehler."[26].

Im Interesse des Kampfes um Frieden und Demokratie sind wir alle aufgerufen, diesen Fehler nicht zu wiederholen.

---

21 Vgl. *O. v. Nell-Breuning*, Wirtschaft und Gesellschaft – heute, Bd. I, Freiburg 1956, S. 444.

22 *W. Röpke*, Jenseits ..., a. a. O., S. 75.

23 Ebenda, S. 76. 24 Ebenda, S. 90. 25 Ebenda, S. 93.

26 *G. Dimitroff*, Ausgewählte Werke, Bd. 2, Berlin 1958, S. 505.

ZUR BEHANDLUNG DER AGRARFRAGE IN DER MODERNEN BÜRGERLICHEN POLITISCHEN ÖKONOMIE

Maksymilian Pohorille, Warschau

Da das Thema der Konferenz sehr umfangreich ist, kann man es unmöglich erschöpfend behandeln. Soll aber diese Konferenz, die der Kritik der bürgerlichen Ökonomie gewidmet ist, die weitere Arbeit beleben, darf man die Agrarfrage, die meiner Ansicht nach von größter Bedeutung ist, nicht außer acht lassen.

Die inneren Widersprüche des Kapitalismus treten besonders scharf auf dem Gebiete der Landwirtschaft hervor. Es ist deshalb kein Wunder, daß der apologetische Charakter der bürgerlichen ökonomischen Theorien bei der Behandlung der Agrarprobleme besonders deutlich zutage tritt. Die Erklärung der Ursachen und des Charakters des Interventionismus in der Landwirtschaft ist an sich eines der grundsätzlichen Probleme. Die Behandlung dieses Problems durch bürgerliche Autoren bestätigt geradezu in klassischer Weise Lenins wohlbekannte Einschätzung der bürgerlichen Wirtschaftstheorie und der bürgerlichen Tatsachenforschung. Es gibt viele interessante Einzeluntersuchungen über die Bedeutung der landwirtschaftlichen Produktion. Die theoretischen Verallgemeinerungen sind jedoch falsch und tragen einen ausgesprochen apologetischen Charakter.

Die bürgerlichen Ökonomen sehen die Hauptursache der Schwierigkeiten, die gegenwärtig in der Landwirtschaft fast aller kapitalistischen Länder herrschen, in der Überfüllung des Marktes. Die Marktüberfüllung soll nach ihrer Ansicht das Ergebnis folgender Faktoren sein. Erstens wird behauptet, daß der Prozentsatz der Geburtenzahl verhältnismäßig niedrig ist und hinter dem Prozentsatz der landwirtschaftlichen Produktionssteigerung zurückbleibt. Zweitens wird gesagt, daß infolge des hohen Lebensstandards der Bevölkerung die Einkommenselastizität der Nachfrage nach Lebensmitteln gering ist.

Nehmen wir in statistische Angaben Einsicht, so zeigt sich, daß die Theorie des „satten Magens“ weit von der Wirklichkeit entfernt ist. Ich werde versuchen, dieses Problem möglichst kurz in ein paar Punkten darzulegen.

1. In der Zeit von 1920–1930 stieg in den USA die Agrarproduktion um 11% und erhöhte sich die Bevölkerungszahl um 16%. Das Tempo der Produktionssteigerung wurde also beträchtlich durch die Zuwachsrate der Bevölkerung übertroffen. Jedoch bewahrte diese Tatsache die USA nicht vor der ungewöhnlich scharfen Krise im Jahre 1929.

2. Die Einkommenselastizität der Nachfrage nach Lebensmitteln ist zwar in den ökonomisch hochentwickelten Ländern niedrig, aber die Verbrauchsschwankungen sind trotzdem beträchtlich. Wenn wir für die USA den Verbrauchsindex der Zeit von 1935–1939 mit 100 pro Kopf ansetzen, so belief sich derselbe Index im Jahre 1945 auf 96, im Jahre 1946 auf 119 und im Jahre 1950 auf 111.

3. Forschungen über die Auswirkungen von Veränderungen des Volkseinkommens auf die globale Nachfrage sind nur in beschränktem Umfange möglich. Selbstverständlich wird die allgemeine Nachfrage nicht nur von den Veränderungen des Volkseinkommens, sondern auch von der Verteilung beeinflußt. In den Jahren 1935–1936 betrugen die Ausgaben für Nahrungsmittel in den Einkommensgruppen bis 500 Dollar 45% der Gesamtausgaben, bei den wohlhabenden Bevölkerungsgruppen hingegen nur 15% der Gesamtausgaben.

4. Die in den USA, Frankreich und Großbritannien durchgeführten Forschungen beweisen, daß es sogar in diesen reichen kapitalistischen Ländern große Bevölkerungsgruppen gibt, die sich nicht ausreichend ernähren können. Von großer Bedeutung ist auch die Frage der qualitativen Verbesserung der Ernährung. Die Bruttokalorienqualität stieg in der Regel viel schneller als die Nettokalorienqualität.

5. Die bürgerlichen Ökonomen verschweigen bewußt die in der Entwicklung des kapitalistischen Weltmarktes auftretenden Widersprüche. Die Verschärfung dieser Widersprüche ist verbunden: mit der Vergrößerung der Ungleichmäßigkeiten in der Entwicklung des Kapitalismus, mit der Krise des Weltsystems der kapitalistischen Wirtschaft, mit der Diskriminierungspolitik gegenüber den Ländern, die den Weg des Sozialismus betreten haben, sowie mit der Ausplünderung der schwachentwickelten Länder durch nichtäquivalenten Austausch.

Die Ertragssteigerung der landwirtschaftlichen Produktion hat in den letzten 100 Jahren das Tempo des Geburtenzuwachses überstiegen, doch bleibt das Problem des Nahrungsmangels im wahrsten Sinne des Wortes auf großen Gebieten ungelöst. Gleichzeitig gibt es Länder, die nicht wissen, was sie mit ihrem Überfluß an landwirtschaftlichen Erzeugnissen anfangen sollen. In diesen Ländern erwartet man ständig einen gewaltigen Sturz der Preise für landwirtschaftliche Erzeugnisse. Hungersnot im Überfluß ist eine scharfe Anklage gegen das kapitalistische System. Gerade in der gegenwärtigen Situation, in der die beiden unterschiedlichen sozialökonomischen Systeme miteinander im Wettbewerb stehen, läßt sich das kaum bemänteln. Deshalb gehen viele Ökonomen, wenn auch widerstrebend, über die Versicherung der Liberalen hinweg, daß der freie Markt die beste Institution sei, und verlangen eine Festsetzung der Preise und die Anwendung sonstiger Mittel, um die Krisen zu überwinden. Sie fordern auch die Verteilung der überflüssigen Nahrungsmittel an Bevölkerungsgruppen im eigenen Lande sowie an die Bevölkerung der schwachentwickelten Länder, die unter Nahrungsmittelmangel leiden. Milhau schreibt:

> „Der Warenaustausch kann nicht gerecht sein, wenn die Handelspartner sich nicht auf gleicher Stufe befinden. Zwischen dem Starken und dem Schwachen, zwischen

dem, der Rechte hat, und dem, der sie nicht hat, zwischen dem, der weiß, und dem, der nicht weiß, zwischen dem, der will, und dem, der nicht will, erscheint der Warenaustausch zu oft wie ein Mittel der Beraubung und endet schließlich mit seiner Einstellung; denn der Handel ist unmöglich zwischen dem, der besitzt und dem, der nicht ... oder nicht mehr besitzt ... Da der traditionelle Warenaustausch zur Übersättigung des Marktes der freien Konkurrenz und zu wirtschaftlicher Stagnation führt (und der landwirtschaftliche Markt stagniert wegen der Trägheit der ihn umgebenden Verhältnisse oft), erscheint die unentgeltliche oder halbentgeltliche Übergabe des Überflusses als eine mögliche Lösung, um den wirtschaftlichen Widersprüchen der modernen Welt zu entgehen."[1]

Dieser Wunsch, die Widersprüche der heutigen Welt zu vermeiden, ist charakteristisch für eine gewisse Gruppe kleinbürgerlicher wie auch bürgerlicher Ökonomen. Dabei sehen sie nicht oder wollen sie nicht sehen, daß die Widersprüche nicht vermieden werden können.

Für Länder wie die USA wäre es viel bequemer, sich des Überflusses an Nahrungsmitteln durch eine Politik der kostenlosen Lieferung zu entledigen, als ihn der Vernichtung preiszugeben. Die Sache wird dadurch kompliziert, daß der Staat, der eine Politik der Hilfslieferungen betreibt, in Widerspruch zu den Prinzipien des vielseitigen internationalen Austausches geraten kann. Mit einem Wort, eine solche Hilfe wirkt dem kapitalistischen Profitstreben entgegen. Andererseits sind die kapitalistischen Staaten nicht geneigt, gänzlich auf unentgeltliche Lieferungen zu verzichten, weil sich damit in politischer und ökonomischer Beziehung ein Druck auf die ökonomisch rückständigen Länder ausüben läßt. Das schließt aber nicht aus daß mit Hilfe der verschiedenen internationalen Organisationen bei der UNO ein wirtschaftliches Hilfsprogramm für die schwachentwickelten Länder realisiert werden kann. Aber nicht der veränderte Charakter des gegenwärtigen Kapitalismus und des bürgerlichen Staates, sondern das neue Kräfteverhältnis in der Welt machen es möglich, die Verwirklichung eines derartigen Hilfsprogramms als Aufgabe zu stellen. Die bürgerlichen Ökonomen verfallen in reaktionären Utopismus, wenn sie die Widersprüche der heutigen Welt vermeiden wollen.

„Sicher ist, daß der Begriff der Gerechtigkeit mit Gewalt in die Wirtschaft eingeführt wird. Die Praxis der differenzierten Preise ist ein Mittel zur Verwirklichung dieser Gerechtigkeit: Der Reiche bezahlt mehr als der Arme, der gutgestellte Produzent erhält weniger als der benachteiligte Produzent. Die Gerechtigkeit liegt nicht in der Gleichheit der Leistungen, sondern in der Personifizierung der wirtschaftlichen Handlung."[2]

Milhau behauptet, daß auf dem Markt für landwirtschaftliche Erzeugnisse die Transformation der wirtschaftlichen Strukturen und Mechanismen besonders sichtbar wird. Das Profitstreben soll angeblich im Begriff sein, Motiven der sozialen Gerechtigkeit oder des allgemeinen Wohlstandes zu weichen. Diese Losungen klingen hier besonders falsch, denn gerade in der Landwirtschaft spiegelt die Politik

---

[1] *Jules Milhau*, Traité d'économie rurale, Bd. II, Paris 1949, S. 439f.
[2] Ebenda, S. 439.

des Interventionismus besonders stark die Klassengegensätze wider, die zwischen den Industriellen und Agrariern, zwischen den großen und kleinen landwirtschaftlichen Produzenten und sowie zwischen diesen beiden Gruppen und dem Handelskapital usw. bestehen. Und auch die Gegensätze, die zwischen den entwickelten und den ökonomisch rückständigen kapitalistischen Ländern existieren, treten auf diesem Gebiet besonders deutlich zutage.

Dieser ständige Druck der in Widerspuch zueinander stehenden Kräfte bewirkt, daß die Interventionspolitik der kapitalistischen Länder auf den ersten Blick als inkonsequent, wechselhaft und unvollständig erscheint. Die Staatsintervention auf dem Gebiete der Landwirtschaft bedarf meiner Ansicht nach einer gründlichen Erforschung. Man sollte sich dabei nicht auf allgemeine Feststellungen beschränken, sondern eine wissenschaftliche Untersuchung der verschiedenen Organisationssysteme des Marktes für landwirtschaftliche Erzeugnisse durchführen. Weiterhin sollte der Einfluß dieser Systeme auf die wirtschaftliche Entwicklung und auf die Lage der verschiedenen Gesellschaftsklassen in den einzelnen kapitalistischen Ländern untersucht werden.

Zum Schluß möchte ich meine Meinung über unser Verhältnis zur bürgerlichen Ökonomie und zu den bürgerlichen Ökonomen zum Ausdruck bringen.

1. Es gibt im Westen gewisse, heute schon ziemlich große Gruppen von Ökonomen, die zwar auf der Basis der bürgerlichen Methodologie stehen, aber dennoch gewisse Mängel des Kapitalismus feststellen und uns in bestimmten politischen Fragen – wie Abrüstung, wirtschaftliche Zusammenarbeit, Hilfe für ökonomisch schwachentwickelte Länder usw. – beistimmen. Es ist eine Forderung der politischen Vernunft, sich bei der Kritik der Ansichten dieser bürgerlichen Ökonomen nicht des gleichen Tones zu bedienen wie gegenüber anderen bürgerlichen Ökonomen, die in den erwähnten Fragen nicht unserer Meinung sind. Auch wäre es falsch, auf den Versuch zu verzichten, einige von ihnen auf unsere Positionen herüberzuziehen.

2. Es wäre eine Vereinfachung, wollten wir behaupten, daß die bürgerliche Ökonomie nur die Funktion einer ideologischen Verteidigungswaffe des Kapitalismus erfülle. Sie kann in der Praxis gegenüber den Ansprüchen des kapitalistischen Staates und der Monopole nicht taub bleiben und muß deshalb danach trachten, gewisse Regelmäßigkeiten im Wirtschaftsleben des modernen Kapitalismus festzustellen.

3. Die Kritik einzelner Seiten des Kapitalismus und bisweilen eine richtige Einschätzung einzelner Erscheinungen oder ihrer Zusammenhänge sind jedoch noch kein Beweis dafür, daß die bürgerlichen ökonomischen Theorien ihren apologetischen Charakter verloren haben. Die von den modernen Vertretern der bürgerlichen Ökonomie betriebene Apologetik des Kapitalismus ist raffinierter und gefährlicher als je zuvor. Eine wirklich wissenschaftliche Darstellung der Probleme unserer Zeit ist nur von einer konsequent revolutionären, also marxistischen, Position aus möglich.

4. Eine Verbesserung der marxistischen Untersuchungsmethode der modernen sozialistischen und kapitalistischen Wirtschaft ist nur bei völliger Überwindung des revisionistischen Mythos von der „Befreiung der Wissenschaft von der Ideologie“

möglich. Das bedingt rücksichtslosen Kampf gegen jegliche Vulgarisierung des Marxismus. Wenn auch die gefährliche Tatsache, daß manche jüngere Ökonomen den irreführenden formalistischen Spekulationen der bürgerlichen Ökonomie erliegen, richtig eingeschätzt werden muß, so soll man gleichzeitig aber auch die drohende Abhängigkeit von derselben durch eine „mechanische Verneinung“ nicht verkennen.

Einige unserer Kollegen sind z. B. der Meinung, daß sich ein Marxist nicht mit Fragen wie der „Elastizität der Nachfrage“ befassen oder die mathematischen Methoden nur deshalb nicht anwenden sollte, weil es die bürgerlichen Ökonomen tun. Wenn wir tatsächlich die Pflicht hätten, absolut alle von den bürgerlichen Ökonomen dargestellten Tatsachen oder ihre gesamte Untersuchungstechnik in Bausch und Bogen zu verneinen, so würden wir in eine paradoxe Abhängigkeit zu unseren Gegnern geraten.

5. Eine Vertiefung der Kritik der bürgerlichen Ökonomie ist unlöslich mit einer weiteren positiven Entwicklung der marxistischen ökonomischen Theorie verbunden.

ZEITGENÖSSISCHE BÜRGERLICHE ÖKONOMISCHE THEORIEN ÜBER DIE WIRTSCHAFTLICHE ENTWICKLUNG SCHWACHENTWICKELTER LÄNDER

Jacques Nathan, Sofia

In dem Vortrag des Kollegen Jerzy Kleer „Kritik einiger bürgerlicher Theorien der Entwicklung ökonomisch schwachentwickelter Länder“ werden die grundlegenden Theorien der bürgerlichen Ökonomen zu dieser Frage dargelegt und vom Standpunkt des Marxismus-Leninismus kritisch eingeschätzt. In Ergänzung zu diesem Vortrag des Kollegen Kleer möchte ich hier auf die Theorien einiger amerikanischer Ökonomen über die wirtschaftliche Entwicklung schwachentwickelter Länder hinweisen.

Auf der 72. Jahrestagung der American Economic Association vom 28. bis 30. Dezember 1959 wurden u. a. zwei Vorträge gehalten, die sich auf die Probleme der Entwicklungsländer beziehen. Den einen Vortrag, über „Stimuli in unterentwickelten Volkswirtschaften“, hielt Simon Rottenberg von der Universität Chicago.[1] Richard S. Eckaus von der Brandeis Universität sprach über „Das Problem der Proportionalität der Faktoren in unterentwickelten Gebieten“.[2]

Rottenberg wirft drei Fragen auf: (1) Was ist die Bedeutung eines Nichtreagierens auf Stimuli und (2) welcherart sind die analytischen Folgen eines derartigen Nichtreagierens? Und (3) was besagt die Erfahrung hinsichtlich der Reaktion auf Anreize in den der Armut ausgesetzten Ländern?

Nach einer in dem ersten Vortrag erwähnten Auffassung unterscheiden sich – mit Bezug auf den untersuchten Problemkreis – die durch Armut gekennzeichneten Länder in dreierlei Hinsicht von den reichen Ländern. Erstens zeitigten Preisanreize manchmal überhaupt keine Reaktion; Kapitalangebote und Bemühungen in bezug auf diesen oder jenen Beschäftigungszweig sind unendlich unelastisch; jedoch steigen in diesem Zweig viele Realpreise, zusätzliche Angebote werden nicht gemacht.

Zweitens existiere bisweilen eine negativ abfallende Angebotskurve in bezug auf manche Beschäftigungszweige; Betriebsleiter dieser oder jener Industrie reagieren auf Preisanreize mit einer Verringerung der Produktion, und dieser negative Zuwachs (d. h. Abnahme) wird nicht durch neue, von den höheren Realpreisen angelockte Teilnehmer ausgeglichen.

---

[1] Vgl. „The American Economic Review“, Bd. L, 1960, Nr. 2, S. 73–83: *Simon Rottenberg*, Incentives in Underdeveloped Economics.

[2] Vgl. ebenda, S. 642–648: *Richard S. Eckaus*, The Faktor Proportions Problem in Underdeveloped Areas.

Drittens läge manchmal eine positive, aber relativ unelastische Angebotskurve in bezug auf manche Zweige vor; die Ordinaten der Punkte für einige Beschäftigungen liegen weit über denen für andere, so daß die höheren Realpreise in der Tat Ressourcen für einige Industrien anziehen werden.

Diese Erscheinungen sind – wie in dem Vortrag ausgeführt wird – wissenschaftlich bereits 1876 von Walter Bagehot und vor ihm schon von John Stuart Mill beobachtet worden.

Der Verfasser untersucht den theoretischen Fall einer Volkswirtschaft mit zwei Zweigen, A und B, in der die Anpassungsfähigkeit an die Preise gleich Null ist. Wenn auch die Reallöhne in A ansteigen, so tritt keine Wanderung von Arbeitskräften von B nach A ein, weil sie nicht gewillt sind, ihre Familien zu verlassen, oder weil sie die gewohnte Umgebung nicht aufgeben wollen, oder aus sonst einem Grunde.

Die Grundthesen, von denen die Verfechter derartiger Auffassungen ausgehen, sind folgende:

1. Die Fragen des wirtschaftlichen Wachstums der Entwicklungsländer könnten nur auf der Grundlage des derzeitigen kapitalistischen Systems behandelt werden. Die Kriterien der in Verfall befindlichen gegenwärtigen bürgerlichen politischen Ökonomie seien maßgeblich für die Lösung dieser Probleme.

2. Die Wirtschaft dieser Länder sei nicht elastisch und ließe sich durch reale Preisveränderungen nicht beeinflussen. Mit anderen Worten, die Wirtschaft reagiert angeblich nur schwer auf Preiserhöhungen und Kapitalangebot, und insbesondere sei es um die Mobilität der Arbeitskräfte schlecht bestellt. Schon hier wird, soweit ein objektives Zurückbleiben hinsichtlich der Tendenz zur Kapitalinvestition und zur Verlagerung von Produktivkräften vorliegt, die Folgeerscheinung an die Stelle der Ursache gerückt. Die herrschenden Zustände der Rückständigkeit und Armut haben ihre Ursachen im Kolonialismus, im Feudalismus sowie in der durch die herrschenden Produktionsverhältnisse bedingten elenden Lage der Industriearbeiter. Es ist wirklich sehr erstaunlich, wie jemand behaupten kann, die Menschen in den Entwicklungsländern ließen sich durch keinerlei Anreiz dazu bewegen, sich ertragreicheren Geschäftszweigen zuzuwenden, ihre Lebensverhältnisse zu ändern und höhere Einkünfte zu erzielen. Die objektiven Ursachen hierfür liegen aber viel tiefer, doch die bürgerlichen Ökonomen erwähnen sie nicht. Einerseits nämlich machen in der herrschenden Gesellschaftsordnung das Elend und der Geldmangel eine Veränderung des Wohnsitzes ganzer Familien fast unmöglich. Andererseits sind die Lebensbedingungen in den Arbeitszentren äußerst schlecht; die Arbeitslosigkeit ist eine ständige Erscheinung, der Unterhalt ist kaum gesichert.

3. Das ganze theoretische Gebäude der Wirkung von Stimuli ist unwissenschaftlich. Die Folge wird mit der Ursache verwechselt; abstrakte, metaphysische Ursachen eines unelastischen Angebots von Arbeitskraft und Kapital werden in den Vordergrund gerückt. Bedeutet dies aber nicht, daß unter bestimmten objektiven Bedingungen, die ein sicheres Leben und sichere Einkünfte gewährleisten, die Voraussetzungen für die Beseitigung dieser „Unelastizität" des Angebots gegeben

sein werden? Wenn die Produktionsmittel sich in der Hand der Gesellschaft befinden und dem Arbeiter höhere Einkünfte und bessere Lebensbedingungen garantiert sind, existieren diese „Stimuli" nicht. Alle diese Konstruktionen bürgerlicher Wirtschaftswissenschaftler bezwecken folglich nur, darauf hinzuweisen, daß sich die Entwicklungsländer in einer Lage befinden, die kaum Möglichkeiten für einen wirtschaftlichen Fortschritt eröffnet. Ein solcher wirtschaftlicher Fortschritt setzt angeblich voraus, daß man Neigungen und Verhaltensweisen analysiert, die Hindernisse für eine freie Kapitalwanderung beseitigt und die Hilfe der Monopole erlangt. Nur wenn diese Voraussetzungen erfüllt seien, könnten Produktion und Nationaleinkommen durch staatliche Einmischung gesteigert werden.

In dem Vortrag über „Das Problem der Proportionalität der Faktoren in unterentwickelten Gebieten" wird nach den Möglichkeiten des technischen Fortschritts in den Entwicklungsländern gefragt und geprüft, inwieweit ein solcher Fortschritt zu höheren Resultaten führen würde. Auch hier beziehen sich die Betrachtungen und Erwägungen auf Zusammenhänge, die in Wirklichkeit gar nicht existieren. Wesentlicher ist schon, daß sich die amerikanischen Apologeten des Kapitalismus insofern der „Wirklichkeit" nähern, als sie sich mit den Formen der Betriebsorganisation beschäftigen. Die Organisation entsprechend der angewandten Technologie wird als die geeignetste Betriebsform für die großen als Aktiengesellschaften organisierten monopolistischen Unternehmen betrachtet. Man denkt hierbei an die Überlegenheit der Monopole und der Oligopole in der „monopolistischen" Konkurrenz. Hier kommt bereits das Bestreben des amerikanischen Imperialismus zum Vorschein, sich der Wirtschaft der Entwicklungsländer zu bemächtigen. Auf Grund ganz allgemeiner theoretischer Überlegungen, die auf der subjektiven Schule beruhen, wird empfohlen, die Leichtindustrie und die Technologie in der Landwirtschaft zu entwickeln.

Derartige „moderne" Theorien bringen nichts Neues für die Wirtschaftswissenschaft. Sie sind darauf gerichtet, den Kapitalismus in den Entwicklungsländern durch Anwendung monopolkapitalistischer Organisationsformen der Betriebe zu festigen. Andererseits dienen die zahlreichen Empfehlungen zur Untersuchung der Anwendungsmöglichkeiten der Technologie und des „Verhaltens" der Verbraucher nur dem Zweck, den Prozeß des wirtschaftlichen Wachstums der Entwicklungsländer aufzuhalten und ihre Entwicklung auf den landwirtschaftlichen Sektor und auf die Schaffung einer Industrie für Massenbedarfsgüter zu lenken, die von großen ausländischen Monopolen abhängig ist. Eine derartige Entwicklung liegt natürlich nicht im Interesse der Entwicklungsländer. Dies müssen sogar manche bürgerlichen Wirtschaftswissenschaftler zugeben.

> „Jedoch gebietet es die Ehrlichkeit, noch auf folgendes hinzuweisen: Nicht immer werden sich die zu erschließenden Länder gerade auf solche Industrien werfen, die im Interesse der fortschrittlichen Länder liegen. Hier tut sich möglicherweise ein wirklicher Interessengegensatz auf."[8]

[8] *Paul A. Samuelson*, Volkswirtschaftslehre, 2. Aufl., Köln-Deutz 1958, S. 769.

Die imperialistischen Staaten rechnen offensichtlich damit, durch Kapitalausfuhr in diese Länder diesen Widerspruch zu ihren Gunsten zu lösen, indem sie das Kapital in solche Geschäftszweige leiten, die für die Industrie in den Metropolen keine Konkurrenz darstellen. Eine derartige Politik vermag jedoch die Frage der wirtschaftlichen Entwicklung ökonomisch rückständiger Länder nicht in befriedigender Weise zu lösen. Im Gegenteil, sie zielt darauf ab, diese Entwicklung aufzuhalten und sie in eine Richtung zu treiben, die den Lebensinteressen der Völker dieser Länder widerspricht.

Derartige Auffassungen werden auch von bürgerlichen Ökonomen in einigen Entwicklungsländern vertreten. So meinen z. B. die prominenten griechischen bürgerlichen Wirtschaftswissenschaftler X. Zolotas, S. Andreadis, Chalkias u. a., daß in Griechenland die für eine Industrialisierung notwendigen ökonomischen, materiellen und technischen Möglichkeiten und Voraussetzungen fehlen. Sie entwickeln eine Theorie, nach der die griechische Wirtschaft nicht lebensfähig sein soll. Die Theorie von der natürlichen Armut Griechenlands aufrechterhaltend, vertreten diese griechischen Wirtschaftswissenschaftler den Standpunkt, daß Griechenland die landwirtschaftliche Produktion und die kleinen oder mittleren Industriebetriebe fördern müsse.

In dem von der griechischen Regierung kürzlich veröffentlichten Fünfjahrplan der Landwirtschaft wird das Schwergewicht fast ausschließlich auf die Produktionszweige der Leichtindustrie und hauptsächlich auf die Entwicklung der sogenannten „Touristenindustrie“ gelegt.

Ein anderes Argument für die Unmöglichkeit der Industrialisierung Griechenlands, mit dem diese griechischen Ökonomen operieren, ist das des Kapitalmangels. So heißt es z. B., daß eine Entwicklung ohne Industrialisierung unmöglich ist, doch sei es in der freien Wirtschaft schwierig, die Industrialisierung durchzuführen, ohne günstige Bedingungen für das „fremde“ Kapital und Unternehmertum geschaffen zu haben. (Vgl. „Wirtschaftsablauf“, Heft 5/1960.) In einem Bericht der griechischen Nationalbank wird unterstrichen, daß in Ländern mit einer schwachentwickelten Wirtschaft wie der griechischen der Kapitalmangel ein grundsätzliches Hindernis für die Durchführung von Investitionen auf hohem Niveau ist. S. Andreadis ist der Auffassung, daß in Ländern wie Griechenland, deren Wirtschaft über keinen Kapitalmarkt zur Überwindung des den Entwicklungsländern eigenen langsamen Entwicklungstempos verfügt, ein Zufluß fremder privater und staatlicher Kapitalien notwendig sei. (Vgl. „Nationaler Wiederaufbau“, 1960, Heft 112). Der Ökonom Damalas, der ebenfalls die „Seltenheit von Kapitalien“ als Mangel der griechischen Volkswirtschaft herausstreicht, empfiehlt den großen imperialistischen Staaten, in ihrem Interesse das Problem der Entwicklungsländer durch Gewährung von Anleihen „zu lösen“, während es Aufgabe der Entwicklungsländer sei, ihre Probleme systematisch in der internationalen Arena vorzubringen und die entwickelten Länder zu überzeugen, daß sie die Pflicht haben, sich für die Schwierigkeiten der ökonomisch rückständigen Länder zu interessieren.

Professor A. Angelopulos sieht in staatlichen Investitionen die Voraussetzung für eine Industrialisierung Griechenlands. Nur der Staat sei in den Entwicklungsländern in der Lage, große Betriebe zu schaffen. Das hieße nicht, daß das private Unternehmertum dazu nicht fähig sei. Es handele sich vielmehr um Betriebe, die mehr produktiv als rentabel sind und große Kapitalien erfordern. (Vgl. „Neue Wirtschaft", 1960, Heft 3.)

Nach einer anderen Theorie soll eine rasche Entwicklung der griechischen Volkswirtschaft deswegen unmöglich sein, weil Griechenland ein kleines Land ist und als solches die Wirtschaft nicht lediglich mit eigenen Kräften entwickeln kann. Damit will man einerseits die Unmöglichkeit einer Entwicklung der griechischen Volkswirtschaft ohne fremde Kapitalhilfe begründen und das Eindringen des ausländischen Kapitals in Griechenland rechtfertigen, andererseits soll auf diesem Wege die Notwendigkeit von „Lebensraum" betont werden.

Auf dieser theoretischen Grundlage ist der wirtschaftliche und politische Kurs der griechischen Regierung aufgebaut. „Die Einfuhr von ausländischem Kapital" – erklärte der Präsident des Ministerrats, Zazos – „ist Bestreben und Ziel der Regierung". Eben darum wurden die Tore Griechenlands dem Zustrom von ausländischem Kapital so weit geöffnet und Pläne für einen gewaltsamen Anschluß von Nordepirus (Südalbanien, Ostrumelien usw.) an Griechenland geschmiedet. Derartige Machenschaften werden vom ausländischen Monopolkapital, insbesondere dem amerikanischen, gestützt und gefördert, um Griechenland als Agrar- und Rohstoffanhängsel sowie als Aufmarschbasis gegen die UdSSR und die Volksdemokratien zu nutzen.

Das Problem der wirtschaftlichen Entwicklung der Entwicklungsländer wird auch in den jugoslawischen Wirtschaftskreisen breit diskutiert. So befaßt sich z. B. der jugoslawische Ökonom J. Stanovnik in der Zeitschrift „Internationale Probleme", Belgrad 1960, mit dem Thema „Das theoretische und praktische Problem der Planung, ein wirtschaftliches Problem der Entwicklungsländer". Ein anderer jugoslawischer Wirtschaftswissenschaftler, Slobodan Branković, veröffentlichte ein Buch mit dem Titel: „Die Investitionen in den Entwicklungsländern und die Theorie der gleichgewichtigen Entwicklung".[4]

In ihren Schriften vertreten diese Autoren – indem sie sich der marxistischen Terminologie bedienen – die beliebten Thesen der jugoslawischen Revisionisten. So behauptet Branković im dritten Kapitel seines Buches:

> „Die derzeitige ökonomische Entwicklung wird durch eine immer größere Bedeutung des Staates bei der Entwicklung der erweiterten Reproduktion charakterisiert, wobei sich dies sowohl auf das entwickeltste oder unentwickeltste Land als auch auf jene Länder bezieht, die sich vor oder nach der Übergangsphase vom Kapitalismus zum Sozialismus befinden."[5]

Nach Branković ist in den kapitalistischen Ländern jetzt eine gewisse Selbständigkeit der Staatsgewalt feststellbar, die aus der Entwicklung der Klassengegensätze und

[4] Vgl. *S. Branković*, Investiciji k nerazvijenim zemljama i toerija o balansiranom razvoju, Belgrad 1959. [5] Ebenda, S. 148.

der Notwendigkeit selbständiger Eingriffe des Staates im Interesse der Forcierung der erweiterten Reproduktion resultiert. Indem dieser Autor den staatsmonopolistischen Kapitalismus in den hochentwickelten kapitalistischen Ländern, den Staatskapitalismus in den Entwicklungsländern und den sozialistischen Staatsapparat über einen Leisten schlägt, gelangt er zu der Schlußfolgerung, daß unter den derzeitigen Bedingungen der Staatsbürokratismus anwächst. Nach ihm gelingt es der Staatsbürokratie in den kapitalistischen Ländern, „eine gewisse Überlegenheit über alle Politiker und politischen Gruppierungen, über die stärksten Monopole" herzustellen. Dies sei darauf zurückzuführen, daß in Ermangelung eines anderen Mechanismus zur Sicherung der gleichgewichtigen Entwicklung diese Funktion von der staatlichen Verwaltung der Wirtschaft ausgeübt wird. Die reale Stärke der Staatsbürokratie gründe sich auf die „mehr oder weniger erheblichen materiellen Reichtümer, die ihr im Bereich des Staates zur Verwaltung überlassen sind, auf das Recht, Steuern zu erheben, auf die gesetzliche Sicherung der Durchführung ihrer Planaufgaben, auf Kontrollbefugnisse usw."[6]

Dieser Autor ignoriert offensichtlich das grundlegende Leninsche Prinzip von der Rolle des sozialistischen Staates als Instrument der Diktatur des Proletariats sowie die Verbundenheit der kommunistischen Partei mit den Massen, die die Möglichkeit ausschließt, daß sich einzelne bürokratische Erscheinungen im sozialistischen Staatsapparat zu einem System entwickeln.

Im vierten Kapitel beschäftigt sich Branković mit den Entwicklungstendenzen der Wirtschafts- und Investitionspolitik in den wirtschaftlich zurückgebliebenen Ländern. Er untersucht ausführlich die staatskapitalistischen Formen und neoliberalistischen Strömungen in der Türkei, in Mexiko und in einigen südamerikanischen Ländern. Er betont, daß die Verstaatlichung zahlreicher Wirtschaftszweige in der Türkei nach der kemalistischen Revolution und die breite Einmischung des Staates in das Wirtschaftsleben zur wirtschaftlichen Entwicklung des Landes und zum Ausbau der Grundpfeiler seiner Industrialisierung beigetragen haben, ohne über den Kapitalismus hinauszuführen. In der Folgezeit haben aber die türkischen Machthaber infolge der Korruption in der staatlichen Bürokratie, unter dem Druck der Imperialisten und aus anderen Ursachen besonders in der Zeit, als die Demokratische Partei am Ruder war, den entgegengesetzten Weg eingeschlagen. Sie verfolgten eine Politik der „Liberalisierung" der Wirtschaft, die Inflation und Desorganisation der ganzen Wirtschaft zur Folge hatte und es dem ausländischen Monopolkapital gestattete, seine Positionen zu festigen. Ähnliche Verhältnisse beobachtet man auch in Mexiko und anderen schwachentwickelten kapitalistischen Ländern.

Abschließend weist Branković auf die Notwendigkeit eines dynamischen Gleichgewichts bei der Entwicklung der Produktivkräfte hin, das zu erreichen Ziel der Investitionspolitik der Entwicklungsländer sein müsse. Ein derartiges Gleichge-

[6] Ebenda, S. 149.

wicht dürfe nach seiner Auffassung keinesfalls mit Autarkie verbunden werden. Der Autor appelliert an die wirtschaftlich hochentwickelten Länder, den wirtschaftlich schwachentwickelten Ländern Entwicklungshilfe zu geben. Diese Hilfe müsse in erster Linie von der Organisation der Vereinten Nationen organisiert werden.

Aus den Ausführungen zeitgenössischer bürgerlicher Ökonomen über das Problem der wirtschaftlichen Entwicklung der Entwicklungsländer geht deutlich hervor, welche ungeheure Bedeutung der Kritik an den unwissenschaftlichen Konstruktionen der bürgerlichen politischen Ökonomie und den revisionistischen Konzeptionen der jugoslawischen Revisionisten zukommt. Die Ausarbeitung theoretischer Probleme der wirtschaftlichen Entwicklung der Entwicklungsländer vom marxistisch-leninistischen Standpunkt wird eine wesentliche Rolle im Kampfe um die völlige wirtschaftliche und politische Befreiung der Entwicklungsländer von den Fesseln des Imperialismus spielen, dem Ausbau der wirtschaftlichen und politischen Selbständigkeit dieser Länder förderlich sein und die Bildung und Stärkung jener progressiven Kräfte in diesen Ländern vorwärtstreiben, die auf die Erfahrungen und die Hilfe der sozialistischen Länder bauen.

Eine der vornehmsten Aufgaben der marxistisch-leninistischen Kritik wird es sein müssen, die Thesen der zeitgenössischen bürgerlichen Wirtschaftswissenschaftler zu entlarven, nach denen es für die Entwicklungsländer nur einen Entwicklungsweg gibt – nämlich den der USA, Englands, Frankreichs und anderer kapitalistischer Länder –, und weit und breit die Erfahrungen der Länder des sozialistischen Lagers zu propagieren, überzeugend die Überlegenheit des sozialistischen Systems über das kapitalistische zu beweisen und darauf hinzuweisen, daß wahrer wirtschaftlicher Aufstieg den Sieg der sozialistischen Produktionsverhältnisse zur Voraussetzung hat.

ZU EINIGEN PROBLEMEN DER ENTWICKLUNGSHILFE FÜR SCHWACHENTWICKELTE LÄNDER

Willi Kunz, Berlin

Das Zeitalter des Kolonialismus in seiner klassischen Form geht immer mehr seinem Ende entgegen. Besonders klar wurde das in der Gegenwart auf der 15. UNO-Vollversammlung, die zum Spiegelbild der Verlagerung des Kräfteverhältnisses in der Welt zugunsten des sozialistischen Weltsystems und seiner potentiellen Verbündeten – der jungen Nationalstaaten Asiens und Afrikas und künftig immer mehr auch Lateinamerikas – wurde.

In unserer Zeit des Zerfalls des Kolonialsystems sparen die bürgerlichen Wirtschaftstheoretiker nicht mit „guten Ratschlägen" zur wirtschaftlichen Entwicklung der schwachentwickelten Länder und zur sogenannten Entwicklungshilfe. In meinem Beitrag möchte ich mich einige Minuten mit diesem Problem der Wirtschaftshilfe für schwachentwickelte Länder beschäftigen.

Für das derzeitige Niveau der Produktivkräfte in den schwachentwickelten Ländern gilt noch genau das, was Karl Marx vor mehr als 100 Jahren über die Entwicklung der Produktivkräfte Indiens schrieb:

> „Es ist eine notorische Tatsache, daß die Produktivkräfte Indiens durch den hochgradigen Mangel an Transportmitteln und Austauschmöglichkeiten für seine mannigfaltigen Erzeugnisse lahmgelegt sind. Nirgendwo ist schlimmeres soziales Elend inmitten einer üppigen Natur anzutreffen als in Indien, und das aus Mangel an Austauschmöglichkeiten."[1]

Um dieses hochaktuell gewordene Problem der wirtschaftlichen Entwicklung der schwachentwickelten Länder grundlegend und perspektivisch zu lösen, ist die schnelle Steigerung der Eigenproduktion in diesen Ländern, der industriellen wie der landwirtschaftlichen, notwendig, ferner die Erhöhung der Arbeitsproduktivität und die Vergrößerung des Volkseinkommens pro Kopf der Bevölkerung; *entscheidend ist die allseitige Entwicklung der Produktivkräfte in den schwachentwickelten Ländern*, der Aufbau einer modernen Industrie, die es ermöglicht, die wirtschaftliche Rückständigkeit dieser Länder gegenüber den modernen Industriestaaten in ein bis zwei Generationen zu überwinden.

Die bürgerlichen Wirtschaftswissenschaftler vertreten hierzu allgemein die Auffassung, daß die schwachentwickelten Länder auch eine Industrie entwickeln sollen.

[1] *Karl Marx*, Die künftigen Ergebnisse der britischen Herrschaft in Indien. In: *Karl Marx* und *Friedrich Engels*, Ausgewählte Schriften in zwei Bänden, Bd. I, Berlin 1953, S. 328.

Das sieht aber so aus, daß sie vor allem die Rohstoffgewinnung forcieren sollen, in der verarbeitenden Industrie aber Zweige der Abteilung II, nicht dagegen jedoch die Erzeugung von Produktionsinstrumenten.

Der westdeutsche Ökonom Matthias Schmitt schreibt hierzu, daß man in den Entwicklungsländern das Schwergewicht auf die Primärproduktion (also Landwirtschaft, Forstwirtschaft, Bergbau) sowie die damit verbundene Infrastruktur legen solle. Danach soll eine darauf aufbauende Aufbereitungs- und Verarbeitungsindustrie entwickelt werden, dann eine Verbrauchsgüterindustrie und schließlich (zuletzt) eine Produktionsmittelindustrie.[2]

So wie Matthias Schmitt sprechen sich fast alle bürgerlichen Theoretiker gegen den Aufbau einer Schwerindustrie und besonders gegen die moderne Großproduktion von Produktionsinstrumenten in den jungen Nationalstaaten aus.

Der westdeutsche Wirtschaftsminister Erhard begründete diese Auffassung auf der letzten Jahrestagung des Nah- und Mittelostvereins in Bad Godesberg damit, daß in diesen Ländern *Kaufkraft produziert werden muß*, daß dies aber nur durch kleine und mittlere Betriebe möglich sei. Er sagte:

> „Und wenn ich in diesen Ländern so manche Werke anschaue, die alle hochrationalisiert und sogar teilweise schon automatisiert sind, ich darin modernste Produktionsmittel aber nur keine Menschen sehe, und frage ich mich immer, ob das der richtige Weg ist, um diese Völker nicht nur zu produktiver Leistung zu bewegen, sondern auch aus der Armut, aus dem sozialen Elend herauszureißen."[3]

Das heißt also mit anderen Worten: Die jungen Nationalstaaten sollen keine großen, hochproduktiven Werke errichten, die die materiell-technische Basis für eine hohe Akkumulation schaffen, sie sollen weiter ausschließlich mit Kleinbetrieben wirtschaften, die kaum ein Mehrprodukt abwerfen, und so den vor den bürgerlichen Ökonomen scheinbar so „bedauerten" circulus vitiosus „Armut → geringe Akkumulation → Armut" erneut schließen.

Auch Röpke fehlt nicht im Kreise derjenigen, die eine schnelle Industrialisierung in den schwachentwickelten Ländern ablehnen, und zwar mit einem sehr eindeutigen *politisch-ideologischen* Argument. Er schreibt:

> „Eine westliche Hilfe, die in der Hauptsache dazu dient, jene Völker in jähem Übergang von einer ländlich-patriarchalischen Gesellschaft zum industriellen Proletarismus aus dem Schutzgewebe des Dorfes herauszureißen, ist ... *der sicherste Weg, sie dem kommunistischen Bazillus anfällig zu machen.*"[4]

Das heißt also: Die Völker in den schwachentwickelten Ländern sollen so lange wie möglich im „Schutzgewebe des Dorfes", in Armut und Unwissenheit und unter der Aufsicht der Feudalherren (als der natürlichen Verbündeten des Kolonialismus) gehalten werden, die Entwicklung einer modernen Industrie aber muß so lange wie

---

[2] Vgl. *Matthias Schmitt*, Partnerschaft mit Entwicklungsländern, Stuttgart 1960.

[3] *Ludwig Erhard*, Großprojekte oder mittlere Unternehmen. In: „Hilfe für Entwicklungsländer", 1960, H. 1, S. 31.

[4] „Frankfurter Allgemeine Zeitung", 1959, Nr. 217.

möglich verhindert werden. Würden die schwachentwickelten Länder diesen Weg beschreiten, so würden sie kaum den Rückstand zu den entwickelten Industrieländern aufholen.

Vom Standpunkt der industriellen Entwicklung jedes Landes aus betrachtet, ist das Nichtvorhandensein einer Eigenerzeugung von Produktionsinstrumenten z. B. gleichbedeutend mit ökonomischer Unselbständigkeit. Ökonomische Unselbständigkeit bedeutet aber Unselbständigkeit und Abhängigkeit in allen Fragen des gesellschaftlichen Lebens, heißt also auch politische Unselbständigkeit.

Die Rolle der bürgerlichen Ökonomen ist es hierbei, diese Tatsachen zu verschleiern und theoretische Konzeptionen über die Entwicklung der schwachentwickelten Länder, über Entwicklungshilfe an sie zu erfinden, deren Aufgabe es ist, die Völker der schwachentwickelten Länder hinsichtlich der tatsächlichen Möglichkeiten ihrer wirtschaftlichen Entwicklung zu täuschen, sie von ihrer Hauptaufgabe, dem Kampf um wirtschaftliche Unabhängigkeit, abzulenken, den status quo der wirtschaftlichen Abhängigkeit zu erhalten und ernsthafte künftige Konkurrenten auszuschalten, noch bevor sie erstarkt sind. Damit dienen die bürgerlichen Ökonomen der neokolonialistischen Politik des Imperialismus.

Insofern bin ich auch mit der Schlußfolgerung im Referat des Kollegen Kleer nicht ganz einverstanden, da sie mir einseitig erscheint. Es heißt dort in dem Schlußsatz (auf S. 85 des vorliegenden Halbbandes):

> „Es gibt nur eine endgültige Schlußfolgerung: Die bürgerlichen Theorien der Entwicklung erkennen in ihren verschiedensten Varianten in der Hauptsache nur den alten kapitalistischen Entwicklungsweg an, bei dem die traditionellen Kräfte und institutionellen Formen ausgenutzt werden. Darin sehe ich ihren apologetischen Charakter in bezug auf das kapitalistische System."

Die Apologetik der bürgerlichen Theorien besteht doch aber *nicht nur* in der *Anerkennung* des alten kapitalistischen Entwicklungsweges. Sie besteht vielmehr in der Propagierung, Beschönigung und Verschleierung der neokolonialistischen Politik des Imperialismus gegenüber den schwachentwickelten Ländern. Sie dient dazu, die alten Ausbeutungsverhältnisse zwischen Kolonialmächten und Kolonien in neuen Formen (z. B. des Kapitalexports, deklariert als „Entwicklungshilfe", der sogenannten Partnerschaft u. ä.) fortbestehen zu lassen.

Darin sehe ich das eigentliche Wesen, die gesellschaftliche Funktion dieser Theorien. Das *Wesentliche* ist doch nicht, was die bürgerlichen Ökonomen vorgeben, zeigen zu wollen, also der alte kapitalistische Entwicklungsweg, sondern was sie objektiv tun. Und objektiv unternehmen sie nichts anderes als den Versuch, den alten oder neuen Kolonialmächten durch die Hintertür mittels Wirtschaftshilfe, Partnerschaft, durch ein Beteiligungssystem und die entsprechende „theoretische" Begründung solcher wirtschaftspolitischer Maßnahmen wieder Zugang zu den alten kolonialen Einflußsphären zu verschaffen.

Diese Gemeinsamkeit aller modernen bürgerlichen Theorien über Entwicklung und Wirtschaftshilfe für schwachentwickelte Länder *bestimmt* doch ihren *apolo-*

getischen Charakter in der gegenwärtigen Etappe des Zerfalls des Kolonialsystems *viel mehr* als nur die Anerkennung des klassischen industriekapitalistischen Entwicklungsweges. Diese klassenmäßige Fragenstellung ist es aber, die m. E. im Referat von Kollegen Kleer nicht in genügendem Maße im Mittelpunkt der Untersuchungen stand. Dieser wichtige Gesichtspunkt wurde gestern überzeugend im Beitrag des Kollegen Zawadzki herausgearbeitet.

Die bürgerlichen Theoretiker begründen ihre Auffassung, daß eine *umfassende* Industrialisierung in den schwachentwickelten Ländern vorläufig noch unmöglich und überhaupt unzweckmäßig sei, vor allem mit zwei Argumenten: Erstens seien die Länder zu arm, es gäbe hier einen „circulus vitiosus der Armut", sie verfügten über keine ausreichende Kapital- und Akkumulationskraft, um entscheidende Veränderungen in ihrer Wirtschaft vornehmen zu können; zweitens seien diese Völker noch unfähig zur selbständigen Leitung großer Betriebe und einer modernen Volkswirtschaft.

Gegen das zweite „Argument" bedarf es nicht vieler Worte. Es ist nicht neu. Die russischen Arbeiter und Bauern, die Völker der volksdemokratischen Länder haben es zur Genüge widerlegt. Das erste Argument (die Kapitalarmut) wurde in den vorliegenden Materialien, besonders dem Material von Kollegen Solodovnikov bereits einer eingehenden Kritik unterzogen (S. 169). Es wurde gezeigt, welche großen latenten Akkumulationsquellen bei rigorosen sozialökonomischen Veränderungen, vor allem durch Agrarreformen und Beseitigung der Feudalverhältnisse, noch erschlossen werden könnten (S. 167).

In möchte zu diesem ersten „Argument" einige ergänzende Bemerkungen machen: Ein großer Teil des Nationaleinkommens der schwachentwickelten Länder fließt noch ständig ins kapitalistische Ausland. Auch das wird in dem vorliegenden Material gezeigt. Die Armut der schwachentwickelten Länder wird aber auch noch dadurch beträchtlich vergrößert, daß ein großer Teil der „Hilfsmaßnahmen" Kreditierung von Kriegsmaterial und sonstige militärische „Hilfe" umfaßt, die abhängigen Regierungen gewährt wird.

Die bürgerlichen Ökonomen weisen oft darauf hin, daß von den entwickelten kapitalistischen Ländern in den letzten 12 Jahren 90 bis 100 Mrd. Dollar an Entwicklungshilfe aufgebracht wurden. Wenn man diese Zahl aber einmal näher untersucht, so zeigt sich sehr bald, daß davon nur sehr wenig echte Wirtschaftshilfe war.

Nehmen wir z. B. die Wirtschaftshilfe der USA, die weitaus mehr als die Hälfte dieser Entwicklungshilfe umfaßt, so dienen etwa 80% der *staatlichen* amerikanischen Wirtschaftshilfe *militärischen* Zwecken. (Von 3,4 Mrd. Dollar im Haushaltsjahr 1959/60 wurden 2,307 Mrd. Dollar offen als militärische Hilfeleistung ausgewiesen.)[5] Die restlichen 20% der staatlichen amerikanischen Wirtschaftshilfe bestehen aber vor allem in Konsumgütern und landwirtschaftlichen Überschüssen der USA. Von

[5] Vgl. „Hilfe für Entwicklungsländer", 1960, H. 1, S. 12.

den 33 Mrd. Dollar privaten amerikanischen Kapitalanlagen aber, die im Jahre 1957 im Ausland vorhanden waren, entfielen 75% auf Kanada und Lateinamerika, 15% auf Westeuropa und nur 10% auf Asien und Afrika.[6] Diese 10% (= 3,3 Mrd. Dollar) sind darüber hinaus noch zumeist in Plantagen, Bergwerken und der Erdölproduktion angelegt, also vorwiegend in der extraktiven Industrie; sie dienen nicht dem industriell-technischen Fortschritt.

Tibor Mende kommt zu der aufschlußreichen Folgerung:

> „Wenn man von der Militärhilfe und den vorwiegend mittelöstlichen Erdölinvestitionen absieht, hat Amerika den Entwicklungsländern eine wirklich bedeutende Wirtschaftshilfe nicht geleistet."[7]

Hieraus ist ersichtlich, daß die angeführte Gesamtsumme von 90 bis 100 Mrd. Dollar Entwicklungshilfe während der letzten 12 Jahre trügt und das tatsächliche Ausmaß der *produktiven Zwecken dienenden* Hilfe viel geringer ist; diese Summe belastet die Entwicklungsländer in den meisten Fällen mehr, als daß sie ihnen hilft.

Noch einige Bemerkungen zur Rolle Westdeutschlands gegenüber den schwachentwickelten Ländern:

Auch die westdeutsche Bundesrepublik versucht in den letzten Jahren in zunehmendem Maße, in den schwachentwickelten Ländern Fuß zu fassen, um an der Ausbeutung dieser Länder teilzuhaben. Neben dem Kapitalexport in Form direkter Auslandsanleihen werden hierbei vor allem internationale kapitalistische Organisationen wie die Weltbank und die EWG ausgenutzt, d. h. Formen des kollektiven Kolonialismus angewandt.

Dabei spielt Westdeutschland im imperialistischen Lager eine besondere Rolle. Auf Grund historischer Umstände, da es nicht zu den sogenannten alten Kolonialmächten zählt, wurde Westdeutschland in den schwachentwickelten Ländern zum Hauptverfechter und -propagandisten der persönlichen westlichen Freiheit, in wirtschaftlichen Fragen aber zum Hauptverfechter der Privatinitiative und des Privatkapitalismus und zum wichtigsten Opponenten gegen die Förderung des Staatskapitalismus in diesen Ländern.

Trotz dieses Propagandatricks sind die Wirtschaftsbeziehungen Westdeutschlands zu den Entwicklungsländern ihrem Wesen nach imperialistische Beziehungen. Die wirtschaftliche Zurückgebliebenheit der jungen Nationalstaaten bildet den Ansatzpunkt für den westdeutschen Neokolonialismus und seine wirtschaftlichen „Hilfsangebote".

Dabei wird in der westdeutschen Wirtschaftsliteratur vor allem die Methode der *wirtschaftlichen Durchdringung durch Partnerschaft* angepriesen. Matthias Schmitt schreibt in seinem bereits zitierten Buch: „Partnerschaft bedeutet Freundschaft wollen und um Freundschaft werben, bedeutet geben und nehmen, füreinander eintreten, jeder nach seinen Kräften."[8]

---

[6] Vgl. *Tibor Mende*, Die dritten Mächte, Düsseldorf, Köln 1959, S. 123f.

[7] Ebenda, S. 132. [8] *Matthias Schmitt*, a. a. O., S. 15.

Man stelle sich solche praktischen Wirtschaftsbeziehungen zwischen dem imperialistischen Westdeutschland und einem jungen afrikanischen Entwicklungsland vor, wobei „jeder nach seinen Kräften" nimmt! Wer dabei den kürzeren zieht, dürfte klar sein. Schmitt schränkt dann auch stark ein, indem er schreibt:

> „... zu einer wohlverstandenen partnerschaftlichen Entwicklungshilfe (gehört) auch der Mut zum Nein, wenn im revolutionären Übereifer mal der vernünftige Sinn verloren geht."[9]

Wie das in der Praxis aussieht, kann man daran ermessen, daß die EWG von den 200 Projekten im Werte von 200 Mill. Mark, die ihr 1959 von Entwicklungsländern zur Finanzierung unterbreitet wurden, die Hälfte zurückwies, da sie zwar den Interessen der jungen Nationalstaaten, nicht aber denen der EWG-Monopole entsprachen.

Den westdeutschen Wirtschaftswissenschaftlern fällt noch eine andere Rolle im „theoretischen" oder, besser gesagt, im ideologischen Kampf zu. Da man ihnen zunächst in den Entwicklungsländern noch mit weniger Mißtrauen begegnet als den Engländern, Franzosen und auch den Amerikanern, sind sie die Hauptstützen der ideologischen Offensive gegen den Kommunismus in diesen Ländern.

Dafür wurden große Mittel aufgewandt. So wurde beispielsweise allein für den Entwicklungsfonds des westdeutschen Außenministeriums von 1956 bis 1959 ein Betrag von 217 Millionen Westmark zur Verfügung gestellt, davon entfielen 49% auf Asien und 30% auf Afrika. 79% wurden für Ausbildungsstätten, Sachverständige, Mustereinrichtungen und Stipendiaten verwandt. Das zeigt, welche Anstrengungen Westdeutschland zur ideologischen Durchdringung der jungen Nationalstaaten macht, wobei man sich besonders auf die sogenannte nationale Elite orientiert.

Die Menschen in diesen Ländern sollen zu Bewunderern der „westlichen Freiheit" erzogen werden. Dabei wird immer mehr mit immateriellen Werten operiert. Es wird ihnen offeriert:

> „... nicht das Wettrennen um den großen Eisschrank, um höheren Lebensstandard oder gar den Weltraum entscheidet das Ringen, sondern der Wettlauf um die Seele und Freiheit des Menschen."[10]

Nach dieser Auffassung westdeutscher bürgerlicher „Wirtschaftstheoretiker" wird also der Wettkampf zwischen Sozialismus und Kapitalismus – die Entwicklungsländer werden immer mehr zu einem Hauptschlachtfeld dieses Kampfes – nicht mehr in der materiellen Produktion und schließlich im Lebensstandard entschieden – dazu sind die Erfolge des Sozialismus bereits zu groß –, sondern entscheidend ist die Erhaltung der bürgerlichen Freiheit, die beispielsweise dazu geführt hat, daß in den Entwicklungsländern jährlich 25 bis 40 Millionen Menschen elend an Hunger zugrunde gehen.

Wenn aber verantwortungsbewußte Menschen dieser Länder die „Ratschläge" der westlichen Politiker und „Theoretiker" unberücksichtigt lassen und eine wirk-

---

[9] Ebenda, S. 16. [10] Ebenda, S. 17.

liche Wirtschaftshilfe zur Industrialisierung ihrer Länder fordern, wenn sie die erkämpfte politische Freiheit durch eine solide ökonomische Unabhängigkeit untermauern wollen und sich dabei womöglich auch der Hilfe des sozialistischen Weltsystems versichern, so verlieren die neokolonialistischen Ideologen ihr menschenfreundliches Gesicht. Dann ist die Rede von Fehlinvestitionen in der Wirtschaft dieser Länder, dann überzieht die kapitalistische Propaganda diese Menschen mit einer unerhörten Hetze. Dann ist eben von „halbstarken" Völkern die Rede, um dann die neokolonialistische Katze direkt aus dem Sack zu lassen und in Herrenmenschenmanier fortzufahren:

> „Der weiße Mann besitzt bereits das ganze Wissen, die ganze Erfahrung; es ist unverantwortlich, wenn er zu einem Zeitpunkt seine Autorität abgibt, wo, wie am Kongo, niemand da ist, der sie ersetzen kann."[11]

Aus all dem Gesagten, das ich als Ergänzung zu den schriftlich vorliegenden Materialien betrachte, folgere ich:

So wie es keine auch nur annähernd akzeptable bürgerliche Theorie über das innere Wirtschaftswachstum für die schwachentwickelten Länder gibt, gibt es auch keinen annehmbaren bürgerlichen Vorschlag einer wirksamen Wirtschaftshilfe für diese Länder. Diese Auffassungen über „Entwicklungshilfe" sind ihrem Wesen nach eine verschleierte, ideologisch verbrämte Widerspiegelung der neokolonialistischen Expansionsgelüste des Imperialismus. Westdeutschland kommt in diesem ökonomischen und ideologischen Kampf des Imperialismus auf Grund historischer Bedingungen eine besonders wichtige Rolle zu. Die Krise der bürgerlichen politischen Ökonomie aber ist im internationalen Maßstab beinahe noch offensichtlicher als innerhalb der einzelnen kapitalistischen Länder. Für die Probleme der unterentwickelten Länder kann die bürgerliche politische Ökonomie einfach keine Lösung zeigen, sie wird ihrem Charakter nach zur Apologetik des status quo, sie propagiert die Beibehaltung und Weiterführung der imperialistischen Kolonialherrschaft in neuen Formen.

Die einzig richtigen Methoden der Wirtschaftshilfe gegenüber den jungen Nationalstaaten wenden die sozialistischen Staaten an, indem sie diesen Ländern bei der Industrialisierung helfen, damit sie aus dem „circulus vitiosus der Armut" herauskommen. Die sozialistischen Staaten knüpfen an diese Hilfe keine politischen oder militärischen Bedingungen, sie zwingen diese Länder nicht, sozialistisch zu werden, obwohl wir fest davon überzeugt sind, daß sie sich eines Tages zum Sozialismus bekennen werden.

Das sozialistische Weltsystem bietet den Entwicklungsländern aber bereits heute viel größere wirtschaftliche Vorteile als der Imperialismus ihnen zu bieten vermag, nämlich Gleichberechtigung in den ökonomischen Beziehungen; wirkliche Hilfe bei der raschen Industrialisierung und dem Aufbau einer eigenen Schwerindustrie; langfristige Stabilität in den Wirtschaftsbeziehungen mit stabilen Preisen im

[11] „Industriekurier" vom 10. 9. 1960

Außenhandel und Abnahme ihrer Landesprodukte; Kredite zu günstigen Bedingungen (langfristige Laufzeit und Verzinsung nicht höher als 2–2,5%); vorwiegend unentgeltliche technisch-wissenschaftliche Hilfe und Hilfe bei der Ausbildung qualifizierter Fachkräfte.

Das können wir, weil unsere Volkswirtschaften sich planmäßig und proportional entwickeln, weil die sozialistischen Staaten ihre Produktionsanstrengungen immer mehr vereinen, weil zwischen unseren sozialistischen Ländern Prinzipien der kameradschaftlichen Zusammenarbeit und der gegenseitigen Hilfe und Unterstützung Anwendung finden.

ÜBER DEN DURCH DIE ERFOLGREICHE ENTWICKLUNG DES SOZIALISMUS ERZWUNGENEN RÜCKZUG DER NEOLIBERALEN

Günter Dhem, Magdeburg

Daß wir heute in einer Epoche leben, die durch die allgemeine Krise des Kapitalismus und die Ablösung des Kapitalismus durch den Sozialismus gekennzeichnet ist, spiegelt, wenn auch widerwillig, verzerrt und auf den Kopf gestellt, selbst die moderne bürgerliche politische Ökonomie wider. Das zeigt sich schon allein in der Tatsache, daß ein immanenter Bestandteil der als Produkt der allgemeinen Krise des Kapitalismus entstandenen Auffassungen und Lehren der modernen bürgerlichen Ökonomen die Auseinandersetzung mit dem sich stürmisch entwickelnden Sozialismus ist. Diese Tatsache, daß die moderne bürgerliche politische Ökonomie nicht mehr nur gezwungen ist, sich mit der politischen Ökonomie der Arbeiterklasse, sondern auch mit der der kapitalistischen Gesellschaftsordnung historisch folgenden sozialistischen Gesellschaftsordnung auseinanderzusetzen, beweist bereits, in welcher tiefen Krise sich das kapitalistische System und insbesondere die politische Ökonomie der in diesem System herrschenden Klasse befindet.

So wie die allgemeine Krise des kapitalistischen Systems ist auch die Krise der bürgerlichen politischen Ökonomie kein unveränderlicher Zustand, sondern ein Prozeß, in dem sich diese Krise immer mehr vertieft und verschärft. Das zeigt sich ganz deutlich, wenn man einmal untersucht, wie sich die bürgerliche Auseinandersetzung mit der sozialistischen Gesellschaftsordnung in den letzten Jahrzehnten und vor allem in den letzten Jahren verändert hat.

Von besonderer Dringlichkeit ist diese Auseinandersetzung mit der sozialistischen Gesellschaftsordnung natürlich für die bürgerlichen Ökonomen in Westdeutschland, die sich der sozialistischen Produktionsweise in unserer Republik unmittelbarer gegenübersehen als die bürgerlichen Ökonomen in anderen kapitalistischen Ländern. Daher unternehmen auch gerade die westdeutschen bürgerlichen Ökonomen besondere Anstrengungen, um den Sozialismus zu verleumden. Im Vordergrund standen und stehen dabei die Vertreter des Neoliberalismus, mit deren Kritik am Sozialismus ich mich im folgenden beschäftigen möchte, wobei es mir vor allem darauf ankommt, zu zeigen, wie die Entwicklung des Sozialismus die bürgerlichen Ökonomen gezwungen hat, die Art und Weise ihrer Kritik zu verändern.

Vor etwa 30 Jahren fand unter den bürgerlichen Ökonomen erstmalig eine große Diskussion über den Sozialismus statt, in der sich u. a. Ludwig v. Mises hervortat, den man vielleicht als den Stammvater des Neoliberalismus bezeichnen kann.

Mises behauptete noch 1932, zur Zeit der großen Weltwirtschaftskrise, in der zweiten, umgearbeiteten Auflage seines Buches „Die Gemeinwirtschaft – Untersuchungen über den Sozialismus":

> „Im sozialistischen Gemeinwesen kann es, da die Durchführung der Wirtschaftsrechnung unmöglich ist, überhaupt keine Wirtschaft in unserem Sinne geben ... im allgemeinen könnte von rationeller Erzeugung nicht mehr gesprochen werden. Es gäbe kein Mittel, zu erkennen, was rationell ist, ..."[1]

Mises behauptet also, es könne im Sozialismus keine „Wirtschaftsrechnung" geben, und das sei „zugleich der Beweis dafür, daß der Sozialismus undurchführbar ist."[2] Er fühlte sich sogar noch so sicher, daß er behauptete:

> „Der Nachweis der Unmöglichkeit sozialistischer Wirtschaftsrechnung kann nicht erschüttert werden."[3]

Wir werden noch sehen, daß sich 22 Jahre später ein anderer Vertreter des Neoliberalismus, K. Paul Hensel, veranlaßt sieht, ein ganzes Buch der Aufgabe zu widmen, diesen „Nachweis" zu erschüttern.

Wie primitiv und plump Mises in Verteidigung der kapitalistischen Gesellschaft den Sozialismus verleumdete, zeigen vor allem seine folgenden Sätze:

> „Alle Bestrebungen, den Sozialismus zu verwirklichen, führen nur zur Zerstörung der Gesellschaft. Die Fabriken, die Bergwerke, die Bahnen werden stillstehen, die Städte werden veröden. Die Bevölkerung der Industriegebiete wird aussterben oder abwandern. Der Bauer wird zur Selbstgenügsamkeit der geschlossenen Hauswirtschaft zurückkehren. Ohne Sondereigentum an den Produktionsmitteln gibt es auf die Dauer keine andere Produktion als die von der Hand in den Mund für den eigenen Bedarf."[4]

Mises meinte damals auch noch, daß man den Sozialismus vielleicht auch überschätze und er schnell überwunden werden könne.[5]

Da sich diese Hoffnung des bürgerlichen Apologeten aber nicht erfüllte, waren die bürgerlichen Ökonomen weiter gezwungen, sich mit dem Sozialismus auseinanderzusetzen, ja, die Entwicklung des Sozialismus in der Sowjetunion veranlaßte sie bereits, raffinierter vorzugehen und nicht mehr so plump wie damals Mises.

Zu diesem Zweck ließen die Neoliberalen zunächst einmal die Begriffe „Kapitalismus" und „Sozialismus" verschwinden. Walter Eucken stellt der „Verkehrswirtschaft" die sogenannte „Zentralverwaltungswirtschaft" gegenüber. Wilhelm Röpke spricht von „Marktwirtschaft" einerseits und „kollektivistischer Wirtschaftsordnung", „Kommandowirtschaft" oder „Bureauwirtschaft" andererseits. Sie konstruieren unter diesen Bezeichnungen willkürlich abstrakte Modelle und entfernen

---

[1] *Ludwig v. Mises*, Die Gemeinwirtschaft, Untersuchungen über den Sozialismus, 2. Aufl., Jena 1932. S. 98.
[2] *Ludwig v. Mises*, a. a. O., S. 115.
[3] Ebenda.
[4] *Ludwig v. Mises*, a. a. O., S. 475.
[5] *Ludwig v. Mises*, a. a. O., S. 476.

sich so einen weiteren Schritt von der Untersuchung der realen gesellschaftlichen Verhältnisse. So suchen sie sich die Auseinandersetzung mit dem Sozialismus zu erleichtern, indem sie die faschistische Kriegswirtschaft und die sozialistische Planwirtschaft unter dem Namen „kollektivistische Wirtschaft" oder „Zentralverwaltungswirtschaft" in einen Topf werfen und Erscheinungen, die der faschistischen Kriegswirtschaft eigen sind, auch der sozialistischen Planwirtschaft zuschreiben.

Eucken beschäftigt sich auch mit der Frage der sogenannten „Wirtschaftsrechnung", wobei er sich bereits etwas vorsichtiger als Mises ausdrückt. In dem von ihm konstruierten Modell einer sogenannten „Zentralverwaltungswirtschaft" sei „eine genaue Wirtschaftsrechnung ... unmöglich. In der geschichtlichen Wirklichkeit", wie Eucken weiter schreibt, seien jedoch „Elemente der Zentralverwaltungswirtschaft meist mit Elementen der Verkehrswirtschaft verschmolzen ... Sonst allerdings stößt – wie auch die Geschichte lehrt – die Wirtschaftsrechnung und damit die exakte Wirtschaftslenkung überhaupt auf allergrößte Schwierigkeiten."[6] Eucken sieht sich gezwungen, zuzugeben, daß im Sozialismus keine Wirtschaftskrisen und keine Arbeitslosigkeit auftreten, wobei er allerdings letzteres dadurch zu erklären sucht, daß er behauptet, „durch Befehl der Zentralverwaltung" könne jeder Arbeiter beschäftigt werden, „unabhängig davon, welche Werte er produziert."[7] Da er aber auch nicht einfach zugeben kann, daß es im Sozialismus keine Krisen gibt, behauptet er weiter:

> „Die Disproportionalitäten des zentralverwaltungswirtschaftlichen Produktionsprozesses werden hauptsächlich im Mangel an Konsumgütern und in Schwankungen der Konsumgutversorgung spürbar."[8]

Eine ebenfalls von der faschistischen Kriegswirtschaft auf den Sozialismus übertragene Behauptung.

Eucken hat bis zu seinem Tode seine Argumente nicht mehr geändert. In den nach seinem Tode veröffentlichten „Grundsätzen der Wirtschaftspolitik" behauptet er noch einmal summarisch:

> „Festzuhalten ist: daß Privateigentum zu Mißständen führen *kann*, Kollektiveigentum führen *muß*. Alle Lösungen, die auf Verstaatlichung des Eigentums und zentrale Lenkung hinzielen, vermindern die Leistungsanreize, verschlechtern die Kostenrechnungen und machen Bürokratisierung der Wirtschaftsverwaltung unvermeidlich. Verminderung der Produktivität, Verschlechterung der Versorgung und Freiheitsbeschränkungen sind die Preise, die für jedes Entfernen von der Wettbewerbswirtschaft zu zahlen sind, und zwar ohne daß eine gerechtere Verteilung des Sozialprodukts erwartet werden könnte."[9]

Waren diese Behauptungen zwar das letzte Wort des Hauptes der neoliberalen Ökonomen über den Sozialismus, so waren sie doch nicht das letzte Wort der Neo-

---

[6] *Walter Eucken*, Die Grundlagen der Nationalökonomie, 6. Aufl., Berlin 1950, S. 79/80.
[7] *Walter Eucken*, a. a. O., S. 194/195.
[8] Ebenda.
[9] *Walter Eucken*, Grundsätze der Wirtschaftspolitik, Tübingen 1952, S. 317.

liberalen überhaupt. Der zunehmende wirtschaftliche Aufschwung der Sowjetunion und der anderen sozialistischen Länder nach Überwindung der schwersten Auswirkungen des zweiten Weltkrieges zwang die bürgerlichen Ökonomen immer mehr, ihre Argumente gegen den Sozialismus zu überarbeiten, wenn sie nicht Gefahr laufen wollten, mit ihren auch in den Augen der Öffentlichkeit der kapitalistischen Länder überholten Argumenten jeglichen Einfluß auf die Meinungsbildung zu verlieren.

Noch im Jahre 1949 glaubte Wilhelm Röpke in der in der Schweiz erscheinenden Zeitschrift „Kyklos" folgendes schreiben zu können:

> „Der Punkt scheint erreicht, da man auf diese seit einem Vierteljahrhundert hin und herwogende Diskussion um das Problem der sozialistischen Wirtschaftsrechnung mit dem Eindruck zurückblicken darf, daß eine gewisse Klärung erzielt worden ist, und zwar gewiß in dem Sinne, daß ... Mises im wesentlichen eben doch recht behalten hat."[10]

D. h. also, Mises habe recht behalten mit seiner Auffassung, daß eine „sozialistische Wirtschaftsrechnung" unmöglich sei, und damit sei diese Diskussion wohl abgeschlossen. Aber sie war auch unter den neoliberalen Ökonomen nicht abgeschlossen, konnte es nicht sein, da die bürgerlichen Ökonomen durch die Entwicklung gezwungen wurden, die Glaubwürdigkeit ihrer apologetischen Argumente zu überprüfen und glaubwürdigere Argumente zu finden. Unter diesem Gesichtspunkt ist besonders die 1954 erschienene Schrift „Einführung in die Theorie der Zentralverwaltungswirtschaft" von K. Paul Hensel, einem Schüler und engsten Mitarbeiter Walter Euckens, interessant.[11]

Hensel widmet sein Buch völlig der Aufgabe, nachzuweisen, daß auch in der „Zentralverwaltungswirtschaft" eine „sinnvolle Wirtschaftsrechnung" möglich ist, wobei er hauptsächlich gegen Eucken polemisiert. Daß die Realität der wirtschaftlichen Entwicklung der sozialistischen Länder den Neoliberalen Hensel veranlaßt hat, die Argumentation zu ändern, wird auch von den bürgerlichen Ökonomen selbst zugegeben. So schreibt Rolf Gocht in einer Rezension des Henselschen Buches im ORDO-Jahrbuch 1955:

> „Was kann einen Angehörigen des ORDO-Kreises veranlassen, sich mit der Theorie der Zentralverwaltungswirtschaft zu befassen und sich um den Nachweis der Möglichkeit der Wirtschaftsrechnung in der Zentralverwaltungswirtschaft zu bemühen? Es ist die Wirklichkeit selbst, die dem Nationalökonomen die Frage aufdrängt... Die Wirklichkeit zeigt uns in einigen Ländern Wirtschaftsordnungen überwiegend zentralverwaltungswirtschaftlicher Art ..."[12]

---

[10] *Wilhelm Röpke*, Zur Theorie des Kollektivismus. In: „Kyklos, Internationale Zeitschrift für Sozialwissenschaften", Bd. III, 1949, S. 151.

[11] *K. Paul Hensel*, Einführung in die Theorie der Zentralverwaltungswirtschaft, Stuttgart 1954.

[12] *Rolf Gocht*, Die Interdependenz der Ordnungen — Zu K. Paul Hensels „Einführung in die Theorie der Zentralwirtschaft". In: ORDO-Jahrbuch, Bd. 7, 1955, S. 215.

Etwas verschleiert und demagogisch formuliert ist hier doch der wahre Grund herauszuhören.

Wenn Hensel in seinem Buch darauf hinweist, daß die bürgerlichen Ökonomen „nur schwer einen Zugang" zu der bei ihm „gegebenen Lösung des Problems der Wirtschaftslenkung bei vollständig zentraler Lenkung des Wirtschaftsprozesses finden (konnten), weil sie den Denkgewohnheiten auf dem System der dezentralen Lenkung zu sehr verhaftet waren,"[13] d. h., weil sie auf dem Boden der kapitalistischen Produktionsweise stehen, so ist das zwar auch ein bemerkenswertes Eingeständnis eines bürgerlichen Ökonomen, dient aber nur demagogischenZwecken, denn so groß ist der Unterschied zwischen Eucken und ihm auch nicht. Auch Hensel steht natürlich als bürgerlicher Ökonom auf demselben Boden. Hensel schreibt, sein Buch abschließend, selbst:

> „Während Eucken die unzureichende Wirtschaftsrechnung der Praxis mit der Unmöglichkeit einer genauen Wirtschaftsrechnung in diesem System überhaupt erklärt, bejahen wir die Möglichkeit einer zureichenden Wirtschaftsrechnung und führen die praktischen Unzulänglichkeiten auf das Fehlen idealtypischer Voraussetzungen zurück."[14]

Hensel polemisiert also gegen die Euckensche Argumentation nicht, weil es sich dabei um Apologetik handelt, sondern weil diese bereits zu dieser Zeit von ihm als eine ungeschickte Apologetik angesehen wird. Hatte Eucken noch behauptet, daß eine wirtschaftliche Entwicklung in einem sozialistischen Land sich höchstens daraus erklären lasse, daß dort eben noch kein richtiges „System zentraler Lenkung" bestehe, so kehrt Hensel jetzt die Argumentation um: Wenn die Wirtschaft *nicht* richtig funktioniere, dann liege es daran, daß das „System zentraler Lenkung" nicht richtig verwirklicht sei.

Hensel gibt zu, daß die sogenannte „Zentralverwaltungswirtschaft" wirtschaftlich ebenso viel leisten könne wie das „System dezentraler Lenkung". Er gibt sogar einen „gewissen Vorteil der zentralen Lenkung" zu, der darin liegt, wie er sich ausdrückt, daß „hier die Anpassungen der Teilpläne aneinander bereits während der Planung erfolgen und dadurch gewisse Anpassungsverluste (!), die bei dezentraler Lenkung eintreten, vermieden werden können."[15] Natürlich ist das auch bei Hensel eingebettet in viele Behauptungen, die dem auf dem Privateigentum an den Produktionsmitteln beruhenden sogenannten „System dezentraler Lenkung" trotzdem die Überlegenheit sichern sollen.

Nachdem Röpke bereits 1949 die bürgerliche Diskussion über die „Möglichkeit der Wirtschaftsrechnung" im Sozialismus mit den Argumenten eines Mises oder Eucken als beendet angesehen hatte, dürfte nun allerdings tatsächlich diese Diskussion beendet sein; denn noch mehr zuzugeben, als Hensel zugegeben hat, verträgt die Apologetik des Kapitalismus nicht. Auf noch weitere Zugeständnisse

---

[13] *K. Paul Hensel*, a. a. O., S. VI/VII.
[14] *K. Paul Hensel*, a. a. O., S. 228.
[15] *K. Paul Hensel*, a. a. O., S. 209.

kann man sich zumindest in der Theorie nicht einlassen. Deshalb muß die Argumentation gegen den Sozialismus einen anderen Weg einschlagen. Hensel selbst weist bereits darauf hin:

„. . . die Entscheidung für dieses oder jenes Wirtschaftssystem ist mehr als eine rein wirtschaftliche.“[16]

Und obwohl auch bei Hensel die obligatorischen Behauptungen von der „Unfreiheit“ nicht fehlen, bemängelt der schon von mir erwähnte Rezensent des Henselschen Buches Rolf Gocht, daß Hensel sich zu sehr auf eine ökonomische Untersuchung beschränkt habe, und fordert, Hensel solle eine „Soziologie der Zentralverwaltungswirtschaft“[17] schreiben. D. h., Hensel solle mehr mit irgendwelchen außerökonomischen Argumenten versuchen, den Kapitalismus zu verteidigen, nachdem die apologetischen Argumente auf ökonomischem Gebiet sich dazu als wenig geeignet erwiesen haben.

Mit dem Eintritt der sozialistischen Länder in den Kampf um die Erfüllung ihrer ökonomischen Hauptaufgabe, auch die fortgeschrittensten kapitalistischen Länder im Entwicklungsniveau der Produktivkräfte zu überholen, und mit der Erkenntnis auch in den kapitalistischen Ländern, daß wir diese ökonomische Hauptaufgabe erfüllen werden, begann die bisher letzte Etappe des Rückzuges der bürgerlichen Ökonomen in ihrer Auseinandersetzung mit der sozialistischen Gesellschaftsordnung.

Hatte noch 1951 Franz Böhm selbstsicher behauptet:

„Immer wird die Zentralverwaltungswirtschaft im Vergleich mit freiheitlichen Wirtschaftsordnungen ein Hungersystem bleiben . . .“,[18]

so hörte man nach der Verkündung der ökonomischen Hauptaufgabe der Deutschen Demokratischen Republik auf dem V. Parteitag der SED wesentlich andere Töne von dem wie Böhm zu den Mitgliedern des Walter-Eucken-Vereins gehörenden westdeutschen Wirtschaftsminister Ludwig Erhard. Er erklärte bekanntlich:

„Wir sind sogar zu unterliegen bereit.“[19]

D. h., auch Erhard begreift, daß die sozialistischen Produktionsverhältnisse der Entwicklung der Produktivkräfte mehr Raum geben als die kapitalistischen Produktionsverhältnisse und daß er mit seinem „Wirtschaftswunder“ unterliegen werde, wenn die DDR zum ökonomischen Wettbewerb antritt. Deshalb weicht er aus auf andere Fragen, bei denen, wie er selbst sagt, man die Antworten nicht zahlenmäßig erfassen kann und es daher den bürgerlichen Apologeten leichter fällt, die Menschen irrezuführen, nämlich auf das „Lebensgefühl“, die „Freiheit“ u. ä. Und eben das ist nun der letzte, nicht der neueste Schrei der modernen Vulgär-

---

[16] *K. Paul Hensel*, a. a. O., S. 213.
[17] *Rolf Gocht*, a. a. O., S. 218.
[18] *Franz Böhm*, Die Aufgaben der freien Marktwirtschaft, München 1951, S. 32.
[19] *Ludwig Erhard*, in: „Die Zeit“, Nr. 33 vom 15. August 1958, S. 12.

ökonomie bei der Verleumdung der sozialistischen Gesellschaftsordnung. Davon zeugt u. a. Röpkes gleichfalls 1958 erschienenes Buch unter dem bezeichnenden Titel „Jenseits von Angebot und Nachfrage“, in dessen Mittelpunkt, wie in einer Besprechung im ORDO-Jahrbuch 1959 hervorgehoben wird, der Gedanke steht:

> „Entscheidend sind die Dinge jenseits von Angebot und Nachfrage, von denen Sinn, Würde und innere Fülle des Daseins abhängen, die Zwecke und Werte, die dem Reiche des Sittlichen im weitesten verstanden angehören.“[20]

Nun ist es allerdings ein zweischneidiges Schwert für die bürgerlichen Ökonomen, heute mit der „Freiheit“ zu argumentieren; denn die Praxis lehrt trotz der bürgerlichen Apologetik die Volksmassen in den kapitalistischen Ländern, wo Freiheit und wo Unfreiheit herrscht. Daher bemüht sich dann auch Alexander Rüstow in einem Vortrag bei seiner Ehrenpromotion an der Universität Bern im Jahre 1960, diesem Schwert mit der Inschrift „Freiheit“ seine Zweischneidigkeit zu nehmen, indem er es ausdrücklich ablehnte, sich „auf subtile Untersuchungen über die Definition oder gar über die Metaphysik der Freiheit einzulassen.“[21] Und dann gab er folgende, wohl kaum noch zu übertreffende Definition:

> „Freiheit ist das, was die jenseits des Eisernen Vorhanges nicht haben und was wir diesseits des Eisernen Vorhanges, bei allen Unvollkommenheiten im einzelnen, haben. Das genügt für unsere Zwecke. Wir wissen alle sehr genau, was damit gemeint ist.“[22]

In der Tat ist anzunehmen, daß die Apologeten des Kapitalismus wissen, was sie meinen, wenn sie von der Freiheit reden: die Freiheit der Kapitalisten, Lohnarbeiter auszubeuten, die Freiheit der kapitalistischen Privateigentümer an den Produktionsmitteln. Es ist auch absolut sicher, daß es nicht im Interesse der Bourgeoisie liegt, diesen Freiheitsbegriff zu erläutern. So kann man wohl auch diese Erklärung von Alexander Rüstow als das vorläufig letzte Wort der reaktionärsten bürgerlichen Ökonomen, wie sie in Westdeutschland zu Hause sind, zur bürgerlichen vulgärökonomischen Kritik an der sozialistischen Gesellschaftsordnung ansehen.

Angesichts so mancher Eingeständnisse der bürgerlichen Ökonomen bei ihrer Auseinandersetzung mit der sozialistischen Gesellschaft könnte vielleicht jemand auf den Gedanken kommen, zu fragen, ob nicht die Anerkennung mancher Realitäten durch die bürgerlichen Ökonomen auch ein Beweis für deren Bemühen um eine wissenschaftliche Kritik am Sozialismus sei. Ich glaube aber, gezeigt zu haben, daß das Gegenteil der Fall ist. Die bürgerlichen Apologeten erkennen nicht solche Realitäten an, die wissenschaftlich bewiesen sind, sondern nur solche, deren Leugnung sie bereits in den Augen der Volksmassen unmöglich machen würde. Und sie

---

[20] *Heinrich Irmler*, Schwinden die Grundlagen der Marktwirtschaft? Zu Wilhelm Röpkes Buch „Jenseits von Angebot und Nachfrage“. In: ORDO-Jahrbuch, 11. Bd., 1959, S. 345.

[21] *Alexander Rüstow*, Menschenrechte oder Menschenpflichten? In: „Frankfurter Allgemeine Zeitung“, Nr. 149 vom 29. Juni 1960, S. 9.

[22] Ebenda.

erkennen diese Realitäten nicht deshalb an, um zu wissenschaftlichen Erkenntnissen zu kommen, sondern um sich durch die Anerkennung solcher Realitäten, die sie beim besten Willen nicht mehr leugnen können, ihren Einfluß bei der Anwendung anderer apologetischer Behauptungen über den Sozialismus zu erhalten. Charakteristisch ist auch, wie ich gezeigt habe, daß sie sich jeweils von solchen Fragenkomplexen abwenden, in denen sie bestimmte Realitäten anerkennen mußten und keine verleumderischen Behauptungen, die ihnen glaubwürdig erscheinen, mehr aufstellen können. Dabei verengt sich natürlich das Feld, auf das sie sich noch wagen, immer mehr. Sie sind jetzt so weit, daß sie völlig das Gebiet der Ökonomie verlassen und in das verschwommene Gefilde des Seelenheils flüchten, wobei auch die westdeutschen Neoliberalen immer mehr mit dem katholischen Klerus Hand in Hand arbeiten.

Aber das objektive Kriterium der fortschrittlicheren Gesellschaftsordnung ist die Entwicklung der Produktivkräfte, und die fortschrittliche Gesellschaftsordnung ist der Sozialismus, der auch den Sprung in das Reich der Freiheit beinhaltet. Daß die bürgerlichen Ökonomen bei ihrem Rückzug auf dem Felde der Auseinandersetzung mit der sozialistischen Gesellschaftsordnung jetzt völlig aus dem Bereich des ökonomischen Vergleichs der beiden gesellschaftlichen Systeme flüchten, zeigt, wie weit der Verfall der bürgerlichen politischen Ökonomie bereits fortgeschritten ist. Aber das enthebt uns nicht der Notwendigkeit, uns mit den bürgerlichen Darstellungen des Sozialismus auseinanderzusetzen.

Da die Wahrheit über die sozialistische Gesellschaftsordnung in den kapitalistischen Ländern nur im Kampf gegen die bürgerliche Apologetik durchgesetzt werden kann, die, um das kapitalistische System zu verteidigen, das sozialistische verleumdet, ist es unsere Aufgabe, gerade auch auf diesem Gebiet die auf dem Rückzug befindliche bürgerliche Ideologie weiter zurückzudrängen und sie schließlich auch in den Augen der Werktätigen der kapitalistischen Länder völlig unmöglich zu machen.

ZUR EINSCHÄTZUNG DER BÜRGERLICHEN ÖKONOMISCHEN THEORIEN ÜBER DIE ENTWICKLUNG DER ÖKONOMISCH SCHWACHENTWICKELTEN LÄNDER

Vasilij Grigor'evič Solodovnikov, Moskau

Meine Aufgabe als Diskussionsredner wird dadurch erleichtert, daß sich die Anwesenden bereits mit dem von mir unterbreiteten Konferenzmaterial vertraut machen konnten. Ich werde mich hier nicht wiederholen, sondern möchte die Aufmerksamkeit auf zwei Probleme lenken, denen meines Erachtens bei der Kritik der bürgerlichen Theorien über die wirtschaftliche Entwicklung der ökonomisch schwachentwickelten Länder sehr große Bedeutung zukommt.

*

Ich kenne das Referat von Kollegen Kleer und habe die Diskussionsbeiträge dazu mit großer Aufmerksamkeit verfolgt. Den sehr inhaltsreichen Diskussionsbeitrag des Kollegen Kuczynski zur Lage der Arbeiterklasse in den ökonomisch schwachentwickelten Ländern möchte ich besonders hervorheben. Auch der Beitrag von Kollegen Zawadzki war sehr inhaltsreich und interessant.

Ich pflichte der Bemerkung der Kollegen Zawadzki und Kleer bei, daß sich die bürgerliche politische Ökonomie bis vor kurzem nicht mit den Problemen der ökonomisch schwachentwickelten Länder beschäftigt und dieses Problem erst dann zum Problem Nummer 1 erhoben hat, als das Kolonialsystem des Imperialismus unter den Schlägen der nationalen Befreiungsbewegung in den kolonialen und abhängigen Ländern zusammenzubrechen begann. Das ist eine durchaus richtige Schlußfolgerung. Diese gesteigerte Aufmerksamkeit der bürgerlichen politischen Ökonomie des Westens für die schwachentwickelten Länder ist natürlich nicht damit zu erklären, daß hier Fürsorge um diese Länder obwaltet. Nein, nicht das. Die bürgerlichen Ökonomen des Westens versuchen vielmehr, den Kolonialismus und Imperialismus zu retten, die Völker dieser Länder vom Kampf gegen den Imperialismus abzuhalten. *Sie sind bemüht, Arzneien ausfindig zu machen, die eine dem Tode geweihte Gesellschaft heilen könnten.* Daher sind alle bürgerlichen Theorien apologetischer Natur. Verteidigung des Imperialismus und des Kapitalismus überhaupt – das ist der Hauptinhalt aller bürgerlichen Theorien über wirtschaftliche Entwicklung der schwachentwickelten Länder.

In diesem Kampf gegen die nationale Befreiungsbewegung sahen sich die bürgerlichen Ökonomen gezwungen, einer Reihe überaus wichtiger Doktrinen der alten bürgerlichen Theorien über den Kolonialismus abzuschwören. Das ist ein Ausdruck der Krise der bürgerlichen politischen Ökonomie. An deren Stelle sucht man im formalen Sinne neue Theorien zu setzen, die wir als neokolonialistische Theorien bezeichnen. Und tatsächlich sind die Formen der Kolonialherrschaft heute andere. Daher bedurfte es einer anderen Erklärung dieser neuartigen Erscheinungen. Ein Beispiel derartiger Deutung ist die schnell erdachte Theorie beiderseitiger Abhängigkeit der imperialistischen und der ökonomisch schwachentwickelten Länder, die politisch selbständig geworden sind. Den apologetischen Charakter dieser Theorie haben wir in dem von uns unterbreiteten Material nachgewiesen.

Wenn aber die bürgerliche politische Ökonomie sich nur deswegen für die Probleme der ökonomisch schwachentwickelten Länder interessierte, um den Imperialismus vor dem machtvollen Ansturm der nationalen Befreiungsbewegung zu retten, so hat die marxistisch-leninistische Wissenschaft bereits in den Arbeiten Marx' und insbesondere Lenins auf die Frage nach den Ursachen der ökonomischen Rückständigkeit der Kolonien und abhängigen Länder geantwortet und in allgemeinen Zügen den Weg zur Überwindung dieser Rückständigkeit gewiesen. In diesem Zusammenhang möchte ich auf die Bemühungen von John Strachey eingehen, die Richtigkeit der *Leninschen Theorie des Imperialismus* anzuzweifeln, ohne die die gegenwärtigen Probleme der schwachentwickelten Länder nicht zu verstehen sind. Lenins Ideen sind zu einer mächtigen Waffe für den Kampf der Völker der schwachentwickelten Länder gegen Imperialismus und Kolonialismus geworden. Eben darum lassen die bürgerlichen Ökonomen nichts unversucht, um Lenin zu „widerlegen", mühen sie sich, die Aufmerksamkeit der Völker der schwachentwickelten Länder von den Ideen Lenins abzulenken.

John Strachey, bekannt als Theoretiker der Labourparty, schreibt in seinem Buch „Das Ende des Empire":

> „Lenins Theorie des 'Investitionsimperialismus', wie man sie nennen könnte, hatte ... Gültigkeit als Diagnose einer Tendenz, aber nicht als allgemeines Gesetz. Denn die grundlegende ökonomische Tendenz (nämlich auf eine immer ungerechtere Verteilung der Einkünfte zu), die Lenin als seine Haupttriebkraft der ganzen von ihm beschriebenen Folgen herausstellte, hat sich als umkehrbar erwiesen."[1]

Strachey meint also, daß es keine koloniale Ausbeutung, keine koloniale Ausplünderung der ökonomisch schwachentwickelten Länder durch die imperialistischen Länder mehr gibt. Das widerspricht natürlich den Tatsachen, und es widerspricht sogar den Daten der bürgerlichen Statistik. Es ist daher kein Zufall, wenn Strachey seine Behauptung nicht mit statistischen Angaben zu stützen bemüht ist, sprechen sie doch eindeutig gegen ihn. Die statistischen Daten bestätigen Lenins Theorie des Imperialismus und widerlegen Stracheys Konstruktionen.

Strachey greift Lenins Theorie des Imperialismus auch von einer anderen Seite an. Er verdreht den Begriff des Imperialismus. Ohne dies wissenschaftlich zu begründen, schreibt er:

---

[1] *John Strachey*, The End of Empire, London 1959, S. 117f.

„Als Imperialismus begreife ich den Vorgang, daß Völker oder Nationen andere Völker oder Nationen besiegen, unterwerfen und dann dauernd (de jure oder de facto) beherrschen.“[2]

Was ist das Wesen dieser Behauptung? Es besteht vor allem darin, daß Strachey den Imperialismus ausschließlich auf die politische Unterordnung der Kolonien durch die Metropolen reduziert. Da nun heute die meisten Kolonien die politische Unabhängigkeit erlangt haben, gäbe es folglich keinen Imperialismus mehr. Somit aber, schließt Strachey, hätte Lenins Theorie des Imperialismus alles in allem die Bedeutung einer Diagnose, nicht aber eines allgemeinen Gesetzes.

Mit Hilfe dieser unwissenschaftlichen, voluntaristischen Definition des Begriffes Imperialismus kommt Strachey zu einer Schlußfolgerung, der die Vertreter der englischen Monopole nur Beifall spenden können; denn er sagt, daß England den Weg zu einer nachimperialistischen Gesellschaft beschritten habe.[3] Somit gibt es mit Stracheys Hilfe keinen Imperialismus und keinerlei Probleme eines antiimperialistischen Kampfes mehr, sondern kommt es zur Zusammenarbeit der Klassen; und dann kommt die Theorie der gegenseitigen Abhängigkeit ins Spiel. Die Ausbeuter brauchen die Ausgebeuteten, und die Ausgebeuteten brauchen die Ausbeuter. So sieht das Schema der derzeitigen kapitalistischen Welt aus, aufgezeichnet von einem Vertreter der englischen Labourparty.

Aber was Strachey vorbringt, sind doch nur leere Worte. Stracheys Theorie ist weit von der Wirklichkeit entfernt. Wie alle wissen, kämpfen die Völker der schwachentwickelten Länder hartnäckig gegen den Imperialismus. In immer mehr Ländern faßt die nationale Befreiungsbewegung Fuß. Die sogenannten nachimperialistischen Länder – England, Frankreich, Belgien und Holland – führen Kolonialkriege, um ihre Herrschaft in kolonialen und abhängigen Ländern zu festigen. Diese Kolonialmächte genießen die volle Unterstützung des amerikanischen Imperialismus. Die Diskussion auf der 15. UNO-Vollversammlung über die sowjetischen Anträge auf vollständige Beseitigung des Kolonialismus hat gezeigt, daß sich der Imperialismus dem mit allen Kräften widersetzt. Kolonialismus und Imperialismus sind in ihren Grundfesten erschüttert, aber sie sind noch nicht beseitigt.

Worin besteht der Krebsschaden der Analysen Stracheys? Er besteht darin, daß er seine Schlußfolgerungen nicht aus einer Analyse der Wirklichkeit herleitet, sondern sie konstruiert oder, wie man so sagt, sich aus den Fingern saugt.

Die politische koloniale Herrschaft eines Landes über ein anderes ist ein Charakterzug des Imperialismus. Der Marxismus und insbesondere Lenin bestreiten das nicht. Es ist aber nicht richtig, den Imperialismus auf die Kolonialpolitik zu reduzieren. Eine derartige Politik hat es schon vor dem Imperialismus gegeben. Es ist nicht wahr, daß der Kolonialismus automatisch erledigt ist, sobald die früheren Kolonien die staatliche Unabhängigkeit erlangt haben. Nein, solange es imperialistische Mächte gibt, existiert auch der Kolonialismus fort. Freilich nimmt er etwas

[2] Ebenda, S. 7. [3] Vgl. ebenda.

andere Formen an. Wir haben es dann mit einem Neokolonialismus zu tun. Darüber hat Kollege Zawadzki in seinem Diskussionsbeitrag gesprochen, und auch ich habe in dem von mir unterbreiteten Konferenzmaterial darauf hingewiesen.

Lenin hat den Imperialismus wissenschaftlich als ein bestimmtes sozialökonomisches Stadium des Kapitalismus definiert, das ein Ergebnis der Entwicklung des Kapitalismus, der Entwicklung der kapitalistischen Produktionsverhältnisse ist; und deswegen darf man den Imperialismus nicht nur als Kolonialpolitik verstehen. Aber Strachey verfährt gerade so. Er greift ein einziges Merkmal, ein einziges Charakteristikum des Imperialismus heraus und möchte es für das Wesen des Imperialismus ausgeben. Das ist übrigens nicht originell. Er läßt die von der historischen Entwicklung längst widerlegte Theorie Kautskys wieder aufleben, der gleichfalls behauptet hat, daß der Imperialismus eine bestimmte Politik der industriell entwickelten Länder gegenüber den Agrarländern ist. Bekanntlich hat Lenin gerade diese Theorie wissenschaftlich widerlegt. Es ist nicht schwer, festzustellen, daß die von der bürgerlichen politischen Ökonomie praktizierte Einengung des Begriffs des Imperialismus auf die Kolonialpolitik darauf gerichtet ist, die Wachsamkeit der Völker der ökonomisch schwachentwickelten Länder einzuschläfern und die Entwicklung der nationalen Befreiungsbewegungen zu hemmen.

In unserem Kreise ist Lenins Definition des Wesens des Imperialismus bekannt. Daher brauche ich sie hier nicht anzuführen. Ich möchte nur hervorheben, daß der Gang der historischen Entwicklung der menschlichen Gesellschaft diese Theorie des Imperialismus vollauf bestätigt hat. Schon heute hat sich die Voraussage Lenins über die revolutionäre Rolle der Völker des Ostens bestätigt. Das Leben selbst hat die Wahrheit der marxistisch-leninistischen Theorie bewiesen. Deshalb dringen die Ideen des Marxismus-Leninismus immer mehr in die Hirne der Völker aller Kontinente ein. Eben deshalb mobilisiert die Bourgeoisie ihre Ökonomen und Soziologen zum Kampf gegen den Marxismus. Aber das ist alles vergeblich. Was die bürgerlichen Ideologen bestenfalls erreichen können, ist, sich selbst von ihren eigenen Konstruktionen zu überzeugen. Den Gang der historischen Entwicklung aber, den der Marxismus-Leninismus vorhergesagt hat, vermögen sie nicht zu ändern.

*

Ich möchte noch eine weitere Frage behandeln. Kollege Kleer sagte in seinem Referat, daß die der Entwicklung der ökonomisch schwachentwickelten Länder gewidmete bürgerliche ökonomische Literatur, ungeachtet der allgemeinen Voraussetzungen, nicht homogen ist. Das ist zweifellos richtig. Im weiteren klassifiziert Kollege Kleer die bürgerlichen Theorien über die wirtschaftliche Entwicklung der schwachentwickelten Länder.

Zur ersten Gruppe zählt er die Ökonomen, deren Arbeiten einen beschreibenden und statistischen Charakter tragen. Die zweite Gruppe umfaßt die Anhänger der neoklassischen Theorie. Zur dritten gehören die Ökonomen, die die Keynes-Harrodsche Methode der Analyse der ökonomisch schwachentwickelten Länder anzuwenden suchen.

Ich bin der Ansicht, daß diese Klassifikation der bürgerlichen Theorien und Strömungen unvollständig und einseitig ist. Sie weist nicht auf den Klassencharakter der bürgerlichen Theorien und Richtungen hin. Es ist jedoch bekannt, daß die politische Ökonomie immer eine Klassenwissenschaft gewesen ist und bleiben wird. Sie verteidigt die Interessen einer bestimmten Klasse oder einer bestimmten Gruppe in dieser Klasse. Und bei der Analyse der Richtungen und Strömungen in der bürgerlichen politischen Ökonomie dürfen wir dieses Hauptkriterium nicht unbeachtet lassen.

Ohne Zweifel müssen wir auf unterschiedliche Weise an die verschiedenen Vertreter und Richtungen der bürgerlichen politischen Ökonomie herangehen. Leider geschieht das nicht immer klar genug.

Gegenwärtig gibt es meiner Meinung nach in der bürgerlichen politischen Ökonomie zwei Richtungen in der Frage der Entwicklung der ökonomisch schwachentwickelten Länder. Eine, die vorherrschende, verteidigt den Imperialismus, den Kolonialismus und den Neokolonialismus. Diese Richtung tritt offen oder versteckt für den Imperialismus und die koloniale Ausbeutung in allen ihren Formen ein. Die Hauptvertreter sind in den USA, England und Frankreich zu finden. Das ist auch verständlich, denn eben diese Länder betreiben eine imperialistische Politik. Aus Zeitmangel kann ich nicht alle die Ökonomen aufzählen, die den Imperialismus verteidigen. Die wichtigsten wurden schon von meinen Vorrednern genannt. In dem vorliegenden Material bin ich auch schon darauf eingegangen.

Zur zweiten Richtung gehören die Ökonomen, die für einen selbständigen bürgerlichen Weg ökonomischer Entwicklung der wirtschaftlich schwachentwickelten Länder eintreten. Sie läßt sich als nationalistische oder antiimperialistische Richtung bezeichnen. Sie verteidigt die Interessen der nationalen Bourgeoisie in den ökonomisch schwachentwickelten Ländern. Die Hauptvertreter dieser Richtung entstammen den schwachentwickelten Ländern; es sind dies Ökonomen wie Raul Prebisch aus Argentinien und Mahalanobis aus Indien u. a. Zu dieser Gruppe gehört meiner Meinung nach auch noch der schwedische Ökonom Myrdal.

Die erste, die imperialistische Richtung umfaßt die bürgerlichen Theorien, mit deren Hilfe bewiesen werden soll, daß eine Industrialisierung der schwachentwickelten Länder unmöglich und unnötig ist und daß es „zweckmäßig" erscheint, diese Länder den imperialistischen Staaten als Rohstoffquellen und Absatzmärkte für Industrieerzeugnisse zu erhalten. Die Vertreter dieser Theorien suchen zu beweisen, daß die Ausplünderung der schwachentwickelten Länder durch die kapitalistischen Monopole nichts anderes als „rationale internationale Arbeitsteilung" ist, an der in erster Linie die schwachentwickelten Länder selbst interessiert sind.

Alle Theorien dieser Richtung haben den Zweck, der kolonialen Ausbeutung ewigen Bestand zu verleihen; denn die einseitige Spezialisierung der Agrarwirtschaft der schwachentwickelten Länder auf die Produktion landwirtschaftlicher und mineralischer Rohstoffe ist gerade die Basis der umfassenden wirtschaftlichen Abhängigkeit dieser Länder von den imperialistischen Mächten und infolgedessen die Hauptursache für deren wirtschaftliche Rückständigkeit und Armut.

Der reaktionäre Sinn der Theorien, die den Imperialismus verteidigen, wird den Völkern der zurückgebliebenen Länder immer klarer. Diese Völker erblicken völlig zu Recht in der Industrialisierung das Unterpfand nationaler Unabhängigkeit. Der bekannte indische bürgerliche Ökonom P. C. Mahalanobis bringt diesen Gesichtspunkt zum Ausdruck, wenn er schreibt, „daß praktisch kein einziges schwachentwickeltes Land allein durch den Export landwirtschaftlicher Erzeugnisse einen hohen Lebensstandard für die Bevölkerung erreichen kann.“[4]

Die zweite, die nationalistische Richtung besteht aus Theorien, die in der Hauptsache der Feder bürgerlicher Ökonomen der schwachentwickelten Länder entstammen. Diese Ökonomen schätzen die in der Welt vor sich gehenden Veränderungen etwas realistischer ein und verstehen daher recht gut, daß der Zerfall des Kolonialsystems nicht mehr aufzuhalten ist. Sie begreifen auch, daß die Völker der zurückgebliebenen Länder, die das Kolonialjoch abgeworfen, aber bürgerliche Regierungen beibehalten haben, sofern sie in nächster Zeit keine merkliche Besserung ihrer wirtschaftlichen Lage spüren, unter dem Einfluß der Erfolge der Länder des sozialistischen Lagers den Weg der sozialistischen Entwicklung beschreiten werden. Eben darum sind diese Theorien darauf ausgerichtet, Mittel für einen wirtschaftlichen Fortschritt in den zurückgebliebenen Ländern ausfindig zu machen, um diese Länder im Rahmen des kapitalistischen Wirtschaftssystems zu halten. Die Verfasser dieser Theorien erkennen die Notwendigkeit der Industrialisierung der schwachentwickelten Länder an und rufen die imperialistischen Mächte auf, diesen Ländern wirksame wirtschaftliche Hilfe zu gewähren, um den Kapitalismus zu retten.

Die Ökonomen dieser Gruppe müssen wir von den Ökonomen der imperialistischen Gruppe trennen. Uns, die Marxisten-Leninisten, vereint mit ihnen insbesondere der Antiimperialismus und Antikolonialismus. Doch muß man beachten, daß diese Ökonomen nicht konsequent sind. Sie gehen nicht über die Verteidigung des Kapitalismus hinaus. Reaktionär an ihren Theorien ist, daß sie den Völkern der schwachentwickelten Länder einreden wollen, sie könnten sich unter kapitalistischen Bedingungen mit Hilfe der imperialistischen Mächte der wirtschaftlichen Rückständigkeit und Armut entledigen.

Zugleich mit den bürgerlichen Ideologen dieser beiden Richtungen treten die „Theoretiker“ der westeuropäischen rechtssozialistischen Parteien auf, die sich in der Verteidigung des Kolonialismus als treue Lakaien der kapitalistischen Monopole erweisen.

---

[4] *П. Ч. Махаланобис*, Индустриализация — Ключ к укреплению независимости (*P. C. Mahalanobis*, Die Industrialisierung — der Schlüssel zur Festigung der Unabhängigkeit). In: «Современный восток», 1958, Nr. 12, S. 16.

Ich stimme Kollegen Reinhold darin zu, daß es heute in der ökonomischen Theorie praktisch keinerlei Unterschied mehr zwischen den europäischen Rechtssozialisten und der bürgerlichen politischen Ökonomie gibt.

So schreibt beispielsweise der französische Sozialist Laurat, daß die antiimperialistische Verschwörung, die gegenwärtig die schwachentwickelten Länder erschüttere, ihrem Wesen nach in politischer wie auch in ökonomischer Hinsicht reaktionär sei. Schreiben derartiges nicht auch die bürgerlichen Ökonomen? Ja, mehr noch, er ist reaktionärer als die offenen Vertreter der Monopole. Dieser Sozialist will päpstlicher sein als der Papst. Die gleichen Positionen beziehen auch die Theoretiker der anderen rechtssozialistischen Parteien in Europa. Die rechtsorientierten Sozialisten und Labouristen haben sich mit den bürgerlichen Ideologen zum Kreuzzug gegen den Kommunismus zusammengefunden. Gegenwärtig unterscheidet sich die von den Führern der Parteien der Sozialistischen Internationale in der nationalen und kolonialen Frage betriebene Politik durch nichts von der Politik bürgerlicher Parteien.

Das sind nach unserer Meinung die beiden Hauptrichtungen in der bürgerlichen politischen Ökonomie in bezug auf die Frage der Entwicklung der schwachentwickelten Länder. Innerhalb jeder dieser Richtung lassen sich einzelne Schulen und näher umgrenzte Strömungen unterscheiden. Doch muß man sich dabei immer an die klassenmäßige Kennzeichnung dieser Schulen und Strömungen halten.

*

Die bürgerliche und die rechtssozialistische politische Ökonomie und Soziologie haben sich vereinigt, um einen umfassenden antikommunistischen Feldzug in die Wege zu leiten. Zu diesem Ziel werben sie Kader aus allen Gesellschaftsschichten. In letzter Zeit erschienen viele Bücher über die sogenannte kommunistische Gefahr für die schwachentwickelten Länder. Unter den Autoren dieser Bücher findet man nicht nur Amerikaner, Engländer und Franzosen, sondern auch Vertreter der schwachentwickelten Länder. Advokaten des Imperialismus kann man nicht nur in Washington oder London finden, man kann ihnen auch in den schwachentwickelten Ländern selbst begegnen. Die Jahrhunderte währende Herrschaft der Westmächte in den Kolonien brachte dort eine bestimmte Schicht von Menschen hervor, auf die sich der Westen auch heute noch stützen kann. Aber die überwältigende Mehrheit der Völker der schwachentwickelten Länder tritt gegen den Imperialismus, gegen die Fremdherrschaft auf. Und gerade an sie müssen sich unsere Theorien richten.

Unsere Aufgabe, die Aufgabe der marxistischen Ökonomen, ist es daher, mit allen Kräften den pseudowissenschaftlichen Sinn der bürgerlichen Theorien zu entlarven, ihren volksfeindlichen bourgeoisen Klassencharakter aufzudecken und den Völkern der schwachentwickelten Länder reale Wege zu weisen, die sie aus der ökonomischen Rückständigkeit und der Armut herausführen. Der Gedanke, die

Entwicklung der Gesellschaft auf sozialistischem Wege voranzutreiben, gewinnt in den schwachentwickelten Ländern immer mehr Anhänger. Die großen ökonomischen, sozialen und kulturellen Erfolge der sozialistischen Länder haben in den Völkern der schwachentwickelten Länder die Überzeugung reifen lassen, daß der Sozialismus dem Kapitalismus riesige Vorzüge voraus hat.

Die bürgerlichen Ökonomen können der Verbreitung der marxistischen Ideologie in der ganzen Welt nicht Einhalt gebieten; denn die marxistisch-leninistische Lehre ist allmächtig, weil auf ihrer Seite die Wahrheit ist. Der Marxismus-Leninismus fälscht nicht die Geschichte und entstellt nicht die Tatsachen, sondern erklärt den Verlauf der geschichtlichen Entwicklung wissenschaftlich, verallgemeinert die Tatsachen für eine wissenschaftliche Erklärung der gesellschaftlichen Entwicklungsprozesse. Die Aufgabe der marxistischen Theorie besteht darin, den Lauf der Geschichte zu beschleunigen, rascher den Untergang der kapitalistischen Gesellschaft zu vollenden und die Menschheit von den Schrecken und Leiden des Kapitalismus zu befreien. Darin besteht der Humanismus des Marxismus-Leninismus.

BEMERKUNGEN ZU MUDDATHIR: „DIE INDUSTRIALISIERUNG DER WIRTSCHAFTLICH UNTERENTWICKELTEN AFRIKANISCHEN LÄNDER UND IHRE AUSWIRKUNGEN AUF DIE WELTWIRTSCHAFT“[1]

Hartmut Schilling, Berlin

In dem von uns heute behandelten Komplex bürgerlicher Theorien über die Entwicklung ökonomisch schwachentwickelter Länder nehmen die Probleme der Industrialisierung eine besondere Stellung ein. Das ist darin begründet, daß die Industrialisierung für die Länder, die im Kampf gegen die imperialistische Kolonialherrschaft ihre staatliche Selbständigkeit erringen konnten, das zentrale Problem darstellt. Die antikoloniale Befreiungsbewegung erschöpft sich bekanntlich nicht im Kampf um die politische Unabhängigkeit, sondern die Erringung der politischen Unabhängigkeit ist auf das engste verbunden und in verschiedener Hinsicht bedingt durch den erfolgreichen Kampf um die ökonomische Selbständigkeit. Die These, daß ökonomische Unabhängigkeit nicht ohne nationale Industrialisierung zu erreichen ist, sondern sie voraussetzt, hat heute bereits axiomatischen Charakter und bedarf keiner besonderen Beweisführung. Sie spielt auch in der Praxis der antiimperialistischen Nationalstaaten schon eine große Rolle, wie die Beispiele der Fünfjahrpläne bzw. Entwicklungsprogramme solcher Staaten wie Indien, Indonesien, VAR, Ghana, Guinea und Kuba zeigen, wenngleich diese objektive Tendenz zur Industrialisierung sich in allen diesen Ländern in unterschiedlichem Grade realisiert.

Uns interessiert hier die ideologische Widerspiegelung dieses auf objektiven Gesetzmäßigkeiten beruhenden Prozesses in der bürgerlichen Theorie. Die moderne Vulgärökonomie beschäftigt sich mit dem Problem der Industrialisierung der ökonomisch schwachentwickelten Länder – abgesehen von empirisch-statistischen Untersuchungen – gewöhnlich im Rahmen ihrer allgemeinen „Theorie der Entwicklung“. Spezielle bürgerliche Arbeiten zur Theorie der Industrialisierung sind in Westdeutschland relativ selten. Um so mehr kritisches Interesse verdient die Arbeit von Muddathir, zumal sie die Industrialisierung in einem geographisch begrenzten Bereich zum Gegenstand hat, daher zur konkreten Äußerung gezwungen ist.

Es handelt sich bei dieser Arbeit meines Wissens auch um den bisher einzigen in Westdeutschland von bürgerlicher Seite unternommenen Versuch einer umfassenden Bearbeitung der afrikanischen Industrialisierungsprobleme. Hinzu kommt der Umstand, daß es die Schrift eines Afrikaners ist, was uns geneigt machen könnte, uns daraus einen Einblick in die theoretische Konzeption der afrikanischen Bour-

[1] *Ahmed Muddathir*, Die Industrialisierung der wirtschaftlich unterentwickelten afrikanischen Länder und ihre Auswirkungen auf die Weltwirtschaft, Berlin 1957.

geoisie in der Industrialisierungsfrage zu erhoffen. Wir werden allerdings – um es vorwegzunehmen – in dieser Hoffnung enttäuscht werden. Das hängt damit zusammen, daß die Auffassungen Muddathirs, über die ich mir hier einige Bemerkungen gestatte, im Wesen nichts anderes sind als ein Ausdruck der neokolonialistischen Ideologie des deutschen Monopolkapitals und objektiv eine Variante seiner imperialistischen Propaganda auf einem speziellen Teilgebiet darstellen. Soweit das im Rahmen eines kurzen Diskussionsbeitrags möglich ist, möchte ich an einigen Problemen zeigen, wie unwissenschaftlich die Konzeption Muddathirs ist und wie wenig sie den Interessen der antikolonialen Befreiungsbewegung in Afrika entspricht.

Für die neokolonialistische Ideologie im allgemeinen ist heute charakteristisch, daß sie die Industrialisierung keineswegs mehr kategorisch ablehnt. Im Gegenteil. Die historische Zwangsläufigkeit, mit der der Zerfall des imperialistischen Kolonialsystems die nationale Industrialisierung der jungen Nationalstaaten einschließt, zwingt die Vulgärökonomen, wenn sie ihrer apologetischen Funktion, in diesem Falle der Apologetik des Neokolonialismus, gerecht werden wollen, die Notwendigkeit der Industrialisierung der ökonomisch schwachentwickelten Länder anzuerkennen. Ihre Theorie entspricht in dieser Frage der neokolonialistischen Praxis des Monopolkapitals.

Bekanntlich besteht eine der jüngsten Tendenzen des Neokolonialismus gerade darin, sich an der Industrialisierung der afroasiatischen Staaten zu beteiligen, und zwar in bestimmten Fällen ohne offensichtliche politische oder militärische Bedingungen. Diese Beteiligung dient aber nicht dem Zweck, solchen Staaten zur ökonomischen Unabhängigkeit zu verhelfen, sondern sie verfolgt das Ziel, die Staaten, die das koloniale Joch abgeworfen haben, auf neue Art an die imperialistischen Mächte zu binden und ihre Industrialisierung in eine Richtung zu drängen, die die strukturelle Abhängigkeit der ehemaligen Kolonialländer von den kapitalistischen Industrieländern nicht aufhebt, sondern vertieft. Sie ist durch innere und äußere Entwicklungsbedingungen des Imperialismus erzwungen. Dazu gehören in erster Linie solche Faktoren wie die Entfaltung des Widerspruchs zwischen Kapitalismus und Sozialismus als des Hauptwiderspruchs in der Welt und die Auswirkungen der Existenz des sozialistischen Weltsystems in Form immer wirksamer werdender ökonomischer und technischer Hilfe der sozialistischen Länder für die Industrialisierung der jungen Nationalstaaten, aber auch die Verschärfung des Marktproblems für die imperialistischen Staaten durch die verstärkte Ausbeutung der Werktätigen der eigenen Länder und im Zusammenhang damit der Drang zur verstärkten Kapital- und Warenexpansion auf Grund des Wirkens der dem monopolkapitalistischen System immanenten Gesetzmäßigkeiten.

So handelt es sich also heute weder theoretisch noch praktisch um die Frage: Industrialisierung ja oder nein?, sondern um das *Wozu* der Industrialisierung, das heißt, Industrialisierung, um die ökonomische Selbständigkeit zu erreichen, oder Industrialisierung, um die neokolonialistische Beherrschung der afroasiatischen Staaten auszudehnen bzw. zu festigen. Die Beantwortung dieser Frage hängt zum großen Teil vom *Wie* der Industrialisierung, d. h. von den sozialökonomischen Voraussetzungen, unter denen sie sich vollzieht, ihren tragenden Kräften, ihren Stadien und ihren Finanzierungsquellen ab. Um nicht mißverstanden zu werden, muß ich bemerken, daß natürlich sowohl in der neokolonialistischen Theorie wie auch in ihrer Praxis die *offenen* Versuche zur Verhinderung der Industrialisierung der ökonomisch schwachentwickelten Länder keineswegs verschwunden sind. Aber sie sind m. E. nicht mehr die vorherrschende Erscheinung, sondern typisch für den Neokolonialismus ist vielmehr die Anerkennung der Industrialisierung in Worten und ihre Verhinderung in der Praxis.

Die Schrift von Muddathir ist dafür ein beredtes Zeugnis. Seine Konzeption basiert auf der Anerkennung der Notwendigkeit der Industrialisierung, und er bemüht sich, diese Notwendigkeit ausführlich zu begründen. Aber er beantwortet in diesem Zusammenhang bereits die Frage, die wir als wesentliches Kriterium für die Beurteilung seiner Konzeption betrachten, nämlich die Frage: wozu Industrialisierung in Afrika? Seine Antwort lautet:

„... damit der Lebensstandard der Bevölkerung dieser Länder möglichst schnell gehoben wird."[2] Damit aber niemand auf den Gedanken komme, es ginge hier wirklich um die Beseitigung der furchtbaren Not der Werktätigen Afrikas, präzisiert Muddathir seine Feststellung sofort, indem er formuliert:

> „Je schneller diese Bevölkerung über Kaufkraft verfügt, desto zuverlässiger wird sich eine unmittelbare Rückwirkung auf den Absatz der klassischen Industrieländer mit ihrer vielfältigen Produktion zeigen."[3]

Daraus ist ersichtlich, daß der Ausgangspunkt der Muddathirschen Konzeption in Wirklichkeit keineswegs der Lebensstandard der afrikanischen Völker an sich ist, sondern ihr Lebensstandard als Realisierungsbedingung für den Profit der imperialistischen Industrieländer, d. h. als Kaufkraft. Ausgangspunkt ist das Interesse der Absatzmärkte suchenden imperialistischen Mächte.

Eine Industrialisierungstheorie, die von dieser Frage ausgeht und auch in der weiteren Entwicklung den Akzent auf den Nachweis legt, daß eine entsprechende Industrialisierung der schwachentwickelten Länder für die Imperialisten außerordentlich vorteilhaft ist, offenbart a priori ihren apologetischen Charakter. Ein wissenschaftliches Herangehen an die Frage der Industrialisierung schwachentwickelter Länder ist nur möglich, wenn man sie als Prozeß sieht, der zur ökonomischen Unabhängigkeit dieser Länder führt. Sicherlich gibt es keinen Zweifel darüber, daß jede Industrialisierung Kaufkraft produziert. Dieser Effekt wird jedoch auch erzielt, wenn die Industrialisierung sich in einer solchen Richtung und unter solchen Bedingungen vollzieht, daß die Abhängigkeit dieser schwachentwickelten Länder von den imperialistischen Mächten nicht beseitigt, sondern sogar noch verstärkt wird.

Deshalb rücken auch die Exponenten der neokolonialistischen Politik in Westdeutschland die Schaffung von Kaufkraft als Ziel der Industrialisierung in den ökonomisch schwachentwickelten Ländern in den Vordergrund. Der Bonner Vize-

[2] *Ahmed Muddathir*, a. a. O., S. 17. [3] Ebenda.

kanzler Erhard beispielsweise umriß diese Linie des westdeutschen Neokolonialismus, wenn er bemerkte, es komme nicht darauf an, nur neue vollautomatische Fabrikanlagen zu erbauen, an denen sich der Glaube der Menschen entzünden kann. In den afrikanischen und asiatischen Ländern müßte vor allem Kaufkraft produziert werden.[4] Die Reduktion des Ziels der Industrialisierung Afrikas auf das Moment des „erhöhten Lebensstandards als erhöhte Kaufkraft" bei Muddathir findet also eine bezeichnende Parallele in der offiziellen Politik des westdeutschen Finanzkapitals.

Das gleiche trifft auf ein zweites Ziel zu, das nach Muddathir bei der Industrialisierung Afrikas verfolgt werden muß und das er sehr eng mit dem ersten verknüpft. Er schreibt:

> „Da die traditionelle internationale Arbeitsteilung einen kritischen Punkt erreicht hat, indem sie nämlich sich nachteilig auf die heutigen sogenannten unterentwickelten Gebiete auswirkt, wird eine Belebung des internationalen Handels mit diesen Gebieten nur durch die *Schaffung neuer Kaufkraft* möglich sein. Das bedingt eine *neue internationale Arbeitsteilung.*"[5]

Die Struktur der imperialistischen Weltwirtschaft ist bekanntlich durch die Existenz hochentwickelter Industriestaaten sowie ihrer Rohstoff- und Agraranhängsel gekennzeichnet. Daß diese internationale Arbeitsteilung im kapitalistischen System einen räuberischen Charakter trägt und zu keiner Zeit für die afroasiatischen Länder vorteilhaft war, braucht hier nicht näher erörtert zu werden. Dieses System der internationalen kapitalistischen Arbeitsteilung beruht auf der Abhängigkeit der ökonomisch schwachentwickelten Rohstoff- und Agrarländer und schließt ihre Ausplünderung durch die imperialistischen Industrieländer ein. Die nationale Industrialisierung der jungen Staaten Asiens und Afrikas ist daher in der Tat objektiv auf die Beseitigung dieses Systems gerichtet, da sie eine — in den einzelnen Ländern mehr oder weniger konsequente — Fortsetzung der antikolonialen, antiimperialistischen Befreiungsbewegung darstellt. Insofern kommt also dem Verhältnis von Industrialisierung und internationaler Arbeitsteilung und seiner Darstellung bei Muddathir große Bedeutung zu.

Um Muddathirs Konzeption in dieser Frage ganz klar zu erkennen, ist es notwendig, zunächst einige seiner Argumente gegen die sozialistische Methode der Industrialisierung zu betrachten. Das ist insofern von Wichtigkeit, als diese Methode im sozialistischen Weltlager bekanntlich zur tatsächlichen Beseitigung der alten internationalen Arbeitsteilung des Kapitalismus führte und diese alte Arbeitsteilung durch eine sozialistische internationale Arbeitsteilung ersetzte, die nicht auf Knechtung, Abhängigkeit und Ausbeutung, sondern auf Gleichberechtigung und kameradschaftlicher Zusammenarbeit beruht. Muddathir erblickt den Nachteil der sozialistischen Methode (in ihrer sowjetischen Form) darin,

> „daß sie eine völlige Umschichtung der Weltwirtschaftsstruktur nach sich zieht, weil nämlich die meisten Länder nach Autarkie streben werden ... Vom weltwirtschaft-

[4] „Deutsche Zeitung und Wirtschaftszeitung", vom 9. 8. 1960.
[5] Ahmed Muddathir, a. a. O., S. 138.

lichen Standpunkt aus würde das eine Zerstörung des internationalen Handels bedeuten."[6]

Die „Umschichtung der Weltwirtschaftsstruktur", die Muddathir hier ablehnt, und die im Ergebnis der sozialistischen Industrialisierung eingetreten ist, wurde keineswegs dadurch verursacht, daß die sozialistischen Länder etwa nach Autarkie streben, sondern daß sie durch ihre konsequente Industrialisierung die strukturelle Abhängigkeit vom Imperialismus beseitigten. Ökonomische Unabhängigkeit und Autarkie sind aber keinesfalls identisch. Vielmehr beweisen gerade die planmäßige Entwicklung und Vertiefung des Handels zwischen den Ländern des sozialistischen Weltsystems, daß von der sozialistischen Industrialisierung alles andere als eine Zerstörung des internationalen Handels bewirkt wird. Das bedeutet nicht, daß es im Verhältnis der sozialistischen Industrialisierung zum internationalen Handel keine negativen Erscheinungen gibt. Sie sind aber weder ökonomischen Ursprungs, noch sind sie eine Wirkung der sozialistischen Industrialisierung. Ich meine die Bemühungen verschiedener imperialistischer Staaten, durch außerökonomische Maßnahmen den Handel mit den sozialistischen Ländern zu unterbinden und auf diese Art und Weise deren ökonomische Entwicklung aufzuhalten bzw. zu verlangsamen. Alle diese Boykott- und Embargomaßnahmen, denen die Bonner Regierung durch die unbegründete Kündigung des innerdeutschen Handelsabkommens kürzlich eine weitere hinzugefügt hat, haben den internationalen Handel geschädigt, die Entwicklung der sozialistischen Länder aber nicht aufhalten können.

Muddathirs Argumente gegen die sozialistische Industrialisierungsmethode erweisen sich somit als gegenstandslos. Das läßt den Schluß zu, daß ihm weniger an der Verhinderung einer Zerstörung des internationalen Handels als vielmehr an einer Verhinderung einer solchen Umschichtung der Weltwirtschaftsstruktur gelegen ist, die die knechtende kapitalistische internationale Arbeitsteilung beseitigen würde. Unter diesem Aspekt muß nunmehr seine oben erwähnte Kritik an der „traditionellen internationalen Arbeitsteilung" und sein Postulat einer neuen internationalen Arbeitsteilung als Ziel der Industrialisierung Afrikas gesehen werden.

Der Kern dieser „neuen" Arbeitsteilung wird von Muddathir folgendermaßen formuliert:

> „Die hochindustrialisierten Länder werden die Ausfuhr von Fertigwaren, die eine komplizierte Spezialisierung, viel Kapital und neue wissenschaftliche Forschung voraussetzen, steigern. Dagegen werden von ihnen mehr Fertigwaren billigerer Qualität ... importiert."[7]

Das ist genau genommen nichts anderes als die prinzipielle Aufrechterhaltung der alten imperialistischen Arbeitsteilung. Denn die Imperialisten behalten unter diesen Bedingungen die ökonomische Macht, und den unterentwickelten Ländern wird zugestanden, neben Rohstoffen auch primitive Fertigwaren liefern zu dürfen, was den Grad ihrer Abhängigkeit von den hochindustrialisierten kapitalistischen Staaten

[6] Ebenda, S. 245. [7] Ebenda, S. 152.

nicht im geringsten berührt. Deshalb erklärte auch der bereits oben zitierte westzonale Wirtschaftsminister Erhard nach der Rückkehr von seiner Ostasienreise 1958:

> „Das Fazit aus dieser Erkenntnis lautet dahin, daß wir ... bereit sein müssen, einfachere industrielle Fertigungen tendenziell den Entwicklungsländern zu überlassen und unsere Anstrengungen darauf richten, in den Bereichen höherer Veredlung und technischer Verfeinerung tätig zu werden."[8]

Von Muddathir wird diese Linie der Bonner Neokolonialisten als „neue" internationale Arbeitsteilung propagiert und eine wirkliche Umschichtung der Weltwirtschaftsstruktur, die die ökonomische Unabhängigkeit der jungen afroasiatischen Staaten einschließen würde, mit dem Argument abgelehnt, sie zerstöre den internationalen Handel. Dieses Argument erweist sich aber als gegenstandslos, sobald es mit der Praxis konfrontiert wird.

Muddathir stimmt nicht nur im Inhalt seiner Thesen mit den Vorstellungen der politischen Exponenten des westdeutschen Neokolonialismus überein, sondern auch in seiner Methode. So erklärt sich seine Ablehnung des „klassischen" Kolonialsystems, die er an verschiedenen Stellen vorträgt, und in der speziellen Frage der Arbeitsteilung seine Kritik an ihrer „traditionellen" Form. Bekanntlich tarnt der Bonner Neokolonialismus allgemein sein Auftreten mit der Maske des „Antikolonialismus" und der „Kritik" an den direkt Kolonien besitzenden imperialistischen Mächten. Das trifft in verschiedenen Variationen natürlich auch für seine Ideologen im einzelnen zu. Ohne diese antikolonialistische Tarnung kann der Neokolonialismus unter den Bedingungen der heutigen Weltsituation keine Aussicht auf Erfolg haben. Viel wichtiger als jede gegen die „klassische" Form des Kolonialsystems gerichtete Äußerung der Vulgärökonomen ist deshalb der Teil ihrer Theorie, der die Entwicklung dieser Länder nach der Aufhebung des Kolonialstatus betrifft.

In der Frage der Zielsetzung der Industrialisierung haben wir gezeigt, daß die Konzeption Muddathirs nicht den Interessen der afrikanischen Völker, wohl aber denen des internationalen und speziell des westdeutschen Monopolkapitals entspricht. Das zeigt sich auch in anderen wichtigen Fragen.

Selbstredend unterstellt Muddathir a priori einen kapitalistischen Weg der Entwicklung. Bei seiner Behandlung der Rolle des Staates im Industrialisierungsprozeß hebt er zwar hervor, daß diese Rolle „entscheidend" sei und formuliert sogar: „... in den heutigen unterentwickelten Gebieten ist die staatliche Intervention die unbedingte Voraussetzung für eine schnelle wirtschaftliche Entwicklung."[9] Auch unter den Bedingungen der Machtausübung durch die Bourgeoisie enthält die staatskapitalistische Entwicklung in den ökonomisch schwachentwickelten Ländern bekanntlich progressive, weil antiimperialistische Tendenzen. Die Rolle, die der nichtsozialistische Staat in vielen Ländern Asiens und Afrikas heute bei der Durchsetzung der nationalen Industrialisierung spielt, geht aber bereits weit über das

---

[8] Zitiert bei: *Wolf Donner*, Zur Industrialisierung afrikanischer Gebiete. In: „Gewerkschaftliche Monatshefte", X. Jahrg., 1959, H. 2, S. 101.

[9] *Ahmed Muddathir*, a. a. O., S. 286.

hinaus, was Muddathir unter „entscheidender Rolle des Staates" versteht und zu realisieren empfiehlt.

Muddathir zieht die Grenzen für die Betätigung des Staates viel zu eng, als daß nach seiner Konzeption selbst unter den heutigen nichtsozialistischen Bedingungen in den jungen Nationalstaaten sich rasche Fortschritte in der nationalen Industrialisierung ermöglichen lassen würden. Bei ihm handelt es sich um staatliche Kontrolle eines privaten Bankensystems, staatliche Garantie für die Banken, Kaufkraftabschöpfung, Zwangssparen, Politik mit unterschiedlichen Zinssätzen, Anziehen des ausländischen Kapitals durch Steuerbegünstigung usw.[10] – aber nicht um die unmittelbare ökonomische Tätigkeit des Staates, die Bildung und Ausdehnung eines staatlichen Sektors in der Volkswirtschaft und die Benutzung des Staates als Instrument zur Zurückdrängung des ausländischen imperialistischen Einflusses auf die Wirtschaft des Landes. Die Ausdehnung der Rolle des Staates in dieser Richtung ist aber, wie die Praxis Indiens, Indonesiens, Guineas, Ghanas und anderer Staaten zeigt, eine unabdingbare Voraussetzung, um den unter den dortigen sozialökonomischen Bedingungen höchstmöglichen Industrialisierungsgrad zu erreichen und zur ökonomischen Unabhängigkeit zu gelangen.

Während Muddathir bei der Entwicklung seiner Konzeption im einzelnen die Rolle des Staates faktisch abwertet, postuliert er den „Unternehmungs- bzw. Unternehmergeist" als Bedingung der Industrialisierung und spricht auch ihm eine entscheidende Rolle zu.[11] Er definiert den „Unternehmergeist" als „die Fähigkeit, neue Kombinationen der Produktionsfaktoren zu konzipieren und durchzuführen, um damit von der vorliegenden oder erwarteten Marktlage zu profitieren."[12] Das heißt, dieser „Unternehmergeist" ist nichts anderes als das kapitalistische Profitstreben, die von allen Vulgärökonomen und den Propagandisten des Kapitals so viel gepriesene „private Initiative". Diese ist im wesentlichen nur dann eine Bedingung der Industrialisierung der afrikanischen Staaten, wenn man diese Industrialisierung nur auf dem traditionellen kapitalistischen Weg für möglich hält. Das aber ist Muddathirs Prämisse; denn er sieht für Afrika keine andere Alternative als die „Übernahme westlicher Lebensformen."[13]

Die Praxis der Industrialisierung aller sozialistischen Länder hat überzeugend nachgewiesen, daß der kapitalistische Unternehmergeist keineswegs eine Bedingung der Industrialisierung ist, sondern daß diese sich wesentlich schneller und wirksamer vollzieht, wenn sie von der Masseninitiative des befreiten Volkes getragen wird. Im übrigen zeigen auch afrikanische Beispiele, wie etwa das der Republik Guinea, daß sich auch unter nichtsozialistischen Verhältnissen, aber unter den Bedingungen relativ unentwickelter Klassengegensätze und einer konseqent antiimperialistischen Führung der Volksmassen im Schwung des nationalen Befreiungskampfes Formen

---

[10] Ebenda, S. 292–298.
[11] Ebenda, S. 294.
[12] Ebenda.
[13] Ebenda, S. 77.

der Masseninitiative entwickeln können, die die nationale Industrialisierung weit wirksamer fördern, als es der „Unternehmergeist" jemals könnte.[14]

Die Fehlerhaftigkeit der Konzeption Muddathirs und ihre Interessenbezogenheit wird ebenfalls deutlich, wenn er über die Stadien der vorgesehenen Industrialisierung spricht. Hier entwickelt er für Afrika des Standardschema der klassischen kapitalistischen Industrialisierung, das mit der Entwicklung der Leichtindustrie beginnt und erst im dritten Stadium zur Entwicklung der Schwerindustrie führen soll.[15] Ich kann hier auf einen ausführlicheren Nachweis, warum eine solche Konzeption prinzipiell falsch ist, verzichten, da im Referat des Kollegen Kleer dazu argumentiert wurde.

Ich möchte aber, nur um das Bild über Muddathir abzurunden, noch darauf hinweisen, daß auch bezüglich der potentiellen Finanzierungsquellen einer afrikanischen Industrialisierung von ihm genau das entwickelt wird, was nach unserer bisherigen Analyse seiner Konzeption zu erwarten war: Er empfiehlt eine private internationale Kapitalhilfe und eine entsprechende internationale Organisation privater Kapitalexporteure.[16] Die Beschränktheit der mir zur Verfügung stehenden Zeit erlaubt auch zu dieser Frage keine Argumentation. Sicher aber gibt es keinen Zweifel darüber, daß auch eine Verwirklichung dieser Idee die afrikanischen Völker ihrer ökonomischen Unabhängigkeit keinen Schritt näher bringen würde. Das aber hatten wir eingangs zum Kriterium für die Theorie der Industrialisierung erhoben. Dieser Gesichtspunkt, daß eine Industrialisierungstheorie nur dann wissenschaftlich ist, wenn sie den objektiven Erfordernissen der historischen Entwicklung Rechnung trägt, d. h. im konkreten Fall, wenn ihre Realisierung den afroasiatischen Völkern zur Erringung ihrer ökonomischen Unabhängigkeit dient, dieser Gesichtspunkt scheint mir im Referat des Kollegen Kleer zu wenig Beachtung gefunden zu haben. Das betrifft nicht diese oder jene These Kleers im einzelnen, sondern seine Gesamtkonzeption. Eine Loslösung der Kritik der apologetischen Theorien über die Entwicklung der ökonomisch schwachentwickelten Länder von der konkreten historischen Fragestellung in diesen Ländern selbst verleiht ihr leicht einen Charakter, der ihre praktische Wirksamkeit in der weltweiten Auseinandersetzung enorm beschränkt.

Die kurze Untersuchung der Theorie Muddathirs über die Industrialisierung hat ergeben, und das wollen wir schlußfolgernd hervorheben, daß sie für die afrikanischen Völker unannehmbar ist, weil ihre Realisierung niemals zur ökonomischen Unabhängigkeit führen würde, wohl aber zur Festigung der Positionen des Neokolonialismus in Afrika.

---

[14] *S. Wolk*, Die Republik Guinea. In: „Neue Zeit", XVII. Jahrg., 1959, H. 23, S. 16ff.
[15] *Ahmed Muddathir*, a. a. O., S. 301–302.
[16] Ebenda, S. 263 und 276ff.

DIE KRISE DER MODERNEN BÜRGERLICHEN ÖKONOMIE UND DER PROZESS DER ANGLEICHUNG BÜRGERLICHER UND RECHTSSOZIALISTISCHER ÖKONOMISCHER THEORIEN

Ludovit Korček, Bratislava

Ich möchte über eine Frage sprechen, die Kollege Heretik in seinem Referat berührt hat: Es handelt sich um den Prozeß der Angleichung bürgerlicher und rechtssozialistischer ökonomischer Theorien und um die Ausnutzung der sozialen Demagogie und sozialistischen Phraseologie durch die moderne bürgerliche politische Ökonomie. Ich will das an den theoretischen Schlußfolgerungen von J. A. Schumpeter illustrieren.

Uns allen ist die Notwendigkeit bekannt, besonders heute, in der Periode der Koexistenz des sozialistischen und kapitalistischen Systems, während der sich die ideologischen Auseinandersetzungen gesetzmäßig verschärfen, ständig einen kompromißlosen Kampf gegen alle reaktionären antimarxistischen Theorien zu führen. In diesem ideologischen Kampf nimmt die marxistisch-leninistische politische Ökonomie einen hervorragenden Platz ein. Um den Kampf gegen die bürgerliche politische Ökonomie erfolgreich zu führen, müssen alle die reaktionären antimarxistischen Theorien ernsthaft studiert werden, die heute in den kapitalistischen Ländern gegen die Theorie des wissenschaftlichen Sozialismus ins Feld geführt werden, um die Werktätigen zu täuschen und sie von der revolutionären Lehre des Marxismus-Leninimus abzulenken.

Der Marxismus wurde schon Ende des 19. Jahrhunderts zur herrschenden Ideologie in der Arbeiterbewegung der europäischen Staaten. Die bürgerlichen Ideologen konnten seine Existenz schon nicht mehr ignorieren, sie mußten ihn „zur Kenntnis" nehmen und sich mit ihm ideologisch auseinandersetzen.

Der Übergang des Kapitalismus in sein monopolistisches Stadium und besonders die allgemeine Krise des Kapitalismus sind die Grundlage für die in der gegenwärtigen Zeit sich vollziehende Krise der modernen bürgerlichen Ideologie. Diese Krise ruft unvermeidlich bestimmte spezifische Veränderungen in der bürgerlichen Ideologie hervor, welche als Bestandteil des Überbaus das Absterben des alten sozialökonomischen Systems widerspiegelt. Nur unter diesen Bedingungen kann den bürgerlichen Ideologen, als Ideologen einer gesellschaftlichen Ordnung, die durch die Gesetze der gesellschaftlichen Entwicklung zum Untergang verurteilt ist, objektiv eine absolut neue Aufgabe gestellt werden: die Rettung des kapitalistischen Systems als solchem. Es braucht nicht unterstrichen zu werden, daß diese Aufgabe ihrem Wesen nach unlösbar ist, weil keine „Überarbeitung" der bürgerlichen

Ideologie im allgemeinen und der bürgerlichen politischen Ökonomie im besonderen dazu beitragen kann, dieses Problem zu lösen und den Kapitalismus zu retten.

Die Große Sozialistische Oktoberrevolution war ein gewaltiger Schlag gegen die bürgerliche Ideologie, insbesondere auch gegen die bürgerliche politische Ökonomie, die bis dahin verkündet hatte, daß der Kapitalismus ewigen Bestand haben werde. Die Praxis des sozialistischen Aufbaus bewies die Überlegenheit des sozialistischen Systems über das kapitalistische und beseitigte damit alle Zweifel. Es versteht sich von selbst, daß unter diesen Bedingungen die bürgerliche Ideologie und alle bürgerlichen ökonomischen Theorien gesetzmäßig noch reaktionärer wurden. Alle diese wissenschaftsfeindlichen Theorien zielen heute darauf ab, den Kapitalismus zu retten. Dies geschieht deshalb, weil heute die Ideologen des Kapitalismus nicht nur gegen die Theorie, sondern auch gegen die Praxis des Sozialismus kämpfen müssen.

Ein anderer wichtiger Faktor, der die Krise der bürgerlichen politischen Ökonomie beeinflußt, ist die Vertiefung der sozialen Widersprüche des Kapitalismus. In der heutigen Zeit ist es fast undenkbar, die Perspektiven des Kapitalismus in rosigem Licht zu zeigen, weil die gegenwärtige Periode durch den Zusammenbruch des Kolonialsystems und den Verfall der Wirtschaft einzelner kapitalistischer Länder charakterisiert ist. Die kapitalistischen Länder haben – die einen mehr, die anderen weniger – mit der anwachsenden Krise zu tun, deren Ausbruch noch auf eine gewisse Zeit durch die fieberhafte Aufrüstung und Militarisierung der Volkswirtschaft hinausgeschoben wird.

Unter diesen Bedingungen muß sich die Apologie des Kapitalismus durch die bürgerliche politische Ökonomie unvermeidlich ändern. Die Lobpreisung der inneren Kräfte des Kapitalismus und des automatisch wirkenden Mechanismus der freien Konkurrenz wird verworfen, und man geht dazu über, die Einmischung des Staates in die Wirtschaft zu verherrlichen. Die bürgerlichen Ökonomen suchen den Massen einzureden, daß der bürgerliche Staat auf dem Wege der Einmischung die Mängel des kapitalistischen Wirtschaftsmechanismus beseitigen kann. Aus diesem Grunde hatte auch die Lehre von J. M. Keynes, eines typischen Vertreters des sogenannten regulierenden Staatskapitalismus, in den dreißiger Jahren einen so schnellen Erfolg. In seiner Theorie kommt die Befürchtung zum Ausdruck, daß der Kapitalismus untergehen wird, wenn keine „allmächtige" Einmischung des bürgerlichen Staates erfolgt. Bekannt ist z. B. der Ausspruch des bekannten Anhängers von Keynes, S. E. Harris: „Wenn unsere Wirtschaft keiner chirurgischen Operation unterzogen wird, so bleibt sie nicht am Leben." Das Problem, wie man die Existenz und ein normales Funktionieren des Kapitalismus gewährleisten kann, war den Ideologen des vergangenen Jahrhunderts unbekannt und wird – aus den schon angeführten Gründen – erst jetzt akut. Deshalb erleiden gegenwärtig viele Dogmen der bürgerlichen politischen Ökonomie vom Ende des vergangenen und vom Anfang unseres Jahrhunderts Bankrott, Dogmen, die unter den gegenwärtigen Bedingungen nicht mehr genutzt werden können. Für uns ist diese Tatsache Zeichen genug, daß die bürgerliche politische Ökonomie und die ganze bürgerliche Ideologie sich in einer Krise befindet.

Einer der charakteristischen Züge der Krise der modernen bürgerlichen politischen Ökonomie ist die neue Form sozialer Demagogie und sozialistischer Phraseologie. Hierin zeigt sich nicht nur der ökonomische, sondern auch der moralische Bankrott des kapitalistischen Systems; denn viele bürgerliche Ideologen treten heute schon nicht mehr mit einer offenen Apologie des Kapitalismus vor die Massen, sondern versuchen, ihre Ergebenheit für den Kapitalismus durch eine formale, verbale Kritik an ihm zu verschleiern. Die neuen Methoden der sozialen Demagogie kann man als unmittelbare Reaktion der bürgerlichen Ideologie auf den Aufbau des Sozialismus charakterisieren. Es ist verständlich, daß unter den heutigen Bedingungen die Anziehungskraft der sozialistischen Ideen bedeutend gewachsen ist.

Die wachsende Kraft und die Festigung des sozialistischen Weltsystems bewirken heute gesetzmäßig, daß der wissenschaftliche Sozialismus auch von den Werktätigen der kapitalistischen Länder als der richtige Leitfaden in ihrem Kampf für die Verbesserung der Lebensbedingungen und die endgültige Befreiung von der Unterdrückung durch das Kapital begriffen wird. Die Ideologen der Bourgeoisie verstehen dies ausgezeichnet und lassen, wie ihre wachsende Aktivität zeigt, nichts unversucht, diesem Einfluß auf die Werktätigen ihrer Länder zu begegnen. Eine wichtige Rolle spielen dabei auch die maßgeblichen rechtssozialistischen Ideologen, die man als eifrige Handlanger der Bourgeoisie in den Reihen der Arbeiterklasse bezeichnen kann.

In der heutigen „ideologischen Offensive" der Bourgeoisie treffen wir auch auf eine Erscheinung, die auf den ersten Blick verwundern mag, insofern sie der Aufgabe der bürgerlichen Ideologie, die existierende gesellschaftliche Ordnung zu schützen, nicht zu entsprechen scheint. Ein Teil der bürgerlichen Ökonomen, in der Hauptsache die linkskeynesianische Richtung, akzeptiert die Marxsche Analyse und geht mit dem Vorsatz an seine Lehre heran, sie auf „zeitgemäß" zu trimmen, entsprechend den Bedingungen des gegenwärtigen Kapitalismus weiterzuentwickeln. Diese bürgerlichen Ökonomen heben das realistische und dynamische Herangehen von Marx bei der Analyse des Kapitalismus hervor und erkennen die Überlegenheit der marxistischen politischen Ökonomie über die bürgerliche Grenznutzentheorie bei der Erklärung solcher wichtigen Fragen der kapitalistischen Wirtschaft wie der Akkumulation des Kapitals, des Reproduktionsprozesses, der Arbeitslosigkeit, der Wirtschaftskrisen usw. an.

Diese Tendenz einer gewissen „Rückkehr" zu Marx oder seiner „Rehabilitierung" in der modernen bürgerlichen politischen Ökonomie enthält natürlich das Eingeständnis, daß die sogenannte alte bürgerliche politische Ökonomie vom Ende des 19. und Anfang des 20. Jahrhunderts im Kampf gegen den Marxismus Schiffbruch erlitten hat. Es versteht sich von selbst, daß diese neue Tendenz in der modernen bürgerlichen politischen Ökonomie nichts weiter als ein sorgfältig verschleierter Versuch der bürgerlichen Ideologen ist, den wahren Inhalt des Marxismus, besonders aber die revolutionären sozialökonomischen Schlußfolgerungen aus der Marxschen Lehre zu verfälschen. Diese Tendenz spiegelt objektiv die Interessen des staatsmonopolistischen Kapitalismus und der monopolistischen Großbourgeoisie wider, die den Staatsapparat in ihrem Interesse und zur Erzielung hoher Monopolprofite ausnutzt.

Die Tatsache, daß die bürgerlichen Ökonomen jetzt gezwungen sind, Marx und seine Theorie in Worten zu akzeptieren und eine sozialistische Phraseologie zu benutzen, ist ein unbestreitbarer Beweis für die Unbesiegbarkeit des wissenschaftlichen Sozialismus. Diese neue, mit einem sozialistischen Mäntelchen umhangene Form der bürgerlichen Apologie spiegelt den objektiven Prozeß der Angleichung der bürgerlichen und sozialdemokratischen ökonomischen Theorien wider. Diesen Prozeß kann man als zweiseitig charakterisieren, denn auf der einen Seite werden die Rechtssozialisten immer mehr zu Propagandisten der bürgerlichen Theorie, d. h., daß sie theoretisch und ideologisch immer mehr auf die Position der Bourgeoisie übergehen, und auf der anderen Seite erscheinen in den Werken bürgerlicher Ideologen immer häufiger Theorien, wie sie bisher nur von den „Sozialisten" verkündet wurden.

Eine besonders enge Angleichung der bürgerlichen und rechtssozialistischen ökonomischen Theorie kommt in den theoretischen Arbeiten des bekannten bürgerlichen Ökonomen J. A. Schumpeter zum Ausdruck, der den Standpunkt eines „Kritikers" des Kapitalismus und eines Anhängers des „Sozialismus" für sich in Anspruch nahm. Schumpeter versteht ausgezeichnet, daß die alte Taktik, Marx zu ignorieren oder ihn mit billigen, nichtssagenden „Fakten" abzutun, unter den heutigen Bedingungen nicht haltbar ist. Er weiß genau, daß eine solche Taktik von vornherein zum Scheitern verurteilt ist, und geht deshalb einen anderen Weg. Er sucht beim Leser den Eindruck der „Objektivität" zu erwecken und erkennt deshalb in Worten die Größe der Persönlichkeit von Marx und seiner theoretischen Schlußfolgerungen an. In einigen Fällen verteidigt er sogar Marx und wirft den bürgerlichen Ökonomen vor, sie würden die wissenschaftlichen Verdienste von Marx bei der Analyse ökonomischer Erscheinungen der kapitalistischen Wirtschaft unterschätzen.

Den größten Beitrag von Marx zur ökonomischen Theorie sieht er in der Analyse der Wechselbeziehungen zwischen bestimmten sozialökonomischen Erscheinungen. Schumpeter behauptet, daß man von Marx die Form der Analyse übernehmen und bei der weiteren theoretischen Bearbeitung der Erscheinungen des modernen Kapitalismus ausnutzen muß. Der Inhalt des Marxismus habe heute keine Gültigkeit mehr, weil er das Gepräge der sozialökonomischen Bedingungen jener Zeit trage, in der Marx lebte.

Schumpeter hat unter den neuen Bedingungen, d. h. unter den Bedingungen des staatsmonopolistischen Kapitalismus, seine dynamische Theorie der wirtschaftlichen Entwicklung dazu benutzt, die gegenwärtige Etappe des staatsmonopolistischen Kapitalismus als Beginn der Epoche des Sozialismus auszugeben, um damit die verlorengegangenen Positionen der bürgerlichen politischen Ökonomie bei der Masse der Werktätigen, die sich um rechtssozialistische Parteien gruppieren, zurückzuerobern.

Schumpeter benutzt seine subjektive Theorie der Neuerung zur Erklärung einer allmählichen Veränderung, einer Transformation des Kapitalismus in den Sozialismus auf sogenanntem demokratischem Wege. Es ist bekannt, daß nach Schumpeter die Unternehmertätigkeit den Charakter einer gewissen „schöpferischen Zerstörung" hat, d. h., durch diese Tätigkeit wird das alte wirtschaftliche Produktionsniveau zerstört und im gleichen Prozeß ein neues, höheres Produktionsniveau geschaffen. Aus dieser Annahme zieht er die gleiche Schlußfolgerung wie Marx, nämlich daß der Kapitalismus unvermeidlich untergeht und an seine Stelle der Sozialismus tritt. Nach Schumpeter geht der Kapitalismus jedoch nicht deshalb unter, weil er sich als gesellschaftliche Ordnung schon überlebt hat, sondern umgekehrt, der Kapitalismus, der angeblich allen Mitgliedern der Gesellschaft einen hohen Lebensstandard gewährleistet, nähert sich seinem Ende wegen seiner Erfolge.

Auf die Frage, ob der Kapitalismus weiter existieren kann, antwortet Schumpeter mit einem eindeutigen „Nein". Die Zukunft der Menschheit sieht auch er im Sozialismus, genauer gesagt, im demokratischen Sozialismus. So „modifiziert" Schumpeter in Übereinstimmung mit den Bedürfnissen der Bourgeoisie die theoretischen Schlußfolgerungen von Marx über den objektiven Prozeß des Untergangs des Kapitalismus durch Verschärfung der Klassenwidersprüche im Laufe seiner Entwicklung. Mit der Analyse dieses Prozesses hat Marx wissenschaftlich den Untergang der alten und den Beginn der neuen ökonomischen Gesellschaftsformation als gesetzmäßigen Prozeß der Lösung des dem Kapitalismus immanenten Antagonismus bewiesen. Es scheint, als käme Schumpeter über seine dynamische Theorie der wirtschaftlichen Entwicklung zu derselben Schlußfolgerung; denn nach dieser Theorie unterhöhlt der Kapitalismus allmählich seine eigenen Positionen und schafft die Bedingungen für den Übergang der Gesellschaft zum Sozialismus. In der Tat werden hier nur einige allgemeine Züge des modernen Kapitalismus falsch verallgemeinert, wie z. B. das Überflüssigwerden der Funktion des Unternehmers, die Verwandlung des individuellen privatkapitalistischen Eigentums in Aktieneigentum, die Veränderung in der Form der Kontraktabschlüsse zwischen den Produktionsmitteleigentümern und den Werktätigen usw.

Nach der dynamischen Theorie von Schumpeter zerstört der Kapitalismus in seiner Entwicklung nicht nur seine eigenen Institutionen, sondern besteht nach Schumpeter das Wichtigste darin, daß er auch die Bedingungen für neue Institutionen schafft. Nach Schumpeter ist „Zerstörung" ein falscher Ausdruck, man müsse eher von einer Transformation sprechen, weil der kapitalistische Entwicklungsprozeß „Sachen und Seelen" in Richtung zum Sozialismus transformiert. So gesehen, könne man nach Meinung Schumpeters mit der Schlußfolgerung von Marx einverstanden sein, daß der Kapitalismus letzten Endes untergeht. Man könne auch darin mit Marx übereinstimmen, daß bei der Transformation der Gesellschaft, die sich heute vor unseren Augen vollzieht, der ökonomische Faktor eine erstrangige Rolle spielt. Nach Meinung Schumpeters ist die Ähnlichkeit zwischen der Theorie von Marx und seiner eigenen größer als ihr Unterschied. Dieser Unterschied sei nicht so wichtig und betreffe nur Einzelheiten in diesem gewaltigen Transformationsprozeß vom Kapitalismus zum Sozialismus. Mit diesem theoretischen Standpunkt von Schumpeter erklären sich auch die Theoretiker des rechtssozialistischen Reformismus und des neuzeitlichen Revisionismus voll und ganz einverstanden. Für einen Marxisten ist er natürlich unannehmbar.

Die formale Übereinstimmung Schumpeters mit Marx birgt für die Arbeiterklasse des Westens eine große Gefahr in sich, weil sich so die Möglichkeit bietet, die Arbeitermassen unter der Flagge des sogenannten demokratischen Sozialismus vom revolutionären Marxismus-Leninismus abzulenken, unter den Arbeitern die Illusion zu verbreiten, daß man auch auf evolutionärem Wege, auf dem Wege des allmählichen Hinüberwachsens des Kapitalismus in den Sozialismus, bei Zusammenarbeit und Harmonie aller Klassen zum Sozialismus gelangen kann.

Lenin, der das imperialistische Stadium des Kapitalismus einer wissenschaftlichen Analyse unterzog, hat bewiesen, daß sich das Wesen der kapitalistischen Verhältnisse nicht ändert, so hoch auch die Stufe der Konzentration im staatsmonopolistischen Kapitalismus sein mag, daß nur die objektiven Voraussetzungen für den Übergang der Gesellschaft zum Sozialismus geschaffen werden. Lenin betont, daß „... der staatsmonopolistische Kapitalismus die vollständigste materielle Vorbereitung des Sozialismus, seine Vorstufe, jene Stufe der historischen Leiter ist, deren nächste Stufe – *eine Zwischenstufe gibt es nicht* – Sozialismus genannt wird."[1] Lenin hat mehrmals unterstrichen, daß der staatsmonopolistische Kapitalismus „die vollständige materielle Vorbereitung des Sozialismus" ist, daß jedoch die objektiven und subjektiven Bedingungen für die sozialistische Revolution und der wirkliche Übergang der Gesellschaft zu sozialistischen Veränderungen etwas ganz anderes sind.

Es ist falsch, wenn man das Heranreifen der materiellen Voraussetzungen des Sozialismus auf dem Gebiete der Produktivkräfte mit sozialistischen Veränderungen der Gesellschaft gleichsetzt, wie es Schumpeter und die übrigen Theoretiker des rechtssozialistischen Reformismus tun. Diese Veränderungen können nur durch den revolutionären Kampf der von einer marxistisch-leninistischen Partei geführten Arbeiterklasse erreicht werden. Und deshalb sagt Lenin: „... zu den verbreitetsten Irrtümern gehört die bürgerlich-reformistische Behauptung, der monopolistische oder staatsmonopolistische Kapitalismus sei *schon kein* Kapitalismus mehr, er könne bereits als ‚Staatssozialismus' bezeichnet werden."[2]

Die Dialektik der Geschichte besteht darin, sagte Lenin, daß der theoretische Sieg des Marxismus seine Feinde dazu zwingt, sich als Marxisten auszugeben. Diese

---

[1] *W. I. Lenin*, Die drohende Katastrophe und wie man sie bekämpfen soll. In: Ausgewählte Werke in 2 Bänden, Bd. II, Berlin 1953, S. 125.

[2] *W. I. Lenin*, Staat und Revolution. In: Ausgewählte Werke in 2 Bänden, Bd. II, Berlin 1953, S. 209.

Worte Lenins treffen vollinhaltlich auch auf Schumpeter und alle jene zu, die sich sowohl in der Theorie als auch in der praktischen Politik auf die theoretischen Schlußfolgerungen Schumpeters stützen, wie es heute die sogenannten Theoretiker des rechtssozialistischen Reformismus und modernen Revisionismus tun.

Eine theoretische Quelle für die rechtssozialistischen Ideologen und eine Grundlage ihrer täglichen Agitation unter den breiten Massen der Werktätigen sind besonders die politökonomischen Thesen Schumpeters, die er in seinem antimarxistischen Werk „Kapitalismus, Sozialismus und Demokratie" niedergeschrieben hat. Dieses Buch wurde im Westen in einer sehr hohen Auflage, in mehreren Ausgaben und in allen Weltsprachen herausgegeben. Es sei hier nur daran erinnert, wie die französischen Rechtssozialisten die Anschauungen Schumpeters ausnutzen. Guy Mollet, Generalsekretär und offizieller Theoretiker des SFIO, bekennt sich offen als ein Schüler von Schumpeter. In diesem Sinne schrieb Guy Mollet auch die Einführung zu einer Broschüre, deren Ziel es ist, die Ideen des bürgerlichen Ökonomen Schumpeter in der französischen Arbeiterbewegung zu verbreiten. Das antimarxistische Buch von Schumpeter charakterisiert er als ein „grundlegendes Werk über den Sozialismus". Es bedarf keiner weiteren Erklärung, um zu verstehen, welchen Weg heute der rechtssozialistische Flügel der sogenannten Sozialistischen Arbeiterpartei Frankreichs geht.

Die reformistischen Schlußfolgerungen Mollets und der übrigen rechtssozialistischen Theoretiker, z. B. der Labourpartei, die die theoretischen Konstruktionen Schumpeters ausschließlich dazu benutzen, die Überlegenheit des Reformismus über den revolutionären Marxismus zu beweisen, klingen heute um so reaktionärer, als sie zu einer Zeit, in der das sozialistische System schon Wirklichkeit ist, dem staatsmonopolistischen Kapital dienen. Einige Ideologen des rechtssozialistischen Reformismus haben nach dem zweiten Weltkrieg offen zugegeben, daß sie keine Marxisten sind und nur die Kommunisten als Nachfolger der Marxisten angesehen werden können. Die Führer der reformistischen Parteien haben also offen den revolutionären Marxismus-Leninismus verleugnet und sich auf antimarxistische Positionen begeben. Sie sind Ideologen des bürgerlichen Lagers, Agenten der Bourgeoisie in der Arbeiterbewegung.

Unter den gegenwärtigen Bedingungen kommt die bürgerliche politische Ökonomie selbst dem Reformismus und dem modernen Revisionismus zu Hilfe. Objektiv handelt es sich hier um den Prozeß einer bestimmten Angleichung der bürgerlichen und rechtssozialistischen ökonomischen Theorien. In ihrem Bemühen, durch ihre Ansichten die werktätigen Massen zu beeinflussen, äußern viele zeitgenössische Vertreter der bürgerlichen politischen Ökonomie theoretische Schlußfolgerungen, die früher nur von den „rein sozialistischen Theoretikern" verfochten wurden. Die Bourgeoisie nutzt auf diese Weise den ideologischen Einfluß des rechtssozialistischen Reformismus auf breite Schichten der Werktätigen aus. Diesen Einfluß kann man damit erklären, daß der rechtssozialistische Reformismus die bürgerliche Ideologie in eine Sprache überträgt, die den breiten werktätigen Massen verständlicher ist.

Es ergibt sich also, daß einige moderne Vertreter der bürgerlichen politischen Ökonomie, die Ideologen des rechtssozialistischen Reformismus der sogenannten Arbeiterparteien im Westen und auch Vertreter des modernen Revisionismus (Bund der Kommunisten Jugoslawiens) sich auf einer gemeinsamen antimarxistischen ideologischen Plattform treffen. Ihre Thesen müssen sie, ob sie wollen oder nicht, mit einer marxistisch-leninistischen Phraseologie verbrämen. Diese Tatsache muß man erkennen, um den ideologischen Kampf richtig zu führen. Obwohl kein Zweifel darüber besteht, daß die gegenwärtige ideologische Offensive der Bourgeoisie gegen den Marxismus-Leninismus ein Ausdruck ihrer Schwäche und des Zusammenbruchs ihrer Ideologie ist, wäre es falsch, die Gefahr zu unterschätzen. Es wäre ein unverzeihlicher Fehler, wenn die marxistischen Ökonomen diese neue, in eine sozialistische Phraseologie gehüllte Form der Apologie des modernen Staatskapitalismus unterschätzten. Uns scheint, daß diese Tatsache vielmehr dazu anspornen muß, aktiv gegen alle reaktionären antimarxistischen Theorien zu kämpfen, welches auch ihre Form sei, wobei man in erster Linie immer ihren Klasseninhalt sehen muß.

Wir meinen, daß die Kritik der modernen antimarxistischen Theorien direkt an ihrer Quelle – d. h. bei der Theorie Schumpeters, ihres geistigen Urhebers – ansetzen muß, weil es auf diese Art leichter fällt, die gemeinsame ideologische Plattform des modernen rechtssozialistischen Reformismus, des modernen Revisionismus und der bürgerlichen politischen Ökonomie aufzuzeigen; denn gerade der Prozeß der Angleichung der bürgerlichen und rechtssozialistischen Theorien spielt im gegenwärtigen ideologischen Kampf eine bedeutende und wichtige Rolle. Es ist notwendig, den arbeiterfeindlichen Charakter dieser Theorien bloßzulegen und auf die Gefahr aufmerksam zu machen, die der internationalen Arbeiterklasse aus diesen Theorien erwachsen kann.

V. DISKUSSIONSBEITRÄGE, DIE WEGEN ZEITMANGELS AUF DER KONFERENZ NICHT GEHALTEN WURDEN

EINIGE BEMERKUNGEN ÜBER DIE STELLUNG SCHUMPETERS ZUM SOZIALISMUS

Günter Mieth, Dresden

Der Sieg der Großen Sozialistischen Oktoberrevolution, die erfolgreiche Entwicklung und das Wachstum des sozialistischen Systems, die Anziehungskraft, die es auf alle Werktätigen, auch der kapitalistischen Länder, ausübt, zwingen die modernen bürgerlichen Ökonomen immer wieder, sich mit dem Sozialismus und seiner wissenschaftlich-theoretischen Grundlage, dem Marxismus-Leninismus, auseinanderzusetzen. Wie bereits aus dem Referat von Kollegen Heretik ersichtlich wird, spielen dabei die Arbeiten des aus der österreichischen Schule der Nationalökonomie hervorgegangenen Joseph Alois Schumpeter eine nicht unbedeutende Rolle.

Auch Schumpeter gehört zu denjenigen, die einzelne entschärfte, entstellte, ihres Inhalts beraubte und aus dem Zusammenhang gerissene Thesen des Marxismus in ihre eigene apologetische Konzeption einbauen. Er hält es im Interesse einer wirksameren Apologetik des kapitalistischen Systems für zweckmäßig, mit Marx zu liebäugeln und in dieser oder jener Frage die angebliche Übereinstimmung seiner Auffassungen mit denen von Marx und der marxistischen politischen Ökonomie hervorzuheben.

In seinem bekannten Buch „Kapitalismus, Sozialismus und Demokratie“, in dem er seine Auffassungen über den Sozialismus in umfassender und systematischer Form darzulegen versucht, ohne dadurch seiner Argumentation einen wissenschaftlichen Charakter verleihen zu können, schreibt Schumpeter:

> „Meine endgültige Folgerung unterscheidet sich ... nicht von jener der meisten sozialistischen Schriftsteller und namentlich nicht von jener aller Marxisten, so anders auch meine Begründung ist.“[1]

Durch diese Bemerkung soll darüber hinweggetäuscht werden, daß Schumpeters Buch „Kapitalismus, Sozialismus und Demokratie“ ein antimarxistisches Machwerk ist, ein Loblied auf die bestehende monopolkapitalistische Ordnung und eine mit antisowjetischen Ausfällen garnierte Auseinandersetzung mit dem Sozialismus. Aus diesem Grunde ist mein Beitrag der Stellung Schumpeters zum Sozialismus gewidmet. Dabei wird eine Frage besonders in den Mittelpunkt gerückt:

Wie sind positive Aussagen moderner bürgerlicher Ökonomen über den Sozialismus, im dargelegten Fall von Schumpeter, einzuschätzen?

---

[1] *Joseph Alois Schumpeter*, Kapitalismus, Sozialismus und Demokratie, München 1950, S. 106.

In bezug auf das Wachstumstempo der Produktion und der Arbeitsproduktivität hat der Sozialismus seine Überlegenheit über den Kapitalismus bereits bewiesen. Immer näher rückt der Tag, an dem die sozialistischen Länder auch hinsichtlich des ökonomischen Niveaus (Pro-Kopf-Produktion usw.) die entwickeltsten kapitalistischen Länder ein- und überholen werden. Diese Tatsachen finden auch in neuen Thesen der modernen bürgerlichen Ökonomie ihre unwissenschaftliche Widerspiegelung, in Thesen, die – vom Klassenstandpunkt der Bourgeoisie – gesellschaftlich notwendig werden, damit die bürgerliche Ökonomie auch unter den neuen, veränderten Bedingungen ihre apologetische Funktion wirkungsvoll erfüllen kann.

Im Gegensatz zu der in den zwanziger und dreißiger Jahren weit verbreiteten Misesschen These von der Unmöglichkeit einer Wirtschaftsrechnung im Sozialismus bejahen heute viele bürgerliche Ökonomen die Funktionsfähigkeit einer sozialistischen Wirtschaft. Sie anerkennen die Möglichkeit der Überlegenheit des Sozialismus in bezug auf das Wachstumstempo und auf lange Sicht auch in bezug auf das Produktivitätsniveau. Der durch die weitere Verschärfung der Widersprüche des Kapitalismus in der Periode seiner allgemeinen Krise und die immer deutlicher werdende ökonomische Überlegenheit des Sozialismus über den Kapitalismus entstandenen neuen Situation trug Schumpeter schon relativ frühzeitig Rechnung, der nicht nur in diesem Fall durch sein frühzeitiges Erkennen der „gesellschaftlichen Notwendigkeit" bei der Entwicklung der Anschauungen der modernen bürgerlichen Apologetik aus der breiten Masse der ökonomischen Apologeten des Kapitals hervorragt.

Bereits 1942 (Erscheinungsjahr der 1. Auflage seines bekannten Buches „Kapitalismus, Sozialismus und Demokratie") bejaht Schumpeter die Funktionsfähigkeit einer sozialistischen Wirtschaft und kommt zu der Feststellung, daß der Sozialismus ein höheres Produktivitätsniveau erreichen könne als der Kapitalismus.

Viele Gedanken zu Problemen des Sozialismus, die er in seinem Werk „Kapitalismus, Sozialismus und Demokratie" entwickelt, finden wir in Keimform bereits in früheren Arbeiten Schumpeters, speziell in seinem 1920 erschienenen Artikel „Sozialistische Möglichkeiten von heute". Im Mittelpunkt steht hier jedoch die These, daß eine Sozialisierung in der Gegenwart ein Sinken der Produktion und der Produktivität und eine Verschlimmerung der Notlage aller Schichten zur Folge habe.[2]

Auf Grund der Erfolge des sozialistischen Wirtschaftssystems in der Sowjetunion hält es Schumpeter 1942 für geraten, diese These nicht zu wiederholen und seine Vorbehalte gegenüber der wirtschaftlichen Leistungsfähigkeit des Sozialismus in anderer Form anzubringen.

Die meisten bürgerlichen Ökonomen tragen heute dem Umstand Rechnung, daß sich das Kräfteverhältnis immer mehr zugunsten des Sozialismus verändert und die

[2] *Joseph Alois Schumpeter*, Aufsätze zur ökonomischen Theorie, Tübingen 1952, S. 458 und 494/495.

Ideen des Sozialismus eine immer größere Anziehungskraft auf die werktätigen Massen ausüben. Man darf jedoch in diesem Zusammenhang von bürgerlichen Ökonomen gemachte positive Äußerungen über den Sozialismus nicht falsch einschätzen. Dies zeigt sich am Beispiel Schumpeters recht deutlich. Greift man einzelne Thesen heraus, z. B. daß der Sozialismus möglicherweise auf lange Sicht das höhere Produktivitätsniveau aufweise oder daß die Tendenzen der kapitalistischen Entwicklung auf den Sozialismus als gesetzmäßigen Erben deuten, ohne auf deren Rolle im Gesamtsystem der von Schumpeter vertretenen apologetischen Auffassungen hinzuweisen, so entsteht der falsche Eindruck einer doch relativ positiven Einstellung zum Sozialismus.

Es ist zwar keineswegs ohne positive Bedeutung, daß ein so angesehener und als Verteidiger der kapitalistischen Ordnung bekannter bürgerlicher Ökonom wie Schumpeter anerkennen muß, daß der Sozialismus möglich ist, daß der Kapitalismus nicht immer weiterleben kann und vom Sozialismus abgelöst wird. Sind doch solche Äußerungen, wie die angeführten, ein Beweis der Überlegenheit des Sozialismus und seiner Ideologie, eine Tatsache, die auch die Bourgeois-Ökonomen nicht länger ignorieren können, ohne daß ihre Theorien in allzu offensichtlichen Widerspruch zur Realität geraten und damit ihre apologetische Funktion nicht mehr wirkungsvoll erfüllen können. Keinesfalls darf dies aber in dem Sinne aufgefaßt werden, daß die moderne bürgerliche Ökonomie (bzw. ein Teil ihrer Vertreter) ihre ablehnende Einstellung zum Sozialismus aufgegeben habe. Ganz im Gegenteil. Durch seine Argumente zugunsten des Sozialismus verbirgt Schumpeter seinen Lesern seine unverändert negative Grundhaltung gegenüber dem Sozialismus und macht ihnen so seine apologetische, auf die Erhaltung der kapitalistischen Ordnung gerichtete Gesamtkonzeption schmackhaft.

Schumpeter muß zwar den Untergang des Kapitalismus und den Sieg des Sozialismus voraussagen, seine Theorien sollen aber – und darin besteht ihre soziale Funktion – diese von ihm als unvermeidbar erkannte Entwicklung verzögern. Dies erklärt das Klasseninteresse der Bourgeoisie an den von Schumpeter formulierten theoretischen Anschauungen. Schumpeter will breite Massen der Werktätigen ansprechen. Er berücksichtigt, daß ein großer Teil der Massen mit dem Sozialismus sympathisiert, aber noch unklare Vorstellungen von ihm hat. Dabei versteht er es sehr geschickt, an vorhandene kleinbürgerliche, reformistische Illusionen, aber auch an kleinbürgerliche Vorbehalte gegenüber dem Sozialismus anzuknüpfen. Schumpeters Auffassungen sollen die Werktätigen von ihren historischen Aufgaben, von der proletarischen Revolution und der Errichtung der sozialistischen Gesellschaft, ablenken. Gleichzeitig gibt er der Bourgeoisie Hinweise, um zu retten, was – nach seiner Meinung – noch zu retten ist. Durch entsprechende ideologische Beeinflussung der Massen und durch eine genügend elastische Politik (nach dem Motto: Zuckerbrot und Peitsche) soll die Klassenherrschaft der Bourgeoisie verlängert und der unvermeidbare Übergang zum Sozialismus hinausgeschoben werden. Dabei wiegt er sich und die Klasse der Bourgeoisie, deren Ideologe er ist und deren Anschauungen er durch seine Formulierungen theoretische Gestalt gibt, gleichzeitig in der Illusion, daß zumindest ein wesentlicher Teil der ökonomischen und politischen Positionen der Bourgeoisie auch im Sozialismus, den er sich als eine Art staatsmonopolistischen Kapitalismus vorstellt, erhalten bleiben könnte.

Bei Schumpeter gibt es im Gegensatz zu anderen bürgerlichen Ökonomen eine ökonomische Entwicklung, die zum Sozialismus tendiert, wenn auch nicht im Sinne einer objektiven Gesetzmäßigkeit. Vor allem dieser These wegen war Schumpeter zum Teil recht massiven Kritiken seiner bürgerlichen Kollegen ausgesetzt. Sie betrachteten Schumpeters Art und Weise der Apologetik des Kapitalismus als Spiel mit dem Feuer. Schumpeter hat diesen Wink verstanden. In nach dem 2. Weltkrieg verfaßten Arbeiten, so in „The March into Socialism" (1950)[3], äußert Schumpeter Bedenken, ob, wie und in welchem Umfange sich die Tendenz zum Sozialismus durchsetzen wird. Dabei wird ausgerechnet die Reorganisation der Gesellschaft nach den Prinzipien der katholischen Soziallehre als eine Alternative zum Sozialismus hingestellt. Durch diese Verbeugung vor der katholischen Soziallehre, ein Ausdruck der wachsenden Bedeutung des politischen Klerikalismus als ideologische Waffe der Monopole, entlarvt sich Schumpeter ein weiteres Mal als eingefleischter Apologet des Kapitalismus und als Feind des Sozialismus.

Aus dem Gesagten ergeben sich folgende Schlußfolgerungen:

1. Man darf von einer Reihe bürgerlicher Ökonomen aus taktischen Gründen gemachte positive Äußerungen über den Sozialismus nicht falsch einschätzen. Man muß sich darüber im klaren sein, daß solche Äußerungen eine ganz bestimmte Rolle spielen, daß sie der bürgerlichen Ökonomie ermöglichen sollen, auch unter den neuen, veränderten Bedingungen ihre apologetische Funktion wirkungsvoll zu erfüllen.

2. Oft werden einzelne Thesen der modernen bürgerlichen Ökonomen angeführt, die, isoliert betrachtet, als positive Aussagen über die Ökonomie des Sozialismus gewertet werden könnten. Es gilt jedoch zu untersuchen: Warum gibt es in der gegenwärtigen Situation solche Äußerungen? Warum werden solche Thesen vom Klassenstandpunkt der Bourgeoisie gesellschaftlich notwendig, wieso entspringen sie einem realen Klasseninteresse der Bourgeoisie? Welche Rolle spielen diese Thesen bei der Apologie des kapitalistischen Systems? Welche Klassen oder Schichten sollen durch diese Thesen angesprochen werden?

Bedauerlicherweise werden diese Gesichtspunkte auch in marxistischen Publikationen oft nicht in ausreichendem Maße beachtet, und der Leser, der in vielen Fällen die neuen Erscheinungen in der modernen bürgerlichen Ökonomie nicht mit Sachkenntnis einschätzen kann, ist nicht in der Lage, sich ein richtiges Bild zu machen. Dies kommt jedoch den Absichten jener Apologeten gerade entgegen, die sich durch einige Thesen, die positive Aussagen über den Sozialismus beinhalten,

---

[3] *Joseph Alois Schumpeter*, The March into Socialism. In: „The American Economic Review", Bd. 40, 1950, H. 2, S. 447.

zu tarnen versuchen. Unter bestimmten historischen Bedingungen – und das trifft meines Erachtens auf die gegenwärtige Situation fast generell zu – sind nicht diejenigen die gefährlichsten Apologeten, die sagen, der Sozialismus sei ökonomisch unmöglich und undurchführbar, sondern diejenigen, die unter dem Deckmantel der Objektivität oder sogar einer gewissen Zustimmung zum Sozialismus ihre auf die Erhaltung der kapitalistischen Ordnung berechneten Theorien verbreiten und dabei, wie Schumpeter, den Sozialismus als bürokratisch, undemokratisch und als ein System staatlich sanktionierter Zwangsarbeit verunglimpfen.

Schumpeters Beispiel beweist abermals, daß heutzutage die politische Ökonomie als Wissenschaft nur als politische Ökonomie der Arbeiterklasse möglich ist. Nur die marxistisch-leninistische politische Ökonomie kann die objektive Realität richtig widerspiegeln; denn die Interessen und Ziele des Proletariats stehen in Einklang mit den objektiven Gesetzen der gesellschaftlichen Entwicklung. Schumpeters Auffassungen sind demgegenüber ein ideologisches Produkt des zum Untergang verurteilten Kapitalismus, sie sind eine unwissenschaftliche Widerspiegelung der bereits unaufschiebbar gewordenen historischen Notwendigkeit der Ablösung des Kapitalismus durch den Sozialismus. Zugleich aber, und vor allem, sind sie ein Versuch, mit ideologischen Mitteln den Gang der historischen Entwicklung aufzuhalten.

ZUR BÜRGERLICHEN THEORIE DES SOGENANNTEN „CIRCULUS VITIOSUS DER ARMUT“ IN DEN ÖKONOMISCH SCHWACHENTWICKELTEN LÄNDERN

Rolf Sieber, Berlin

Gegenwärtig gehört es bei allen bürgerlichen und rechtssozialistischen Ökonomen zum guten Ton, sich als Retter für die ökonomisch schwachentwickelten Länder aufzuspielen. Sie glauben die Ärzte zu sein, die die angebliche Krankheit der Wirtschaft der sogenannten unterentwickelten Länder mit Hilfe ihrer Rezepte heilen könnten. Ihre Diagnose lautet: die wirtschaftlich schwachentwickelten Länder seien auf Grund verschiedener Ursachen in einen Zustand geraten, der nur als „circulus vitiosus der Armut“ bezeichnet werden könne, und den die betreffenden Völker jedoch allein, aus eigenen Kräften heraus nicht überwinden könnten.

In Westdeutschland, wie in allen führenden imperialistischen Staaten, erscheint neben vielen Artikeln in den Tageszeitungen eine Flut von Büchern und speziellen Zeitschriften, in denen die bürgerlichen und rechtssozialistischen Ökonomen großsprecherisch erklären, daß sie sich die Aufgabe erwählt hätten, neue Methoden und Mittel, ja, sogar ganze Hilfsprogramme zur Unterstützung für alle sogenannten unterentwickelten Länder auszuarbeiten. Heuchlerisch und scheinheilig umhüllen die imperialistischen Regierungen der USA, Englands, Frankreichs und Westdeutschlands ihre neokolonialistische Politik mit dem Mäntelchen der großen Sorge um die Entwicklung dieser Länder.

Kollege Kleer hat sich in seinem Referat in vielen wesentlichen Fragen hinsichtlich der Einschätzung des sogenannten „circulus vitiosus der Armut“ mit dem Standpunkt der bürgerlichen Ökonomen einverstanden erklärt, sowohl was die Ursachen, als auch was die Schlußfolgerungen bzw. den angeblichen Ausweg aus dieser Situation betrifft. Mit diesen Thesen kann ich mich nicht einverstanden erklären, obwohl ich betonen möchte, daß Kollege Kleer zu den brennenden Problemen der ökonomisch schwachentwickelten Länder interessantes und wichtiges Material zusammengestellt und analysiert hat.

Die bürgerlichen Ökonomen sind der Meinung, daß in den ökonomisch schwachentwickelten Ländern nur ein sehr geringer Prozentsatz des Nationaleinkommens für Neuinvestitionen aufgewandt werden könne, sofern dies überhaupt möglich sei. Das Problem der Kapitalbeschaffung würde durch zwei Umstände entscheidend behindert: Einmal ermögliche eine zu geringe *Fähigkeit* zum Sparen, resultierend aus einem niedrigen Stand des Realeinkommens, kein genügendes Angebot. Außerdem spiegele das niedrige Realeinkommen eine geringere Produktivität wider, die ihrerseits durch den Kapitalmangel hervorgerufen würde. Alles in allem seien jedoch die *Fähigkeiten* zum Sparen, also eine bestimmte subjektivistisch begründete Eigenschaft der Menschen und keine bestimmten sozialökonomischen Bedingungen, schuld an dem Kapitalmangel. Auch seitens des Marktes könne kaum ein *Anreiz* zur Investitionstätigkeit erwartet werden, da die Kaufkraft der Bevölkerung zu schwach sei. Ursache des niedrigen Realeinkommens sei wiederum die niedrige Produktivität, die, wie wir bereits bei der Einschätzung des Angebots gehört haben, letztlich auf den Kapitalmangel zurückzuführen sei, also auf die minimale *Fähigkeit* zum Sparen.

Der heutige wirtschaftliche Zustand der ökonomisch schwachentwickelten Länder ist das konkrete Resultat des imperialistischen Kolonialsystems und der sich auf dieser Grundlage herausgebildeten sozialökonomischen Verhältnisse. Die in diesen Ländern bestehenden Eigentums- und Klassenverhältnisse erklären den ungenügenden Entwicklungsstand der industriellen Entwicklung und der damit im Zusammenhang stehenden ökonomischen Bedingungen. Den zu diesen Ursachen von Kollegen Kleer geäußerten Gedanken stimme ich vollinhaltlich zu. Zugleich gibt er aber einige andere Erklärungen, die ich nicht unterstützen kann. Zum Beispiel stimmt Kollege Kleer der bürgerlichen „Konstatierung eines bestimmten, empirisch prüfbaren Faktums“ zu, ohne sich von vornherein prinzipiell von der subjektivistisch-idealistischen Erklärung der Ursachen für den gegenwärtigen Zustand dieser ökonomisch schwachentwickelten Länder zu distanzieren. Kollege Kleer stellt sich im Gegenteil auf den bürgerlichen idealistischen Standpunkt, indem er u. a. „nur eine geringe Neigung, das zusätzliche Einkommen für eine Erhöhung der Investitionen anzuwenden“ als eine der Ursachen für die Zurückgebliebenheit nennt und die Plünderung des potentiellen produktiven Kapitals als „Problem des Fehlens einer Wirtschafts*politik* seitens des Staates“ hinstellt. Statt in den objektiven Bedingungen die Ursachen zu suchen, wird zu subjektivistisch-idealistischen Begründungen Zuflucht genommen.

Aus dieser m. E. falschen Ausgangsposition in der Auseinandersetzung mit der bürgerlichen These vom „circulus vitiosus der Armut“ in den ökonomisch schwachentwickelten Ländern erklären sich auch einige andere wesentliche Mängel in der Analyse von Kollegen Kleer. So wird z. B. die Einschätzung des bürgerlichen Ökonomen Nelson bejaht, der in dem hohen Bevölkerungszuwachs bei niedrigem Stand des Nationaleinkommens die erste Ursache für den fehlerhaften Kreislauf der Armut sieht. Die einfache Konstatierung der beiden Fakten, nämlich des relativ hohen Bevölkerungswachstums und des heute noch niedrigen Standes des Nationaleinkommens, stellt eine beliebte Methode der gegenwärtigen bürgerlichen Ökonomen dar, die sich an der Oberfläche herumtreiben, aber ihrer Erklärung der sozialökonomischen Prozesse den Anschein einer wissenschaftlichen Analyse verleihen möchten. Bereits Karl Marx hat die bürgerlichen Vulgärökonomen seiner Epoche, die mit biologischen oder ähnlich gearteten Erscheinungen sozialökonomische Prozesse zu erklären versuchten, der Lächerlichkeit preisgegeben.

Die Armut in den ökonomisch schwachentwickelten Ländern ist das Resultat der jahrzehntelangen Knechtung dieser Völker durch die sogenannten „Mutterländer“ und ist unter den Bedingungen der Entfaltung kapitalistischer Produktionsverhältnisse das Ergebnis der Wirkung des absoluten Gesetzes der kapitalistischen Akkumulation und nicht das Ergebnis eines angeblich zu hohen Bevölkerungswachstums. Dieses Wachstumstempo ist nur relativ zu hoch für den gegebenen Stand der Produktivkräfte und Produktionsverhältnisse oder, anders gesagt, für die gegebenen mittleren Verwertungsbedingungen des Kapitals in diesen Ländern. Daß dazu noch eine Reihe außerökonomischer Faktoren, vor allem die, die der Sphäre der unmittelbaren Politik und des Rechts entspringen, wirksam sind, steht außer Zweifel. Den angeblich zu hohen Bevölkerungszuwachs als eine Ursache der Armut hinstellen zu wollen, ist ein alter Trick aus der Kiste der bürgerlichen Vulgärökonomie, der von unserer marxistisch-leninistischen Wissenschaft bereits längst widerlegt wurde. Heute das Bevölkerungsproblem in den Vordergrund zu stellen, erfüllt eine ganz bestimmte sozialökonomische Aufgabe, nämlich in den gegenwärtig noch ökonomisch wenig entwickelten Ländern den technischen Fortschritt zu verhindern, der jedoch für die Steigerung der Arbeitsproduktivität und damit für die Hebung des Wohlstandes dieser Völker von entscheidender Bedeutung ist. Mit anderen Worten: im Hintergrund der bürgerlichen Argumentation steht das Eintreten für die Zurückgebliebenheit dieser Völker bei gleichzeitiger Heuchelei nach außen; denn die bürgerlichen Ökonomen wollen ja angeblich das Einkommen pro Kopf der Bevölkerung steigern helfen.

Zum zweiten Faktor, dem niedrigen Stand des Nationaleinkommens, muß gesagt werden, daß dieser nur die Folgeerscheinung, die Kehrseite des gegebenen Entwicklungsstandes der Produktionsverhältnisse darstellt. Das schließt selbstverständlich nicht aus, daß der Umfang und die Verteilung bzw. Umverteilung des Nationaleinkommens eine aktive Wechselwirkung auf die Eigentums- und damit Produktionsverhältnisse ausüben. Bestimmende Ursache kann das Nationaleinkommen jedoch nicht sein; diese Ursache ist vielmehr der gegebene Stand der Produktion, der wiederum das unmittelbare Ergebnis der gegebenen ökonomischen Basis und der Produktivkräfte darstellt. Entscheidend für die Untersuchung der Ursachen bleibt also nach wie vor die politökonomische Analyse der Eigentums- und Klassenverhältnisse.

Ferner möchte ich hervorheben, daß vielmehr die Erklärungen eines Nelson, Nurkse und Leibenstein einem Zirkelschluß gleichkommen, weil sie die Erscheinung einer bestimmten Ordnung, nämlich die ungenügende Investitionstätigkeit, mit einer anderen, gleichgearteten Erscheinung, nämlich dem Kapitalmangel, erklären wollen. Diese Erklärungen sind übrigens schon deshalb irrig, weil eine Erscheinung der Ökonomie nicht mit einer Erscheinung der Psychologie ursächlich erklärt werden kann. Sie haben also nicht nur vom Klassenstandpunkt aus rein apologetischen Charakter, sondern sind auch vom logischen Standpunkt aus falsch.

Der sogenannte „circulus vitiosus der Armut“ läßt sich vom Standpunkt der bürgerlichen Ökonomen aus nur dadurch überwinden, daß die führenden imperialistischen Staaten gegenüber den ökonomisch schwachentwickelten Ländern eine Rettungsaktion vollbringen; denn die Völker dieser Länder seien ja unfähig und nicht in der Lage, mit eigenen Kräften aus diesem Zustand herauszukommen. Niemand von uns wird bestreiten, daß sich bei einer solchen Argumentation alle „imperialistischen Wölfe im Schafspelz“ als die Vorkämpfer für die Befreiung der Kolonialvölker aufspielen können.

Neben dem USA-Imperialismus tritt der räuberische und aggressive westdeutsche Imperialismus immer mehr und in ganz raffinierten Formen in Erscheinung. Der Bonner Wirtschaftsminister Erhard, die bürgerlichen Professoren und Politiker in den verschiedenen westdeutschen Ämtern und auch die Rechtssozialisten sind der Meinung, daß der westdeutsche Imperialismus zu den Triebkräften der Entwicklung in den ökonomisch schwachentwickelten Ländern gehöre und Impulse auslöse, die in Wirklichkeit jedoch nur zur Entfaltung und Stärkung des neokolonialistischen Systems führen können. Daß es sich dabei um die Ausdehnung der Machtsphäre des imperialistischen Weltsystems handelt, hat bereits Paul A. Samuelson in seiner „Volkswirtschaftslehre“ mit folgenden Worten begründet:

> „Nur insoweit die wirtschaftliche Erschließung unterentwickelter Länder unsere 'Austauschrelationen' verbessert ... ist das Argument stichhaltig, daß wir alles tun sollten, um die wirtschaftliche Erschließung der unterentwickelten Länder zu fördern und dadurch 'unsere Märkte auszuweiten'.“[1]

Wenn Kollege Kleer im Zusammenhang mit dem bürgerlichen Ausweg aus dem „circulus vitiosus der Armut“ die bürgerlichen Ökonomen bejahend zitiert, die von der Schaffung von „Gelegenheiten für Investitionstätigkeit“ und von der Notwendigkeit von „Impulsen“ sprechen, so macht er es sich nur selber schwer, die tatsächlichen ökonomischen, politischen und ideologischen Hintergründe der neokolonialistischen Pläne zur Beherrschung der heute noch ökonomisch schwachentwickelten Länder aufzudecken. Der von den bürgerlichen Ökonomen genannte Ausweg führt diese Länder nicht zu Wohlstand und Glück, sondern in eine neue Form des Abhängigkeitsverhältnisses zu den imperialistischen Großmächten.

In diesem Zusammenhang möchte ich noch auf die verhängnisvolle Rolle der Rechtssozialisten in diesem Prozeß hinweisen. Sie schließen sich in ihrer theoretischen Ausrichtung zwar den Auffassungen der bürgerlichen Experten an; da sie aber aufgerufen sind, die monopolkapitalistische Ordnung durch Aufrechterhaltung der Spaltung der Arbeiterbewegung und darüber hinaus der demokratischen Bewegung überhaupt erhalten zu helfen, stellen sich die Rechtssozialisten der sogenannten „Sozialistischen Internationale“ die Aufgabe, den „demokratischen Sozialismus“ als die einzige Alternative zum heutigen Status quo in Asien, Afrika und Lateinamerika zu predigen. Erst in diesem Jahr wurden auf der Tagung der „Sozialistischen Internationale“ in Israel eine Reihe außerordentlicher Maßnahmen beschlossen, um den Einfluß des Rechtssozialismus in den ökonomisch schwach-

---

[1] *Paul A. Samuelson*, Volkswirtschaftslehre, 2. Auflage, Köln-Deutz 1958, S. 762.

entwickelten Ländern zu verstärken. Besondere Gefährlichkeit erlangt die rechtssozialistische Propaganda deswegen, weil sich ihre Verteidiger als Opponenten gegenüber der von Westdeutschland und den anderen führenden imperialistischen Staaten betriebenen neokolonialistischen Politik tarnen. Durch ihre Pläne aber, z. B. für die Herausbildung einer Elite in diesen Ländern, für die Durchsetzung eines politischen Wahlrechts nach dem Vorbild der heutigen westlichen Demokratien, für gemäßigte Agrarreformen und andere Hilfsprogramme, erweisen sie sich in der Tat erneut als Handlanger der Imperialisten und Militaristen.

Die von mir aufgezeigten Tatsachen weisen mit besonderer Deutlichkeit darauf hin, daß wir marxistischen Ökonomen uns entschieden mehr diesen Fragen widmen müssen, um, getreu dem proletarischen Internationalismus und den Prinzipien der friedlichen Koexistenz, der Befreiungsbewegung in allen heute noch ökonomisch schwachentwickelten Ländern zum endgültigen Sieg zu verhelfen. Dabei haben wir das größte Vertrauen in die Kraft dieser Völker.

ÜBER DIE EINWIRKUNGEN DES SOZIALISTISCHEN WELTSYSTEMS AUF DIE HALTUNG DER IMPERIALISTISCHEN STAATEN GEGENÜBER DEN ÖKONOMISCH SCHWACHENTWICKELTEN LÄNDERN

Karl-Heinz Domdey, Berlin

Gestatten Sie mir, daß ich einige kurze Bemerkungen zu den Materialien der Kollegen Kleer und Solodovnikov sowie zu zwei in diesem Zusammenhang gehaltenen Diskussionsbeiträgen mache. Es erscheint mir notwendig, alle Äußerungen zu unterstreichen, die den Einfluß des sozialistischen Weltsystems auf das Verhältnis zwischen den imperialistischen Industriestaaten und den wirtschaftlich schwachentwickelten Ländern behandeln. In unserer Epoche gibt es keinen gesellschaftlichen Vorgang innerhalb des kapitalistischen Lagers mehr, der nicht entscheidend von dem stürmischen Vormarsch des Sozialismus im Weltmaßstab bestimmt wird. Das gilt besonders für den Kampf der asiatischen und lateinamerikanischen Völker für ihre Unabhängigkeit, für den gesetzmäßigen Prozeß des endgültigen Zerfalls des Kolonialregimes und den Aufbau junger Nationalstaaten. Die außerordentliche Beachtung, welche die von N. S. Chruschtschow auf der XV. UN-Vollversammlung vorgelegte Deklaration gegen den Kolonialismus gefunden hat, erklärt sich sowohl aus der Tatsache, daß sie den fundamentalen Lebensinteressen der Völker entspricht, als auch daraus, daß sie konsequent die bisherige sozialistische Hilfe für die um nationale Unabhängigkeit kämpfenden Massen fortsetzt. Die Völker in den sogenannten Rohstoffländern erkennen immer deutlicher, daß die imperialistischen Kolonialmächte infolge der wachsenden ökonomischen, finanziellen, technischen und politischen Unterstützung der sozialistischen Staaten für den nationalen Befreiungskampf gezwungen werden, nicht nur gewisse politische Deklarationen über angebliche Hilfe abzufassen, sondern in wachsendem Maße auch Modifikationen ihrer Politik vorzunehmen.

Diese Entwicklung vollzieht sich in einem derart schnellen Tempo, daß sie sich in dem „theoretischen" Schrifttum der Bourgeoisie noch nicht sofort sichtbar (in der politischen und ökonomischen Journalistik dagegen bereits sehr deutlich) widerspiegelt. Das sollte uns jedoch nicht davon abhalten, die neue Lage und ihre theoretische Widerspiegelung auch während dieser Konferenz zu analysieren, obwohl noch nicht allzuviel akademische bourgeoise Literatur zu diesem Komplex erschienen ist. Das ist um so notwendiger, als ja auch bereits Auffassungen von Wirtschaftsjournalisten zitiert und – wie ich später an einem Beispiel zeigen will – nicht in ausreichendem Maße mit gewissen Modifikationen der gegenwärtigen imperialistischen Politik konfrontiert wurden.

Auf welche Weise wirkten und wirken die UdSSR und die anderen sozialistischen Staaten auf die Prozesse des Zerfalls des imperialistischen Kolonialregimes ein?

Selbst ein so typischer Apologet wie der ehemalige westdeutsche Botschafter F. v. Twardowski verwies darauf, daß die UdSSR seit ihrem Bestehen „mit ihrem vollen Gewicht moralisch für die Befreiung des farbigen Menschen eingetreten ist und daß es ihrer Existenz und ihrem Dazwischentreten zu einem guten Teil zu danken ist", daß das Kolonialregime heute vollständig zusammenbricht.[1]

Von größter Bedeutung war und ist für die jungen Nationalstaaten und die um ihre Befreiung ringenden Völker das Beispiel des industriellen Aufbaus der sozialistischen Staaten. So erklärte das Canadian-American Committee:

> „Die Resultate der Industrialisierung in einem Lande wie der UdSSR, die noch vor wenigen Jahrzehnten rückständig war, schweben manchen Entwicklungsländern als ein Beispiel vor, das nachgeahmt werden könnte."[2]

Im gleichen Sinne konstatierte auch der westdeutsche Publizist M. Schmitt, daß die UdSSR „weithin in Asien und Afrika als Muster der schnellen Industrialisierung" gilt und es gleichermaßen „unbestreitbar ist, daß die Entwicklung Chinas" auf „die farbigen Völker nachhaltigen Eindruck macht".[3] Hatten die Imperialisten noch vor wenigen Jahren erklärt, daß die Entwicklung Indiens die Überlegenheit der kapitalistischen Ordnung über das den Sozialismus aufbauende Volkschina beweisen würde, so sind sie heute recht kleinlaut geworden. So äußerte der Bonner Wirtschaftsminister Erhard resigniert, er sei

> „sich nicht so sicher, ob nicht die Art und Weise, wie China seine industrielle und wirtschaftliche Potenz aufbaue, nicht besser sei als die Hilfe, die der Westen den Entwicklungsländern angedeihen lasse."[4]

Bemüht um eine schnellere Entwicklung der eigenen Ökonomik, studieren die asiatischen, afrikanischen und lateinamerikanischen Staaten besonders intensiv die Vorzüge der sozialistischen Planwirtschaft. Dazu schrieb der Franzose T. Mende, daß bereits seit dem Beginn des ersten sowjetischen Fünfjahrplans für die Rohstoffländer nicht mehr die Notwendigkeit besteht, die wirtschaftlichen Praktiken des Westens nachzuahmen:

> „Private Initiative war nicht mehr der alleinige Motor im Weltgeschehen, und die Hoffnung auf ein besseres Leben hing nicht mehr am Köder persönlichen Profits."[5]

Teilweise müssen die Apologeten des Monopolkapitalismus und Kolonialismus sogar zugeben, daß die sozialistische Ordnung insgesamt höchste Anziehungskraft auf die nationale Befreiungsbewegung ausübt. So äußerte das Mitglied des Wirtschaftsausschusses des westdeutschen Bundestages, G. Fritz, daß die „Lehre von

---

[1] „Hilfe für Entwicklungsländer" vom 31. 12. 1959.
[2] „Mitteilungen der Bundesstelle für Außenhandelsinformation" vom Januar 1960.
[3] *M. Schmitt*, Partnerschaft mit Entwicklungsländern, Stuttgart 1960.
[4] „Industriekurier" vom 31. 5. 1960.
[5] *Tibor Mende*, Die dritten Mächte, Düsseldorf-Köln 1959, S. 24.

der Gleichheit im klassenlosen Staat auf Völker, die lange Zeit abhängig waren und die oft noch mittelalterliche Sozialstrukturen besitzen, wie eine Heilslehre" wirkt.[6]

In dem Maße, in dem die sozialistische Wirtschaftshilfe und die politische Unterstützung für die jungen Nationalstaaten an Bedeutung gewann, hat sich der positive Einfluß des sozialistischen Weltsystems auf den Befreiungskampf und die Bemühungen, die Ökonomik der jungen Nationalstaaten schnell zu entwickeln, weiter erhöht. Infolge der historischen Veränderungen des internationalen Kräfteverhältnisses zugunsten des Friedens und des Sozialismus ist es, um eine Formulierung von J. L. Schmidt zu gebrauchen (die er im Dezember 1959 während einer wissenschaftlichen Konferenz der Humboldt-Universität gebrauchte), zu einer Einengung der Wirkungen der Gesetze des Kapitalismus gekommen. Der Imperialismus wird, obwohl er in seinem Wesen unverändert aggressiv ist, in immer stärkerem Maße zu Konzessionen gegenüber den Völkern Asiens, Afrikas und Lateinamerikas gezwungen.

So mußte beispielsweise der amerikanische Präsident Eisenhower versuchen, „das amerikanische Hilfsprogramm", d. h. das Programm der finanziellen Expansion in die ökonomisch schwachentwickelten Länder, „so zu reorganisieren, daß es den Konkurrenzkampf mit den Sowjets aufnehmen und bestehen kann".[7] In gleicher Weise hatte der „Industriekurier" schon früher erklärt: „Wenn der Westen nicht zurückgedrängt werden will, muß er sein Verhalten gegenüber den unterentwickelten Ländern einer grundlegenden Änderung unterziehen." Da das imperialistische Monopol als Lieferant von Investitionsgütern und technischen Wissens, als Quelle von Krediten und als Bezieher von Rohstoffen durch das sozialistische Weltsystem zerbrochen wurde, sind die imperialistischen Zentren beispielsweise auf dem Gebiete des Außenhandels gezwungen, in stärkerem Maße als früher den Bedürfnissen der asiatischen, afrikanischen und lateinamerikanischen Länder zu entsprechen – selbstverständlich nur dann, wenn die jeweilige konkrete internationale Lage dazu zwingt. So erklärte das bereits zitierte Canadian-American Committee im Hinblick darauf, daß die UdSSR ökonomisch schwachentwickelten Ländern moderne Flugzeuge liefert:

> „Es wird daher für die westlichen Länder wichtig sein, den Entwicklungsländern nicht nur außer Dienst gestellte ältere Flugzeuge zu liefern, sondern auch von Zeit zu Zeit die neuesten Modelle und dazu die technische Hilfe für ihre Bedienung, um dem Vordringen der Sowjetunion auf diesem politisch bedeutsamen Sektor zu begegnen."[8]

Besondere Bedeutung gewinnt die Tatsache, daß auch die Ausbeutungsmöglichkeiten im Rahmen des Kapitalexports tendenziell eingeschränkt werden. Die Kollegen Kleer und Solodovnikov haben in bezug auf die Frage nach den finanziellen Möglichkeiten der jungen Nationalstaaten, den Aufbau ihrer Wirtschaft zu beschleunigen, auf die mögliche Nationalisierung der ausländischen Kapitalanlagen,

[6] „Entwicklungshilfe" vom 20. 4. 1960.

[7] „Neue Zürcher Zeitung" vom 10. 1. 1959.

[8] „Mitteilungen der Bundesstelle für Außenhandelsinformationen" vom Januar 1960.

auf die Beschränkungen des Profittransfers und die Regulierung der Reinvestitionen hingewiesen. Wichtig ist es jedoch hervorzuheben, daß im Ergebnis des veränderten internationalen Kräfteverhältnisses und dabei vor allem der sozialistischen Wirtschaftshilfe die Ausbeutungsmöglichkeiten sowohl im Rahmen direkter Kapitalinvestitionen als auch bei Leihkapitalexporten eingeschränkt werden. Das Beispiel des sowjetischen Stahlwerkes Bhilai wirkt sich ohne Zweifel in starkem Maße auf die westdeutschen Aktionen in Rourkela aus. Darüber klagte das westdeutsche Nachrichtenmagazin „Der Spiegel" wie folgt: „Die produktionstechnischen Probleme in Rourkela wären nicht so schwerwiegend, wenn die Westdeutschen allein im Dschungel ein Hüttenwerk bauten und es keine Vergleichsmöglichkeiten gäbe." In Bhilai aber „demonstrieren die Sowjetmenschen, daß sie in der Lage sind, alle Schwierigkeiten zu überwinden und ein gleich großes Hüttenwerk zu errichten, dessen Produktion sofort auf vollen Touren läuft".[9]

Die Möglichkeiten des Monopolprofits werden u. a. auch dadurch beschränkt, daß die Sowjetunion das imperialistische Ölmonopol bricht. So klagte das „Handelsblatt" darüber, daß die UdSSR in Äthiopien eine Ölraffinerie errichtet: „Die westlichen Ölgesellschaften erblicken in der Errichtung dieser sowjetischen Raffinerie eine Bedrohung ihres bisherigen Treibstoffmonopols in Äthiopien;" und im Hinblick auf die gleichartige sowjetische Hilfe für die indische Republik hieß es, daß dadurch „der monopolistischen Stellung der westdeutschen Konzerne in der Preisbildung ein empfindlicher Schlag versetzt" wird.[10] Die außerordentlich günstigen sowjetischen Kredite, die mit einer Laufzeit von mehr als zehn Jahren bei nur 2,0 bis 2,5% Zinsen vergeben werden, zwingen die Imperialisten, auch auf diesem Gebiete Konzessionen zu machen. A. I. Mikojan hatte bereits auf dem XXI. Parteitag der KPdSU darauf hingewiesen, daß „eine Art Wettstreit in der Zusammenarbeit mit den wirtschaftlich schwachentwickelten Ländern" begonnen hat, „um deren eigene Wirtschaft zu heben". Das nötigt „die kapitalistischen Länder und ihre Monopole, Kredite zu gewähren, um in diesen Ländern unter ebenso gerechten Bedingungen, wie wir sie anwenden und wie sie für diese Länder von Vorteil sind, Handel zu treiben."[11]

In diesem Sinne mußten die amerikanischen Monopole, um noch ein Beispiel anzuführen, die Gründung der International Development Association (IDA) veranlassen, deren ausdrückliche Aufgabe es ist, im Kampf gegen die wirkliche Hilfe der sozialistischen Staaten relativ niedrig verzinste Kredite zu gewähren. Bei den westdeutschen Monopolen setzt sich die Erkenntnis der Notwendigkeit von Zinskonzessionen ebenfalls durch. Der Bonner Staat soll den Konzernen dabei die Differenz zwischen dem höheren inländischen und dem niedrigeren Auslandszins zahlen. Es ist ein spezieller Fonds für Zinssubventionen vorgesehen, der aus dem Budget finanziert werden soll. Die tendenzielle Einschränkung der Auswirkungen der Gesetze vom Monopolpreis und vom Maximalprofit in den ökonomisch schwach-

---

[9] „Der Spiegel" vom 30. 3. 1960, S. 25.
[10] „Blick durch die Wirtschaft" vom 18. 3. 1960.
[11] „Presse der Sowjetunion" vom 8. 2. 1959, S. 401.

entwickelten Ländern und der Zwang zu immer umfangreicheren staatlichen Unterstützungen der Außenwirtschaftsexpansion erwächst also aus der Schwäche des Imperialismus, die in entscheidendem Maße durch das stürmische Wachstum des sozialistischen Weltsystems verursacht wird. Je größer die Erfolge des Sozialismus werden, desto mehr werden die Monopolisten zu bestimmten Abstrichen in ihren aggressiven Forderungen gezwungen.

In diesem Zusammenhang möchte ich nur darauf verweisen, daß die Auffassungen des Kollegen Alenius, die Monopole begrenzten den staatlichen Kapitalexport aus bestimmten Überlegungen, sich für die letzten Jahre nicht beweisen lassen. Auch auf dem Gebiete des Kapitalexports gilt, daß die Monopole infolge der stürmischen Entwicklung des Sozialismus und der verstärkten kapitalistischen Widersprüche immer neue Formen des staatsmonopolistischen Kapitalismus und dabei auch der staatlichen Kapitalausfuhr schaffen. Die Finanzierung ist deshalb möglich, weil sie außerhalb des privatkapitalistischen Mechanismus: relativer Kapitalüberschuß – Kapitalexport erfolgt. Sie wird vielmehr durch eine noch größere Umverteilung des Volkseinkommens über den Haushalt sowie durch inflationistische Geldschöpfungsmaßnahmen ermöglicht.

Die Veränderung des internationalen Kräfteverhältnisses beeinflußt natürlich auch in starkem Maße die Möglichkeiten, politischen Erklärungen und Aktionen des deutschen Monopolkapitals. Das wurde um so deutlicher, je besser sich die Beziehungen zwischen der DDR und den asiatischen und afrikanischen Ländern entwickelten und je wirksamer unsere Hilfe für die jungen Nationalstaaten wurde. So klagt der rechte SPD-Bundestagsabgeordnete Wischnewski darüber, daß die DDR in den ökonomisch schwachentwickelten Ländern „in einem höheren Ansehen stehe als Bonn". Er stellte fest, „daß die von der Bundesrepublik geleistete technische und Ausbildungshilfe für die jungen afrikanischen Völker erheblich hinter der zurückstehe", die von der DDR gewährt wird.[12] Und die „Süddeutsche Zeitung" äußerte im Hinblick auf Indonesien am 21. März 1960:

„Die DDR, so hört man es immer wieder, laufe der Bundesrepublik den Rang ab."[13]

Angesichts der Entstehung junger Nationalstaaten, der sozialistischen Wirtschaftshilfe und der Verschärfung des kapitalistischen Marktproblems mußten die westdeutschen Monopole bereits vor Jahren damit beginnen, das imperialistische Embargo von Industriegütern nach ökonomisch schwachentwickelten Ländern aufzugeben. Heute gehören die westdeutschen Konzerne zu den bedeutendsten Exporteuren von Investitionsgütern in die wirtschaftlich schwachentwickelten Länder. Infolge dieser und anderer durch die veränderte internationale Lage erzwungenen Modifikationen in der aggressiven westdeutschen Außenwirtschaftspolitik ist es nicht zutreffend, die Haltung der deutschen Imperialisten allein dahingehend zu charakterisieren, wie es Kollege Kunz in seinem Beitrag tat, daß sie an der Erhaltung der dörflichen Armut interessiert seien. Die westdeutschen Imperialisten polemisieren

---

[12] „Die Welt" vom 7. 9. 1960.

[13] „Süddeutsche Zeitung" vom 21. 3. 1960.

nicht nur gegen die wirkliche Industrialisierung in Übersee, sondern verlangen andererseits, daß Millionen und aber Millionen Arbeitslose beispielsweise Indiens in kapitalistische Lohnsklaven verwandelt werden. Auf diese Weise sollen die Völker vom sozialistischen Entwicklungswege abgehalten, eine neue riesige Mehrwertproduktion in Übersee begonnen und ein großer Markt für die dortigen westdeutschen Betriebe sowie für die Muttergesellschaften in der Bundesrepublik gebildet werden. Die Veränderung des Kräfteverhältnisses und die unmittelbaren Interessen führender westdeutscher Konzerne haben dahin gewirkt, daß selbst die Erhardsche These von der Unzweckmäßigkeit der Ausfuhr hochmoderner Betriebe auf Widerstand stieß. So wandte sich der Generaldirektor der DEMAG, Reuter, gegen eine „Abstinenz" beim Export kompletter Anlagen und anderer Investitionsgüter nach den wirtschaftlich minderentwickelten Ländern.[14]

Es ist unbedingt notwendig, auch in dieser Frage so weit wie möglich zu differenzieren und zu zeigen, wie bestimmte reaktionäre Auffassungen nicht nur in Widerspruch zu den objektiven Gesetzmäßigkeiten geraten sind, sondern auch den Interessen bestimmter – prinzipiell natürlich gleichermaßen reaktionärer – Konzerne widersprechen.

Das westdeutsche Monopolkapital ist das aggressivste Monopolkapital in Europa, die Hauptgefahr für den Frieden auf unserem Kontinent. Das bedeutet jedoch nicht, daß es in irgendeiner Weise außerhalb der historischen Veränderung des Kräfteverhältnisses steht, daß es sich der Tendez der Einschränkung der Auswirkungen der Gesetze des Kapitalismus entziehen könnte. Das deutsche Monopolkapital strebt nicht und kann nicht nach der Erhaltung der dörflichen Armut streben. Eine solche Haltung würde nicht nur die sofortige Niederlage im Wettbewerb mit dem sozialistischen Weltsystem und dabei mit der DDR, sondern auch die Verdrängung durch die kapitalistischen Konkurrenten auf den entsprechenden Märkten bedeuten.

So wichtig es ist, den aggressiven Charakter des westdeutschen Imperialismus, seiner „Hilfe" und seiner Theorien sowohl den Völkern Europas als auch gerade Asiens und Afrikas konkret nachzuweisen, so notwendig ist es andererseits, die Veränderung des internationalen Kräfteverhältnisses zu berücksichtigen. Vom Hauptinhalt unserer Epoche, d. h. vom siegreichen Vormarsch des Sozialismus im Weltmaßstab, ausgehen bedeutet, auch die Einschränkung der Auswirkungen der Gesetze des Kapitalismus zu berücksichtigen. Es wäre eine wissenschaftlich und politisch höchst aktuelle und wichtige Arbeit, die moderne bürgerliche politische Ökonomie und die kapitalistische Presse noch mehr als bisher auch unter diesem Aspekt zu untersuchen. Eine solche Untersuchung würde den Beweis dafür erbringen, daß die bürgerliche Theorie nicht nur reaktionär und aggressiv ist, sondern auch das Menetekel, das ihr das bevorstehende Ende des Imperialismus verkündet, zu erkennen beginnt.

---

[14] „Blick durch die Wirtschaft" vom 19. 6. 1959.

ZUR EINSTELLUNG DER BÜRGERLICHEN ÖKONOMIE GEGENÜBER DER INDUSTRIALISIERUNG ÖKONOMISCH SCHWACHENTWICKELTER LÄNDER

Peter Thal, Halle

Kollege Kleer hat in seinem Referat völlig zu Recht festgestellt, daß sich die bürgerliche Ökonomie erst seit verhältnismäßig kurzer Zeit systematisch mit den ökonomischen Problemen der Kolonien und wirtschaftlich schwachentwickelten Länder befaßt, während der Marxismus-Leninismus seit jeher diesen Fragen seine besondere Aufmerksamkeit schenkt. Kollege Kleer nennt in diesem Zusammenhang drei Grundprobleme, mit denen sich die marxistische Theorie beschäftigt:

1. Die Kolonien und abhängigen Länder als Finanzierungsquelle und Absatzmarkt für den westeuropäischen Kapitalismus,
2. Analyse der Faktoren, die eine eigene ökonomische Entwicklung in diesen Ländern hemmen,
3. Aufdeckung der Widersprüche zwischen den „Mutter-" und kolonialen sowie abhängigen Ländern.

Außerdem scheint mir auf jeden Fall der exakte Nachweis der Ausbeutung der unterentwickelten durch die kapitalistischen bzw. imperialistischen Industrieländer als besondere Hauptaufgabe zur marxistisch-leninistischen Forschung auf diesem Gebiet zu gehören. Bereits Marx hat im „Kapital", in den „Theorien über den Mehrwert" und anderen Werken herausgearbeitet, daß die reichen Länder ihre armen internationalen „Handelspartner" ausbeuten, indem sie über den Außenhandel ihre nationale Durchschnittsprofitrate erhöhen – ein Umstand, der bekanntlich mit dazu beiträgt, den Fall der Profitrate in Ländern mit einer hohen organischen Zusammensetzung zu verlangsamen.

Selbst abgesehen von allen politischen Einwirkungen auf die Beziehungen zwischen den sogenannten „Mutterländern" und den von ihnen versklavten Kolonien, muß schon für den vormonopolistischen Kapitalismus das hier existierende Abhängigkeitsverhältnis vom politökonomischen Standpunkt aus hauptsächlich als internationales Ausbeutungsverhältnis charakterisiert werden. In dieser Beziehung hat sich auch im Imperialismus nichts geändert, sofern die formal juristische Selbständigkeit eines unterentwickelten Landes nicht von einer tatsächlichen wirtschaftlichen und politischen Unabhängigkeit begleitet ist. Äußerlich erscheint dieses Verhältnis zwischen Ausbeuterstaat und ausgebeutetem Staat in der Form eines Widerspruchs zwischen Industrie- und Agrarland, zwischen Rohstoff verarbeitendem und Rohstoff lieferndem Land, zwischen Gläubiger- und Schuldnerland usw. Das

Wesen dieser Erscheinungsformen ist jedoch in jedem Falle die Ausbeutung. Darauf hat auch Kollege Solodovnikov in seinem Konferenzmaterial eindeutig hingewiesen.

Ein besonderer Charakterzug der gesamten bürgerlichen Ökonomie, einschließlich der französischen und englischen Klassik, besteht nun darin, daß sie diese Tatsache überhaupt nicht berührt. Auf Grund ihres objektiv bedingten Klasseninhalts kann keine bürgerliche Theorie wissenschaftlich zu dem internationalen Ausbeutungsverhältnis Stellung nehmen. Während dafür jedoch bei den Klassikern der bürgerlichen politischen Ökonomie vor allem die noch nicht voll entfalteten kapitalistischen Widersprüche verantwortlich zu machen sind, handelt es sich bei ihren Nachfolgern und speziell bei den modernen bürgerlichen Ökonomen um eine apologetische Verzerrung der Wirklichkeit mit vulgärökonomischen Methoden.[1] Heute kann man kaum noch davon sprechen, daß die offiziellen Theoretiker des Westens die verhängnisvollen Folgen des kapitalistischen Wirtschaftssystems auf die kolonialen und wirtschaftlich schwachentwickelten Länder nicht „bemerken", dazu sind sie zu offensichtlich. In der Leugnung des Ausbeutungscharakters der wirtschaftlichen Beziehungen der imperialistischen Hauptländer zu den unterentwickelten Ländern sehe ich die Hauptursache für die theoretischen Fehler aller modernen bürgerlichen ökonomischen Richtungen, die sich mit dieser Problematik befassen.

In diesem Zusammenhang sei mir eine Bemerkung zu der Kritik gestattet, die Kollege Kleer an der Konzeption einer dieser Richtungen übt, nämlich derjenigen, die von Rostow, einem der Hauptvertreter der sogenannten soziologischen Wachstumstheorie, angeführt wird. Kollege Kleer wirft Rostow vor, daß dieser in seiner Theorie den Charakter der Produktionsverhältnisse unzulässigerweise unter den Tisch fallen läßt – eine Kritik, die nur unterstrichen werden kann. Im Anschluß daran gebraucht Kleer aber selbst Formulierungen, die zu Mißverständnissen Anlaß geben können. Er sagt z. B.:

> „Ein analoger Stand der Produktivkräfte ruft eine analoge Reaktion der Menschen in der Wirtschaftstätigkeit hervor."[2]

Diese These ist m. E. in ihrer absoluten Form für die unbedingt notwendige Differenzierung zwischen der grundverschiedenen Wirtschaftspolitik kapitalistischer und sozialistischer Staaten ungeeignet bzw. unrichtig. Beispielsweise die materiellen und moralischen Anreize, von denen Kleer spricht[3], sind natürlich selbst bei einem ungefähr gleichen Stand der Produktivkräfte etwas qualitativ ganz anderes in einem den Sozialismus aufbauenden und in einem kapitalistischen Land.

In der weiteren Kritik Kleers an Rostow blickt m. E. an einigen Stellen eine gewisse Unterschätzung der eigenen sozialökonomischen Potenzen der schwach-

[1] Ich halte aus diesem Grunde die Bezeichnung „Neoklassik", die *Kleer* auf eine bestimmte Gruppe der modernen bürgerlichen Außenwirtschaftstheoretiker anwendet, für wenig sinnvoll; denn hierdurch wird die unumstößliche Tatsache verwischt, daß die heutige bürgerliche Ökonomie alle Brücken zu den wirklich wissenschaftlichen Erkenntnissen ihrer klassischen Vorläufer vollständig und absolut abgebrochen hat.

[2] Siehe S. 57 des vorliegenden Bandes. [3] Vgl. ebenda.

entwickelten Länder für ihren zukünftigen Wachstumsprozeß durch. Während der Volkskampf für eine politische und wirtschaftliche Veränderung der bestehenden Verhältnisse keine übermäßige Berücksichtigung im Referat Kleers findet, wird die Stärke der feudalen Elemente und der Kompradorenbourgeoisie überschätzt. Das gilt besonders hinsichtlich der Einschätzung des von der bürgerlichen Ökonomie konstruierten „circulus vitiosus der Armut". Hier bleibt m. E. außerdem die Hauptursache des geringen Reifegrades der wirtschaftlichen Verhältnisse zu sehr im Hintergrund der Darstellung – nämlich die ökonomische Ausbeutung und die politische Unterdrückung der ehemals kolonialen und abhängigen Länder durch die imperialistischen Hauptstaaten, woraus sich erst alle anderen Erscheinungen herleiten.[4] Im einzelnen möchte ich mir Ausführungen zu dem sogenannten „circulus vitiosus", in dem sich die unterentwickelten Länder angeblich befinden sollen, ersparen, da Kollege Solodovnikov diese Theorie sehr klar charakterisiert hat.

Wie steht nun aber die moderne bürgerliche Ökonomie zur komplexen Industrialisierung der schwachentwickelten Länder? Solodovnikov hat dargelegt, daß breite Kreise der heutigen bürgerlichen Ökonomie in apologetischer Absicht die Theorie der internationalen Arbeitsteilung in einem ganz spezifischen Sinn vertreten, in einem Sinn, der nur den Monopolen dient. Der Amerikaner P. A. Samuelson behauptet beispielsweise:

> „Jedes Land zieht aus Außenhandel und Arbeitsteilung seinen Vorteil."
>
> Oder: „Beim Außenhandel gewinnt kein Land auf Kosten des anderen. Die Vorteile des Außenhandels sind gegenseitig. Alle Länder nehmen daran teil."[5]

In Wirklichkeit vertieft sich die internationale Arbeitsteilung im Kapitalismus, besonders aber in seinem imperialistischen Stadium, nur einseitig, nicht zum Vorteil aller, sondern zuungunsten der schwächeren Länder. Sie wird ihnen von den Weltmonopolen aufgezwungen, ohne ihre Belange zu berücksichtigen. Die Hervorkehrung der Vorteile der Arbeitsteilung als des Wesens der imperialistischen internationalen Wirtschaftsbeziehungen ist nichts weiter als eine demagogische Zwecklüge. Tatsächlich richtet sich die moderne bürgerliche Theorie der internationalen Arbeitsteilung gegen eine rationelle internationale Arbeitsteilung. Die damit im Zusammenhang stehende Liberalismus- und Freihandelspropaganda soll in erster Linie alle Bestrebungen der Kolonien und unterentwickelten Länder im Keim ersticken, sich gegen die übermächtige Konkurrenz von außen durch den kontinuierlichen Aufbau der nationalen Wirtschaft zu wehren. Durch die Theorie der „gleichen Möglichkeiten", also der tatsächlich ungleichen Möglichkeiten, weil z. B. die USA und Kuba formal auf die gleiche Stufe gestellt werden, entlarvt sich der „Freihandel" selbst als Mittel, das nur dazu dient, fremde Märkte zu öffnen.

Dabei wendet man sich bewußt gegen die *komplexe* Industrialisierung, gegen ihre Förderung in den unterentwickelten Staaten. Diese Auffassung der modernen

[4] Vgl. ebenda, S. 62ff.
[5] *P. A. Samuelson*, Volkswirtschaftslehre, Köln 1955, S. 693 und 697.

bürgerlichen Theorien ist nun alles andere als neu. Beispielsweise schrieb bereits vor der Jahrhundertwende ein deutscher Vulgärökonom namens Oldenburg:

> „Durch Maschinenexport gräbt sich unsere Exportindustrie selbst das Grab und ist noch stolz darauf, daß ihr diese Totengräberarbeit in Entreprise gegeben wird."[6]

Oder ein gewisser Roß spricht davon, daß die Industrialisierung zum Verlust der „weißen Wirtschaftsvormacht" führen wird und deshalb zu bremsen ist.[7]

Auch zwischen den beiden Weltkriegen verstummten derartige Stimmen nicht. Besonders in Deutschland, wo sich der Machtantritt des Faschismus abzuzeichnen begann, häuften sich solche Meinungen wie die von Sartorius von Waltershausen, eines relativ bekannten Wirtschaftshistorikers, der bezweifelte, ob es die „Rassenbefähigung und der politische Verlauf zuläßt", daß alle Länder industrialisiert werden können.[8] Von ausgesprochenen Naziideologen, wie z. B. A. Predöhl, der heute in Westdeutschland wieder an der Universität München lehrt, wurden dann sehr massive „Warnungen" vor einer „uferlosen Industrialisierung" geäußert.[9]

Unter den Bedingungen der zweiten Etappe der allgemeinen Krise des Kapitalismus, in der eine sozialistische Weltwirtschaft entstanden ist, deren Länder *alle* eine eigene nationale Industrie aufbauen, was früher verhindert worden war, befinden sich die bürgerlichen Ökonomen in einem Zwiespalt, der sich mit dem endgültigen Zerfall des Kolonialsystems laufend vertieft. Sie können die Erfolge in der sozialistischen Welt nicht leugnen und wissen, daß die um ihre Befreiung ringenden Völker hier ihr Vorbild sehen. Deshalb sind sie sehr vorsichtig bei ihren Versuchen, den unterentwickelten Ländern Industrialisierungspläne auszureden oder in die vom Monopolkapital gewünschte Richtung zu lenken. So wird meist ein „verständnisvoller" Einerseits-Andererseits-Standpunkt bezogen. Es heißt z. B. in einem bekannten amerikanischen Ökonomielehrbuch:

> „... es ist nicht klug von den industrialisierten Ländern, die industrielle Entwicklung von Ländern zu ermutigen oder zu unterstützen, deren Produkte prinzipiell aus Rohstoffen bestehen; denn wenn sie das tun, werden sie sich selbst zukünftige Märkte für den Ausstoß ihrer eigenen Industrie entziehen."[10]

Nachdem die Autoren diesen Ratschlag von sich gegeben haben, behaupten sie plötzlich, daß seine Befolgung mit *eventuellen* (!) Nachteilen für das Ansehen der Industrieländer verbunden wäre und deshalb eine reaktionäre Praxis darstelle.

Typisch für die herrschende bürgerliche Theorie sind trotz aller gegenteiligen Versicherungen solche Auffassungen, die eine *allseitige* industrielle Entwicklung in den anderen Ländern für ungünstig erklären. Das wird durch zahlreiche Äußerungen belegt. Samuelson stellt z. B. fest:

---

[6] *H. Oldenburg*, Deutschland als Industriestaat, Göttingen 1897, S. 27.
[7] Zitiert bei *Egert*, Autarkie, Innsbruck 1934, S. 64.
[8] *S. v. Waltershausen*, Die Entstehung der Weltwirtschaft, Jena 1931, S. 396.
[9] Vgl. *S. Predöhl*, Die sogenannten Handelshemmnisse und der Neuaufbau der Weltwirtschaft. In: „Weltwirtschaftliches Archiv", Bd. 52 (1940/II), S. 215.
[10] *Fairchild, Buck, Slesinger*, Principles of Economics, New York 1954, S. 452f.

„Nur insoweit die wirtschaftliche Erschließung unterentwickelter Länder unsere 'Austauschrelationen' verbessert (diese im weitesten Sinn als das Verhältnis von Einfuhr- zu Ausfuhrpreisen definiert, wobei eine Schätzung zugrunde gelegt ist, wie diese sich entwickelt hätten, wenn es zu keiner Erschließung der unterentwickelten Länder gekommen wäre), ist das Argument stichhaltig, daß wir alles tun sollten, um die wirtschaftliche Erschließung der unterentwickelten Länder zu fördern und dadurch 'unsere Märkte auszuweiten'."[11]

Wenn diese verklausulierte Aussage überhaupt einen Sinn haben soll, dann kann sie doch nur bedeuten, daß der Aufbau von Produktionszweigen in den schwachentwickelten Ländern nur auf den Gebieten vorangetrieben werden soll, die im Inland für die Monopole unrentabel sind. Samuelson läßt uns auch nicht lange im Zweifel darüber, daß er vor allem die Schaffung von Rohstoffbasen für die imperialistischen Industriestaaten im Auge hat.[12] Seine Überlegung zu diesem Problem schließt er mit dem bemerkenswerten Eingeständnis ab:

„Nicht immer werden sich die zu erschließenden Länder gerade auf solche Industrien werfen, die im Interesse der fortschrittlichen (sic!) Länder liegen. Hier tut sich möglicherweise (sic!) ein wirklicher Interessengegensatz auf."[13]

Ein anderer führender amerikanischer Ökonom, S. E. Harris, meint zur Hilfe für die unterentwickelten Länder:

„Wir akzeptieren unkritisch ihre Wünsche nach Kapital."[14]

Diese in der Realität nicht existente Politik verwirft er nun unter anderem deswegen, weil es falsch wäre, mit dem niedrigen Lebensstandard bei den ökonomisch schwachen Völkern die Notwendigkeit der Industrialisierung zu begründen. Der Lebensstandard wäre dort gar nicht so niedrig wie gemeinhin angenommen wird, ja er könne sogar noch höher sein als bei einer entwickelten Industrienation – warum also industrialisieren? –, denn, man höre und staune,

„der intelligente Buschmann Afrikas findet seinen Wohlstand in der Jagd"[15]

und das würde ihm eine industrielle Entwicklung rauben. Diese „geistreiche" Anti-Industrialisierungs-Theorie, die Harris von einem anderen amerikanischen Ökonomie-Professor übernommen hat, ist zu banal, um darauf noch ein weiteres Wort zu verschwenden.

Die Lobpreisung der internationalen Arbeitsteilung innerhalb des kapitalistischen Systems durch die bürgerliche Ökonomie löst sich angesichts solcher Äußerungen in reine Apologetik auf. Aufrechterhaltung der Monoproduktion und der allgemein labilen wirtschaftlichen Situation in den Kolonien und abhänigigen Ländern, das

---

11 *P. A. Samuelson,* a. a. O., S. 769.
12 Ebenda.
13 Ebenda.
14 *S. E. Harris,* International and Interregional Economics, New York-Toronto-London 1957, S. 315.
15 Ebenda.

ist das Ziel der Monopole, die darin von ihren Hausökonomen nach besten Kräften unterstützt werden.

Allerdings gibt es im Zeichen der uneigennützigen Hilfe der sozialistischen Staaten an die jungen unabhängig gewordenen Länder einen Grund, der die bürgerlichen Ökonomen veranlaßt, der Industrialisierung in gewissen Grenzen zuzustimmen. Harris z. B. kann nicht umhin festzustellen, daß sich in der Vergangenheit eine zu große Differenz im Entwicklungsniveau zwischen den imperialistischen und den unterentwickelten Ländern herausgebildet hat. Das treibt ihn zu dem Ausruf:

„Die Kommunisten ziehen aus diesem Entwicklungstrend Vorteile."[16]

Hierin liegt also der einzige Grund, der die bürgerliche Ökonomie zu Zugeständnissen an die Industrialisierungsforderungen der unterentwickelten Länder zwingt. Nicht die durch das internationale Monopolkapital und die Ausbeutung hervorgerufene Not und zum Teil katastrophale wirtschaftliche Situation in diesen Ländern, sondern erst die harte politische Realität des Sozialismus und der aus objektiven Entwicklungsgesetzen entspringende drohende Verlust weiterer Ausbeutungssphären vermochte die bürgerlichen Ökonomen zu veranlassen, nicht mehr den Kolonialismus alter Prägung zu propagieren. Daß der Neokolonialismus keine prinzipielle Änderung gegenüber der früheren Auffassung beinhaltet, liegt im Charakter der kapitalistischen Gesellschaftsordnung begründet.

---

[16] Ebenda, S. 319.

BEMERKUNGEN ZUM REFERAT VON KOLLEGEN JERZY KLEER „KRITIK EINIGER BÜRGERLICHER THEORIEN DER ENTWICKLUNG ÖKONOMISCH SCHWACHENTWICKELTER LÄNDER“

Johann Lorenz Schmidt, Berlin

Ich möchte einige Bemerkungen zum Referat von Kollegen Jerzy Kleer machen, das einige bürgerliche Theorien der Entwicklung ökonomisch schwachentwickelter Länder behandelt.

Wenn ein marxistischer Ökonom die Auffassungen bürgerlicher Apologeten über ein Problem unserer Epoche kritisiert, muß man vor allem drei Fragen stellen:

1. Ob er die betreffenden Apologeten richtig ausgewählt hat, d. h., ob er die Auffassungen derjenigen bürgerlichen Wissenschaftler behandelt, deren Stellungnahme zu dem in Frage stehenden Problem typisch ist;

2. ob die Kritik, die er an den von ihm behandelten bürgerlichen Auffassungen übt, richtig ist, d. h., ob seine Kritik den Prinzipien des Marxismus-Leninismus entspricht;

3. muß man die Frage stellen, welche Stellungnahme der Referent selbst zu diesen Problemen einnimmt.

Ich möchte in meinem Diskussionsbeitrag, trotz seiner Kürze, alle drei Fragen stellen und sie kurz zu beantworten versuchen, da meines Erachtens das Referat von Kollegen Kleer von allen drei Aspekten aus gesehen gewisse Mängel aufweist. Meine Kritik seiner Kritik an den bürgerlichen Auffassungen über die Entwicklung ökonomisch schwachentwickelter Länder erfolgt nicht der Kritik halber, als Selbstzweck, sondern um zur Klärung dieses so wichtigen Fragenkomplexes beizutragen. Ich werde nur einige von den vielen Punkten behandeln können, die in Zusammenhang mit dem Referat von Kollegen Kleer näher analysiert werden müßten.

Kollege Kleer teilt zu Beginn seines Referates die bürgerliche Literatur über die Entwicklung ökonomisch schwachentwickelter Länder in vier Gruppen ein: 1. in die „Arbeiten statistisch beschreibenden Charakters“; 2. in die neoklassischen Ansichten, die den traditionellen internationalen Handel auf Grundlage einer entsprechenden internationalen Arbeitsteilung vertreten; 3. in die Arbeiten, die die Keynes-Harrodsche Methode anwenden; 4. in die Gruppe, die eine allgemeine Theorie der Entwicklung dieser Länder auf Grund der Gleichgewichtsentwicklung, der „Theorie des circulus vitiosus“ und der „Theorie des Starts“ ausgearbeitet haben.

Er bezeichnet die vierte Gruppe als die repräsentativste und konzentriert sein Referat ausschließlich auf die Darstellung und Widerlegung ihrer Auffassungen.

Abgesehen davon, daß uns diese Einteilung nicht sehr glücklich erscheint, da viele Arbeiten bürgerlicher Ökonomen auf diesem Gebiet mit demselben Recht in verschiedene dieser Gruppen gleichzeitig eingereiht werden können, wäre meines Erachtens günstig gewesen, wenn Kollege Kleer auch auf die von ihm als zweite bezeichnete „neoklassische" Gruppe der traditionellen internationalen Arbeitsteilung näher eingegangen wäre, nicht nur weil ihre Vertreter, im Gegensatz zur Ansicht Kleers, die weitaus stärkste Gruppe darstellen, sondern auch weil die Ansichten dieser Apologeten sowohl in den imperialistischen Ländern als auch in verschiedenen Schichten der ökonomisch schwachentwickelten Länder selbst einen viel stärkeren Einfluß ausüben als die drei anderen Gruppen der Kleerschen Klassifikation.

Die von Kleer zitierte Ansicht von F. Benham (die letzten Endes eine bloße Wiederholung der Auffassungen der englischen Klassiker darstellt), wonach ein jedes Land also auch die ökonomisch schwachentwickelten Länder, sich auf die Herstellung solcher Waren spezialisieren soll, für deren Produktion es besonders günstige Bedingungen besitzt, hat einen besonders starken apologetischen Charakter, da sie letzten Endes auf die Aufrechterhaltung des gegenwärtigen status quo von ökonomisch hochentwickelten und schwachentwickelten Ländern ausgerichtet ist. Sie hat gleichzeitig einen besonders demagogischen Charakter, da ihre Vertreter behaupten, daß die Aufrechterhaltung dieses status quo im Grunde genommen im Interesse der Bevölkerung der schwachentwickelten Länder liegt. Sie begründen diese These damit, daß die neuen, jungen Industrien der ökonomisch schwachentwickelten Länder infolge mangelnder Produktionserfahrungen usw. notwendigerweise mit höheren Selbstkosten produzieren werden, als die seit langer Zeit bestehenden Industrien der hochentwickelten kapitalistischen Länder, und daß es deshalb für das Lebensniveau der Bevölkerung der schwachentwickelten Länder günstiger ist, die billigeren importierten Produkte dieser viel erfahreneren Industrien zu kaufen. Ich will auf diese apologetische und demagogische These hier nicht näher eingehen; es soll hier nur betont werden, daß gerade sie von den Monopol-Apologeten der imperialistischen Länder und von den Apologeten der Kompradorenbourgeoisie der schwachentwickelten Länder besonders stark propagiert wird und auf ziemlich breite Schichten der Bevölkerung dieser Länder noch einen beträchtlichen Einfluß ausübt. Aus diesem Grunde hätte Kollege Kleer auf diese Auffassungen näher eingehen müssen.

Ausführlicher möchte ich mich zu Kleers Kritik an derjenigen Gruppe von bürgerlichen Ökonomen äußern, die er als die repräsentativsten bezeichnet, und der er fast ausschließlich seine Ausführungen widmet. An diesen kritischen Darlegungen Kleers ist meines Erachtens manches zu bemängeln und somit in der Hauptsache auch an den Ansichten von Kleer selbst, die ja den Ausgangspunkt seiner Kritik bilden. Ich möchte nur einige dieser Mängel erwähnen.

Mein Haupteinwand ist, daß sich Kollege Kleer in mancher Hinsicht die Ausgangsposition der von ihm kritisierten bürgerlichen Ökonomen zu eigen macht und deshalb weder die von ihm angeführten Apologeten widerlegen noch selber zur Lösung des Hauptproblems seines Referats entscheidend beitragen kann.

1. Er geht in seinen theoretischen Ausführungen ebenso wie die bürgerlichen Ökonomen, die er behandelt, von einem *statischen* Schema der ökonomisch schwachentwickelten Länder aus, und nicht von dem *Prozeß* der Entwicklung, in dem sich diese Länder befinden, in dessen Rahmen eine große Anzahl bereits einen gewissen Grad der industriellen Entwicklung erreicht hat. Indem er den von den bürgerlichen Ökonomen konstruierten Begriff des „circulus vitiosus der Armut" als Ausgangspunkt annimmt und mit ihnen fragt, auf welche Weise ein „Start" aus diesem Zustand zustande kommen kann, beraubt er sich selbst der Möglichkeit, den in vielen ökonomisch schwachentwickelten Ländern bereits begonnenen Prozeß der Industrialisierung in seiner konkreten Problematik zu erfassen.

2. Auch darin nimmt Kollege Kleer den Ausgangspunkt der von ihm behandelten bürgerlichen Ökonomen an, daß er, anstatt von den Klassenkräften auszugehen, die die ökonomische und politische Entwicklung der schwachentwickelten Länder vorwärtstragen, ganz wie die von ihm angeführten bürgerlichen Ökonomen den Ausbau der „Infrastruktur" als eine absolute Voraussetzung der Entwicklung dieser Länder betrachtet und das entscheidende Problem darin sieht, welche Vorbedingungen zur Schaffung dieser Infrastruktur notwendig sind. Wenn dann Kollege Kleer als die wichtigsten Voraussetzungen für die Schaffung dieser grundlegenden Voraussetzung (nämlich des Ausbaus der Infrastruktur) die Erlangung der politischen Unabhängigkeit, die Beseitigung aller Überreste der Feudalwirtschaft und die Befreiung des Landes aus der Abhängigkeit vom ausländischen Kapital bezeichnet (S. 71), dann scheint dies eine sehr radikale Antwort auf die von ihm gestellte Frage zu sein. Faktisch würde diese These, wenn sie zutreffen würde, bedeuten, daß selbst von den rund vierzig jungen Nationalstaaten gegenwärtig nur einer oder zwei die Voraussetzungen dazu aufweisen würden, eine solche Infrastruktur auszubauen, die eine weitere Entwicklung dieser Länder ermöglicht. Die tatsächliche Entwicklung zeigt uns jedoch, daß in verschiedenen jungen Nationalstaaten der Ausbau der Infrastruktur gleichzeitig und in ständiger Wechselwirkung mit der Entwicklung anderer Sektoren der Wirtschaft erfolgen kann, und daß in einigen dieser Länder, wie z. B. in Indien, eine nicht unbeträchtliche einheimische industrielle Entwicklung stattgefunden hat, obwohl es den fortschrittlichen Kräften noch nicht gelungen ist, eine echte Agrarreform durchzusetzen.

Es versteht sich von selbst, daß eine durchgreifende Agrarreform die ökonomische Entwicklung der schwachentwickelten Länder außerordentlich beschleunigen würde, insbesondere auch durch die starke Erweiterung des inneren Marktes für die jungen nationalen Industrien. Die Arbeiter, Bauern und der linke Flügel der nationalen Bourgeoisie müssen unablässig für die Durchsetzung einer Agrarreform kämpfen. Doch es ist unseres Erachtens falsch, sie zur *Voraussetzung* jeglicher Entwicklung der einheimischen Wirtschaft dieser Länder zu machen, wie Kollege Kleer es zu tun scheint. Dasselbe betrifft die Befreiung des Landes aus der Abhängigkeit vom ausländischen Kapital. Sie ist das Hauptziel aller fortschrittlichen Kräfte in den jungen Nationalstaaten wie auch in den noch halbkolonialen Ländern. Falsch ist es jedoch, wie Kollege Kleer es tut, sie zur *Voraussetzung* des Ausbaus der Infrastruktur und der sonstigen Entwicklung der einheimischen Wirtschaft zu machen. Die Erringung der völligen ökonomischen Unabhängigkeit wird in manchen dieser Länder ein langwieriger Prozeß sein, während dessen Verlauf die nationale Industrialisierung in ständigem Kampf gegen die Verhinderungsversuche der ausländischen Monopole bereits erhebliche Fortschritte machen kann. Wenn Kollege Kleer betont, daß es keinerlei „starken Impuls" und keinerlei „Minimum kritischer Anstrengungen" geben wird, wenn nicht zumindest diese ersten notwendigen Bedingungen (die politische Unabhängigkeit, die Agrarreform und die Befreiung von der Abhängigkeit vom ausländischen Kapital) geschaffen werden (S. 72), so erwidern wir darauf, daß diese scheinbar so progressive Formel auf eine Lähmung bzw. Herausschiebung aller Bestrebungen zur nationalen Industrialisierung der ökonomisch schwachentwickelten Länder auf eine mehr oder weniger lange Zeit hinausläuft. Die fortschrittlichen Kräfte dieser Länder müssen den Kampf um die nationale Industrialisierung gleichzeitig mit dem Kampf um die Stärkung der politischen Selbständigkeit, um die Durchführung der Agrarreform und um die Befreiung von der Abhängigkeit vom ausländischen Kapital führen. Auch in diesem Punkte betrachtet Kleer die Entwicklung der ökonomisch schwachentwickelten Länder nicht im Rahmen des Gesamtprozesses des Kampfes der antiimperialistischen nationalen Kräfte um die politische und ökonomische Selbständigkeit – eines Prozesses, der unter den sehr spezifischen Bedingungen der gegenwärtigen Etappe der gesellschaftlichen Entwicklung erfolgt.

3. Und hiermit komme ich zu meinem hauptsächlichen Einwand gegen die Ausführungen von Kollegen Kleer, der darin besteht, daß er die Möglichkeiten der Entwicklung der ökonomisch schwachentwickelten Länder nur vom Standpunkt des Verhältnisses zwischen diesen und den hochindustrialisierten kapitalistischen Ländern sieht und nicht vom Blickpunkt des Hauptmerkmals unserer Epoche, das darin besteht, daß sie die Epoche des Übergangs vom Kapitalismus zum Sozialismus ist. Kollege Kleer betont zwar sehr richtig, daß der Sozialismus das Problem der Überwindung der Rückständigkeit leichter, besser und schneller löst (S. 84) und daß die Zukunft der zurückgebliebenen Länder im Sozialismus liegt. Er erwähnt jedoch die Hilfe, die von den Ländern des sozialistischen Weltsystems bereits in der Gegenwart den ökonomisch schwachentwickelten Ländern gegeben wird, nur zu Beginn seines Referats, im Rahmen eines Zitats aus einem Bericht für die Kommission für Auswärtige Angelegenheiten des USA-Senats, in dem eine gemeinsame Aktion der hochentwickelten kapitalistischen Länder gegen die sowjetische Hilfe an die zurückgebliebenen Länder gefordert wird, sowie um zu begründen, weshalb sich die bürgerlichen Ökonomen in zunehmendem Maße mit der Problematik der Entwicklung dieser Länder näher beschäftigen. Bedauerlicherweise fehlt jedoch die Behandlung der außerordentlich starken Rolle der Hilfe der Sowjetunion und der

anderen sozialistischen Länder in dem Hauptteil des Referats, in dem Kleer seine Auffassungen über die Faktoren, die die Entwicklung der ökonomisch schwachentwickelten Länder beschleunigen können, darlegt. Auf Grund der bereits vorliegenden Erfahrungen kann man feststellen, daß die ohne jegliche knechtende Bedingung gewährte Hilfe der Sowjetunion und der anderen sozialistischen Länder die wirtschaftliche Entwicklung der jungen Nationalstaaten erheblich beschleunigt (wie z. B. in Ägypten, Indien usw.), und in einigen dieser Staaten (wie z. B. in Kuba und Guinea) sogar zu den entscheidenden Faktoren dieser Entwicklung gehört. Ich betrachte als einen der größten Mängel des Referats von Kleer, daß er bei der Darstellung der Möglichkeiten der Entwicklung der wirtschaftlich schwachentwickelten Länder diesen Faktor völlig unberücksichtigt gelassen hat.

4. Ich möchte zum Schluß noch eine kritische Bemerkung zum letzten Absatz des Referats von Kollegen Kleer machen. Er sagt hier, daß er den apologetischen Charakter der bürgerlichen Theorien der Entwicklung der ökonomisch schwachentwickelten Länder darin sieht, daß sie in ihren verschiedensten Varianten in der Hauptsache nur den alten kapitalistischen Entwicklungsweg anerkennen. Meines Erachtens wird dadurch der apologetische Charakter dieser Theorien keinesfalls erschöpft. Zu Beginn unseres kurzen Diskussionsbeitrages wiesen wir darauf hin, daß die zahlreichsten und typischsten bürgerlichen Theorien über die Entwicklung der ökonomisch schwachentwickelten Länder Varianten der Theorie der komparativen Kosten und der daraus resultierenden internationalen Arbeitsteilung darstellen. Die Befolgung dieser Theorien in der Praxis würde die Beibehaltung des status quo für die ökonomisch schwachentwickelten Länder, ihr weiteres Verbleiben im Zustand der bloßen Rohstoff- und Lebensmittellieferanten für die hochentwickelten kapitalistischen Länder und der Käufer von deren Industrieprodukten bedeuten. Diese Theorien befürworten für die schwachentwickelten Länder nicht das Einschlagen desselben Weges, den im 18. und 19. Jahrhundert England, Frankreich, Deutschland, die USA, usw. gegangen sind, sondern das Verharren in der ökonomischen Rückständigkeit. Darin vor allem äußert sich ihr apologetischer Charakter.

VI. SCHLUSSWORTE DER REFERENTEN

SCHLUSSWORT ZU DER DISKUSSION ÜBER DAS REFERAT „NEUE TENDENZEN IN DER BÜRGERLICHEN KRITIK AN DER MARXISTISCHEN POLITISCHEN ÖKONOMIE“

Dr. Stefan Heretik, Bratislava

Im Einleitungswort zu meinem Referat habe ich davon gesprochen, daß das Thema meines Referates sehr kompliziert, vielseitig und umfassend ist. Die Diskussion, die sich vorgestern und gestern entwickelte, hat dies vollauf bestätigt. Wenn ich bei der Ausarbeitung des Referats mit Schwierigkeiten zu kämpfen gehabt habe, die vom Charakter meines Themas abhängen, so auch bei meiner jetzigen Aufgabe, die darin besteht, die in der Diskussion vorgebrachten zahlreichen Anregungen, Bemerkungen und Ergänzungen zu verarbeiten. Wenn ich mein Schlußwort mit einer subjektiven Einschätzung beginnen darf, dann möchte ich feststellen, daß ich mit dem Ergebnis der Diskussion sehr zufrieden bin. Die Diskussionsbeiträge haben von vielen Seiten her meine Behauptungen ergänzt, die Problematik meines Referats weiterentwickelt und auch so manche wertvolle kritische Bemerkung enthalten.

Mehrere Redner haben von dem engen Zusammenhang zwischen der Entwicklung des Antimarxismus einerseits und der Entwicklung der Kritik am Sozialismus und an der Praxis des sozialistischen Aufbaues andererseits gesprochen. Diesen Hinweis halte ich für sehr charakteristisch für unsere Diskussion. Er bestätigt, daß es tatsächlich eine Einheit der Kritik des Marxismus-Leninismus und des Sozialismus gibt, von der Kollege Kohlmey sprach. Und es kann auch nicht anders sein. Die Lebenskraft des Sozialismus, die unbestreitbaren Erfolge und Entwicklungstendenzen der sozialistischen Länder sind der überzeugendste Beweis der Lebensverbundenheit, der Objektivität der marxistischen politischen Ökonomie.

Da der Gedanke an diese Einheit in meinem Referat nicht klar genug zum Ausdruck kam, so stimme ich der Bemerkung von Kollegen Kohlmey zu. Ich möchte jedoch hinzusetzen, daß meine Aufgabe darin bestand, die neuesten Erscheinungen im Anti-Marxismus der bürgerlichen politischen Ökonomie des *Kapitalismus* zu analysieren und nicht die in der bürgerlichen politischen Ökonomie des *Sozialismus*, wie Kollege Paškov diesen unteilbaren Bestandteil des bürgerlichen Anti-Marxismus genannt hat. Ein großer Teil der Diskussion, die der Beitrag des Kollegen Paškov veranlaßt hat, hing eben mit der bürgerlichen Kritik am Sozialismus zusammen. Darum gehört vielleicht das Schlußwort zu diesem Teil der Diskussion dem Kollegen Paškov.

Manche Redner haben verschiedene neue Erscheinungen analysiert und aufgedeckt, die für die Einstellung der bürgerlichen Ökonomen zum Marxismus charakteristisch sind. Prof. Grigorov hat der kritischen Analyse der soziologischen Richtung in der bürgerlichen politischen Ökonomie größte Aufmerksamkeit gewidmet. Kollege Krause hat ausführlich die Kreuz- und Quersprünge des Sombartschen Anti-Marxismus analysiert. Er hat meines Erachtens recht, wenn er sagt, daß man Max Weber und Werner Sombart, was ihre anti-marxistische Stellungnahme anbelangt, nicht gleichsetzen kann. Kollege Maier behandelte den Prozeß der Klerikalisierung der bürgerlichen politischen Ökonomie. Prof. Jahn befaßte sich mit dem Ursprung und der Form des klerikalen Anti-Marxismus in Westdeutschland, und Prof. Reinhold enthüllte die verräterische Ideologie der westdeutschen Rechtssozialisten. Kollege Korček zeigte, wie die bürgerliche politische Ökonomie heute gezwungen ist, die sozialistische Terminologie zu verwenden, und wie es Schumpeter hierin zu besonderer Meisterschaft gebracht hat. Kollege Stollberg stellte die interessante Frage nach der Beziehung zwischen dem Marginalismus und dem Subjektivismus in der bürgerlichen politischen Ökonomie. Er äußerte die Meinung, daß die subjektive Schule nicht die einzige Ursache für die Verbreitung des Marginalismus sei. Neben der subjektiven Werttheorie sieht er weitere Ursachen in der Theorie der Produktionsfaktoren und der Zurechnungslehre sowie im Gesetz des abnehmenden Ertrages. Ich bin der Meinung, daß man seinem Standpunkt nicht ganz zustimmen kann. Diese von ihm erwähnten Theorien sind doch Bestandteil und Inhalt der subjektiven Schule, die die Produktionsfaktoren und Produktionskosten subjektiv-psychologisch erklärt. Alle halsbrecherischen Versuche der Vertreter des Marginalismus – von Pareto bis Hicks – diese Kategorien zu objektivieren, enthüllen schließlich und endlich nur noch klarer den unwissenschaftlichen, subjektiv-psychologischen Inhalt ihrer Lehren.

Kollege Kohlmey hat in seinen Ausführungen treffend aufgezeigt, wie sich die Formen des Anti-Marxismus je nach Zeit und Ort ändern. Er hat bestätigt, wie schwer es ist, weitgehende Verallgemeinerungen zu machen. In diesem Zusammenhang wirft er mir vor, daß ich den Übergang von direkten Angriffen gegen den Marxismus zu verschiedenen indirekten, verhüllten Formen als „generellen Zug der modernen kapitalistischen Wirtschaftstheorien" betrachte. Eine solche Behauptung ist in meinem Referat aber nicht zu finden. Ich sprach nur über eine neue Erscheinung, die ich als Tendenz bezeichnete. Diese Tendenz halte ich für eine typische, unausweichliche Folge der wachsenden Anziehungskraft des Marxismus. Je mehr diese Anziehungskraft sich auswirkt, desto mehr verspüren sie auch die bürgerlichen Ideologen, um so klarer wird ihnen auch, daß große und offene Angriffe gegen den Marxismus nicht mehr wirksam und erfolgreich sein können. Und mit dem Anwachsen des Prestiges des Marxismus-Leninismus wird gewiß auch diejenige Tendenz im bürgerlichen Anti-Marxismus stärker werden, von der ich gesprochen habe. Ich hoffe, daß Kollege Kohlmey mit mir darin übereinstimmen wird, daß es sich in diesem Sinne um eine neue Erscheinung handelt, und daß sich diese Tendenz mit der wachsenden Anziehungskraft des Marxismus weiter verstärken wird.

Ich bin Kollegen Grigorov dankbar, daß er meine Schlüsse über die sogenannte Soziologisierung der bürgerlichen politischen Ökonomie bestätigt und ergänzt hat.

In meinem Referat habe ich darauf aufmerksam gemacht, daß sich in der bürgerlichen politischen Ökonomie Bemühungen um eine eklektische Verbindung der sogenannten soziologischen und der marginalistischen Apologetik bemerkbar machen. Diese Bemühungen zeigen sich besonders klar in den neuen Verteilungstheorien. Die Verfechter dieser Theorien wollen einzelne Seiten der marxistischen Lehre ausnutzen, um so auf neue Art dem Marxismus begegnen zu können. Ich möchte ein Beispiel solch eines primitiven Versuchs anführen, wobei ich mich notwendig sehr kurz fassen muß.

Der westdeutsche Ökonom Erich Preiser sucht in einem Artikel vom Jahre 1953 zu beweisen, daß die Theorie der Grenzproduktivität und die marxistische Verteilungstheorie sich nicht widersprechen, sondern sich sogar ergänzen. Er macht die „Entdeckung", daß man die Elastizität des Arbeitsangebots erhöhen müsse, weil der Anteil der Arbeiterklasse am Nationaleinkommen von dieser Elastizität abhänge. Dies soll dadurch zu erreichen sein, daß man den Anteil der Arbeiter am Eigentum erhöht. So kommt er zu der Schlußfolgerung, die er als eine „marxistische" Erkenntnis betrachtet, daß hinter der Elastizität des Angebots eine vom Eigentum abhängende Macht steht. Und so fallen wir mit beiden Füßen vom Marginalismus in die Lehre vom Volkskapitalismus; denn diese „theoretische" Erkenntnis soll beweisen, daß man unter den Arbeitern das Sparen, den Erwerb von sogenannten Volksaktien usw. propagieren muß!

Verschiedene Redner haben von der Notwendigkeit gesprochen, bei der Einschätzung bürgerlicher Politökonomen Unterschiede zu machen. Das heißt, daß wir Wege zu einer Annäherung an diejenigen suchen sollten, die realistische und kritische Stellungnahmen gegenüber dem zeitgenössischen Kapitalismus vertreten und sich in ihren politischen Ansichten relativ fortschrittlich zeigen, so z. B. in ihrer Stellungnahme zum Imperialismus und Kolonialismus, zu Militarisierung und Faschismus, zum Kalten Krieg und Revanchismus usw. Unter diesen Ökonomen finden wir auch solche, die sich durch die Übernahme mancher marxistischen Elemente von der bürgerlichen Ideologie entfernen und sich schrittweise der fortschrittlichen, wissenschaftlichen Ideologie annähern. In der Diskussion herrschte eindeutige Übereinstimmung, daß wir einen solchen Entwicklungsprozeß dieser Ökonomen allseitig unterstützen müssen, ohne daß irgendwelche Konzessionen hinsichtlich der Prinzipien des Marxismus-Leninismus gemacht werden dürfen. Im Gegenteil, die wirksamste Hilfe besteht in einer freundschaftlichen, aber prinzipiellen Kritik der unmarxistischen und anti-marxistischen Seiten ihrer Theorien und in einer tiefgehenden marxistischen Analyse der neuen Erscheinungen im gegenwärtigen Kapitalismus.

Zum Schluß möchte ich eine Frage erörtern, die ich in meinem Referat nicht genügend in Betracht gezogen habe, die jedoch meines Erachtens von großer Bedeutung ist. Es handelt sich um die Frage, an wen sich die bürgerlichen Ökonomen eigentlich mit ihren Reden über eine angebliche Annäherung zwischen der marxistischen und bourgeoisen politischen Ökonomie, über die Möglichkeit einer Synthese, ja sogar Verschmelzung, der beiden entgegengesetzten Ökonomien wenden. Sie selbst bezeichnen ihre Partner, die nach unserer Terminologie Revisionisten sind, als Neo-Marxisten. Auf revisionistische Positionen möchten sie vorallem die marxistischen Theoretiker in den westlichen Ländern bringen und verlangen dabei von ihnen unter dem Vorwand, für eine „friedliche Koexistenz und einen friedlichen Wettbewerb" zwischen der marxistischen und der bürgerlichen politischen Ökonomie zu sein, theoretische Konzessionen. Die wachsende Zahl der marxistischen Theoretiker in den kapitalistischen Ländern zeugt jedoch davon, daß diese Bestrebungen nicht die Ergebnisse zeitigen, die die bürgerlichen Ökonomen erwarten.

Auf dieser Konferenz, die sich mit der bürgerlichen politischen Ökonomie auseinandersetzt, nimmt auch eine beträchtliche Anzahl marxistischer Wissenschaftler aus den kapitalistischen Ländern teil, und ihr Auftreten erweckte verdientes Interesse. Ihre theoretische Arbeit, ihre Ergebnisse im Kampf gegen die reaktionäre Ideologie verdienen die höchste und aufrichtigste Anerkennung. Dies um so mehr, da sie unter unvergleichbar schwereren Bedingungen arbeiten als wir, die Ökonomen aus den sozialistischen Ländern. Ihre Arbeit setzt viel Tapferkeit und auch persönliche Opfer voraus. Ich habe immer die Meinung vertreten, und habe in unserer Fachpresse darüber geschrieben, daß wir den Ergebnissen ihrer theoretischen Arbeit nicht genügend Aufmerksamkeit widmen und daß unsere Kontakte und die Zusammenarbeit mit ihnen ungenügend sind. Diese Tatsache kann meines Erachtens der Weiterentwicklung der marxistischen ökonomischen Lehre und der Wirksamkeit unseres Kampfes gegen die reaktionäre bürgerliche politische Ökonomie nur zum Schaden sein. Unsere Konferenz ist gewiß ein bedeutungsvoller Schritt zur Beseitigung dieses unbefriedigenden Zustandes. In diesem Zusammenhang möchte ich dem Präsidium unserer Konferenz vorschlagen, Maßnahmen zu erwägen, um für die Zukunft eine weitere konkrete und systematische Zusammenarbeit nicht nur zwischen den Ökonomen der sozialistischen Länder, sondern auch mit den marxistischen Wissenschaftlern aus den kapitalistischen Ländern zu sichern.

Werte Kollegen! Vielleicht bin ich ein wenig von meiner Aufgabe abgewichen, im Schlußwort lediglich zur Diskussion über mein Referat zu sprechen. Aber in allem geht es um unser gemeinsames Ziel, geht es darum, daß unsere Arbeit auf dem Gebiet der Kritik der bürgerlichen politischen Ökonomie wirklich zu einer materiellen Kraft wird, die, wie es Kollege Solodovnikov ausgedrückt hat, den Gang der Zeit beschleunigt.

SCHLUSSWORT ZU DER DISKUSSION ÜBER DAS REFERAT „KRITIK EINIGER BÜRGERLICHER THEORIEN DER ENTWICKLUNG ÖKONOMISCH SCHWACHENTWICKELTER LÄNDER“

Dr. Jerzy Kleer, Warschau

Mit großer Aufmerksamkeit habe ich die Ausführungen der Diskussionsredner verfolgt, die hier zur Frage der unterentwickelten Länder gesprochen haben. Sie haben bezeugt, daß die Frage der unterentwickelten Länder äußerst wichtig ist, und daß wir in unserer Forschung in eine neue Periode eingetreten sind. Dabei haben wir schon einige Erfolge erzielt.

In der Diskussion wurden drei Hauptprobleme hervorgehoben:

1. Das Problem der Klassifikation der bürgerlichen Theorien über schwachentwickelte Länder;

2. die Frage der Lage der Arbeiter in den unterentwickelten Ländern;

3. das Problem der Verteidigung des Imperialismus durch die bürgerliche Ökonomie.

Das erste Problem hat Prof. Solodovnikov hervorgehoben, und ich bin mit ihm einverstanden, daß meine Klassifikation etwas einseitig war. Kollege Solodovnikov ist von einem allgemeinen Standpunkt ausgegangen und hat die ganze bürgerliche Ökonomie in zwei Gruppen eingeteilt. Das ist richtig, aber es genügt meines Erachtens nicht; denn es gibt z. B. in der zweiten Gruppe seiner Klassifikation (der antiimperialistischen Gruppe) viele Strömungen, und deshalb reicht seine Klassifikation nicht aus.

Ich denke, daß Prof. Kuczynski ebenfalls im allgemeinen recht hatte, als er sagte, daß ich der Lage der Arbeiter in den unterentwickelten Ländern fast keine Aufmerksamkeit widmete. Das ist eine wichtige Frage, und man muß ihr große Aufmerksamkeit schenken. Meines Erachtens aber ist dies keine Hauptfrage in der Kritik der bürgerlichen Theorien über die schwachentwickelten Länder; denn sie beschäftigen sich nicht mit diesem Problem.

Ich denke, daß auch andere Kollegen, die über die Rolle der bürgerlichen Ökonomie bei der Verteidigung des Imperialismus gesprochen haben, recht hatten.

Ich widmete dieser Literatur keine große Aufmerksamkeit. Ich ging von dem Standpunkt aus, daß man zuerst die Theorien kritisieren muß, die vom wissenschaftlichen Standpunkt einen größeren Einfluß haben. Deshalb habe ich mich mit der Theorie des gleichgewichtigen Wachstums der unterentwickelten Länder beschäftigt.

Ich bin mit vielen Fragen, die die Kollegen aufgeworfen haben, einverstanden, aber ich sehe gewisse Probleme doch etwas anders. Das sind aber zweitrangige Probleme, und ich möchte deshalb nicht ausführlicher darüber sprechen.

Eines muß man jedoch hervorheben: Die wissenschaftlichen Forschungen über schwachentwickelte Länder bleiben bisher hinter den politischen Beziehungen zu diesen Ländern zurück. Die Erfolge, die wir in den politischen Beziehungen zu den schwachentwickelten Ländern haben, sind größer als die der wissenschaftlichen Untersuchungen über die Entwicklung dieser Länder. Das Zurückbleiben der Forschung, das hier noch sichtbar ist, müssen wir überwinden.

Ich möchte für die Aufmerksamkeit, die die Kollegen meinem Vortrag gewidmet haben, danken.

www.ingramcontent.com/pod-product-compliance
Lightning Source LLC
LaVergne TN
LVHW080745300926
849162LV00008BA/1751